301

POLISH VERBS

fully conjugated in all the tenses
in a new easy-to-learn format,
alphabetically arranged

Second Edition

by

Klara Janecki

Professor and Coordinator of Languages
Confederation College of Applied Arts
    and Technology
Thunder Bay, Ontario, Canada

BARRON'S

All inquiries should be addressed to:
Barron's Educational Series, Inc.
250 Wireless Boulevard
Hauppauge, New York 11788
http://www.barronseduc.com

ISBN-13: 978-0-7641-1020-7
ISBN-10: 0-7641-1020-9

Library of Congress Catalog Card Number 99-75494

PRINTED IN THE UNITED STATES OF AMERICA

19 18 17 16 15 14 13 12 11 10 9

CONTENTS

To
Marc and Audrey
who try their utmost
to master the Polish verbs

To
the memory of Dawn

Acknowledgments:

to Stella Zawada who offered invaluable advice
over countless cups of coffee during the creative process

to my son, Marc Kaipio, who patiently guided me
whenever I encountered problems with the computer

to Carla Hruska who helped with the technical side
of the project from the verb template to the crosswords
and for creating the index

to Joan Coutanche for meticulously proof-reading the English
part of the book

to Mr. George Kokocinski for spell-checking every
Polish verb and word

to the helpful computing staff from the Innovation Centre
at Confederation College for a score of useful tips

to my daughter, Audrey Kaipio, for checking minute details
in the manuscript and for walking Chico (Dawn's dalmatian)
when I was writing

FOREWORD

Focus. The focus of *301 Polish Verbs* is on having the verb forms readily accessible for assimilation, practice, and review. Each *301 Polish Verbs* page contains a conjugated verb, case use, and a verb list illustrated by model sentences. We know that language is part of a culture, and examples provided reflect the Polish culture and make enjoyable reading. Thus, *301 Polish Verbs* functions both as a verb reference for all the tenses and as an example in context. In addition, practice is provided to consolidate and challenge the learner's ability to recognize Polish verbs. This is done in numerous quizzes that test the learner's retention skills of the verb in various tense forms. A concise overview of the formation of the tenses provides absolute beginners with an invaluable introduction to the Polish verb and seasoned learners with a quick review. By applying basic rules of verb construction, learners will be able to form verbs of their choice. Furthermore, cases governing all the 301 verbs provide detailed guidance to those who wish to create sentences on their own and ultimately help them learn to speak Polish.

Readership. *301 Polish Verbs* is intended for anyone interested in the Polish verb, whether it is an independent learner or a student, businessperson or traveler who needs to learn, perfect, review, or verify the basics of the Polish verb. The book will facilitate both the work of the students in learning Polish and the process of teaching the language at all levels. It will serve as a useful learning resource and supplement to a course for students of the Polish language, or a valuable reference in class for teaching verbs. Students of Polish from the elementary through the advanced levels will find the methodical and comprehensive presentation of the verb forms helpful, since available textbooks provide a rather limited number of conjugated verbs and participial forms. It is also a fact that learners are unable to locate conjugated verbs in a dictionary, as the latter generally lists verbs only in their infinitive forms. Therefore, *301 Polish Verbs* can stand alone as a reference tool for anyone interested in or in need of the Polish verbal system forms.

Scope. *301 Polish Verbs* starts by guiding you through the diacritics, vowels, consonants, consonant clusters, and word stress in order to help you with Polish pronunciation of the verbs, example sentences, and tests. Approximate English sound equivalents are also provided.

A table of English-Polish terminology as it relates to the verb is included, followed by the introduction to the Polish verbal system. It contains a preamble about the verb aspect, person and number and finite verb forms, gender, and nonfinite verb forms.

The verb patterns in Polish conjugations are named and presented in a table, the verb endings are illustrated in charts, examples of sample conjugations are provided, and we walk you through the step-by-step formation of the tenses. The reflexive verbs are dealt with, then the uses of the Polish verb tenses and the sequence of tenses are explained. The verb governance is illustrated.

Polish verbal prefixes and suffixes are introduced and presented in tables, as are the verbs of motion.

The subject pronouns are given, and the formal address forms, as they relate to verbs, are explained in detail.

The page arrangement of the main body of the book is shown by the Guide to the Use of This Book (page xlvii).

Abbreviations used in the text are listed, and their full forms are provided.

All of the above introductory material is followed by 301 most common imperfective/perfective pairs of Polish verbs conjugated individually in the present, past, future, conditional, and imperative tenses along with the forms for participles. Included with the verbs are notes on verbal governance that indicate which case is required after each conjugated verb or pair of verbs and which preposition is used in conjunction with it.

A collection of related verb forms or prefixed verbs, including reflexives, and their corresponding English equivalents are provided in the infinitive form with each conjugated model verb page. In addition, each page features, in Polish, four examples of syntactically correct verbal usage in complete sentences for a total of 1,204, that is, 301 × 4 statements followed by equivalent English sentences. You'll see for yourself how the verb functions in a sentence. Example sentences selected for the verb illustrate idiomatic language usage encountered in everyday situations. Therefore, you'll have helpful and practical samples to draw upon in order to communicate in various situations either with Polish people or in the classroom with your professor and classmates.

Furthermore, a comprehensive group of tests, as well as word searches and crossword (verb) puzzles, is included in the book. Each test includes comprehension-type drills, questions, quizzes, and so on, designed to show you one of the main tense forms of the verb or its participial forms or the infinitive. You may want to challenge yourself and try the multipart test to see how much you have retained of the Polish verb forms that you had studied. An answer key to the tests is included for a handy, instant cross-check to verb recognition and verification.

Verbs used in weather expressions and with proverbs are also included, and translations are provided. Both the literal and figurative English translations of the proverbs are supplied.

A list of thousands of Polish verbs is supplied in a Polish-English and English-Polish verb index.

Finally, in each case, the page reference number points to the conjugated model verb and to the listed related verb.

ABBREVIATIONS USED IN THE TEXT

Adv. Part.   adverbial participle (present gerund)
fem.   feminine
I   imperfective aspect
ID   indetermined aspect
masc.   masculine
masc.-pers.   masculine-personal
P   perfective aspect
Past Pass.   past passive (participle)
pl.   plural
Pres. Pass.   present passive (participle)
Pres. Act.   present active (participle)
sing.   singular
e.g.   example
i.e.   that is

POLISH PRONUNCIATION

Polish, like English, uses the Latin alphabet and adds to it a few extras of its own—letters with diacritical marks and groups of letters to accommodate sounds peculiar to Polish. It even has nasal sounds (ę, ą) as in French. But the nicest feature of Polish is its spelling. It's basically phonetic, one letter or cluster to one sound.

Diacritics	ą	ę	ć	ł	ń	ó	ś	ź	ż					
Vowels	a	e	i	o	u	y								
	ą	ę		ó										
	All Polish vowels are short.													
Consonants	b	c	d	f	g	h	j	k	l	m	n	p	q*	r	s	t	v*	w	x*	z
and Consonant		ć	dz			ch			ł		ń			rz	ś					ź
Clusters		cz	dź												sz					ż
			dż																	

* Used in words of foreign origin

Stress. All Polish words have stress. In words of two or more syllables, the stress is placed on the second last syllable in a word (e.g., **da**wać, po**ka**żę, **zmi**enia). Also, monosyllabic words combined with the preceding or following word keep the stress on the second-last syllable (e.g., przez **nie**go, prze**ze** mnie).

Exception: In certain verbal forms and words of foreign origin, the stress falls on the third syllable from the end of the word (e.g., oglą**da**liśmy, **jad**łyście; mate**ma**tyka).

Pronunciation. Many Polish letters are sounded differently from their English equivalents. The following table shows the approximate English sounds that correspond to the Polish sounds for all the vowels and for letters that are distinct.

Polish Letter(s)	Approximate Sound in English	Example
a	far	spać
ą	don't	kąpać
e	best	emigrować
ę	bank	kręcić
i	eagle	pić
o	lot	robić
u	root	pukać
ó	root	móc
y	fit	pytać
c	cats	cenić
ć, ci	**cheek**	**ć**wiczy**ć**, uciekać
ch, h	half	**ch**orować, **h**amować
cz	**church**	**cz**ekać
dz	woo**ds**	**dz**wonić
dż	judge	wyjeżdżać
dź, dzi	jeep	**dź**wigać, wo**dzi**ć
g	gate	gasić
j	say	jeść
ł	want	płakać
ń, ni	onion	końc zyć, chronić
rz, ż	beige (wa**sh**—at end of words[1])	**rz**ucać, **ż**yć
ś, si	sheep	**ś**nić, ko**si**ć
sz	bush	mieszać
w	vest	wracać
ź, zi	Asiatic	spó**ź**niać się, wo**zi**ć

[1] All consonants that occur at the end of a word have softer sounds: e.g., **Bóg** *(book)*, **bez** *(bes)*, **klub** *(kloop)*, **obiad** *(obyat)*, **lew** *(lef)*, **talerz** *(talesh)*, **nóż** *(noosh)*, **wódz** *(voots)*.

In Polish, prepositions are combined with the noun or pronoun that follows them and are pronounced together: **w Polsce** ⇒ w⌣Polsce (in Poland)

z tobą ⇒ z⌣tobą (with you)

ENGLISH-POLISH TERMINOLOGY RELATED TO THE VERB

This table is intended for those students who wish to learn the terms in Polish and/or will use *301 Polish Verbs* together with a reference grammar written in Polish. They will be spared the cumbersome task of searching in dictionaries for translations.

English	Polish
verb	**czasownik**
transitive	**czasownik przechodni**
intransitive	**czasownik nieprzechodni**
auxiliary verb	**słowo posiłkowe**
infinitive	**bezokolicznik**
aspect	**aspekt**
imperfective	**aspekt niedokonany**
perfective	**aspekt dokonany**
indeterminate	**aspekt nieokreślony**
determinate	**aspekt określony**
actual	**aspekt jednokrotny**
frequentative	**aspekt częstotliwy**
tense	**czas**
present	**czas teraźniejszy**
past	**czas przeszły**
future	**czas przyszły**
compound (future tense) form	**forma złożona**
simple (future tense) form	**forma prosta**
mood	**tryb**
indicative mood	**tryb orzekający** or **oznajmujący**
conditional	**tryb warunkowy**
imperative	**tryb rozkazujący**
voice	**strona**
active	**strona czynna**
passive	**strona bierna**
reflexive	**strona zwrotna**
conjugation	**koniugacja**
number	**liczba**
singular	**liczba pojedyncza**
plural	**liczba mnoga**

gender	**forma, rodzaj**
personal form	**forma osobowa**
impersonal form	**forma bezosobowa**
masculine	**forma męska**
feminine	**forma żeńska**
neuter	**forma nijaka**
masculine-personal form	**forma męskoosobowa**
inanimate form	**forma rzeczowa**
prefix	**przedrostek** or **prefiks**
suffix	**przyrostek** or **sufiks**
root	**rdzeń**
stem	**temat**
ending	**końcówka**
participle	**imiesłów**
adjectival participle	**imiesłów przymiotnikowy**
adverbial participle or gerund	**imiesłów przysłówkowy**
declinable	**odmienny**
indeclinable	**nieodmienny**
present active, declinable	**(imiesłów przymiotnikowy) czynny współczesny, odmienny**
present passive, declinable	**(imiesłów przymiotnikowy) bierny współczesny, odmienny**
past passive, declinable	**(imiesłów przymiotnikowy) bierny przeszły, odmienny**
present gerund, indeclinable	**imiesłow przysłówkowy czynny współczesny, nieodmienny**

INTRODUCTION TO THE POLISH VERB

If you are a student of Polish at an educational institution, you have obtained the definitions of verb parts and understanding of grammar terms at each level of your studies. But if you are, for instance, a traveler who has picked up a copy of this book just before boarding a plane for Poland, then you might not be familiar with the terminology pertaining to the Polish verb, and you would expect the terms to be defined and examples provided for you. This introduction, therefore, will ease you into the basic understanding of the workings of the Polish verb.

Aspect. As you open the section of the conjugated *301 Polish Verbs,* you'll see for the most part, not just one but two verbs to a page. What a bonus—a pair of verbs! The reason for this is because in Polish there are two closely related verbs (e.g., **pisać/napisać**) with practically the same meaning *(to write)* from which to form tenses (e.g., **pisałem** *I wrote: I was writing, I used to write;* **napisałem** *I wrote: I have written);* whereas in English there is one verb (e.g., *to write)* from which to form the tenses (e.g., *I wrote, I have written).* The first verb (**pisałem**), which expresses an unfinished action, is called an imperfective verb; the other (**napisałem**) which expresses a finished action, is called a perfective verb. Thus, each verb form deals with a different aspect of an action.

Almost all Polish verbs are either imperfective (**pisać**) or perfective (**napisać**), and are concerned with the character or quality of the action. An action that is never completed in the present calls for the imperfective verb in the present tense, but an action that gives no indication of completion in the future, only that it will occur in the future, requires the imperfective aspect—the compound future form. On the other hand, an action that is to be completed in the future demands the perfective aspect and the simple future tense form. Finally, an action in progress, repeated or habitual, requires the imperfective aspect and the past tense derived from it; moreover, an action that is definitely finished and completed calls for the perfective aspect and the past tense derived from it:

Action	Aspect	Tense	Example	Possible Translation
Not completed	Imperfective	Present	**Piszę**	*I write, I am writing*
Not completed in the future	Imperfective	Compound Future	**Będę pisał**	*I will be writing, I am going to write, I will have been writing*
To be completed in the future	Perfective	Simple Future	**Napiszę**	*I will write, I will have written*
In progress, repeated, habitual	Imperfective	Past	**Pisałem**	*I wrote, I was writing, I used to write, I would write*
Finished and completed	Perfective	Past	**Napisałem**	*I wrote, I have written, I had written*

Thus, the Polish verb is classified not only according to tense and mood as the English verb is, but also according to special forms called **aspects**—the imperfective aspect and the perfective aspect. The aspect feature in a Polish verb simply indicates the way to view the verb action.

The imperfective aspect is used to express:

- an incomplete action
- the duration of an action
- an action in progress
- an action of a very general character
- a habitual action
- an action that is frequently repeated either in the present, past, or future.

The imperfective verb **pisać** means *to write* in general without telling us with any precision whether the writing is, was, or will be finished. We're left without any precise information by the doer of the action, but that's all right because, if we want to state whether the writing *was* or *will be* definitely finished, we will use the **perfective aspect.**

The perfective aspect expresses an action that is finished or complete, either in the past or in the future. It expresses a single action or the entire duration of an action with its completion. Verbs in the perfective aspect demonstrate that the action has been performed and terminated, and contemplated results or change of state have been accomplished. It is self-evident, then, that the perfective verbs cannot express an action that is going on at the present moment; therefore, there are no present tense forms in the perfective aspect. However, the forms that are identical to the present tense forms have a future meaning in the perfective aspect. They are used for the simple future tense (e.g., **napiszę** *I will write*). Consequently, only the imperfective aspect is used with the present tense since the action is always in its incomplete stage (e.g., **piszę** *I write, I am writing*).

Function. The imperfective aspect is usually used to express negative commands while the perfective aspect is used to express positive commands.

Imperfective:	**Nie pisz listu.**
	Don't write the letter.
Perfective:	**Napisz list.**
	Write the letter.

Furthermore, the imperfective and perfective aspects are used in the conditional when imposing one contrary-to-fact action upon another.

Imperfective:	**Gdybym mógł, to pisałbym wiersze.**
	If I could, I would write poems.
Perfective:	**Gdybym mógł, to napisałbym wiersz.**
	If I could, I would have written a poem.

Aspect in Verbs of Motion. In addition, in the verbs of motion, the imperfective aspect subdivides into indeterminate (e.g., **nosić**) and determinate (e.g., **nieść**) aspect. Determinate verbs possess perfective forms (e.g., **zanieść**); whereas indeterminate verbs of motion do not have a matching perfective verb. The term indeterminate aspect refers to a frequentative, repetitive, or habitual motion, and determinate aspect describes a specific motion in progress.

Indeterminate:	**Noszę książki w plecaku.**
	I carry books in a backpack.
Determinate:	**Niosę książki z biblioteki.**
	I'm carrying books from the library.
Perfective:	**Zaniosę książki dla nauczycielki.**
	I'll carry the books to the teacher.

Aspect in Other Verbs. With some other Polish verbs, however, the imperfective aspect subdivides into actual (e.g., **widzieć**) and frequentative (e.g., **widywać**) aspect. The term actual refers to a regular or habitual action or to an action in progress; frequentative describes an irregular repetition of an action.

Actual:	**Byłam wczoraj u kuzyna.**
	I was at my cousin's yesterday.
Frequentative:	**Bywałem na wakacjach u kuzyna.**
	I used to spend the summer vacation at my cousin's.

Note: The frequentative aspect is hardly ever used now. The actual aspect is used in its place, often with an adverb or adverbial phrase (e.g., **Często spędzałem wakacje u kuzyna.** *I often spent summer holidays at my cousin's*).

Aspect in Verb Pairs. Most Polish verbs in their most simple form without prefixes are imperfectives (e.g., **pisać** *to write*), although there are a few exceptions where the simple unprefixed verbs are actually perfective (e.g., **kupić** *to buy*). Other verbs that have an extra suffix inside them are also imperfective, such as **daWAć** vs **dać** in the perfective form.

As a rule, if we add a prefix to an imperfective verb, we get a perfective verb. Usually, the prefixes added are prepositions such as **do, po, na, u, z(a),** and so on. From **pisać** many prefixed verbs (**dopisać, odpisać, napisać, wypisać, zapisać,** etc.) may be formed. The simple imperfective verb **pisać** will match with **napisać** to form its aspect pair. We'll have to rely here on *301 Polish Verbs* to do the aspect matching, as it is impossible to predict the right match (e.g., **gubić/zgubić** *to lose,* **wierzyć/uwierzyć** *to believe,* **żenić się/ożenić się** *to marry* [of a man]).

Polish verbs occur, for the most part, in pairs comprising one imperfective and one perfective verb (e.g., **pisać/napisać**). The verbs in the resulting pair differ in aspect but share the same meaning—*to write.*

Once we have found the right match to make the aspect pair, the remaining prefixed verbs (**dopisać** *to add in writing;* **odpisać** *to write back, copy;* **przepisać** *to rewrite, copy*) will have a slightly altered meaning from the original simple verb (**pisać** *to write*).

Now, for each of these new compound perfective verbs, we can make new compound imperfective verbs with the help of a suffix that together will form an aspect pair (e.g., **przepisY-WAć/przepisać** *to rewrite, copy*).

There are other verbs similar in meaning that are paired even though they are completely different in the way they appear in aspect (e.g., **widzieć/zobaczyć** *to see,* **brać/wziąć** *to take*).

There are also a few simple imperfective verbs that do not come in a perfective aspect (e.g., **bać się** *to be afraid,* **musieć** *must,* **woleć** *to prefer*).

Still other imperfective verbs differ from perfective verbs by their stem (e.g., imperfective: **otWIERać,** perfective: **otWORZyć**).

There are also some compound perfective verbs that do not have simple imperfectives (e.g., **zaczynać/zacząć** *to begin*).

Person and Number and Finite Verb Forms. Verb forms that are inflected in the tenses for person and number are called *finite.* The verb form and also the subject pronoun when used indicate the person referred to:

First person:	*(ja)* odpoczyw*am*	*(my)* odpoczyw*amy*
Second person:	*(ty)* odpoczyw*asz*	*(wy)* odpoczyw*acie*
Third person:	*(on/ona/ono)* odpoczyw*a*	*(oni/one)* odpoczyw*ają*

The number can be either singular or plural:

Singular:	*(ja)* odpoczywam	*(ty)* odpoczywasz	*(on/ona/ono)* odpoczywa
Plural:	*(my)* odpoczywamy	*(wy)* odpoczywacie	*(oni/one)* odpoczywają

The finite verbs that are limited by tense, number, and person include the present tense (e.g., **ja odpoczyw-am, ty odpoczyw-asz,** etc.), the past tenses (e.g., **ja odpoczywa-ł-em/ja odpoczywa-ł-am, ty odpoczywa-ł-eś/ty odpoczywa-ł-aś,** etc., and **ja odpoczą-ł-em/ja odpoczę-ł-am, ty odpoczą-ł-eś/ty odpoczę-ł-aś,** etc.), the future tenses (e..g. **ja będę odpoczywa-ł/ja będę odpoczywa-ł-a, ty będziesz odpoczywa-ł/ty będziesz odpoczywa-ł-a,** etc., and **ja odpoczn-ę, ty odpoczni-esz,** etc.), the conditional mood (e.g., **ja odpoczywa-ł-by-m/ja odpoczywa-ła-by-m, ty odpoczywa-ł-by-ś/ty odpoczywa-ła-by-ś,** etc., and **ja odpoczą-ł-by-m/ja odpoczę-ła-by-m, ty odpoczą-ł-by-ś/ty odpoczę-ła-by-ś,** etc.) and the imperative mood (e.g., **odpoczywa-j** etc., and **odpoczni-j,** etc.).

Gender. In Polish, a gender distinction is made in some of the tenses as to whether the verb forms in the singular are masculine, feminine, or neuter, and whether they are masculine persons, feminine persons, or children, animate or inanimate things in the plural. Gender occurs with the past, compound future (with the third person past forms), and conditional tenses. In the singular, the past tense, compound future, and conditional tenses distinguish three forms, each with a different ending:

Singular			
	Masculine	Feminine	Neuter
Person	First	First	Third
Past	**słucha-ł-em** **posłucha-ł-em**	**słucha-ł-am** **posłucha-ł-am**	**słucha-ł-o** **posłucha-ł-o**
Compound Future	**będę słucha-ł**	**będę słucha-ł-a**	**będzie słucha-ł-o**
Conditional	**słucha-ł-by-m** **posłucha-ł-by-m**	**słucha-ł-a-by-m** **posłucha-ł-a-by-m**	**słucha-ł-o-by** **posłucha-ł-o-by**

In the plural, the past tense, compound future and conditional tenses have two types of forms, the so-called masculine-personal forms and forms used for feminine persons, children, animals, and inanimate things:

Plural		
	Masculine	Feminine, etc.
Person	First	First
Past	słucha-li-śmy posłucha-li-śmy	słucha-ły-śmy posłucha-ły-śmy
Compound Future	będziemy słucha-li	będziemy słucha-ły
Conditional	slucha-li-by-śmy posłucha-li-by-śmy	słucha-ły-by-śmy posłucha-ły-by-śmy

When the subject of a sentence comprises both male and female persons, the verb is kept in the **-li** form; i.e. the form used for male persons:

Robert i ja (Halina): **Słuchaliśmy** radia. *Robert and I (Halina): We listened to the radio.*

But when only female persons comprise the subject, then the **-ły** verb form is used:

Elżbieta i ja (Urszula): **Słuchałyśmy** radia. *Elżbieta and I (Urszula): We listened to the radio.*

Nonfinite Verb Forms. The nonfinite verb forms are not inflected for person and number. They include the infinitive (**czyta-ć**), the adverbial participle or present gerund (**czyt-aj-ąc**), the present active participle (**czyta-ją-cy**), and the passive participles **czyt-an-y, prze-czyt-an-y.**

All the verb forms in the introductory pages have their prefixes, stems, or endings separated by a hyphen (**u-my-ł-em/u-my-ł-am**). The student should make the substitution and easily conjugate any other verb form with a different prefix when all the parts of the verb have been exposed so clearly on the page: **prze-my-ł-em/prze-my-ł-am, wy-my-ł-em/wy-my-ł-am.**

POLISH VERB PATTERNS, ENDINGS, EXAMPLES, AND FORMATION

Verb Patterns

This table shows the verb pattern of the three conjugations in Polish commonly referred to as the **-am/-em, -asz/-esz; -ę, -isz/-ysz; -ę, -esz** conjugations, named after the endings in the first person singular and second person singular of the present tense or the simple future tense:

-am, -asz or **-em, -esz**	Conjugation I
-ę, -isz or **-ysz**	Conjugation II
-ę, -esz	Conjugation III

The infinitive ending (-ć or -c) is of no help when deciding to which conjugation the verb belongs. The only sure way to pinpoint the conjugation pattern is to know or verify in *301 Polish Verbs* the forms for the first and third person singular and also the third person plural of the present tense. Different grammar texts group Polish verb conjugations such as patterns of endings in various ways. Here is a simple compact grouping. There are, unfortunately, some irregular verbs that don't follow established rules; you'll have to deal with them individually.

Present Tense

Present tense endings:

Number	Person	Conjugation I -am, -asz	-em, -esz	Conjugation II -ę, -isz/-ysz/	Conjugation III -ę, -esz
Singular	*First*	-am	-em	-ę	-ę
Singular	*Second*	-asz	-esz	-isz/-ysz/	-esz
Singular	*Third*	-a	-e	-i/-y/	-e
Plural	*First*	-amy	-emy	-imy/-ymy/	-emy
Plural	*Second*	-acie	-ecie	-icie/-ycie/	-ecie
Plural	*Third*	-ą	-ą	-ą	-ą

Examples:

	Kocha-ć *To Love*		**Wiedzie-ć** *To Know*		**Robi-ć** *To Do*		**Uczy-ć / się/** [1] *To Study*		**Pisa-ć** *To Write*
I	koch-am	or	wi-em	**II**	rob-i-ę	or	ucz-ę /się/	**III**	pisz-ę
	koch-asz		wi-esz		rob-isz		ucz-ysz /się/		pisz-esz
	koch-a		wi-e		rob-i		ucz-y /się/		pisz-e
	koch-amy		wi-emy		rob-imy		ucz-ymy /się/		pisz-emy
	koch-acie		wi-ecie		rob-icie		ucz-ycie /się/		pisz-ecie
	koch-aj-ą		wi-edz-ą		rob-i-ą		ucz-ą /się/		pisz-ą

[1] In the reflexives, the particle **się** always remains invariable and is placed after the verb, except in the compound future and third person singular and plural imperative.

Formation of the present:
The formation of the various tenses in Polish is fairly straightforward. The only one that presents some difficulty for the student is the present indicative. It consists, as all inflected forms do, of stems and endings. The endings are listed in the chart, but stems may vary in appearance; that is, they may be variable: **brać** *to take:* **bior-ę, bierz-esz, bierz-e, bierz-emy, bierz-ecie, bior-ą,** or invariable: **czyta-ć** *to read:* **czyt-am, czyt-asz, czyt-a, czyt-amy, czyt-acie, czyt-aj-ą.**

The three conjugations are based on the variations in the endings that occur in the present tense.

The **first** conjugation comprises:

1. infinitives in **-ać** and the present tense ending in **-am, -asz,** etc. (e.g., **żegn-ać** *to bid good-bye:* **żegn-am, żegn-asz,** etc.)
2. infinitives in **-eć** and the present tense ending in **-em, -esz,** etc. (e.g., **rozumi-eć** *to understand:* **rozumi-em, rozumi-esz,** etc.)

The **second** conjugation comprises the following stem changes:

1. **ć** or **ci** to **c** (e.g., **pła-ci-ć** *to pay:* **pła-c-ę, pła-ci-sz, pła-ci, pła-ci-my, pła-ci-cie, pła-c-ą**)
2. **dź** or **dzi** to **dz** (e.g., **wi-dzi-eć** *to see:* **wi-dz-ę, wi-dzi-sz, wi-dzi, wi-dzi-my, wi-dzi-cie, wi-dz-ą**)
3. **ś** or **si** to **sz** (e.g., **pro-si-ć** *to ask:* **pro-sz-ę, pro-si-sz, pro-si, pro-si-my, pro-si-cie, pro-sz-ą**)
4. **ź** to **zi** to **ż** (e.g., **mro-zi-ć** *to freeze:* **mro-ż-ę, mro-zi-sz, mro-zi, mro-zi-my, mro-zi-cie, mro-ż-ą**)
5. **ść** or **ści** to **szcz** (e.g., **goś-ci-ć** *to host, stay:* **go-szcz-ę, go-ści-sz, go-ści, go-ści-my, go-ści-cie, go-szcz-ą**)
6. **źdź** or **ździ** to **żdż** (e.g., **je-ździ-ć** *to ride, travel:* **je-żdż-ę, je-ździ-sz, je-ździ, je-ździ-my, je-ździ-cie, je-żdż-ą**)

The stems of the first person singular and third person plural differ from all the other forms.

The **third** conjugation comprises:

1. infinitives in **-ać** with different stem forms in the infinitive and the present tense (e.g., **pis-ać** *to write:* **pisz-ę, br-ać** *to take:* **bior-ę**, etc.)
2. infinitives in **-yć, -ić** or **-uć** and the present tense extended by the suffix **-j-; -iję, -uję, -yję** (e.g., **p-ić** *to drink:* **p-ij-ę, p-ij-esz**, etc., **pl-uć** *to spit:* **pl-uj-ę, pl-uj-esz**, etc., **sz-yć** *to sew:* **sz-yj-ę, sz-yj-esz**, etc.)
3. infinitives in **-ować** and the present tense in **-uj-ę, -uj-esz**, etc. (e.g., **dzięk-ować** *to thank:* **dzięk-uj-ę, dzięk-uj-esz**, etc.)
4. infinitives in **-wać** and the present tense ending in **-ję, -jesz**, etc. (e.g., **da-wać** *to give:* **da-j-ę, da-j-esz**, etc.)
5. infinitives in **-ywać, -iwać** and the present tense in **-uję, -ujesz**, etc. (e.g., **zachow-ywać się** *to behave, keep:* **zachow-uj-ę się**, etc.; **zamieszk-iwać** *to reside:* **zamieszk-uj-ę, zamieszk-uj-esz**, etc.)
6. infinitives in **-nąć** and the present tense in **-nę, -niesz**, etc. (e.g., **ciąg-nąć** *to pull:* **ciąg-n-ę, ciąg-n-iesz**, etc.)
7. infinitives in **-ąć** and the present tense in **-nę, -niesz**, etc., or **-mę -miesz**, etc. (e.g., **ci-ąć** *to cut:* **t-n-ę, t-ni-esz**, etc., **d-ąć** *to blow:* **d-m-ę, d-mi-esz**, etc.)

Past Tense

Past tense endings:

Number	Person	Masculine	Feminine	Neuter
Singular	*First*	**-ł-em**	**-ł-am**	–
Singular	*Second*	**-ł-eś**	**-ł-aś**	–
Singular	*Third*	**-ł**	**-ł-a**	**-ł-o**
		Masculine-Personal Forms	Feminine, Neuter, Animal, and Inanimate Forms	
Plural	*First*	**-li-śmy**	**-ły-śmy**	
Plural	*Second*	**-li-ście**	**-ły-ście**	
Plural	*Third*	**-li**	**-ły**	

Examples:

Odbudow-ywa-ć (Imperfective)/**Odbud-owa-ć** (Perfective) *To Restore, Reconstruct*	
Singular	
Masculine	
1. **odbudowywa-ł-em**	1. **odbudowa-ł-em**
2. **odbudowywa-ł-eś**	2. **odbudowa-ł-eś**
3. **odbudowywa-ł**	3. **odbudowa-ł**
Feminine	
1. **odbudowywa-ł-am**	1. **odbudowa-ł-am**
2. **odbudowywa-ł-aś**	2. **odbudowa-ł-aś**
3. **odbudowywa-ł-a**	3. **odbudowa-ł-a**
Neuter	
1. –	1. –
2. –	2. –
3. **odbudowywa-ł-o**	3. **odbudowa-ł-o**
Plural	
Masculine-personal forms	
1. **odbudowywa-li-śmy**	1. **odbudowa-li-śmy**
2. **odbudowywa-li-ście**	2. **odbudowa-li-ście**
3. **odbudowywa-li**	3. **odbudowa-li**
Feminine, neuter, animal, and inanimate forms	
1. **odbudowywa-ły-śmy**	1. **odbudowa-ły-śmy**
2. **odbudowywa-ły-ście**	2. **odbudowa-ły-ście**
3. **odbudowywa-ły**	3. **odbudowa-ły**

Formation of the past tense:

The past tense endings are uniform for all the Polish verbs. They are formed by dropping -ć from the infinitive (e.g., **słucha-ć** *to listen*) and adding -ł- in the singular and -li- or -ły- in the plural, together with the appropriate ending.

However, some stem alternations do occur in the past tense:

Note 1: If the infinitive has an -e- before the ending -ć (e.g., **mi-e-ć** *to have,* **rozumi-e-ć** *to understand,* **widzi-e-ć** *to see,* etc.), the -e- is replaced by an -a- in the singular of all genders and in the plural of the feminine, neuter, animal, and inanimate forms; however, in the plural of masculine-personal forms, the verb retains the stem vowel of the infinitive:

Mi-e-ć: sing.	1. **mi-a-ł-em**	**mi-a-ł-am**	–
	2. **mi-a-ł-eś**	**mi-a-ł-aś**	–
	3. **mi-a-ł**	**mi-a-ł-a**	**mi-a-ł-o**
pl.	1. **mi-e-li-śmy**	**mi-a-ły-śmy**	
	2. **mi-e-li-ście**	**mi-a-ły-ście**	
	3. **mi-e-li**	**mi-a-ły**	

Note 2: If the infinitive has **-ą-** before the ending **-ć** (e.g., **krzykn-ą-ć** *to shout,* **min-ą-ć** *to pass by,* **wzi-ą-ć** *to take,* **zdj-ą-ć** *to take off/down*), the **-ą-** is replaced by **-ę-** in all forms except those of the masculine singular:

Min-ą-ć: sing.	1. min-ą-ł-em	min-ę-ł-am	–
	2. min-ą-ł-eś	min-ę-ł-aś	–
	3. min-ą-ł	min-ę-ł-a	min-ę-ł-o
pl.	1. min-ę-li-śmy	min-ę-ły-śmy	
	2. min-ę-li-ście	min-ę-ły-ście	
	3. min-ę-li	min-ę-ły	

Note 2(a): Some of the verbs that end in **-nąć** in the infinitive (e.g., **marz-nąć** *to freeze,* **mok-nąć** *to get wet,* **zlęk-nąć się** *to be frightened,* etc.) drop the **-ną-** in the past tense and add the respective endings of the past tense:

Marz-ną-ć: sing.	1. marz-ł-em	marz-ł-am	–
	2. marz-ł-eś	marz-ł-aś	–
	3. marz-ł	marz-ł-a	marz-ł-o
pl.	1. marz-li-śmy	marz-ły-śmy	
	2. marz-li-ście	marz-ły-ście	
	3. marz-li	marz-ły	

Note 3: If the infinitive ends in two consonants or **-c,** the consonant of the first person singular of the present or simple future tense is retained before the **-ł-** of the past tense (e.g., **gry-źć** *to bite,* **kła-ść** *to put,* **nie-ść** *to carry,* **m-ó-c** *to be able,* **pi-e-c** *to bake,* **po-m-ó-c** *to help,* **strz-y-c** *to shear,* **u-pa-ść** *to fall,* **wie-źć** *to transport,* **wy-m-ó-c** *to extort,* **za-nie-m-ó-c** *to fall sick*):

M-ó-c > mo-g-ę: sing.	1. mo-g-ł-em	mo-g-ł-am	–
	2. mo-g-ł-eś	mo-g-ł-aś	–
	3. mó-g-ł	mo-g-ł-a	mo-g-ł-o
pl.	1. mo-g-li-śmy	mo-g-ły-śmy	
	2. mo-g-li-ście	mo-g-ły-ście	
	3. mo-g-li	mo-g-ły	

Note 3(a): Notice the vowel alternation between **e, o,** and **ó** in such verbs as **nie-ść, wie-źć:**

Nie-ść: sing.	1. ni-o-s-ł-em	ni-o-s-ł-am	–
	2. ni-o-s-ł-eś	ni-o-s-ł-aś	–
	3. ni-ó-s-ł	ni-o-s-ł-a	ni-o-s-ł-o
pl.	1. ni-e-ś-li-śmy	ni-o-s-ły-śmy	
	2. ni-e-ś-li-ście	ni-o-s-ły-ście	
	3. ni-e-ś-li	ni-o-s-ły	

Future Tense

Future tense endings:

Number	Person	Compound Future I				Compound Future or II		Simple Future
			Masc.	Fem.	Neuter			
Singular	*First*	będ-ę	-ł	-ł-a	–	będ-ę	-ć	Same endings
Singular	*Second*	będzi-esz	-ł	-ł-a	–	będzi-esz	-ć	
Singular	*Third*	będzi-e	-ł	-ł-a	-ł-o	będzi-e	-ć	as for
			Masc.-Personal Forms	Feminine, Neuter, Animal, and Inanimate Forms				the present tense
Plural	*First*	będzi-emy	-li	-ły		będzi-emy	-ć	
Plural	*Second*	będzi-ecie	-li	-ły		będzie-cie	-ć	
Plural	*Third*	będ-ą	-li	-ły		będ-ą	-ć	

Examples:

Rozumie-ć (Imperfective)/**Z-rozumie-ć** (Perfective) *To Understand, Comprehend*
Compound Future Tense   I
Singular
Masculine
1. **będ-ę rozumia-ł**
2. **będzi-esz rozumia-ł**
3. **będzi-e rozumia-ł**
Feminine
1. **będ-ę rozumia-ł-a**
2. **będzi-esz rozumia-ł-a**
3. **będzi-e rozumia-ł-a**
Neuter
1. –
2. –
3. **będzi-e rozumia-ł-o**
Plural
Masculine-personal
1. **będzi-emy rozumie-li**
2. **będzi-ecie rozumie-li**
3. **będ-ą rozumie-li**
Feminine, neuter, animal, and inanimate
1. **będzi-emy rozumia-ły**
2. **będzi-ecie rozumia-ły**
3. **będ-ą rozumia-ły**

With reflexives the particle **się** is placed after the auxiliary verb (e.g., **będę się malował/malowała,** etc., **będę się malować,** etc.).

Compound Future Tense II
All genders
Singular
1. **będ-ę rozumie-ć**
2. **będzi-esz rozumie-ć**
3. **będzi-e rozumie-ć**
Plural
1. **będzi-emy rozumie-ć**
2. **będzi-ecie rozumie-ć**
3. **będ-ą rozumie-ć**
Simple Future Tense
All genders
Singular
1. **z-rozumi-em**
2. **z-rozumi-esz**
3. **z-rozumi-e**
Plural
1. **z-rozumi-emy**
2. **z-rozumi-ecie**
3. **z-rozumi-ej-ą**

Formation of the future tense:
The future compound tense is formed from imperfective verbs in two ways:

1. by adding the past tense forms to the corresponding future of the auxiliary verb **być** *to be:* (**będ-ę odwiedza-ł/odwiedza-ł-a, będzi-esz odwiedza-ł/odwiedza-ł-a,** etc.)
2. by using the future of the auxiliary verb **być** with the infinitive: (**będ-ę odwiedza-ć, będzi-esz odwiedza-ć,** etc.)

There is no difference in meaning between the two forms of the compound future. The former form, however, is more common and therefore is conjugated in the body of this book.

The simple future is formed from perfective verbs and has the same endings as the present tense: (**prze-czyt-am, prze-czyt-asz,** etc.)

Conditional Tense

Conditional endings:

Number	Person	Conditional Endings
Singular	*First*	**-by-m**
Singular	*Second*	**-by-ś**
Singular	*Third*	**-by**
Plural	*First*	**-by-śmy**
Plural	*Second*	**-by-ście**
Plural	*Third*	**-by**

Examples:

Mokną-ć (Imperfective)/Zmokną-ć (Perfective) *To Get Wet*	
Singular	
Masculine	
1. mók-ł-bym	1. z-mók-ł-bym
2. mók-ł-byś	2. z-mók-ł-byś
3. mók-ł-by	3. z-mók-ł-by
Feminine	
1. mok-ła-bym	1. z-mok-ła-bym
2. mok-ła-byś	2. z-mok-ła-byś
3. mok-ła-by	3. z-mok-ła-by
Neuter	
1. –	1. –
2. –	2. –
3. mok-ło-by	3. z-mok-ło-by
Plural	
Masculine-personal form	
1. mok-li-by-śmy	1. z-mok-li-by-śmy
2. mok-li-by-ście	2. z-mok-li-by-ście
3. mok-li-by	3. z-mok-li-by
Feminine, neuter, animal, and inanimate forms	
1. mok-ły-by-śmy	1. z-mok-ły-by-śmy
2. mok-ły-by-ście	2. z-mok-ły-by-ście
3. mok-ły-by	3. z-mok-ły-by

Formation of the conditional tense:
The conditional is formed by adding to the third person singular of the past tense (e.g., czytać: czytał, czytała, czytało) and to the third person plural of the past tense (e.g., czytać: czytali, czytały) the endings -bym, -byś, -by, byśmy, -byście, -by (e.g., czyta-ł-bym/czyta-ła-bym, czyta-ł-byś/czyta-ła-byś, etc.)

Imperative Tense

Imperative endings:

Number	Person	Imperative Endings		
Singular	*Second*	-, -ij/-yj/, -j	or	proszę -ć[1]
Singular	*Third*	niech /on, ona, ono/ -a, -e, -i/-y	or	/pan[1], pani[1]/
Plural	*First*	-my, -ij-my/-yj-my		
Plural	*Second*	-cie, -ij-cie/-yj-cie/[2]	or	proszę -ć[1]
Plural	*Third*	niech /oni, one/	or	/państwo[1]/ -ą

[1] Used in polite commands or requests
[2] Used with groups of people with whom one is on very familiar terms

Examples:

Czyta-ć (Imperfective)/**Prze-czyta-ć** (Perfective) *To Read*	
Singular	
2. **czyt-a-j**	2. **prze-czyt-a-j**
2. **proszę czyt-a-ć**	2. **proszę prze-czyt-a-ć**
3. **niech /on/ czyt-a**	3. **niech /on/ prze-czyt-a**
3. **niech /ona/ czyt-a**	3. **niech /ona/ prze-czyt-a**
3. **niech /ono/ czyt-a**	3. **niech /ono/ prze-czyt-a**
3. **niech pan czyt-a**	3. **niech pan prze-czyt-a**
3. **niech pani czyt-a**	3. **niech pani prze-czyt-a**
Plural	
1. **czyt-aj-my**	1. **prze-czyt-aj-my**
2. **czyt-aj-cie**	2. **prze-czyt-aj-cie**
2. **proszę czyt-a-ć**	2. **proszę prze-czyt-a-ć**
3. **niech /oni/ czyt-aj-ą**	3. **niech /oni/ prze-czyt-aj-ą**
3. **niech /one/ czyt-aj-ą**	3. **niech /one/ prze-czyt-aj-ą**
3. **niech państwo czyt-aj-ą**	3. **niech państwo prze-czyt-aj-ą**

With the reflexive imperatives the particle **się** is placed after **proszę** and **niech:**

proszę się /po-/śpieszyć
niech się /pan(-i)/ /po-/śpiesz-y
niech się /państwo/ /po-/śpieszą

Formation of the imperative tense:

The imperative mood is formed from both the imperfective and perfective aspects of the verb.
The second person singular of the imperative mood is formed from the present tense stem when:

1. the third person singular of the present (imperfective verbs) and simple future (perfective verbs) ends in **-e, -i,** or **-y,** by dropping the endings **-e, -i** and **-y:** (e.g., **myć /się/** *to wash /oneself/:* **myj-e /się/—myj /się/; myśle-ć** *to think:* **myśl-i—myśl** or **prosi-ć** *to ask:* **pros-i—proś; patrze-ć** *to look at:* **patrz-y—patrz**).
2. the third person singular of the present (imperfective verbs) and simple future (perfective verbs) has no **-e, -i** or **-y** ending. In such a case the second person singular of the imperative is formed from the third person plural (present or simple future) by dropping the ending **-ą** (e.g., **jeś-ć** *to eat:* **jedz-ą—jedz; ubiera-ć** *to dress:* **ubieraj-ą—ubieraj**).
3. the verb stem ends in two or more consonants, by dropping the ending of the third person singular of the present or simple future tense and by adding the particle **-ij/-yj** to the stem (e.g., **spa-ć** *to sleep:* **śp-i—śp-ij; zamkną-ć** *to close:* **zamkn-ie—zamkn-ij; obejrze-ć** *to examine:* **obejrz-y—obejrz-yj**).

The word **proszę** may be added to the infinitive to form a polite request or wish in the second person singular of the imperative (e.g., **proszę przyjś-ć**).

Note 1: The final consonant may be softened (e.g., **prosi-ć** *to request:* **proś; rzuca-ć** *to throw:* **rzuć**).

Note 2: Verbs with a softened stem ending in **b, p, w, f, m** (e.g., **kupi-ć** *to buy:* **kupi; kłama-ć** *to lie:* **kłamie**) do not retain the softness in the imperative form (e.g., **kup, kłam**).

Note 3(a): In some verbs change occurs between **o** and **ó** when the stem ends in a voiced consonant (e.g., **robi-ć** *to do:* **robi—rób; zgodzi-ć się** *to comply:* **zgodzi się—zgódź się**).

Note 3(b): In other verbs two forms are possible **o** to **ó** or **o** stays **o** (e.g., **po-sł-o-dzi-ć** *to sweeten:* **po-sł-ó-dź** or **po-sł-o-dź**, **o-g-o-lić się** *to shave:* **o-g-ó-l się** or **o-g-o-l się**).

Note 4: There are exceptions to the above rules (e.g., **dawać** *to give:* **dadz-ą—daj;** **być** *to be:* **będzi-e—bądź,** etc.).

The first person plural of the imperative is formed by adding the ending **-my** to the second person singular of the imperative (e.g., **słucha-ć** *to listen:* **słuchaj—słuchaj-my**). Exception: **z-rozumie-ć** *to understand:* **z-rozum—z-rozum-iej-my.**

The second person plural of the imperative is formed by adding the ending **-cie** to the second person singular of the imperative (e.g., **leże-ć** *to lie, remain:* **leż—leż-cie**). Also the word **proszę** may be added to the infinitive to form a polite request in the second person plural of the imperative (e.g., **proszę czyta-ć**).

To form the third person singular or plural of the imperative, add **niech** to the third person singular or plural of the present tense or simple future (e.g., **niech /on, ona, ono/ przyjdzi-e**). The words **pan, pani, państwo** are used with this form to make polite requests (e.g., **niech się pan/-i śpiesz-y, niech się państwo śpiesz-ą**). The word **proszę** may be added to this form when expressing a polite request (e.g., **proszę niech pan/-i przyjdzi-e, proszę niech państwo przyjd-ą**).

Nonfinite Verb Forms

Nonfinite verb endings:

Nonfinite verb	Form	Number	Person	Imperfective	Perfective
Infinitive				**-c** *or* **-ć**	**-c** *or* **-ć**
adjectival participle	present active	sing.	masc.	**-c-y**	
			fem.	**-c-a**	
			neuter	**-c-e**	
		pl.	masc.-pers.	**-c-y**	
			fem., animal, etc.	**-c-e**	
	present passive	sing.	masc.	**-an-y, -on-y, -t-y**	
			fem., neuter	**-an-a, -on-a, -t-a**	
				-an-e, -on-e, -t-e	
		pl.	masc.-pers.	**-an-i, -en-i, -c-i**	
			fem., animal, etc.	**-an-e, -on-e, -t-e**	
	past passive	sing.	masc.		**-an-y, -on-y, -t-y**
			fem., neuter		**-an-a, -on-a, -t-a**
					-an-e, -on-e, -t-e
		pl.	masc.-pers.		**-an-i, -en-i, -c-i**
			fem., animal, etc.		**-an-e, -on-e, -t-e**
adverbial participle	present gerund			**-c**	

Example:

Infinitive
O-puszcza-ć /Się/ (Imperfective)/**O-puści-ć /Się/**(Perfective)
To Abandon, Drop, Omit; Neglect oneself

Present Active Participle	
Singular	
Masculine	**o-puszcz-aj-ą-c-y /się/**
Feminine	**o-puszcz-aj-ą-c-a /się/**
Neuter	**o-puszcz-aj-ą-c-e /się/**
Plural	
Masculine-personal	**o-puszcz-aj-ą-c-y /się/**
Feminine, neuter, animal, and inanimate	**o-puszcz-aj-ą-c-e /się/**

Present Passive Participle	
Singular	
Masculine	**o-puszcz-an-y** [1]
Feminine	**o-puszcz-an-a**
Neuter	**o-puszcz-an-e**
Plural	
Masculine-personal	**o-puszcz-an-i**
Feminine, neuter, animal, and inanimate	**o-puszcz-an-e**

Past Passive Participle	
Singular	
Masculine	**o-puszcz-on-y** [1]
Feminine	**o-puszcz-on-a**
Neuter	**o-puszcz-on-e**
Plural	
Masculine-personal	**o-puszcz-en-i**
Feminine, neuter, animal, and inanimate	**o-puszcz-on-e**

Adverbial Participle	
Present gerund	**o-puszczają-c /się/**

[1] Passive participles do not occur with reflexive or intransitive verbs.

Formation of nonfinite verb forms:
The infinitive, the dictionary form of a verb, may end either in **-c** or **-ć**. Infinitives occur in both the perfective and imperfective aspects (e.g., **pie-c** [imperfective], **u-pie-c** [perfective] *to bake;* **przed-stawia-ć** [imperfective], **przed-stawi-ć** [perfective] *to introduce*).

   The present participle active is formed by adding **-c-y** (masculine singular), **-c-a** (feminine singular), **-c-e** (neuter singular), **-c-y** (masculine-personal plural), **-c-e** (feminine, neuter, animal, and inanimate plural) to the third person plural of the present tense (e.g., **jeś-ć** *to eat:* **jedz-ą—jedz-ą-c-y, jedz-ą-c-a, jedz-ą-c-e, jedz-ą-c-y, jedz-ą-c-e**). It is a verbal **adjective** and thus agrees with the noun or pronoun it modifies in case, gender, and number.

   The present passive participle is formed from imperfective verbs, and *the past passive participle* is formed from perfective verbs by adding **-a-ny, -o-ny, -t-y,** to the stem of the past tense. It is a verbal adjective and thus agrees with the noun it modifies in case, gender, and number (e.g., **u-męczy-ć** *to exhaust:* **u-męcz-y-ł—u-męcz-on-y** [masculine singular], **u-męcz-on-a** [feminine singular], **u-męcz-on-e** [neuter], **u-męcz-en-i** [masculine-personal plural], **u-męcz-on-e** [feminine, neuter, animal, and inanimate plural]).

Some verbs undergo changes in the part of the past tense stem used to form these participles (e.g., **zamykać** *to close:* **zankn-ię-t-y, zamkn-ię-t-a, zamkn-ię-t-e, zamkn-ię-ci, zamkn-ię-t-e**). The passive participles occur primarily with transitive verbs.

Note 1: All verbs whose infinitives end in **-ać** and others in **-eć** form their passive participles by adding **-an-y, -an-a, -an-e, an-i, -an-e** to the stem of the past tense (e.g., **zn-ać** *to know:* **zn-an-y, zn-an-a, zn-an-e, zn-an-i, zn-an-e; widzi-eć** *to see:* **widzi-an-y, widzi-an-a, widzi-an-e, widzi-an-i, widzi-an-e**).

Note 2: Verbs whose infinitives end in **-ić, -eść, -eźć, -ec** form their passive participles by adding **-on-y, -on-a, -on-e, -on-i, -on-e** to the stem of the past tense (e.g., **po-dziel-ić** *to divide:* **po-dziel-on-y**, etc.; **pl-eść** *to weave, braid:* **pleci-on-y**, etc.; **z-nal-eźć** *to find:* **z-nalezi-on-y**, etc.; **pi-ec** *to bake:* **piecz-on-y**, etc).

Note 3: Verbs whose infinitives end in **-yć, -ąć** and some in **-ić** form their passive participles by adding **-t-y, -t-a, -t-e, -c-i, -t-e** to the stem of the past tense (e.g., **od-kr-yć** *to discover:* **od-kry-t-y**, etc.; **wzi-ąć** *to take:* **wzię-t-y**, etc.; **roz-b-ić** *to break:* **roz-bi-t-y**, etc).

The adverbial participle includes the present gerund. The present gerund is formed by adding **-c** to the third person plural of the present tense. It is a verbal adverb and therefore is not declined (e.g., **dźwigać** *to lift:* **dźwigają-c**). It is formed from imperfective verbs.

POLISH REFLEXIVE VERBS

A great many Polish verbs are reflexive verbs (e.g., **podobać się/spodobać się** *to be likable*); others can be made into reflexives; for example, from **mylić/pomylić** *to mislead* we can make **mylić się/pomylić się** *to make a mistake.* Still other verbs, such as **studiować/przestudiować** *to study,* do not have any reflexive forms at all.

You can tell by the reflexive pronoun **się** if the verb is reflexive or nonreflexive. The particle **się** is always present with reflexive forms and stays the same even if the verb changes in person, number, gender, and time. Its position, however, varies.

Golić się	To Shave Oneself
ja golę się	*I shave myself*
ty golisz się	*you shave yourself*
on/ona/ono goli się	*he/she shaves himself, herself*
my golimy się	*we shave ourselves*
wy golicie się	*you shave yourselves*
oni/one golą się	*they shave themselves*

In a true reflexive form, the action of the verb performed in this manner will reflect right back onto the subject. It means that the person or thing performing the action is also its object. However, if a couple of reflexives are used in the same sentence, the second reflexive loses its **się**:

> **myć się** *to wash oneself*   **golić się** *to shave oneself*
> Marek myje się i goli. *Marc washes himself and shaves.*

Also, the reflexive particle **się** can be used to show reciprocal action between and among participants.

spotykać się/spotkać się *to meet each other*
Często spotykamy się w mieście. *We often meet each other in town.*

In addition, many transitive verbs (i.e., verbs that have an object) combine with **się** to produce intransitive verbs (i.e., verbs without an object). They may pertain to people or things (animate or inanimate).

zgłaszać/zgłosić *to report*
Adam zgłosił wypadek na policję.
Adam reported the accident to the police.

zgłaszać się/zgłosić się *to present oneself*
Adam zgłosił się do pomocy.
Adam turned up to help.

otwierać/otworzyć *to open (something)*
Ona otwiera okno.
She opens the window.

otwierać się/otworzyć się *to open (by itself)*
Okno otwiera się na zewnątrz.
The window opens to the outside.

Likewise, verbs that denote a mental state or an emotional reaction are primarily used with **się**.

gniewać się/rozgniewać się *to be angry*
Ona gniewa się na niego. *She's angry with him.*
śmiać się/zaśmiać się *to laugh*
Śmiały się z jego żartu. *They laughed at his joke.*

Moreover, the particle **się** may be added to almost any verb—transitive or intransitive—to form an impersonal construction. Specifically, **się** is added to the third person singular of the verb and in the past tense to the neuter form. The verb construction is called impersonal because the subject of the verb is not expressed. When you are translating into English, *one, you, they,* or *people* may be used.

robić/zrobić *to do, make*
robi *he does, he makes*
Chleb robi się z mąki, wody, soli i drożdży.

robi się *one makes*
One makes bread from flour, water, salt, and yeast.

Sometimes the meaning of the verb may be modified when used in its reflexive form, and it may be translated by the passive in English.

nazywać/nazwać *to name, call*
Nazywam Renię Niulą.
I call Renia (by her nickname) Niula.

nazywać się/nazwać się *to be named, be called*
Nazywam się Irena.
I am called Irene (i.e., I'm Irene, my name's Irene).

At other times, the presence of the particle **się** will change completely the basic meaning of the verb.

mieć *to have*
Czy masz ołówek?
Do you have a pencil?

mieć się *to feel*
Mam się lepiej dzisiaj.
I am feeling better today.

Furthermore, not all verbs with **się** are reflexive in meaning.

rodzić/urodzić *to bear (a child)*
Urodziłam syna.
I gave birth to a son (i.e. I had a son).

rodzić się/urodzić się *to be born*
Urodziłam się w Wilnie.
I was born in Wilno.

Finally, Polish sentences never begin with the reflexive particle **się**. A noun or a subject pronoun or a question word has to come before it (e.g., **Ja się martwię** *I worry/I do worry*, vs. **Martwię się** *I worry*, or **Dlaczego się martwisz?** *Why do you worry?*)

In long sentences, the particle **się** comes before its verb, or it may be placed away from it (e.g., **My się nie możemy spóźnić.** or **My nie możemy się spóźnić.** *We cannot be late.*)

Note: Also see pages xxi and xxiii regarding the positioning of the reflexive particle **się**.

USES OF POLISH VERB TENSES

Present Tense

The present tense is used exclusively with imperfective verbs to describe:

1. an action that is occurring at the moment of speech. The present tense of a Polish verb may be translated into English, according to context, either by the simple present or the present progressive form.

> **Tak myślę.** *I think so.*
> **Adresuję kopertę.** *I am addressing an envelope.*

2. an action that started in the past and is still continuing in the present as the speaker speaks.

Piszę kartki świąteczne od godziny. *I have been writing Christmas cards for an hour.*

3. a habitual or repeated action.

> **Perfumuję się kilka razy na dzień.** *I apply perfume a few times per day.*

4. general truth.

> **Ryby pływają.** *Fish swim.*
> **Bzy nie kwitną w zimie.** *Lilacs do not bloom in winter.*

(Note the use of the present emphatic with the negative in English.)

5. an action in the near future.

> **Czy czyścimy komin jutro?** *Are we cleaning the chimney tomorrow?*
> **Tak, czyścimy.** *Yes, we are cleaning (it).*

Past Tense

Both the imperfective and perfective verbs have past tense forms.

The past tense formed from imperfective verbs in Polish may correspond to many verb forms in English. That's because context plays a role in determining whether the past tense form of a Polish verb should be translated into English as past (simple, emphatic or progressive), present perfect, or past perfect.

> **kupowałem** *I was buying, I used to buy (*also, *I would buy), I bought, I have bought, I did buy*

The Polish past tense formed from perfective verbs translates into English depending on context as follows:

> **kupiłem** *I bought, I have bought, I did buy, I had bought*

Imperfective Past Tense

The imperfective past indicates:

1. an action in progress at a particular time.

> **Kąpałam się, gdy zapukałeś do drzwi.**
> *I was taking a bath when you knocked at the door.*
>
> **Michał spacerował w południe.**
> *Michael was taking a walk at noon.*

2. that a series of overlapping actions occurred in the past without focusing on the completion of the action.

Siedziałam przy komputerze, czytałam pocztę elektroniczną, i słuchałam dyski.
I sat at the computer, read e-mail, and listened to CDs.

3. a repeated or habitual action in the past.

Gdy był nastolatkiem, pilnował dzieci.
When he was a teenager, he used to baby-sit.

Często pożyczałam rower od kuzyna.
I often borrowed a bicycle from my cousin.

On codzień częstował dzieci lodami.
Every day he used to treat kids to ice cream. or
Every day he would treat kids to ice cream.

4. an action in one spot that lasted a certain length of time.

Godzinami siedziałam pod jabłonią i czytałam książki.
I sat for hours under the apple tree and read books. or
I would sit for hours under the apple tree and read books.

5. general questions in the past.

Czy kiedyś ubierałaś się w mamy suknie i pantofle?
Have you ever dressed in your mom's dresses and shoes?

Szukałeś kiedyś skarbu w ogrodzie?
Have you ever looked for treasure in the garden?

6. negative and multiple negative statements.

Przez cały miesiąc nie ważyłam się.
I didn't weigh myself for a whole month.

Nigdy jej nic nie radziłam.
I have never advised her about anything.

Perfective Past Tense

The perfective past is used to indicate:

1. the attained result of a past action at the moment of utterance.

On zapłacił rachunek.
He paid the bill.

Odpowiedział na pytanie.
He answered the question.

2. a sequence of past actions occurring one after another.

Rozebrałam się, włożyłam piżamę, położyłam się do łóżka i usnęłam.
I undressed, put on pajamas, lay down in bed, and fell asleep.

3. an action that follows an imperfective action.

Zauważyłam błąd, kiedy poprawiałam dyktando.
I noticed a mistake when I was marking the dictation.

4. specific negative statements regarding an expected or intended action.

On nie wyłączył komputeru.
He didn't turn off the computer.

W tym tygodniu nic nie wygraliśmy.
We didn't win anything this week.

5. specific questions.

Załatwiłeś sprawę?
Did you take care of the matter?

6. the fulfilment of an action.

W końcu dostaliśmy bilety.
In the end we got the tickets.

7. repeated action that is executed as a sum total.

Zorganizowali trzy konferencje.
They organized three conferences.

Przegrałem wszystko.
I gambled away everything.

8. the start or partial duration of an action.

Od razu przyzwyczailiśmy się do siebie.
We got used to each other right away.

Kot poleżał na kanapie zanim zeskoczył z niej.
The cat lay on the sofa for a while before jumping off it.

Future Tense

Simple Future Tense

The simple future occurs with perfective verbs. It is used:

1. to indicate that the action will be completed in the future.

Wieczorem rozwiążę krzyżówkę.
I'll solve the crossword puzzle in the evening.

2. in cause-and-effect clauses where the action of one clause, if completed in the future, will precipitate the action of the next clause.

Jeżeli kupisz farbę, to wymaluję ci płot.
If you buy paint, I'll paint your fence.

(Note the use of the present simple in English in the *if* clause.)

3. to express the possibility of completing the action.

Kto ją przekona?
Who will convince her?

Do wiosny skończę sweter.
I will finish the sweater by spring. or
I will have finished the sweater by spring.

4. in a negated polite request of the future accomplishment of the action.

Czy nie przetłumaczysz mi tego na polski?
Won't you translate this for me into Polish?

Compound Future Tense

The compound future occurs with imperfective verbs and is used:

1. to indicate that the designated action does not have a definite end in the future.

Czy będziecie się bawili? or Czy będziecie się bawić?
Are you going to play?/ Will you be playing?

(Note the use of the present progressive using ***going to*** in English to express an action at some indefinite future time or the future progressive. Also, although both types of the compound future are correct, the future of the first example is more frequently used.)

2. to convey that an action should not be continued into the future.

Już nie będę cofał samochodu. or Już nie będę cofać samochodu.
I will not be backing up the car anymore.

3. to express preference.

Czy będziesz siedział czy stał? or Czy będziesz siedzieć czy stać?
Will you be sitting or standing?

4. to suggest the start of an action, but without insisting on its accomplishment.

W takim razie, będziemy się targowali. or W takim razie, będziemy się targować.
In that case, we will haggle.

5. with verbs that govern the infinitive, such as **lubić, chcieć, musieć, iść,** etc. In this construction, when there is no definite end to the action in the future, you must use the forms **będę, będziesz,** etc., plus the past tense forms of the verb in question, so there won't be too many infinitives in a row.

Będę chciała to przestudiować.
I'll want to study that.

Będę musiał iść na pasterkę.
I will have to go to midnight mass.

Dzieci będą lubiły śpiewać w chórze.
Children will like singing (or to sing) in the choir.

6. to express repeated action in the future.

Będziemy was odwiedzali i przekonywali.
We will be visiting and persuading you.

7. to express an action that will go on in general for an unlimited period of time.

Chętnie będziemy pracowali.
We'll gladly work.

8. to express an action that will still be incomplete by a specified time.

We wrześniu będę wykładała już dwadzieścia pięć lat.
By September, I will have been lecturing for twenty-five years.

Conditional Tense

1. In Polish the conditional mood of verbs is used with either the imperfective or perfective aspect, depending on the meaning in contrary-to-fact circumstances.

Imperfective: **Gdybym miała pieniądze, kupowałabym co miesiąc nowe pantofle.**
If I had money, I would buy new shoes every month.

Perfective: **Gdybym miała pieniądze, kupiłabym dzisiaj nowe pantofle.**
If I had money, I would have bought new shoes today.

Notice that the conditional sentences here have two clauses: a subordinate clause (the *if* clause) and a main clause. In the subordinate (dependent) clause, the particle **by** and the personal endings are attached to **gdy,** with the verb in the third person past tense (in the right gender and number) following it; whereas in the main clause, the particle **by** and the personal endings are attached to the verb in the third person past tense.

However, there is another way to express the same condition using **to** (*then*).

Gdybym miała pieniądze, to bym kupowała co miesiąc nowe pantofle.
If I had money, I would buy new shoes every month.

The formula here is **gdy** + **by** + personal endings + third person past tense in the subordinate clause, **to by** + personal endings + third person past tense in the main clause.

**Gdy + by + PERSONAL ENDINGS + THIRD PERSON PAST TENSE,
to by + PERSONAL ENDINGS + THIRD PERSON PAST TENSE.**

Thus, the particle **by** together with the personal endings may come before the verb, or it may be placed somewhere else in the clause. It is, however, never placed at the beginning of a sentence.

Chętnie byś kupiła nowe pantofle.
You would gladly buy new shoes.

Chętnie bym dzisiaj kupiła nowe pantofle.
I would gladly buy new shoes today.

This construction is widely used in colloquial Polish.

2. **Żeby** (meaning *that, so that*) with the appropriate personal endings and the past tense form is used in subordinate clauses following verbs that express doubt, fear, persuasion, desire, or will.

Namawiał mnie, żebym kupiła pantofle.
He kept persuading me to buy shoes.

But if the sentence has no subject, the verb in the subordinate clause following **żeby** is in the infinitive.

Namawiał, żeby kupić pantofle.
He was persuading [me or anyone] to buy shoes.

Also, if the subject is the same in both clauses, the verb in the subordinate clause will be in the infinitive.

Zarabiam, żeby kupić nowe pantofle.
I work in order to buy new shoes.

3. In addition, the conditional mood is used in requests, wishes, and apologies with the help of the verb **chcieć** *to want, desire,* using the particle **by** and the appropriate personal endings followed by the infinitive of the verb.

> **<u>Chciałabym podziękować</u> ci za kupienie mi pantofli.**
> *I would like to thank you for buying me shoes.*

4. The conditional is even used to utter a mild command or express annoyance.

> **<u>Kupiłbyś</u> mi pantofle.**
> *You might buy me shoes.*

> **Nie <u>mogłabyś</u> sama sobie kupić pantofli?**
> *Couldn't you buy shoes yourself?*

Imperative Tense

The forms of the imperative mood are formed from both the imperfective and perfective aspects of the verb. The imperative is used with all persons except the first person singular. However, the third person singular or plural is used to express a desire or an indirect request rather than a command (see example #4).

Imperative of Imperfective Verbs

The imperative of imperfective verbs is used to:

1. give a permanent advice.

> **Ucz się, synu!**
> *Study, my son!*

2. give a warning. This command is used with **nie** (*not*).

> **Nie ruszaj zabawki.**
> *Don't touch the toy.*

> **Nigdy nie wysyłaj gotówki w liście.**
> *Don't ever send cash in a letter.*

3. express a polite request.

> **Siadaj i wypełniaj formularz.**
> *Sit down and fill out the form.*

4. express a suggestion.

> **Proszę niech się państwo częstują.**
> *Please sample some (i.e., help yourself).*

5. urge someone who's hesitating to act.

> **Nie martw się, wracaj!**
> *Don't worry; come back.*

6. give a sudden or rude order.

Śpiesz się!	*Hurry!*	**Uciekaj!**	*Get lost!*
Trzymaj!	*Hold!*		
Zaczynaj!	*Start!*	**Milcz!**	*Be quiet!*

Imperative of Perfective Verbs

The imperative of perfective verbs is used to:

1. express a specific order or request.

Przynieś mi herbaty.	**Daj mi buzi.** or **Pocałuj mnie.**
Bring me some tea.	*Give me a kiss.*

2. express a specific warning of danger or unpleasantness if the action is carried out to the end. The negative **nie** (*not*) is used here.

   Pomału, tylko nie pokłóćcie się.
   Take it easy; just don't quarrel.

3. remind or reinforce the initial positive command. The negative **nie** (*not*) is also used in this command.

   Nie zapomnij zarezerwować bilety na samolot.
   Don't forget to make plane reservations.

Infinitive Tense

The Polish infinitive comes in both the imperfective and perfective form. But, there are a few infinitives that come only in the imperfective form (e.g., **musieć** *to have to,* **woleć** *to prefer*).

Imperfective Infinitive

The imperfective infinitive is used:

1. after verbs that indicate the beginning, the continuation, and the termination of an action.

   On zaczyna mnie nudzić.
   He's beginning to bore me.

   Skończyli pisać egzaminy.
   They finished writing the exams.

2. to name an activity without specifying its completion.

   Czas wracać do domu.
   Time to go home.

3. after verbs to describe a desire to cease doing an action.

   Odechciało się nam powiadamiać ich zawsze o nowych filmach.
   We no longer bothered to always let them know about new movies.

4. describe an action that is not allowed.

   Nie można protestować na placu.
   One can't protest in the square.

5. to express uncertainty in the first verb.

   Krysia nie wie czy dalej śpiewać, czy przestać.
   Chris doesn't know whether to continue or stop singing.

6. to negate a statement if the first verb is in the perfective.

   Dzieci przyzwyczaiły się nie skakać po ulicy.
   The children got used to not jumping in the street.

7. when switching from one action to another action.

> **Sala urządzona, możecie tańczyć.**
> *The hall is ready; you may dance.*

8. with immediate action to denote obligation or necessity.

> **Trzeba budzić dziecko, już ósma.**
> *We have to wake up the child; it's already eight o'clock.*

> **Muszę pisać listy do Polski.**
> *I have to write letters to Poland.*

9. to express lack of necessity or obligation.

> **Nie trzeba budzić dziecka, niech pośpi.**
> *You don't have to wake up the child; let him/her sleep for a while.*

10. as an imperative to issue a command or forbid action. This command may be urgent and impolite or official.

> **Milczeć i nie narzekać.**   **Nie palić.**
> *Be quiet and don't complain.*   *No smoking.*

> **Siedzieć i nie ruszać się.**   **Brać po dwie tabletki.**
> *Sit and don't move.*   *Take two tablets.*

11. after imperatives.

> **Przestać narzekać.**
> *Stop complaining.*

Perfective Infinitive

The perfective infinitive is used:

1. after **wolno** *it is permitted,* **można** *it is possible,* **trzeba** *it is necessary,* **powinien** *ought* forms, **chcieć** *to want,* **móc** *to be able,* **mieć zamiar** *to intend,* etc., if the action is to be completed.

> **Czy można wymyć ręce?**
> *May I wash my hands?*

> **Trzeba przejechać przez tory kolejowe.**
> *You have to cross the railroad tracks.*

> **Powinniśmy to sami zrobić.**
> *We ought to do it ourselves.*

> **Mam zamiar wkrótce skończyć pisanie tego podręcznika.**
> *I intend to finish writing this textbook soon.*

2. in questions where the speaker is obvious from the context.

> **Czy zorganizować bal sylwestrowy?**
> *Shall we organize the New Year's Eve ball?*

> **Dolać kawy?**
> *(Shall I pour) more coffee?*

3. with an action that vacillates between being carried out and not being carried out to its termination. Note that the same infinitive appears twice: affirmatively at first, then negatively.

Minąć ten samochód, czy nie minąć?
To pass this car, or not to pass it? (i.e., Should I overtake this car, or shouldn't I?)

4. after verbs of motion.

Przyjadę pokazać ci mój nowy samochód.
I'll come to show you my new car.

5. in a subordinate clause introduced by **żeby** *in order, so that* when the subject of the main and subordinate clauses is the same.

Trzymał się poręczy, żeby nie upaść.
He held onto the railing in order not to fall down.

6. after **proszę** with the meaning of *please* in polite imperatives.

Proszę mi to dać.
Please give it to me.

Participles

The participles occur in adjectival and adverbial forms of a verb. They are common in formal written Polish, whereas the conjugated verb is preferred in spoken Polish.

Active Present Participle

The active present participle:

1. expresses an action that is going on or a state. It acts as a verbal adjective and is placed before the noun that it agrees with. It is often translated into English by the **-ing** form.

Całe lato wąchaliśmy <u>kwitnące</u> róże w ogrodzie.
The whole summer we smelled the blooming roses in the garden.

2. may precede or follow the noun, or it may be separated from the noun. It is rendered in English by a relative clause—who, which, that.

Obserwował wronę <u>jedzącą</u> z miski psa.
He was observing a crow eating from the dog's dish.

<u>Siedzące</u> na drutach telefonicznych *wrony* pokrakiwały.
The crows sitting on the telephone wires were crowing.

3. is used as a noun to mean *the person* or *one who.*

<u>Pukający</u> stał przy drzwiach.
The person knocking stood at the door.

4. in some cases has lost its participial status and is used now as a normal adjective or a noun.

Matka położyła <u>śpiące</u> dziecko do kołyski.
The mother put the sleeping child into the crib.

<u>Palący</u> siedzieli w oddzielnym przedziale.
The smokers sat in a separate compartment.

5. is often used in an adverbial form.

Klasyczna muzyka działała na niego <u>uspokajająco.</u>
Classical music had a calming effect on him.

Passive Participle

The passive participle is used:

1. as a verbal adjective to modify a noun. It corresponds to the English past participle and is positioned before the noun.

Postawiła na stół bukiet <u>ciętych</u> róż.
She put a bouquet of cut roses on the table.

2. as a partial relative clause when it comes after the noun.

Nosiła sukienkę <u>szytą</u> złotą nicią.
She wore a dress sewn with a gold thread.
(i.e., She wore a dress that was sewn with a gold thread.)

3. as a relative clause when it appears separated by other words in front of the noun.

Weszłam przez <u>szeroko otwarte</u> dębowe *drzwi*.
I walked in through the wide-open oak door.

4. after verbs to express one's mental or physical condition.

Wyszedł z wanny <u>wykąpany</u>.
He emerged washed from the bathtub.

(*Note:* Some passive participles have become adjectives, such as **zmęczony**.)

5. as a noun.

<u>Złapani</u> czekali w samochodzie policyjnym.
Those who were caught were waiting in the police car.

(*Note:* Some passive participles have become nouns, such as **uczony**.)

6. with passive voice. It is used when the subject does not perform the action and becomes the object of the action. The present passive participle of imperfective verbs is used with the helping verb **być** *to be* in the necessary tense. On the other hand, the past passive participle of perfective verbs is used with **zostać** *to remain, become; to be* to describe an action, or with **być** *to be* in the past or future tense to describe a state.

Pies *jest* <u>wypuszczany</u> na dwór.
The dog is let outside.

Tort *będzie* <u>zjedzony</u> przez gości.
The cake will be eaten by guests.

Ptak *został* <u>wypuszczony</u> z klatki.
The bird was let out of its cage.

7. adverbially in constructions without a subject by adding **-o** to its stem. In Polish the construction is active, but it is usually translated in English as passive. It is used in the past tense with both the imperfective and perfective verbs.

<u>Okradziono</u> mnie.
I was robbed.

<u>Uratowano</u> go.
He was saved.

<u>Mówiono</u>, że jestem piękna.
They said that I'm beautiful. or It was said that I'm beautiful.

Adverbal Participle (Present Gerund)

The adverbial participle expresses an action or state simultaneous with the action of the main verb. When the subject is the same in the main and the subordinate clauses in a sentence, the adverbial participle replaces the verb form in the subordinate clause. It is rendered in English by the **-ing** form alone or with *while, when,* or *as.*

> **Czytając list, płakała.**
> *Reading the letter, she cried.* (i.e. *While she was reading the letter, she cried.*)

> **Grzejąc mleko, przypaliłam garnek.**
> *While heating milk, I burned the pot.*

> **Podając szklankę, rozlał wodę.**
> *As he was handing over the glass, he spilled some water.*

SEQUENCE OF POLISH VERB TENSES

The sequence of tenses in a narration, reported speech (statement, question, or command), or the summary of a letter or passage of prose differs in Polish from English. Even though the change in both languages is from direct to indirect speech, the difference between Polish and English is in the tense of the verb.

In English, when the narration, the report, or the summary is written in the past, the reported words of the direct discourse are also written in the past. In the English sentence, the verb in the subordinate clause agrees with the verb in the main clause; whereas in Polish, the reported words that go from direct into indirect discourse always remain in the tense of the original statement, that is, the same tense in which they were pronounced in direct speech.

> **Jan powiedział, że chce zapłacić za bilet.**
> *John said that he wanted to pay for the ticket.*

What John actually said was **chcę zapłacić za bilet** *I want to pay for the ticket.* The reported words, then, are **Jan chce zapłacić za bilet** *John wants to pay for the ticket.* The only change here is from the first to the third person singular with the verb remaining in the same tense. The speaker reporting the action delivers the speech to the listener in the original words, so that the fact of speaking is past (**powiedział**), but the act of wanting to pay is in the present (**chce zapłacić**).

Thus, in Polish, the tense of a dependent clause where somebody's words are reported is the tense actually used by the initial speaker. The tense of this reported statement is the same as the tense of the direct discourse.

However, in sentences expressing a general statement or a known fact, the dependent clause is in the present tense both in Polish and English.

> **Meteorologowie stwierdzili, że zimy w ostatnich latach są cieplejsze.**
> *Meteorologists asserted that in the last few years winters are warmer.*

Now let's follow the sequence of tenses in a step by step illustration.

I		
Statement		
Direct discourse	**Ala się bawi.**	*Ala is playing.*
	Ala się bawiła.	*Ala was playing.*
	Ala się będzie bawiła.	*Ala will be playing.*
Indirect discourse (a)	**Mama mówi, że Ala się bawi.**	*Mom says that Ala is playing.*
	Mama mówi, że Ala się bawiła.	*Mom says that Ala was playing.*
	Mama mówi, że Ala się będzie bawiła.	*Mom says that Ala will by playing.*
(b)	**Mama powiedziała, że Ala się bawi.**	*Mom said that Ala has been playing.*
	Mama powiedziała, że Ala się bawiła.	*Mom said that Ala had been playing.*
	Mama powiedziała, że Ala się będzie bawiła.	*Mom said that Ala would be playing.*

II		
Question		
Direct discourse	**Alu, masz lalkę?**	*Ala, do you have a doll?*
	Alu, miałaś lalkę?	*Ala, did you have a doll?*
	Alu, będziesz miała lalkę?	*Ala, will you have a doll?*
Indirect discourse (a)	**Mama pyta się, czy Ala ma lalkę?**	*Mom is asking whether Ala has a doll.*
	Mama pyta się, czy Ala miała lalkę?	*Mom is asking whether Ala had a doll.*
	Mama pyta się, czy Ala będzie miała lalkę?	*Mom is asking whether Ala will have a doll.*
(b)	**Mama zapytała, czy Ala ma lalkę.**	*Mom asked whether Ala has had a doll.*
	Mama zapytała, czy Ala miała lalkę.	*Mom asked whether Ala had had a doll.*
	Mama zapytała, czy Ala będzie miała lalkę.	*Mom asked whether Ala would have a doll.*

III		
Command		
Direct discourse	**Alu, zawołaj Asa.**	*Ala, call As.* [dog's name]
	Niech pani zawoła Asa.	*Call As.*
	Zawołajcie Asa.	*Call As.*
Indirect discourse (a)	**Mama mówi, żebyś zawołała Asa.**	*Mom says that you should call As.*
	Mama mówi, żeby pani zawołała Asa.	*Mom says that you should call As.*
	Mama mówi, żebyście zawołali Asa.	*Mom says that you should call As.*
(b)	**Mama powiedziała, żebyś zawołała Asa.**	*Mom said that you should have called As.*
	Mama powiedziała, żeby pani zawołała Asa.	*Mom said that you should have called As.*
	Mama powiedziała, żebyście zawołali Asa.	*Mom said that you should have called As.*

(***Note:*** Polish does not have a special form for the present progressive.)

Its equivalent Polish tense is the simple present.

Jem kolację.
I'm eating supper. or *I eat supper.*

Also the past tense in Polish is equivalent to the English present perfect tense.

Był w Krakowie.
He has been to Cracow.

But, if you want to express **He has lived near Warsaw for ten years,** you have to use the Polish present tense, **Mieszka od dziesięciu lat pod Warszawą.** Likewise, the English pluperfect (*he had been to Cracow...*) is simply translated by the Polish past tense (**był w Krakowie**).

In addition, the use of tenses in **if** and **when** clauses differs in Polish and English. In English, the present tense is used in the subordinate clause starting with *if* or **when,** and the future is used in the main clause; whereas in Polish, both tenses of the main and the subordinate clauses of time and condition are in the future.

Jeśli (or **Gdy** or **Jeżeli**) **wygram** [future] **na loterii, pozwolę** [future] **sobie na luksusy.**
If (or *When*) *I win* [present] *the lottery, I'll allow* [future] *myself some luxuries.*

POLISH VERB GOVERNANCE

Polish verbs govern various cases and prepositional constructions. The following table shows the distribution of cases and the corresponding pronoun forms that identify the cases.

Case	Persons	Things	English Equivalents	
Nominative	**kto?**	**co?**	*who?*	*what?*
Genitive	**kogo?**	**czego?**	*whose?*	*of what?*
Dative	**komu?**	**czemu?**	*to whom?*	*to what? at what?*
Accusative	**kogo?**	**co?**	*whom?*	*what?*
Instrumental	**kim?**	**czym?**	*with whom?*	*with what?*
Locative	/o/ **kim?**	/o/ **czym?**	*about whom?*	*about what?*

Each conjugated page lists the pronoun(s) for the case(s) required by the model verb and the accompanying preposition(s).

czekać/zaczekać *to wait for, expect*
verb governance: na kogo, na co
Czekam na Św. Mikołaja. *I'm waiting for Santa (St. Nicholas).*
Czekam na autobus. *I'm waiting for the bus.*

dzwonić/zadzwonić *to ring, call up, phone*
verb governance: do kogo, czym
Zadzwoń do mnie. *Call me.*
Ministrant dzwonił dzwonkiem. *The altar boy was ringing the bell.*

jeść/zjeść *to eat, dine, have a meal*
verb governance: co; gdzie
Janek zjadł obiad u Marysi. *Johnny had dinner at Mary's.*
Mietek jadł w restauracji. *Mike was eating in a restaurant.*

POLISH VERBAL PREFIXES

There are numerous prefixed verbs included in the verb list in the main part of this book.

This table shows the student that many compound verbs may be formed by adding one or more prefixes to an appropriate simple verb.

Prefix	Meaning
do-	*to, toward*
na-	*on, upon, in* or *completing*
nad-	*above, near*
o-, ob/e/-	*of, about, around*
o-, od/e/-	*away, from, back, off*
po-	*over, through, after* or *doing for a time*
pod-	*under, below; up to, toward*
prze/d/-	*in front of, before*
prze/z/-	*through, across, over*
przy-	*at, near, close to, by*
roz/e/-	*dis-, un-* or *getting bigger*
s- or **ś-**	*with, down*
u-	*off; on*
w/e/-	*in*
ws-	*up*
wy-	*out*
wz/e/-	*up*
z/e/-	*with, together* or *removing*
za-	*behind* or *completing*

Thus, the simple verb **pisać** *to write,* with the addition of various prefixes, becomes a compound verb with a host of new meanings:

dopisać	*to add in writing*
napisać	*to finish writing*
nadpisać	*to write a heading*
opisać	*to describe*
odpisać	*to answer in writing, to copy*
popisać	*to write a bit*
podpisać	*to sign*
przepisać	*to copy*
przypisać	*to add in the margin, to attribute*
rozpisać	*to write out, to copy parts from score/music*
spisać	*to draw a list*
wpisać	*to inscribe*
wypisać	*to copy an excerpt, to subscribe*
zapisać	*to write down, to bequeath*

Some verbs, however, have a meaning that cannot be inferred from the meaning of the prefix (e.g., **przejść/przechodzić** *to stop /of a sensation/*). In such cases, only a dictionary can help the student. Nevertheless, the list of prefixes remains a useful guide for the student in straightforward situations. You can see that the Polish language, much more than English, utilizes prefixes to enhance and extend the size of its basic vocabulary of verbs.

POLISH VERBAL SUFFIXES

The following is a list of suffixes and verb tense forms for the present third person plural and the past third person singular, masculine, with which the suffixes occur. This table will help you to visually discern the pattern in suffix occurrence in Polish verbs.

Legend: C = consonant, V = vowel

Present Tense Suffix	Present Tense Third Person Plural	Infinitive and Meaning	Past Tense Third Person Singular Masculine	Past Tense Suffix
-uj-	prac-**uj**-ą	prac-owa-ć *work*	prac-**owa**-ł	**-owa-**
-uj-	pod-pis-**uj**-ą	pod-pis-ywa-ć *sign*	pod-pis-**ywa**-ł	**-ywa-**
-uj-	za-koch-**uj**-ą się	za-koch-iwa-ć się *fall in love*	za-koch-**iwa**-ł się	**-iwa-**
-uj-	ps-**uj**-ą	ps-u-ć *spoil*	ps-**u**-ł	**-u-**
-aj-	po-zn-**aj**-ą	po-zn-awa-ć *acquaint, recognize*	po-zn-**awa**-ł	**-awa-**
-aj-	czyt-**aj**-ą	czyt-a-ć *read*	czyt-**a**-ł	**-a-**
-ej-	istni-**ej**-ą	istni-e-ć *exist*	istni-**a**-ł	**-a-**
-ij-	b-**ij**-ą	b-i-ć *beat, hit*	b-**i**-ł	**-i-**
-oj-	b-**oj**-ą się	b-a-ć się *fear*	b-**a**-ł się	**-a-**
-yj-	m-**yj**-ą	m-y-ć *wash*	m-**y**-ł	**-y-**
-C-	po-**śl**-ą	po-sła-ć *send for*	po-sł-**a**-ł	/C/-a-
-C-	z-**w**-ą	z-wa-ć *call, name*	**z-wa**-ł	/C/-wa-
/C/-i-	rob-**i**-ą	rob-i-ć *do, make*	rob-**i**-ł	/C/-i-
-C-	**ucz**-ą	ucz-y-ć *teach*	ucz-**y**-ł	/C/-y-
/C/-m-	za-**jm**-ą	zaj-ą-ć *occupy*	zaj-**ą**-ł	/C/-ą-
/C/-n-	pły-**n**-ą	pły-ną-ć *flow, swim, sail*	pły-**ną**-ł	/C/-ną-
/V/-n-	sta-**n**-ą	sta-ną-ć *stand, stop*	sta-**ną**-ł	/V/-ną-
/C/-n-	mok-**n**-ą	mok-ną-ć *get wet, soak*	**mók**-ł	-C-
-C-	**kład**-ą	kłaś-ć *lay, put*	**kład**-ł	-C-

POLISH VERBS OF MOTION

The Polish verbs of motion require special attention because they indicate the quality of the motion, specifically its direction and position. They also distinguish between motion on foot and motion by means of transport. And the various indicators used with the verbs of motion change the meaning of verbs or provide overtones to the meaning. Furthermore, there are idiomatic uses of the verbs of motion that have no connection with concrete motion whatsoever.

From a grammatical point of view, simple (unprefixed) verbs of motion are classified in the imperfective aspect that subdivides into indeterminate (e.g., **chodzić**) and determinate (e.g., **iść**) forms. The indeterminate verbs describe the repetition of a motion (back and forth), or habitual or frequent motion, whereas the determinate verbs describe a progressive action, that is, a specific motion in progress that is unbroken and proceeding in one direction (one way).

Indeterminate:	**W lecie chodzę na basen.**
	In the summer I go to the swimming pool.
Determinate:	**Idę na basen.**
	I'm going to the swimming pool.

The indeterminate forms, as a rule, do not have a perfective; the determinate do. Thus, for example, the determinate verb **iść** acquires a perfective form by means of the prefix **po-: pójść.** Note the addition of the diacritic on the letter **o.**

By adding a score of prefixes, the Polish verbs of motion form many perfective compounds in new meanings. For example, we may have **dojść, nadejść, obejść,** etc. Hence, the direction of a given motion is indicated by a prefix as well: **do-** *to(ward);* **na-** *upon,* **ob-,** *around,* etc.

If a prefix is added to the indeterminate form of the verb of motion, it produces an imperfective verb; if a prefix is added to the determinate form, it produces a perfective verb form. So, for example, we may have **przynosić** (imperfective)/**przynieść** (perfective) *to bring /on foot/;* **objeżdżać** (imperfective)/**objechać** (perfective) *to go around /by vehicle/;* **odlatywać** (imperfective)/**odlecieć** (perfective) *to fly away.* Note that **jeździć** changes the stem to **-jeżdżać** before the prefixes. Also the stem **-latywać** is used instead of **latać.**

Here are some of the verbs of motion with their appropriate meanings.

Imperfective	Indeterminate	Determinate	Perfective	Meaning
	chodzić	**iść**	**pó-jść**	*go /on foot/, walk*
	jeździć	**jechać**	**po-jechać**	*go /by vehicle/, travel, ride*
	latać	**lecieć**	**po-lecieć**	*fly, rush, run*
	pływać	**płynąć**	**po-płynąć**	*swim, sail, float*
	nosić	**nieść**	**za-nieść**	*carry, bear, wear* (**ID** only)
	wodzić	**wieść**	**po-wieść**	*lead, conduct*
	wozić	**wieźć**	**po-wieźć**	*carry /by vehicle/, transport*
	chodzić		**przy-jść**	*come*
do-chodzić			**do-jść**	*go as far as, reach, attain*
do-jeżdżać			**do-jechać**	*arrive at, commute* (**I** only)
do-pływać			**do-płynąć**	*reach /the shore/*
nad-chodzić			**nad-e-jść**	*approach, come, arrive*
nad-jeżdżać			**nad-jechać**	*be arriving /by vehicle/*
na-jeżdżać			**na-jechać**	*drive over*
ob-chodzić			**ob-e-jść**	*go around, walk around*
ob-jeżdżać			**ob-jechać**	*go around /by vehicle/*
od-chodzić			**od-e-jść**	*leave, depart, walk off/away*
od-jeżdżać			**od-jechać**	*go away /by vehicle/, leave*
od-latywać			**od-lecieć**	*fly away*
od-nosić			**od-nieść**	*take back, return*

po-chodzić					originate (**I** only)
pod-chodzić				pod-e-jść	come up to, approach
pod-nosić				pod-nieść	lift, pick up, take up
prze-chodzić				prze-jść	pass by, cross, go through
				prze-jść się	go for a stroll (**P** only)
prze-jeżdżać				prze-jechać	go across, go through /in a vehicle/
				prze-jechać się	go for a ride (**P** only)
prze-nosić				prze-nieść	carry across
prze-pływać				prze-płynąć	swim across, sail across
przy-chodzić				przy-jść	come, arrive /on foot/
przy-jeżdżać				przy-jechać	come, arrive /by vehicle/
przy-nosić				przy-nieść	bring /on foot/, fetch
przy-wozić				przy-wieźć	bring /by vehicle/, import
roz-chodzić się				roz-e-jść się	go one's way /on foot/
s-chodzić				z-e-jść	go down /on foot/, descend
u-chodzić				u-jść	escape
w-chodzić				w-e-jść	ascend, enter, walk in, go in
w-jeżdżać				w-jechać	drive in, ride in
w-nosić				w-nieść	bring, carry in, contribute
wy-chodzić				wy-jść	go out, come out /on foot/
wy-jeżdżać				wy-jechać	leave, drive out, depart
z-jeżdżać				z-jechać	go down /by vehicle/, ride down
za-chodzić				za-jść	drop in, stop by, set /sun/

In addition to their basic meaning of motion, there are many other meanings that the verbs of motion convey. They function idiomatically because their meanings cannot be inferred from the meaning of the prefix. The verb of motion **chodzić** *to go* may also mean *to work* or *run, date, be concerned* and *wear*.

> **Zegarek nie chodzi.** *The watch doesn't work.*
> **Autobus tamtędy chodzi.** *The bus runs through there.*
> **Jasia chodzi z Jankiem.** *Jasia dates Janek.*
> **O co ci chodzi?** *What are you concerned about?*
> **On chodzi w czapce.** *He wears a cap.*

Other verbs of motion used idiomatically are as follows:

latać * lecieć ⇒ *to fly, dash off, run*
> **Jak ci czas leci?** *How is it going?*
> **On lata za motylami.** *He chases butterflies.*

nosić ⇒ *to wear*
> **Ona nosi ciemne rajstopy.** *She wears dark pantyhose.*

rozwodzić się * rozwieść się ⇒ *to get divorced*
   Oni w końcu rozwiedli się. *They finally divorced.*

wschodzić * wzejść ⇒ *to rise (sun)*
   Słońce wschodzi wcześnie. *The sun rises early.*

wychodzić * wyjść ⇒ **za mąż** *to get married (of a woman)*
                     ⇒ **z mody** *to go out of style*
                     ⇒ *to be published*
                     ⇒ **na** *to give onto*
   Wyszłam za mąż po raz trzeci. *I got married for the third time.*
   Szpilki znowu wyszły z mody. *High heeled shoes went out of style again.*
   "Kobieta i Życie" wychodzi raz na miesiąc. *"Kobieta i Życie" is published once a month.*
   Moje okno wychodzi na balkon. *My window opens up onto a balcony.*

wchodzić * wejść ⇒ *to fit*
   Wszystko wchodzi do szuflady. *Everything fits into the drawer.*

przechodzić * przejść ⇒ **na emeryturę** *to retire*
                         ⇒ *to stop (of a sensation), pass*
   Stach przeszedł na emeryturę. *Stan retired.*
   Ból głowy przeszedł. *The headache stopped.*

dochodzić * dojść do ⇒ *to extend to*
   Las dochodzi do drogi. *The forest extends to the road.*

zachodzić * zajść ⇒ *to hide behind*
   Słońce zaszło za chmury. *The sun hid behind the clouds.*

obchodzić się * obejść się ⇒ **bez** *to do without*
                             ⇒ **z kimś** *to treat someone*
                             ⇒ *concern* (Imperfective only)
   Nie mogę obejść się bez słownika. *I can't do without a dictionary.*
   On źle się z nią obchodzi. *He treats her badly.*
   To nic go nie obchodzi. *He doesn't care.*

przychodzić * przyjść do głowy ⇒ *to occur*
   Często przychodzi mi do głowy, żeby kupić nowy samochód. *It often occurs to me to buy a new car.*

donosić * donieść ⇒ *to denounce, inform against*
   Oni donieśli na niego. *They denounced him.*

zanosić się * zanieść się ⇒ *to look as if*
   Zanosi się na deszcz. *It looks as if it's going to rain.*

nosić się ⇒ *to take a long time, postpone*
   On nosi się z pomysłem ożenku od dawna. *He's taking his time about the idea of getting married.*

odnosić się * odnieść się do kogoś ⇒ *to relate*
   Ona się grzecznie do niego odnosi. *She treats him politely.*

znosić * znieść ⇒ *to terminate, get rid of*

⇒ *to tolerate, stand*

⇒ *to lay (an egg)*

Nadgodzin pracy nigdy nie zniosą. *They'll never get rid of overtime.*

Nie mogła go znieść . *She couldn't stand him.*

Kaczka też zniosła jajko. *The duck too laid an egg.*

wodzić * wieść ⇒ *to lead*

Ścieżka wiedzie przez las. *The path leads through the forest.*

dojeżdżać (Imperfective only) ⇒ *to commute*

On dojeżdża do pracy autobusem. *He commutes to work by bus.*

pochodzić (Imperfective only) ⇒ *to originate*

Ja pochodzę z kresów wschodnich. *I'm from Eastern Poland.*

SUBJECT PRONOUNS AND FORMAL ADDRESS
WITH POLISH VERBS

Singular	Person	Plural
ja *I*	First	**my** *we*
ty *you* (familiar address for one person)	Second	**wy** *you* (familiar address for more than one person)
on *he*	Third	**oni** *they* (men) or (men and women)
ona *she*		**one** *they* (women, children, animals, or things)
ono *it*		

The subject pronouns, especially in the first and second persons, generally are not used before a verb (e.g., **Czytam książkę** *I am reading a book*), since the person referred to is indicated by the verb ending (**czytam**). The personal pronouns will be used, however, for emphasis[1] or for differentiation[2] between the persons.

[1] ***Ja** mam twoje klucze.* *I have your keys.* (i.e., *It is **I** who has your keys.*)

[2] ***On** pije kawę, a **ona** herbatę.* *He's drinking coffee, and she's drinking tea.*

A noun is used in formal forms of address in Polish.

Pan[3]	*you*	to a man, formal
Pani[3]	*you*	to a woman, formal
Panowie[4]	*you*	to a group of men
Panie[4]	*you*	to a group of women
Państwo[4]	*you*	to a married couple (Mr. and Mrs.) or to a group of men and women (ladies and gentlemen)

[3]is followed by a verb in the third person singular.

Pan/Pani ma moje klucze. *You have my keys.*

[4]is followed by a verb in the third person plural.

Panowie/Panie/Państwo mają moje klucze. *You have my keys.*

The personal pronoun **ty** can only be used when addressing a child or a person that you know by his or her first name; otherwise, you will have to use **pan** or **pani.**

Zosiu, czy ty masz moje klucze? *Sophie, do you have my keys?*

But, if you don't know the person, then you say, **Czy pani ma moje klucze?** *Do you have my keys?*

GUIDE TO THE USE OF THIS BOOK

The Polish verb, when compared with verbs of some of the other languages, appears relatively straightforward. It has only three tenses of the Indicative, one Conditional, the Imperative and a few nonfinite verb forms. This book provides 301 commonly used Polish verbs with complete conjugations and nonfinite verb forms.

These verbs are arranged in alphabetical order, and under each entry the imperfective infinitive (e.g., **pytać**) is listed before the perfective (e.g., **zapytać**). Thus, the imperfective infinitive comes first and the perfective, if any, is followed by a slash (e.g., **pytać/zapytać** or just **śnić**). A double imperfective pair (indeterminate and determinate, or actual and frequentative) is separated by an asterisk and the verb followed by the slash acts as the perfective aspect, if there is any, for the determinate or the actual verbs (e.g., **nosić * nieść/zanieść** or **spać * sypiać/pospać** or **przespać** or just **mieć * miewać**).

In the list of translations in English for the infinitives (e.g., *to ask, inquire*), the word *to* is provided for the initial verb; its presence, nonetheless, is understood in subsequent listings. The various verb meanings for the verb pair are separated by a comma (e.g., **farbować/ufarbować** *to dye, stain, color*). If, however, the perfective verb still has an additional meaning or meanings, then a semicolon will follow the pair's shared meaning (e.g., **bawić/zabawić** *amuse; entertain, linger*). The meaning of either the imperfective or perfective verb may be clarified further to avoid confusion (e.g., **odpowiadać/odpowiedzieć** *to answer, reply, retort; be suitable* [**I** only]).

Many base verbs are conjugated in this book (e.g., **kryć/skryć** *to cover, hide*). A number of verbs that are formed with prefixes are also conjugated here (e.g., **nalewać/nalać** *to fill, pour* into); others are listed in brackets at the bottom of the model verb page (e.g., **dolać . . .**). A page number (e.g., **śpiewać/zaśpiewać** *sing* **240**) is provided in bold after the listing of the infinitive in the index for all the conjugated verbs in this book. Verbs without the bold page number (e.g., **dolać** *add to, pour more, replenish* 117) or (e.g., **wnieść** *carry in, contribute* 123) are not conjugated in the body of this book. Their conjugation may be obtained from the model verb (e.g., **nosić * nieść/zanieść** *carry, bear; wear* /**ID** only/ 123) in the body of this book. You must remember, though, that the simple future of the prefixed verbs of motion is conjugated like the present (e.g., present: **niosę, niesiesz,** etc., future: **w-niosę, w-niesiesz,** etc.).

Also, many reflexive verbs are conjugated in this book. Reflexive verbs are sometimes preferred to nonreflexive verbs simply for the sake of meaning. Yet, if any of the conjugated verbs (e.g., **poznawać/poznać** *to acquaint, recognize, meet, get to know*) also occur in the reflexive form, their infinitives are listed at the bottom of the page and a meaning is provided for them (e.g., **poznawać się/poznać się** *get acquainted, perceive*).

• The *infinitive* of the conjugated verb (e.g., **bawić się/zabawić się**) is always placed at the very top of the page and the verb that will not be conjugated (e.g., **bawić/zabawić**) is placed down the page with related verbs. One must remember, though, that passive participles do not occur in reflexive or intransitive verb forms. They exist only as adjectives or with special meanings.

In the verbs of motion, the indeterminate (e.g., **chodzić**) and determinate (e.g., **iść**) verbs are conjugated on the appropriate page. However, the perfective infinitive (e.g., **pójść**) for determinate verbs is listed, but it is not conjugated.

The actual (e.g., **mieć**) and frequentative (e.g., **miewać**) verb forms are likewise conjugated on the appropriate page.

It must be explained that almost any verb chosen as a model in the book is usually one of any number possible that could have been taken for consideration.

• The *present tense* is arranged on the page in the following way: the first person singular (e.g., **po-do-b-a-m się**) is placed on the first line of the vertical column, the second person singular (e.g., **po-do-b-a-sz się**) is placed on the second line, and the third person singular (e.g., **po-do-b-a się**) is placed on the third line. The plural forms for the first (e.g., **po-do-b-a-my się**), second (e.g., **po-do-b-a-cie się**), and third person (e.g., **po-do-b-a-ją się**) complete the column.

The present tense is positioned in the imperfective side of the conjugated page in the following way:

ja	**podobam się**
ty	**podobasz się**
on/ona/ono	**podoba się**
my	**podobamy się**
wy	**podobacie się**
oni/one	**podobają się**

The personal pronouns are included in the model conjugations for the sake of clarity for the novice learner.

• The *past tense for imperfective verbs* is found on the left side of the conjugated page. In the past tense in the singular, the first entry for the first, second, and third person is always in the masculine form.

First person:	**ot-wie-ra-ł-e-m**
Second person:	**ot-wie-ra-ł-e-ś**
Third person:	**ot-wie-ra-ł**

The second entry for the first, second, and third person is always in the feminine form.

First person:	**ot-wie-ra-ł-a-m**
Second person:	**ot-wie-ra-ł-a-ś**
Third person:	**ot-wie-ra-ł-a**

The third entry for the third person only is in the neuter form.

Third person:	**ot-wie-ra-ł-o**

All the imperfective past singular forms are entered on the conjugated page in the following manner:

ja	**otwierałem/otwierałam**
ty	**otwierałeś/otwierałaś**
on/ona/ono	**otwierał/otwierała/otwierało**

In the plural, the first entry for the first, second, and third person is always in the masculine-personal form.

First person:	**ot-wie-ra-li-śmy**
Second person:	**ot-wie-ra-li-ście**
Third person:	**ot-wie-ra-li**

The second entry for the first, second, and third person is always in the feminine, neuter, animal, and inanimate form.

First person:	**ot-wie-ra-ły-śmy**
Second person:	**ot-wie-ra-ły-ście**
Third person:	**ot-wie-ra-ły**

All the imperfective past plural forms are entered on the conjugated page in the following manner:

my	**otwieraliśmy/otwierałyśmy**
wy	**otwieraliście/otwierałyście**
oni/one	**otwierali/otwierały**

• Similarly, the ***past tense for perfective verbs*** is placed vertically on the left side of the page and across from the imperfective past.

In the perfective past in the singular, the first entry for the first, second, and third person is always in the masculine personal form.

First person:	**ot-wo-rzy-ł-em**
Second person:	**ot-wo-rzy-ł-eś**
Third person:	**ot-wo-rzy-ł**

The second entry for the first, second, and third person is always in the feminine form.

First person:	**ot-wo-rzy-ł-am**
Second person:	**ot-wo-rzy-ł-aś**
Third person:	**ot-wo-rzy-ł-a**

The third entry for the third person only is in the neuter form.

Third person: **ot-wo-rzy-ł-o**

All the perfective past singular forms are entered on the conjugated page in the following manner:

ja	**otworzyłem/otworzyłam**
ty	**otworzyłeś/otworzyłaś**
on/ona/ono	**otworzył/otworzyła/otworzyło**

In the plural, the first entry for the first, second, and third person is always in the masculine-personal form.

First person:	**ot-wo-rzy-li-śmy**
Second person:	**ot-wo-rzy-li-ście**
Third person:	**ot-wo-rzy-li**

The second entry for the first, second, and third person is always in the feminine, neuter, animal, and inanimate form.

First person:	**ot-wo-rzy-ły-śmy**
Second person:	**ot-wo-rzy-ły-ście**
Third person:	**ot-wo-rzy-ły**

All plural forms for the above past perfective are entered on the conjugated page in the following manner:

my	**otworzyliśmy/otworzyłyśmy**
wy	**otworzyliście/otworzyłyście**
oni/one	**otworzyli/otworzyły**

• Although the *compound future* tense has two forms (e.g., **będę zamykał/zamykała, będziesz zamykał/zamykała,** etc., and **będę zamyka-ć, będziesz zamyka-ć,** etc.), only the first form is entered on the conjugated page. The second form is omitted from the conjugated page for the reason of space limitation. Its formation is, nevertheless, explained. In addition, examples are provided in the introduction, and it is dealt with in the tests.

In the compound future tense in the singular, the first entry for the first, second, and third person is always in the masculine form.

First person:	**będę za-my-ka-ł**
Second person:	**będziesz za-my-ka-ł**
Third person:	**będzie za-my-ka-ł**

The second entry for the first, second, and third person is always in the feminine form.

First person:	**będę za-my-ka-ł-a**
Second person:	**będziesz za-my-ka-ł-a**
Third person:	**będzie za-my-ka-ł-a**

The entry for the third person only is in the neuter form.

Third person:	**będzie za-my-ka-ł-o**

All the compound future singular forms are entered on the conjugated page as follows:

ja	**będę zamykał/zamykała**
ty	**będziesz zamykał/zamykała**
on/ona/ono	**będzie zamykał/zamykała/zamykało**

In the plural, the first entry for the first, second, and third person is always in the masculine-personal form.

First person:	**będziemy za-my-ka-li**
Second person:	**będziecie za-my-ka-li**
Third person:	**będą za-my-ka-li**

The second entry for the first, second, and third person is always in the feminine, neuter, animal, and inanimate form.

First person:	**będziemy za-my-ka-ły**
Second person:	**będziecie za-my-ka-ły**
Third person:	**będą za-my-ka-ły**

All plural forms of the compound future are entered on the conjugated page as follows:

my	**będziemy zamykali/zamykały**
wy	**będziecie zamykali/zamykały**
oni/one	**będą zamykali/zamykały**

• The *simple future* tense (e.g., **ja zamknę, ty zamkniesz,** etc.) is entered on the right side in the perfective column.

• The *conditional tense for imperfective verbs* is positioned on the left of the conjugated page.

In the imperfective conditional in the singular, the first entry for the first, second, and third person is always in the masculine-personal form.

First person:	**po-sta-na-wi-a-ł-bym**
Second person:	**po-sta-na-wi-a-ł-byś**
Third person:	**po-sta-na-wi-a-ł-by**

1

The second entry for the first, second, and third person is always in the feminine form.

First person:	**po-sta-na-wi-a-ł-a-bym**
Second person:	**po-sta-na-wi-a-ł-a-byś**
Third person:	**po-sta-na-wi-a-ł-a-by**

The third entry for the third person only is in the neuter form.

Third person: **po-sta-na-wi-a-ł-o-by**

All singular forms of the conditional for imperfective verbs are entered on the conjugated page as follows:

ja	**postanawiałbym/postanawiałabym**
ty	**postanawiałbyś/postanawiałabyś**
on/ona/ono	**postanawiałby/postanawiałaby/postanawiałoby**

In the plural, the first entry for the first, second, and third person is always in the masculine-personal form.

First person:	**po-sta-na-wi-a-li-byśmy**
Second person:	**po-sta-na-wi-a-li-byście**
Third person:	**po-sta-na-wi-a-li-by**

The second entry for the first, second, and third person is always in the feminine, neuter, animal, and inanimate form.

First person:	**po-sta-na-wi-a-ły-byśmy**
Second person:	**po-sta-na-wi-a-ły-byście**
Third person:	**po-sta-na-wi-a-ły-by**

All plural forms of the conditional for imperfective verbs are entered on the conjugated page as follows:

my	**postanawialibyśmy/postanawiałybyśmy**
wy	**postanawialibyście/postanawiałybyście**
oni/one	**postanawialiby/postanawiałyby**

• In a similar manner, the ***conditional tense for perfective verbs*** is placed vertically on the right side of the page and across from the imperfective conditional.

In the perfective conditional in the singular, the first entry for the first, second, and third person is always in the masculine-personal form.

First person:	**po-sta-no-wi-ł-bym**
Second person:	**po-sta-no-wi-ł-byś**
Third person:	**po-sta-no-wi-ł-by**

The second entry for the first, second, and third person is always in the feminine form.

First person:	**po-sta-no-wi-ł-a-bym**
Second person:	**po-sta-no-wi-ł-a-byś**
Third person:	**po-sta-no-wi-ł-a-by**

The third entry for the third person only is in the neuter form.

Third person: **po-sta-no-wi-ł-o-by**

All singular forms are entered on the conjugated page as follows:

ja	**postanowiłbym/postanowiłabym**
ty	**postanowiłbyś/postanowiłabyś**
on/ona/ono	**postanowiłby/postanowiłaby/postanowiłoby**

In the plural, the first entry for the first, second, and third person is always in the masculine-personal form.

First person:	**po-sta-no-wi-li-by-śmy**
Second person:	**po-sta-no-wi-li-by-ście**
Third person:	**po-sta-no-wi-li-by**

The second entry for the first, second, and third person in the plural is always in the feminine, neuter, animal, and inanimate form.

First person:	**po-sta-no-wi-ły-by-śmy**
Second person:	**po-sta-no-wi-ły-by-ście**
Third person:	**po-sta-no-wi-ły-by**

All plural forms are entered on the conjugated page as follows:

my	**postanowilibyśmy/postanowiłybyśmy**
wy	**postanowilibyście/postanowiłybyście**
oni/one	**postanowiliby/postanowiłyby**

(*Note:* For extremely long verbs (e.g., **gimnastykować się/pogimnastykować się** *to do exercises, train*), the third person singular neuter form of the past (**gimnastykowało się** and **pogimnastykowało się**), compound future (**będzie się gimnastykowało**), and conditional tenses (**gimnastykowałoby się** and **pogimnastykowałoby się**), etc., is abbreviated to **-ło się** and **-łoby się**, etc., to accommodate the verb form on the page.)

• The *imperative of imperfective verbs* is on the left side of the conjugated page. Since there is no imperative for the first person singular, the line is left blank. The second person singular is entered next (e.g., **kąp**), the third person singular is entered below it (e.g., **niech kąpi-e**), in the next column follows the first person plural (e.g., **kąp-my**), after which comes the second person plural (e.g., **kąp-cie**), and finally the third person plural (e.g., **niech kąpi-ą**). On the conjugated page the imperfective imperative form is placed in a split column:

	kąpmy
kąp	**kąpcie**
niech kąpie	**niech kąpią**

• The *imperative of perfective verbs* is beside the imperfective imperative on the conjugated page. The first entry is left blank since there is no imperative for the first person singular. The second person singular is entered next (e.g., **wykąp**), the third person singular is entered below it (e.g., **niech wykąpie**), in the adjacent column follows the first person plural (e.g., **wykąpmy**), after which comes the second person plural (e.g., **wykąpcie**), and finally the third person plural (e.g., **niech wykąpią**). On the conjugated page the perfective imperative form is placed in a split column:

	wykąpmy
wykąp	**wykąpcie**
niech wykąpie	**niech wykąpią**

• The *nonfinite verb forms,* except for the infinitive, which is listed at the top of each page, are grouped separately under the readily recognizable general heading of "Participles."

All declinable participles are listed in the nominative singular of the masculine (e.g., pres. act.: **przeznacza-ją-cy;** pres. pass.: **przeznacz-an-y;** past pass.: **przeznacz-on-y**), feminine (e.g., pres. act.: **przeznacza-ją-ca;** pres. pass.: **przeznacz-an-a;** past pass.: **przeznacz-on-a**) and neuter forms (e.g., pres. act.: **przeznacza-ją-ce;** pres. pass.: **przeznacz-an-e;** past pass.: **przeznacz-on-e**) and in the nominative plural of the masculine-personal forms (e.g., pres.act.: **przeznacza-ją-cy;** pres. pass.: **przeznacz-an-i;** past pass.: **przeznacz-en-i**) and feminine, neuter, animal and inanimate forms (e.g., pres. act.: **przeznacza-ją-ce;** pres. pass.: **przeznacz-an-e;** past pass.: **przeznacz-on-e**). On the conjugated page, the first two forms are entered on the imperfective side of the page and the third form on the perfective side in the following compact manner:

Pres. Act.   **przeznaczający, -a, -e; -y, -e**

Pres. Pass.   **przeznaczany, -a, -e; -i, -e**   Past Pass.   **przeznaczony, -a, -e; -eni, -one**

The indeclinable adverbial participle, i.e. the present gerund, is entered below the other two participles in the imperfective section of the page (e.g., **przeznaczają-c**).

Rare verbal and nonfinite forms are omitted from the text.

• *Verb governance* is provided after the section on participles. A semicolon between case forms or prepositional constructions signifies that these forms or constructions usually have different meanings. When a comma follows between cases, then the verb may govern one or both forms. The verb **notować/zanotować** *to note, jot down,* for instance, requires the following verb governance: **co, czym; w czym.**

• A list of *related verb forms* in the infinitive other than the conjugated model verb (e.g., **budować/zbudować** *to build, construct*) is provided at the bottom of each *301 Polish Verbs* page with their meanings, e.g., (**dobudować** *build an annex*) (**nadbudować** *add a level, build on*) (**odbudować** *rebuild, restore, reconstruct*), etc. When a reflexive form is included with the verb listed, the reflexive particle **się** is given in slanted brackets. If a verb followed by the particle **się** in slanted brackets is given only one meaning, then the same meaning applies to the verb with and without the particle, e.g., **spytać /się/** *ask* (page 191). Moreover, a verb followed by **się** in slanted brackets is given meanings for the verb with and without **się.** A semicolon is used to differentiate between the two, e.g., **przywiązać /się/** *fasten; grow fond of* (page 263).

• *Examples of model and/or related verbs* follow. There are always four examples included with each verb page for a total of 1,204. Infinitives, tenses, and participles, though not in any particular order, are all, sooner or later, illustrated and translated. Sentences that are translated express the meaning of the Polish sentences; they're there simply to provide a reference point for the learner. Some of the examples, naturally, are given with the base verb; other examples, however, illustrate the multitude of derivatives used in the Polish language. After all, the Polish language is not made up of only base verbs. The nuances of meaning that the prefixed verbs provide are inexhaustible. Just when you think you have figured it all out, a new twist to the meaning of the verb is waiting for you on the next page and the page after that. Undoubtedly, you are going to have fun in the verbal maze of *301 Polish Verbs.*

Alphabetical Listing of 301 Polish
Verbs Fully Conjugated
in All the Tenses

IMPERFECTIVE	PERFECTIVE

PRESENT

ja	awansuję
ty	awansujesz
on/ona/ono	awansuje
my	awansujemy
wy	awansujecie
oni/one	awansują

PAST

ja	awansowałem/awansowałam	zaawansowałem/zaawansowałam
ty	awansowałeś/awansowałaś	zaawansowałeś/zaawansowałaś
on/ona/ono	awansował/awansowała/awansowało	zaawansował/zaawansowała/zaawansowało
my	awansowaliśmy/awansowałyśmy	zaawansowaliśmy/zaawansowałyśmy
wy	awansowaliście/awansowałyście	zaawansowaliście/zaawansowałyście
oni/one	awansowali/awansowały	zaawansowali/zaawansowały

FUTURE

ja	będę awansował/awansowała	zaawansuję
ty	będziesz awansował/awansowała	zaawansujesz
on/ona/ono	będzie awansował/awansowała/ awansowało	zaawansuje
my	będziemy awansowali/awansowały	zaawansujemy
wy	będziecie awansowali/awansowały	zaawansujecie
oni/one	będą awansowali/awansowały	zaawansują

CONDITIONAL

ja	awansowałbym/awansowałabym	zaawansowałbym/zaawansowałabym
ty	awansowałbyś/awansowałabyś	zaawansowałbyś/zaawansowałabyś
on/ona/ono	awansowałby/awansowałaby/ awansowałoby	zaawansowałby/zaawansowałaby/ zaawansowałoby
my	awansowalibyśmy/awansowałybyśmy	zaawansowalibyśmy/zaawansowałybyśmy
wy	awansowalibyście/awansowałybyście	zaawansowalibyście/zaawansowałybyście
oni/one	awansowaliby/awansowałyby	zaawansowaliby/zaawansowałyby

IMPERATIVE

	awansujmy		zaawansujmy
awansuj	awansujcie	zaawansuj	zaawansujcie
niech awansuje	niech awansują	niech zaawansuje	niech zaawansują

PARTICIPLES

PRES. ACT.　　awansujący, -a, -e; -y, -e
PRES. PASS.　　awansowany, -a, -e; -i, -e　　　　　**PAST PASS.**　　zaawansowany, -a, -e; -i, -e
ADV. PART.　　awansując
Verb governance: kogo; na kogo; w czym
Related verbs with meanings: (**awansować się/zaawansować się** *go far/ahead/; further/career/, be involved*)

EXAMPLES of model and/or related verbs: 1. Do finałów mistrzostw świata udało się **awansować** tylko kilku sportowcom. *Only a few athletes advanced to the finals for the world championships.* 2. Przed startem liczył, że **będzie awansował** wysoko. *Before the start, he figured that he would advance far.* 3. Nie chciał, żeby go **awansowano** na wyższe stanowisko. *He didn't want to be promoted to a higher position.* 4. Polityczne rozmowy między dwoma krajami są **zaawansowane.** *The political talks between the two countries are at an advanced stage.*

bać się   to fear, be afraid of, dread

IMPERFECTIVE	PERFECTIVE

PRESENT

ja	boję się
ty	boisz się
on/ona/ono	boi się
my	boimy się
wy	boicie się
oni/one	boją się

PAST

ja	bałem się/bałam się
ty	bałeś się/bałaś się
on/ona/ono	bał się/bała się/bało się
my	baliśmy się/bałyśmy się
wy	baliście się/bałyście się
oni/one	bali się/bały się

FUTURE

ja	będę się bał/bała
ty	będziesz się bał/bała
on/ona/ono	będzie się bał/bała/bało
my	będziemy się bali/bały
wy	będziecie się bali/bały
oni/one	będą się bali/bały

CONDITIONAL

ja	bałbym się/bałabym się
ty	bałbyś się/bałabyś się
on/ona/ono	bałby się/bałaby się/bałoby się
my	balibyśmy się/bałybyśmy się
wy	balibyście się/bałybyście się
oni/one	baliby się/bałyby się

IMPERATIVE

	bójmy się
bój się	bójcie się
niech się boi	niech się boją

PARTICIPLES

PRES. ACT. bojący się, -a, -e; -y, -e
PRES. PASS.   **PAST PASS.**
ADV. PART. bojąc się
Verb governance: kogo, czego; o kogo, o co
Related verbs with meanings:

EXAMPLES of model and/or related verbs: 1. Czy to prawda, że mężczyźni **boją się** pięknych kobiet? *Is it true that men are afraid of beautiful women?* 2. Ona zawsze **bała się** wyrażania własnej opinii. *She was always afraid of expressing her own opinion.* 3. Młody aktor pewnie **bałby się** wyjść na scenę. *The young actor would probably be afraid to go on stage.* 4. Czego **będziemy się bali?** *What are we going to be afraid of?*

badać/zbadać — to examine, scrutinize, inquire, investigate, probe into

IMPERFECTIVE		PERFECTIVE

PRESENT

	IMPERFECTIVE	
ja	badam	
ty	badasz	
on/ona/ono	bada	
my	badamy	
wy	badacie	
oni/one	badają	

PAST

	IMPERFECTIVE	PERFECTIVE
ja	badałem/badałam	zbadałem/zbadałam
ty	badałeś/badałaś	zbadałeś/zbadałaś
on/ona/ono	badał/badała/badało	zbadał/zbadała/zbadało
my	badaliśmy/badałyśmy	zbadaliśmy/zbadałyśmy
wy	badaliście/badałyście	zbadaliście/zbadałyście
oni/one	badali/badały	zbadali/zbadały

FUTURE

	IMPERFECTIVE	PERFECTIVE
ja	będę badał/badała	zbadam
ty	będziesz badał/badała	zbadasz
on/ona/ono	będzie badał/badała/badało	zbada
my	będziemy badali/badały	zbadamy
wy	będziecie badali/badały	zbadacie
oni/one	będą badali/badały	zbadają

CONDITIONAL

	IMPERFECTIVE	PERFECTIVE
ja	badałbym/badałabym	zbadałbym/zbadałabym
ty	badałbyś/badałabyś	zbadałbyś/zbadałabyś
on/ona/ono	badałby/badałaby/badałoby	zbadałby/zbadałaby/zbadałoby
my	badalibyśmy/badałybyśmy	zbadalibyśmy/zbadałybyśmy
wy	badalibyście/badałybyście	zbadalibyście/zbadałybyście
oni/one	badaliby/badałyby	zbadaliby/zbadałyby

IMPERATIVE

	badajmy		zbadajmy
badaj	badajcie	zbadaj	zbadajcie
niech bada	niech badają	niech zbada	niech zbadają

PARTICIPLES

PRES. ACT. badający, -a, -e; -y, -e
PRES. PASS. badany, -a, -e; -i, -e   *PAST PASS.* zbadany, -a, -e; -i, -e
ADV. PART. badając

Verb governance: kogo, co
Related verbs with meanings: (**badać się/zbadać się** *be examined*) (**dobadać się** *find out*) (**pobadać** *look over*) (**przebadać** *examine*) (**wybadać** *discover*)

EXAMPLES of model and/or related verbs: 1. Sprawę mordu **bada** specjalna komisja śledcza. *A special inquest committee is investigating the murder case.* 2. W kilku szpitalach **przebadano** ludzi podejrzanych o gruźlicę. *Some people suspected of having tuberculosis were examined in some hospitals.* 3. Zaczęto **badać** to dopiero ostatnio. *They started to examine it just lately.* 4. **Zbadajcie** grupę genialnych dzieci. *Examine a group of gifted children.*

IMPERFECTIVE	PERFECTIVE

PRESENT

ja	bawię się	
ty	bawisz się	
on/ona/ono	bawi się	
my	bawimy się	
wy	bawicie się	
oni/one	bawią się	

PAST

ja	bawiłem się/bawiłam się	zabawiłem się/zabawiłam się
ty	bawiłeś się/bawiłaś się	zabawiłeś się/zabawiłaś się
on/ona/ono	bawił się/bawiła się/bawiło się	zabawił się/zabawiła się/zabawiło się
my	bawiliśmy się/bawiłyśmy się	zabawiliśmy się/zabawiłyśmy się
wy	bawiliście się/bawiłyście się	zabawiliście się/zabawiłyście się
oni/one	bawili się/bawiły się	zabawili się/zabawiły się

FUTURE

ja	będę się bawił/bawiła	zabawię się
ty	będziesz się bawił/bawiła	zabawisz się
on/ona/ono	będzie się bawił/bawiła/bawiło	zabawi się
my	będziemy się bawili/bawiły	zabawimy się
wy	będziecie się bawili/bawiły	zabawicie się
oni/one	będą się bawili/bawiły	zabawią się

CONDITIONAL

ja	bawiłbym się/bawiłabym się	zabawiłbym się/zabawiłabym się
ty	bawiłbyś się/bawiłabyś się	zabawiłbyś się/zabawiłabyś się
on/ona/ono	bawiłby się/bawiłaby się/bawiłoby się	zabawiłby się/zabawiłaby się/zabawiłoby się
my	bawilibyśmy się/bawiłybyśmy się	zabawilibyśmy się/zabawiłybyśmy się
wy	bawilibyście się/bawiłybyście się	zabawilibyście się/zabawiłybyście się
oni/one	bawiliby się/bawiłyby się	zabawiliby się/zabawiłyby się

IMPERATIVE

	bawmy się		zabawmy się
baw się	bawcie się	zabaw się	zabawcie się
niech się bawi	niech się bawią	niech się zabawi	niech się zabawią

PARTICIPLES

PRES. ACT. bawiący się, -a, -e; -y -e
PRES. PASS.   **PAST PASS.**
ADV. PART. bawiąc się
Verb governance: kim, czym; z kim, w co
Related verbs with meanings: (**bawić/zabawić** *amuse; entertain, linger*) (**nabawić/się**/ *cause; catch/cold/, amuse oneself*) (**pobawić/się**/ *stay, babysit; play with*) (**rozbawić** *cheer up, amuse*) (**ubawić/się**/ *amuse/oneself/*) (**wybawić** *deliver, free*) (**zbawić** *redeem, rescue*)

EXAMPLES of model and/or related verbs: 1. **Zbaw** dusze nasze. *Redeem our souls.* 2. Starał się ją **rozbawić.** *He tried to cheer her up.* 3. Żadna dziewczynka nie **bawiła się** z nią. *Not one girl played with her.* 4. **Pobawiłaby się** z rówieśnikami. *She should have played with her peers.*

bić/pobić
to beat, hit

IMPERFECTIVE	PERFECTIVE

PRESENT

ja	biję	
ty	bijesz	
on/ona/ono	bije	
my	bijemy	
wy	bijecie	
oni/one	biją	

PAST

ja	biłem/biłam	pobiłem/pobiłam
ty	biłeś/biłaś	pobiłeś/pobiłaś
on/ona/ono	bił/biła/biło	pobił/pobiła/pobiło
my	biliśmy/biłyśmy	pobiliśmy/pobiłyśmy
wy	biliście/biłyście	pobiliście/pobiłyście
oni/one	bili/biły	pobili/pobiły

FUTURE

ja	będę bił/biła	pobiję
ty	będziesz bił/biła	pobijesz
on/ona/ono	będzie bił/biła/biło	pobije
my	będziemy bili/biły	pobijemy
wy	będziecie bili/biły	pobijecie
oni/one	będą bili/biły	pobiją

CONDITIONAL

ja	biłbym/biłabym	pobiłbym/pobiłabym
ty	biłbyś/biłabyś	pobiłbyś/pobiłabyś
on/ona/ono	biłby/biłaby/biłoby	pobiłby/pobiłaby/pobiłoby
my	bilibyśmy/biłybyśmy	pobilibyśmy/pobiłybyśmy
wy	bilibyście/biłybyście	pobilibyście/pobiłybyście
oni/one	biliby/biłyby	pobiliby/pobiłyby

IMPERATIVE

	bijmy		pobijmy
bij	bijcie	pobij	pobijcie
niech biją	niech biją	niech pobiją	niech pobiją

PARTICIPLES

PRES. ACT.   bijący, -a, -e; -y, -e
PRES. PASS.   bity, -a, -e; -ci, -te   **PAST PASS.**   pobity, -a, -e; -ci, -te
ADV. PART.   bijąc

Verb governance: kogo, co; czym

Related verbs with meanings: (**bić się/pobić się** *fight*) (**dobić/się/** *kill off, reach; attain; contend/for/*) (**nabić** *spank, beat up, load*) (**odbić/się/** *take away, repel, reflect; bounce off*) (**podbić** *conquer*) (**przebić** *pierce, stab*) (**przybić** *nail down*) (**rozbić** *break apart, smash, set up/tent/*) (**ubić** *beat, ram down*) (**wybić** *strike*) (**zabić** *kill*) (**zbić** *beat down*)

EXAMPLES of model and/or related verbs: 1. **Dobiliśmy się** swego dopiero w Sądzie Najwyższym. *We have just won in the Supreme Court.* 2. Ona parokrotnie starała się **odbić** koleżankom ich ukochanych. *A couple of times, she tried to entice away her friends' boyfriends.* 3. Społeczeństwo jest **rozbite**. *The society is broken apart.* 4. Razem **podbijcie** nowe dziedziny wiedzy. *Together, conquer new fields of knowledge.*

IMPERFECTIVE		PERFECTIVE	

PRESENT

ja	biegnę		
ty	biegniesz		
on/ona/ono	biegnie		
my	biegniemy		
wy	biegniecie		
oni/one	biegną		

PAST

ja	biegłem/biegłam	pobiegłem/pobiegłam
ty	biegłeś/biegłaś	pobiegłeś/pobiegłaś
on/ona/ono	biegł/biegła/biegło	pobiegł/pobiegła/pobiegło
my	biegliśmy/biegłyśmy	pobiegliśmy/pobiegłyśmy
wy	biegliście/biegłyście	pobiegliście/pobiegłyście
oni/one	biegli/biegły	pobiegli/pobiegły

FUTURE

ja	będę biegł/biegła	pobiegnę
ty	będziesz biegł/biegła	pobiegniesz
on/ona/ono	będzie biegł/biegła/biegło	pobiegnie
my	będziemy biegli/biegły	pobiegniemy
wy	będziecie biegli/biegły	pobiegniecie
oni/one	będą biegli/biegły	pobiegną

CONDITIONAL

ja	biegłbym/biegłabym	pobiegłbym/pobiegłabym
ty	biegłbyś/biegłabyś	pobiegłbyś/pobiegłabyś
on/ona/ono	biegłby/biegłaby/biegłoby	pobiegłby/pobiegłaby/pobiegłoby
my	bieglibyśmy/biegłybyśmy	pobieglibyśmy/pobiegłybyśmy
wy	bieglibyście/biegłybyście	pobieglibyście/pobiegłybyście
oni/one	biegliby/biegłyby	pobiegliby/pobiegłyby

IMPERATIVE

	biegnijmy		pobiegnijmy
biegnij	biegnijcie	pobiegnij	pobiegnijcie
niech biegnie	niech biegną	niech pobiegnie	niech pobiegną

PARTICIPLES

PRES. ACT.   biegnący, -a, -e; -y, -e
PRES. PASS.   **PAST PASS.**
ADV. PART.   biegnąc

Verb governance: do kogo, do czego; po co; za kim, za czym
Related verbs with meanings: (**dobiec** *reach*) (**obiec** *circulate*) (**odbiec** *run away*) (**nabiec się** *run about*) (**podbiec** *run up*) (**przebiec** *run across*) (**przybiec** *run up, hasten, come up running*) (**rozbiec się** *take/branch/off*) (**ubiec/się/** *run a distance, elapse; contest for*) (**wybiec** *run out*) (**zabiec** *bar, intercept*) (**zapobiec** *prevent*)

EXAMPLES of model and/or related verbs: 1. Oboje rodzice **będą się ubiegać** o to, aby dziecko pozostało przy każdym z nich. *Both parents will fight for the custody of the child.* 2. Jej szczera wypowiedź **obiegła** prasę. *Her candid interview circulated in the press.* 3. Dobrze by było **zapobiec** ich powrotowi. *It would be good to prevent their return.* 4. W soboty **biegnę** do parku. *On Saturdays I run to the park.*

[1] also exists as **biegać/pobiegać** *run/around,along/*

IMPERFECTIVE	PERFECTIVE

PRESENT

ja	błądzę	
ty	błądzisz	
on/ona/ono	błądzi	
my	błądzimy	
wy	błądzicie	
oni/one	błądzą	

PAST

ja	błądziłem/błądziłam	zbłądziłem/zbłądziłam
ty	błądziłeś/błądziłaś	zbłądziłeś/zbłądziłaś
on/ona/ono	błądził/błądziła/błądziło	zbłądził/zbłądziła/zbłądziło
my	błądziliśmy/błądziłyśmy	zbłądziliśmy/zbłądziłyśmy
wy	błądziliście/błądziłyście	zbłądziliście/zbłądziłyście
oni/one	błądzili/błądziły	zbłądzili/zbłądziły

FUTURE

ja	będę błądził/błądziła	zbłądzę
ty	będziesz błądził/błądziła	zbłądzisz
on/ona/ono	będzie błądził/błądziła/błądziło	zbłądzi
my	będziemy błądzili/błądziły	zbłądzimy
wy	będziecie błądzili/błądziły	zbłądzicie
oni/one	będą błądzili/błądziły	zbłądzą

CONDITIONAL

ja	błądziłbym/błądziłabym	zbłądziłbym/zbłądziłabym
ty	błądziłbyś/błądziłabyś	zbłądziłbyś/zbłądziłabyś
on/ona/ono	błądziłby/błądziłaby/błądziłoby	zbłądziłby/zbłądziłaby/zbłądziłoby
my	błądzilibyśmy/błądziłybyśmy	zbłądzilibyśmy/zbłądziłybyśmy
wy	błądzilibyście/błądziłybyście	zbłądzilibyście/zbłądziłybyście
oni/one	błądziliby/błądziłyby	zbłądziliby/zbłądziłyby

IMPERATIVE

	błądźmy		zbłądźmy
błądź	błądźcie	zbłądź	zbłądźcie
niech błądzi	niech błądzą	niech zbłądzi	niech zbłądzą

PARTICIPLES

PRES. ACT.   błądzący, -a, -e; -y, -e
PRES. PASS.   *PAST PASS.*
ADV. PART.   błądząc
Verb governance: kiedy; gdzie; w czym
Related verbs with meanings: (**pobłądzić** *stray, mistake, blunder*) (**zabłądzić** *lose one's way, go astray*)

EXAMPLES of model and/or related verbs: 1. Ja, dziecko wileńskich pradziadków, **błądziłam** po świecie. *I, the child of forefathers from Wilno, wandered around the world.* 2. Tylko nie **zabłądź** w lesie. *Just don't lose your way in the forest.* 3. Kto pyta nie **błądzi**. *He who asks doesn't get lost.* 4. Oni napewno nie **będą błądzili** na drodze swego życia. *They certainly will not err along the path of their lives.*

IMPERFECTIVE	PERFECTIVE

PRESENT

ja		
ty		
on/ona/ono	boli	
my		
wy		
oni/one	bolą	

PAST

ja		
ty		
on/ona/ono	bolał/bolała/bolało	zabolał/zabolała/zabolało
my		
wy		
oni/one	bolały	zabolały

FUTURE

ja		
ty		
on/ona/ono	będzie bolał/bolała/bolało	zaboli
my		
wy		
oni/one	będą bolały	zabolą

CONDITIONAL

ja		
ty		
on/ona/ono	bolałby/bolałaby/bolałoby	zabolałby/zabolałaby/zabolałoby
my		
wy		
oni/one	bolałyby	zabolałyby

IMPERATIVE

niech boli	niech bolą	niech zaboli	niech zabolą

PARTICIPLES

PRES. ACT.   bolący, -a, -e; -y, -e
PRES. PASS.   **PAST PASS.**
ADV. PART.   boląc
Verb governance: kogo, co
Related verbs with meanings: (**odboleć** *mourn, suffer*) (**poboleć** *hurt for some time*) (**przeboleć** *get over pain*) (**rozboleć** *get an ache*)

EXAMPLES of model and/or related verbs: 1. To są sprawy, które nas **bolą.** *These are the matters that touch us deeply.* 2. Chyba już to **przebolała.** *She probably already got over the pain of it.* 3. Po wakacjach często dzieci **bolały** zęby. *After the holidays, the children often had toothaches.* 4. Dentysta usunął **bolący** ząb. *The dentist extracted the sore tooth.*

brać/wziąć   to take

IMPERFECTIVE		PERFECTIVE

PRESENT

ja	biorę	
ty	bierzesz	
on/ona/ono	bierze	
my	bierzemy	
wy	bierzecie	
oni/one	biorą	

PAST

ja	brałem/brałam	wziąłem/wzięłam
ty	brałeś/brałaś	wziąłeś/wzięłaś
on/ona/ono	brał/brała/brało	wziął/wzięła/wzięło
my	braliśmy/brałyśmy	wzięliśmy/wzięłyśmy
wy	braliście/brałyście	wzięliście/wzięłyście
oni/one	brali/brały	wzięli/wzięły

FUTURE

ja	będę brał/brała	wezmę
ty	będziesz brał/brała	weźmiesz
on/ona/ono	będzie brał/brała/brało	weźmie
my	będziemy brali/brały	weźmiemy
wy	będziecie brali/brały	weźmiecie
oni/one	będą brali/brały	wezmą

CONDITIONAL

ja	brałbym/brałabym	wziąłbym/wzięłabym
ty	brałbyś/brałabyś	wziąłbyś/wzięłabyś
on/ona/ono	brałby/brałaby/brałoby	wziąłby/wzięłaby/wzięłoby
my	bralibyśmy/brałybyśmy	wzięlibyśmy/wzięłybyśmy
wy	bralibyście/brałybyście	wzięlibyście/wzięłybyście
oni/one	braliby/brałyby	wzięliby/wzięłyby

IMPERATIVE

	bierzmy		weźmy
bierz	bierzcie	weź	weźcie
niech bierze	niech biorą	niech weźmie	niech wezmą

PARTICIPLES

PRES. ACT. biorący, -a, -e; -y, -e
PRES. PASS. brany, -a, -e; -ni, -ne   **PAST PASS.** wzięty, -a, -e; -ci, -te
ADV. PART. biorąc

Verb governance: od kogo, co; skąd
Related verbs with meanings: (**brać się/wziąć się** *undertake*) (**dobrać** *select, match*) (**nabrać** *gather, acquire*) (**obrać** *peel*) (**odebrać** *get back, collect*) (**pobrać się** *get married*) (**wybrać/się/** *select; be about to leave*) (**zabrać/się/** *take away, pick up; set about*) Note: The future of these verbs here looks just like the present, e.g. **biorę > dobiorę, zabiorę,** but **odbiorę.** Note: Also see pages 249 & 290.

EXAMPLES of model and/or related verbs: 1. Ona **wzięła** udział w akcji charytatywncj. *She took part in a charity drive.* 2. Łatwo **dobrać** buty, rajstopy czy lakier do paznokci do czarnej sukienki. *It is easy to match boots, pantyhose, or nail polish to a black dress.* 3. Państwo Janeccy **pobrali się** w 1939 roku. *Mr. and Mrs. Janecki got married in 1939.* 4. **Obiorę** skórkę z jabłka. *I'll peel the apple.*

brakować *or* **braknąć/zabraknąć**   to be lacking, be in short supply, be missing

IMPERFECTIVE	PERFECTIVE

PRESENT

ja
ty
on/ona/ono   brakuje *or* braknie
my
wy
oni/one

PAST

ja
ty
on/ona/ono   brakowało   zabrakło
my
wy
oni/one

FUTURE

ja
ty
on/ona/ono   będzie brakowało   zabraknie
my
wy
oni/one

CONDITIONAL

ja
ty
on/ona/ono   brakowałoby   zabrakłoby
my
wy
oni/one

IMPERATIVE

niech brakuje *or* braknie   niech zabraknie

PARTICIPLES

PRES. ACT.   brakujący, -a, -e; -y, -e
PRES. PASS.   ***PAST PASS.***
ADV. PART.   brakując
Verb governance: kogo; komu, czego
Related verbs with meanings:

EXAMPLES of model and/or related verbs: 1. Czy nie **brakuje** ci jej opieki? *Don't you miss her caregiving?* 2. Niczego mi nie **brakowało.** *I wasn't short of anything.* 3. On przecież jest milionerem, to mu pieniędzy nigdy nie **zabraknie.** *After all, he's a millionaire, so he'll never be short of money.* 4. **Zabrakło** mi odwagi pójść na spacer późnym wieczorem. *I lacked courage to go for a walk late in the evening.*

IMPERFECTIVE		PERFECTIVE	

PRESENT

ja	bronię
ty	bronisz
on/ona/ono	broni
my	bronimy
wy	bronicie
oni/one	bronią

PAST

ja	broniłem/broniłam	obroniłem/obroniłam
ty	broniłeś/broniłaś	obroniłeś/obroniłaś
on/ona/ono	bronił/broniła/broniło	obronił/obroniła/obroniło
my	broniliśmy/broniłyśmy	obroniliśmy/obroniłyśmy
wy	broniliście/broniłyście	obroniliście/obroniłyście
oni/one	bronili/broniły	obronili/obroniły

FUTURE

ja	będę bronił/broniła	obronię
ty	będziesz bronił/broniła	obronisz
on/ona/ono	będzie bronił/broniła/broniło	obroni
my	będziemy bronili/broniły	obronimy
wy	będziecie bronili/broniły	obronicie
oni/one	będą bronili/broniły	obronią

CONDITIONAL

ja	broniłbym/broniłabym	obroniłbym/obroniłabym
ty	broniłbyś/broniłabyś	obroniłbyś/obroniłabyś
on/ona/ono	broniłby/broniłaby/broniłoby	obroniłby/obroniłaby/obroniłoby
my	bronilibyśmy/broniłybyśmy	obronilibyśmy/obroniłybyśmy
wy	bronilibyście/broniłybyście	obronilibyście/obroniłybyście
oni/one	broniliby/broniłyby	obroniliby/obroniłyby

IMPERATIVE

	brońmy		obrońmy
broń	brońcie	obroń	obrońcie
niech broni	niech bronią	niech obroni	niech obronią

PARTICIPLES

PRES. ACT. broniący, -a, -e; -y, -e
PRES. PASS. broniony, -a, -e; -eni, -one   **PAST PASS.** obroniony, -a, -e; -eni, -one
ADV. PART. broniąc

Verb governance: kogo, co; przed kim, przed czym
Related verbs with meanings: (**bronić się/obronić się** *defend oneself, guard oneself from*)
(**wybronić** *exculpate*) (**wzbronić** *prevent, forbid*) (**zabronić** *forbid*)

EXAMPLES of model and/or related verbs: 1. **Zabrońcie** huliganom wstępu na teren szkolny. *Forbid the hooligans entrance to the school grounds.* 2. Matka **wzbroniła** dziecku kontaktu z nieznajomymi. *Mother forbade the child to talk to strangers.* 3. Oni zorganizowali się, aby **bronić** własnych praw. *They formed an association in order to defend their rights.* 4. W wielu krajach istnieją instytucje **broniące** prawa kobiet. *In many countries there are organizations defending women's rights.*

brudzić/zabrudzić   to dirty, soil

IMPERFECTIVE		PERFECTIVE	

PRESENT

ja	brudzę		
ty	brudzisz		
on/ona/ono	brudzi		
my	brudzimy		
wy	brudzicie		
oni/one	brudzą		

PAST

ja	brudziłem/brudziłam	zabrudziłem/zabrudziłam
ty	brudziłeś/brudziłaś	zabrudziłeś/zabrudziłaś
on/ona/ono	brudził/brudziła/brudziło	zabrudził/zabrudziła/zabrudziło
my	brudziliśmy/brudziłyśmy	zabrudziliśmy/zabrudziłyśmy
wy	brudziliście/brudziłyście	zabrudziliście/zabrudziłyście
oni/one	brudzili/brudziły	zabrudzili/zabrudziły

FUTURE

ja	będę brudził/brudziła	zabrudzę
ty	będziesz brudził/brudziła	zabrudzisz
on/ona/ono	będzie brudził/brudziła/brudziło	zabrudzi
my	będziemy brudzili/brudziły	zabrudzimy
wy	będziecie brudzili/brudziły	zabrudzicie
oni/one	będą brudzili/brudziły	zabrudzą

CONDITIONAL

ja	brudziłbym/brudziłabym	zabrudziłbym/zabrudziłabym
ty	brudziłbyś/brudziłabyś	zabrudziłbyś/zabrudziłabyś
on/ona/ono	brudziłby/brudziłaby/brudziłoby	zabrudziłby/zabrudziłaby/zabrudziłoby
my	brudzilibyśmy/brudziłybyśmy	zabrudzilibyśmy/zabrudziłybyśmy
wy	brudzilibyście/brudziłybyście	zabrudzilibyście/zabrudziłybyście
oni/one	brudziliby/brudziłyby	zabrudziliby/zabrudziłyby

IMPERATIVE

	brudźmy		zabrudźmy
brudź	brudźcie	zabrudź	zabrudźcie
niech brudzi	niech brudzą	niech zabrudzi	niech zabrudzą

PARTICIPLES

PRES. ACT. brudzący, -a, -e; -y, -e
PRES. PASS. brudzony, -a, -e; -eni, -one   **PAST PASS.** zabrudzony, -a, -e; -eni, -one
ADV. PART. brudząc
Verb governance: komu, co
Related verbs with meanings: (**brudzić się/zabrudzić się** *get dirty*) (**nabrudzić** *dirty up*)
(**pobrudzić/się/** *soil; get dirty*) (**przybrudzić** *soil*) (**ubrudzić** *besmirch*) (**wybrudzić** *soil by wearing, stain*) (**zbrudzić** *besmirch*)

EXAMPLES of model and/or related verbs: 1.Teraz woda nie kapie i nie **brudzi** wanny. *Water doesn't drip now and doesn't dirty the bathtub.* 2. Pot i kurz **zabrudziły** skórę. *Sweat and dust dirtied the skin.* 3. Podłogi nie wolno **zabrudzić.** *You are not allowed to dirty the floor.* 4. Biała koszula szybko **się zabrudzi.** *A white shirt will quickly get dirty.*

budować/zbudować to build, construct

IMPERFECTIVE		PERFECTIVE

PRESENT

ja	buduję	
ty	budujesz	
on/ona/ono	buduje	
my	budujemy	
wy	budujecie	
oni/one	budują	

PAST

ja	budowałem/budowałam	zbudowałem/zbudowałam
ty	budowałeś/budowałaś	zbudowałeś/zbudowałaś
on/ona/ono	budował/budowała/bodowało	zbudował/zbudowała/zbodowało
my	budowaliśmy/budowałyśmy	zbudowaliśmy/zbudowałyśmy
wy	budowaliście/budowałyście	zbudowaliście/zbudowałyście
oni/one	budowali/budowały	zbudowali/zbudowały

FUTURE

ja	będę budował/budowała	zbuduję
ty	będziesz budował/budowała	zbudujesz
on/ona/ono	będzie budował/bodowała/budowało	zbuduje
my	będziemy budowali/budowały	zbudujemy
wy	będziecie budowali/budowały	zbudujecie
oni/one	będą budowali/budowały	zbudują

CONDITIONAL

ja	budowałbym/budowałabym	zbudowałbym/zbudowałabym
ty	budowałbyś/budowałabyś	zbudowałbyś/zbudowałabyś
on/ona/ono	budowałby/budowałaby/bodowałoby	zbudowałby/zbudowałaby/zbodowałoby
my	budowalibyśmy/budowałybyśmy	zbudowalibyśmy/zbudowałybyśmy
wy	budowalibyście/budowałybyście	zbudowalibyście/zbudowałybyście
oni/one	budowaliby/budowałyby	zbudowaliby/zbudowałyby

IMPERATIVE

	budujmy		zbudujmy
buduj	budujcie	zbuduj	zbudujcie
niech buduje	niech budują	niech zbuduje	niech zbudują

PARTICIPLES

PRES. ACT. budujący, -a, -e; -y, -e
PRES. PASS. budowany, -a, -e; -, -e   *PAST PASS.* zbudowany, -a, -e; -i, -e
ADV. PART. budując

Verb governance: komu, co
Related verbs with meanings: (**dobudować** *build an annex*) (**nadbudować** *add a level, build on*) (**odbudować** *rebuild, restore, reconstruct*) (**przebudować** *rebuild, remodel*) (**wybudować** *build, erect, raise*) (**zabudować** *build over*)

EXAMPLES of model and/or related verbs: 1. Oni chcieli **zbudować** duży garaż. *They wanted to build a big garage.* 2. Magnez **buduje** kości i mięśnie. *Magnesium builds bones and muscles.* 3. Urnę pomieszczono w specjalnie dla niej **wybudowanym** mauzoleum. *The urn was housed in a mausoleum that was specially built for it.* 4. Sąsiedzi **budowali** pokoik do nauki. *The neighbors were building a small study room.*

IMPERFECTIVE		PERFECTIVE

PRESENT

ja	budzę
ty	budzisz
on/ona/ono	budzi
my	budzimy
wy	budzicie
oni/one	budzą

PAST

ja	budziłem/budziłam	obudziłem/obudziłam
ty	budziłeś/budziłaś	obudziłeś/obudziłaś
on/ona/ono	budził/budziła/budziło	obudził/obudziła/obudziło
my	budziliśmy/budziłyśmy	obudziliśmy/obudziłyśmy
wy	budziliście/budziłyście	obudziliście/obudziłyście
oni/one	budzili/budziły	obudzili/obudziły

FUTURE

ja	będę budził/budziła	obudzę
ty	będziesz budził/budziła	obudzisz
on/ona/ono	będzie budził/budziła/budziło	obudzi
my	będziemy budzili/budziły	obudzimy
wy	będziecie budzili/budziły	obudzicie
oni/one	będą budzili/budziły	obudzą

CONDITIONAL

ja	budziłbym/budziłabym	obudziłbym/obudziłabym
ty	budziłbyś/budziłabyś	obudziłbyś/obudziłabyś
on/ona/ono	budziłby/budziłaby/budziłoby	obudziłby/obudziłaby/obudziłoby
my	budzilibyśmy/budziłybyśmy	obudzilibyśmy/obudziłybyśmy
wy	budzilibyście/budziłybyście	obudzilibyście/obudziłybyście
oni/one	budziliby/budziłyby	obudziliby/obudziłyby

IMPERATIVE

	budźmy		obudźmy
budź	budźcie	obudź	obudźcie
niech budzi	niech budzą	niech obudzi	niech obudzą

PARTICIPLES

PRES. ACT.   budzący, -a, -e; -y, -e
PRES. PASS.   budzony, -a, -e; -eni, -one   ***PAST PASS.***   obudzony, -a, -e; -eni, -one
ADV. PART.   budząc
Verb governance: kogo, co
Related verbs with meanings: (**budzić się/obudzić się** *wake up*) (**pobudzić** *excite, move*)
(**przebudzić** *rouse, revive*) (**rozbudzić/się/** *awaken, arouse; rouse oneself*) (**zbudzić/się/** *arouse from sleep; awake*)

EXAMPLES of model and/or related verbs: 1. Swoim opowiadaniem, **rozbudziłeś** moją
ciekawość. *You aroused my curiosity with your story.* 2. Mężczyzna wychowujący somotnie małe
dziecko zawsze **budzi** wzruszenie. *A man raising a small child by himself always evokes
sympathy.* 4. Jego życiorys **pobudziłby** jej wyobraźnię. *His biography would excite her
imagination.* 4. **Obudź się** o siódmej, bo wyprawiamy się wcześnie. *Wake up at seven because
we're getting out early.*

IMPERFECTIVE

ACTUAL   *FREQUENTATIVE*

PRESENT

ja	jestem	bywam
ty	jesteś	bywasz
on/ona/ono	jest	bywa
my	jesteśmy	bywamy
wy	jesteście	bywacie
oni/one	są	bywają

PAST

ja	byłem/byłam	bywałem/bywałam
ty	byłeś/byłaś	bywałeś/bywałaś
on/ona/ono	był/była/było	bywał/bywała/bywało
my	byliśmy/byłyśmy	bywaliśmy/bywałyśmy
wy	byliście/byłyście	bywaliście/bywałyście
oni/one	byli/były	bywali/bywały

FUTURE

ja	będę	będę bywał/bywała
ty	będziesz	będziesz bywał/bywała
on/ona/ono	będzie	będzie bywał/bywała/bywało
my	będziemy	będziemy bywali/bywały
wy	będziecie	będziecie bywali/bywały
oni/one	będą	będą bywali/bywały

CONDITIONAL

ja	byłbym/byłabym	bywałbym/bywałabym
ty	byłbyś/byłabyś	bywałbyś/bywałabyś
on/ona/ono	byłby/byłaby/byłoby	bywałby/bywałaby/bywałoby
my	bylibyśmy/byłybyśmy	bywalibyśmy/bywałybyśmy
wy	bylibyście/byłybyście	bywalibyście/bywałybyście
oni/one	byliby/byłyby	bywaliby/bywałyby

IMPERATIVE

	bądźmy		bywajmy
bądź	bądźcie	bywaj	bywajcie
niech będzie	niech będą	niech bywa	niech bywają

PARTICIPLES

PRES. ACT. będący, -a, -e; -y, -e   bywający, -a, -e; -y, -e
PRES. PASS.   *PAST PASS.*
ADV. PART. będąc   bywając

Verb governance: kim, czym
Related verbs with meanings: (**dobywać** *pull out*) (**odbywać/się**/ *perform; take place, happen*) (**przebywać** *stay, reside*) (**przybywać** *gain, come*) (**ubywać** *lose, decline*) (**zbywać** *dispose of, rid of*)

EXAMPLES of model and/or related verbs: 1. Na Jasną Górę **przybywają** pielgrzymi z różnych krajów. *Pilgrims from various countries come to visit Jasna Gora.* 2. **Ubyłam** 5 kg na wadze. *I lost 5 kg.* 3. Na razie nasza sytuacja **jest** dość stabilna. *At the moment, our situation is fairly stable.* 4. Moje koleżanki **będąc** na wakacjach zapoznały małą dziewczynkę. *While on vacation, my friends met a little girl.*

15

całować/pocałować   to kiss

IMPERFECTIVE		PERFECTIVE

PRESENT

ja	całuję	
ty	całujesz	
on/ona/ono	całuje	
my	całujemy	
wy	całujecie	
oni/one	całują	

PAST

ja	całowałem/całowałam	pocałowałem/pocałowałam
ty	całowałeś/całowałaś	pocałowałeś/pocałowałaś
on/ona/ono	całował/całowała/całowało	pocałował/pocałowała/pocałowało
my	całowaliśmy/całowałyśmy	pocałowaliśmy/pocałowałyśmy
wy	całowaliście/całowałyście	pocałowaliście/pocałowałyście
oni/one	całowali/całowały	pocałowali/pocałowały

FUTURE

ja	będę całował/całowała	pocałuję
ty	będziesz całował/całowała	pocałujesz
on/ona/ono	będzie całował/całowała/całowało	pocałuje
my	będziemy całowali/całowały	pocałujemy
wy	będziecie całowali/całowały	pocałujecie
oni/one	będą całowali/całowały	pocałują

CONDITIONAL

ja	całowałbym/całowałabym	pocałowałbym/pocałowałabym
ty	całowałbyś/całowałabyś	pocałowałbyś/pocałowałabyś
on/ona/ono	całowałby/całowałaby/całowałoby	pocałowałby/pocałowałaby/pocałowałoby
my	całowalibyśmy/całowałybyśmy	pocałowalibyśmy/pocałowałybyśmy
wy	całowalibyście/całowałybyście	pocałowalibyście/pocałowałybyście
oni/one	całowaliby/całowałyby	pocałowaliby/pocałowałyby

IMPERATIVE

	całujmy		pocałujmy
całuj	całujcie	pocałuj	pocałujcie
niech całuje	niech całują	niech pocałuje	niech pocałują

PARTICIPLES

PRES. ACT.   całujący, -a, -e; -y, -e
PRES. PASS.   całowany, -a, -e; -i, -e   **PAST PASS.**   pocałowany, -a, -e; -i, -e
ADV. PART.   całując
Verb governance: kogo, co
Related verbs with meanings: (**całować się/pocałować się** *kiss one another*) (**nacałować się** *kiss enough*) (**obcałować** *smother with kisses*) (**ucałować** *kiss/once/*) (**wycałować** *kiss/all over/*)

EXAMPLES of model and/or related verbs: Ucałowałbyś ją serdecznie, gdybyś ją spotkał? *Would you kiss her sincerely if you were to meet her?* 2. Instruktaż uczy jak należy **całować**. *The book of instructions teaches how to kiss.* 3. Rzuca się mu na szyję i **całuje** go. *She throws her arms around his neck and kisses him.* 4. Mój chłopak **pocałował** mnie po raz pierwszy rok temu. *My boyfriend kissed me for the first time a year ago.*

16

IMPERFECTIVE		PERFECTIVE

PRESENT

ja	cenię	
ty	cenisz	
on/ona/ono	ceni	
my	cenimy	
wy	cenicie	
oni/one	cenią	

PAST

ja	ceniłem/ceniłam	doceniłem/doceniłam
ty	ceniłeś/ceniłaś	doceniłeś/doceniłaś
on/ona/ono	cenił/ceniła/ceniło	docenił/doceniła/doceniło
my	ceniliśmy/ceniłyśmy	doceniliśmy/doceniłyśmy
wy	ceniliście/ceniłyście	doceniliście/doceniłyście
oni/one	cenili/ceniły	docenili/doceniły

FUTURE

ja	będę cenił/ceniła	docenię
ty	będziesz cenił/ceniła	docenisz
on/ona/ono	będzie cenił/ceniła/ceniło	doceni
my	będziemy cenili/ceniły	docenimy
wy	będziecie cenili/ceniły	docenicie
oni/one	będą cenili/ceniły	docenią

CONDITIONAL

ja	ceniłbym/ceniłabym	doceniłbym/doceniłabym
ty	ceniłbyś/ceniłabyś	doceniłbyś/doceniłabyś
on/ona/ono	ceniłby/ceniłaby/ceniłoby	doceniłby/doceniłaby/doceniłoby
my	cenilibyśmy/ceniłybyśmy	docenilibyśmy/doceniłybyśmy
wy	cenilibyście/ceniłybyście	docenilibyście/doceniłybyście
oni/one	ceniliby/ceniłyby	doceniliby/doceniłyby

IMPERATIVE

	ceńmy		doceńmy
ceń	ceńcie	doceń	doceńcie
niech ceni	niech cenią	niech doceni	niech docenią

PARTICIPLES

PRES. ACT.   ceniący, -a, -e; -y, -e
PRES. PASS.   ceniony, -a, -e; -eni, -one   *PAST PASS.*   doceniony, -a, -e; -eni, -one
ADV. PART.   ceniąc

Verb governance: kogo, co

Related verbs with meanings: (**cenić się/docenić się** *be appreciated, be valued, be esteemed, have high self worth*) (**ocenić** *appraise, evaluate, value, rate*) (**przecenić** *overrate*) (**wycenić** *appraise, estimate*)

EXAMPLES of model and/or related verbs: 1. Jak on **ocenił** swoją byłą żonę? *How did he rate his former wife?* 2. Oni **cenią** najwyżej własne dobre samopoczucie psychiczne i fizyczne. *They value their own mental and physical well-being the most.* 3. **Ceń** sobie spokój. *Value tranquility.* 4. Gdybyście znali mnie lepiej, **docenilibyście** mój system wartości. *Had you known me better, you would have appreciated my value system.*

chcieć/zechcieć   to want, desire, intend

IMPERFECTIVE		PERFECTIVE	

PRESENT

ja	chcę		
ty	chcesz		
on/ona/ono	chce		
my	chcemy		
wy	chcecie		
oni/one	chcą		

PAST

ja	chciałem/chciałam	zechciałem/zechciałam	
ty	chciałeś/chciałaś	zechciałeś/zechciałaś	
on/ona/ono	chciał/chciała/chciało	zechciał/zechciała/zechciało	
my	chcieliśmy/chciałyśmy	zechcieliśmy/zechciałyśmy	
wy	chcieliście/chciałyście	zechcieliście/zechciałyście	
oni/one	chcieli/chciały	zechcieli/zechciały	

FUTURE

ja	będę chciał/chciała	zechcę	
ty	będziesz chciał/chciała	zechcesz	
on/ona/ono	będzie chciał/chciała/chciało	zechce	
my	będziemy chcieli/chciały	zechcemy	
wy	będziecie chcieli/chciały	zechcecie	
oni/one	będą chcieli/chciały	zechcą	

CONDITIONAL

ja	chciałbym/chciałabym	zechciałbym/zechciałabym	
ty	chciałbyś/chciałabyś	zechciałbyś/zechciałabyś	
on/ona/ono	chciałby/chciałaby/chciałoby	zechciałby/zechciałaby/zechciałoby	
my	chcielibyśmy/chciałybyśmy	zechcielibyśmy/zechciałybyśmy	
wy	chcielibyście/chciałybyście	zechcielibyście/zechciałybyście	
oni/one	chcieliby/chciałyby	zechcieliby/zechciałyby	

IMPERATIVE

	chciejmy		zechciejmy
chciej	chciejcie	zechciej	zechciejcie
niech chce	niech chcą	niech zechce	niech zechcą

PARTICIPLES

PRES. ACT.   chcący, -a, -e; -y, -e
PRES. PASS.   ***PAST PASS.***
ADV. PART.   chcąc
Verb governance: co; czego
Related verbs with meanings: (**chcieć się/zechcieć się** *mean to, long for, feel like*) (**odechcieć się** *no longer care for*) (**zachcieć/się/** *have a mind to, long for; feel like*)

EXAMPLES of model and/or related verbs: 1. **Chciałabym,** żeby to było przede wszystkim użyteczne. *I would want that to be useful, above all.* 2. Jeden z jej wielbicieli, **chcąc** zwrócić na siebie uwagę, rzucił się pod jej samochód. *One of her admirers, wanting to draw attention to himself, threw himself at her car.* 3. Wydaje mi się, że wie czego **chce**. *It seems to me that he knows what he wants.* 4. Nie **chciało** mi **się** iść samemu na koncert. *I didn't want to attend the concert alone.*

18

IMPERFECTIVE

INDETERMINATE		*DETERMINATE*

PRESENT

ja	chodzę	idę
ty	chodzisz	idziesz
on/ona/ono	chodzi	idzie
my	chodzimy	idziemy
wy	chodzicie	idziecie
oni/one	chodzą	idą

PAST

ja	chodziłem/chodziłam	szedłem/szłam
ty	chodziłeś/chodziłaś	szedłeś/szłaś
on/ona/ono	chodził/chodziła/chodziło	szedł/szła/szło
my	chodziliśmy/chodziłyśmy	szliśmy/szłyśmy
wy	chodziliście/chodziłyście	szliście/szłyście
oni/one	chodzili/chodziły	szli/szły

FUTURE

ja	będę chodził/chodziła	będę szedł/szła
ty	będziesz chodził/chodziła	będziesz szedł/szła
on/ona/ono	będzie chodził/chodziła/chodziło	będzie szedł/szła/szło
my	będziemy chodzili/chodziły	będziemy szli/szły
wy	będziecie chodzili/chodziły	będziecie szli/szły
oni/one	będą chodzili/chodziły	będą szli/szły

CONDITIONAL

ja	chodziłbym/chodziłabym	szedłbym/szłabym
ty	chodziłbyś/chodziłabyś	szedłbyś/szłabyś
on/ona/ono	chodziłby/chodziłaby/chodziłoby	szedłby/szłaby/szłoby
my	chodzilibyśmy/chodziłybyśmy	szlibyśmy/szłybyśmy
wy	chodzilibyście/chodziłybyście	szlibyście/szłybyście
oni/one	chodziliby/chodziłyby	szliby/szłyby

IMPERATIVE

	chodźmy		idźmy
chodź	chodźcie	idź	idźcie
niech chodzi	niech chodzą	niech idzie	niech idą

PARTICIPLES

PRES. ACT.	chodzący, -a, -e; -y, -e	idący, -a, -e; -y, -e
PRES. PASS.		***PAST PASS.***
ADV. PART.	chodząc	idąc

Verb governance: po co; po czym; gdzie

Related verbs with meanings: (**dochodzić** *walk up to*) (**nachodzić/się**/ *importune, invade; walk till tired*) (**obchodzić** *walk around, care for, celebrate, commemorate*) (**odchodzić** *walk away from*) (**pochodzić** *walk around/about/, come from*) (**podchodzić** *walk up to, draw near*) (**przechodzić** *cross*) (**przychodzić** *come over*) (**rozchodzić się** *disperse*) (**uchodzić** *escape, evade*) (**wychodzić** *walk out*) (**zachodzić** *go by, walk over to*) Note: The simple future of these verbs is like the present of the base verb, e.g. **idę > przyjdę.** They have no pres.act. participle.

EXAMPLES of model and/or related verbs: 1. **Chodzi** o to, że musisz zdecydować się na kolor tkaniny. *The point is that you have to decide on the color of the fabric.* 2. **Obchodzili** rocznicę wybuchu powstania w getcie warszawskim. *The anniversary of the Warsaw ghetto uprising was commemorated.* 3. On **przeszedł** skuteczną kurację. *He had undergone a successful treatment.* 4. Ich dziecko ma **przyjść** na świat we wrześniu. *Their child is to be born in September.*

chorować/zachorować   to be ill, be sick; become ill [**P** only]

IMPERFECTIVE	PERFECTIVE

PRESENT

ja	choruję
ty	chorujesz
on/ona/ono	choruje
my	chorujemy
wy	chorujecie
oni/one	chorują

PAST

	IMPERFECTIVE	PERFECTIVE
ja	chorowałem/chorowałam	zachorowałem/zachorowałam
ty	chorowałeś/chorowałaś	zachorowałeś/zachorowałaś
on/ona/ono	chorował/chorowała/chorowało	zachorował/zachorowała/zachorowało
my	chorowaliśmy/chorowałyśmy	zachorowaliśmy/zachorowałyśmy
wy	chorowaliście/chorowałyście	zachorowaliście/zachorowałyście
oni/one	chorowali/chorowały	zachorowali/zachorowały

FUTURE

	IMPERFECTIVE	PERFECTIVE
ja	będę chorował/chorowała	zachoruję
ty	będziesz chorował/chorowała	zachorujesz
on/ona/ono	będzie chorował/chorowała/chorowało	zachoruje
my	będziemy chorowali/chorowały	zachorujemy
wy	będziecie chorowali/chorowały	zachorujecie
oni/one	będą chorowali/chorowały	zachorują

CONDITIONAL

	IMPERFECTIVE	PERFECTIVE
ja	chorowałbym/chorowałabym	zachorowałbym/zachorowałabym
ty	chorowałbyś/chorowałabyś	zachorowałbyś/zachorowałabyś
on/ona/ono	chorowałby/chorowałaby/chorowałoby	zachorowałby/zachorowałaby/zachorowałoby
my	chorowalibyśmy/chorowałybyśmy	zachorowalibyśmy/zachorowałybyśmy
wy	chorowalibyście/chorowałybyście	zachorowalibyście/zachorowałybyście
oni/one	chorowaliby/chorowałyby	zachorowaliby/zachorowałyby

IMPERATIVE

	chorujmy		zachorujmy
choruj	chorujcie	zachoruj	zachorujcie
niech choruje	niech chorują	niech zachoruje	niech zachorują

PARTICIPLES

PRES. ACT.	chorujący, -a, -e; -y, -e		
PRES. PASS.		*PAST PASS.*	
ADV. PART.	chorując		

Verb governance: na co; z czego; od czego

Related verbs with meanings: (**nachorować się** *go through a long illness*) (**odchorować** *fall ill*) (**przechorować** *be ill*) (**rozchorować się** *get sick*) (**schorować się** *fall ill*)

EXAMPLES of model and/or related verbs: 1. On **zachorował** na raka. *He got cancer.* 2. Mama **chorowała** długo. *Mom was ill for a long time.* 3. Z przerażenia mogę **się rozchorować**. *I may get sick out of fear.* 4. Boi się, że jak zaziębi się to **będzie chorował**. *He's afraid that if he catches cold he'll be sick.*

chować/schować

to hide, conceal

IMPERFECTIVE		PERFECTIVE

PRESENT

ja	chowam	
ty	chowasz	
on/ona/ono	chowa	
my	chowamy	
wy	chowacie	
oni/one	chowają	

PAST

ja	chowałem/chowałam	schowałem/schowałam
ty	chowałeś/chowałaś	schowałeś/schowałaś
on/ona/ono	chował/chowała/chowało	schował/schowała/schowało
my	chowaliśmy/chowałyśmy	schowaliśmy/schowałyśmy
wy	chowaliście/chowałyście	schowaliście/schowałyście
oni/one	chowali/chowały	schowali/schowały

FUTURE

ja	będę chował/chowała	schowam
ty	będziesz chował/chowała	schowasz
on/ona/ono	będzie chował/chowała/chowało	schowa
my	będziemy chowali/chowały	schowamy
wy	będziecie chowali/chowały	schowacie
oni/one	będą chowali/chowały	schowają

CONDITIONAL

ja	chowałbym/chowałabym	schowałbym/schowałabym
ty	chowałbyś/chowałabyś	schowałbyś/schowałabyś
on/ona/ono	chowałby/chowałaby/chowałoby	schowałby/schowałaby/schowałoby
my	chowalibyśmy/chowałybyśmy	schowalibyśmy/schowałybyśmy
wy	chowalibyście/chowałybyście	schowalibyście/schowałybyście
oni/one	chowaliby/chowałyby	schowaliby/schowałyby

IMPERATIVE

	chowajmy		schowajmy
chowaj	chowajcie	schowaj	schowajcie
niech chowa	niech chowają	niech schowa	niech schowają

PARTICIPLES

PRES. ACT. chowający, -a, -e; -y, -e
PRES. PASS. chowany, -a, -e; -i, -e ***PAST PASS.*** schowany, -a, -e; -i, -e
ADV. PART. chowając

Verb governance: komu, co

Related verbs with meanings: (**chować się/schować się** *hide oneself, take cover*) (**dochować/się/** *keep; bring up*) (**odchować** *bring up*) (**przechować** *hide, preserve*) (**uchować** *save*) (**wychować/się/** *bring up, educate; be brought up*) (**zachować/się/** *guard, retain; behave*)

EXAMPLES of model and/or related verbs: 1. W zawodzie modelki trzeba **zachować** zdrowy rozsądek. *In a modeling career, you have to retain good judgment.* 2. Chłopak **odchowałby** zająca, ale mu uciekł. *The boy would have kept the hare, but it ran away.* 3. Dzieciak **wychował się** wśród kobiet. *The kid grew up among women.* 4. **Schowaj** pieniądze pod materac. *Hide your money under the mattress.*

chronić/schronić   to protect, screen, shelter

IMPERFECTIVE		PERFECTIVE

PRESENT

ja	chronię
ty	chronisz
on/ona/ono	chroni
my	chronimy
wy	chronicie
oni/one	chronią

PAST

	IMPERFECTIVE	PERFECTIVE
ja	chroniłem/chroniłam	schroniłem/schroniłam
ty	chroniłeś/chroniłaś	schroniłeś/schroniłaś
on/ona/ono	chronił/chroniła/chroniło	schronił/schroniła/schroniło
my	chroniliśmy/chroniłyśmy	schroniliśmy/schroniłyśmy
wy	chroniliście/chroniłyście	schroniliście/schroniłyście
oni/one	chronili/chroniły	schronili/schroniły

FUTURE

	IMPERFECTIVE	PERFECTIVE
ja	będę chronił/chroniła	schronię
ty	będziesz chronił/chroniła	schronisz
on/ona/ono	będzie chronił/chroniła/chroniło	schroni
my	będziemy chronili/chroniły	schronimy
wy	będziecie chronili/chroniły	schronicie
oni/one	będą chronili/chroniły	schronią

CONDITIONAL

	IMPERFECTIVE	PERFECTIVE
ja	chroniłbym/chroniłabym	schroniłbym/schroniłabym
ty	chroniłbyś/chroniłabyś	schroniłbyś/schroniłabyś
on/ona/ono	chroniłby/chroniłaby/chroniłoby	schroniłby/schroniłaby/schroniłoby
my	chronilibyśmy/chroniłybyśmy	schronilibyśmy/schroniłybyśmy
wy	chronilibyście/chroniłybyście	schronilibyście/schroniłybyście
oni/one	chroniliby/chroniłyby	schroniliby/schroniłyby

IMPERATIVE

	IMPERFECTIVE		PERFECTIVE
	chrońmy		schrońmy
chroń	chrońcie	schroń	schrońcie
niech chroni	niech chronią	niech schroni	niech schronią

PARTICIPLES

PRES. ACT. chroniący, -a, -e; -y, -e
PRES. PASS. chroniony, -a, -e; -eni, -one   *PAST PASS.* schroniony, -a, -e; -eni, -one
ADV. PART. chroniąc
Verb governance: kogo, co; przed czym; od czego; gdzie
Related verbs with meanings: (**chronić się/schronić się** *seek shelter, take cover*) (**ochronić** *shelter, preserve, defend, protect*) (**uchronić/się/** *protect; guard*)

EXAMPLES of model and/or related verbs: 1. Wilgoć **chroni** skórę z zewnątrz. *Moisture protects the skin from the outside.* 2. Żadna parasolka nie **uchroniłaby** nas przed ulewą. *No umbrella would have been able to protect us from a downpour.* 3. Magnez pomaga **chronić** organizm od stresów codziennego życia. *Magnesium helps protect the body from everyday stress.* 4. Jony wapnia **chroniły** komórki mięśnia serca przed uszkodzeniem. *The calcium ions were protecting the cells of the heart muscle from damage.*

chwalić/pochwalić

to praise, commend

IMPERFECTIVE		PERFECTIVE

PRESENT

ja	chwalę
ty	chwalisz
on/ona/ono	chwali
my	chwalimy
wy	chwalicie
oni/one	chwalą

PAST

ja	chwaliłem/chwaliłam	pochwaliłem/pochwaliłam
ty	chwaliłeś/chwaliłaś	pochwaliłeś/pochwaliłaś
on/ona/ono	chwalił/chwaliła/chwaliło	pochwalił/pochwaliła/pochwaliło
my	chwaliliśmy/chwaliłyśmy	pochwaliliśmy/pochwaliłyśmy
wy	chwaliliście/chwaliłyście	pochwaliliście/pochwaliłyście
oni/one	chwalili/chwaliły	pochwalili/pochwaliły

FUTURE

ja	będę chwalił/chwaliła	pochwalę
ty	będziesz chwalił/chwaliła	pochwalisz
on/ona/ono	będzie chwalił/chwaliła/chwaliło	pochwali
my	będziemy chwalili/chwaliły	pochwalimy
wy	będziecie chwalili/chwaliły	pochwalicie
oni/one	będą chwalili/chwaliły	pochwalą

CONDITIONAL

ja	chwaliłbym/chwaliłabym	pochwaliłbym/pochwaliłabym
ty	chwaliłbyś/chwaliłabyś	pochwaliłbyś/pochwaliłabyś
on/ona/ono	chwaliłby/chwaliłaby/chwaliłoby	pochwaliłby/pochwaliłaby/pochwaliłoby
my	chwalilibyśmy/chwaliłybyśmy	pochwalilibyśmy/pochwaliłybyśmy
wy	chwalilibyście/chwaliłybyście	pochwalilibyście/pochwaliłybyście
oni/one	chwaliliby/chwaliłyby	pochwaliliby/pochwaliłyby

IMPERATIVE

	chwalmy		pochwalmy
chwal	chwalcie	pochwal	pochwalcie
niech chwali	niech chwalą	niech pochwali	niech pochwalą

PARTICIPLES

PRES. ACT. chwalący, -a, -e; -y, -e
PRES. PASS. chwalony, -a, -e; -eni, -one   **PAST PASS.** pochwalony, -a, -e; -eni, -one
ADV. PART. chwaląc
Verb governance: kogo, co
Related verbs with meanings: (**chwalić się/pochwalić się** *boast of, brag*) (**nachwalić się** *praise to the skies*) (**przechwalić/się/** *extol; brag*) (**uchwalić** *resolve*) (**wychwalić** *speak highly, praise*) (**zachwalić** *boost*)

EXAMPLES of model and/or related verbs: 1. **Chwalili się** swymi umiejętnościami pływackimi. *They bragged about their swimming skills.* 2. Naokoło ją **chwalą.** *She's praised everywhere.* 3. Czy wierzysz, że on cię **pochwali?** *Do you believe that he will praise you?* 4. **Wychwalali** jego zasługi. *They praised his accomplishments.*

chylić/nachylić   to bend, incline

IMPERFECTIVE		PERFECTIVE

PRESENT

ja	chylę	
ty	chylisz	
on/ona/ono	chyli	
my	chylimy	
wy	chylicie	
oni/one	chylą	

PAST

ja	chyliłem/chyliłam	nachyliłem/nachyliłam
ty	chyliłeś/chyliłaś	nachyliłeś/nachyliłaś
on/ona/ono	chylił/chyliła/chyliło	nachylił/nachyliła/nachyliło
my	chyliliśmy/chyliłyśmy	nachyliliśmy/nachyliłyśmy
wy	chyliliście/chyliłyście	nachyliliście/nachyliłyście
oni/one	chylili/chyliły	nachylili/nachyliły

FUTURE

ja	będę chylił/chyliła	nachylę
ty	będziesz chylił/chyliła	nachylisz
on/ona/ono	będzie chylił/chyliła/chyliło	nachyli
my	będziemy chylili/chyliły	nachylimy
wy	będziecie chylili/chyliły	nachylicie
oni/one	będą chylili/chyliły	nachylą

CONDITIONAL

ja	chyliłbym/chyliłabym	nachyliłbym/nachyliłabym
ty	chyliłbyś/chyliłabyś	nachyliłbyś/nachyliłabyś
on/ona/ono	chyliłby/chyliłaby/chyliłoby	nachyliłby/nachyliłaby/nachyliłoby
my	chylilibyśmy/chyliłybyśmy	nachylilibyśmy/nachyliłybyśmy
wy	chylilibyście/chyliłybyście	nachylilibyście/nachyliłybyście
oni/one	chyliliby/chyliłyby	nachyliliby/nachyliłyby

IMPERATIVE

	chylmy		nachylmy
chyl	chylcie	nachyl	nachylcie
niech chyli	niech chylą	niech nachyli	niech nachylą

PARTICIPLES

PRES. ACT. chylący, -a, -e; -y, -e
PRES. PASS. chylony, -a, -e; -eni, -one   **PAST PASS.** nachylony, -a, -e; -eni, -one
ADV. PART. chyląc

Verb governance: co

Related verbs with meanings: (**chylić się/nachylić się** *bend down*) (**odchylić/się/** *bend back; deviate*) (**pochylić się** *bow, incline*) (**przechylić/się/** *bend; tend to*) (**przychylić/się/** *incline towards; be disposed*) (**schylić/się/** *bend down; stoop*) (**uchylić** *remove, push aside*) (**wychylić/się/ empty; lean forward**)

EXAMPLES of model and/or related verbs: 1. Podróżny **wychyliłby się** z okna wagonu, gdyby pociąg stanął na stacji. *The traveler would have leaned out of the window if the train had stopped at the station.* 2. **Nachylony,** pedałował na rowerze wokół toru. *Bent down, he pedaled on the bike around the track.* 3. Gałąź obciążona jabłkami **chyli się** do ziemi. *The branch, weighed down by apples, bends to the ground.* 4. Ktoś **uchylił firankę,** żeby zobaczyć mój nowy samochód. *Someone pushed aside the curtain in order to look at my new car.*

24

ciąć/pociąć

IMPERFECTIVE		PERFECTIVE

PRESENT

ja	tnę
ty	tniesz
on/ona/ono	tnie
my	tniemy
wy	tniecie
oni/one	tną

PAST

ja	ciąłem/cięłam	pociąłem/pocięłam
ty	ciąłeś/cięłaś	pociąłeś/pocięłaś
on/ona/ono	ciął/cięła/cięło	pociął/pocięła/pocięło
my	cięliśmy/cięłyśmy	pocięliśmy/pocięłyśmy
wy	cięliście/cięłyście	pocięliście/pocięłyście
oni/one	cięli/cięły	pocięli/pocięły

FUTURE

ja	będę ciął/cięła	potnę
ty	będziesz ciął/cięła	potniesz
on/ona/ono	będzie ciął/cięła/cięło	potnie
my	będziemy cięli/cięły	potniemy
wy	będziecie cięli/cięły	potniecie
oni/one	będą cięli/cięły	potną

CONDITIONAL

ja	ciąłbym/cięłabym	pociąłbym/pocięłabym
ty	ciąłbyś/cięłabyś	pociąłbyś/pocięłabyś
on/ona/ono	ciąłby/cięłaby/cięłoby	pociąłby/pocięłaby/pocięłoby
my	cięlibyśmy/cięłybyśmy	pocięlibyśmy/pocięłybyśmy
wy	cięlibyście/cięłybyście	pocięlibyście/pocięłybyście
oni/one	cięliby/cięłyby	pocięliby/pocięłyby

IMPERATIVE

	tnijmy		potnijmy
tnij	tnijcie	potnij	potnijcie
niech tnie	niech tną	niech potnie	niech potną

PARTICIPLES

PRES. ACT.   tnący, -a, -e; -y, -e
PRES. PASS.   cięty, -a, -e; -ci, -te   **PAST PASS.**   pocięty, -a, -e; -ci, -te
ADV. PART.   tnąc

Verb governance: co, czym

Related verbs with meanings: (**ciąć się/pociąć się** *cut oneself*) (**odciąć /się/**[1] *remove, cut off; retort*) (**podciąć**[1] *incise, undermine*) (**rozciąć**[1] *cut open/apart/*) (**ściąć**[1] *cut down*) (**uciąć** *cut off, amputate*) (**wyciąć** *cut out/down*) (**zaciąć** *cut a notch, jam*) *Note:* [1]Watch out for the tricky prefixes in the simple future (**obetnę, odetnę, podetnę, rozetnę, zetnę**) and the imperative (**obetnij,** etc.).

EXAMPLES of model and/or related verbs: 1. **Odciąć** dziecko od ojca łatwo, ale to wyrządzi dziecku krzywdę. *To remove a child from the father is easy, but it will harm the child.* 2. Pospolita, nużąca rzeczywistość nie **podetnie** mu skrzydeł. *Common, boring reality will not clip his wings.* 3. **Wytnij** kupon i przyślij pod adres redakcji. *Cut the coupon out and send it to the ad editorial office.* 4. Kupiłam sobie wysoko **rozciętą** czarną, wieczorową spódnicę. *I boug black evening skirt with a long slit.*

IMPERFECTIVE		PERFECTIVE

PRESENT

ja	ciągnę
ty	ciągniesz
on/ona/ono	ciągnie
my	ciągniemy
wy	ciągniecie
oni/one	ciągną

PAST

	IMPERFECTIVE	PERFECTIVE
ja	ciągnąłem/ciągnęłam	pociągnąłem/pociągnęłam
ty	ciągnąłeś/ciągnęłaś	pociągnąłeś/pociągnęłaś
on/ona/ono	ciągnął/ciągnęła/ciągnęło	pociągnął/pociągnęła/pociągnęło
my	ciągnęliśmy/ciągnęłyśmy	pociągnęliśmy/pociągnęłyśmy
wy	ciągnęliście/ciągnęłyście	pociągnęliście/pociągnęłyście
oni/one	ciągnęli/ciągnęły	pociągnęli/pociągnęły

FUTURE

	IMPERFECTIVE	PERFECTIVE
ja	będę ciągnął/ciągnęła	pociągnę
ty	będziesz ciągnął/ciągnęła	pociągniesz
on/ona/ono	będzie ciągnął/ciągnęła/ciągnęło	pociągnie
my	będziemy ciągnęli/ciągnęły	pociągniemy
wy	będziecie ciągnęli/ciągnęły	pociągniecie
oni/one	będą ciągnęli/ciągnęły	pociągną

CONDITIONAL

	IMPERFECTIVE	PERFECTIVE
ja	ciągnąłbym/ciągnęłabym	pociągnąłbym/pociągnęłabym
ty	ciągnąłbyś/ciągnęłabyś	pociągnąłbyś/pociągnęłabyś
on/ona/ono	ciągnąłby/ciągnęłaby/ciągnęłoby	pociągnąłby/pociągnęłaby/pociągnęłoby
my	ciągnęlibyśmy/ciągnęłybyśmy	pociągnęlibyśmy/pociągnęłybyśmy
wy	ciągnęlibyście/ciągnęłybyście	pociągnęlibyście/pociągnęłybyście
oni/one	ciągnęliby/ciągnęłyby	pociągnęliby/pociągnęłyby

IMPERATIVE

	ciągnijmy		pociągnijmy
ciągnij	ciągnijcie	pociągnij	pociągnijcie
niech ciągnie	niech ciągną	niech pociągnie	niech pociągną

PARTICIPLES

PRES. ACT. ciągnący, -a, -e; -y, -e
PRES. PASS. ciągnięty, -a, -e; -ci, -te   *PAST PASS.* pociągnięty, -a, -e; -ci, -te
ADV. PART. ciągnąc
Verb governance: kogo, co; skąd
Related verbs with meanings: (**ciągnąć się/pociągnąć się** *last*) (**dociągnąć** *reach, tighten*)
(**naciągnąć** *stretch, infuse*) (**obciągnąć** *cover with*) (**ociągnąć się** *delay, put off*) (**odciągnąć**
withdraw) (**podciągnąć** *pull up*) (**przeciągnąć** *prolong*) (**przyciągnąć** *pull to, attract*)
(**rozciągnąć/się/** *stretch; extend*) (**ściągnąć** *pull/away/off, gather, cheat*) (**uciągnąć** *drag*)
(**wyciągnąć** *pull out*) (**zaciągnąć/się/** *drag, pull to, enlist; inhale*)

EXAMPLES of model and/or related verbs: 1. Niech tata **ciągnie** mnie pod górkę. *Let Dad pull
me up the hill.* 2. Gumka w moich spodniach **rozciągnie się** napewno. *The elastic in my pants will
surely stretch out.* 3. To moi koledzy **ściągnęli** mnie na wagary. *It was my buddies who got me to
skip classes.* 4. W tym roku może go **pociągnąć** coś nowego. *Something new may lure him this
year.*

IMPERFECTIVE		PERFECTIVE

PRESENT

ja	cierpię	
ty	cierpisz	
on/ona/ono	cierpi	
my	cierpimy	
wy	cierpicie	
oni/one	cierpią	

PAST

ja	cierpiałem/cierpiałam	ścierpiałem/ścierpiałam
ty	cierpiałeś/cierpiałaś	ścierpiałeś/ścierpiałaś
on/ona/ono	cierpiał/cierpiała/cierpiało	ścierpiał/ścierpiała/ścierpiało
my	cierpieliśmy/cierpiałyśmy	ścierpieliśmy/ścierpiałyśmy
wy	cierpieliście/cierpiałyście	ścierpieliście/ścierpiałyście
oni/one	cierpieli/cierpiały	ścierpieli/ścierpiały

FUTURE

ja	będę cierpiał/cierpiała	ścierpię
ty	będziesz cierpiał/cierpiała	ścierpisz
on/ona/ono	będzie cierpiał/cierpiała/cierpiało	ścierpi
my	będziemy cierpieli/cierpiały	ścierpimy
wy	będziecie cierpieli/cierpiały	ścierpicie
oni/one	będą cierpieli/cierpiały	ścierpią

CONDITIONAL

ja	cierpiałbym/cierpiałabym	ścierpiałbym/ścierpiałabym
ty	cierpiałbyś/cierpiałabyś	ścierpiałbyś/ścierpiałabyś
on/ona/ono	cierpiałby/cierpiałaby/cierpiałoby	ścierpiałby/ścierpiałaby/ścierpiałoby
my	cierpielibyśmy/cierpiałybyśmy	ścierpielibyśmy/ścierpiałybyśmy
wy	cierpielibyście/cierpiałybyście	ścierpielibyście/ścierpiałybyście
oni/one	cierpieliby/cierpiałyby	ścierpieliby/ścierpiałyby

IMPERATIVE

	cierpmy		ścierpmy
cierp	cierpcie	ścierp	ścierpcie
niech cierpi	niech cierpią	niech ścierpi	niech ścierpią

PARTICIPLES

PRES. ACT.	cierpiący, -a, -e; -y, -e	
PRES. PASS.		*PAST PASS.*
ADV. PART.	cierpiąc	

Verb governance: co; kogo, czego [*in the negative*]; na co
Related verbs with meanings: (**cierpieć się/ścierpieć się**[1] *detest each other, not stand each other*) (**odcierpieć** *atone, endure*) (**pocierpieć** *suffer*) (**przecierpieć** *bear, undergo*) (**ucierpieć** *be affected, sustain a loss*) (**wycierpieć** *suffer, endure, put up*) Note: [1]Used with **nie.**

EXAMPLES of model and/or related verbs: 1. Nie **cierpi** być księżniczką. *She can't stand being a princess.* 2. **Cierpiał** na schorzenie wątroby. *He suffered from a liver ailment.* 3. Osoby **cierpiące** bardziej doceniają zdrowie. *Ailing people appreciate health more.* 4. Jak ty możesz **ścierpieć** taką napiętą atmosferę? *How can you tolerate such a feeling of tension?*

IMPERFECTIVE		PERFECTIVE	

PRESENT

ja	cieszę		
ty	cieszysz		
on/ona/ono	cieszy		
my	cieszymy		
wy	cieszycie		
oni/one	cieszą		

PAST

ja	cieszyłem/cieszyłam	ucieszyłem/ucieszyłam
ty	cieszyłeś/cieszyłaś	ucieszyłeś/ucieszyłaś
on/ona/ono	cieszył/cieszyła/cieszyło	ucieszył/ucieszyła/ucieszyło
my	cieszyliśmy/cieszyłyśmy	ucieszyliśmy/ucieszyłyśmy
wy	cieszyliście/cieszyłyście	ucieszyliście/ucieszyłyście
oni/one	cieszyli/cieszyły	ucieszyli/ucieszyły

FUTURE

ja	będę cieszył/cieszyła	ucieszę
ty	będziesz cieszył/cieszyła	ucieszysz
on/ona/ono	będzie cieszył/cieszyła/cieszyło	ucieszy
my	będziemy cieszyli/cieszyły	ucieszymy
wy	będziecie cieszyli/cieszyły	ucieszycie
oni/one	będą cieszyli/cieszyły	ucieszą

CONDITIONAL

ja	cieszyłbym/cieszyłabym	ucieszyłbym/ucieszyłabym
ty	cieszyłbyś/cieszyłabyś	ucieszyłbyś/ucieszyłabyś
on/ona/ono	cieszyłby/cieszyłaby/cieszyłoby	ucieszyłby/ucieszyłaby/ucieszyłoby
my	cieszylibyśmy/cieszyłybyśmy	ucieszylibyśmy/ucieszyłybyśmy
wy	cieszylibyście/cieszyłybyście	ucieszylibyście/ucieszyłybyście
oni/one	cieszyliby/cieszyłyby	ucieszyliby/ucieszyłyby

IMPERATIVE

	cieszmy		ucieszmy
ciesz	cieszcie	uciesz	ucieszcie
niech cieszy	niech cieszą	niech ucieszy	niech ucieszą

PARTICIPLES

PRES. ACT. cieszący, -a, -e; -y, -e
PRES. PASS. cieszony, -a, -e; -eni, -one   **PAST PASS.** ucieszony, -a, -e; -eni, -one
ADV. PART. ciesząc
Verb governance: kogo, czym
Related verbs with meanings: (**cieszyć się/ucieszyć się** *rejoice, be glad, enjoy, be happy*)
(**nacieszyć się** *enjoy*) (**pocieszyć/się/** *console/oneself/*)

EXAMPLES of model and/or related verbs: 1. Największym zainteresowaniem **cieszą się**
wiadomości na temat działalności Ojca Świętego. *The greatest interest is the news of the Holy
Father's activities.* 2. Wnuk **cieszył się** bardzo, że pojedzie pociągiem do babci. *The grandson was
very happy that he'd be going by train to see his grandma.* 3. **Cieszyłoby** mnie, gdyby Franek miał
czynny kontakt z muzyką. *It would please me if Frank stayed in touch with music.* 4. Ale **się**
dziecko **ucieszy**! *How happy the child will be!*

IMPERFECTIVE		PERFECTIVE	

PRESENT

ja	cofam		
ty	cofasz		
on/ona/ono	cofa		
my	cofamy		
wy	cofacie		
oni/one	cofają		

PAST

ja	cofałem/cofałam	cofnąłem/cofnęłam	
ty	cofałeś/cofałaś	cofnąłeś/cofnęłaś	
on/ona/ono	cofał/cofała/cofało	cofnął/cofnęła/cofnęło	
my	cofaliśmy/cofałyśmy	cofnęliśmy/cofnęłyśmy	
wy	cofaliście/cofałyście	cofnęliście/cofnęłyście	
oni/one	cofali/cofały	cofnęli/cofnęły	

FUTURE

ja	będę cofał/cofała	cofnę	
ty	będziesz cofał/cofała	cofniesz	
on/ona/ono	będzie cofał/cofała/cofało	cofnie	
my	będziemy cofali/cofały	cofniemy	
wy	będziecie cofali/cofały	cofniecie	
oni/one	będą cofali/cofały	cofną	

CONDITIONAL

ja	cofałbym/cofałabym	cofnąłbym/cofnęłabym	
ty	cofałbyś/cofałabyś	cofnąłbyś/cofnęłabyś	
on/ona/ono	cofałby/cofałaby/cofałoby	cofnąłby/cofnęłaby/cofnęłoby	
my	cofalibyśmy/cofałybyśmy	cofnęlibyśmy/cofnęłybyśmy	
wy	cofalibyście/cofałybyście	cofnęlibyście/cofnęłybyście	
oni/one	cofaliby/cofałyby	cofnęliby/cofnęłyby	

IMPERATIVE

	cofajmy		cofnijmy
cofaj	cofajcie	cofnij	cofnijcie
niech cofa	niech cofają	niech cofnie	niech cofną

PARTICIPLES

PRES. ACT.	cofający, -a, -e; -y, -e		
PRES. PASS.	cofany, -a, -e; -i, -e	***PAST PASS.***	cofnięty, -a, -e; -ci, -te
ADV. PART.	cofając		

Verb governance: kogo, co; gdzie

Related verbs with meanings: (**cofać się/cofnąć się** *withdraw, pull back, retreat*) (**wycofać/się/** *withdraw; back out, retire*)

EXAMPLES of model and/or related verbs: 1. Pasażewowie promu nawet nie odczuli, że prom był **cofany**. *The ferry passengers didn't feel that the ferry was being moved back.* 2. Ktoś napisał "tak", ale potem **cofnął się** i pod spodem wykaligrafował: "nie". *Someone wrote "yes," but later he retracted it and underneath wrote a big "no."* 3. Trzeba **cofnąć się** aż w dzieciństwo. *One has to retreat all the way into one's childhood.* 4. **Wycofaliby** ten samochód z produkcji, gdyby mieli nowy model. *They would withdraw this car from production if they had a new model.*

czekać/zaczekać   to expect, wait

IMPERFECTIVE		PERFECTIVE

PRESENT

ja	czekam	
ty	czekasz	
on/ona/ono	czeka	
my	czekamy	
wy	czekacie	
oni/one	czekają	

PAST

ja	czekałem/czekałam	zaczekałem/zaczekałam
ty	czekałeś/czekałaś	zaczekałeś/zaczekałaś
on/ona/ono	czekał/czekała/czekało	zaczekał/zaczekała/zaczekało
my	czekaliśmy/czekałyśmy	zaczekaliśmy/zaczekałyśmy
wy	czekaliście/czekałyście	zaczekaliście/zaczekałyście
oni/one	czekali/czekały	zaczekali/zaczekały

FUTURE

ja	będę czekał/czekała	zaczekam
ty	będziesz czekał/czekała	zaczekasz
on/ona/ono	będzie czekał/czekała/czekało	zaczeka
my	będziemy czekali/czekały	zaczekamy
wy	będziecie czekali/czekały	zaczekacie
oni/one	będą czekali/czekały	zaczekają

CONDITIONAL

ja	czekałbym/czekałabym	zaczekałbym/zaczekałabym
ty	czekałbyś/czekałabyś	zaczekałbyś/zaczekałabyś
on/ona/ono	czekałby/czekałaby/czekałoby	zaczekałby/zaczekałaby/zaczekałoby
my	czekalibyśmy/czekałybyśmy	zaczekalibyśmy/zaczekałybyśmy
wy	czekalibyście/czekałybyście	zaczekalibyście/zaczekałybyście
oni/one	czekaliby/czekałyby	zaczekaliby/zaczekałyby

IMPERATIVE

	czekajmy		zaczekajmy
czekaj	czekajcie	zaczekaj	zaczekajcie
niech czeka	niech czekają	niech zaczeka	niech zaczekają

PARTICIPLES

PRES. ACT.   czekający, -a, -e; -y, -e
PRES. PASS.   *PAST PASS.*
ADV. PART.   czekając
Verb governance: na kogo, na co
Related verbs with meanings: (**doczekać się** *wait through, live to see*) (**naczekać się** *wait*)
(**odczekać** *wait it out*) (**poczekać** *wait for a while*) (**przeczekać** *wait out*) (**wyczekać** *anticipate*)

EXAMPLES of model and/or related verbs: 1. Dawniej **czekałam** długo aż chandra mi przejdzie. *In the past, I used to wait a long time for the blues to disappear.* 2. **Przeczekaj** burzę. *Wait till the storm has passed.* 3. Przechodnie **czekają** na zmianę światła. *The pedestrians are waiting for the traffic light to change.* 4. Nigdy nie **doczekałaby się** jakiegokolwiek statusu finansowego, żeby nie domagała się. *She would never have lived to see some kind of a financial arrangement had she not insisted.*

30

IMPERFECTIVE		PERFECTIVE	

PRESENT

ja	czeszę		
ty	czeszesz		
on/ona/ono	czesze		
my	czeszemy		
wy	czeszecie		
oni/one	czeszą		

PAST

ja	czesałem/czesałam	uczesałem/uczesałam	
ty	czesałeś/czesałaś	uczesałeś/uczesałaś	
on/ona/ono	czesał/czesała/czesało	uczesał/uczesała/uczesało	
my	czesaliśmy/czesałyśmy	uczesaliśmy/uczesałyśmy	
wy	czesaliście/czesałyście	uczesaliście/uczesałyście	
oni/one	czesali/czesały	uczesali/uczesały	

FUTURE

ja	będę czesał/czesała	uczeszę	
ty	będziesz czesał/czesała	uczeszesz	
on/ona/ono	będzie czesał/czesała	uczesze	
my	będziemy czesali/czesały	uczeszemy	
wy	będziecie czesali/czesały	uczeszecie	
oni/one	będą czesali/czesały	uczeszą	

CONDITIONAL

ja	czesałbym/czesałabym	uczesałbym/uczesałabym	
ty	czesałbyś/czesałabyś	uczesałbyś/uczesałabyś	
on/ona/ono	czesałby/czesałaby/czesałoby	uczesałby/uczesałaby/uczesałoby	
my	czesalibyśmy/czesałybyśmy	uczesalibyśmy/uczesałybyśmy	
wy	czesalibyście/czesałybyście	uczesalibyście/uczesałybyście	
oni/one	czesaliby/czesałyby	uczesaliby/uczesałyby	

IMPERATIVE

	czeszmy		uczeszmy
czesz	czeszcie	uczesz	uczeszcie
niech czesze	niech czeszą	niech uczesze	niech uczeszą

PARTICIPLES

PRES. ACT.   czeszący, -a, -e; -y, -e
PRES. PASS.   czesany, -a, -e; -i, -e   *PAST PASS.*   uczesany, -a, -e; -i, -e
ADV. PART.   czesząc

Verb governance: kogo, co; czym

Related verbs with meanings: (**czesać się/uczesać się** *comb one's hair*) (**naczesać** *comb out*) (**podczesać** *comb up*) (**poczesać/się/** *comb/one's/hair*) (**przyczesać** *smooth/hair/*) (**rozczesać** *comb down*) (**wyczesać** *comb out*) (**zaczesać/się/** *comb/one's/hair*)

EXAMPLES of model and/or related verbs: 1. **Przyczesała** swą krótką fryzurę. *She smoothed her short hairdo.* 2. **Uczesaliby** ją w francuski warkocz. *They should do her hair in a French braid.* 3. **Czesał się** z przedziałkiem. *He combed his hair with a part.* 4. **Czesz się** grzebieniem z dużymi zębami. *Comb your hair with a wide-toothed comb.*

IMPERFECTIVE	PERFECTIVE

PRESENT

ja	częstuję
ty	częstujesz
on/ona/ono	częstuje
my	częstujemy
wy	częstujecie
oni/one	częstują

PAST

ja	częstowałem/częstowałam	poczęstowałem/poczęstowałam
ty	częstowałeś/częstowałaś	poczęstowałeś/poczęstowałaś
on/ona/ono	częstował/częstowała/częstowało	poczęstował/poczęstowała/poczęstowało
my	częstowaliśmy/częstowałyśmy	poczęstowaliśmy/poczęstowałyśmy
wy	częstowaliście/częstowałyście	poczęstowaliście/poczęstowałyście
oni/one	częstowali/częstowały	poczęstowali/poczęstowały

FUTURE

ja	będę częstował/częstowała	poczęstuję
ty	będziesz częstował/częstowała	poczęstujesz
on/ona/ono	będzie częstował/częstowała	poczęstuje
my	będziemy częstowali/częstowały	poczęstujemy
wy	będziecie częstowali/częstowały	poczęstujecie
oni/one	będą częstowali/częstowały	poczęstują

CONDITIONAL

ja	częstowałbym/częstowałabym	poczęstowałbym/poczęstowałabym
ty	częstowałbyś/częstowałabyś	poczęstowałbyś/poczęstowałabyś
on/ona/ono	częstowałby/częstowałaby/ częstowałoby	poczęstowałby/poczęstowałaby/ poczęstowałoby
my	częstowalibyśmy/częstowałybyśmy	poczęstowalibyśmy/poczęstowałybyśmy
wy	częstowalibyście/częstowałybyście	poczęstowalibyście/poczęstowałybyście
oni/one	częstowaliby/częstowałyby	poczęstowaliby/poczęstowałyby

IMPERATIVE

	częstujmy		poczęstujmy
częstuj	częstujcie	poczęstuj	poczęstujcie
niech częstuje	niech częstują	niech poczęstuje	niech poczęstują

PARTICIPLES

PRES. ACT. częstujący, -a, -e; -y, -e
PRES. PASS. częstowany, -a, -e; -i, -e   *PAST PASS.* poczęstowany, -a, -e; -i, -e
ADV. PART. częstując
Verb governance: kogo, czym; gdzie
Related verbs with meanings: (**częstować się/poczęstować się** *treat each other, help oneself, sample*) (**uczęstować/się/** *treat, entertain; enjoy oneself*) (**wyczęstować** *treat to*)

EXAMPLES of model and/or related verbs: 1. **Częstowałam** gości daniem z kartofli. *I treated my guests to a potato dish.* 2. **Częstują się** truskawkami. *They sample strawberries.* 3. Proszę **poczęstować się** ciastem. *Please help yourself to the cake.* 4. Nie **poczęstowali** nas niczym. *They didn't treat us to anything.*

IMPERFECTIVE		PERFECTIVE	
		PRESENT	

ja	czuję		
ty	czujesz		
on/ona/ono	czuje		
my	czujemy		
wy	czujecie		
oni/one	czują		

PAST

ja	czułem/czułam	poczułem/poczułam	
ty	czułeś/czułaś	poczułeś/poczułaś	
on/ona/ono	czuł/czuła/czuło	poczuł/poczuła/poczuło	
my	czuliśmy/czułyśmy	poczuliśmy/poczułyśmy	
wy	czuliście/czułyście	poczuliście/poczułyście	
oni/one	czuli/czuły	poczuli/poczuły	

FUTURE

ja	będę czuł/czuła	poczuję	
ty	będziesz czuł/czuła	poczujesz	
on/ona/ono	będzie czuł/czuła/czuło	poczuje	
my	będziemy czuli/czuły	poczujemy	
wy	będziecie czuli/czuły	poczujecie	
oni/one	będą czuli/czuły	poczują	

CONDITIONAL

ja	czułbym/czułabym	poczułbym/poczułabym	
ty	czułbyś/czułabyś	poczułbyś/poczułabyś	
on/ona/ono	czułby/czułaby/czułoby	poczułby/poczułaby/poczułoby	
my	czulibyśmy/czułybyśmy	poczulibyśmy/poczułybyśmy	
wy	czulibyście/czułybyście	poczulibyście/poczułybyście	
oni/one	czuliby/czułyby	poczuliby/poczułyby	

IMPERATIVE

	czujmy		poczujmy
czuj	czujcie	poczuj	poczujcie
niech czuje	niech czują	niech poczuje	niech poczują

PARTICIPLES

PRES. ACT. czujący, -a, -e; -y, -e
PRES. PASS.   *PAST PASS.* poczuty, -a, -e; -, -te
ADV. PART. czując

Verb governance: do kogo, co

Related verbs with meanings: (**czuć się/poczuć się** *feel, be in a/certain/mood/*) (**odczuć** *feel*) (**przeczuć** *foresee, anticipate*) (**uczuć** *feel, experience*) (**wyczuć** *feel out, sense*)

EXAMPLES of model and/or related verbs: 1. **Czując,** że zrobiłem w ciągu dnia dużo dobrych rzeczy, przychodzę do domu zadowolony. *Feeling that I have accomplished a lot of good deeds during the day, I come home happy.* 2. Ona dzisiaj **czuje się** nie najlepiej. *She doesn't feel too well today.* 3. Gdy mąż przebywal wiele poza domem, to wówczas **czułam się** osamotniona. *When my husband was spending a lot of time out of town, I felt lonely.* 4. **Czułbym się** przy niej lepiej, gdyby mi ona współczuła. *I would feel better with her if she were sensitive to my needs.*

IMPERFECTIVE   PERFECTIVE

PRESENT

	IMPERFECTIVE	PERFECTIVE
ja	czyszczę	
ty	czyścisz	
on/ona/ono	czyści	
my	czyścimy	
wy	czyścicie	
oni/one	czyszczą	

PAST

	IMPERFECTIVE	PERFECTIVE
ja	czyściłem/czyściłam	oczyściłem/oczyściłam
ty	czyściłeś/czyściłaś	oczyściłeś/oczyściłaś
on/ona/ono	czyścił/czyściła/czyściło	oczyścił/oczyściła/oczyściło
my	czyściliśmy/czyściłyśmy	oczyściliśmy/oczyściłyśmy
wy	czyściliście/czyściłyście	oczyściliście/oczyściłyście
oni/one	czyścili/czyściły	oczyścili/oczyściły

FUTURE

	IMPERFECTIVE	PERFECTIVE
ja	będę czyścił/czyściła	oczyszczę
ty	będziesz czyścił/czyściła	oczyścisz
on/ona/ono	będzie czyścił/czyściła/czyściło	oczyści
my	będziemy czyścili/czyściły	oczyścimy
wy	będziecie czyścili/czyściły	oczyścicie
oni/one	będą czyścili/czyściły	oczyszczą

CONDITIONAL

	IMPERFECTIVE	PERFECTIVE
ja	czyściłbym/czyściłabym	oczyściłbym/oczyściłabym
ty	czyściłbyś/czyściłabyś	oczyściłbyś/oczyściłabyś
on/ona/ono	czyściłby/czyściłaby/czyściłoby	oczyściłby/oczyściłaby/oczyściłoby
my	czyścilibyśmy/czyściłybyśmy	oczyścilibyśmy/oczyściłybyśmy
wy	czyścilibyście/czyściłybyście	oczyścilibyście/oczyściłybyście
oni/one	czyściliby/czyściłyby	oczyściliby/oczyściłyby

IMPERATIVE

	IMPERFECTIVE		PERFECTIVE
	czyśćmy		oczyśćmy
czyść	czyśćcie	oczyść	oczyśćcie
niech czyści	niech czyszczą	niech oczyści	niech oczyszczą

PARTICIPLES

PRES. ACT. czyszczący, -a, -e; -y, -e
PRES. PASS. czyszczony, -a, -e; -eni, -one   **PAST PASS.** oczyszczony, -a, -e; -eni, -one
ADV. PART. czyszcząc
Verb governance: co, czym
Related verbs with meanings: (**czyścić się/oczyścić się** *clean oneself*) (**poczyścić** *clean, polish*)
(**przeczyścić** *cleanse, purge*) (**wyczyścić** *clean*)

EXAMPLES of model and/or related verbs: 1. **Oczyść** buty z błota. *Clean the mud off your shoes.*
2. Dokładnie **oczyściłam** twarz płatkami kosmetycznymi. *I carefully cleaned my face with cosmetic pads.* 3. **Czyszczę** kąciki oczu pałeczkami bawełny. *I clean the corners of my eyes with cotton swabs.* 4. **Oczyściłabyś** sobie skórę żelem. *You should clean your skin with a gel.*

IMPERFECTIVE		PERFECTIVE	

PRESENT

ja	czytam		
ty	czytasz		
on/ona/ono	czyta		
my	czytamy		
wy	czytacie		
oni/one	czytają		

PAST

ja	czytałem/czytałam	przeczytałem/przeczytałam	
ty	czytałeś/czytałaś	przeczytałeś/przeczytałaś	
on/ona/ono	czytał/czytała/czytało	przeczytał/przeczytała/przeczytało	
my	czytaliśmy/czytałyśmy	przeczytaliśmy/przeczytałyśmy	
wy	czytaliście/czytałyście	przeczytaliście/przeczytałyście	
oni/one	czytali/czytały	przeczytali/przeczytały	

FUTURE

ja	będę czytał/czytała	przeczytam	
ty	będziesz czytał/czytała	przeczytasz	
on/ona/ono	będzie czytał/czytała/czytało	przeczyta	
my	będziemy czytali/czytały	przeczytamy	
wy	będziecie czytali/czytały	przeczytacie	
oni/one	będą czytali/czytały	przeczytają	

CONDITIONAL

ja	czytałbym/czytałabym	przeczytałbym/przeczytałabym	
ty	czytałbyś/czytałabyś	przeczytałbyś/przeczytałabyś	
on/ona/ono	czytałby/czytałaby/czytałoby	przeczytałby/przeczytałaby/przeczytałoby	
my	czytalibyśmy/czytałybyśmy	przeczytalibyśmy/przeczytałybyśmy	
wy	czytalibyście/czytałybyście	przeczytalibyście/przeczytałybyście	
oni/one	czytaliby/czytałyby	przeczytaliby/przeczytałyby	

IMPERATIVE

	czytajmy		przeczytajmy
czytaj	czytajcie	przeczytaj	przeczytajcie
niech czyta	niech czytają	niech przeczyta	niech przeczytają

PARTICIPLES

PRES. ACT.   czytający, -a, -e; -y, -e

PRES. PASS.   czytany, -a, -e; -i, -e   *PAST PASS.*   przeczytany, -a, -e; -i, -e

ADV. PART.   czytając

Verb governance: kogo, co; o kim, o czym

Related verbs with meanings: (**doczytać/się/** *read to the end; find out from reading*) (**naczytać się** *be tired of reading*) (**oczytać się** *have read one's fill*) (**odczytać** *recite*) (**rozczytać się** *delight in reading*) (**wyczytać** *read in, decipher, make out*) (**zaczytać się** *be engrossed in reading*)

EXAMPLES of model and/or related verbs: 1. Kierowca **czyta** znaki drogowe. *The driver reads road signs.* 2. **Czytałam** swoim dzieciom wierszyki Jana Brzechwy. *I used to read Jan Brzechwa's rhymes to my children.* 3. **Poczytaj** mi mamo! *Read to me, Mom!* 4. W jednym z ostatnich numerów, **przeczytaliśmy** ciekawy artykuł. *In one of the last issues, we read an interesting article.*

IMPERFECTIVE		PERFECTIVE

PRESENT

ja	ćwiczę	
ty	ćwiczysz	
on/ona/ono	ćwiczy	
my	ćwiczymy	
wy	ćwiczycie	
oni/one	ćwiczą	

PAST

ja	ćwiczyłem/ćwiczyłam	przećwiczyłem/przećwiczyłam
ty	ćwiczyłeś/ćwiczyłaś	przećwiczyłeś/przećwiczyłaś
on/ona/ono	ćwiczył/ćwiczyła/ćwiczyło	przećwiczył/przećwiczyła/przećwiczyło
my	ćwiczyliśmy/ćwiczyłyśmy	przećwiczyliśmy/przećwiczyłyśmy
wy	ćwiczyliście/ćwiczyłyście	przećwiczyliście/przećwiczyłyście
oni/one	ćwiczyli/ćwiczyły	przećwiczyli/przećwiczyły

FUTURE

ja	będę ćwiczył/ćwiczyła	przećwiczę
ty	będziesz ćwiczył/ćwiczyła	przećwiczysz
on/ona/ono	będzie ćwiczył/ćwiczyła/ćwiczyło	przećwiczy
my	będziemy ćwiczyli/ćwiczyły	przećwiczymy
wy	będziecie ćwiczyli/ćwiczyły	przećwiczycie
oni/one	będą ćwiczyli/ćwiczyły	przećwiczą

CONDITIONAL

ja	ćwiczyłbym/ćwiczyłabym	przećwiczyłbym/przećwiczyłabym
ty	ćwiczyłbyś/ćwiczyłabyś	przećwiczyłbyś/przećwiczyłabyś
on/ona/ono	ćwiczyłby/ćwiczyłaby/ćwiczyłoby	przećwiczyłby/przećwiczyłaby/ przećwiczyłoby
my	ćwiczylibyśmy/ćwiczyłybyśmy	przećwiczylibyśmy/przećwiczyłybyśmy
wy	ćwiczylibyście/ćwiczyłybyście	przećwiczylibyście/przećwiczyłybyście
oni/one	ćwiczyliby/ćwiczyłyby	przećwiczyliby/przećwiczyłyby

IMPERATIVE

	ćwiczmy		przećwiczmy
ćwicz	ćwiczcie	przećwicz	przećwiczcie
niech ćwiczy	niech ćwiczą	niech przećwiczy	niech przećwiczą

PARTICIPLES

PRES. ACT. ćwiczący, -a, -e; -y, -e
PRES. PASS. ćwiczony, -a, -e; -eni, -one   **PAST PASS.** przećwiczony, -a, -e; -eni, -one
ADV. PART. ćwicząc
Verb governance: kogo, co; w czym; gdzie
Related verbs with meanings: (**ćwiczyć się/przećwiczyć się** *exercise, train*) (**podćwiczyć** *give some practice/training*) (**poćwiczyć** *practice for a while, do some exercise*) (**wyćwiczyć** *acquire skill*)

EXAMPLES of model and/or related verbs: 1. **Ćwiczyła** tą samą piosenkę cały dzień. *She was practicing the same song the whole day.* 2. **Ćwiczę** język polski w mowie i w piśmie. *I drill the Polish language in speaking and writing.* 3. **Ćwicz się** dla swego zdrowia. *Exercise for your health.* 4. **Przećwiczyli** całą godzinę na wuefie. *They trained for a whole hour in Phys. Ed.*

IMPERFECTIVE		PERFECTIVE

PRESENT

ja	daję	
ty	dajesz	
on/ona/ono	daje	
my	dajemy	
wy	dajecie	
oni/one	dają	

PAST

ja	dawałem/dawałam	dałem/dałam
ty	dawałeś/dawałaś	dałeś/dałaś
on/ona/ono	dawał/dawała/dawało	dał/dała/dało
my	dawaliśmy/dawałyśmy	daliśmy/dałyśmy
wy	dawaliście/dawałyście	daliście/dałyście
oni/one	dawali/dawały	dali/dały

FUTURE

ja	będę dawał/dawała	dam
ty	będziesz dawał/dawała	dasz
on/ona/ono	będzie dawał/dawała/dawało	da
my	będziemy dawali/dawały	damy
wy	będziecie dawali/dawały	dacie
oni/one	będą dawali/dawały	dadzą

CONDITIONAL

ja	dawałbym/dawałabym	dałbym/dałabym
ty	dawałbyś/dawałabyś	dałbyś/dałabyś
on/ona/ono	dawałby/dawałaby/dawałoby	dałby/dałaby/dałoby
my	dawalibyśmy/dawałybyśmy	dalibyśmy/dałybyśmy
wy	dawalibyście/dawałybyście	dalibyście/dałybyście
oni/one	dawaliby/dawałyby	daliby/dałyby

IMPERATIVE

	dawajmy		dajmy
dawaj	dawajcie	daj	dajcie
niech daje	niech dają	niech da	niech dadzą

PARTICIPLES

PRES. ACT.   dający, -a, -e; -y, -e
PRES. PASS.   dawany, -a, -e; -i, -e   *PAST PASS.*   dany, -a, -e; -i, -e
ADV. PART.   dając

Verb governance: komu, co

Related verbs with meanings: (**dawać się/dać się** *allow*) (**nadać** *post, send*) (**oddać** *give back, return*) (**podać/się**/ *hand, pass, offer; offer oneself, tender*) (**poddać/się**/ *let go, surrender; submit*) (**udać/się**/ *feign, pretend; succeed, apply to*) (**zdać/się**/ *pass/exam/; seem/in 3rd person/*) (**wydać/się**/ *spend, give change; seem, appear*)

EXAMPLES of model and/or related verbs: 1. Motocykl **dałby** mu poczucie swobody. *The motorcycle would give him the sense of freedom.* 2. Ona ma w oczach smutek, czy coś, co nie **da się** określić. *There's sadness or something in her eyes that's hard to describe.* 3. Uciekłem z przedszkola parę razy i od tamtej pory **dali** mi spokój. *I ran away a few times from kindergarten, so from that time on, they left me alone.* 4. **Daj** mi szansę. *Give me a chance.*

decydować/zdecydować   to decide, determine

IMPERFECTIVE	PERFECTIVE

PRESENT

ja	decyduję
ty	decydujesz
on/ona/ono	decyduje
my	decydujemy
wy	decydujecie
oni/one	decydują

PAST

ja	decydowałem/decydowałam	zdecydowałem/zdecydowałam
ty	decydowałeś/decydowałaś	zdecydowałeś/zdecydowałaś
on/ona/ono	decydował/decydowała/decydowało	zdecydował/zdecydowała/zdecydowało
my	decydowaliśmy/decydowałyśmy	zdecydowaliśmy/zdecydowałyśmy
wy	decydowaliście/decydowałyście	zdecydowaliście/zdecydowałyście
oni/one	decydowali/decydowały	zdecydowali/zdecydowały

FUTURE

ja	będę decydował/decydowała	zdecyduję
ty	będziesz decydował/decydowała	zdecydujesz
on/ona/ono	będzie decydował/decydowała/ decydowało	zdecyduje
my	będziemy decydowali/decydowały	zdecydujemy
wy	będziecie decydowali/decydowały	zdecydujecie
oni/one	będą decydowali/decydowały	zdecydują

CONDITIONAL

ja	decydowałbym/decydowałabym	zdecydowałbym/zdecydowałabym
ty	decydowałbyś/decydowałabyś	zdecydowałbyś/zdecydowałabyś
on/ona/ono	decydowałby/decydowałaby/ decydowałoby	zdecydowałby/zdecydowałaby/ zdecydowałoby
my	decydowalibyśmy/decydowałybyśmy	zdecydowalibyśmy/zdecydowałybyśmy
wy	decydowalibyście/decydowałybyście	zdecydowalibyście/zdecydowałybyście
oni/one	decydowaliby/decydowałyby	zdecydowaliby/zdecydowałyby

IMPERATIVE

	decydujmy		zdecydujmy
decyduj	decydujcie	zdecyduj	zdecydujcie
niech decyduje	niech decydują	niech zdecyduje	niech zdecydują

PARTICIPLES

PRES. ACT. decydujący, -a, -e; -y, -e
PRES. PASS. decydowany, -a, -e; -i, -e   *PAST PASS.* zdecydowany, -a, -e; -i, -e
ADV. PART. decydując
Verb governance: co; o kim, o czym; gdzie
Related verbs with meanings: (**decydować się/zdecydować się** *decide, make up one's mind*)
(**zadecydować** *settle, determine*)

EXAMPLES of model and/or related verbs: 1. **Zdecydowałam się** napisać do ciebie kilka słów. *I decided to write you a few words.* 2. On **się** na to napewno **zdecyduje**. *He will definitely make up his mind about it.* 3. Może **decydować** o wyborze szkoły. *He may determine the choice of school.* 4. Oni **zdecydowaliby się** podjąć wędrówkę na szczyt, ale bez funduszy nie mogli. *They would have undertaken the climb to the top, but without funds, they couldn't.*

denerwować się/zdenerwować się to get upset, be nervous, fidget, fret

IMPERFECTIVE		PERFECTIVE

PRESENT

ja	denerwuję się
ty	denerwujesz się
on/ona/ono	denerwuje się
my	denerwujemy się
wy	denerwujecie się
oni/one	denerwują się

PAST

ja	denerwowałem się/denerwowałam się	zdenerwowałem się/zdenerwowałam się
ty	denerwowałeś się/denerwowałaś się	zdenerwowałeś się/zdenerwowałaś się
on/ona/ono	denerwował się/denerwowała się/ denerwowało się	zdenerwował się/zdenerwowała się/ zdenerwowało się
my	denerwowaliśmy się/-łyśmy się	zdenerwowaliśmy się/-łyśmy się
wy	denerwowaliście się/-łyście się	zdenerwowaliście się/-łyście się
oni/one	denerwowali się/denerwowały się	zdenerwowali się/zdenerwowały się

FUTURE

ja	będę się denerwował/denerwowała	zdenerwuję się
ty	będziesz się denerwował/denerwowała	zdenerwujesz się
on/ona/ono	będzie się denerwował/denerwowała/denerwowało	zdenerwuje się
my	będziemy się denerwowali/denerwowały	zdenerwujemy się
wy	będziecie się denerwowali/denerwowały	zdenerwujecie się
oni/one	będą się denerwowali/denerwowały	zdenerwują się

CONDITIONAL

ja	denerwowałbym się/-łabym się	zdenerwowałbym się/-łabym się
ty	denerwowałbyś się/denerwowałabyś się	zdenerwowałbyś się/zdenerwowałabyś się
on/ona/ono	denerwowałby się/denerwowałaby się/ denerwowałoby się	zdenerwowałby się/zdenerwowałaby się/ zdenerwowałoby się
my	denerwowalibyśmy się/ denerwowałybyśmy się	zdenerwowalibyśmy się/ zdenerwowałybyśmy się
wy	denerwowalibyście się/-łybyście się	zdenerwowalibyście się/-łybyście się
oni/one	denerwowaliby się/denerwowałyby się	zdenerwowaliby się/zdenerwowałyby się

IMPERATIVE

	denerwujmy się		zdenerwujmy się
denerwuj się	denerwujcie się	zdenerwuj się	zdenerwujcie się
niech się denerwuje	niech się denerwują	niech się zdenerwuje	niech się zdenerwują

PARTICIPLES

PRES. ACT. denerwujący się, -a, -e; -y, -e
PRES. PASS.   *PAST PASS.*
ADV. PART. denerwując się
Verb governance: czym; na kogo, na co
Related verbs with meanings: (**denerwować/zdenerwować** *get on someone's nerves, irritate, upset, exasperate*) (**nadenerwować/się**/ *make terribly nervous; be exasperated beyond measure*) (**podenerwować/się**/ *upset; be uneasy for some time*)

EXAMPLES of model and/or related verbs: 1. Czasem **się** nieco **zdenerwuję**. *Sometimes I get a bit upset.* 2. Romantyczna aura wyspy czasem ją **denerwowała**. *The romantic setting of the island sometimes upset her.* 3. **Zdenerwowałam się,** że syn grał w tenisa na komputerze, a nie na korcie. *I got upset because my son played tennis on the computer and not on the court.* 4. **Denerwuje się,** bo nie może znaleźć żadnej recenzji filmowej w gazecie. *She's getting upset because she can't find any movie reviews in the newspaper.*

dokuczać/dokuczyć   to tease, annoy, bother, pester, hurt

IMPERFECTIVE	PERFECTIVE

PRESENT

ja	dokuczam
ty	dokuczasz
on/ona/ono	dokucza
my	dokuczamy
wy	dokuczacie
oni/one	dokuczają

PAST

ja	dokuczałem/dokuczałam	dokuczyłem/dokuczyłam
ty	dokuczałeś/dokuczałaś	dokuczyłeś/dokuczyłaś
on/ona/ono	dokuczał/dokuczała/dokuczało	dokuczył/dokuczyła/dokuczyło
my	dokuczaliśmy/dokuczałyśmy	dokuczyliśmy/dokuczyłyśmy
wy	dokuczaliście/dokuczałyście	dokuczyliście/dokuczyłyście
oni/one	dokuczali/dokuczały	dokuczyli/dokuczyły

FUTURE

ja	będę dokuczał/dokuczała	dokuczę
ty	będziesz dokuczał/dokuczała	dokuczysz
on/ona/ono	będzie dokuczał/dokuczała/dokuczało	dokuczy
my	będziemy dokuczali/dokuczały	dokuczymy
wy	będziecie dokuczali/dokuczały	dokuczycie
oni/one	będą dokuczali/dokuczały	dokuczą

CONDITIONAL

ja	dokuczałbym/dokuczałabym	dokuczyłbym/dokuczyłabym
ty	dokuczałbyś/dokuczałabyś	dokuczyłbyś/dokuczyłabyś
on/ona/ono	dokuczałby/dokuczałaby/dokuczałoby	dokuczyłby/dokuczyłaby/dokuczyłoby
my	dokuczalibyśmy/dokuczałybyśmy	dokuczylibyśmy/dokuczyłybyśmy
wy	dokuczalibyście/dokuczałybyście	dokuczylibyście/dokuczyłybyście
oni/one	dokuczaliby/dokuczałyby	dokuczyliby/dokuczyłyby

IMPERATIVE

	dokuczajmy		dokuczmy
dokuczaj	dokuczajcie	dokucz	dokuczcie
niech dokucza	niech dokuczają	niech dokuczy	niech dokuczą

PARTICIPLES

PRES. ACT.   dokuczający, -a, -e; -y, -e
PRES. PASS.   *PAST PASS.*
ADV. PART.   dokuczając
Verb governance: komu, czemu
Related verbs with meanings:

EXAMPLES of model and/or related verbs: 1. Komary i muchy **dokuczały** jej bardzo. *Mosquitos and flies annoyed her a lot.* 2. Nadal **dokucza** mi ręka którą złamałam w zeszłym roku. *The hand that I broke last year still bothers me.* 3. Ból zęba czasem **dokuczy** bardzo. *Sometimes a toothache will hurt a lot.* 4. Nie **dokuczaj** mi. *Don't bother me.*

dostawać/dostać to get, attain, receive, obtain, reach

IMPERFECTIVE		PERFECTIVE

PRESENT

ja	dostaję	
ty	dostajesz	
on/ona/ono	dostaje	
my	dostajemy	
wy	dostajecie	
oni/one	dostają	

PAST

ja	dostawałem/dostawałam	dostałem/dostałam
ty	dostawałeś/dostawałaś	dostałeś/dostałaś
on/ona/ono	dostawał/dostawała/dostawało	dostał/dostała/dostało
my	dostawaliśmy/dostawałyśmy	dostaliśmy/dostałyśmy
wy	dostawaliście/dostawałyście	dostaliście/dostałyście
oni/one	dostawali/dostawały	dostali/dostały

FUTURE

ja	będę dostawał/dostawała	dostanę
ty	będziesz dostawał/dostawała	dostaniesz
on/ona/ono	będzie dostawał/dostawała/dostawało	dostanie
my	będziemy dostawali/dostawały	dostaniemy
wy	będziecie dostawali/dostawały	dostaniecie
oni/one	będą dostawali/dostawały	dostaną

CONDITIONAL

ja	dostawałbym/dostawałabym	dostałbym/dostałabym
ty	dostawałbyś/dostawałabyś	dostałbyś/dostałabyś
on/ona/ono	dostawałby/dostawałaby/dostawałoby	dostałby/dostałaby/dostałoby
my	dostawalibyśmy/dostawałybyśmy	dostalibyśmy/dostałybyśmy
wy	dostawalibyście/dostawałybyście	dostalibyście/dostałybyście
oni/one	dostawaliby/dostawałyby	dostaliby/dostałyby

IMPERATIVE

	dostajmy		dostańmy
dostawaj	dostajcie	dostań	dostańcie
niech dostaje	niech dostają	niech dostanie	niech dostaną

PARTICIPLES

PRES. ACT. dostający, -a, -e; -y, -e
PRES. PASS. dostawany, -a, -e; -i, -e   *PAST PASS.*
ADV. PART. dostając

Verb governance: od kogo, co

Related verbs with meanings: (**dostawać się/dostać się** *get*) (**przedostać się** *reach, cross*) (**przestać** *stop, cease*) (**wydostać/się**/ *rescue, bring out; get out of, escape*) (**zostać/się**/ *stay over, remain, become; stay, be left*)

EXAMPLES of model and/or related verbs: 1. Wszystkie matki obecne **dostały** po kwiatku. *All the mothers present got a flower each.* 2. Może **dostaniemy** zaległą premię. *Perhaps we'll get the late bonus.* 3. Szalenie trudno **się** tam **dostać.** *It's extremely hard to get there.* 4. Gdyby mógł, **zostałby** szpiegiem. *If he could, he would have become a spy.*

dotykać/dotknąć   to touch

IMPERFECTIVE		PERFECTIVE	

PRESENT

ja	dotykam	
ty	dotykasz	
on/ona/ono	dotyka	
my	dotykamy	
wy	dotykacie	
oni/one	dotykają	

PAST

ja	dotykałem/dotykałam	dotknąłem/dotknęłam
ty	dotykałeś/dotykałaś	dotknąłeś/dotknęłaś
on/ona/ono	dotykał/dotykała/dotykało	dotknął/dotknęła/dotknęło
my	dotykaliśmy/dotykałyśmy	dotknęliśmy/dotknęłyśmy
wy	dotykaliście/dotykałyście	dotknęliście/dotknęłyście
oni/one	dotykali/dotykały	dotknęli/dotknęły

FUTURE

ja	będę dotykał/dotykała	dotknę
ty	będziesz dotykał/dotykała	dotkniesz
on/ona/ono	będzie dotykał/dotykała/dotykało	dotknie
my	będziemy dotykali/dotykały	dotkniemy
wy	będziecie dotykali/dotykały	dotkniecie
oni/one	będą dotykali/dotykały	dotkną

CONDITIONAL

ja	dotykałbym/dotykałabym	dotknąłbym/dotknęłabym
ty	dotykałbyś/dotykałabyś	dotknąłbyś/dotknęłabyś
on/ona/ono	dotykałby/dotykałaby/dotykałoby	dotknąłby/dotknęłaby/dotknęłoby
my	dotykalibyśmy/dotykałybyśmy	dotknęlibyśmy/dotknęłybyśmy
wy	dotykalibyście/dotykałybyście	dotknęlibyście/dotknęłybyście
oni/one	dotykaliby/dotykałyby	dotknęliby/dotknęłyby

IMPERATIVE

	dotykajmy		dotknijmy
dotykaj	dotykajcie	dotknij	dotknijcie
niech dotyka	niech dotykają	niech dotknie	niech dotkną

PARTICIPLES

PRES. ACT. dotykający, -a, -e; -y, -e
PRES. PASS. dotykany, -a, -e; -i, -e   **PAST PASS.** dotknięty, -a, -e; -ci, -te
ADV. PART. dotykając
Verb governance: kogo, czego
Related verbs with meanings: (**dotykać się/dotknąć się** *touch*) (**natknąć się** *come across*)
(**potknąć się** *stumble*) (**wytknąć** *thrust out, show, rebuke*) (**zatknąć** *clog, plug*)

EXAMPLES of model and/or related verbs: 1. Ten sam układ pogody **dotknął** cały kontynent. *The same weather pattern touched the whole continent.* 2. **Dotyczy** to kobiet i mniejszości narodowych. *It touches women and ethnic minorities.* 3. Musiałbym ją **dotknąć,** aby przekonać się, że to ona. *I would have to touch her to make sure that it is she.* 4. W czasie podróży **natknęła się** na byłego przyjaciela. *During a trip, she bumped into her former boyfriend.*

dowiadywać się/dowiedzieć się   to find out, learn, get to know, be informed, inquire

IMPERFECTIVE	PERFECTIVE

PRESENT

ja	dowiaduję się
ty	dowiadujesz się
on/ona/ono	dowiaduje się
my	dowiadujemy się
wy	dowiadujecie się
oni/one	dowiadują się

PAST

	IMPERFECTIVE	PERFECTIVE
ja	dowiadywałem się/dowiadywałam się	dowiedziałem się/dowiedziałam się
ty	dowiadywałeś się/dowiadywałaś się	dowiedziałeś się/dowiedziałaś się
on/ona/ono	dowiadywał się/dowiadywała się/ dowiadywało się	dowiedział się/dowiedziała się/ dowiedziało się
my	dowiadywaliśmy się/ dowiadywałyśmy się	dowiedzieliśmy się/dowiedziałyśmy się
wy	dowiadywaliście się/-łyście się	dowiedzieliście się/dowiedziałyście się
oni/one	dowiadywali się/dowiadywały się	dowiedzieli się/dowiedziały się

FUTURE

	IMPERFECTIVE	PERFECTIVE
ja	będę się dowiadywał/dowiadywała	dowiem się
ty	będziesz się dowiadywał/dowiadywała	dowiesz się
on/ona/ono	będzie się dowiadywał/dowiadywała/dowiadywało	dowie się
my	będziemy się dowiadywali/dowiadywały	dowiemy się
wy	będziecie się dowiadywali/dowiadywały	dowiecie się
oni/one	będą się dowiadywali/dowiadywały	dowiedzą się

CONDITIONAL

	IMPERFECTIVE	PERFECTIVE
ja	dowiadywałbym się/ dowiadywałabym się	dowiedziałbym się/dowiedziałabym się
ty	dowiadywałbyś się/dowiadywałabyś się	dowiedziałbyś się/dowiedziałabyś się
on/ona/ono	dowiadywałby się/dowiadywałaby się/ dowiadywałoby się	dowiedziałby się/dowiedziałaby się/ dowiedziałoby się
my	dowiadywalibyśmy się/-łybyśmy się	dowiedzielibyśmy się/-łybyśmy się
wy	dowiadywalibyście się/-łybyście się	dowiedzielibyście się/-łybyście się
oni/one	dowiadywaliby się/dowiadywałyby się	dowiedzieliby się/dowiedziałyby się

IMPERATIVE

	dowiadujmy się		dowiedzmy się
dowiaduj się	dowiadujcie się	dowiedz się	dowiedzcie się
niech się dowiaduje	niech się dowiadują	niech się dowie	niech się dowiedzą

PARTICIPLES

PRES. ACT.   dowiadujący się, -a, -e; -y, -e
PRES. PASS.   *PAST PASS.*
ADV. PART.   dowiadując się
Verb governance: czego; o kim, o czym
Related verbs with meanings: (**wiedzieć**[1] *know, be aware of*) (**wywiadywać się** *inquire*)
(**zawiadywać** *administer*) Note: [1]This is a root verb/imperfective/, so the present is like the
future—**wiem, wiesz,** etc., and the future is with *będę* - **będę wiedział/wiedziała,** etc.

EXAMPLES of model and/or related verbs: 1. Kiedy **dowiedzieliśmy się,** jaki jest jego prawdziwy
cel, nie mieliśmy już żadnych wątpliwości. *When we found out his real goal, we had no more
doubts.* 2. Jego przyjaciółka **wie** o tym dobrze. *His girlfriend is quite aware of it.* 3. **Dowiedzmy się**
o jego zainteresowaniach. *Let's find out about his interests.* 4. On **się dowiaduje** od czasu do czasu,
czy rozkład jazdy autobusów się zmienia. *He finds out from time to time if the bus schedule changes.*

działać   to function, operate, act, be active, work, have effect

IMPERFECTIVE	PERFECTIVE

PRESENT

ja	działam
ty	działasz
on/ona/ono	działa
my	działamy
wy	działacie
oni/one	działają

PAST

ja	działałem/działałam
ty	działałeś/działałaś
on/ona/ono	działał/działała/działało
my	działaliśmy/działałyśmy
wy	działaliście/działałyście
oni/one	działali/działały

FUTURE

ja	będę działał/działała
ty	będziesz działał/działała
on/ona/ono	będzie działał/działała/działało
my	będziemy działali/działały
wy	będziecie działali/działały
oni/one	będą działali/działały

CONDITIONAL

ja	działałbym/działałabym
ty	działałbyś/działałabyś
on/ona/ono	działałby/działałaby/działałoby
my	działalibyśmy/działałybyśmy
wy	działalibyście/działałybyście
oni/one	działaliby/działałyby

IMPERATIVE

	działajmy
działaj	działajcie
niech działa	niech działają

PARTICIPLES

PRES. ACT.   działający, -a, -e; -y, -e
PRES. PASS.   *PAST PASS.*
ADV. PART.   działając

Verb governance: na kogo, na co; pod czym; gdzie
Related verbs with meanings: (**podziałać** *act, produce an effect*) (**zadziałać** *function*) (**zdziałać** *perform, accomplish, achieve*)

EXAMPLES of model and/or related verbs: 1. Oni **działają** zgodnie z prawem. *They operate according to law.* 2. Można myśleć praktycznie i **działać** pragmatycznie. *One can think realistically and act pragmatically.* 3. Ona uchodzi za jednego z najskuteczniej **działających** szpiegów. *She passes for one of the most effectively operating spies.* 4. Przez jakiś czas **działał** w Polsce. *For a while he was operating in Poland.*

dzielić/podzielić　　　　　　　　　　　　　　　　　to divide, share

IMPERFECTIVE		PERFECTIVE	

PRESENT

ja	dzielę		
ty	dzielisz		
on/ona/ono	dzieli		
my	dzielimy		
wy	dzielicie		
oni/one	dzielą		

PAST

ja	dzieliłem/dzieliłam	podzieliłem/podzieliłam
ty	dzieliłeś/dzieliłaś	podzieliłeś/podzieliłaś
on/ona/ono	dzielił/dzieliła/dzieliło	podzielił/podzieliła/podzieliło
my	dzieliliśmy/dzieliłyśmy	podzieliliśmy/podzieliłyśmy
wy	dzieliliście/dzieliłyście	podzieliliście/podzieliłyście
oni/one	dzielili/dzieliły	podzielili/podzieliły

FUTURE

ja	będę dzielił/dzieliła	podzielę
ty	będziesz dzielił/dzieliła	podzielisz
on/ona/ono	będzie dzielił/dzieliła/dzieliło	podzieli
my	będziemy dzielili/dzieliły	podzielimy
wy	będziecie dzielili/dzieliły	podzielicie
oni/one	będą dzielili/dzieliły	podzielą

CONDITIONAL

ja	dzieliłbym/dzieliłabym	podzieliłbym/podzieliłabym
ty	dzieliłbyś/dzieliłabyś	podzieliłbyś/podzieliłabyś
on/ona/ono	dzieliłby/dzieliłaby/dzieliłoby	podzieliłby/podzieliłaby/podzieliłoby
my	dzielilibyśmy/dzieliłybyśmy	podzielilibyśmy/podzieliłybyśmy
wy	dzielilibyście/dzieliłybyście	podzielilibyście/podzieliłybyście
oni/one	dzieliliby/dzieliłyby	podzieliliby/podzieliłyby

IMPERATIVE

	dzielmy		podzielmy
dziel	dzielcie	podziel	podzielcie
niech dzieli	niech dzielą	niech podzieli	niech podzielą

PARTICIPLES

PRES. ACT.　dzielący, -a, -e; -y, -e
PRES. PASS.　dzielony, -a, -e; -eni, -one　　　**PAST PASS.**　podzielony, -a, -e; -eni, -one
ADV. PART.　dzieląc

Verb governance: kogo, co; na co

Related verbs with meanings: (**dzielić się/podzielić się** *be divided, share*) (**oddzielić/się/** *separate, sever; part with*) (**przedzielić** *divide, separate, part*) (**rozdzielić/się/** *distribute, delegate, separate; part*) (**udzielić/się/** *confer, give; frequent, communicate with*) (**wydzielić** *give out, assign*)

EXAMPLES of model and/or related verbs: 1. Słynna aktorka **udzieliła** prasie wywiadu. *The famous actress gave the press an interview.* 2. Wiele kobiet nie potrafi **oddzielić** pracy zawodowej od domu. *Many women fail to separate their careers from family.* 3. Ten punkt widzenia **podziela** większość. *The majority shares this point of view.* 4. On **rozdzieliłby** role w swoim domu, żeby wiedział jak. *He would delegate chores in his home if he knew how.*

dziękować/podziękować　　　　　to be grateful to, thank, express thanks to

IMPERFECTIVE		PERFECTIVE	

PRESENT

ja	dziękuję
ty	dziękujesz
on/ona/ono	dziękuje
my	dziękujemy
wy	dziękujecie
oni/one	dziękują

PAST

ja	dziękowałem/dziękowałam	poodziękowałem/podziękowałam
ty	dziękowałeś/dziękowałaś	podziękowałeś/podziękowałaś
on/ona/ono	dziękował/dziękowała/dziękowało	podziękował/podziękowała/podziękowało
my	dziękowaliśmy/dziękowałyśmy	podziękowaliśmy/podziękowałyśmy
wy	dziękowaliście/dziękowałyście	podziękowaliście/podziękowałyście
oni/one	dziękowali/dziękowały	podziękowali/podziękowały

FUTURE

ja	będę dziękował/dziękowała	podziękuję
ty	będziesz dziękował/dziękowała	podziękujesz
on/ona/ono	będzie dziękował/dziękowała/ dziękowało	podziękuje
my	będziemy dziękowali/dziękowały	podziękujemy
wy	będziecie dziękowali/dziękowały	podziękujecie
oni/one	będą dziękowali/dziękowały	podziękują

CONDITIONAL

ja	dziękowałbym/dziękowałabym	podziękowałbym/podziękowałabym
ty	dziękowałbyś/dziękowałabyś	podziękowałbyś/podziękowałabyś
on/ona/ono	dziękowałby/dziękowałaby/ dziękowałoby	podziękowałby/podziękowałaby/ podziękowałoby
my	dziękowalibyśmy/dziękowałybyśmy	podziękowalibyśmy/podziękowałybyśmy
wy	dziękowalibyście/dziękowałybyście	podziękowalibyście/podziękowałybyście
oni/one	dziękowaliby/dziękowałyby	podziękowaliby/podziękowałyby

IMPERATIVE

	dziękujmy		podziękujmy
dziękuj	dziękujcie	podziękuj	podziękujcie
niech dziękuje	niech dziękują	niech podziękuje	niech podziękują

PARTICIPLES

PRES. ACT.　　dziękujący, -a, -e; -y, -e
PRES. PASS.　　　　　　　　　　*PAST PASS.*
ADV. PART.　　dziękując
Verb governance: komu, czemu; za co
Related verbs with meanings:

EXAMPLES of model and/or related verbs: 1. Z bukietami kwiatów polnych **dziękowaliśmy** za otrzymane łaski. *With bouquets of field flowers we expressed our thanks for received blessings.*
2. Jutro się pomodlę, **podziękuję,** poproszę... *Tomorrow I'll pray, extend my thanks, ask for...*
3. Teraz **dziękują** jej za bezcenne usługi. *They are now thanking her for her priceless contributions.* 4. **Podziękujmy** jej za nadesłany list. *Let's thank her for the letter we received.*

dzwonić/zadzwonić   to ring, phone, call up

IMPERFECTIVE		PERFECTIVE	

PRESENT

ja	dzwonię
ty	dzwonisz
on/ona/ono	dzwoni
my	dzwonimy
wy	dzwonicie
oni/one	dzwonią

PAST

ja	dzwoniłem/dzwoniłam	zadzwoniłem/zadzwoniłam
ty	dzwoniłeś/dzwoniłaś	zadzwoniłeś/zadzwoniłaś
on/ona/ono	dzwonił/dzwoniła/dzwoniło	zadzwonił/zadzwoniła/zadzwoniło
my	dzwoniliśmy/dzwoniłyśmy	zadzwoniliśmy/zadzwoniłyśmy
wy	dzwoniliście/dzwoniłyście	zadzwoniliście/zadzwoniłyście
oni/one	dzwonili/dzwoniły	zadzwonili/zadzwoniły

FUTURE

ja	będę dzwonił/dzwoniła	zadzwonię
ty	będziesz dzwonił/dzwoniła	zadzwonisz
on/ona/ono	będzie dzwonił/dzwoniła/dzwoniło	zadzwoni
my	będziemy dzwonili/dzwoniły	zadzwonimy
wy	będziecie dzwonili/dzwoniły	zadzwonicie
oni/one	będą dzwonili/dzwoniły	zadzwonią

CONDITIONAL

ja	dzwoniłbym/dzwoniłabym	zadzwoniłbym/zadzwoniłabym
ty	dzwoniłbyś/dzwoniłabyś	zadzwoniłbyś/zadzwoniłabyś
on/ona/ono	dzwoniłby/dzwoniłaby/dzwoniłoby	zadzwoniłby/zadzwoniłaby/zadzwoniłoby
my	dzwonilibyśmy/dzwoniłybyśmy	zadzwonilibyśmy/zadzwoniłybyśmy
wy	dzwonilibyście/dzwoniłybyście	zadzwonilibyście/zadzwoniłybyście
oni/one	dzwoniliby/dzwoniłyby	zadzwoniliby/zadzwoniłyby

IMPERATIVE

	dzwońmy		zadzwońmy
dzwoń	dzwońcie	zadzwoń	zadzwońcie
niech dzwoni	niech dzwonią	niech zadzwoni	niech zadzwonią

PARTICIPLES

PRES. ACT.   dzwoniący, -a, -e; -y, -e
PRES. PASS.   *PAST PASS.*
ADV. PART.   dzwoniąc

Verb governance: do kogo, czym

Related verbs with meanings: (**dodzwonić/się/** *ring till the end; ring till someone answers*) (**oddzwonić** *return a call*) (**podzwonić** *ring*) (**przedzwonić** *ring up, cease ringing*) (**rozdzwonić się** *start ringing*) (**wydzwonić** *chime, keep ringing*)

EXAMPLES of model and/or related verbs: 1. Pewnego dnia wczesnym rankiem **zadzwonił** telefon. *One day, the phone rang early in the morning.* 2. **Dzwonili** do mnie znajomi z całej Polski. *My acquaintances from all over Poland called me.* 3. Deszcz **dzwoni** o szyby. *The rain drums on the windows.* 4. Ona przyrzekła, że **będzie dzwoniła** do domu w każdą niedzielę. *She promised that she will phone home every Sunday.*

IMPERFECTIVE	PERFECTIVE

PRESENT

ja	emigruję
ty	emigrujesz
on/ona/ono	emigruje
my	emigrujemy
wy	emigrujecie
oni/one	emigrują

PAST

ja	emigrowałem/emigrowałam	wyemigrowałem/wyemigrowałam
ty	emigrowałeś/emigrowałaś	wyemigrowałeś/wyemigrowałaś
on/ona/ono	emigrował/emigrowała/emigrowało	wyemigrował/wyemigrowała/wyemigrowało
my	emigrowaliśmy/emigrowałyśmy	wyemigrowaliśmy/wyemigrowałyśmy
wy	emigrowaliście/emigrowałyście	wyemigrowaliście/wyemigrowałyście
oni/one	emigrowali/emigrowały	wyemigrowali/wyemigrowały

FUTURE

ja	będę emigrował/emigrowała	wyemigruję
ty	będziesz emigrował/emigrowała	wyemigrujesz
on/ona/ono	będzie emigrował/emigrowała	wyemigruje
my	będziemy emigrowali/emigrowały	wyemigrujemy
wy	będziecie emigrowali/emigrowały	wyemigrujecie
oni/one	będą emigrowali/emigrowały	wyemigrują

CONDITIONAL

ja	emigrowałbym/emigrowałabym	wyemigrowałbym/wyemigrowałabym
ty	emigrowałbyś/emigrowałabyś	wyemigrowałbyś/wyemigrowałabyś
on/ona/ono	emigrowałby/emigrowałaby/ emigrowałoby	wyemigrowałby/wyemigrowałaby/ wyemigrowałoby
my	emigrowalibyśmy/emigrowałybyśmy	wyemigrowalibyśmy/wyemigrowałybyśmy
wy	emigrowalibyście/emigrowałybyście	wyemigrowalibyście/wyemigrowałybyście
oni/one	emigrowaliby/emigrowałyby	wyemigrowaliby/wyemigrowałyby

IMPERATIVE

	emigrujmy		wyemigrujmy
emigruj	emigrujcie	wyemigruj	wyemigrujcie
niech emigruje	niech emigrują	niech wyemigruje	niech wyemigrują

PARTICIPLES

PRES. ACT. emigrujący, -a, -e; -y, -e
PRES. PASS. emigrowany, -a, -e; -i, -e   *PAST PASS.* wyemigrowany, -a, -e; -i, -e
ADV. PART. emigrując
Verb governance: gdzie; z kim; za czym
Related verbs with meanings:

EXAMPLES of model and/or related verbs: 1. W XIX wieku Polacy **emigrowali** daleko od ojczyzny. *In the nineteenth century, Poles used to emigrate far from their homeland.* 2. Po wojnie **wyemigrował** do Stanów. *After the war, he emigrated to the States.* 3. Przed wyjazdem z kraju, musieli wytłumaczyć dlaczego chcieli **wyemigrować.** *Before leaving the country, they had to explain why they wanted to emigrate.* 4. **Wyemigrujmy** gdzieś do ciepłego kraju. *Let's emigrate somewhere warm.*

farbować/ufarbować   to dye, color, stain

IMPERFECTIVE		PERFECTIVE	

PRESENT

ja	farbuję		
ty	farbujesz		
on/ona/ono	farbuje		
my	farbujemy		
wy	farbujecie		
oni/one	farbują		

PAST

ja	farbowałem/farbowałam	ufarbowałem/ufarbowałam
ty	farbowałeś/farbowałaś	ufarbowałeś/ufarbowałaś
on/ona/ono	farbował/farbowała/farbowało	ufarbował/ufarbowała/ufarbowało
my	farbowaliśmy/farbowałyśmy	ufarbowaliśmy/ufarbowałyśmy
wy	farbowaliście/farbowałyście	ufarbowaliście/ufarbowałyście
oni/one	farbowali/farbowały	ufarbowali/ufarbowały

FUTURE

ja	będę farbował/farbowała	ufarbuję
ty	będziesz farbował/farbowała	ufarbujesz
on/ona/ono	będzie farbował/farbowała/farbowało	ufarbuje
my	będziemy farbowali/farbowały	ufarbujemy
wy	będziecie farbowali/farbowały	ufarbujecie
oni/one	będą farbowali/farbowały	ufarbują

CONDITIONAL

ja	farbowałbym/farbowałabym	ufarbowałbym/ufarbowałabym
ty	farbowałbyś/farbowałabyś	ufarbowałbyś/ufarbowałabyś
on/ona/ono	farbowałby/farbowałaby/farbowałoby	ufarbowałby/ufarbowałaby/ufarbowałoby
my	farbowalibyśmy/farbowałybyśmy	ufarbowalibyśmy/ufarbowałybyśmy
wy	farbowalibyście/farbowałybyście	ufarbowalibyście/ufarbowałybyście
oni/one	farbowaliby/farbowałyby	ufarbowaliby/ufarbowałyby

IMPERATIVE

	farbujmy		ufarbujmy
farbuj	farbujcie	ufarbuj	ufarbujcie
niech farbuje	niech farbują	niech ufarbuje	niech ufarbują

PARTICIPLES

PRES. ACT. farbujący, -a, -e; -y, -e
PRES. PASS. farbowany, -a, -e; -i, -e   *PAST PASS.* ufarbowany, -a, -e; -i, -e
ADV. PART. farbując

Verb governance: co; na co
Related verbs with meanings: (**farbować się/ufarbować się** *dye*) (**pofarbować** *dye*)
(**przefarbować** *change color, dye again*) (**przyfarbować** *tinge, color*) (**wyfarbować** *dye*)
(**zafarbować** *stain, dye*)

EXAMPLES of model and/or related verbs: 1. Chciała zmienić kolor sukienki, więc **ufarbowała**
ją na kolor czerwony. *She wanted to change the color of her dress, so she dyed it red.*
2. **Farbowała** włosy na rudawoblond. *She colored her hair reddish blond.* 3. Wszystkie jej
klientki **farbują** ostatnio włosy. *All her customers have been dyeing their hair lately.* 4. On też ma
ochotę **ufarbować** włosy. *He too feels like having his hair dyed.*

fotografować/sfotografować   to take pictures, photograph

IMPERFECTIVE		PERFECTIVE

PRESENT

ja	fotografuję	
ty	fotografujesz	
on/ona/ono	fotografuje	
my	fotografujemy	
wy	fotografujecie	
oni/one	fotografują	

PAST

ja	fotografowałem/fotografowałam	sfotografowałem/sfotografowałam
ty	fotografowałeś/fotografowałaś	sfotografowałeś/sfotografowałaś
on/ona/ono	fotografował/fotografowała/ fotografowało	sfotografował/sfotografowała/ sfotografowało
my	fotografowaliśmy/fotografowałyśmy	sfotografowaliśmy/sfotografowałyśmy
wy	fotografowaliście/fotografowałyście	sfotografowaliście/sfotografowałyście
oni/one	fotografowali/fotografowały	sfotografowali/sfotografowały

FUTURE

ja	będę fotografował/fotografowała	sfotografuję
ty	będziesz fotografował/fotografowała	sfotografujesz
on/ona/ono	będzie fotografował/fotografowała/ fotografowało	sfotografuje
my	będziemy fotografowali/fotografowały	sfotografujemy
wy	będziecie fotografowali/fotografowały	sfotografujecie
oni/one	będą fotografowali/fotografowały	sfotografują

CONDITIONAL

ja	fotografowałbym/fotografowałabym	sfotografowałbym/sfotografowałabym
ty	fotografowałbyś/fotografowałabyś	sfotografowałbyś/sfotografowałabyś
on/ona/ono	fotografowałby/fotografowałaby/ fotografowałoby	sfotografowałby/sfotografowałaby/ sfotografowałoby
my	fotografowalibyśmy/ fotografowałybyśmy	sfotografowalibyśmy/sfotografowałybyśmy
wy	fotografowalibyście/ fotografowałybyście	sfotografowalibyście/sfotografowałybyście
oni/one	fotografowaliby/fotografowałyby	sfotografowaliby/sfotografowałyby

IMPERATIVE

	fotografujmy		sfotografujmy
fotografuj	fotografujcie	sfotografuj	sfotografujcie
niech fotografuje	niech fotografują	niech sfotografuje	niech sfotografują

PARTICIPLES

PRES. ACT. fotografujący, -a, -e; -y, - e
PRES. PASS. fotografowany, -a, -e; -i, -e   *PAST PASS.*   sfotografowany, -a, -e; -i, -e
ADV. PART. fotografując
Verb governance: kogo, co; czym
Related verbs with meanings: (**fotografować się/sfotografować się** *have one's picture taken*)
(**odfotografować** *take a picture*)

EXAMPLES of model and/or related verbs: 1. Ona zauważyła mnie **fotografującego** lwa w ZOO. *She spotted me taking pictures of a lion at the zoo.* 2. Stamtąd pochodzi i tam zaczął **fotografować.** *He's from there, and it was there he started to take pictures.* 3. **Sfotografował** wiosenną kolekcję mody. *He photographed the spring fashion collection.* 4. Podoba mi się jak **fotografujesz.** *I like the way you photograph.*

gasić/zgasić   to put out, extinguish, quench, switch off

IMPERFECTIVE		PERFECTIVE

PRESENT

ja	gaszę	
ty	gasisz	
on/ona/ono	gasi	
my	gasimy	
wy	gasicie	
oni/one	gaszą	

PAST

ja	gasiłem/gasiłam	zgasiłem/zgasiłam
ty	gasiłeś/gasiłaś	zgasiłeś/zgasiłaś
on/ona/ono	gasił/gasiła/gasiło	zgasił/zgasiła/zgasiło
my	gasiliśmy/gasiłyśmy	zgasiliśmy/zgasiłyśmy
wy	gasiliście/gasiłyście	zgasiliście/zgasiłyście
oni/one	gasili/gasiły	zgasili/zgasiły

FUTURE

ja	będę gasił/gasiła	zgaszę
ty	będziesz gasił/gasiła	zgasisz
on/ona/ono	będzie gasił/gasiła/gasiło	zgasi
my	będziemy gasili/gasiły	zgasimy
wy	będziecie gasili/gasiły	zgasicie
oni/one	będą gasili/gasiły	zgaszą

CONDITIONAL

ja	gasiłbym/gasiłabym	zgasiłbym/zgasiłabym
ty	gasiłbyś/gasiłabyś	zgasiłbyś/zgasiłabyś
on/ona/ono	gasiłby/gasiłaby/gasiłoby	zgasiłby/zgasiłaby/zgasiłoby
my	gasilibyśmy/gasiłybyśmy	zgasilibyśmy/zgasiłybyśmy
wy	gasilibyście/gasiłybyście	zgasilibyście/zgasiłybyście
oni/one	gasiliby/gasiłyby	zgasiliby/zgasiłyby

IMPERATIVE

	gaśmy		zgaśmy
gaś	gaście	zgaś	zgaście
niech gasi	niech gaszą	niech zgasi	niech zgaszą

PARTICIPLES

PRES. ACT.	gaszący, -a, -e; -y, -e
PRES. PASS.	gaszony, -a, -e; -, -one **PAST PASS.** zgaszony, -a, -e; -, -one
ADV. PART.	gasząc

Verb governance: co, czym

Related verbs with meanings: (**dogasić** *stub out*) (**pogasić** *put out, turn off*) (**przygasić** *dim, damp*) (**ugasić** *put out*) (**wygasić** *extinguish, quench*) (**zagasić** *extinguish, obscure*)

EXAMPLES of model and/or related verbs: 1. Silnik w samochodzie **gaśnie**. *The engine in the car keeps cutting out.* 2. **Zgaszono** ogień. *The fire was extinguished.* 3. Ciocia była już stara, nerwowa i **przygaszona**. *The aunt was already old, neurotic, and dejected.* 4. Nuda może **wygasić** ich uczucia do siebie. *Boredom may extinguish their feelings for each other.*

gimnastykować się/pogimnastykować się

to do exercises, train

IMPERFECTIVE		PERFECTIVE	

PRESENT

ja	gimnastykuję się
ty	gimnastykujesz się
on/ona/ono	gimnastykuje się
my	gimnastykujemy się
wy	gimnastykujecie się
oni/one	gimnastykują się

PAST

ja	gimnastykowałem się/ gimnastykowałam się	pogimnastykowałem się/ pogimnastykowałam się
ty	gimnastykowałeś się/ gimnastykowałaś się	pogimnastykowałeś się/ pogimnastykowałaś się
on/ona/ono	gimnastykował się/ gimnastykowała się/-ło się	pogimnastykował się/ pogimnastykowała się/-ło się
my	gimnastykowaliśmy się/ gimnastykowałyśmy się	pogimnastykowaliśmy się/ pogimnastykowałyśmy się
wy	gimnastykowaliście się/ gimnastykowałyście się	pogimnastykowaliście się/ pogimnastykowałyście się
oni/one	gimnastykowali się/-ły się	pogimnastykowali się/-ły się

FUTURE

ja	będę się gimnastykował/gimnastykowała	pogimnastykuję się
ty	będziesz się gimnastykował/gimnastykowała	pogimnastykujesz się
on/ona/ono	będzie się gimnastykował/gimnastykowała/-ło	pogimnastykuje się
my	będziemy się gimnastykowali/gimnastykowały	pogimnastykujemy się
wy	będziecie się gimnastykowali/gimnastykowały	pogimnastykujecie się
oni/one	będą się gimnastykowali/gimnastykowały	pogimnastykują się

CONDITIONAL

ja	gimnastykowałbym się/ gimnastykowałabym się	pogimnastykowałbym się/ pogimnastykowałabym się
ty	gimnastykowałbyś się/ gimnastykowałabyś się	pogimnastykowałbyś się/ pogimnastykowałabyś się
on/ona/ono	gimnastykowałby się/ gimnastykowałaby się/-łoby się	pogimnastykowałby się/ pogimnastykowałaby się/-łoby się
my	gimnastykowalibyśmy się/ gimnastykowałybyśmy się	pogimnastykowalibyśmy się/ pogimnastykowałybyśmy się
wy	gimnastykowalibyście się/ gimnastykowałybyście się	pogimnastykowalibyście się/ pogimnastykowałybyście się
oni/one	gimnastykowaliby się/-łyby się	pogimnastykowaliby się/-łyby się

IMPERATIVE

	gimnastykujmy się		pogimnastykujmy się
gimnastykuj się	gimnastykujcie się	pogimnastykuj się	pogimnastykujcie się
niech się gimnastykuje	niech się gimnastykują	niech się pogimnastykuje	niech się pogimnastykują

PARTICIPLES

PRES. ACT.	gimnastykujący się, -a, -e; -y, -e	
PRES. PASS.		*PAST PASS.*
ADV. PART.	gimnastykując się	

Verb governance: gdzie; z kim; w czym

Related verbs with meanings: (**gimnastykować/pogimnastykować** *exercise*)
(**przegimnastykować/się**/*exercise*; *take some exercise*) (**wygimnastykować** *give physical training*)

EXAMPLES of model and/or related verbs: 1. Zosia **gimnastykuje się** dwa razy w tygodniu. *Twice a week, Sophie exercises.* 2. Wstawał i **gimnastykował się** od razu. *He used to get up and do exercises right away.* 3. Zalecamy **gimnastykować się** w wodzie. *We recommend doing exercises in water.* 4. **Pogimnastykuj się** dzisiaj na drabinkach. *Do exercises on the monkey bars today.*

ginąć/zginąć   to perish, die away, disappear, be lost, be killed

IMPERFECTIVE		PERFECTIVE

PRESENT

ja	ginę
ty	giniesz
on/ona/ono	ginie
my	giniemy
wy	giniecie
oni/one	giną

PAST

ja	ginąłem/ginęłam	zginąłem/zginęłam
ty	ginąłeś/ginęłaś	zginąłeś/zginęłaś
on/ona/ono	ginął/ginęła/ginęło	zginął/zginęła/zginęło
my	ginęliśmy/ginęłyśmy	zginęliśmy/zginęłyśmy
wy	ginęliście/ginęłyście	zginęliście/zginęłyście
oni/one	ginęli/ginęły	zginęli/zginęły

FUTURE

ja	będę ginął/ginęła	zginę
ty	będziesz ginął/ginęła	zginiesz
on/ona/ono	będzie ginął/ginęła/ginęło	zginie
my	będziemy ginęli/ginęły	zginiemy
wy	będziecie ginęli/ginęły	zginiecie
oni/one	będą ginęli/ginęły	zginą

CONDITIONAL

ja	ginąłbym/ginęłabym	zginąłbym/zginęłabym
ty	ginąłbyś/ginęłabyś	zginąłbyś/zginęłabyś
on/ona/ono	ginąłby/ginęłaby/ginęłoby	zginąłby/zginęłaby/zginęłoby
my	ginęlibyśmy/ginęłybyśmy	zginęlibyśmy/zginęłybyśmy
wy	ginęlibyście/ginęłybyście	zginęlibyście/zginęłybyście
oni/one	ginęliby/ginęłyby	zginęliby/zginęłyby

IMPERATIVE

	gińmy		zgińmy
giń	gińcie	zgiń	zgińcie
niech ginie	niech giną	niech zginie	niech zginą

PARTICIPLES

PRES. ACT. ginący, -a, -e; -y, -e
PRES. PASS.   **PAST PASS.**
ADV. PART. ginąc
Verb governance: od czego; gdzie; kiedy
Related verbs with meanings: (**poginąć** *get lost, disappear*) (**wyginąć** *die out, become extinct*) (**zaginąć** *be missing*)

EXAMPLES of model and/or related verbs: 1. Odszedł, i wkrótce słuch o nim **zaginął.** *He went away, and soon he was not heard from.* 2. Gdyby droga była śliska, **zginęliby** w tym wypadku samochodowym. *If the road had been slippery, they might have perished in the car accident.* 3. Nikt się nie spodziewał, że on **zginie** w akcji ratunkowej. *No one expected that he would be killed in a rescue operation.* 4. Wszyscy mogliby **wyginąć** w walce. *They all could have perished fighting.*

53

gniewać się/rozgniewać się   to be angry, get angry, be cross

IMPERFECTIVE	PERFECTIVE

PRESENT

ja	gniewam się
ty	gniewasz się
on/ona/ono	gniewa się
my	gniewamy się
wy	gniewacie się
oni/one	gniewają się

PAST

	IMPERFECTIVE	PERFECTIVE
ja	gniewałem się/gniewałam się	rozgniewałem się/rozgniewałam się
ty	gniewałeś się/gniewałaś się	rozgniewałeś się/rozgniewałaś się
on/ona/ono	gniewał się/gniewała się/gniewało się	rozgniewał się/rozgniewała się/ rozgniewało się
my	gniewaliśmy się/gniewałyśmy się	rozgniewaliśmy się/rozgniewałyśmy się
wy	gniewaliście się/gniewałyście się	rozgniewaliście się/rozgniewałyście się
oni/one	gniewali się/gniewały się	rozgniewali się/rozgniewały się

FUTURE

	IMPERFECTIVE	PERFECTIVE
ja	będę się gniewał/gniewała	rozgniewam się
ty	będziesz się gniewał/gniewała	rozgniewasz się
on/ona/ono	będzie się gniewał/gniewała/gniewało	rozgniewa się
my	będziemy się gniewali/gniewały	rozgniewamy się
wy	będziecie się gniewali/gniewały	rozgniewacie się
oni/one	będą się gniewali/gniewały	rozgniewają się

CONDITIONAL

	IMPERFECTIVE	PERFECTIVE
ja	gniewałbym się/gniewałabym się	rozgniewałbym się/rozgniewałabym się
ty	gniewałbyś się/gniewałabyś się	rozgniewałbyś się/rozgniewałabyś się
on/ona/ono	gniewałby się/gniewałaby się/ gniewałoby się	rozgniewałby się/rozgniewałaby się/ rozgniewałoby się
my	gniewalibyśmy się/gniewałybyśmy się	rozgniewalibyśmy się/rozgniewałybyśmy się
wy	gniewalibyście się/gniewałybyście się	rozgniewalibyście się/rozgniewałybyście się
oni/one	gniewaliby się/gniewałyby się	rozgniewaliby się/rozgniewałyby się

IMPERATIVE

	gniewajmy się		rozgniewajmy się
gniewaj się	gniewajcie się	rozgniewaj się	rozgniewajcie się
niech się gniewa	niech się gniewają	niech się rozgniewa	niech się rozgniewają

PARTICIPLES

PRES. ACT.   gniewający się, -a, -e; -y, -e
PRES. PASS.   **PAST PASS.**
ADV. PART.   gniewając się
Verb governance: na kogo, na co; o co
Related verbs with meanings: (**gniewać/rozgniewać** *irritate, provoke*) (**pogniewać/się**/ *embroil; break with, get angry*) (**zagniewać/się**/ *exasperate, enrage; grow angry*) (**zgniewać/się**/ *anger; flare up*)

EXAMPLES of model and/or related verbs: 1. Nie **pogniewałbyś się**, jeżeli zaprosiłabym cię do wspólnej medytacji. *You would not get angry if I were to invite you to a joint meditation session.* 2. **Rozgniewam się**, gdy zaniedbasz język polski. *I'll be angry when you neglect your Polish.* 3. Nie **gniewaj się** na nią. *Don't be angry with her.* 4. **Rozgniewała się**, bo nie umiał przyzwoicie zachować się. *She got angry because he didn't know how to behave properly.*

godzić/pogodzić   to make agree, reconcile, square; aim, take on [**I** only]

IMPERFECTIVE	PERFECTIVE

PRESENT

ja	godzę
ty	godzisz
on/ona/ono	godzi
my	godzimy
wy	godzicie
oni/one	godzą

PAST

	IMPERFECTIVE	PERFECTIVE
ja	godziłem/godziłam	pogodziłem/pogodziłam
ty	godziłeś/godziłaś	pogodziłeś/pogodziłaś
on/ona/ono	godził/godziła/godziło	pogodził/pogodziła/pogodziło
my	godziliśmy/godziłyśmy	pogodziliśmy/pogodziłyśmy
wy	godziliście/godziłyście	pogodziliście/pogodziłyście
oni/one	godzili/godziły	pogodzili/pogodziły

FUTURE

	IMPERFECTIVE	PERFECTIVE
ja	będę godził/godziła	pogodzę
ty	będziesz godził/godziła	pogodzisz
on/ona/ono	będzie godził/godziła/godziło	pogodzi
my	będziemy godzili/godziły	pogodzimy
wy	będziecie godzili/godziły	pogodzicie
oni/one	będą godzili/godziły	pogodzą

CONDITIONAL

	IMPERFECTIVE	PERFECTIVE
ja	godziłbym/godziłabym	pogodziłbym/pogodziłabym
ty	godziłbyś/godziłabyś	pogodziłbyś/pogodziłabyś
on/ona/ono	godziłby/godziłaby/godziłoby	pogodziłby/pogodziłaby/pogodziłoby
my	godzilibyśmy/godziłybyśmy	pogodzilibyśmy/pogodziłybyśmy
wy	godzilibyście/godziłybyście	pogodzilibyście/pogodziłybyście
oni/one	godziliby/godziłyby	pogodziliby/pogodziłyby

IMPERATIVE

	gódźmy		pogódźmy
gódź	gódźcie	pogódź	pogódźcie
niech godzi	niech godzą	niech pogodzi	niech pogodzą

PARTICIPLES

PRES. ACT. godzący, -a, -e; -y, -e
PRES. PASS. godzony, -a, -e; -eni, -one   **PAST PASS.** pogodzony, -a, -e; -eni, -one
ADV. PART. godząc

Verb governance: kogo, co; w co
Related verbs with meanings: (**godzić się/pogodzić się** *agree to; be reconciled, be friends again, put up*) (**dogodzić** *satisfy*) (**przygodzić się** *happen, come in handy*) (**ugodzić/się/** *hit, hire; come to terms*) (**wygodzić** *accommodate*) (**zgodzić/się/** *bring into harmony, hire; comply, agree*)

EXAMPLES of model and/or related verbs: 1. Dziadkowie nie **zgodzą się** na to. *The grandparents won't agree to that.* 2. Pan Adam **pogodził się** z żoną. *Adam reconciled with his wife.* 3. Nie chcieliśmy **godzić się** na tandetę. *We didn't want to put up with shoddy goods.* 4. **Godzę się** z jej uwagami. *I agree with her suggestions.*

IMPERFECTIVE		PERFECTIVE	

PRESENT

ja	golę	
ty	golisz	
on/ona/ono	goli	
my	golimy	
wy	golicie	
oni/one	golą	

PAST

ja	goliłem/goliłam	ogoliłem/ogoliłam
ty	goliłeś/goliłaś	ogoliłeś/ogoliłaś
on/ona/ono	golił/goliła/goliło	ogolił/ogoliła/ogoliło
my	goliliśmy/goliłyśmy	ogoliliśmy/ogoliłyśmy
wy	goliliście/goliłyście	ogoliliście/ogoliłyście
oni/one	golili/goliły	ogolili/ogoliły

FUTURE

ja	będę golił/goliła	ogolę
ty	będziesz golił/goliła	ogolisz
on/ona/ono	będzie golił/goliła/goliło	ogoli
my	będziemy golili/goliły	ogolimy
wy	będziecie golili/goliły	ogolicie
oni/one	będą golili/goliły	ogolą

CONDITIONAL

ja	goliłbym/goliłabym	ogoliłbym/ogoliłabym
ty	goliłbyś/goliłabyś	ogoliłbyś/ogoliłabyś
on/ona/ono	goliłby/goliłaby/goliłoby	ogoliłby/ogoliłaby/ogoliłoby
my	golilibyśmy/goliłybyśmy	ogolilibyśmy/ogoliłybyśmy
wy	golilibyście/goliłybyście	ogolilibyście/ogoliłybyście
oni/one	goliliby/goliłyby	ogoliliby/ogoliłyby

IMPERATIVE

	golmy *or* gólmy		ogolmy *or* ogólmy
gol *or* gól	golcie *or* gólcie	ogol *or* ogól	ogolcie *or* ogólcie
niech goli	niech golą	niech ogoli	niech ogolą

PARTICIPLES

PRES. ACT. golący, -a, -e; -y, -e
PRES. PASS. golony, -a, -e; -eni, -one   *PAST PASS.* ogolony, -a, -e; -eni, -one
ADV. PART. goląc
Verb governance: kogo, co
Related verbs with meanings: (**golić się/ogolić się** *shave oneself*) (**podgolić** *trim, fleece*) (**wygolić** *clean-shave*) (**zgolić** *shave off*)

EXAMPLES of model and/or related verbs: 1. Kobieta mówiła, że mąż nie **ogolony** wyszedł z domu. *The woman was saying that her husband had left home unshaved.* 2. Poszedł do łazienki **ogolić się.** *He went to the bathroom to shave.* 3. **Zgoliłam** owłosienie z nóg. *I shaved my legs.* 4. **Podgol** mi szyję. *Trim the hair on my neck.*

gotować/ugotować — to cook, prepare

IMPERFECTIVE		PERFECTIVE

PRESENT

ja	gotuję
ty	gotujesz
on/ona/ono	gotuje
my	gotujemy
wy	gotujecie
oni/one	gotują

PAST

	IMPERFECTIVE	PERFECTIVE
ja	gotowałem/gotowałam	ugotowałem/ugotowałam
ty	gotowałeś/gotowałaś	ugotowałeś/ugotowałaś
on/ona/ono	gotował/gotowała/gotowało	ugotował/ugotowała/ugotowało
my	gotowaliśmy/gotowałyśmy	ugotowaliśmy/ugotowałyśmy
wy	gotowaliście/gotowałyście	ugotowaliście/ugotowałyście
oni/one	gotowali/gotowały	ugotowali/ugotowały

FUTURE

	IMPERFECTIVE	PERFECTIVE
ja	będę gotował/gotowała	ugotuję
ty	będziesz gotował/gotowała	ugotujesz
on/ona/ono	będzie gotował/gotowała/gotowało	ugotuje
my	będziemy gotowali/gotowały	ugotujemy
wy	będziecie gotowali/gotowały	ugotujecie
oni/one	będą gotowali/gotowały	ugotują

CONDITIONAL

	IMPERFECTIVE	PERFECTIVE
ja	gotowałbym/gotowałabym	ugotowałbym/ugotowałabym
ty	gotowałbyś/gotowałabyś	ugotowałbyś/ugotowałabyś
on/ona/ono	gotowałby/gotowałaby/gotowałoby	ugotowałby/ugotowałaby/ugotowałoby
my	gotowalibyśmy/gotowałybyśmy	ugotowalibyśmy/ugotowałybyśmy
wy	gotowalibyście/gotowałybyście	ugotowalibyście/ugotowałybyście
oni/one	gotowaliby/gotowałyby	ugotowaliby/ugotowałyby

IMPERATIVE

	IMPERFECTIVE		PERFECTIVE	
	gotujmy			ugotujmy
gotuj	gotujcie		ugotuj	ugotujcie
niech gotuje	niech gotują		niech ugotuje	niech ugotują

PARTICIPLES

PRES. ACT. gotujący, -a, -e; -y, -e
PRES. PASS. gotowany, -a, -e; -, -e   *PAST PASS.* ugotowany, -a, -e; -, -e
ADV. PART. gotując

Verb governance: co, dla kogo

Related verbs with meanings: (**gotować się/ugotować się** *boil*) (**dogotować** *cook some more*) (**nagotować** *cook, prepare*) (**przegotować** *overboil*) (**przygotować/się/** *prepare; prepare oneself, get ready*) (**rozgotować** *boil till falls apart*) (**wygotować** *boil out*) (**zgotować** *pre-cook, prepare*) (**zagotować /się/** *boil; bring to a boil*)

EXAMPLES of model and/or related verbs: 1. Każdy z gości **ugotuje** coś pysznego. *Each guest will prepare something delicious.* 2. Zawsze można było coś **ugotować.** *It was always possible to cook something.* 3. Święty Mikołaj **przygotował** dla was wspaniały prezent. *Santa Claus prepared a fantastic gift for you all.* 4. Z mięsa i włoszczyzny **gotujemy** rosół. *We prepare broth from meat and vegetables.*

grać/zagrać   to play, blow a musical instrument, gamble

IMPERFECTIVE		PERFECTIVE

PRESENT

ja	gram	
ty	grasz	
on/ona/ono	gra	
my	gramy	
wy	gracie	
oni/one	grają	

PAST

ja	grałem/grałam	zagrałem/zagrałam
ty	grałeś/grałaś	zagrałeś/zagrałaś
on/ona/ono	grał/grała/grało	zagrał/zagrała/zagrało
my	graliśmy/grałyśmy	zagraliśmy/zagrałyśmy
wy	graliście/grałyście	zagraliście/zagrałyście
oni/one	grali/grały	zagrali/zagrały

FUTURE

ja	będę grał/grała	zagram
ty	będziesz grał/grała	zagrasz
on/ona/ono	będzie grał/grała/grało	zagra
my	będziemy grali/grały	zagramy
wy	będziecie grali/grały	zagracie
oni/one	będą grali/grały	zagrają

CONDITIONAL

ja	grałbym/grałabym	zagrałbym/zagrałabym
ty	grałbyś/grałabyś	zagrałbyś/zagrałabyś
on/ona/ono	grałby/grałaby/grałoby	zagrałby/zagrałaby/zagrałoby
my	gralibyśmy/grałybyśmy	zagralibyśmy/zagrałybyśmy
wy	gralibyście/grałybyście	zagralibyście/zagrałybyście
oni/one	graliby/grałyby	zagraliby/zagrałyby

IMPERATIVE

	grajmy		zagrajmy
graj	grajcie	zagraj	zagrajcie
niech gra	niech grają	niech zagra	niech zagrają

PARTICIPLES

PRES. ACT.	grający, -a, -e; -y, -e		
PRES. PASS.	grany, -a, -e; -, -e	*PAST PASS.*	zagrany, -a, -e; -, -e
ADV. PART.	grając		

Verb governance: o co; w co; na czym
Related verbs with meanings: (**nagrać** *record, tape*) (**odegrać** *win back, perform*) (**przegrać** *lose*) (**rozegrać/się**/ *contend; take place*) (**wygrać** *win*) (**zgrać się** *lose all one's money, play in unison, complement each other*)

EXAMPLES of model and/or related verbs: 1. Marysiu, **zagraj** nam coś na gitarze. *Mary, play something for us on the guitar.* 2. On dobrze **grał** na skrzypcach. *He played the violin well.* 3. Prawdziwy dramat zaraz **rozegra się** na naszych oczach. *Soon a true drama will take place in front of our eyes.* 4. Irytują go piłkarze gdy nie potrafią **wygrać** z dość przeciętną drużyną. *He gets irritated when soccer players are not able to win against an average team.*

gryźć/pogryźć   to bite, gnaw, chew

IMPERFECTIVE		PERFECTIVE

PRESENT

ja	gryzę	
ty	gryziesz	
on/ona/ono	gryzie	
my	gryziemy	
wy	gryziecie	
oni/one	gryzą	

PAST

ja	gryzłem/gryzłam	pogryzłem/pogryzłam
ty	gryzłeś/gryzłaś	pogryzłeś/pogryzłaś
on/ona/ono	gryzł/gryzła/gryzło	pogryzł/pogryzła/pogryzło
my	gryźliśmy/gryzłyśmy	pogryźliśmy/pogryzłyśmy
wy	gryźliście/gryzłyście	pogryźliście/pogryzłyście
oni/one	gryźli/gryzły	pogryźli/pogryzły

FUTURE

ja	będę gryzł/gryzła	pogryzę
ty	będziesz gryzł/gryzła	pogryziesz
on/ona/ono	będzie gryzł/gryzła/gryzło	pogryzie
my	będziemy gryźli/gryzły	pogryziemy
wy	będziecie gryźli/gryzły	pogryziecie
oni/one	będą gryźli/gryzły	pogryzą

CONDITIONAL

ja	gryzłbym/gryzłabym	pogryzłbym/pogryzłabym
ty	gryzłbyś/gryzłabyś	pogryzłbyś/pogryzłabyś
on/ona/ono	gryzłby/gryzłaby/gryzłoby	pogryzłby/pogryzłaby/pogryzłoby
my	gryźlibyśmy/gryzłybyśmy	pogryźlibyśmy/pogryzłybyśmy
wy	gryźlibyście/gryzłybyście	pogryźlibyście/pogryzłybyście
oni/one	gryźliby/gryzłyby	pogryźliby/pogryzłyby

IMPERATIVE

	gryźmy		pogryźmy
gryź	gryźcie	pogryź	pogryźcie
niech gryzie	niech gryzą	niech pogryzie	niech pogryzą

PARTICIPLES

PRES. ACT. gryzący, -a, -e; -y, -e
PRES. PASS. gryziony, -a, -e; -eni, -one   *PAST PASS.* pogryziony, -a, -e; -eni, -one
ADV. PART. gryząc

Verb governance: kogo, co; w co
Related verbs with meanings: (**gryźć się/pogryźć się** *bite each other, fight, quarrel; worry/I/*) (**dogryźć** *nag, vex, tease*) (**nagryźć/się/** *gnaw; worry*) (**obgryźć** *gnaw, bite/nail/*) (**odgryźć/się/** *gnaw off; snap back*) (**ogryźć** *gnaw, pick*) (**podgryźć** *gnaw, gibe, undermine*) (**przegryźć** *gnaw in two, have a snack*) (**przygryźć** *bite*) (**rozgryźć** *bite through, crack*) (**ugryźć** *bite, sting*) (**zagryźć/się/** *devour, have a snack; worry oneself sick*) (**zgryźć/się/** *crunch; grieve*) (**wygryźć** *bite out, nibble out*)

EXAMPLES of model and/or related verbs: 1. **Zagryzłabym się,** gdybym nie porozmawiała z kimś o moich kłopotach. *I would have worried myself sick if I had not talked with somebody about my problems.* 2. **Gryźli się,** że nie będą mogli wypłacić zaciągniętych pożyczek. *They were worried that they would not be able to pay back their debts.* 3. Pies mnie **ugryzł** w łydkę. *The dog bit me in the calf.* 4. Przy budzie Azor **gryzie** kości. *Azor is gnawing bones next to his dog house.*

IMPERFECTIVE		PERFECTIVE	

PRESENT

ja	grzeję
ty	grzejesz
on/ona/ono	grzeje
my	grzejemy
wy	grzejecie
oni/one	grzeją

PAST

ja	grzałem/grzałam	zagrzałem/zagrzałam
ty	grzałeś/grzałaś	zagrzałeś/zagrzałaś
on/ona/ono	grzał/grzała/grzało	zagrzał/zagrzała/zagrzało
my	grzaliśmy/grzałyśmy	zagrzaliśmy/zagrzałyśmy
wy	grzaliście/grzałyście	zagrzaliście/zagrzałyście
oni/one	grzali/grzały	zagrzali/zagrzały

FUTURE

ja	będę grzał/grzała	zagrzeję
ty	będziesz grzał/grzała	zagrzejesz
on/ona/ono	będzie grzał/grzała/grzało	zagrzeje
my	będziemy grzali/grzały	zagrzejemy
wy	będziecie grzali/grzały	zagrzejecie
oni/one	będą grzali/grzały	zagrzeją

CONDITIONAL

ja	grzałbym/grzałabym	zagrzałbym/zagrzałabym
ty	grzałbyś/grzałabyś	zagrzałbyś/zagrzałabyś
on/ona/ono	grzałby/grzałaby/grzałoby	zagrzałby/zagrzałaby/zagrzałoby
my	grzalibyśmy/grzałybyśmy	zagrzalibyśmy/zagrzałybyśmy
wy	grzalibyście/grzałybyście	zagrzalibyście/zagrzałybyście
oni/one	grzaliby/grzałyby	zagrzaliby/zagrzałyby

IMPERATIVE

	grzejmy		zagrzejmy
grzej	grzejcie	zagrzej	zagrzejcie
niech grzeje	niech grzeją	niech zagrzeje	niech zagrzeją

PARTICIPLES

PRES. ACT.   grzejący, -a, -e; -y, -e
PRES. PASS.   grzany, -a, -e; -, -e   *PAST PASS.*   zagrzany, -a, -e; -i, -e
ADV. PART.   grzejąc

Verb governance: kogo, co

Related verbs with meanings: (**grzać się/zagrzać się** *get warm*) (**dogrzać** *heat up*) (**nagrzać** *warm*) (**odgrzać** *warm up*) (**ogrzać** *heat, warm*) (**podgrzać** *heat up*) (**pogrzać/się/** *warm; get warm*) (**przegrzać** *overheat*) (**przygrzać** *warm up*) (**rozgrzać/się/** *get hot; become flushed*) (**wygrzać/się/** *warm up; bask*)

EXAMPLES of model and/or related verbs: 1. Słońce dobrze nam **przygrzało**. *The sun warmed us up nicely.* 2. Na **rozgrzanym** maśle rumienię cebulkę. *I fry onion in hot butter.* 3. Nic tak nie **podgrzeje** dyskusji jak kontrowersyjne tematy. *Nothing will heat up the discussion like controversial topics.* 4. Nastrój przytulnych kafejek **grzeje** mnie. *The atmosphere of cozy coffee shops warms me up.*

IMPERFECTIVE		PERFECTIVE

PRESENT

ja	gubię	
ty	gubisz	
on/ona/ono	gubi	
my	gubimy	
wy	gubicie	
oni/one	gubią	

PAST

ja	gubiłem/gubiłam	zgubiłem/zgubiłam
ty	gubiłeś/gubiłaś	zgubiłeś/zgubiłaś
on/ona/ono	gubił/gubiła/gubiło	zgubił/zgubiła/zgubiło
my	gubiliśmy/gubiłyśmy	zgubiliśmy/zgubiłyśmy
wy	gubiliście/gubiłyście	zgubiliście/zgubiłyście
oni/one	gubili/gubiły	zgubili/zgubiły

FUTURE

ja	będę gubił/gubiła	zgubię
ty	będziesz gubił/gubiła	zgubisz
on/ona/ono	będzie gubił/gubiła/gubiło	zgubi
my	będziemy gubili/gubiły	zgubimy
wy	będziecie gubili/gubiły	zgubicie
oni/one	będą gubili/gubiły	zgubią

CONDITIONAL

ja	gubiłbym/gubiłabym	zgubiłbym/zgubiłabym
ty	gubiłbyś/gubiłabyś	zgubiłbyś/zgubiłabyś
on/ona/ono	gubiłby/gubiłaby/gubiłoby	zgubiłby/zgubiłaby/zgubiłoby
my	gubilibyśmy/gubiłybyśmy	zgubilibyśmy/zgubiłybyśmy
wy	gubilibyście/gubiłybyście	zgubilibyście/zgubiłybyście
oni/one	gubiliby/gubiłyby	zgubiliby/zgubiłyby

IMPERATIVE

	gubmy		zgubmy
gub	gubcie	zgub	zgubcie
niech gubi	niech gubią	niech zgubi	niech zgubią

PARTICIPLES

PRES. ACT.   gubiący, -a, -e; -y, -e
PRES. PASS.   gubiony, -a, -e; -eni, -one   **PAST PASS.**   zgubiony, -a, -e; -eni, -one
ADV. PART.   gubiąc

Verb governance: kogo, co

Related verbs with meanings: (**gubić się/zgubić się** *be lost, get lost*) (**pogubić/się/** *lose; get muddled up*) (**wygubić** *destroy, exterminate*) (**zagubić** *lose, ruin*)

EXAMPLES of model and/or related verbs: 1. Nawet w przydeptanych pantoflach on nie **gubi** poczucia wyższości. *Even in a worn-out pair of slippers, he doesn't lose the feeling of superiority.* 2. Jakoś nigdy nie **zgubiliśmy** dystansu do siebie i świata. *Somehow we never lost the perspective toward ourselves and the world.* 3. Ciepło rodzinne **gubiło się** przez jej zabieganie. *The family warmth was getting lost because of her busy work.* 4. Nie **zgub** portfelu!. *Don't lose your wallet!*

hamować/zahamować — to brake, slow down, bring to a stop, control, restrain, deter

IMPERFECTIVE		PERFECTIVE

PRESENT

ja	hamuję	
ty	hamujesz	
on/ona/ono	hamuje	
my	hamujemy	
wy	hamujecie	
oni/one	hamują	

PAST

ja	hamowałem/hamowałam	zahamowałem/zahamowałam
ty	hamowałeś/hamowałaś	zahamowałeś/zahamowałaś
on/ona/ono	hamował/hamowała/hamowało	zahamował/zahamowała/zahamowało
my	hamowaliśmy/hamowałyśmy	zahamowaliśmy/zahamowałyśmy
wy	hamowaliście/hamowałyście	zahamowaliście/zahamowałyście
oni/one	hamowali/hamowały	zahamowali/zahamowały

FUTURE

ja	będę hamował/hamowała	zahamuję
ty	będziesz hamował/hamowała	zahamujesz
on/ona/ono	będzie hamował/hamowała/hamowało	zahamuje
my	będziemy hamowali/hamowały	zahamujemy
wy	będziecie hamowali/hamowały	zahamujecie
oni/one	będą hamowali/hamowały	zahamują

CONDITIONAL

ja	hamowałbym/hamowałabym	zahamowałbym/zahamowałabym
ty	hamowałbyś/hamowałabyś	zahamowałbyś/zahamowałabyś
on/ona/ono	hamowałby/hamowałaby/ hamowałoby	zahamowałby/zahamowałaby/ zahamowałoby
my	hamowalibyśmy/hamowałybyśmy	zahamowalibyśmy/zahamowałybyśmy
wy	hamowalibyście/hamowałybyście	zahamowalibyście/zahamowałybyście
oni/one	hamowaliby/hamowałyby	zahamowaliby/zahamowałyby

IMPERATIVE

	hamujmy		zahamujmy
hamuj	hamujcie	zahamuj	zahamujcie
niech hamuje	niech hamują	niech zahamuje	niech zahamują

PARTICIPLES

PRES. ACT. hamujący, -a, -e; -y, -e
PRES. PASS. hamowany, -a, -e; -i, -e   *PAST PASS.* zahamowany, -a, -e; -i, -e
ADV. PART. hamując

Verb governance: kogo, co

Related verbs with meanings: (**hamowć się** *restrain oneself*) (**pohamować/się/** *check, curb, control; master, control oneself*) (**przyhamować** *put brakes on, slack off*) (**wyhamować** *apply the brake*) (**zahamować się** *be restrained*)

EXAMPLES of model and/or related verbs: 1. Synek obiecał pokazać mamie, jak powinna **hamować** na łyżworolkach. *The young son promised to show his mom how to apply brakes on roller blades.* 2. Stosując maść możesz skutecznie **zahamować** rozwój choroby. *Using an ointment, you may successfully slow down the spread of disease.* 3. Kierowca wozu **zahamował** w ostatniej chwili. *The driver of the car put on the brakes at the last moment.* 4. Nie wybuchaj, **pohamuj** swoją złość. *Don't explode; control your anger.*

informować/poinformować to inform, give information, let know

IMPERFECTIVE		PERFECTIVE	

PRESENT

ja	informuję		
ty	informujesz		
on/ona/ono	informuje		
my	informujemy		
wy	informujecie		
oni/one	informują		

PAST

ja	informowałem/informowałam	poinformowałem/poinformowałam	
ty	informowałeś/informowałaś	poinformowałeś/poinformowałaś	
on/ona/ono	informował/informowała/ informowało	poinformował/poinformowała/ poinformowało	
my	informowaliśmy/informowałyśmy	poinformowaliśmy/poinformowałyśmy	
wy	informowaliście/informowałyście	poinformowaliście/poinformowałyście	
oni/one	informowali/informowały	poinformowali/poinformowały	

FUTURE

ja	będę informował/informowała	poinformuję	
ty	będziesz informował/informowała	poinformujesz	
on/ona/ono	będzie informował/informowała/ informowało	poinformuje	
my	będziemy informowali/informowały	poinformujemy	
wy	będziecie informowali/informowały	poinformujecie	
oni/one	będą informowali/informowały	poinformują	

CONDITIONAL

ja	informowałbym/informowałabym	poinformowałbym/poinformowałabym	
ty	informowałbyś/informowałabyś	poinformowałbyś/poinformowałabyś	
on/ona/ono	informowałby/informowałaby/ informowałoby	poinformowałby/poinformowałaby/ poinformowałoby	
my	informowalibyśmy/ informowałybyśmy	poinformowalibyśmy/ poinformowałybyśmy	
wy	informowalibyście/informowałybyście	poinformowalibyście/poinformowałybyście	
oni/one	informowaliby/informowałyby	poinformowaliby/poinformowałyby	

IMPERATIVE

	informujmy		poinformujmy
informuj	informujcie	poinformuj	poinformujcie
niech informuje	niech informują	niech poinformuje	niech poinformują

PARTICIPLES

PRES. ACT. informujący, -a, -e; -y, -e
PRES. PASS. informowany, -a, -e; -i, -e **PAST PASS.** poinformowany, -a, -e; -i, -e
ADV. PART. informując
Verb governance: kogo, co; o czym
Related verbs with meanings: (**informować się/poinformować się** *inquire, find out*)

EXAMPLES of model and/or related verbs: 1. **Informujemy,** że na drugą stronę listu nie zaglądaliśmy. *We are informing you that we did not look at the second page of the letter.*
2. **Poinformowali** nas o pogodzie na greckiej wyspie. *They informed us about the weather on the Greek island.* 3. Potrzeba rzetelnie **informować** publiczność, że moda jest częścią kultury. *The public has to be really informed that fashion is a part of culture.* 4. **Poinformuj** mnie wprost. *Let me know directly.*

interesować/zainteresować   to interest, have a grip on, be hooked on, appeal to

IMPERFECTIVE		PERFECTIVE	

PRESENT

ja	interesuję		
ty	interesujesz		
on/ona/ono	interesuje		
my	interesujemy		
wy	interesujecie		
oni/one	interesują		

PAST

ja	interesowałem/interesowałam	zainteresowałem/zainteresowałam
ty	interesowałeś/interesowałaś	zainteresowałeś/zainteresowałaś
on/ona/ono	interesował/interesowała/interesowało	zainteresował/zainteresowała/zainteresowało
my	interesowaliśmy/interesowałyśmy	zainteresowaliśmy/zainteresowałyśmy
wy	interesowaliście/interesowałyście	zainteresowaliście/zainteresowałyście
oni/one	interesowali/interesowały	zainteresowali/zainteresowały

PAST

ja	będę interesował/interesowała	zainteresuję
ty	będziesz interesował/interesowała	zainteresujesz
on/ona/ono	będzie interesował/interesowała/ interesowało	zainteresuje
my	będziemy interesowali/interesowały	zainteresujemy
wy	będziecie interesowali/interesowały	zainteresujecie
oni/one	będą interesowali/interesowały	zainteresują

CONDITIONAL

ja	interesowałbym/interesowałabym	zainteresowałbym/zainteresowałabym
ty	interesowałbyś/interesowałabyś	zainteresowałbyś/zainteresowałabyś
on/ona/ono	interesowałby/interesowałaby/ interesowałoby	zainteresowałby/zainteresowałaby/ zainteresowałoby
my	interesowalibyśmy/ interesowałybyśmy	zainteresowalibyśmy/ zainteresowałybyśmy
wy	interesowalibyście/interesowałybyście	zainteresowalibyście/zainteresowałybyście
oni/one	interesowaliby/interesowałyby	zainteresowaliby/zainteresowałyby

IMPERATIVE

	interesujmy		zainteresujmy
interesuj	interesujcie	zainteresuj	zainteresujcie
niech interesuje	niech interesują	niech zainteresuje	niech zainteresują

PARTICIPLES

PRES. ACT.   interesujący, -a, -e; -y, -e
PRES. PASS.   **PAST PASS.**   zainteresowany, -a, -e; -i, -e
ADV. PART.   interesując
Verb governance: kogo, czym
Related verbs with meanings: (**interesować się/zainteresować się** *be interested, be concerned with*)

EXAMPLES of model and/or related verbs: 1. Szkoła zawsze mnie **interesowała.** *I was always interested in school.* 2. **Zainteresował** mnie tekst poświęcony historii pływania. *I got interested in a document dedicated to the history of swimming.* 3. **Interesuję się** ochroną zwierząt. *I'm interested in the protection of animals.* 4. Wszystkie polskie firmy są **zainteresowane** współpracą z firmami zagranicznymi. *All the Polish businesses are interested in foreign partnerships.*

IMPERFECTIVE		PERFECTIVE	

PRESENT

ja	jem		
ty	jesz		
on/ona/ono	je		
my	jemy		
wy	jecie		
oni/one	jedzą		

PAST

ja	jadłem/jadłam	zjadłem/zjadłam	
ty	jadłeś/jadłaś	zjadłeś/zjadłaś	
on/ona/ono	jadł/jadła/jadło	zjadł/zjadła/zjadło	
my	jedliśmy/jadłyśmy	zjedliśmy/zjadłyśmy	
wy	jedliście/jadłyście	zjedliście/zjadłyście	
oni/one	jedli/jadły	zjedli/zjadły	

FUTURE

ja	będę jadł/jadła	zjem	
ty	będziesz jadł/jadła	zjesz	
on/ona/ono	będzie jadł/jadła/jadło	zje	
my	będziemy jedli/jadły	zjemy	
wy	będziecie jedli/jadły	zjecie	
oni/one	będą jedli/jadły	zjedzą	

CONDITIONAL

ja	jadłbym/jadłabym	zjadłbym/zjadłabym	
ty	jadłbyś/jadłabyś	zjadłbyś/zjadłabyś	
on/ona/ono	jadłby/jadłaby/jadłoby	zjadłby/zjadłaby/zjadłoby	
my	jedlibyśmy/jadłybyśmy	zjedlibyśmy/zjadłybyśmy	
wy	jedlibyście/jadłybyście	zjedlibyście/zjadłybyście	
oni/one	jedliby/jadłyby	zjedliby/zjadłyby	

IMPERATIVE

	jedzmy		zjedzmy
jedz	jedzcie	zjedz	zjedzcie
niech je	niech jedzą	niech zje	niech zjedzą

PARTICIPLES

PRES. ACT.   jedzący, -a, -e; -y, -e
PRES. PASS. jedzony, -a, -e; -, -one   **PAST PASS.**   zjedzony, -a, -e; -, -one
ADV. PART.   jedząc
Verb governance: u kogo, co; gdzie
Related verbs with meanings: (**dojeść** *eat up, get on nerves*) (**najeść się** *eat one's fill*) (**objeść/się/ gnaw at; overfeed*) (**podjeść** *appease/hunger/*) (**pojeść** *have a meal*) (**wyjeść** *eat away*) (**zajeść się** *eat heartily*)

EXAMPLES of model and/or related verbs: 1. Chcę żeby moje dzieci **jadły** owoce. *I want my children to eat fruit.* 2. **Jedliśmy** na pięknej porcelanie stołowej. *We dined on beautiful table china.* 3. **Jemy** kanapki. *We are eating sandwiches.* 4. On **zjadł wszystkie** ogórki. *He ate all the cucumbers.*

jeździć * jechać/pojechać *or* przyjechać   to ride, go by vehicle, drive, travel, journey

IMPERFECTIVE

INDETERMINATE		*DETERMINATE*

PRESENT

ja	jeżdżę	jadę
ty	jeździsz	jedziesz
on/ona/ono	jeździ	jedzie
my	jeździmy	jedziemy
wy	jeździcie	jedziecie
oni/one	jeżdżą	jadą

PAST

ja	jeździłem/jeździłam	jechałem/jechałam
ty	jeździłeś/jeździłaś	jechałeś/jechałaś
on/ona/ono	jeździł/jeździła/jeździło	jechał/jechała/jechało
my	jeździliśmy/jeździłyśmy	jechaliśmy/jechałyśmy
wy	jeździliście/jeździłyście	jechaliście/jechałyście
oni/one	jeździli/jeździły	jechali/jechały

FUTURE

ja	będę jeździł/jeździła	będę jechał/jechała
ty	będziesz jeździł/jeździła	będziesz jechał/jechała
on/ona/ono	będzie jeździł/jeździła/jeździło	będzie jechał/jechała/jechało
my	będziemy jeździli/jeździły	będziemy jechali/jechały
wy	będziecie jeździli/jeździły	będziecie jechali/jechały
oni/one	będą jeździli/jeździły	będą jechali/jechały

CONDITIONAL

ja	jeździłbym/jeździłabym	jechałbym/jechałabym
ty	jeździłbyś/jeździłabyś	jechałbyś/jechałabyś
on/ona/ono	jeździłby/jeździłaby/jeździłoby	jechałby/jechałaby/jechałoby
my	jeździlibyśmy/jeździłybyśmy	jechalibyśmy/jechałybyśmy
wy	jeździlibyście/jeździłybyście	jechalibyście/jechałybyście
oni/one	jeździliby/jeździłyby	jechaliby/jechałyby

IMPERATIVE

			jedźmy
		jedź	jedźcie
niech jeździ	niech jeżdżą	niech jedzie	niech jadą

PARTICIPLES

PRES. ACT.	jeżdżący, -a, -e; -y, -e	jadący, -a, -e; -y, -e
PRES. PASS.		
ADV. PART.	jeżdżąc	*PAST PASS.* jadąc

Verb governance: czym; gdzie
Related verbs with meanings: (**dojechać** *get to, arrive at*) (**najechać** *run over*) (**objechać** *go round, bypass, tour*) (**odjechać** *drive away from*) (**podjechać** *drive up to, ride some of the way*) (**przejechać** *drive through, pass by, knock down*) (**przyjechać** *arrive*) (**rozjechać/się/** *run over; disperse*) (**ujechać** *ride a distance*) (**wjechać** *drive into*) (**wyjechać** *drive out/away*) (**zajechać** *pull in, stay*) (**zjechać** *drive downhill, pull over, turn aside*) Note: the future is like the present of the base verb (e.g. **jadę** > **przyjadę**). These verbs have no present tense or participles.

EXAMPLES of model and/or related verbs: 1. Do regionu ogarniętego katastrofą **przyjechały** ekipy ratownicze. *Emergency crews arrived in the region struck by the catastrophe.* 2. Zaczęliśmy **jeździć** razem na wakacje. *We started to go on vacation together.* 3. **Wjechałbyś** lepiej na podwórko. *Better pull into the driveway.* 4. Trzeba **będzie** gdzieś **wyjechać** na zimowe ferie. *We'll have to go away somewhere for the winter break.*

karać/ukarać   to punish, penalize, discipline

IMPERFECTIVE		PERFECTIVE	

PRESENT

ja	karzę		
ty	karzesz		
on/ona/ono	karze		
my	karzemy		
wy	karzecie		
oni/one	karzą		

PAST

ja	karałem/karałam	ukarałem/ukarałam	
ty	karałeś/karałaś	ukarałeś/ukarałaś	
on/ona/ono	karał/karała/karało	ukarał/ukarała/ukarało	
my	karaliśmy/karałyśmy	ukaraliśmy/ukarałyśmy	
wy	karaliście/karałyście	ukaraliście/ukarałyście	
oni/one	karali/karały	ukarali/ukarały	

FUTURE

ja	będę karał/karała	ukarzę	
ty	będziesz karał/karała	ukarzesz	
on/ona/ono	będzie karał/karała/karało	ukarze	
my	będziemy karali/karały	ukarzemy	
wy	będziecie karali/karały	ukarzecie	
oni/one	będą karali/karały	ukarzą	

CONDITIONAL

ja	karałbym/karałabym	ukarałbym/ukarałabym	
ty	karałbyś/karałabyś	ukarałbyś/ukarałabyś	
on/ona/ono	karałby/karałaby/karałoby	ukarałby/ukarałaby/ukarałoby	
my	karalibyśmy/karałybyśmy	ukaralibyśmy/ukarałybyśmy	
wy	karalibyście/karałybyście	ukaralibyście/ukarałybyście	
oni/one	karaliby/karałyby	ukaraliby/ukarałyby	

IMPERATIVE

	karzmy		ukarzmy
karz	karzcie	ukarz	ukarzcie
niech karzą	niech karzą	niech ukarzą	niech ukarzą

PARTICIPLES

PRES. ACT.   karzący, -a, -e; -y, -e
PRES. PASS. karany, -a, -e; -i, -e   **PAST PASS.** ukarany, -a, -e; -i, -e
ADV. PART.   karząc

Verb governance: kogo, co; za co
Related verbs with meanings: (**pokarać** *correct, castigate*) (**skarać** *chastise*)

EXAMPLES of model and/or related verbs: 1. Czy on nie był **karany?** *Was he not penalized?*
2. Został **ukarany** za złe traktowanie pracownika. *He was punished for mistreating a worker.*
3. Trzeba go zaraz **ukarać**. *He must be punished right away.* 4. Oni nigdy nie **karali** swego psa.
They never disciplined their dog.

kąpać/wykąpać   to bathe, bath

IMPERFECTIVE		PERFECTIVE

PRESENT

ja	kąpię
ty	kąpiesz
on/ona/ono	kąpie
my	kąpiemy
wy	kąpiecie
oni/one	kąpią

PAST

ja	kąpałem/kąpałam	wykąpałem/wykąpałam
ty	kąpałeś/kąpałaś	wykąpałeś/wykąpałaś
on/ona/ono	kąpał/kąpała/kąpało	wykąpał/wykąpała/wykąpało
my	kąpaliśmy/kąpałyśmy	wykąpaliśmy/wykąpałyśmy
wy	kąpaliście/kąpałyście	wykąpaliście/wykąpałyście
oni/one	kąpali/kąpały	wykąpali/wykąpały

FUTURE

ja	będę kąpał/kąpała	wykąpię
ty	będziesz kąpał/kąpała	wykąpiesz
on/ona/ono	będzie kąpał/kąpała/kąpało	wykąpie
my	będziemy kąpali/kąpały	wykąpiemy
wy	będziecie kąpali/kąpały	wykąpiecie
oni/one	będą kąpali/kąpały	wykąpią

CONDITIONAL

ja	kąpałbym/kąpałabym	wykąpałbym/wykąpałabym
ty	kąpałbyś/kąpałabyś	wykąpałbyś/wykąpałabyś
on/ona/ono	kąpałby/kąpałaby/kąpałoby	wykąpałby/wykąpałaby/wykąpałoby
my	kąpalibyśmy/kąpałybyśmy	wykąpalibyśmy/wykąpałybyśmy
wy	kąpalibyście/kąpałybyście	wykąpalibyście/wykąpałybyście
oni/one	kąpaliby/kąpałyby	wykąpaliby/wykąpałyby

IMPERATIVE

	kąpmy		wykąpmy
kąp	kąpcie	wykąp	wykąpcie
niech kąpie	niech kąpią	niech wykąpie	niech wykąpią

PARTICIPLES

PRES. ACT. kąpiący, -a, -e; -y, -e
PRES. PASS. kąpany, -a, -e; -i, -e   **PAST PASS.** wykąpany, -a, -e; -i, -e
ADV. PART. kąpiąc
Verb governance: kogo, co; w czym
Related verbs with meanings: (**kąpać się/wykąpać się** *take a bath*) (**pokąpać/się/** *bath; bathe*)
(**skąpać/się/** *bathe; take a dip*)

EXAMPLES of model and/or related verbs: 1. On **będzie się kąpał** w morzu Bałtyckim podczas urlopu. *He is going to bathe in the Baltic Sea during his vacation.* 2. **Kąpali się** w rzece pomimo, że woda była zimna. *They bathed in the river even though the water was cold.* 3. Idziemy spać po północy, przedtem jednak należy **wykąpać się.** *We go to bed after midnight; before that, however, we have to take a bath.* 4. **Kąpiąc się** zawsze śpiewał w łazience. *While bathing, he always sang in the bathroom.*

kierować/skierować

to direct, drive, steer, refer

IMPERFECTIVE		PERFECTIVE

PRESENT

ja	kieruję	
ty	kierujesz	
on/ona/ono	kieruje	
my	kierujemy	
wy	kierujecie	
oni/one	kierują	

PAST

ja	kierowałem/kierowałam	skierowałem/skierowałam
ty	kierowałeś/kierowałaś	skierowałeś/skierowałaś
on/ona/ono	kierował/kierowała/kierowało	skierował/skierowała/skierowało
my	kierowaliśmy/kierowałyśmy	skierowaliśmy/skierowałyśmy
wy	kierowaliście/kierowałyście	skierowaliście/skierowałyście
oni/one	kierowali/kierowały	skierowali/skierowały

FUTURE

ja	będę kierował/kierowała	skieruję
ty	będziesz kierował/kierowała	skierujesz
on/ona/ono	będzie kierował/kierowała/kierowało	skieruje
my	będziemy kierowali/kierowały	skierujemy
wy	będziecie kierowali/kierowały	skierujecie
oni/one	będą kierowali/kierowały	skierują

CONDITIONAL

ja	kierowałbym/kierowałabym	skierowałbym/skierowałabym
ty	kierowałbyś/kierowałabyś	skierowałbyś/skierowałabyś
on/ona/ono	kierowałby/kierowałaby/kierowałoby	skierowałby/skierowałaby/skierowałoby
my	kierowalibyśmy/kierowałybyśmy	skierowalibyśmy/skierowałybyśmy
wy	kierowalibyście/kierowałybyście	skierowalibyście/skierowałybyście
oni/one	kierowaliby/kierowałyby	skierowaliby/skierowałyby

IMPERATIVE

	kierujmy		skierujmy
kieruj	kierujcie	skieruj	skierujcie
niech kieruje	niech kierują	niech skieruje	niech skierują

PARTICIPLES

PRES. ACT. kierujący, -a, -e; -y, -e
PRES. PASS. kierowany, -a, -e; -i, -e   **PAST PASS.** skierowany, -a, -e; -i, -e
ADV. PART. kierując

Verb governance: kogo, co; kim, czym
Related verbs with meanings: (**kierować się/skierować się** *be guided/by/*) (**dokierować** *drive up to*) (**nakierować** *put on track*) (**odkierować** *deviate*) (**pokierować** *aim, administer*) (**wykierować/się/** *lead to, direct; become, make one's way to*)

EXAMPLES of model and/or related verbs: 1. Oboje zostali **skierowani** do ośrodka zdrowia. *They were both referred to the medical center.* 2. Nasze pretensje **skierujemy** do sądu. *We will direct our claims to the court.* 3. Sądy nie zawsze **kierują się** dobrem dziecka. *The courts aren't always guided by the good of the child.* 4. **Skierowałam** na prawo, a miałam **skierować** na lewo. *I turned right, but I was supposed to turn left.*

kłamać/skłamać

IMPERFECTIVE		PERFECTIVE

PRESENT

ja	kłamię
ty	kłamiesz
on/ona/ono	kłamie
my	kłamiemy
wy	kłamiecie
oni/one	kłamią

PAST

ja	kłamałem/kłamałam	skłamałem/skłamałam
ty	kłamałeś/kłamałaś	skłamałeś/skłamałaś
on/ona/ono	kłamał/kłamała/kłamało	skłamał/skłamała/skłamało
my	kłamaliśmy/kłamałyśmy	skłamaliśmy/skłamałyśmy
wy	kłamaliście/kłamałyście	skłamaliście/skłamałyście
oni/one	kłamali/kłamały	skłamali/skłamały

FUTURE

ja	będę kłamał/kłamała	skłamię
ty	będziesz kłamał/kłamała	skłamiesz
on/ona/ono	będzie kłamał/kłamała/kłamało	skłamie
my	będziemy kłamali/kłamały	skłamiemy
wy	będziecie kłamali/kłamały	skłamiecie
oni/one	będą kłamali/kłamały	skłamią

CONDITIONAL

ja	kłamałbym/kłamałabym	skłamałbym/skłamałabym
ty	kłamałbyś/kłamałabyś	skłamałbyś/skłamałabyś
on/ona/ono	kłamałby/kłamałaby/kłamałoby	skłamałby/skłamałaby/skłamałoby
my	kłamalibyśmy/kłamałybyśmy	skłamalibyśmy/skłamałybyśmy
wy	kłamalibyście/kłamałybyście	skłamalibyście/skłamałybyście
oni/one	kłamaliby/kłamałyby	skłamaliby/skłamałyby

IMPERATIVE

	kłammy		skłammy
kłam	kłamcie	skłam	skłamcie
niech kłamie	niech kłamią	niech skłamie	niech skłamią

PARTICIPLES

PRES. ACT. kłamiący, -a, -e; -y, -e
PRES. PASS. kłamany, -a, -e; -, -e   **PAST PASS.** skłamany, -a, -e; -, -e
ADV. PART. kłamiąc
Verb governance: komu; o kim, o czym
Related verbs with meanings: (**nakłamać** *tell a lot of lies*) (**okłamać** *tell lies*)

EXAMPLES of model and/or related verbs: 1. Ten człowiek nikogo nie **okłamał.** *That man never told a lie to anyone.* 2. Nie umiała **kłamać.** *She didn't know how to tell a lie.* 3. Gdy **kłamię,** pozostaje wyrzut sumienia. *When I lie, my conscience bothers me.* 4. Nie **kłamała,** gdy mówiła, że może wyczarować co chce jednym ruchem ręki w kuchence mikrofalowej. *She did not tell a lie when she said that she could make what she wanted in the microwave oven with a single motion.*

kłaniać się/ukłonić się   to greet, bow, send regards

IMPERFECTIVE		PERFECTIVE	

PRESENT

ja	kłaniam się		
ty	kłaniasz się		
on/ona/ono	kłania się		
my	kłaniamy się		
wy	kłaniacie się		
oni/one	kłaniają się		

PAST

ja	kłaniałem się/kłaniałam się	ukłoniłem się/ukłoniłam się
ty	kłaniałeś się/kłaniałaś się	ukłoniłeś się/ukłoniłaś się
on/ona/ono	kłaniał się/kłaniała się/kłaniało się	ukłonił się/ukłoniła się/ukłoniło się
my	kłanialiśmy się/kłaniałyśmy się	ukłoniliśmy się/ukłoniłyśmy się
wy	kłanialiście się/kłaniałyście się	ukłoniliście się/ukłoniłyście się
oni/one	kłaniali się/kłaniały się	ukłonili się/ukłoniły się

FUTURE

ja	będę się kłaniał/kłaniała	ukłonię się
ty	będziesz się kłaniał/kłaniała	ukłonisz się
on/ona/ono	będzie się kłaniał/kłaniała/kłaniało	ukłoni się
my	będziemy się kłaniali/kłaniały	ukłonimy się
wy	będziecie się kłaniali/kłaniały	ukłonicie się
oni/one	będą się kłaniali/kłaniały	ukłonią się

CONDITIONAL

ja	kłaniałbym się/kłaniałabym się	ukłoniłbym się/ukłoniłabym się
ty	kłaniałbyś się/kłaniałabyś się	ukłoniłbyś się/ukłoniłabyś się
on/ona/ono	kłaniałby się/kłaniałaby się/ kłaniałoby się	ukłoniłby się/ukłoniłaby się/ukłoniłoby się
my	kłanialibyśmy się/kłaniałybyśmy się	ukłonilibyśmy się/ukłoniłybyśmy się
wy	kłanialibyście się/kłaniałybyście się	ukłonilibyście się/ukłoniłybyście się
oni/one	kłanialiby się/kłaniałyby się	ukłoniliby się/ukłoniłyby się

IMPERATIVE

	kłaniajmy się		ukłońmy się
kłaniaj się	kłaniajcie się	ukłoń się	ukłońcie się
niech się kłania	niech się kłaniają	niech się ukłoni	niech się ukłonią

PARTICIPLES

PRES. ACT. kłaniający się, -a, -e; -y, -e
PRES. PASS.   *PAST PASS.*
ADV. PART. kłaniając się
Verb governance: komu, czemu
Related verbs with meanings: (**nakłonić/się/** *incite; consent to, be inclined*) (**odkłonić się** *bow back*) (**pokłonić/się/** *bow; give compliments*) (**skłonić/się/** *bend, induce; incline to*)

EXAMPLES of model and/or related verbs: 1. Moja szefowa **nakłaniała** mnie do różnych działań. *My boss was inciting me to take part in all kinds of activities.* 2. **Ukłonił się** jej córkom. *He bowed to her daughters.* 3. W kościele wszyscy parafianie **pokłaniają** głowy. *All the parishioners bow their heads in church.* 4. Starała się **skłonić** go, by przeszedł wszystkie etapy programu Anonimowych Alkoholików. *She tried to induce him to go through all the steps of the Alcoholics Anonymous program.*

kłaść/położyć   to lay down, put down, place, go to bed

IMPERFECTIVE		PERFECTIVE

PRESENT

ja	kładę	
ty	kładziesz	
on/ona/ono	kładzie	
my	kładziemy	
wy	kładziecie	
oni/one	kładą	

PAST

ja	kładłem/kładłam	położyłem/położyłam
ty	kładłeś/kładłaś	położyłeś/położyłaś
on/ona/ono	kładł/kładła/kładło	położył/położyła/położyło
my	kładliśmy/kładłyśmy	położyliśmy/położyłyśmy
wy	kładliście/kładłyście	położyliście/położyłyście
oni/one	kładli/kładły	położyli/położyły

FUTURE

ja	będę kładł/kładła	położę
ty	będziesz kładł/kładła	położysz
on/ona/ono	będzie kładł/kładła/kładło	położy
my	będziemy kładli/kładły	położymy
wy	będziecie kładli/kładły	położycie
oni/one	będą kładli/kładły	położą

CONDITIONAL

ja	kładłbym/kładłabym	położyłbym/położyłabym
ty	kładłbyś/kładłabyś	położyłbyś/położyłabyś
on/ona/ono	kładłby/kładłaby/kładłoby	położyłby/położyłaby/położyłoby
my	kładlibyśmy/kładłybyśmy	położylibyśmy/położyłybyśmy
wy	kładlibyście/kładłybyście	położylibyście/położyłybyście
oni/one	kładliby/kładłyby	położyliby/położyłyby

IMPERATIVE

	kładźmy		połóżmy
kładź	kładźcie	połóż	połóżcie
niech kładzie	niech kładą	niech położy	niech położą

PARTICIPLES

PRES. ACT. kładący, -a, -e; -y, -e
PRES. PASS. kładziony, -a, -e; -dzeni, -dzione   ***PAST PASS.*** położony, -a, -e; -eni, -one
ADV. PART. kładąc
Verb governance: kogo, co
Related verbs with meanings: (**kłaść się/położyć się** *lie down*) (**dołożyć** *add, throw in*) (**nałożyć** *lay, impose, overlap*) (**obłożyć** *cover up, wrap*) (**odłożyć** *put aside/off*) (**podłożyć** *underlay, substitute*) (**przełożyć** *shift, sandwich, translate*) (**przyłożyć** /**się**/ *apply/oneself/*) (**rozłożyć/się**/ *unfold, pitch/tent/, spread out; lie down, disintegrate*) (**ułożyć** *arrange, style/hair/, compose*) (**włożyć** *put on/in, deposit*) (**wyłożyć** *display, interpret*) (**założyć/się**/ *set up, put on; bet*)

EXAMPLES of model and/or related verbs: 1. **Połóż** futon na podłodze. *Put the futon on the floor.* 2. W tym dniu, Premier i Marszałek Sejmu **złożyli** wieńce przy pomniku. *On that day, the Premier and the House Leader lay wreaths at the monument.* 3. Może **założę** zespół. *Perhaps I'll form a band.* 4. Muszę **się** bardziej **przyłożyć** do nauki. *I must apply myself more in my studies.*

kłócić/pokłócić to set at variance, stir up, divide

IMPERFECTIVE		PERFECTIVE

PRESENT

ja	kłócę	
ty	kłócisz	
on/ona/ono	kłóci	
my	kłócimy	
wy	kłócicie	
oni/one	kłócą	

PAST

ja	kłóciłem/kłóciłam	pokłóciłem/pokłóciłam
ty	kłóciłeś/kłóciłaś	pokłóciłeś/pokłóciłaś
on/ona/ono	kłócił/kłóciła/kłóciło	pokłócił/pokłóciła/pokłóciło
my	kłóciliśmy/kłóciłyśmy	pokłóciliśmy/pokłóciłyśmy
wy	kłóciliście/kłóciłyście	pokłóciliście/pokłóciłyście
oni/one	kłócili/kłóciły	pokłócili/pokłóciły

FUTURE

ja	będę kłócił/kłóciła	pokłócę
ty	będziesz kłócił/kłóciła	pokłócisz
on/ona/ono	będzie kłócił/kłóciła/kłóciło	pokłóci
my	będziemy kłócili/kłóciły	pokłócimy
wy	będziecie kłócili/kłóciły	pokłócicie
oni/one	będą kłócili/kłóciły	pokłócą

CONDITIONAL

ja	kłóciłbym/kłóciłabym	pokłóciłbym/pokłóciłabym
ty	kłóciłbyś/kłóciłabyś	pokłóciłbyś/pokłóciłabyś
on/ona/ono	kłóciłby/kłóciłaby/kłóciłoby	pokłóciłby/pokłóciłaby/pokłóciłoby
my	kłócilibyśmy/kłóciłybyśmy	pokłócilibyśmy/pokłóciłybyśmy
wy	kłócilibyście/kłóciłybyście	pokłócilibyście/pokłóciłybyście
oni/one	kłóciliby/kłóciłyby	pokłóciliby/pokłóciłyby

IMPERATIVE

	kłóćmy		pokłóćmy
kłóć	kłóćcie	pokłóć	pokłóćcie
niech kłóci	niech kłócą	niech pokłóci	niech pokłócą

PARTICIPLES

PRES. ACT. kłócący, -a, -e; -y, -e
PRES. PASS. kłócony, -a, -e; -eni, -one   *PAST PASS.* pokłócony, -a, -e; -eni, -one
ADV. PART. kłócąc
Verb governance: kogo, z kim
Related verbs with meanings: (**kłócić się/pokłócić się** *quarrel, dispute, clash, jar*) (**skłócić/się/** *agitate; quarrel*) (**wykłócić się** *argue*) (**zakłócić** *trouble*)

EXAMPLES of model and/or related verbs: 1. Chcę, żeby mama i tata przestali **się kłócić.** *I want Mom and Dad to stop quarreling.* 2. Nowa moda **kłóci się** z Marysi poczuciem estetyki. *The new fashion clashes with Mary's sense of esthetics.* 3. Przez pierwszych dziesięć lat dużo **się kłóciliśmy.** *For the first ten years, we quarreled a lot.* 4. Nie **pokłóciliśmy się** ani razu. *We have not even quarreled once.*

IMPERFECTIVE	PERFECTIVE

PRESENT

ja	kocham	
ty	kochasz	
on/ona/ono	kocha	
my	kochamy	
wy	kochacie	
oni/one	kochają	

PAST

	IMPERFECTIVE	PERFECTIVE
ja	kochałem/kochałam	pokochałem/pokochałam
ty	kochałeś/kochałaś	pokochałeś/pokochałaś
on/ona/ono	kochał/kochała/kochało	pokochał/pokochała/pokochało
my	kochaliśmy/kochałyśmy	pokochaliśmy/pokochałyśmy
wy	kochaliście/kochałyście	pokochaliście/pokochałyście
oni/one	kochali/kochały	pokochali/pokochały

FUTURE

	IMPERFECTIVE	PERFECTIVE
ja	będę kochał/kochała	pokocham
ty	będziesz kochał/kochała	pokochasz
on/ona/ono	będzie kochał/kochała/kochało	pokocha
my	będziemy kochali/kochały	pokochamy
wy	będziecie kochali/kochały	pokochacie
oni/one	będą kochali/kochały	pokochają

CONDITIONAL

	IMPERFECTIVE	PERFECTIVE
ja	kochałbym/kochałabym	pokochałbym/pokochałabym
ty	kochałbyś/kochałabyś	pokochałbyś/pokochałabyś
on/ona/ono	kochałby/kochałaby/kochałoby	pokochałby/pokochałaby/pokochałoby
my	kochalibyśmy/kochałybyśmy	pokochalibyśmy/pokochałybyśmy
wy	kochalibyście/kochałybyście	pokochalibyście/pokochałybyście
oni/one	kochaliby/kochałyby	pokochaliby/pokochałyby

IMPERATIVE

	kochajmy		pokochajmy
kochaj	kochajcie	pokochaj	pokochajcie
niech kocha	niech kochają	niech pokocha	niech pokochają

PARTICIPLES

PRES. ACT.   kochający, -a, -e; -y, -e
PRES. PASS.   kochany, -a, -e; -i, -e   *PAST PASS.*   pokochany, -a, -e; -i, -e
Adv. Part.
Verb governance: kogo, co
Related verbs with meanings: (**kochać się/pokochać się** *be in love*) (**odkochać się** *cease loving*) (**rozkochać/się/** *enamor; fall in love with*) (**ukochać** *take a fancy to*) (**zakochać się** *become infatuated*)

EXAMPLES of model and/or related verbs: 1. **Kocham** Thunder Bay, tak jak moje rodzinne Zatonie. *I love Thunder Bay just like my native Zatonie.* 2. **Kochał** swojego syna i pragnął przebywać z nim często. *He loved his son and wished to be with him often.* 3. Dziecko **pokochałoby** ich oboje. *The child would have loved them both.* 4. Mam nadzieję, że on z czasem ją **pokocha.** *I have hopes that he will eventually come to love her.*

kontaktować się/skontaktować się   to be in touch/contact/, communicate, make contact with

IMPERFECTIVE	PERFECTIVE

PRESENT

ja	kontaktuję się
ty	kontaktujesz się
on/ona/ono	kontaktuje się
my	kontaktujemy się
wy	kontaktujecie się
oni/one	kontaktują się

PAST

ja	kontaktowałem się/kontaktowałam się	skontaktowałem się/skontaktowałam się
ty	kontaktowałeś się/kontaktowałaś się	skontaktowałeś się/skontaktowałaś się
on/ona/ono	kontaktował się/kontaktowała się/ kontaktowało się	skontaktował się/skontaktowała się/ skontaktowało się
my	kontaktowaliśmy się/-łyśmy się	skontaktowaliśmy się/skontaktowałyśmy się
wy	kontaktowaliście się/-łyście się	skontaktowaliście się/skontaktowałyście się
oni/one	kontaktowali się/kontaktowały się	skontaktowali się/skontaktowały się

FUTURE

ja	będę się kontaktował/kontaktowała	skontaktuję się
ty	będziesz się kontaktował/kontaktowała	skontaktujesz się
on/ona/ono	będzie się kontaktował/kontaktowała/kontaktowało	skontaktuje się
my	będziemy się kontaktowali/kontaktowały	skontaktujemy się
wy	będziecie się kontaktowali/kontaktowały	skontaktujecie się
oni/one	będą się kontaktowali/kontaktowały	skontaktują się

CONDITIONAL

ja	kontaktowałbym się/ kontaktowałabym się	skontaktowałbym się/ skontaktowałabym się
ty	kontaktowałbyś się/-łabyś się	skontaktowałbyś się/-łabyś się
on/ona/ono	kontaktowałby się/kontaktowałaby się/ kontaktowałoby się	skontaktowałby się/skontaktowałaby się/ skontaktowałoby się
my	kontaktowalibyśmy się/ kontaktowałybyśmy się	skontaktowalibyśmy się/ skontaktowałybyśmy się
wy	kontaktowalibyście się/ kontaktowałybyście się	skontaktowalibyście się/ skontaktowałybyście się
oni/one	kontaktowaliby się/kontaktowałyby się	skontaktowaliby się/skontaktowałyby się

IMPERATIVE

	kontaktujmy się		skontaktujmy się
kontaktuj się	kontaktujcie się	skontaktuj się	skontaktujcie się
niech się kontaktuje	niech się kontaktują	niech się skontaktuje	niech się skontaktują

PARTICIPLES

PRES. ACT.   kontaktujący się,- a, -e; -y, -e

PRES. PASS.   *PAST PASS.*

ADV. PART.   kontaktując się

Verb governance: z kim, z czym

Related verbs with meanings: (**kontaktować/skontaktować** *contact*)

EXAMPLES of model and/or related verbs: 1. Chętnie **skontaktuję się** z ludźmi interesującymi się ekologią. *I'll gladly communicate with people interested in ecology.* 2. Miał **się** z nimi **kontaktować,** ale nie wiem, czy mu się udało. *He was to make contact with them, but I don't know whether he succeeded.* 3. Prezes firmy **kontaktował się** z najlepszymi dostawcami. *The chairman of the company was in contact with the best suppliers.* 4. Oboje **kontaktujcie się** z Francją. *You both communicate with France.*

kończyć/skończyć   to complete, finish, terminate

IMPERFECTIVE		PERFECTIVE

PRESENT

ja	kończę	
ty	kończysz	
on/ona/ono	kończy	
my	kończymy	
wy	kończycie	
oni/one	kończą	

PAST

ja	kończyłem/kończyłam	skończyłem/skończyłam
ty	kończyłeś/kończyłaś	skończyłeś/skończyłaś
on/ona/ono	kończył/kończyła/kończyło	skończył/skończyła/skończyło
my	kończyliśmy/kończyłyśmy	skończyliśmy/skończyłyśmy
wy	kończyliście/kończyłyście	skończyliście/skończyłyście
oni/one	kończyli/kończyły	skończyli/skończyły

FUTURE

ja	będę kończył/kończyła	skończę
ty	będziesz kończył/kończyła	skończysz
on/ona/ono	będzie kończył/kończyła/kończyło	skończy
my	będziemy kończyli/kończyły	skończymy
wy	będziecie kończyli/kończyły	skończycie
oni/one	będą kończyli/kończyły	skończą

CONDITIONAL

ja	kończyłbym/kończyłabym	skończyłbym/skończyłabym
ty	kończyłbyś/kończyłabyś	skończyłbyś/skończyłabyś
on/ona/ono	kończyłby/kończyłaby/kończyłoby	skończyłby/skończyłaby/skończyłoby
my	kończylibyśmy/kończyłybyśmy	skończylibyśmy/skończyłybyśmy
wy	kończylibyście/kończyłybyście	skończylibyście/skończyłybyście
oni/one	kończyliby/kończyłyby	skończyliby/skończyłyby

IMPERATIVE

	kończmy		skończmy
kończ	kończcie	skończ	skończcie
niech kończy	niech kończą	niech skończy	niech skończą

PARTICIPLES

PRES. ACT. kończący, -a, -e; -y, -e
PRES. PASS. kończony, -a, -e; -, -e   **PAST PASS.** skończony, -a, -e; -eni, -one
ADV. PART. kończąc

Verb governance: co; z kim, z czym
Related verbs with meanings: (**kończyć się/skończyć się** *end, run out*) (**dokończyć** *finish up/off/*) (**ukończyć** *bring to an end*) (**wykończyć** *put finishing touch to, elaborate*) (**zakończyć/się/** *put an end, complete; come to an end, finish*)

EXAMPLES of model and/or related verbs: 1. W końcu badania zostały **zakończone**. *Finally, the research was completed.* 2. W końcu to wszystko **się skończyło**. *Finally, it all ended.* 3. Sprawa **skończyłaby się** na użyciu siły, żeby policja nie nadjechała. *The matter would have ended violently if the police had not arrived.* 4. Gdy tylko **kończyła się** zmiana, wskakiwał na rower i pędził do domu. *As soon as the work shift was finished, he would jump on his bike and dash home.*

kopać/wykopać

IMPERFECTIVE		PERFECTIVE

PRESENT

ja	kopię
ty	kopiesz
on/ona/ono	kopie
my	kopiemy
wy	kopiecie
oni/one	kopią

PAST

ja	kopałem/kopałam	wykopałem/wykopałam
ty	kopałeś/kopałaś	wykopałeś/wykopałaś
on/ona/ono	kopał/kopała/kopało	wykopał/wykopała/wykopało
my	kopaliśmy/kopałyśmy	wykopaliśmy/wykopałyśmy
wy	kopaliście/kopałyście	wykopaliście/wykopałyście
oni/one	kopali/kopały	wykopali/wykopały

FUTURE

ja	będę kopał/kopała	wykopię
ty	będziesz kopał/kopała	wykopiesz
on/ona/ono	będzie kopał/kopała/kopało	wykopie
my	będziemy kopali/kopały	wykopiemy
wy	będziecie kopali/kopały	wykopiecie
oni/one	będą kopali/kopały	wykopią

CONDITIONAL

ja	kopałbym/kopałabym	wykopałbym/wykopałabym
ty	kopałbyś/kopałabyś	wykopałbyś/wykopałabyś
on/ona/ono	kopałby/kopałaby/kopałoby	wykopałby/wykopałaby/wykopałoby
my	kopalibyśmy/kopałybyśmy	wykopalibyśmy/wykopałybyśmy
wy	kopalibyście/kopałybyście	wykopalibyście/wykopałybyście
oni/one	kopaliby/kopałyby	wykopaliby/wykopałyby

IMPERATIVE

	kopmy		wykopmy
kop	kopcie	wykop	wykopcie
niech kopie	niech kopią	niech wykopie	niech wykopią

PARTICIPLES

PRES. ACT.   kopiący, -a, -e; -y, -e
PRES. PASS.   kopany, -a, -e; -i, -e   **PAST PASS.**   wykopany, -a, -e; -i, -e
ADV. PART.   kopiąc

Verb governance: kogo, co

Related verbs with meanings: (**kopać się/wykopać się** *dig one's way out, be kicking*)
(**dokopać/się**/ *finish digging; dig down*) (**nakopać** *extract, give kicks*) (**odkopać** *dig up, unearth*)
(**okopać/się**/ *dig around; entrench oneself*) (**podkopać/się**/ *undermine; dig under*) (**pokopać/się**/
do a little digging; kick) (**przekopać** *dig across/through/*) (**rozkopać/się**/ *dig up; get uncovered*)
(**skopać** *dig all over, kick all over*) (**zakopać** *bury*)

EXAMPLES of model and/or related verbs: 1. Trzeba **rozkopać** mrowisko w ogrodzie. *We have to dig up the anthill in the garden.* 2. Na plaży dzieci **kopią** w piasku i budują zamki. *At the beach, children dig in the sand and build castles.* 3. W końcu **wykopali się** z perypetii. *They finally got themselves out of trouble.* 4. Dlaczego my nie **dokopiemy się** do skarbów? *Why don't we dig down to the treasure?*

korzystać/skorzystać   to use, profit by, take advantage of, avail oneself of, make use of, enjoy

IMPERFECTIVE		PERFECTIVE

PRESENT

ja	korzystam	
ty	korzystasz	
on/ona/ono	korzysta	
my	korzystamy	
wy	korzystacie	
oni/one	korzystają	

PAST

ja	korzystałem/korzystałam	skorzystałem/skorzystałam
ty	korzystałeś/korzystałaś	skorzystałeś/skorzystałaś
on/ona/ono	korzystał/korzystała/korzystało	skorzystał/skorzystała/skorzystało
my	korzystaliśmy/korzystałyśmy	skorzystaliśmy/skorzystałyśmy
wy	korzystaliście/korzystałyście	skorzystaliście/skorzystałyście
oni/one	korzystali/korzystały	skorzystali/skorzystały

FUTURE

ja	będę korzystał/korzystała	skorzystam
ty	będziesz korzystał/korzystała	skorzystasz
on/ona/ono	będzie korzystał/korzystała/korzystało	skorzysta
my	będziemy korzystali/korzystały	skorzystamy
wy	będziecie korzystali/korzystały	skorzystacie
oni/one	będą korzystali/korzystały	skorzystają

CONDITIONAL

ja	korzystałbym/korzystałabym	skorzystałbym/skorzystałabym
ty	korzystałbyś/korzystałabyś	skorzystałbyś/skorzystałabyś
on/ona/ono	korzystałby/korzystałaby/korzystałoby	skorzystałby/skorzystałaby/skorzystałoby
my	korzystalibyśmy/korzystałybyśmy	skorzystalibyśmy/skorzystałybyśmy
wy	korzystalibyście/korzystałybyście	skorzystalibyście/skorzystałybyście
oni/one	korzystaliby/korzystałyby	skorzystaliby/skorzystałyby

IMPERATIVE

	korzystajmy		skorzystajmy
korzystaj	korzystajcie	skorzystaj	skorzystajcie
niech korzysta	niech korzystają	niech skorzysta	niech skorzystają

PARTICIPLES

PRES. ACT.   korzystający, -a, -e; -y, -e
PRES. PASS.   *PAST PASS.*
ADV. PART.   korzystając
Verb governance: z kogo, z czego
Related verbs with meanings: (**wykorzystać** *utilize, use, exploit*)

EXAMPLES of model and/or related verbs: 1. Pieniądze uzyskane ze sprzedaży futra **wykorzystam** na cele charytatywne. *I'll use the money made from the sale of the fur coat toward charitable goals.* 2. **Niech korzystają** z wszelkich rozrywek. *Let them take advantage of the various entertainments.* 3. **Skorzystalibyśmy** z metody przywracania ziemi wilgoci, gdybyśmy mieli odpowiedni sprzęt. *We would have made use of the method to return moisture to the earth if we had the proper equipment.* 4. Możemy bezpiecznie **korzystać** z życia. *We may safely enjoy life.*

kosić/skosić

to mow

IMPERFECTIVE		PERFECTIVE	

PRESENT

ja	koszę		
ty	kosisz		
on/ona/ono	kosi		
my	kosimy		
wy	kosicie		
oni/one	koszą		

PAST

ja	kosiłem/kosiłam	skosiłem/skosiłam	
ty	kosiłeś/kosiłaś	skosiłeś/skosiłaś	
on/ona/ono	kosił/kosiła/kosiło	skosił/skosiła/skosiło	
my	kosiliśmy/kosiłyśmy	skosiliśmy/skosiłyśmy	
wy	kosiliście/kosiłyście	skosiliście/skosiłyście	
oni/one	kosili/kosiły	skosili/skosiły	

FUTURE

ja	będę kosił/kosiła	skoszę	
ty	będziesz kosił/kosiła	skosisz	
on/ona/ono	będzie kosił/kosiła/kosiło	skosi	
my	będziemy kosili/kosiły	skosimy	
wy	będziecie kosili/kosiły	skosicie	
oni/one	będą kosili/kosiły	skoszą	

CONDITIONAL

ja	kosiłbym/kosiłabym	skosiłbym/skosiłabym	
ty	kosiłbyś/kosiłabyś	skosiłbyś/skosiłabyś	
on/ona/ono	kosiłby/kosiłaby/kosiłoby	skosiłby/skosiłaby/skosiłoby	
my	kosilibyśmy/kosiłybyśmy	skosilibyśmy/skosiłybyśmy	
wy	kosilibyście/kosiłybyście	skosilibyście/skosiłybyście	
oni/one	kosiliby/kosiłyby	skosiliby/skosiłyby	

IMPERATIVE

	kośmy		skośmy
koś	koście	skoś	skoście
niech kosi	niech koszą	niech skosi	niech skoszą

PARTICIPLES

PRES. ACT. koszący, -a, -e; -y, -e
PRES. PASS. koszony, -a, -e; -, -one   *PAST PASS.* skoszony, -a, -e; -, -one
ADV. PART. kosząc
Verb governance: co
Related verbs with meanings: (**dokosić** *finish mowing*) (**nakosić/się**/ *mow; have enough of mowing*) (**pokosić** *mow off*) (**ukosić** *mow some/grass/*) (**wykosić** *mow off*)

EXAMPLES of model and/or related verbs: 1. Jak nie rąbie drzewa do kominka, to **kosi** trawniki. *If he's not chopping wood for the fireplace, he's mowing the lawn.* 2. Tata **skosił** łąkę traktorem. *Dad mowed the meadow with a tractor.* 3. Pomóż mi **dokosić** ten trawnik. *Help me finish mowing this lawn.* 4. Po południu **pokoszę** wszystkie chwasty koło płotu. *In the afternoon, I'll mow off all the weeds along the fence.*

kosztować/skosztować   to taste; cost [**I** only]; try [**P** only]

IMPERFECTIVE	PERFECTIVE

PRESENT

ja	kosztuję
ty	kosztujesz
on/ona/ono	kosztuje
my	kosztujemy
wy	kosztujecie
oni/one	kosztują

PAST

	IMPERFECTIVE	PERFECTIVE
ja	kosztowałem/kosztowałam	skosztowałem/skosztowałam
ty	kosztowałeś/kosztowałaś	skosztowałeś/skosztowałaś
on/ona/ono	kosztował/kosztowała/kosztowało	skosztował/skosztowała/skosztowało
my	kosztowaliśmy/kosztowałyśmy	skosztowaliśmy/skosztowałyśmy
wy	kosztowaliście/kosztowałyście	skosztowaliście/skosztowałyście
oni/one	kosztowali/kosztowały	skosztowali/skosztowały

FUTURE

	IMPERFECTIVE	PERFECTIVE
ja	będę kosztował/kosztowała	skosztuję
ty	będziesz kosztował/kosztowała	skosztujesz
on/ona/ono	będzie kosztował/kosztowała/ kosztowało	skosztuje
my	będziemy kosztowali/kosztowały	skosztujemy
wy	będziecie kosztowali/kosztowały	skosztujecie
oni/one	będą kosztowali/kosztowały	skosztują

CONDITIONAL

	IMPERFECTIVE	PERFECTIVE
ja	kosztowałbym/kosztowałabym	skosztowałbym/skosztowałabym
ty	kosztowałbyś/kosztowałabyś	skosztowałbyś/skosztowałabyś
on/ona/ono	kosztowałby/kosztowałaby/ kosztowałoby	skosztowałby/skosztowałaby/skosztowałoby
my	kosztowalibyśmy/kosztowałybyśmy	skosztowalibyśmy/skosztowałybyśmy
wy	kosztowalibyście/kosztowałybyście	skosztowalibyście/skosztowałybyście
oni/one	kosztowaliby/kosztowałyby	skosztowaliby/skosztowałyby

IMPERATIVE

			skosztujmy
		skosztuj	skosztujcie
niech kosztuje	niech kosztują	niech skosztuje	niech skosztują

PARTICIPLES

PRES. ACT. kosztujący, -a, -e; -y, -e
PRES. PASS. kosztowany, -a, -e; -, -e   *PAST PASS.* skosztowany, -a, -e; -, -e
ADV. PART. kosztując
Verb governance: kogo, co; czego; ile
Related verbs with meanings: (**pokosztować** *have a taste, experience*) (**zakosztować** *relish*)

EXAMPLES of model and/or related verbs: 1. Szpital **będzie kosztował** 3,5 miliona dolarów. *The hospital will cost $3.5 million.* 2. Ile **kosztuje** cała kuracja? *How much does the whole treatment cost?* 3. Jego obrazy **kosztowały** miliony. *His paintings cost millions.* 4. **Pokosztuj** trochę barszczu. *Have a taste of the beet soup.*

IMPERFECTIVE	PERFECTIVE

PRESENT

ja	kradnę	
ty	kradniesz	
on/ona/ono	kradnie	
my	kradniemy	
wy	kradniecie	
oni/one	kradną	

PAST

ja	kradłem/kradłam	ukradłem/ukradłam
ty	kradłeś/kradłaś	ukradłeś/ukradłaś
on/ona/ono	kradł/kradła/kradło	ukradł/ukradła/ukradło
my	kradliśmy/kradłyśmy	ukradliśmy/ukradłyśmy
wy	kradliście/kradłyście	ukradliście/ukradłyście
oni/one	kradli/kradły	ukradli/ukradły

FUTURE

ja	będę kradł/kradła	ukradnę
ty	będziesz kradł/kradła	ukradniesz
on/ona/ono	będzie kradł/kradła/kradło	ukradnie
my	będziemy kradli/kradły	ukradniemy
wy	będziecie kradli/kradły	ukradniecie
oni/one	będą kradli/kradły	ukradną

CONDITIONAL

ja	kradłbym/kradłabym	ukradłbym/ukradłabym
ty	kradłbyś/kradłabyś	ukradłbyś/ukradłabyś
on/ona/ono	kradłby/kradłaby/kradłoby	ukradłby/ukradłaby/ukradłoby
my	kradlibyśmy/kradłybyśmy	ukradlibyśmy/ukradłybyśmy
wy	kradlibyście/kradłybyście	ukradlibyście/ukradłybyście
oni/one	kradliby/kradłyby	ukradliby/ukradłyby

IMPERATIVE

	kradnijmy		ukradnijmy
kradnij	kradnijcie	ukradnij	ukradnijcie
niech kradnie	niech kradną	niech ukradnie	niech ukradną

PARTICIPLES

PRES. ACT.   kradnący, -a, -e; -y, -e
PRES. PASS.   kradziony, -a, -e; -dzeni, -dzione   ***PAST PASS.***   ukradziony, -a, -e; -dzeni, -dzione

ADV. PART.   kradnąc

Verb governance: kogo, co

Related verbs with meanings: (**okraść** *pilfer, rob*) (**podkraść/się**/ *thieve; creep*) (**przekraść się** *steal through, sneak across*) (**rozkraść** *grab, steal away*) (**skraść** *steal*) (**wkraść się** *sneak in, break in*) (**wykraść/się**/ *steal, kidnap; steal out/away, sneak off*) (**zakraść się** *steal into, creep into*)

EXAMPLES of model and/or related verbs: 1. Do rękopisu **wkradł się** przez nikogo nie zauważony błąd. *An error noticed by no one sneaked into the manuscript.* 2. On **wykradłby** szyfry i archiwa, gdyby się dostał do biura. *He would have stolen the codes and files had he managed to get into the office.* 3. Mama zakazała nam **kraść** jabłka u sąsiadów. *Mom forbade us to steal apples from the neighbors.* 4. Zdarza się, że wirus **zakradnie się** do komputera. *Sometimes a virus will creep into the computer.*

IMPERFECTIVE	PERFECTIVE

PRESENT

ja	kręcę
ty	kręcisz
on/ona/ono	kręci
my	kręcimy
wy	kręcicie
oni/one	kręcą

PAST

ja	kręciłem/kręciłam	pokręciłem/pokręciłam
ty	kręciłeś/kręciłaś	pokręciłeś/pokręciłaś
on/ona/ono	kręcił/kręciła/kręciło	pokręcił/pokręciła/pokręciło
my	kręciliśmy/kręciłyśmy	pokręciliśmy/pokręciłyśmy
wy	kręciliście/kręciłyście	pokręciliście/pokręciłyście
oni/one	kręcili/kręciły	pokręcili/pokręciły

FUTURE

ja	będę kręcił/kręciła	pokręcę
ty	będziesz kręcił/kręciła	pokręcisz
on/ona/ono	będzie kręcił/kręciła/kręciło	pokręci
my	będziemy kręcili/kręciły	pokręcimy
wy	będziecie kręcili/kręciły	pokręcicie
oni/one	będą kręcili/kręciły	pokręcą

CONDITIONAL

ja	kręciłbym/kręciłabym	pokręciłbym/pokręciłabym
ty	kręciłbyś/kręciłabyś	pokręciłbyś/pokręciłabyś
on/ona/ono	kręciłby/kręciłaby/kręciłoby	pokręciłby/pokręciłaby/pokręciłoby
my	kręcilibyśmy/kręciłybyśmy	pokręcilibyśmy/pokręciłybyśmy
wy	kręcilibyście/kręciłybyście	pokręcilibyście/pokręciłybyście
oni/one	kręciliby/kręciłyby	pokręciliby/pokręciłyby

IMPERATIVE

	kręćmy		pokręćmy
kręć	kręćcie	pokręć	pokręćcie
niech kręci	niech kręcą	niech pokręci	niech pokręcą

PARTICIPLES

PRES. ACT.   kręcący, -a, -e; -y, -e
PRES. PASS.   kręcony, -a, -e; -eni, -one   *PAST PASS.*   pokręcony, -a, -e; -eni, -one
ADV. PART.   kręcąc

Verb governance: co; kim, czym

Related verbs with meanings: (**kręcić się/pokręcić się** *spin*) (**dokręcić** *tighten*) (**nakręcić** *wind up, direct*) (**odkręcić** *unscrew, turn on*) (**okręcić/się/** *wrap; revolve*) (**podkręcić** *turn up, curl*) (**przekręcić** *twist, misrepresent/facts/*) (**przykręcić** *screw on*) (**rozkręcić/się/** *unwind, loosen; get into the swing*) (**skręcić** *twist, roll*) (**ukręcić** *tear off, twist*) (**wykręcić/się/** *screw off, wring, sprain, distort; veer, evade*) (**zakręcić/się/** *curl, turn off; turn round*)

EXAMPLES of model and/or related verbs: 1. **Kręcą** teraz nowy film. *They are making a new film.* 2. Zabawa **rozkręciła się** po północy. *The party got into full swing after midnight.* 3. Proszę cię kochanie, **zakręć** wodę. *Please turn off the tap, dear.* 4. Reżyser **nakręci** o niej film. *The director will make a movie about her.*

kroić/ukroić

IMPERFECTIVE		PERFECTIVE	

PRESENT

ja	kroję		
ty	kroisz		
on/ona/ono	kroi		
my	kroimy		
wy	kroicie		
oni/one	kroją		

PAST

ja	kroiłem/kroiłam	ukroiłem/ukroiłam	
ty	kroiłeś/kroiłaś	ukroiłeś/ukroiłaś	
on/ona/ono	kroił/kroiła/kroiło	ukroił/ukroiła/ukroiło	
my	kroiliśmy/kroiłyśmy	ukroiliśmy/ukroiłyśmy	
wy	kroiliście/kroiłyście	ukroiliście/ukroiłyście	
oni/one	kroili/kroiły	ukroili/ukroiły	

FUTURE

ja	będę kroił/kroiła	ukroję	
ty	będziesz kroił/kroiła	ukroisz	
on/ona/ono	będzie kroił/kroiła/kroiło	ukroi	
my	będziemy kroili/kroiły	ukroimy	
wy	będziecie kroili/kroiły	ukroicie	
oni/one	będą kroili/kroiły	ukroją	

CONDITIONAL

ja	kroiłbym/kroiłabym	ukroiłbym/ukroiłabym	
ty	kroiłbyś/kroiłabyś	ukroiłbyś/ukroiłabyś	
on/ona/ono	kroiłby/kroiłaby/kroiłoby	ukroiłby/ukroiłaby/ukroiłoby	
my	kroilibyśmy/kroiłybyśmy	ukroilibyśmy/ukroiłybyśmy	
wy	kroilibyście/kroiłybyście	ukroilibyście/ukroiłybyście	
oni/one	kroiliby/kroiłyby	ukroiliby/ukroiłyby	

IMPERATIVE

	krójmy		ukrójmy
krój	krójcie	ukrój	ukrójcie
niech kroi	niech kroją	niech ukroi	niech ukroją

PARTICIPLES

PRES. ACT. krojący, -a, -e; -y, -e
PRES. PASS. krojony, -a, -e; -eni, -one   *PAST PASS.* ukrojony, -a, -e; -eni, -one
ADV. PART. krojąc

Verb governance: co, czym

Related verbs with meanings: (**dokroić** *cut some more*) (**nakroić** *slice/many slices/*) (**obkroić** *trim*) (**odkroić** *cut off*) (**okroić** *pare, prune*) (**podkroić** *cut off at the bottom*) (**pokroić** *slice, carve*) (**przekroić** *cut into parts, cut up*) (**przykroić** *cut out*) (**rozkroić** *cut up, carve*) (**skroić** *cut/down/*) (**wykroić** *cut out*) (**zakroić** *plan, devise*)

EXAMPLES of model and/or related verbs: 1. **Krojąc** cebulę, popłakiwała. *Slicing onions, she had a good cry.* 2. Seler był **skrojony** w cienkie słupki. *The celery was sliced into thin strips.* 3. Krawcowa **wykroi** sukienkę z wykroju. *The seamstress will cut out a dress from a pattern.* 4. Kucharz **kroił** kiełbasę w plasterki. *The cook cut the sausage into slices.*

kryć/skryć   to cover, hide, conceal

IMPERFECTIVE		PERFECTIVE	

PRESENT

ja	kryję		
ty	kryjesz		
on/ona/ono	kryje		
my	kryjemy		
wy	kryjecie		
oni/one	kryją		

PAST

ja	kryłem/kryłam	skryłem/skryłam	
ty	kryłeś/kryłaś	skryłeś/skryłaś	
on/ona/ono	krył/kryła/kryło	skrył/skryła/skryło	
my	kryliśmy/kryłyśmy	skryliśmy/skryłyśmy	
wy	kryliście/kryłyście	skryliście/skryłyście	
oni/one	kryli/kryły	skryli/skryły	

FUTURE

ja	będę krył/kryła	skryję	
ty	będziesz krył/kryła	skryjesz	
on/ona/ono	będzie krył/kryła/kryło	skryje	
my	będziemy kryli/kryły	skryjemy	
wy	będziecie kryli/kryły	skryjecie	
oni/one	będą kryli/kryły	skryją	

CONDITIONAL

ja	kryłbym/kryłabym	skryłbym/skryłabym	
ty	kryłbyś/kryłabyś	skryłbyś/skryłabyś	
on/ona/ono	kryłby/kryłaby/kryłoby	skryłby/skryłaby/skryłoby	
my	krylibyśmy/kryłybyśmy	skrylibyśmy/skryłybyśmy	
wy	krylibyście/kryłybyście	skrylibyście/skryłybyście	
oni/one	kryliby/kryłyby	skryliby/skryłyby	

IMPERATIVE

	kryjmy		skryjmy
kryj	kryjcie	skryj	skryjcie
niech kryje	niech kryją	niech skryje	niech skryją

PARTICIPLES

PRES. ACT.   kryjący, -a, -e; -y, -e
PRES. PASS.   kryty, -a, -e; -ci, -te   *PAST PASS.*   skryty, -a, -e; -ci, -te
ADV. PART.   kryjąc

Verb governance: kogo, co; gdzie
Related verbs with meanings: (**kryć się/skryć się** *hide*) (**nakryć/się**/ *cover, set; cover oneself*) (**odkryć/się**/ *expose, discover; come to light*) (**okryć/się**/ *cover, wrap; cover oneself*) (**pokryć/się**/*cover something; be covered*) (**przykryć/się**/ *put cover on; be covered*) (**ukryć/się**/ *hide, keep secret; go into hiding, lurk*) (**wykryć** *detect, reveal*) (**zakryć/się**/ *cover up, screen; cover oneself*)

EXAMPLES of model and/or related verbs: 1. Wszystkie moje wiersze **kryją** ślad jej obecności. *All my poems hide a trace of her presence.* 2. Oni chcieli **pokryć** dach czerwoną dachówką. *They wanted to cover their roof with red shingles.* 3. On nieoczekiwanie **odkrył** w sobie talent poetycki. *Unexpectedly, he discovered a poetic streak in himself.* 4. Czy twarz uśmiechniętej nauczycielki **kryłaby** jakieś tajemnice? *Would the smiling face of a teacher hide some secrets?*

krzyczeć/krzyknąć   to shout, cry out, scream, behave noisily, shriek

IMPERFECTIVE		PERFECTIVE	

PRESENT

ja	krzyczę		
ty	krzyczysz		
on/ona/ono	krzyczy		
my	krzyczymy		
wy	krzyczycie		
oni/one	krzyczą		

PAST

ja	krzyczałem/krzyczałam	krzyknąłem/krzyknęłam
ty	krzyczałeś/krzyczałaś	krzyknąłeś/krzyknęłaś
on/ona/ono	krzyczał/krzyczała/krzyczało	krzyknął/krzyknęła/krzyknęło
my	krzyczeliśmy/krzyczałyśmy	krzyknęliśmy/krzyknęłyśmy
wy	krzyczeliście/krzyczałyście	krzyknęliście/krzyknęłyście
oni/one	krzyczeli/krzyczały	krzyknęli/krzyknęły

FUTURE

ja	będę krzyczał/krzyczała	krzyknę
ty	będziesz krzyczał/krzyczała	krzykniesz
on/ona/ono	będzie krzyczał/krzyczała/krzyczało	krzyknie
my	będziemy krzyczeli/krzyczały	krzykniemy
wy	będziecie krzyczeli/krzyczały	krzykniecie
oni/one	będą krzyczeli/krzyczały	krzykną

CONDITIONAL

ja	krzyczałbym/krzyczałabym	krzyknąłbym/krzyknęłabym
ty	krzyczałbyś/krzyczałabyś	krzyknąłbyś/krzyknęłabyś
on/ona/ono	krzyczałby/krzyczałaby/krzyczałoby	krzyknąłby/krzyknęłaby/krzyknęłoby
my	krzyczelibyśmy/krzyczałybyśmy	krzyknęlibyśmy/krzyknęłybyśmy
wy	krzyczelibyście/krzyczałybyście	krzyknęlibyście/krzyknęłybyście
oni/one	krzyczeliby/krzyczałyby	krzyknęliby/krzyknęłyby

IMPERATIVE

	krzyczmy		krzyknijmy
krzycz	krzyczcie	krzyknij	krzyknijcie
niech krzyczy	niech krzyczą	niech krzyknie	niech krzykną

PARTICIPLES

PRES. ACT. krzyczący, -a, -e; -y, -e
PRES. PASS. krzyczany, -a, -e; -, -e   *PAST PASS.* krzyknięty, -a, -e; -, -e
ADV. PART. krzycząc

Verb governance: komu, co; z czego
Related verbs with meanings: (**dokrzyczeć** *finish shouting*) (**okrzyczeć** *proclaim*)
(**przekrzyczeć/się/** *outshout/one another/*) (**rozkrzyczeć się** *yell*) (**skrzyczeć** *shout at*)
(**wykrzyczeć/się/** *scold, clamor; vent one's feelings*) (**zakrzyczeć** *call out*) Note: This form is used
in the perfective. Remember that the future looks like the present of the base verb, e.g. *dokrzyczę,
okrzyczę.* There is no present. Also (**odkrzyknąć** *shout back*) (**skrzyknąć/się/** *master; get
together*), etc.

EXAMPLES of model and/or related verbs: 1. Zdecydowanie łatwiej jest **krzyczeć** na ulicy niż w
domu. *Decidedly, it is easier to shout on the street than at home.* 2. Jego usta **wykrzyknęły**
niezrozumiałe dla mnie hasło. *His lips shouted out a slogan that was incomprehensible to me.*
3. On nie ma nic przeciwko **krzyczącemu** stylowi mody kilku pań. *He does not have anything
against the loud fashion of a few ladies.* 4. **Skrzyknij się** z parą przyjaciół. *Get together with a
couple of friends.*

kupować/kupić   to buy, purchase, acquire, shop

IMPERFECTIVE   PERFECTIVE

PRESENT

ja	kupuję
ty	kupujesz
on/ona/ono	kupuje
my	kupujemy
wy	kupujecie
oni/one	kupują

PAST

ja	kupowałem/kupowałam	kupiłem/kupiłam
ty	kupowałeś/kupowałaś	kupiłeś/kupiłaś
on/ona/ono	kupował/kupowała/kupowało	kupił/kupiła/kupiło
my	kupowaliśmy/kupowałyśmy	kupiliśmy/kupiłyśmy
wy	kupowaliście/kupowałyście	kupiliście/kupiłyście
oni/one	kupowali/kupowały	kupili/kupiły

FUTURE

ja	będę kupował/kupowała	kupię
ty	będziesz kupował/kupowała	kupisz
on/ona/ono	będzie kupował/kupowała/kupowało	kupi
my	będziemy kupowali/kupowały	kupimy
wy	będziecie kupowali/kupowały	kupicie
oni/one	będą kupowali/kupowały	kupią

CONDITIONAL

ja	kupowałbym/kupowałabym	kupiłbym/kupiłabym
ty	kupowałbyś/kupowałabyś	kupiłbyś/kupiłabyś
on/ona/ono	kupowałby/kupowałaby/kupowałoby	kupiłby/kupiłaby/kupiłoby
my	kupowalibyśmy/kupowałybyśmy	kupilibyśmy/kupiłybyśmy
wy	kupowalibyście/kupowałybyście	kupilibyście/kupiłybyście
oni/one	kupowaliby/kupowałyby	kupiliby/kupiłyby

IMPERATIVE

	kupujmy		kupmy
kupuj	kupujcie	kup	kupcie
niech kupuje	niech kupują	niech kupi	niech kupią

PARTICIPLES

PRES. ACT. kupujący, -a, -e; -y, -e
PRES. PASS. kupowany, -a, -e; -i, -e   *PAST PASS.* kupiony, -a, -e; -eni, -one
ADV. PART. kupując
Verb governance: kogo, co; gdzie
Related verbs with meanings: (**dokupić** *buy more*) (**nakupić** *buy up*) (**odkupić** *buy off/back/*)
(**okupić/się/** *pay for; compensate*) (**podkupić** *outbid*) (**przekupić** *bribe*) (**przykupić** *acquire*)
(**rozkupić** *buy up*) (**wykupić** *buy up, ransom*) (**skupić** *buy up*) (**zakupić** *purchase*)

EXAMPLES of model and/or related verbs: 1. Tam można **kupić** napoje i lody. *Over there, you
may buy refreshments and ice cream.* 2. **Kupował** często rzeczy niepotrzebne. *Often he used to
buy unnecessary things.* 3. Gdy Donia miała siedem lat, dziadek **kupił** jej pianino. *When Dawn
was seven, her grandfather bought her a piano.* 4. Dlaczego nie **kupisz** sobie jesiennego płaszcza?
Why don't you buy yourself a fall coat?

kwitnąć/zakwitnąć   to blossom, bloom

IMPERFECTIVE		PERFECTIVE	

PRESENT

ja			
ty			
on/ona/ono	kwitnie		
my			
wy			
oni/one	kwitną		

PAST

ja			
ty			
on/ona/ono	kwitł/kwitła/kwitło	zakwitł/zakwitła/zakwitło	
my			
wy			
oni/one	kwitły	zakwitły	

FUTURE

ja			
ty			
on/ona/ono	będzie kwitł/kwitła/kwitło	zakwitnie	
my			
wy			
oni/one	będą kwitły	zakwitną	

CONDITIONAL

ja			
ty			
on/ona/ono	kwitłby/kwitłaby/kwitłoby	zakwitłby/zakwitłaby/zakwitłoby	
my			
wy			
oni/one	kwitłyby zakwitłyby		

IMPERATIVE

niech kwitnie	niech kwitną	niech zakwitnie	niech zakwitną

PARTICIPLES

PRES. ACT.   kwitnący, -a, -e; -, -e
PRES. PASS.   *PAST PASS.*
ADV. PART.   kwitnąc
Verb governance: co; gdzie; kiedy
Related verbs with meanings: (**dokwitnąć** *blossom out*) (**przekwitnąć** *finish blooming, fade, wither*) (**rozkwitnąć** *flourish, be in full bloom*) (**wykwitnąć** *appear, bloom*)

EXAMPLES of model and/or related verbs: 1. Przed kapliczką **kwitną** kwiaty. *Flowers bloom in front of the shrine.* 2. Miłość będzie miała szansę **rozkwitnąć** na nowo. *Love will have a chance to flourish again.* 3. Duże owocowe drzewa **zakwitły** w ogrodzie. *Big fruit trees bloomed in the garden.* 4. **Przekwitłyby** te pelargonie! *I wish these geraniums would finish blooming.*

latać * lecieć/polecieć   to fly, rush, run

IMPERFECTIVE

INDETERMINATE   *DETERMINATE*

PRESENT

ja	latam		lecę
ty	latasz		lecisz
on/ona/ono	lata		leci
my	latamy		lecimy
wy	latacie		lecicie
oni/one	latają		lecą

PAST

ja	latałem/latałam	leciałem/leciałam
ty	latałeś/latałaś	leciałeś/leciałaś
on/ona/ono	latał/latała/latało	leciał/leciała/leciało
my	lataliśmy/latałyśmy	lecieliśmy/leciałyśmy
wy	lataliście/latałyście	lecieliście/leciałyście
oni/one	latali/latały	lecieli/leciały

FUTURE

ja	będę latał/latała	będę leciał/leciała
ty	będziesz latał/latała	będziesz leciał/leciała
on/ona/ono	będzie latał/latała/latało	będzie leciał/leciała/leciało
my	będziemy latali/latały	będziemy lecieli/leciały
wy	będziecie latali/latały	będziecie lecieli/leciały
oni/one	będą latali/latały	będą lecieli/leciały

CONDITIONAL

ja	latałbym/latałabym	leciałbym/leciałabym
ty	latałbyś/latałabyś	leciałbyś/leciałabyś
on/ona/ono	latałby/latałaby/latałoby	leciałby/leciałaby/leciałoby
my	latalibyśmy/latałybyśmy	lecielibyśmy/leciałybyśmy
wy	latalibyście/latałybyście	lecielibyście/leciałybyście
oni/one	lataliby/latałyby	lecieliby/leciałyby

IMPERATIVE

	latajmy		lećmy
lataj	latajcie	leć	lećcie
niech lata	niech latają	niech leci	niech lecą

PARTICIPLES

PRES. ACT.   latający, -a, -e; -y, -e   lecący, -a, -e; -y, -e
PRES. PASS.   *PAST PASS.*
ADV. PART.   latając   lecąc

Verb governance: czym; gdzie; dokąd
Related verbs with meanings: (**dolecieć** *reach by flying*) (**nadlecieć** *fly near, run up, approach*) (**nalecieć** *dash upon*) (**oblecieć** *fly round, go/run/round*) (**odlecieć** *fly away from*) (**podlecieć** *fly up to*) (**przelecieć/się/** *fly across; power walk*) (**przylecieć** *fly to, arrive by air, hurry over*) (**rozlecieć się** *disperse*) (**ulecieć** *fly off*) (**wlecieć** *fly in, dash in*) (**wylecieć** *fly out, get fired*) (**zalecieć** *fly as far as, reach, run up*) (**zlecieć** *fly down, fall off, fly by/time/*)

EXAMPLES of model and/or related verbs: 1.My ze względów praktycznych **lataliśmy** samolotem. *For practical reasons, we used to fly by plane.* 2. Widzisz **latające** punkciki przed oczami? *Do you see flying dots in front of your eyes?* 3. Pilnuj go, bo inne napewno **lecą** na niego. *Keep an eye on him because others are certainly running after him.* 4. Ale lata **zleciały**! *How the years have flown by!*

IMPERFECTIVE		PERFECTIVE	

PRESENT

ja	ląduję		
ty	lądujesz		
on/ona/ono	ląduje		
my	lądujemy		
wy	lądujecie		
oni/one	lądują		

PAST

ja	lądowałem/lądowałam	wylądowałem/wylądowałam
ty	lądowałeś/lądowałaś	wylądowałeś/wylądowałaś
on/ona/ono	lądował/lądowała/lądowało	wylądował/wylądowała/wylądowało
my	lądowaliśmy/lądowałyśmy	wylądowaliśmy/wylądowałyśmy
wy	lądowaliście/lądowałyście	wylądowaliście/wylądowałyście
oni/one	lądowali/lądowały	wylądowali/wylądowały

FUTURE

ja	będę lądował/lądowała	wyląduję
ty	będziesz lądował/lądowała	wylądujesz
on/ona/ono	będzie lądował/lądowała/lądowało	wyląduje
my	będziemy lądowali/lądowały	wylądujemy
wy	będziecie lądowali/lądowały	wylądujecie
oni/one	będą lądowali/lądowały	wylądują

CONDITIONAL

ja	lądowałbym/lądowałabym	wylądowałbym/wylądowałabym
ty	lądowałbyś/lądowałabyś	wylądowałbyś/wylądowałabyś
on/ona/ono	lądowałby/lądowałaby/lądowałoby	wylądowałby/wylądowałaby/wylądowałoby
my	lądowalibyśmy/lądowałybyśmy	wylądowalibyśmy/wylądowałybyśmy
wy	lądowalibyście/lądowałybyście	wylądowalibyście/wylądowałybyście
oni/one	lądowaliby/lądowałyby	wylądowaliby/wylądowałyby

IMPERATIVE

	lądujmy		wylądujmy
ląduj	lądujcie	wyląduj	wylądujcie
niech ląduje	niech lądują	niech wyląduje	niech wylądują

PARTICIPLES

PRES. ACT.   lądujący, -a, -e; -y, -e

PRES. PASS.   ***PAST PASS.***   wylądowany, -a, -e; -i, -e

ADV. PART.   lądując

Verb governance: co; gdzie

Related verbs with meanings:

EXAMPLES of model and/or related verbs: 1. Na dwie sekundy przed końcem rundy zawodnik **wylądował** na plecach. *Two minutes before the end of the round, the competitor landed on his back.* 2. W "Najdłuższym dniu" alianci **lądowali** w Normandii. *In* The Longest Day, *the Allies landed in Normandy.* 3. Za chwilę **wyląduje** samolot. *The plane will land momentarily.* 4. Okazało się, że samolocik nie mógł **wylądować** na polu. *It appeared that the small plane was not able to land in the field.*

IMPERFECTIVE	PERFECTIVE

PRESENT

ja	leczę
ty	leczysz
on/ona/ono	leczy
my	leczymy
wy	leczycie
oni/one	leczą

PAST

ja	leczyłem/leczyłam	wyleczyłem/wyleczyłam
ty	leczyłeś/leczyłaś	wyleczyłeś/wyleczyłaś
on/ona/ono	leczył/leczyła/leczyło	wyleczył/wyleczyła/wyleczyło
my	leczyliśmy/leczyłyśmy	wyleczyliśmy/wyleczyłyśmy
wy	leczyliście/leczyłyście	wyleczyliście/wyleczyłyście
oni/one	leczyli/leczyły	wyleczyli/wyleczyły

FUTURE

ja	będę leczył/leczyła	wyleczę
ty	będziesz leczył/leczyła	wyleczysz
on/ona/ono	będzie leczył/leczyła/leczyło	wyleczy
my	będziemy leczyli/leczyły	wyleczymy
wy	będziecie leczyli/leczyły	wyleczycie
oni/one	będą leczyli/leczyły	wyleczą

CONDITIONAL

ja	leczyłbym/leczyłabym	wyleczyłbym/wyleczyłabym
ty	leczyłbyś/leczyłabyś	wyleczyłbyś/wyleczyłabyś
on/ona/ono	leczyłby/leczyłaby/leczyłoby	wyleczyłby/wyleczyłaby/wyleczyłoby
my	leczylibyśmy/leczyłybyśmy	wyleczylibyśmy/wyleczyłybyśmy
wy	leczylibyście/leczyłybyście	wyleczylibyście/wyleczyłybyście
oni/one	leczyliby/leczyłyby	wyleczyliby/wyleczyłyby

IMPERATIVE

	leczmy		wyleczmy
lecz	leczcie	wylecz	wyleczcie
niech leczy	niech leczą	niech wyleczy	niech wyleczą

PARTICIPLES

PRES. ACT. leczący, -a, -e; -y, -e
PRES. PASS. leczony, -a, -e; -eni, -one   *PAST PASS.* wyleczony, -a, -e; -eni, -one
ADV. PART. lecząc
Verb governance: kogo, czym; co
Related verbs with meanings: (**leczyć się/wyleczyć się** *be cured*) (**doleczyć/się/** *cure; complete one's cure*) (**podleczyć/się/** *cure partly; be partly cured*) (**uleczyć** *heal*) (**zaleczyć** *heal partly*)

EXAMPLES of model and/or related verbs: 1. On **leczy** niektóre choroby. *He cures certain illnesses.* 2. Mówią, że katar **leczony** trwa tydzień. *They say that a treated cold lasts a week.* 3. Wzięłam ze sobą całą aptekę, to mogłam **leczyć** nie tylko siebie, ale wszystkich dookoła. *I took an entire drugstore with me, so I was able to treat not only myself, but everyone else around.* 4. On **wyleczył się** z ciężkiej choroby. *He was cured of a serious illness.*

lekceważyć/zlekceważyć   to disregard, slight, neglect, make light, scorn

IMPERFECTIVE		PERFECTIVE

PRESENT

ja	lekceważę	
ty	lekceważysz	
on/ona/ono	lekceważy	
my	lekceważymy	
wy	lekceważycie	
oni/one	lekceważą	

PAST

ja	lekceważyłem/lekceważyłam	zlekceważyłem/zlekceważyłam
ty	lekceważyłeś/lekceważyłaś	zlekceważyłeś/zlekceważyłaś
on/ona/ono	lekceważył/lekceważyła/lekceważyło	zlekceważył/zlekceważyła/zlekceważyło
my	lekceważyliśmy/lekceważyłyśmy	zlekceważyliśmy/zlekceważyłyśmy
wy	lekceważyliście/lekceważyłyście	zlekceważyliście/zlekceważyłyście
oni/one	lekceważyli/lekceważyły	zlekceważyli/zlekceważyły

FUTURE

ja	będę lekceważył/lekceważyła	zlekceważę
ty	będziesz lekceważył/lekceważyła	zlekceważysz
on/ona/ono	będzie lekceważył/lekceważyła/ lekceważyło	zlekceważy
my	będziemy lekceważyli/lekceważyły	zlekceważymy
wy	będziecie lekceważyli/lekceważyły	zlekceważycie
oni/one	będą lekceważyli/lekceważyły	zlekceważą

CONDITIONAL

ja	lekceważyłbym/lekceważyłabym	zlekceważyłbym/zlekceważyłabym
ty	lekceważyłbyś/lekceważyłabyś	zlekceważyłbyś/zlekceważyłabyś
on/ona/ono	lekceważyłby/lekceważyłaby/ lekceważyłoby	zlekceważyłby/zlekceważyłaby/ zlekceważyłoby
my	lekceważylibyśmy/lekceważyłybyśmy	zlekceważylibyśmy/zlekceważyłybyśmy
wy	lekceważylibyście/lekceważyłybyście	zlekceważylibyście/zlekceważyłybyście
oni/one	lekceważyliby/lekceważyłyby	zlekceważyliby/zlekceważyłyby

IMPERATIVE

	lekceważmy		zlekceważmy
lekceważ	lekceważcie	zlekceważ	zlekceważcie
niech lekceważy	niech lekceważą	niech zlekceważy	niech zlekceważą

PARTICIPLES

PRES. ACT. lekceważący, -a, -e; -y, -e
PRES. PASS. lekceważony, -a, -e; -eni, -one   *PAST PASS.* zlekceważony, -a, -e; -eni, -one
ADV. PART. lekceważąc
Verb governance: kogo, co
Related verbs with meanings:

EXAMPLES of model and/or related verbs: 1. Nie **lekceważ** błahych dolegliwości. *Don't disregard insignificant afflictions.* 2. **Lekceważył** kawiarniany szum. *He disregarded the coffee shop commotion.* 3. Oczywiście, że nie mam zamiaru **lekceważyć** wiary naszych ojców. *Of course, I don't intend to disregard our forefathers' faith.* 4. **Zlekceważyłabyś** te puste, towarzyskie rozmówki. *You might disregard these empty, social chitchats.*

IMPERFECTIVE	PERFECTIVE

PRESENT

ja	leżę
ty	leżysz
on/ona/ono	leży
my	leżymy
wy	leżycie
oni/one	leżą

PAST

ja	leżałem/leżałam	poleżałem/poleżałam
ty	leżałeś/leżałaś	poleżałeś/poleżałaś
on/ona/ono	leżał/leżała/leżało	poleżał/poleżała/poleżało
my	leżeliśmy/leżałyśmy	poleżeliśmy/poleżałyśmy
wy	leżeliście/leżałyście	poleżeliście/poleżałyście
oni/one	leżeli/leżały	poleżeli/poleżały

FUTURE

ja	będę leżał/leżała	poleżę
ty	będziesz leżał/leżała	poleżysz
on/ona/ono	będzie leżał/leżała/leżało	poleży
my	będziemy leżeli/leżały	poleżymy
wy	będziecie leżeli/leżały	poleżycie
oni/one	będą leżeli/leżały	poleżą

CONDITIONAL

ja	leżałbym/leżałabym	poleżałbym/poleżałabym
ty	leżałbyś/leżałabyś	poleżałbyś/poleżałabyś
on/ona/ono	leżałby/leżałaby/leżałoby	poleżałby/poleżałaby/poleżałoby
my	leżelibyśmy/leżałybyśmy	poleżelibyśmy/poleżałybyśmy
wy	leżelibyście/leżałybyście	poleżelibyście/poleżałybyście
oni/one	leżeliby/leżałyby	poleżeliby/poleżałyby

IMPERATIVE

	leżmy		poleżmy
leż	leżcie	poleż	poleżcie
niech leży	niech leżą	niech poleży	niech poleżą

PARTICIPLES

PRES. ACT. leżący, -a, -e; -y, -e
PRES. PASS.   *PAST PASS.*
ADV. PART. leżąc

Verb governance: na czym; gdzie

Related verbs with meanings: (**doleżeć** *stay in bed*) (**należeć/się/** *belong; be due*) (**odleżeć** *lie idle, get sore from lying*) (**przeleżeć** *lie in bed*) (**uleżeć/się/** *lie quietly; settle/earth/, mellow/fruit/*) (**wyleżeć się** *lounge, laze*) (**zależeć** *depend*)

EXAMPLES of model and/or related verbs: 1. Wszystko **zależy** od stopnia natężenia. *Everything depends on the degree of tension.* 2. Wiele będzie **zależeć** od innych. *A great deal will depend on others.* 3.Ludziom **należała się** prawda. *People were entitled to the truth.* 4. **Poleżmy** pod lipą w ciszy. *Let's lie for a while in the stillness under the linden tree.*

liczyć/policzyć   to count, rely on, calculate, compute, take into account

IMPERFECTIVE		PERFECTIVE	

PRESENT

ja	liczę		
ty	liczysz		
on/ona/ono	liczy		
my	liczymy		
wy	liczycie		
oni/one	liczą		

PAST

ja	liczyłem/liczyłam	policzyłem/policzyłam
ty	liczyłeś/liczyłaś	policzyłeś/policzyłaś
on/ona/ono	liczył/liczyła/liczyło	policzył/policzyła/policzyło
my	liczyliśmy/liczyłyśmy	policzyliśmy/policzyłyśmy
wy	liczyliście/liczyłyście	policzyliście/policzyłyście
oni/one	liczyli/liczyły	policzyli/policzyły

FUTURE

ja	będę liczył/liczyła	policzę
ty	będziesz liczył/liczyła	policzysz
on/ona/ono	będzie liczył/liczyła/liczyło	policzy
my	będziemy liczyli/liczyły	policzymy
wy	będziecie liczyli/liczyły	policzycie
oni/one	będą liczyli/liczyły	policzą

CONDITIONAL

ja	liczyłbym/liczyłabym	policzyłbym/policzyłabym
ty	liczyłbyś/liczyłabyś	policzyłbyś/policzyłabyś
on/ona/ono	liczyłby/liczyłaby/liczyłoby	policzyłby/policzyłaby/policzyłoby
my	liczylibyśmy/liczyłybyśmy	policzylibyśmy/policzyłybyśmy
wy	liczylibyście/liczyłybyście	policzylibyście/policzyłybyście
oni/one	liczyliby/liczyłyby	policzyliby/policzyłyby

IMPERATIVE

	liczmy		policzmy
licz	liczcie	policz	policzcie
niech liczy	niech liczą	niech policzy	niech policzą

PARTICIPLES

PRES. ACT.	liczący, -a, -e; -y, -e		
PRES. PASS.	liczony, -a, -e; -eni, -one	***PAST PASS.***	policzony, -a, -e; -eni, -one
ADV. PART.	licząc		

Verb governance: kogo, co; na kogo, na co

Related verbs with meanings: (**liczyć się/policzyć się** *enter into account*) (**doliczyć/się/** *add to, reckon; be short*) (**naliczyć** *count/up/*) (**obliczyć** *figure out*) (**odliczyć** *deduct*) (**podliczyć** *sum up*) (**przeliczyć/się/** *recount; miscalculate*) (**rozliczyć/się/** *reckon up, calculate; account*) (**wyliczyć/się/** *count out, enumerate; account for*) (**zaliczyć/się/** *include; rank*) (**zliczyć** *add up*)

EXAMPLES of model and/or related verbs: 1. Oboje dostojni jubilaci, **liczą** po 99 lat. *Both distinguished celebrants are 99 years old.* 2. Czerwiec, lipiec i sierpień **zaliczamy** do urlopowych miesięcy. *We consider June, July, and August as summer vacation months.* 3. W owocach **naliczyli** wiele różnych trujących składników. *They counted up many varied toxins in fruit.* 4. Umiem **liczyć** do dziesięciu. *I know how to count to ten.*

lubić/polubić

to like, be fond of, have a fancy for, delight in

IMPERFECTIVE	PERFECTIVE

PRESENT

ja	lubię
ty	lubisz
on/ona/ono	lubi
my	lubimy
wy	lubicie
oni/one	lubią

PAST

	IMPERFECTIVE	PERFECTIVE
ja	lubiłem/lubiłam	polubiłem/polubiłam
ty	lubiłeś/lubiłaś	polubiłeś/polubiłaś
on/ona/ono	lubił/lubiła/lubiło	polubił/polubiła/polubiło
my	lubiliśmy/lubiłyśmy	polubiliśmy/polubiłyśmy
wy	lubiliście/lubiłyście	polubiliście/polubiłyście
oni/one	lubili/lubiły	polubili/polubiły

FUTURE

	IMPERFECTIVE	PERFECTIVE
ja	będę lubił/lubiła	polubię
ty	będziesz lubił/lubiła	polubisz
on/ona/ono	będzie lubił/lubiła/lubiło	polubi
my	będziemy lubili/lubiły	polubimy
wy	będziecie lubili/lubiły	polubicie
oni/one	będą lubili/lubiły	polubią

CONDITIONAL

	IMPERFECTIVE	PERFECTIVE
ja	lubiłbym/lubiłabym	polubiłbym/polubiłabym
ty	lubiłbyś/lubiłabyś	polubiłbyś/polubiłabyś
on/ona/ono	lubiłby/lubiłaby/lubiłoby	polubiłby/polubiłaby/polubiłoby
my	lubilibyśmy/lubiłybyśmy	polubilibyśmy/polubiłybyśmy
wy	lubilibyście/lubiłybyście	polubilibyście/polubiłybyście
oni/one	lubiliby/lubiłyby	polubiliby/polubiłyby

IMPERATIVE

IMPERFECTIVE		PERFECTIVE	
			polubmy
		polub	polubcie
niech lubi	niech lubią	niech polubi	niech polubią

PARTICIPLES

PRES. ACT. lubiący, -a, -e; -y, -e
PRES. PASS. lubiany, -a, -e; -i, -e   *PAST PASS.* polubiony, -a, -e; -eni, -one
ADV. PART. lubiąc
Verb governance: kogo, co
Related verbs with meanings: (**lubić się/polubić się** *like each other*)

EXAMPLES of model and/or related verbs: 1. Bardzo **lubię** swoje miasto. *I like my town a lot.*
2. Dawniej **lubiłem** chodzić do klubów studenckich. *In the past, I enjoyed going to student clubs.*
3. Bardzo **polubił** tą potrawę. *He came to like that dish very much.* 4. Pływak **lubiłby** udzielać wywiadów, gdyby reporter był bardziej obiektywny. *The swimmer would have liked to give interviews if the reporter had been more impartial.*

ładować/naładować

to load, charge, pack

IMPERFECTIVE		PERFECTIVE

PRESENT

ja	ładuję
ty	ładujesz
on/ona/ono	ładuje
my	ładujemy
wy	ładujecie
oni/one	ładują

PAST

ja	ładowałem/ładowałam	naładowałem/naładowałam
ty	ładowałeś/ładowałaś	naładowałeś/naładowałaś
on/ona/ono	ładował/ładowała/ładowało	naładował/naładowała/naładowało
my	ładowaliśmy/ładowałyśmy	naładowaliśmy/naładowałyśmy
wy	ładowaliście/ładowałyście	naładowaliście/naładowałyście
oni/one	ładowali/ładowały	naładowali/naładowały

FUTURE

ja	będę ładował/ładowała	naładuję
ty	będziesz ładował/ładowała	naładujesz
on/ona/ono	będzie ładował/ładowała/ładowało	naładuje
my	będziemy ładowali/ładowały	naładujemy
wy	będziecie ładowali/ładowały	naładujecie
oni/one	będą ładowali/ładowały	naładują

CONDITIONAL

ja	ładowałbym/ładowałabym	naładowałbym/naładowałabym
ty	ładowałbyś/ładowałabyś	naładowałbyś/naładowałabyś
on/ona/ono	ładowałby/ładowałaby/ładowałoby	naładowałby/naładowałaby/naładowałoby
my	ładowalibyśmy/ładowałybyśmy	naładowalibyśmy/naładowałybyśmy
wy	ładowalibyście/ładowałybyście	naładowalibyście/naładowałybyście
oni/one	ładowaliby/ładowałyby	naładowaliby/naładowałyby

IMPERATIVE

	ładujmy		naładujmy
ładuj	ładujcie	naładuj	naładujcie
niech ładuje	niech ładują	niech naładuje	niech naładują

PARTICIPLES

PRES. ACT. ładujący, -a, -e; -y, -e
PRES. PASS. ładowany, -a, -e; -i, -e *PAST PASS.* naładowany, -a, -e; -i, -e
ADV. PART. ładując

Verb governance: kogo, co; czym; gdzie
Related verbs with meanings: (**doładować** *finish loading*) (**obładować/się/** *burden/oneself/*) (**przeładować** *reload, overload*) (**rozładować/się/** *unload; discharge*) (**wyładować/się/** *unload, give vent to; spend itself*) (**załadować/się/** *load on/with; get on*) (**zładować** *unload, heap*)

EXAMPLES of model and/or related verbs: 1. **Ładuje** rodzinę do samochodu i wyjeżdża w góry. *He loads his family into the car and drives off to the mountains.* 2. **Załaduj** taczkę i motykę i pojedź popracować na działce. *Load up the wheelbarrow and hoe and drive to work on the plot.* 3. Poganiał **obładowanego** osiołka. *He drove on the burdened donkey.* 4. W samochodzie **rozładował się** akumulator. *The battery ran down in the car.*

IMPERFECTIVE		PERFECTIVE

PRESENT

ja	łamię
ty	łamiesz
on/ona/ono	łamie
my	łamiemy
wy	łamiecie
oni/one	łamią

PAST

ja	łamałem/łamałam	złamałem/złamałam
ty	łamałeś/łamałaś	złamałeś/złamałaś
on/ona/ono	łamał/łamała/łamało	złamał/złamała/złamało
my	łamaliśmy/łamałyśmy	złamaliśmy/złamałyśmy
wy	łamaliście/łamałyście	złamaliście/złamałyście
oni/one	łamali/łamały	złamali/złamały

FUTURE

ja	będę łamał/łamała	złamię
ty	będziesz łamał/łamała	złamiesz
on/ona/ono	będzie łamał/łamała/łamało	złamie
my	będziemy łamali/łamały	złamiemy
wy	będziecie łamali/łamały	złamiecie
oni/one	będą łamali/łamały	złamią

CONDITIONAL

ja	łamałbym/łamałabym	złamałbym/złamałabym
ty	łamałbyś/łamałabyś	złamałbyś/złamałabyś
on/ona/ono	łamałby/łamałaby/łamałoby	złamałby/złamałaby/złamałoby
my	łamalibyśmy/łamałybyśmy	złamalibyśmy/złamałybyśmy
wy	łamalibyście/łamałybyście	złamalibyście/złamałybyście
oni/one	łamaliby/łamałyby	złamaliby/złamałyby

IMPERATIVE

	łammy		złammy
łam	łamcie	złam	złamcie
niech łamie	niech łamią	niech złamie	niech złamią

PARTICIPLES

PRES. ACT. łamiący, -a, -e; -y, -e
PRES. PASS. łamany, -a, -e; -, -e   ***PAST PASS.*** złamany, -a, -e; -, -e
ADV. PART. łamiąc
Verb governance: co; gdzie
Related verbs with meanings: (**łamać się/złamać się** *be broken*; *share*/I only/) (**odłamać** *break off*)
(**połamać/się/** *break into pieces; get broken*) (**przełamać/się/** *break into parts, overcome; break,*
overcome one's feelings) (**ułamać** *break off*) (**wyłamać/się/** *break open/out; break out of*)
(**załamać/się/** *bend; break down, collapse*)

EXAMPLES of model and/or related verbs: 1. Gdy będzie prowadzić taki tryb życia, to ona
załamie się wkrótce. *If she keeps leading this kind of life, she will soon have a breakdown.*
2. Facet przewrócił się na ulicy i **złamał** rękę. *A fellow fell down on the street and broke his arm.*
3. Sporo czasu upłynęło nim wreszcie zdołałam **przełamać** moje obawy. *A lot of time went by
until, at last, I was able to overcome my fears.* 4. Na dużym wietrze **połamałby** mu **się** latawiec.
In a strong wind, his kite might get broken.

IMPERFECTIVE		PERFECTIVE	

PRESENT

ja	łapię		
ty	łapiesz		
on/ona/ono	łapie		
my	łapiemy		
wy	łapiecie		
oni/one	łapią		

PAST

ja	łapałem/łapałam	złapałem/złapałam	
ty	łapałeś/łapałaś	złapałeś/złapałaś	
on/ona/ono	łapał/łapała/łapało	złapał/złapała/złapało	
my	łapaliśmy/łapałyśmy	złapaliśmy/złapałyśmy	
wy	łapaliście/łapałyście	złapaliście/złapałyście	
oni/one	łapali/łapały	złapali/złapały	

FUTURE

ja	będę łapał/łapała	złapię	
ty	będziesz łapał/łapała	złapiesz	
on/ona/ono	będzie łapał/łapała/łapało	złapie	
my	będziemy łapali/łapały	złapiemy	
wy	będziecie łapali/łapały	złapiecie	
oni/one	będą łapali/łapały	złapią	

CONDITIONAL

ja	łapałbym/łapałabym	złapałbym/złapałabym	
ty	łapałbyś/łapałabyś	złapałbyś/złapałabyś	
on/ona/ono	łapałby/łapałaby/łapałoby	złapałby/złapałaby/złapałoby	
my	łapalibyśmy/łapałybyśmy	złapalibyśmy/złapałybyśmy	
wy	łapalibyście/łapałybyście	złapalibyście/złapałybyście	
oni/one	łapaliby/łapałyby	złapaliby/złapałyby	

IMPERATIVE

	łapmy		złapmy
łap	łapcie	złap	złapcie
niech łapie	niech łapią	niech złapie	niech złapią

PARTICIPLES

PRES. ACT.   łapiący, -a, -e; -y, -e
PRES. PASS.   łapany, -a, -e; -i, -e   *PAST PASS.*   złapany, -a, -e; -i, -e
ADV. PART.   łapiąc
Verb governance: kogo, co
Related verbs with meanings: (**łapać się/złapać się** *grasp oneself, catch hold*) (**nałapać**
catch/many/) (**podłapać** *pick up, chance upon*) (**połapać/się/** *catch; get the hang*) (**przyłapać**
catch/red-handed/) (**wyłapać** *catch all*)

EXAMPLES of model and/or related verbs: 1. Nikt nie **wyłapał** błędu. *No one caught the
mistake.* 2. Starajcie się **złapać** jak najwięcej motyli. *Try to catch as many butterflies as possible.*
3. **Nałap** dużo ryb. *Catch a lot of fish.* 4. Latem **będziemy łapali** żaby. *In the summer, we'll be
catching frogs.*

IMPERFECTIVE		PERFECTIVE	

PRESENT

ja	łączę		
ty	łączysz		
on/ona/ono	łączy		
my	łączymy		
wy	łączycie		
oni/one	łączą		

PAST

ja	łączyłem/łączyłam	połączyłem/połączyłam
ty	łączyłeś/łączyłaś	połączyłeś/połączyłaś
on/ona/ono	łączył/łączyła/łączyło	połączył/połączyła/połączyło
my	łączyliśmy/łączyłyśmy	połączyliśmy/połączyłyśmy
wy	łączyliście/łączyłyście	połączyliście/połączyłyście
oni/one	łączyli/łączyły	połączyli/połączyły

FUTURE

ja	będę łączył/łączyła	połączę
ty	będziesz łączył/łączyła	połączysz
on/ona/ono	będzie łączył/łączyła/łączyło	połączy
my	będziemy łączyli/łączyły	połączymy
wy	będziecie łączyli/łączyły	połączycie
oni/one	będą łączyli/łączyły	połączą

CONDITIONAL

ja	łączyłbym/łączyłabym	połączyłbym/połączyłabym
ty	łączyłbyś/łączyłabyś	połączyłbyś/połączyłabyś
on/ona/ono	łączyłby/łączyłaby/łączyłoby	połączyłby/połączyłaby/połączyłoby
my	łączylibyśmy/łączyłybyśmy	połączylibyśmy/połączyłybyśmy
wy	łączylibyście/łączyłybyście	połączylibyście/połączyłybyście
oni/one	łączyliby/łączyłyby	połączyliby/połączyłyby

IMPERATIVE

	łączmy		połączmy
łącz	łączcie	połącz	połączcie
niech łączy	niech łączą	niech połączy	niech połączą

PARTICIPLES

PRES. ACT.   łączacy, -a, -e; -y, -e
PRES. PASS.   łączony, -a, -e; -eni, -one   *PAST PASS.*   połączony, -a, -e; -eni, -one
ADV. PART.   łącząc

Verb governance: kogo, co
Related verbs with meanings: (**łączyć się/połączyć się** *be linked together, put through, amalgamate*) (**dołączyć /się/** *attach; crop up, join*) (**odłączyć/się/** *disconnect; part with*) (**podłączyć** *connect*) (**przełączyć/się/** *switch over, change over; switch on to*) (**przyłączyć/się/** *annex; join*) (**rozłączyć/się/** *separate; part*) (**włączyć/się/** *switch on, include; tune in*) (**wyłączyć/się/** *exclude, turn off; part*) (**załączyć** *connect, plug, enclose*) (**złączyć/się/** *fuse, link; unite*)

EXAMPLES of model and/or related verbs: 1. Stolica Apostolska **łączy się** z wieloma krajami świata przez internet. *The Holy See is linked through the Internet with numerous countries of the world.* 2. W górach **przyłączyłem się** do grupy studentów. *In the mountains, I joined a group of students.* 3. **Połączmy** rocznicę moich urodzin i naszego małżeństwa. *Let's combine my birthday and our wedding anniversary.* 4. Do jego papierów **dołączony** jest list. *A letter is attached to his documents.*

IMPERFECTIVE	PERFECTIVE

PRESENT

ja	maluję
ty	malujesz
on/ona/ono	maluje
my	malujemy
wy	malujecie
oni/one	malują

PAST

	IMPERFECTIVE	PERFECTIVE
ja	malowałem/malowałam	namalowałem/namalowałam
ty	malowałeś/malowałaś	namalowałeś/namalowałaś
on/ona/ono	malował/malowała/malowało	namalował/namalowała/namalowało
my	malowaliśmy/malowałyśmy	namalowaliśmy/namalowałyśmy
wy	malowaliście/malowałyście	namalowaliście/namalowałyście
oni/one	malowali/malowały	namalowali/namalowały

FUTURE

	IMPERFECTIVE	PERFECTIVE
ja	będę malował/malowała	namaluję
ty	będziesz malował/malowała	namalujesz
on/ona/ono	będzie malował/malowała/malowało	namaluje
my	będziemy malowali/malowały	namalujemy
wy	będziecie malowali/malowały	namalujecie
oni/one	będą malowali/malowały	namalują

CONDITIONAL

	IMPERFECTIVE	PERFECTIVE
ja	malowałbym/malowałabym	namalowałbym/namalowałabym
ty	malowałbyś/malowałabyś	namalowałbyś/namalowałabyś
on/ona/ono	malowałby/malowałaby/malowałoby	namalowałby/namalowałaby/namalowałoby
my	malowalibyśmy/malowałybyśmy	namalowalibyśmy/namalowałybyśmy
wy	malowalibyście/malowałybyście	namalowalibyście/namalowałybyście
oni/one	malowaliby/malowałyby	namalowaliby/namalowałyby

IMPERATIVE

	malujmy		namalujmy
maluj	malujcie	namaluj	namalujcie
niech maluje	niech malują	niech namaluje	niech namalują

PARTICIPLES

PRES. ACT.   malujący, -a, -e; -y, -e
PRES. PASS.   malowany, -a, -e; -i, -e   *PAST PASS.*   namalowany, -a, -e; -i, -e
ADV. PART.   malując

Verb governance: kogo, co

Related verbs with meanings: (**malować się/namalować się** *make up, rouge oneself*) (**domalować** *add to a painting, finish painting*) (**obmalować** *paint all over*) (**odmalować** *repaint, depict*) (**podmalować się** *put on make up*) (**przemalować** *paint over*) (**umalować/się/** *paint; apply make-up*) (**wymalować/się/** *paint, use up paint; make up*) (**zamalować** *paint/surface/*)

EXAMPLES of model and/or related verbs: 1. Mam **namalowane** kwiaty, pejzaże, portrety. *I've got painted flowers, landscapes, portraits.* 2. Oczywiście, że **namalowałem** portret żony. *Of course, I've painted a portrait of my wife.* 3. Ona nie **maluje się** w ogóle. *She doesn't use makeup at all.* 4. **Umaluj się** starannie. *Apply your makeup carefully.*

IMPERFECTIVE	PERFECTIVE

PRESENT

ja	martwię się
ty	martwisz się
on/ona/ono	martwi się
my	martwimy się
wy	martwicie się
oni/one	martwią się

PAST

	IMPERFECTIVE	PERFECTIVE
ja	martwiłem się/martwiłam się	zmartwiłem się/zmartwiłam się
ty	martwiłeś się/martwiłaś się	zmartwiłeś się/zmartwiłaś się
on/ona/ono	martwił się/martwiła się/martwiło się	zmartwił się/zmartwiła się/zmartwiło się
my	martwiliśmy się/martwiłyśmy się	zmartwiliśmy się/zmartwiłyśmy się
wy	martwiliście się/martwiłyście się	zmartwiliście się/zmartwiłyście się
oni/one	martwili się/martwiły się	zmartwili się/zmartwiły się

FUTURE

	IMPERFECTIVE	PERFECTIVE
ja	będę się martwił/martwiła	zmartwię się
ty	będziesz się martwił/martwiła	zmartwisz się
on/ona/ono	będzie się martwił/martwiła/martwiło	zmartwi się
my	będziemy się martwili/martwiły	zmartwimy się
wy	będziecie się martwili/martwiły	zmartwicie się
oni/one	będą się martwili/martwiły	zmartwią się

CONDITIONAL

	IMPERFECTIVE	PERFECTIVE
ja	martwiłbym się/martwiłabym się	zmartwiłbym się/zmartwiłabym się
ty	martwiłbyś się/martwiłabyś się	zmartwiłbyś się/zmartwiłabyś się
on/ona/ono	martwiłby się/martwiłaby się/ martwiłoby się	zmartwiłby się/zmartwiłaby się/ zmartwiłoby się
my	martwilibyśmy się/martwiłybyśmy się	zmartwilibyśmy się/zmartwiłybyśmy się
wy	martwilibyście się/martwiłybyście się	zmartwilibyście się/zmartwiłybyście się
oni/one	martwiliby się/martwiłyby się	zmartwiliby się/zmartwiłyby się

IMPERATIVE

	martwmy się		zmartwmy się
martw się	martwcie się	zmartw się	zmartwcie się
niech się martwi	niech się martwią	niech się zmartwi	niech się zmartwią

PARTICIPLES

PRES. ACT.   martwiący się, -a, -e; -y, -e
PRES. PASS.   **PAST PASS.**
ADV. PART.   martwiąc się

Verb governance: kim, czym; o kogo, o co
Related verbs with meanings: (**martwić/zmartwić** *worry, upset, vex*) (**namartwić/się/** *give cause for worry; fret*) (**pomartwić się** *worry a while*) (**umartwić** *mortify*) (**zamartwić się** *die of worry*)

EXAMPLES of model and/or related verbs: 1. **Martwię się,** że nie jestem w stanie wszystkim odpisywać. *I worry that I'm not in a position to write back to everyone.* 2. **Martwili się,** że jeszcze nic nie wygrali. *They worried that they hadn't won anything yet.* 3. Gdyby przyszła dewaluacja pieniędzy, **martwilibyśmy się** czy nie stracimy majątku. *If the currency was to be devalued, we would worry that we might lose our estate.* 4. Nie **martw się** jednak! *Don't worry yet!*

IMPERFECTIVE		PERFECTIVE	

PRESENT

ja	marznę		
ty	marzniesz		
on/ona/ono	marznie		
my	marzniemy		
wy	marzniecie		
oni/one	marzną		

PAST

ja	marzłem/marzłam	zmarzłem/zmarzłam	
ty	marzłeś/marzłaś	zmarzłeś/zmarzłaś	
on/ona/ono	marzł/marzła/marzło	zmarzł/zmarzła/zmarzło	
my	marzliśmy/marzłyśmy	zmarzliśmy/zmarzłyśmy	
wy	marzliście/marzłyście	zmarzliście/zmarzłyście	
oni/one	marzli/marzły	zmarzli/zmarzły	

FUTURE

ja	będę marzł/marzła	zmarznę	
ty	będziesz marzł/marzła	zmarzniesz	
on/ona/ono	będzie marzł/marzła/marzło	zmarznie	
my	będziemy marzli/marzły	zmarzniemy	
wy	będziecie marzli/marzły	zmarzniecie	
oni/one	będą marzli/marzły	zmarzną	

CONDITIONAL

ja	marzłbym/marzłabym	zmarzłbym/zmarzłabym	
ty	marzłbyś/marzłabyś	zmarzłbyś/zmarzłabyś	
on/ona/ono	marzłby/marzłaby/marzłoby	zmarzłby/zmarzłaby/zmarzłoby	
my	marzlibyśmy/marzłybyśmy	zmarzlibyśmy/zmarzłybyśmy	
wy	marzlibyście/marzłybyście	zmarzlibyście/zmarzłybyście	
oni/one	marzliby/marzłyby	zmarzliby/zmarzłyby	

IMPERATIVE

	marznijmy		zmarznijmy
marznij	marznijcie	zmarznij	zmarznijcie
niech marznie	niech marzną	niech zmarznie	niech zmarzną

PARTICIPLES

PRES. ACT.   marznący, -a, -e; -y, -e

PRES. PASS.   *PAST PASS.*   zmarznięty, -a, -e; -ci, -te

ADV. PART.   marznąc

Verb governance: w co; gdzie

Related verbs with meanings: (**namarznąć/się/** *be covered with ice; freeze*) (**obmarznąć** *freeze over*) (**odmarznąć** *unfreeze*) (**podmarznąć** *frost over*) (**pomarznąć** *freeze/one after the other/*) (**przymarznąć** *freeze on*) (**rozmarznąć** *thaw*) (**wymarznąć** *be chilled*) (**zamarznąć** *congeal, freeze to death*)

EXAMPLES of model and/or related verbs: 1. Zimę przetrwałam dzielnie, bo nie **zamarzłam.** *I bravely lasted through the winter, for I didn't freeze to death.* 2. Nie **marzłam,** bo miałam puchowy śpiwor. *I wasn't freezing because I had a down sleeping bag.* 3. **Marzły** jej paluszki. *Her little fingers got cold.* 4. Przykryj pomidory, bo **pomarzną** w nocy. *Cover the tomatoes, or they'll freeze at night.*

IMPERFECTIVE		PERFECTIVE	

PRESENT

ja	męczę		
ty	męczysz		
on/ona/ono	męczy		
my	męczymy		
wy	męczycie		
oni/one	męczą		

PAST

ja	męczyłem/męczyłam	zmęczyłem/zmęczyłam
ty	męczyłeś/męczyłaś	zmęczyłeś/zmęczyłaś
on/ona/ono	męczył/męczyła/męczyło	zmęczył/zmęczyła/zmęczyło
my	męczyliśmy/męczyłyśmy	zmęczyliśmy/zmęczyłyśmy
wy	męczyliście/męczyłyście	zmęczyliście/zmęczyłyście
oni/one	męczyli/męczyły	zmęczyli/zmęczyły

FUTURE

ja	będę męczył/męczyła	zmęczę
ty	będziesz męczył/męczyła	zmęczysz
on/ona/ono	będzie męczył/męczyła/męczyło	zmęczy
my	będziemy męczyli/męczyły	zmęczymy
wy	będziecie męczyli/męczyły	zmęczycie
oni/one	będą męczyli/męczyły	zmęczą

CONDITIONAL

ja	męczyłbym/męczyłabym	zmęczyłbym/zmęczyłabym
ty	męczyłbyś/męczyłabyś	zmęczyłbyś/zmęczyłabyś
on/ona/ono	męczyłby/męczyłaby/męczyłoby	zmęczyłby/zmęczyłaby/zmęczyłoby
my	męczylibyśmy/męczyłybyśmy	zmęczylibyśmy/zmęczyłybyśmy
wy	męczylibyście/męczyłybyście	zmęczylibyście/zmęczyłybyście
oni/one	męczyliby/męczyłyby	zmęczyliby/zmęczyłyby

IMPERATIVE

	męczmy		zmęczmy
męcz	męczcie	zmęcz	zmęczcie
niech męczy	niech męczą	niech zmęczy	niech zmęczą

PARTICIPLES

PRES. ACT. męczący, -a, -e; -y, -e
PRES. PASS. męczony, -a, -e; -eni, -one *PAST PASS.* zmęczony, -a, -e; -eni, -one
ADV. PART. męcząc

Verb governance: kogo, co; czym
Related verbs with meanings: (**męczyć się/zmęczyć się** *get tired*) (**domęczyć** *harass to death*) (**namęczyć/się/** *trouble, tire out; take great pains*) (**pomęczyć/się/** *fatigue, exhaust; get tired*) (**przemęczyć/się/** *overwork; over-exert oneself*) (**umęczyć/się/** *tire out; be exhausted*) (**wymęczyć/się/** *tire out; overwork*) (**zamęczyć/się/** *martyrize, torment, bore stiff; slave*)

EXAMPLES of model and/or related verbs: 1. **Zmęczyły** ją huczne przyjęcia. *Huge gatherings tired her.* 2. Mamy na myśli współczesnego, wiecznie **zmęczonego** człowieka. *We have in mind a modern, eternally tired man.* 3. Wstajesz rano **zmęczona**. *You get up tired in the morning.* 4. **Męczę się** w jego towarzystwie. *I get tired in his company.*

meldować/zameldować

to register, report, inform, check in

IMPERFECTIVE		PERFECTIVE	

PRESENT

ja	melduję		
ty	meldujesz		
on/ona/ono	melduje		
my	meldujemy		
wy	meldujecie		
oni/one	meldują		

PAST

ja	meldowałem/meldowałam	zameldowałem/zameldowałam	
ty	meldowałeś/meldowałaś	zameldowałeś/zameldowałaś	
on/ona/ono	meldował/meldowała/meldowało	zameldował/zameldowała/zameldowało	
my	meldowaliśmy/meldowałyśmy	zameldowaliśmy/zameldowałyśmy	
wy	meldowaliście/meldowałyście	zameldowaliście/zameldowałyście	
oni/one	meldowali/meldowały	zameldowali/zameldowały	

FUTURE

ja	będę meldował/meldowała	zamelduję	
ty	będziesz meldował/meldowała	zameldujesz	
on/ona/ono	będzie meldował/meldowała/ meldowało	zamelduje	
my	będziemy meldowali/meldowały	zameldujemy	
wy	będziecie meldowali/meldowały	zameldujecie	
oni/one	będą meldowali/meldowały	zameldują	

CONDITIONAL

ja	meldowałbym/meldowałabym	zameldowałbym/zameldowałabym	
ty	meldowałbyś/meldowałabyś	zameldowałbyś/zameldowałabyś	
on/ona/ono	meldowałby/meldowałaby/ meldowałoby	zameldowałby/zameldowałaby/ zameldowałoby	
my	meldowalibyśmy/meldowałybyśmy	zameldowalibyśmy/zameldowałybyśmy	
wy	meldowalibyście/meldowałybyście	zameldowalibyście/zameldowałybyście	
oni/one	meldowaliby/meldowałyby	zameldowaliby/zameldowałyby	

IMPERATIVE

	meldujmy		zameldujmy
melduj	meldujcie	zamelduj	zameldujcie
niech melduje	niech meldują	niech zamelduje	niech zameldują

PARTICIPLES

PRES. ACT. meldujący, -a, -e; -y, -e
PRES. PASS. meldowany, -a, -e; -i, -e   ***PAST PASS.*** zameldowany, -a, -e; -i, -e
ADV. PART. meldując

Verb governance: kogo, co; komu, czemu; o kim, o czym

Related verbs with meanings: (**meldować się/zameldować się** *report oneself, register one's arrival/residence*) (**odmeldować się** *take leave, report one's departure*) (**wymeldować/się/** *notify of, report; check out*)

EXAMPLES of model and/or related verbs: 1. Mogłam zadzwonić i **zameldować** mu, że sprawa została załatwiona. *I was able to phone and inform him that the matter was taken care of.* 2. Czy **będziesz meldował** zmianę swojego adresu? *Are you going to report your change of address?* 3. Studenci muszą **się zameldować** na swoim wydziale. *The students must register with their department.* 4. Żołnierze **odmeldowali się** i odmaszerowali. *The soldiers took leave and marched off.*

IMPERFECTIVE

ACTUAL		*FREQUENTATIVE*

PRESENT

ja	mam	miewam
ty	masz	miewasz
on/ona/ono	ma	miewa
my	mamy	miewamy
wy	macie	miewacie
oni/one	mają	miewają

PAST

ja	miałem/miałam	miewałem/miewałam
ty	miałeś/miałaś	miewałeś/miewałaś
on/ona/ono	miał/miała/miało	miewał/miewała/miewało
my	mieliśmy/miałyśmy	miewaliśmy/miewałyśmy
wy	mieliście/miałyście	miewaliście/miewałyście
oni/one	mieli/miały	miewali/miewały

FUTURE

ja	będę miał/miała	miewał/miewała
ty	będziesz miał/miała	miewał/miewała
on/ona/ono	będzie miał/miała/miało	miewał/miewała/miewało
my	będziemy mieli/miały	miewali/miewały
wy	będziecie mieli/miały	miewali/miewały
oni/one	będą mieli/miały	miewali/miewały

CONDITIONAL

ja	miałbym/miałabym	miewałbym/miewałabym
ty	miałbyś/miałabyś	miewałbyś/miewałabyś
on/ona/ono	miałby/miałaby/miałoby	miewałby/miewałaby/miewałoby
my	mielibyśmy/miałybyśmy	miewalibyśmy/miewałybyśmy
wy	mielibyście/miałybyście	miewalibyście/miewałybyście
oni/one	mieliby/miałyby	miewaliby/miewałyby

IMPERATIVE

	miejmy		miewajmy
miej	miejcie	miewaj	miewajcie
niech ma	niech mają	niech miewa	niech miewają

PARTICIPLES

PRES. ACT.	mający, -a, -e; -y, -e		miewający, -a, -e; -y, -e
PRES. PASS.		*PAST PASS.*	
ADV. PART.	mając		miewając

Verb governance: kogo, co
Related verbs with meanings:

EXAMPLES of model and/or related verbs: 1. Pana żona nie **ma** pretensji, że ciągle pana nie **ma**? *Doesn't your wife object that you are never around?* 2. **Miał** swoją ulubioną kanapę. *He had his favorite sofa.* 3. Dziecko chce **mieć** i matkę i ojca. *The child wants to have both father and mother.* 4. Za miesiąc **będą mieli** po osiemnaście lat. *In a month, they'll be 18.*

mieszać/zmieszać   to mix, stir, shuffle, mingle

IMPERFECTIVE		PERFECTIVE	

PRESENT

ja	mieszam		
ty	mieszasz		
on/ona/ono	miesza		
my	mieszamy		
wy	mieszacie		
oni/one	mieszają		

PAST

ja	mieszałem/mieszałam	zmieszałem/zmieszałam
ty	mieszałeś/mieszałaś	zmieszałeś/zmieszałaś
on/ona/ono	mieszał/mieszała/mieszało	zmieszał/zmieszała/zmieszało
my	mieszaliśmy/mieszałyśmy	zmieszaliśmy/zmieszałyśmy
wy	mieszaliście/mieszałyście	zmieszaliście/zmieszałyście
oni/one	mieszali/mieszały	zmieszali/zmieszały

FUTURE

ja	będę mieszał/mieszała	zmieszam
ty	będziesz mieszał/mieszała	zmieszasz
on/ona/ono	będzie mieszał/mieszała/mieszało	zmiesza
my	będziemy mieszali/mieszały	zmieszamy
wy	będziecie mieszali/mieszały	zmieszacie
oni/one	będą mieszali/mieszały	zmieszają

CONDITIONAL

ja	mieszałbym/mieszałabym	zmieszałbym/zmieszałabym
ty	mieszałbyś/mieszałabyś	zmieszałbyś/zmieszałabyś
on/ona/ono	mieszałby/mieszałaby/mieszałoby	zmieszałby/zmieszałaby/zmieszałoby
my	mieszalibyśmy/mieszałybyśmy	zmieszalibyśmy/zmieszałybyśmy
wy	mieszalibyście/mieszałybyście	zmieszalibyście/zmieszałybyście
oni/one	mieszaliby/mieszałyby	zmieszaliby/zmieszałyby

IMPERATIVE

	mieszajmy		zmieszajmy
mieszaj	mieszajcie	zmieszaj	zmieszajcie
niech miesza	niech mieszają	niech zmiesza	niech zmieszają

PARTICIPLES

PRES. ACT.   mieszający, -a, -e; -y, -e
PRES. PASS. mieszany, -a, -e; -i, -e   *PAST PASS.* zmieszany, -a, -e; -i, -e
ADV. PART.   mieszając

Verb governance: kogo, co; z czym

Related verbs with meanings: (**mieszać się/zmieszać się** *get mixed, be confused*) (**domieszać/się/** *add; be joined*) (**namieszać** *blend*) (**pomieszać/się/** *stir; get mixed up*) (**rozmieszać** *mix*) (**wymieszać** *mix, blend*) (**zamieszać/się/** *blend, implicate; get mixed up*)

EXAMPLES of model and/or related verbs: 1. Nie powinniśmy **mieszać się** do małżeństwa naszej córki. *We should not meddle in our daughter's marriage.* 2. Smażymy móżdżek 3-4 minuty, stale **mieszając**. *We fry brains three to four minutes, stirring them constantly.* 3. Bardzo dokładnie **wymieszał** całość. *He mixed everything very carefully.* 4. Małym, poręcznym mikserem **mieszam** składniki. *I mix the ingredients with a small, handheld mixer.*

mieszkać/zamieszkać   to live in, reside, dwell, inhabit

IMPERFECTIVE	PERFECTIVE

PRESENT

ja	mieszkam
ty	mieszkasz
on/ona/ono	mieszka
my	mieszkamy
wy	mieszkacie
oni/one	mieszkają

PAST

ja	mieszkałem/mieszkałam	zamieszkałem/zamieszkałam
ty	mieszkałeś/mieszkałaś	zamieszkałeś/zamieszkałaś
on/ona/ono	mieszkał/mieszkała/mieszkało	zamieszkał/zamieszkała/zamieszkało
my	mieszkaliśmy/mieszkałyśmy	zamieszkaliśmy/zamieszkałyśmy
wy	mieszkaliście/mieszkałyście	zamieszkaliście/zamieszkałyście
oni/one	mieszkali/mieszkały	zamieszkali/zamieszkały

FUTURE

ja	będę mieszkał/mieszkała	zamieszkam
ty	będziesz mieszkał/mieszkała	zamieszkasz
on/ona/ono	będzie mieszkał/mieszkała/mieszkało	zamieszka
my	będziemy mieszkali/mieszkały	zamieszkamy
wy	będziecie mieszkali/mieszkały	zamieszkacie
oni/one	będą mieszkali/mieszkały	zamieszkają

CONDITIONAL

ja	mieszkałbym/mieszkałabym	zamieszkałbym/zamieszkałabym
ty	mieszkałbyś/mieszkałabyś	zamieszkałbyś/zamieszkałabyś
on/ona/ono	mieszkałby/mieszkałaby/mieszkałoby	zamieszkałby/zamieszkałaby/zamieszkałoby
my	mieszkalibyśmy/mieszkałybyśmy	zamieszkalibyśmy/zamieszkałybyśmy
wy	mieszkalibyście/mieszkałybyście	zamieszkalibyście/zamieszkałybyście
oni/one	mieszkaliby/mieszkałyby	zamieszkaliby/zamieszkałyby

IMPERATIVE

	mieszkajmy		zamieszkajmy
mieszkaj	mieszkajcie	zamieszkaj	zamieszkajcie
niech mieszka	niech mieszkają	niech zamieszka	niech zamieszkają

PARTICIPLES

PRES. ACT. mieszkający, -a, -e; -y, -e
PRES. PASS.   ***PAST PASS.*** zamieszkany, -a, -e; -i, -e
ADV. PART. mieszkając
Verb governance: w czym; gdzie
Related verbs with meanings: (**domieszkać** *live till*) (**odmieszkać** *dwell for a time*) (**pomieszkać** *stay, dwell*) (**przemieszkać** *live somewhere for some time*) (**wymieszkać** *remain, dwell*)

EXAMPLES of model and/or related verbs: 1. Przyjedź i **pomieszkaj** z nami. *Come and stay with us.* 2. **Mieszkał** u niej przez kilka lat. *He lived with her for a few years.* 3. Pozostał z nią do końca życia, chociaż nigdy razem nie **zamieszkali.** *He remained with her to the end of her life, although they never lived together.* 4. **Mieszkamy** w akademiku. *We live in a student residence.*

mieścić się/zmieścić się

IMPERFECTIVE		PERFECTIVE

PRESENT

ja	mieszczę się
ty	mieścisz się
on/ona/ono	mieści się
my	mieścimy się
wy	mieścicie się
oni/one	mieszczą się

PAST

ja	mieściłem się/mieściłam się	zmieściłem się/zmieściłam się
ty	mieściłeś się/mieściłaś się	zmieściłeś się/zmieściłaś się
on/ona/ono	mieścił się/mieściła się/mieściło się	zmieścił się/zmieściła się/zmieściło się
my	mieściliśmy się/mieściłyśmy się	zmieściliśmy się/zmieściłyśmy się
wy	mieściliście się/mieściłyście się	zmieściliście się/zmieściłyście się
oni/one	mieścili się/mieściły się	zmieścili się/zmieściły się

FUTURE

ja	będę się mieścił/mieściła	zmieszczę się
ty	będziesz się mieścił/mieściła	zmieścisz się
on/ona/ono	będzie się mieścił/mieściła/mieściło	zmieści się
my	będziemy się mieścili/mieściły	zmieścimy się
wy	będziecie się mieścili/mieściły	zmieścicie się
oni/one	będą się mieścili/mieściły	zmieszczą się

CONDITIONAL

ja	mieściłbym się/mieściłabym się	zmieściłbym się/zmieściłabym się
ty	mieściłbyś się/mieściłabyś się	zmieściłbyś się/zmieściłabyś się
on/ona/ono	mieściłby się/mieściłaby się/ mieściłoby się	zmieściłby się/zmieściłaby się/ zmieściłoby się
my	mieścilibyśmy się/mieściłybyśmy się	zmieścilibyśmy się/zmieściłybyśmy się
wy	mieścilibyście się/mieściłybyście się	zmieścilibyście się/zmieściłybyście się
oni/one	mieściliby się/mieściłyby się	zmieściliby się/zmieściłyby się

IMPERATIVE

	mieśćmy się		zmieśćmy się
mieść się	mieście się	zmieść się	zmieście się
niech się mieści	niech się mieszczą	niech się zmieści	niech się zmieszczą

PARTICIPLES

PRES. ACT. mieszczący się, -a, -e; -y, -e
PRES. PASS.   *PAST PASS.*
ADV. PART. mieszcząc się
Verb governance: gdzie
Related verbs with meanings: (**mieścić/zmieścić** *contain*) (**pomieścić** *accommodate*)
(**rozmieścić/się/** *distribute, arrange; be located*) (**umieścić/się/** *place, insert; be placed*)
(**zamieścić** *place*)

EXAMPLES of model and/or related verbs: 1. Dom noclegowy może jednorazowo **pomieścić** około 800 osób. *The hostel may accommodate about 800 people at any one time.* 2. **Zamieściłby** coś w poczytnym tygodniku, gdyby mu zapłacili. *He would place something in a well-read weekly if they were to pay him.* 3. Szczypta soli **zmieści się** na czubku noża. *A pinch of salt will fit on the tip of a knife.* 4. Moje rzeczy nie **mieszczą się** w walizce. *My things don't fit into the suitcase.*

mijać/minąć   to pass by, leave behind, overtake, elapse, go by, come to an end, cease

IMPERFECTIVE		PERFECTIVE

PRESENT

ja	mijam	
ty	mijasz	
on/ona/ono	mija	
my	mijamy	
wy	mijacie	
oni/one	mijają	

PAST

ja	mijałem/mijałam	minąłem/minęłam
ty	mijałeś/mijałaś	minąłeś/minęłaś
on/ona/ono	mijał/mijała/mijało	minął/minęła/minęło
my	mijaliśmy/mijałyśmy	minęliśmy/minęłyśmy
wy	mijaliście/mijałyście	minęliście/minęłyście
oni/one	mijali/mijały	minęli/minęły

FUTURE

ja	będę mijał/mijała	minę
ty	będziesz mijał/mijała	miniesz
on/ona/ono	będzie mijał/mijała/mijało	minie
my	będziemy mijali/mijały	miniemy
wy	będziecie mijali/mijały	miniecie
oni/one	będą mijali/mijały	miną

CONDITIONAL

ja	mijałbym/mijałabym	minąłbym/minęłabym
ty	mijałbyś/mijałabyś	minąłbyś/minęłabyś
on/ona/ono	mijałby/mijałaby/mijałoby	minąłby/minęłaby/minęłoby
my	mijalibyśmy/mijałybyśmy	minęlibyśmy/minęłybyśmy
wy	mijalibyście/mijałybyście	minęlibyście/minęłybyście
oni/one	mijaliby/mijałyby	minęliby/minęłyby

IMPERATIVE

	mijajmy		mińmy
mijaj	mijajcie	miń	mińcie
niech mija	niech mijają	niech minie	niech miną

PARTICIPLES

PRES. ACT.   mijający, -a, -e; -y, -e
PRES. PASS.   mijany, -a, -e; -i, -e   *PAST PASS.*   miniony, -a, -e; -, -e
ADV. PART.   mijając

Verb governance: kogo, co; jak, kiedy; gdzie
Related verbs with meanings: (**mijać się/minąć się** *cross, pass each other*) (**ominąć/się/** *overlook, avoid; avoid each other*) (**pominąć** *omit, skip, ignore*) (**przeminąć** *pass/over/*) (**rozminąć się** *pass, fail to notice*) (**wyminąć/się/** *steer clear, by-pass; cross*) (**zminąć się** *swerve*)

EXAMPLES of model and/or related verbs: 1. **Minął** już rok od wydania katalogu. *A year has already gone by since the catalog was published.* 2. Czas **mija** bez powrotu. *Time passes by, never to return.* 3. Ona zawsze **omijała** czerwony kolor. *She was always avoiding the color red.* 4. **Wymiń** go, bo on za wolno jedzie. *Pass him, for he's driving too slowly.*

milczeć/przemilczeć to be silent

IMPERFECTIVE PERFECTIVE

PRESENT

ja	milczę
ty	milczysz
on/ona/ono	milczy
my	milczymy
wy	milczycie
oni/one	milczą

PAST

ja	milczałem/milczałam	przemilczałem/przemilczałam
ty	milczałeś/milczałaś	przemilczałeś/przemilczałaś
on/ona/ono	milczał/milczała/milczało	przemilczał/przemilczała/przemilczało
my	milczeliśmy/milczałyśmy	przemilczeliśmy/przemilczałyśmy
wy	milczeliście/milczałyście	przemilczeliście/przemilczałyście
oni/one	milczeli/milczały	przemilczeli/przemilczały

FUTURE

ja	będę milczał/milczała	przemilczę
ty	będziesz milczał/milczała	przemilczysz
on/ona/ono	będzie milczał/milczała/milczało	przemilczy
my	będziemy milczeli/milczały	przemilczymy
wy	będziecie milczeli/milczały	przemilczycie
oni/one	będą milczeli/milczały	przemilczą

CONDITIONAL

ja	milczałbym/milczałabym	przemilczałbym/przemilczałabym
ty	milczałbyś/milczałabyś	przemilczałbyś/przemilczałabyś
on/ona/ono	milczałby/milczałaby/milczałoby	przemilczałby/przemilczałaby/ przemilczałoby
my	milczelibyśmy/milczałybyśmy	przemilczelibyśmy/przemilczałybyśmy
wy	milczelibyście/milczałybyście	przemilczelibyście/przemilczałybyście
oni/one	milczeliby/milczałyby	przemilczeliby/przemilczałyby

IMPERATIVE

	milczmy		przemilczmy
milcz	milczcie	przemilcz	przemilczcie
niech milczy	niech milczą	niech przemilczy	niech przemilczą

PARTICIPLES

PRES. ACT. milczący, -a, -e; -y, -e
PRES. PASS.   *PAST PASS.* przemilczany, -a, -e; -i, -e
ADV. PART. milcząc
Verb governance: kogo, co
Related verbs with meanings: (**domilczeć** *hold one's tongue*) (**namilczeć się** *keep silent*)
(**pomilczeć** *be silent for some time*) (**zamilczeć** *become silent*) (**zmilczeć** *keep quiet*)

EXAMPLES of model and/or related verbs: 1. Mimo wielodniowych przesłuchań jeńcy **milczeli**.
The captives were silent in spite of several days of interrogations. 2. Twój partner przysłuchiwał
się waszej potyczce słownej **milcząco**. *Your partner was listening silently to your argument.*
3. Prasa **przemilczała** o jego egzotycznej podróży. *The press was silent about his exotic trip.*
4. **Milcząc** rozwiązywaliśmy krzyżówkę. *Silently we were solving the crossword puzzle.*

IMPERFECTIVE	PERFECTIVE

PRESENT

ja	modlę się
ty	modlisz się
on/ona/ono	modli się
my	modlimy się
wy	modlicie się
oni/one	modlą się

PAST

	IMPERFECTIVE	PERFECTIVE
ja	modliłem się/modliłam się	pomodliłem się/pomodliłam się
ty	modliłeś się/modliłaś się	pomodliłeś się/pomodliłaś się
on/ona/ono	modlił się/modliła się/modliło się	pomodlił się/pomodliła się/pomodliło się
my	modliliśmy się/modliłyśmy się	pomodliliśmy się/pomodliłyśmy się
wy	modliliście się/modliłyście się	pomodliliście się/pomodliłyście się
oni/one	modlili się/modliły się	pomodlili się/pomodliły się

FUTURE

	IMPERFECTIVE	PERFECTIVE
ja	będę się modlił/modliła	pomodlę się
ty	będziesz się modlił/modliła	pomodlisz się
on/ona/ono	będzie się modlił/modliła/modliło	pomodli się
my	będziemy się modlili/modliły	pomodlimy się
wy	będziecie się modlili/modliły	pomodlicie się
oni/one	będą się modlili/modliły	pomodlą się

CONDITIONAL

	IMPERFECTIVE	PERFECTIVE
ja	modliłbym się/modliłabym się	pomodliłbym się/pomodliłabym się
ty	modliłbyś się/modliłabyś się	pomodliłbyś się/pomodliłabyś się
on/ona/ono	modliłby się/modliłaby się/ modliłoby się	pomodliłby się/pomodliłaby się/ pomodliłoby się
my	modlilibyśmy się/modliłybyśmy się	pomodlilibyśmy się/pomodliłybyśmy się
wy	modlilibyście się/modliłybyście się	pomodlilibyście się/pomodliłybyście się
oni/one	modliliby się/modliłyby się	pomodliliby się/pomodliłyby się

IMPERATIVE

	módlmy się		pomódlmy się
módl się	módlcie się	pomódl się	pomódlcie się
niech się modli	niech się modlą	niech się pomodli	niech się pomodlą

PARTICIPLES

PRES. ACT.   modlący się, -a, -e; -y, -e
PRES. PASS.   **PAST PASS.**
ADV. PART.   modląc się
Verb governance: o co; do kogo; za kogo; gdzie
Related verbs with meanings: (**wymodlić** *obtain by prayers, answer one's prayers*) (**zamodlić się** *lose oneself in prayer*)

EXAMPLES of model and/or related verbs: 1. Nie miałam zamiaru tam **się modlić.** *I didn't intend to pray there.* 2. Klęcząc pierwszy raz w swoim życiu, **modlił się** gorliwie. *Kneeling down for the first time in his life, he prayed earnestly.* 3. Córeczko, **pomódl się** o moje zdrowie. *Daughter dearest, say a prayer for my health.* 4. Dzieci przygotowujące się do Pierwszej Komunii **modliły się** codziennie. *Preparing themselves for the First Communion, the children prayed every day.*

móc/potrafić   to be able, can, may; know how [**P** only][1]

IMPERFECTIVE		PERFECTIVE

PRESENT

ja	mogę	
ty	możesz	
on/ona/ono	może	
my	możemy	
wy	możecie	
oni/one	mogą	

PAST

ja	mogłem/mogłam	potrafiłem/potrafiłam
ty	mogłeś/mogłaś	potrafiłeś/potrafiłaś
on/ona/ono	mógł/mogła/mogło	potrafił/potrafiła/potrafiło
my	mogliśmy/mogłyśmy	potrafiliśmy/potrafiłyśmy
wy	mogliście/mogłyście	potrafiliście/potrafiłyście
oni/one	mogli/mogły	potrafili/potrafiły

FUTURE

ja	będę mógł/mogła	potrafię[2]
ty	będziesz mógł/mogła	potrafisz
on/ona/ono	będzie mógł/mogła/mogło	potrafi
my	będziemy mogli/mogły	potrafimy
wy	będziecie mogli/mogły	potraficie
oni/one	będą mogli/mogły	potrafią

CONDITIONAL

ja	mógłbym/mogłabym	potrafiłbym/potrafiłabym
ty	mógłbyś/mogłabyś	potrafiłbyś/potrafiłabyś
on/ona/ono	mógłby/mogłaby/mogłoby	potrafiłby/potrafiłaby/potrafiłoby
my	moglibyśmy/mogłybyśmy	potrafilibyśmy/potrafiłybyśmy
wy	moglibyście/mogłybyście	potrafilibyście/potrafiłybyście
oni/one	mogliby/mogłyby	potrafiliby/potrafiłyby

IMPERATIVE

		potrafmy
	potraf	potrafcie
	niech potrafi	niech potrafią

PARTICIPLES

PRES. ACT.   mogący, -a, -e; -y, -e
PRES. PASS.   *PAST PASS.*
ADV. PART.   mogąc   [3]

Verb governance: co
Related verbs with meanings: (**przemóc/się/** *overcome; control one's feelings*) (**wymóc** *extort*) (**wzmóc/się/** *intensify; increase*) (**zaniemóc** *fall ill*) Bear in mind that these verbs are perfective, and the simple future is like the present, e.g. **mogę > przemogę się.** Note: *potrafić* is used in both the imperfective and perfective aspects. [1]For more see pages 245 & 254 [2]Also as the present tense in the imperfective aspect [3]Also as *potrafiąc* in the imperfective aspect

EXAMPLES of model and/or related verbs: 1. Współczesne aktorki **mogłyby** zachowywać się jak miliony zwyczajnych kobiet. *Modern-day actresses could behave as millions of ordinary women.* 2. Szczęście **mogę** znaleźć wszędzie. *I am able to find happiness everywhere.* 3. Strażnik nie **potrafił** wytrąbić hejnału bez pomyłki. *The guard was not able to play the bugle call without making a mistake.* 4. Przyjeżdżał zawsze kiedy tylko **mógł.** *He always drove up whenever he could.*

IMPERFECTIVE		PERFECTIVE

PRESENT

ja	mówię	
ty	mówisz	
on/ona/ono	mówi	
my	mówimy	
wy	mówicie	
oni/one	mówią	

PAST

ja	mówiłem/mówiłam	powiedziałem/powiedziałam
ty	mówiłeś/mówiłaś	powiedziałeś/powiedziałaś
on/ona/ono	mówił/mówiła/mówiło	powiedział/powiedziała/powiedziało
my	mówiliśmy/mówiłyśmy	powiedzieliśmy/powiedziałyśmy
wy	mówiliście/mówiłyście	powiedzieliście/powiedziałyście
oni/one	mówili/mówiły	powiedzieli/powiedziały

FUTURE

ja	będę mówił/mówiła	powiem
ty	będziesz mówił/mówiła	powiesz
on/ona/ono	będzie mówił/mówiła/mówiło	powie
my	będziemy mówili/mówiły	powiemy
wy	będziecie mówili/mówiły	powiecie
oni/one	będą mówili/mówiły	powiedzą

CONDITIONAL

ja	mówiłbym/mówiłabym	powiedziałbym/powiedziałabym
ty	mówiłbyś/mówiłabyś	powiedziałbyś/powiedziałabyś
on/ona/ono	mówiłby/mówiłaby/mówiłoby	powiedziałby/powiedziałaby/powiedziałoby
my	mówilibyśmy/mówiłybyśmy	powiedzielibyśmy/powiedziałybyśmy
wy	mówilibyście/mówiłybyście	powiedzielibyście/powiedziałybyście
oni/one	mówiliby/mówiłyby	powiedzieliby/powiedziałyby

IMPERATIVE

	mówmy		powiedzmy
mów	mówcie	powiedz	powiedzcie
niech mówi	niech mówią	niech powie	niech powiedzą

PARTICIPLES

PRES. ACT.   mówiący, -a, -e; -y, -e
PRES. PASS.   mówiony, -a, -e; -, -e   *PAST PASS.*   powiedziany, -a, -e; -, -e
ADV. PART.   mówiąc

Verb governance: komu, co; do kogo, do czego; o kim, o czym
Related verbs with meanings: (**domówić/się/** *scoff; hint*) (**namówić/się/** *persuade; plot*) (**obmówić** *slander*) (**odmówić** *refuse*) (**podmówić** *incite*) (**pomówić** *have a talk*) (**przemówić** *speak up*) (**przymówić** *criticize*) (**rozmówić się** *come to an understanding*) (**umówić się**, *arrange to, make a date*) (**wmówić** *persuade*) (**wymówić/się/** *utter, pronounce; excuse oneself, plead*) (**zamówić** *order, book, reserve*)

EXAMPLES of model and/or related verbs: 1. **Powiedział**, że nie **mówi** po polsku. *He said he didn't speak Polish.* 2. Wstydziłam się komukolwiek to **powiedzieć.** *I was ashamed to tell it to anyone.* 3. Wierzę, jeśli ktoś **mówi**, że wszystko jest w porządku. *I believe it when someone says that everything is all right.* 4. Łatwo sobie coś **wmówić.** *It is easy to persuade oneself about something.*

musieć   to have to, must, be forced, be obliged

IMPERFECTIVE	PERFECTIVE

PRESENT

ja	muszę
ty	musisz
on/ona/ono	musi
my	musimy
wy	musicie
oni/one	muszą

PAST

ja	musiałem/musiałam
ty	musiałeś/musiałaś
on/ona/ono	musiał/musiała/musiało
my	musieliśmy/musiałyśmy
wy	musieliście/musiałyście
oni/one	musieli/musiały

FUTURE

ja	będę musiał/musiała
ty	będziesz musiał/musiała
on/ona/ono	będzie musiał/musiała/musiało
my	będziemy musieli/musiały
wy	będziecie musieli/musiały
oni/one	będą musieli/musiały

CONDITIONAL

ja	musiałbym/musiałabym
ty	musiałbyś/musiałabyś
on/ona/ono	musiałby/musiałaby/musiałoby
my	musielibyśmy/musiałybyśmy
wy	musielibyście/musiałybyście
oni/one	musieliby/musiałyby

IMPERATIVE

PARTICIPLES

PRES. ACT.   muszący, -a, -e; -y, -e
PRES. PASS.   *PAST PASS.*
ADV. PART.   musząc
Verb governance: co
Related verbs with meanings:

EXAMPLES of model and/or related verbs: 1. **Musiałam się** nauczyć jak być żoną piosenkarza. *I had to learn how to be the wife of a pop singer.* 2. Czasem **muszę się** nagłowić nad budżetem domowym. *Sometimes I have to think hard about the household budget.* 3. **Musiałbym** ją przekonać, żeby rozpoczęła prowadzić swoje własne życie. *I would have to persuade her, so she could start to lead her own life.* 4. Ona **będzie musiała** wychowywać dwoje małych dzieci. *She will have to raise two small children.*

IMPERFECTIVE		PERFECTIVE	

PRESENT

ja	myję		
ty	myjesz		
on/ona/ono	myje		
my	myjemy		
wy	myjecie		
oni/one	myją		

PAST

ja	myłem/myłam	umyłem/umyłam
ty	myłeś/myłaś	umyłeś/umyłaś
on/ona/ono	mył/myła/myło	umył/umyła/umyło
my	myliśmy/myłyśmy	umyliśmy/umyłyśmy
wy	myliście/myłyście	umyliście/umyłyście
oni/one	myli/myły	umyli/umyły

FUTURE

ja	będę mył/myła	umyję
ty	będziesz mył/myła	umyjesz
on/ona/ono	będzie mył/myła/myło	umyje
my	będziemy myli/myły	umyjemy
wy	będziecie myli/myły	umyjecie
oni/one	będą myli/myły	umyją

CONDITIONAL

ja	myłbym/myłabym	umyłbym/umyłabym
ty	myłbyś/myłabyś	umyłbyś/umyłabyś
on/ona/ono	myłby/myłaby/myłoby	umyłby/umyłaby/umyłoby
my	mylibyśmy/myłybyśmy	umylibyśmy/umyłybyśmy
wy	mylibyście/myłybyście	umylibyście/umyłybyście
oni/one	myliby/myłyby	umyliby/umyłyby

IMPERATIVE

	myjmy		umyjmy
myj	myjcie	umyj	umyjcie
niech myje	niech myją	niech umyje	niech umyją

PARTICIPLES

PRES. ACT. myjący, -a, -e; -y, -e
PRES. PASS. myty, -a, -e; -ci, -te   ***PAST PASS.*** umyty, -a, -e; -ci, -te
ADV. PART. myjąc
Verb governance: kogo, co
Related verbs with meanings: (**myć się/umyć się** *wash oneself*) (**domyć** *wash clean*) (**obmyć/się/** *sponge down; have a wash*) (**podmyć** *wash away, undermine*) (**pomyć** *wash up*) (**przemyć** *give a wash, scrub*) (**rozmyć** *wash away*) (**wymyć/się/** *wash out, rinse; wash oneself*) (**zmyć** *wash off*)

EXAMPLES of model and/or related verbs: 1. **Umyty** ozorek wołowy wkładam do rondla. *I put the washed ox tongue into a saucepan.* 2. Twarz **umyłam** mleczkiem. *I washed my face with face lotion.* 3. **Zmyj** stwardniałą maskę. *Wash off the hardened mask.* 4. **Myjcie się** ciepłą wodą. *Wash yourselves with warm water.*

mylić się/pomylić się   to be wrong, make a mistake, err, miscalculate, be out by

IMPERFECTIVE		PERFECTIVE

PRESENT

ja	mylę się	
ty	mylisz się	
on/ona/ono	myli się	
my	mylimy się	
wy	mylicie się	
oni/one	mylą się	

PAST

ja	myliłem się/myliłam się	pomyliłem się/pomyliłam się
ty	myliłeś się/myliłaś się	pomyliłeś się/pomyliłaś się
on/ona/ono	mylił się/myliła się/myliło się	pomylił się/pomyliła się/pomyliło się
my	myliliśmy się/myliłyśmy się	pomyliliśmy się/pomyliłyśmy się
wy	myliliście się/myliłyście się	pomyliliście się/pomyliłyście się
oni/one	mylili się/myliły się	pomylili się/pomyliły się

FUTURE

ja	będę się mylił/myliła	pomylę się
ty	będziesz się mylił/myliła	pomylisz się
on/ona/ono	będzie się mylił/myliła/myliło	pomyli się
my	będziemy się mylili/myliły	pomylimy się
wy	będziecie się mylili/myliły	pomylicie się
oni/one	będą się mylili/myliły	pomylą się

CONDITIONAL

ja	myliłbym się/myliłabym się	pomyliłbym się/pomyliłabym się
ty	myliłbyś się/myliłabyś się	pomyliłbyś się/pomyliłabyś się
on/ona/ono	myliłby się/myliłaby się/myliłoby się	pomyliłby się/pomyliłaby się/pomyliłoby się
my	mylilibyśmy się/myliłybyśmy się	pomylilibyśmy się/pomyliłybyśmy się
wy	mylilibyście się/myliłybyście się	pomylilibyście się/pomyliłybyście się
oni/one	myliliby się/myliłyby się	pomyliliby się/pomyliłyby się

IMPERATIVE

	mylmy się		pomylmy się
myl się	mylcie się	pomyl się	pomylcie się
niech się myli	niech się mylą	niech się pomyli	niech się pomylą

PARTICIPLES

PRES. ACT.   mylący się, -a, -e; -y, -e
PRES. PASS.   *PAST PASS.*
ADV. PART.   myląc się
Verb governance: na kim; w czym; o czym
Related verbs with meanings: (**mylić/pomylić** *mislead, confuse*) (**omylić/się**/*delude; be mistaken*) (**zmylić** *stray, lead into error*)

EXAMPLES of model and/or related verbs: 1. Przestań **się mylić** w prostych rachunkach. *Stop making mistakes in simple arithmetic.* 2. Moja żona ciągle **się myli.** *My wife constantly makes mistakes.* 3. **Pomyliłem się** o jeden numer. *I was out by one number.* 4. Nie **omyl się** pierwszym wrażeniem. *Don't be mistaken by a first impression.*

IMPERFECTIVE		PERFECTIVE	

PRESENT

ja	myślę		
ty	myślisz		
on/ona/ono	myśli		
my	myślimy		
wy	myślicie		
oni/one	myślą		

PAST

ja	myślałem/myślałam	pomyślałem/pomyślałam
ty	myślałeś/myślałaś	pomyślałeś/pomyślałaś
on/ona/ono	myślał/myślała/myślało	pomyślał/pomyślała/pomyślało
my	myśleliśmy/myślałyśmy	pomyśleliśmy/pomyślałyśmy
wy	myśleliście/myślałyście	pomyśleliście/pomyślałyście
oni/one	myśleli/myślały	pomyśleli/pomyślały

FUTURE

ja	będę myślał/myślała	pomyślę
ty	będziesz myślał/myślała	pomyślisz
on/ona/ono	będzie myślał/myślała/myślało	pomyśli
my	będziemy myśleli/myślały	pomyślimy
wy	będziecie myśleli/myślały	pomyślicie
oni/one	będą myśleli/myślały	pomyślą

CONDITIONAL

ja	myślałbym/myślałabym	pomyślałbym/pomyślałabym
ty	myślałbyś/myślałabyś	pomyślałbyś/pomyślałabyś
on/ona/ono	myślałby/myślałaby/myślałoby	pomyślałby/pomyślałaby/pomyślałoby
my	myślelibyśmy/myślałybyśmy	pomyślelibyśmy/pomyślałybyśmy
wy	myślelibyście/myślałybyście	pomyślelibyście/pomyślałybyście
oni/one	myśleliby/myślałyby	pomyśleliby/pomyślałyby

IMPERATIVE

	myślmy		pomyślmy
myśl	myślcie	pomyśl	pomyślcie
niech myśli	niech myślą	niech pomyśli	niech pomyślą

PARTICIPLES

PRES. ACT.   myślący, -a, -e; -y, -e
PRES. PASS.   *PAST PASS.*   pomyślany, -a, -e; -, -e
ADV. PART.   myśląc
Verb governance: o kim, o czym
Related verbs with meanings: (**przemyśleć** *think over, consider*) (**wymyśleć** *invent, imagine*)

EXAMPLES of model and/or related verbs: 1. Proszę nie **myśleć**, że moja przyszłość była zaprogramowana. *Don't think that my future was preprogrammed.* 2. **Pomyślmy** jak spędzimy urlop w tym roku. *Let's think how we're going to spend our vacation this year.* 3. **Myślę**, że na powojenne lata trzeba spojrzeć bez kompleksów. *I believe that one has to look objectively at the postwar years.* 4. **Pomyślałem** wtedy: cóż to za urocza kobieta. *I thought then, "What a beautiful woman!"*

nalewać/nalać   to fill, pour into

IMPERFECTIVE	PERFECTIVE

PRESENT

ja	nalewam
ty	nalewasz
on/ona/ono	nalewa
my	nalewamy
wy	nalewacie
oni/one	nalewają

PAST

ja	nalewałem/nalewałam	nalałem/nalałam
ty	nalewałeś/nalewałaś	nalałeś/nalałaś
on/ona/ono	nalewał/nalewała/nalewało	nalał/nalała/nalało
my	nalewaliśmy/nalewałyśmy	naleliśmy/nalałyśmy
wy	nalewaliście/nalewałyście	naleliście/nalałyście
oni/one	nalewali/nalewały	naleli/nalały

FUTURE

ja	będę nalewał/nalewała	naleję
ty	będziesz nalewał/nalewała	nalejesz
on/ona/ono	będzie nalewał/nalewała/nalewało	naleje
my	będziemy nalewali/nalewały	nalejemy
wy	będziecie nalewali/nalewały	nalejecie
oni/one	będą nalewali/nalewały	naleją

CONDITIONAL

ja	nalewałbym/nalewałabym	nalałbym/nalałabym
ty	nalewałbyś/nalewałabyś	nalałbyś/nalałabyś
on/ona/ono	nalewałby/nalewałaby/nalewałoby	nalałby/nalałaby/nalałoby
my	nalewalibyśmy/nalewałybyśmy	nalelibyśmy/nalałybyśmy
wy	nalewalibyście/nalewałybyście	nalelibyście/nalałybyście
oni/one	nalewaliby/nalewałyby	naleliby/nalałyby

IMPERATIVE

	nalewajmy		nalejmy
nalewaj	nalewajcie	nalej	nalejcie
niech nalewa	niech nalewają	niech naleje	niech naleją

PARTICIPLES

PRES. ACT. nalewający, -a, -e; -y, -e
PRES. PASS. nalewany, -a, -e; -, -e   *PAST PASS.* nalany, -a, -e; -i, -e
ADV. PART. nalewając
Verb governance: komu, co; do czego
Related verbs with meanings: (**dolać** *add to, pour more, replenish*) (**oblać** *drench*) (**odlać** *pour off*) (**podlać** *water, baste*) (**polać** *pour on, sprinkle*) (**przelać/się/** *transfuse; overflow*) (**przylać** *pour some more*) (**rozlać/się/** *spill, ladle out; flow, overflow*) (**wlać** *fill up*) (**wylać** *pour out, spill*) (**zlać** *pour off, decant*) (**zalać** *pour over, inundate, flood*) Note: *lać pour* is an imperfective base verb – present: *leję*, etc.

EXAMPLES of model and/or related verbs: 1. **Dolewamy** wody do zupy, bo jest za gęsta. *We add more water to the soup because it is too thick.* 2. Grzanki z bułki **zalał** flaczkami. *He poured tripe over toast.* 3. Wystarczy **wylać** kilka kropli olejku na chusteczkę. *It's enough to spill a few drops of oil on your handkerchief.* 4. **Nalej** mi piwa do kufla. *Pour some beer into my beer mug.*

narzekać　　　　　　　　　　　　　　　　　to complain, grumble, bitch

IMPERFECTIVE		PERFECTIVE

PRESENT

ja	narzekam
ty	narzekasz
on/ona/ono	narzeka
my	narzekamy
wy	narzekacie
oni/one	narzekają

PAST

ja	narzekałem/narzekałam
ty	narzekałeś/narzekałaś
on/ona/ono	narzekał/narzekała/narzekało
my	narzekaliśmy/narzekałyśmy
wy	narzekaliście/narzekałyście
oni/one	narzekali/narzekały

FUTURE

ja	będę narzekał/narzekała
ty	będziesz narzekał/narzekała
on/ona/ono	będzie narzekał/narzekała/narzekało
my	będziemy narzekali/narzekały
wy	będziecie narzekali/narzekały
oni/one	będą narzekali/narzekały

CONDITIONAL

ja	narzekałbym/narzekałabym
ty	narzekałbyś/narzekałabyś
on/ona/ono	narzekałby/narzekałaby/narzekałoby
my	narzekalibyśmy/narzekałybyśmy
wy	narzekalibyście/narzekałybyście
oni/one	narzekaliby/narzekałyby

IMPERATIVE

	narzekajmy
narzekaj	narzekajcie
niech narzeka	niech narzekają

PARTICIPLES

PRES. ACT.　　narzekający, -a, -e; -y, -e
PRES. PASS.　　　　　　　　　　***PAST PASS.***
ADV. PART.　　narzekając

Verb governance: na kogo, na co

Related verbs with meanings: (**odrzekać/się/** *reply, break a spell; renounce*) (**przyrzekać** *promise*) (**wyrzekać/się/** *utter; deny, disown*) (**zarzekać się** *vow*)

EXAMPLES of model and/or related verbs: 1. Ona **narzeka,** że on ani słowem nie wspomina o niej. *She complains that he doesn't mention her at all.* 2. Przed zaśnięciem dziecko **narzekało** na bóle brzuszka. *Before bedtime, the child used to complain about a tummyache.* 3. Nie **narzekaj,** że skazany byłeś na ciągłe ataki i krytykę. *Don't grumble that you were condemned to constant attacks and criticism.* 4. **Narzekalibyście,** gdyby nie było dalszego ciągu. *You would have complained if it wasn't to be continued.*

IMPERFECTIVE   PERFECTIVE

PRESENT

ja	nazywam
ty	nazywasz
on/ona/ono	nazywa
my	nazywamy
wy	nazywacie
oni/one	nazywają

PAST

ja	nazywałem/nazywałam	nazwałem/nazwałam
ty	nazywałeś/nazywałaś	nazwałeś/nazwałaś
on/ona/ono	nazywał/nazywała/nazywało	nazwał/nazwała/nazwało
my	nazywaliśmy/nazywałyśmy	nazwaliśmy/nazwałyśmy
wy	nazywaliście/nazywałyście	nazwaliście/nazwałyście
oni/one	nazywali/nazywały	nazwali/nazwały

FUTURE

ja	będę nazywał/nazywała	nazwę
ty	będziesz nazywał/nazywała	nazwiesz
on/ona/ono	będzie nazywał/nazywała/nazywało	nazwie
my	będziemy nazywali/nazywały	nazwiemy
wy	będziecie nazywali/nazywały	nazwiecie
oni/one	będą nazywali/nazywały	nazwą

CONDITIONAL

ja	nazywałbym/nazywałabym	nazwałbym/nazwałabym
ty	nazywałbyś/nazywałabyś	nazwałbyś/nazwałabyś
on/ona/ono	nazywałby/nazywałaby/nazywałoby	nazwałby/nazwałaby/nazwałoby
my	nazywalibyśmy/nazywałybyśmy	nazwalibyśmy/nazwałybyśmy
wy	nazywalibyście/nazywałybyście	nazwalibyście/nazwałybyście
oni/one	nazywaliby/nazywałyby	nazwaliby/nazwałyby

IMPERATIVE

	nazywajmy		nazwijmy
nazywaj	nazywajcie	nazwij	nazwijcie
niech nazywa	niech nazywają	niech nazwie	niech nazwą

PARTICIPLES

PRES. ACT. nazywający, -a, -e; -y, -e
PRES. PASS. nazywany, -a, -e; -i, -e   ***PAST PASS.*** nazwany, -a, -e; -i, -e
ADV. PART. nazywając
Verb governance: kogo, co
Related verbs with meanings: (**nazywać się/nazwać się** *be called, have a name*) (**odezwać się** *answer*) (**pozwać** *cite*) (**przezwać** *nickname*) (**przyzwać** *beckon*) (**wezwać** *call up, summon*) (**wyzwać** *challenge, call names*) (**zwać** *call*)

EXAMPLES of model and/or related verbs: 1. **Nazywam** się Klara. *My name is Klara.* 2. **Nazwijmy** alejkę brzozową jego imieniem. *Let's call Birch Avenue by his name.* 3. Nowe stowarzyszenie myśliwskie **nazwano** "Łoś". *They named the new hunting association "The Moose."* 4. Był **nazywany** cichym strażnikiem. *He was called the silent guard.*

IMPERFECTIVE	PERFECTIVE

PRESENT

ja	nienawidzę	
ty	nienawidzisz	
on/ona/ono	nienawidzi	
my	nienawidzimy	
wy	nienawidzicie	
oni/one	nienawidzą	

PAST

ja	nienawidziłem/nienawidziłam	znienawidziłem/znienawidziłam
ty	nienawidziłeś/nienawidziłaś	znienawidziłeś/znienawidziłaś
on/ona/ono	nienawidził/nienawidziła/nienawidziło	znienawidził/znienawidziła/znienawidziło
my	nienawidziliśmy/nienawidziłyśmy	znienawidziliśmy/znienawidziłyśmy
wy	nienawidziliście/nienawidziłyście	znienawidziliście/znienawidziłyście
oni/one	nienawidzili/nienawidziły	znienawidzili/znienawidziły

FUTURE

ja	będę nienawidził/nienawidziła	znienawidzę
ty	będziesz nienawidził/nienawidziła	znienawidzisz
on/ona/ono	będzie nienawidził/nienawidziła/ nienawidziło	znienawidzi
my	będziemy nienawidzili/nienawidziły	znienawidzimy
wy	będziecie nienawidzili/nienawidziły	znienawidzicie
oni/one	będą nienawidzili/nienawidziły	znienawidzą

CONDITIONAL

ja	nienawidziłbym/nienawidziłabym	znienawidziłbym/znienawidziłabym
ty	nienawidziłbyś/nienawidziłabyś	znienawidziłbyś/znienawidziłabyś
on/ona/ono	nienawidziłby/nienawidziłaby/ nienawidziłoby	znienawidziłby/znienawidziłaby/ znienawidziłoby
my	nienawidzilibyśmy/ nienawidziłybyśmy	znienawidzilibyśmy/ znienawidziłybyśmy
wy	nienawidzilibyście/nienawidziłybyście	znienawidzilibyście/znienawidziłybyście
oni/one	nienawidziliby/nienawidziłyby	znienawidziliby/znienawidziłyby

IMPERATIVE

	nienawidźmy		znienawidźmy
nienawidź	nienawidźcie	znienawidź	znienawidźcie
niech nienawidzi	niech nienawidzą	niech znienawidzi	niech znienawidzą

PARTICIPLES

PRES. ACT.   nienawidzący, -a, -e; -y, -e
PRES. PASS.   nienawidzony, -a, -e; -eni, -one   *PAST PASS.*   znienawidzony, -a, -e; -eni, -one
ADV. PART.   nienawidząc
Verb governance: kogo, czego
Related verbs with meanings: (**nienawidzić się/znienawidzić się** *hate oneself*)

EXAMPLES of model and/or related verbs: 1. **Nienawidzimy** faszyzmu. *We abhor fascism.*
2. **Nienawidził** bolesnych zastrzyków. *He hated painful needles.* 3. **Nienawidźcie** uczucia
nienawiści. *Hate the feeling of hate.* 4. Wcześniej czy później oni **się znienawidzą.** *Sooner or
later, they will hate each other.*

IMPERFECTIVE	PERFECTIVE

PRESENT

ja	niepokoję
ty	niepokoisz
on/ona/ono	niepokoi
my	niepokoimy
wy	niepokoicie
oni/one	niepokoją

PAST

ja	niepokoiłem/niepokoiłam	zaniepokoiłem/zaniepokoiłam
ty	niepokoiłeś/niepokoiłaś	zaniepokoiłeś/zaniepokoiłaś
on/ona/ono	niepokoił/niepokoiła/niepokoiło	zaniepokoił/zaniepokoiła/zaniepokoiło
my	niepokoiliśmy/niepokoiłyśmy	zaniepokoiliśmy/zaniepokoiłyśmy
wy	niepokoiliście/niepokoiłyście	zaniepokoiliście/zaniepokoiłyście
oni/one	niepokoili/niepokoiły	zaniepokoili/zaniepokoiły

FUTURE

ja	będę niepokoił/niepokoiła	zaniepokoję
ty	będziesz niepokoił/niepokoiła	zaniepokoisz
on/ona/ono	będzie niepokoił/niepokoiła/ niepokoiło	zaniepokoi
my	będziemy niepokoili/niepokoiły	zaniepokoimy
wy	będziecie niepokoili/niepokoiły	zaniepokoicie
oni/one	będą niepokoili/niepokoiły	zaniepokoją

CONDITIONAL

ja	niepokoiłbym/niepokoiłabym	zaniepokoiłbym/zaniepokoiłabym
ty	niepokoiłbyś/niepokoiłabyś	zaniepokoiłbyś/zaniepokoiłabyś
on/ona/ono	niepokoiłby/niepokoiłaby/ niepokoiłoby	zaniepokoiłby/zaniepokoiłaby/ zaniepokoiłoby
my	niepokoilibyśmy/niepokoiłybyśmy	zaniepokoilibyśmy/zaniepokoiłybyśmy
wy	niepokoilibyście/niepokoiłybyście	zaniepokoilibyście/zaniepokoiłybyście
oni/one	niepokoiliby/niepokoiłyby	zaniepokoiliby/zaniepokoiłyby

IMPERATIVE

	niepokójmy		zaniepokójmy
niepokój	niepokójcie	zaniepokój	zaniepokójcie
niech niepokoi	niech niepokoją	niech zaniepokoi	niech zaniepokoją

PARTICIPLES

PRES. ACT. niepokojący, -a, -e; -y, -e
PRES. PASS. niepokojony, -a, -e; -eni, -one   *PAST PASS.* zaniepokojony, -a, -e; -eni, -one
ADV. PART. niepokojąc
Verb governance: kogo, czym
Related verbs with meanings: (**niepokoić się/zaniepokoić się** *worry, feel anxious/uneasy, be alarmed*)

EXAMPLES of model and/or related verbs: 1. Nasze czytelniczki **niepokoją się**. *Our readers are worried.* 2. Rozważania na temat śmierci **niepokoiły** go bardzo. *He was troubled a lot by deliberations regarding death.* 3. **Zaniepokoi się,** gdy córka nie wróci na czas do domu. *He will feel anxious if his daughter doesn't return home on time.* 4. Gdyby życie potoczyło się inaczej, **niepokoiłybyście się** waszą przyszłością. *If life were to take a different turn, you would worry about your future.*

nocować/przenocować   to spend the night, stay overnight

IMPERFECTIVE	PERFECTIVE

PRESENT

ja	nocuję
ty	nocujesz
on/ona/ono	nocuje
my	nocujemy
wy	nocujecie
oni/one	nocują

PAST

	IMPERFECTIVE	PERFECTIVE
ja	nocowałem/nocowałam	przenocowałem/przenocowałam
ty	nocowałeś/nocowałaś	przenocowałeś/przenocowałaś
on/ona/ono	nocował/nocowała/nocowało	przenocował/przenocowała/przenocowało
my	nocowaliśmy/nocowałyśmy	przenocowaliśmy/przenocowałyśmy
wy	nocowaliście/nocowałyście	przenocowaliście/przenocowałyście
oni/one	nocowali/nocowały	przenocowali/przenocowały

FUTURE

	IMPERFECTIVE	PERFECTIVE
ja	będę nocował/nocowała	przenocuję
ty	będziesz nocował/nocowała	przenocujesz
on/ona/ono	będzie nocował/nocowała/nocowało	przenocuje
my	będziemy nocowali/nocowały	przenocujemy
wy	będziecie nocowali/nocowały	przenocujecie
oni/one	będą nocowali/nocowały	przenocują

CONDITIONAL

	IMPERFECTIVE	PERFECTIVE
ja	nocowałbym/nocowałabym	przenocowałbym/przenocowałabym
ty	nocowałbyś/nocowałabyś	przenocowałbyś/przenocowałabyś
on/ona/ono	nocowałby/nocowałaby/nocowałoby	przenocowałby/przenocowałaby/przenocowałoby
my	nocowalibyśmy/nocowałybyśmy	przenocowalibyśmy/przenocowałybyśmy
wy	nocowalibyście/nocowałybyście	przenocowalibyście/przenocowałybyście
oni/one	nocowaliby/nocowałyby	przenocowaliby/przenocowałyby

IMPERATIVE

	nocujmy		przenocujmy
nocuj	nocujcie	przenocuj	przenocujcie
niech nocuje	niech nocują	niech przenocuje	niech przenocują

PARTICIPLES

PRES. ACT. nocujący, -a, -e; -y, -e
PRES. PASS.   *PAST PASS.* przenocowany, -a, -e; -i, -e
ADV. PART. nocując
Verb governance: u kogo; gdzie
Related verbs with meanings: (**zanocować** *put up for the night*)

EXAMPLES of model and/or related verbs: 1. Ulokowano nas w małym pokoiku, gdzie mieliśmy **przenocować.** *They housed us in a tiny room where we were to spend the night.* 2. **Przenocujcie** gdzie indziej. *Spend the night someplace else.* 3. Oni **zanocowali** w hotelu. *They put up for the night in a hotel.* 4. Dlaczego nie **przenocujemy** w zamku? *Why don't we spend the night in the castle?*

122

IMPERFECTIVE

INDETERMINATE   *DETERMINATE*

PRESENT

ja	noszę	niosę
ty	nosisz	niesiesz
on/ona/ono	nosi	niesie
my	nosimy	niesiemy
wy	nosicie	niesiecie
oni/one	noszą	niosą

PAST

ja	nosiłem/nosiłam	niosłem/niosłam
ty	nosiłeś/nosiłaś	niosłeś/niosłaś
on/ona/ono	nosił/nosiła/nosiło	niósł/niosła/niosło
my	nosiliśmy/nosiłyśmy	nieśliśmy/niosłyśmy
wy	nosiliście/nosiłyście	nieśliście/niosłyście
oni/one	nosili/nosiły	nieśli/niosły

FUTURE

ja	będę nosił/nosiła	będę niósł/niosła
ty	będziesz nosił/nosiła	będziesz niósł/niosła
on/ona/ono	będzie nosił/nosiła/nosiło	będzie niósł/niosła/niosło
my	będziemy nosili/nosiły	będziemy nieśli/niosły
wy	będziecie nosili/nosiły	będziecie nieśli/niosły
oni/one	będą nosili/nosiły	będą nieśli/niosły

CONDITIONAL

ja	nosiłbym/nosiłabym	niósłbym/niosłabym
ty	nosiłbyś/nosiłabyś	niósłbyś/niosłabyś
on/ona/ono	nosiłby/nosiłaby/nosiłoby	niósłby/niosłaby/niosłoby
my	nosilibyśmy/nosiłybyśmy	nieślibyśmy/niosłybyśmy
wy	nosilibyście/nosiłybyście	nieślibyście/niosłybyście
oni/one	nosiliby/nosiłyby	nieśliby/niosłyby

IMPERATIVE

	nośmy		nieśmy
noś	noście	nieś	nieście
niech nosi	niech noszą	niech niesie	niech niosą

PARTICIPLES

PRES. ACT.	noszący, -a, -e; -y, -e		niosący, -a, -e; -y, -e
PRES. PASS.	noszony, -a, -e; -eni, -one	***PAST PASS.***	niesiony, -a, -e; -eni, -one
ADV. PART.	nosząc		niosąc

Verb governance: kogo, co; komu

Related verbs with meanings: (**donieść** *inform, let know*) (**nanieść** *carry*) (**podnieść** *pick up*) (**przenieść/się/** *carry over, transfer; move*) (**przynieść** *bring, yield*) (**roznieść/się/** *demolish, spread; resound*) (**unieść/się/** *lift; soar, be agitated*) (**wnieść** *carry in, contribute*) (**wynieść/się/** *carry out; take oneself out*) (**znieść** *take down, raze, cancel, endure, lay/eggs/*)

EXAMPLES of model and/or related verbs: 1. Moja córka, Dawn Noelle, **nosiła** przez dwa lata aparat dentystyczny. *My daughter, Dawn Noelle, wore a dental retainer for two years.* 2. Na razie nie myślę **się** tu **przenosić** na stałe. *At the moment, I'm not thinking of moving here permanently.* 3. Na koszulkach **noszą** różne napisy. *They wear different slogans on T-shirts.* 4. **Przenieśliśmy się** do większego mieszkania. *We moved to a bigger apartment.*

notować/zanotować   to note, take notes, jot down, keep a record, write down

IMPERFECTIVE		PERFECTIVE

PRESENT

ja	notuję	
ty	notujesz	
on/ona/ono	notuje	
my	notujemy	
wy	notujecie	
oni/one	notują	

PAST

ja	notowałem/notowałam	zanotowałem/zanotowałam
ty	notowałeś/notowałaś	zanotowałeś/zanotowałaś
on/ona/ono	notował/notowała/notowało	zanotował/zanotowała/zanotowało
my	notowaliśmy/notowałyśmy	zanotowaliśmy/zanotowałyśmy
wy	notowaliście/notowałyście	zanotowaliście/zanotowałyście
oni/one	notowali/notowały	zanotowali/zanotowały

FUTURE

ja	będę notował/notowała	zanotuję
ty	będziesz notował/notowała	zanotujesz
on/ona/ono	będzie notował/notowała/notowało	zanotuje
my	będziemy notowali/notowały	zanotujemy
wy	będziecie notowali/notowały	zanotujecie
oni/one	będą notowali/notowały	zanotują

CONDITIONAL

ja	notowałbym/notowałabym	zanotowałbym/zanotowałabym
ty	notowałbyś/notowałabyś	zanotowałbyś/zanotowałabyś
on/ona/ono	notowałby/notowałaby/notowałoby	zanotowałby/zanotowałaby/zanotowałoby
my	notowalibyśmy/notowałybyśmy	zanotowalibyśmy/zanotowałybyśmy
wy	notowalibyście/notowałybyście	zanotowalibyście/zanotowałybyście
oni/one	notowaliby/notowałyby	zanotowaliby/zanotowałyby

IMPERATIVE

	notujmy		zanotujmy
notuj	notujcie	zanotuj	zanotujcie
niech notuje	niech notują	niech zanotuje	niech zanotują

PARTICIPLES

PRES. ACT. notujący, -a, -e; -y, -e
PRES. PASS. notowany, -a, -e; -i, -e   *PAST PASS.* zanotowany, -a, -e; -i, -e
ADV. PART. notując
Verb governance: co, czym; w czym
Related verbs with meanings: (**odnotować** *note down, state*) (**wynotować** *write out, make notes*)

EXAMPLES of model and/or related verbs: 1. **Zanotował** pytania, jakie mu zadawano. *He jotted down the assigned questions.* 2. Chodził z brulionem i coś **notował.** *He was walking with a notepad and was jotting down something.* 3. Muszę **zanotować** twój numer telefonu. *I must jot down your phone number.* 4. Weź ołówek, kartkę i **notuj.** *Take a pencil, a piece of paper, and take notes.*

IMPERFECTIVE		PERFECTIVE	

PRESENT

ja	nudzę		
ty	nudzisz		
on/ona/ono	nudzi		
my	nudzimy		
wy	nudzicie		
oni/one	nudzą		

PAST

ja	nudziłem/nudziłam	znudziłem/znudziłam
ty	nudziłeś/nudziłaś	znudziłeś/znudziłaś
on/ona/ono	nudził/nudziła/nudziło	znudził/znudziła/znudziło
my	nudziliśmy/nudziłyśmy	znudziliśmy/znudziłyśmy
wy	nudziliście/nudziłyście	znudziliście/znudziłyście
oni/one	nudzili/nudziły	znudzili/znudziły

FUTURE

ja	będę nudził/nudziła	znudzę
ty	będziesz nudził/nudziła	znudzisz
on/ona/ono	będzie nudził/nudziła/nudziło	znudzi
my	będziemy nudzili/nudziły	znudzimy
wy	będziecie nudzili/nudziły	znudzicie
oni/one	będą nudzili/nudziły	znudzą

CONDITIONAL

ja	nudziłbym/nudziłabym	znudziłbym/znudziłabym
ty	nudziłbyś/nudziłabyś	znudziłbyś/znudziłabyś
on/ona/ono	nudziłby/nudziłaby/nudziłoby	znudziłby/znudziłaby/znudziłoby
my	nudzilibyśmy/nudziłybyśmy	znudzilibyśmy/znudziłybyśmy
wy	nudzilibyście/nudziłybyście	znudzilibyście/znudziłybyście
oni/one	nudziliby/nudziłyby	znudziliby/znudziłyby

IMPERATIVE

	nudźmy		znudźmy
nudź	nudźcie	znudź	znudźcie
niech nudzi	niech nudzą	niech znudzi	niech znudzą

PARTICIPLES

PRES. ACT. nudzący, -a, -e; -y, -e
PRES. PASS. nudzony, -a, -e; -eni, -one   **PAST PASS.** znudzony, -a, -e; -eni, -one
ADV. PART. nudząc
Verb governance: kogo, czym
Related verbs with meanings: (**nudzić się/znudzić się** *be bored*) (**wynudzić/się/** *bother, tire; be weary*) (**zanudzić/się/** *bore to death; be bored stiff*)

EXAMPLES of model and/or related verbs: 1. Chodzi o to, żebym **się** nie **nudził.** *The point is that I shouldn't be bored.* 2. On **się znudzi** w rodzinnej firmie. *He'll be bored in the family business.* 3. **Nudzę się** w pracy. *I'm bored at work.* 4. **Zanudziłbym się** siedząc w nieumeblowanym biurze. *I would be bored stiff sitting in an unfurnished office.*

IMPERFECTIVE	PERFECTIVE

PRESENT

ja	obiecuję
ty	obiecujesz
on/ona/ono	obiecuje
my	obiecujemy
wy	obiecujecie
oni/one	obiecują

PAST

ja	obiecywałem/obiecywałam	obiecałem/obiecałam
ty	obiecywałeś/obiecywałaś	obiecałeś/obiecałaś
on/ona/ono	obiecywał/obiecywała/obiecywało	obiecał/obiecała/obiecało
my	obiecywaliśmy/obiecywałyśmy	obiecaliśmy/obiecałyśmy
wy	obiecywaliście/obiecywałyście	obiecaliście/obiecałyście
oni/one	obiecywali/obiecywały	obiecali/obiecały

FUTURE

ja	będę obiecywał/obiecywała	obiecam
ty	będziesz obiecywał/obiecywała	obiecasz
on/ona/ono	będzie obiecywał/obiecywała/obiecywało	obieca
my	będziemy obiecywali/obiecywały	obiecamy
wy	będziecie obiecywali/obiecywały	obiecacie
oni/one	będą obiecywali/obiecywały	obiecają

CONDITIONAL

ja	obiecywałbym/obiecywałabym	obiecałbym/obiecałabym
ty	obiecywałbyś/obiecywałabyś	obiecałbyś/obiecałabyś
on/ona/ono	obiecywałby/obiecywałaby/obiecywałoby	obiecałby/obiecałaby/obiecałoby
my	obiecywalibyśmy/obiecywałybyśmy	obiecalibyśmy/obiecałybyśmy
wy	obiecywalibyście/obiecywałybyście	obiecalibyście/obiecałybyście
oni/one	obiecywaliby/obiecywałyby	obiecaliby/obiecałyby

IMPERATIVE

	obiecujmy		obiecajmy
obiecuj	obiecujcie	obiecaj	obiecajcie
niech obiecuje	niech obiecują	niech obieca	niech obiecają

PARTICIPLES

PRES. ACT. obiecujący, -a, -e; -y, -e
PRES. PASS. obiecywany, -a, -e; -i, -e   *PAST PASS.* obiecany, -a, -e; -i, -e
ADV. PART. obiecując
Verb governance: komu, co
Related verbs with meanings: (**przyobiecać** *promise*)

EXAMPLES of model and/or related verbs: 1. Wprowadził ją w błąd **obiecując** rozwód. *He misled her by promising a divorce.* 2. On **obiecywał** jej tak wiele. *He was promising her so much.* 3. **Obiecaliśmy** poszukać w parku zagubionej smyczy psa. *We promised to look for a lost dog leash in the park.* 4. Nikt im nie **obiecuje** złotych gór. *No one is promising them "golden mountains."*

IMPERFECTIVE		PERFECTIVE	

PRESENT

ja	obserwuję		
ty	obserwujesz		
on/ona/ono	obserwuje		
my	obserwujemy		
wy	obserwujecie		
oni/one	obserwują		

PAST

ja	obserwowałem/obserwowałam	zaobserwowałem/zaobserwowałam
ty	obserwowałeś/obserwowałaś	zaobserwowałeś/zaobserwowałaś
on/ona/ono	obserwował/obserwowała/ obserwowało	zaobserwował/zaobserwowała/ zaobserwowało
my	obserwowaliśmy/obserwowałyśmy	zaobserwowaliśmy/zaobserwowałyśmy
wy	obserwowaliście/obserwowałyście	zaobserwowaliście/zaobserwowałyście
oni/one	obserwowali/obserwowały	zaobserwowali/zaobserwowały

FUTURE

ja	będę obserwował/obserwowała	zaobserwuję
ty	będziesz obserwował/obserwowała	zaobserwujesz
on/ona/ono	będzie obserwował/obserwowała/ obserwowało	zaobserwuje
my	będziemy obserwowali/obserwowały	zaobserwujemy
wy	będziecie obserwowali/obserwowały	zaobserwujecie
oni/one	będą obserwowali/obserwowały	zaobserwują

CONDITIONAL

ja	obserwowałbym/obserwowałabym	zaobserwowałbym/zaobserwowałabym
ty	obserwowałbyś/obserwowałabyś	zaobserwowałbyś/zaobserwowałabyś
on/ona/ono	obserwowałby/obserwowałaby/ obserwowałoby	zaobserwowałby/zaobserwowałaby/ zaobserwowałoby
my	obserwowalibyśmy/ obserwowałybyśmy	zaobserwowalibyśmy/ zaobserwowałybyśmy
wy	obserwowalibyście/ obserwowałybyście	zaobserwowalibyście/ zaobserwowałybyście
oni/one	obserwowaliby/obserwowałyby	zaobserwowaliby/zaobserwowałyby

IMPERATIVE

	obserwujmy		zaobserwujmy
obserwuj	obserwujcie	zaobserwuj	zaobserwujcie
niech obserwuje	niech obserwują	niech zaobserwuje	niech zaobserwują

PARTICIPLES

PRES. ACT. obserwujący, -a, -e; -y, -e
PRES. PASS. obserwowany, -a, -e; -i, -e   *PAST PASS.* zaobserwowany, -a, -e; -i, -e
ADV. PART. obserwując

Verb governance: kogo, co; przez co
Related verbs with meanings:

EXAMPLES of model and/or related verbs: 1. **Obserwujemy** jak on zareaguje na tą wiadomość. *We observe how he will react to this news.* 2. **Obserwował** i usiłował odgadnąć, ale nie dał rady. *He observed and tried to guess, but he didn't succeed.* 3. **Zaobserwowałam** ich niezwykle dobre chęci. *I noticed their unusually good intentions.* 4. **Obserwujmy** dzisiejsze doświadczenia bardzo pilnie. *Let's observe today's experiments very closely.*

127

odpoczywać/odpocząć

to rest, relax, take a break

IMPERFECTIVE		PERFECTIVE

PRESENT

ja	odpoczywam	
ty	odpoczywasz	
on/ona/ono	odpoczywa	
my	odpoczywamy	
wy	odpoczywacie	
oni/one	odpoczywają	

PAST

ja	odpoczywałem/odpoczywałam	odpocząłem/odpoczęłam
ty	odpoczywałeś/odpoczywałaś	odpocząłeś/odpoczęłaś
on/ona/ono	odpoczywał/odpoczywała/-ło	odpoczął/odpoczęła/odpoczęło
my	odpoczywaliśmy/odpoczywałyśmy	odpoczęliśmy/odpoczęłyśmy
wy	odpoczywaliście/odpoczywałyście	odpoczęliście/odpoczęłyście
oni/one	odpoczywali/odpoczywały	odpoczęli/odpoczęły

FUTURE

ja	będę odpoczywał/odpoczywała	odpocznę
ty	będziesz odpoczywał/odpoczywała	odpoczniesz
on/ona/ono	będzie odpoczywał/odpoczywała/-ło	odpocznie
my	będziemy odpoczywali/odpoczywały	odpoczniemy
wy	będziecie odpoczywali/odpoczywały	odpoczniecie
oni/one	będą odpoczywali/odpoczywały	odpoczną

CONDITIONAL

ja	odpoczywałbym/odpoczywałabym	odpocząłbym/odpoczęłabym
ty	odpoczywałbyś/odpoczywałabyś	odpocząłbyś/odpoczęłabyś
on/ona/ono	odpoczywałby/odpoczywałaby/ odpoczywałoby	odpocząłby/odpoczęłaby/odpoczęłoby
my	odpoczywalibyśmy/ odpoczywałybyśmy	odpoczęlibyśmy/odpoczęłybyśmy
wy	odpoczywalibyście/-łybyście	odpoczęlibyście/odpoczęłybyście
oni/one	odpoczywaliby/odpoczywałyby	odpoczęliby/odpoczęłyby

IMPERATIVE

	odpoczywajmy		odpocznijmy
odpoczywaj	odpoczywajcie	odpocznij	odpocznijcie
niech odpoczywa	niech odpoczywają	niech odpocznie	niech odpoczną

PARTICIPLES

PRES. ACT. odpoczywający, -a, -e; -y, -e

PRES. PASS.   **PAST PASS.**

ADV. PART. odpoczywając

Verb governance: na czym; gdzie

Related verbs with meanings: (**rozpocząć/się/** *begin; start*) (**spoczywać** *rest, lie*) (**wypoczywać** *take a rest, repose*)

EXAMPLES of model and/or related verbs: 1. We własnych czterech ścianach najlepiej mi się pracuje i **odpoczywa.** *I work and relax best within my own four walls.* 2. Nie należy, mówiąc potocznie, "**spoczywać** na laurach". *One shouldn't, as the saying goes, "rest on one's laurels."* 3. **Odpoczniemy** w łagodnym, słonecznym klimacie. *We'll relax in a mild, sunny climate.* 4. Co jakiś czas **będę odpoczywała,** bo inaczej nie dorównam wam kroku. *I'll rest from time to time; otherwise, I won't be able to keep up with all of you.*

odpowiadać/odpowiedzieć   to answer, reply, retort; be suitable [**I** only]

IMPERFECTIVE   ## PERFECTIVE

PRESENT

ja	odpowiadam
ty	odpowiadasz
on/ona/ono	odpowiada
my	odpowiadamy
wy	odpowiadacie
oni/one	odpowiadają

PAST

ja	odpowiadałem/odpowiadałam	odpowiedziałem/odpowiedziałam
ty	odpowiadałeś/odpowiadałaś	odpowiedziałeś/odpowiedziałaś
on/ona/ono	odpowiadał/odpowiadała/odpowiadało	odpowiedział/odpowiedziała/odpowiedziało
my	odpowiadaliśmy/odpowiadałyśmy	odpowiedzieliśmy/odpowiedziałyśmy
wy	odpowiadaliście/odpowiadałyście	odpowiedzieliście/odpowiedziałyście
oni/one	odpowiadali/odpowiadały	odpowiedzieli/odpowiedziały

FUTURE

ja	będę odpowiadał/odpowiadała	odpowiem
ty	będziesz odpowiadał/odpowiadała	odpowiesz
on/ona/ono	będzie odpowiadał/odpowiadała/ odpowiadało	odpowie
my	będziemy odpowiadali/odpowiadały	odpowiemy
wy	będziecie odpowiadali/odpowiadały	odpowiecie
oni/one	będą odpowiadali/odpowiadały	odpowiedzą

CONDITIONAL

ja	odpowiadałbym/odpowiadałabym	odpowiedziałbym/odpowiedziałabym
ty	odpowiadałbyś/odpowiadałabyś	odpowiedziałbyś/odpowiedziałabyś
on/ona/ono	odpowiadałby/odpowiadałaby/ odpowiadałoby	odpowiedziałby/odpowiedziałaby/ odpowiedziałoby
my	odpowiadalibyśmy/ odpowiadałybyśmy	odpowiedzielibyśmy/ odpowiedziałybyśmy
wy	odpowiadalibyście/odpowiadałybyście	odpowiedzielibyście/odpowiedziałybyście
oni/one	odpowiadaliby/odpowiadałyby	odpowiedzieliby/odpowiedziałyby

IMPERATIVE

	odpowiadajmy		odpowiedzmy
odpowiadaj	odpowiadajcie	odpowiedz	odpowiedzcie
niech odpowiada	niech odpowiadają	niech odpowie	niech odpowiedzą

PARTICIPLES

PRES. ACT.   odpowiadający, -a, -e; -y, -e
PRES. PASS.   odpowiadany, -a, -e; - , -e   *PAST PASS.*   odpowiedziany, -a, -e; - , -e
ADV. PART.   odpowiadając

Verb governance: komu; na co; za kogo, za co

Related verbs with meanings: (**dopowiadać** *finish saying, supplement*) (**opowiadać** *tell/stories/*) (**podpowiadać** *prompt*) (**przepowiadać** *predict*) (**rozpowiadać** *let know, gossip*) (**spowiadać/się/** *confess; go to confession*) (**wypowiadać** *formulate, express*) (**zapowiadać** *announce*)

EXAMPLES of model and/or related verbs: 1. Współczesnym księżniczkom nie **odpowiada** szara egzystencja. *Basic lifestyle is not suitable to modern-day princesses.* 2. **Odpowiedziała** mi, że mieszka w akademiku. *She answered me that she lives in a student residence.* 3. **Odpowiadając** na pytanie, uczeń wstał z ławki. *Answering the question, the pupil got up from his desk.*
4. Poważny stan **będzie** mi bardzo **odpowiadał.** *The pregnancy will suit me fine.*

odróżniać/odróżnić   to differentiate, distinguish, make out, tell apart

IMPERFECTIVE	PERFECTIVE

PRESENT

ja	odróżniam
ty	odróżniasz
on/ona/ono	odróżnia
my	odróżniamy
wy	odróżniacie
oni/one	odróżniają

PAST

	IMPERFECTIVE	PERFECTIVE
ja	odróżniałem/odróżniałam	odróżniłem/odróżniłam
ty	odróżniałeś/odróżniałaś	odróżniłeś/odróżniłaś
on/ona/ono	odróżniał/odróżniała/odróżniało	odróżnił/odróżniła/odróżniło
my	odróżnialiśmy/odróżniałyśmy	odróżniliśmy/odróżniłyśmy
wy	odróżnialiście/odróżniałyście	odróżniliście/odróżniłyście
oni/one	odróżniali/odróżniały	odróżnili/odróżniły

FUTURE

	IMPERFECTIVE	PERFECTIVE
ja	będę odróżniał/odróżniała	odróżnię
ty	będziesz odróżniał/odróżniała	odróżnisz
on/ona/ono	będzie odróżniał/ odróżniała/odróżniało	odróżni
my	będziemy odróżniali/odróżniały	odróżnimy
wy	będziecie odróżniali/odróżniały	odróżnicie
oni/one	będą odróżniali/odróżniały	odróżnią

CONDITIONAL

	IMPERFECTIVE	PERFECTIVE
ja	odróżniałbym/odróżniałabym	odróżniłbym/odróżniłabym
ty	odróżniałbyś/odróżniałabyś	odróżniłbyś/odróżniłabyś
on/ona/ono	odróżniałby/odróżniałaby/ odróżniałoby	odróżniłby/odróżniłaby/odróżniłoby
my	odróżnialibyśmy/odróżniałybyśmy	odróżnilibyśmy/odróżniłybyśmy
wy	odróżnialibyście/odróżniałybyście	odróżnilibyście/odróżniłybyście
oni/one	odróżnialiby/odróżniałyby	odróżniliby/odróżniłyby

IMPERATIVE

	odróżniajmy		odróżnijmy
odróżniaj	odróżniajcie	odróżnij	odróżnijcie
niech odróżnia	niech odróżniają	niech odróżni	niech odróżnią

PARTICIPLES

PRES. ACT. odróżniający, -a, -e; -y, -e
PRES. PASS. odróżniany, -a, -e; -i, -e   ***PAST PASS.*** odróżniony, -a, -e; -eni, -one
ADV. PART. odróżniając

Verb governance: kogo, co; od kogo, od czego
Related verbs with meanings: (**odróżniać się/odróżnić się** *differ*) (**poróżnić/się/** *embroil; disagree*) (**rozróżnić** *discern, distinguish*) (**wyróżnić/się/** *single out; distinguish oneself, stand out*)

EXAMPLES of model and/or related verbs: 1. Scenariusz filmu nie **odróżnia się** od noweli. *The movie script does not differ from the novel.* 2. Dzieci Lusi łatwo **odróżnią** kwitnącą jabłoń od kwitnącej czereśni. *Lucy's children will easily distinguish a blooming apple tree from a blossoming cherry tree.* 3. Można łatwo **rozróżnić** pomiędzy różnymi gatunkami drzew owocowych. *It is easy to differentiate the various types of trees.* 4. Nie **odróżniała** rzeczy ważnych od mniej istotnych. *She didn't distinguish important things from less significant ones.*

oglądać/obejrzeć   to examine, have a look at, survey, visit, inspect, look over

IMPERFECTIVE		PERFECTIVE	

PRESENT

ja	oglądam
ty	oglądasz
on/ona/ono	ogląda
my	oglądamy
wy	oglądacie
oni/one	oglądają

PAST

ja	oglądałem/oglądałam	obejrzałem/obejrzałam
ty	oglądałeś/oglądałaś	obejrzałeś/obejrzałaś
on/ona/ono	oglądał/oglądała/oglądało	obejrzał/obejrzała/obejrzało
my	oglądaliśmy/oglądałyśmy	obejrzeliśmy/obejrzałyśmy
wy	oglądaliście/oglądałyście	obejrzeliście/obejrzałyście
oni/one	oglądali/oglądały	obejrzeli/obejrzały

FUTURE

ja	będę oglądał/oglądała	obejrzę
ty	będziesz oglądał/oglądała	obejrzysz
on/ona/ono	będzie oglądał/oglądała/oglądało	obejrzy
my	będziemy oglądali/oglądały	obejrzymy
wy	będziecie oglądali/oglądały	obejrzycie
oni/one	będą oglądali/oglądały	obejrzą

CONDITIONAL

ja	oglądałbym/oglądałabym	obejrzałbym/obejrzałabym
ty	oglądałbyś/oglądałabyś	obejrzałbyś/obejrzałabyś
on/ona/ono	oglądałby/oglądałaby/oglądałoby	obejrzałby/obejrzałaby/obejrzałoby
my	oglądalibyśmy/oglądałybyśmy	obejrzelibyśmy/obejrzałybyśmy
wy	oglądalibyście/oglądałybyście	obejrzelibyście/obejrzałybyście
oni/one	oglądaliby/oglądałyby	obejrzeliby/obejrzałyby

IMPERATIVE

	oglądajmy		obejrzyjmy
oglądaj	oglądajcie	obejrzyj	obejrzyjcie
niech ogląda	niech oglądają	niech obejrzy	niech obejrzą

PARTICIPLES

PRES. ACT.   oglądający, -a, -e; -y, -e
PRES. PASS.   oglądany, -a, -e; -i, -e   *PAST PASS.*   obejrzany, -a, -e; -i, -e
ADV. PART.   oglądając

Verb governance: kogo, co
Related verbs with meanings: (**oglądać się/obejrzeć się** *look around*) (**dojrzeć** *oversee*)
(**podejrzeć** *spy, snoop*) (**przejrzeć** *revise*) (**przyjrzeć się** *gaze at, scrutinize*) (**rozejrzeć się** *look round*) (**spojrzeć** *glance, look upon*) (**ujrzeć** *perceive*) (**wyjrzeć** *look out*) (**zajrzeć** *look into*)

EXAMPLES of model and/or related verbs: 1. Przybysze mogą **oglądać** dzieła sztuki. *The visitors may visit art treasures.* 2. Nawet były prezes **zaglądał** do klubu. *Even the past chairperson poked his head into the club.* 3. **Spojrzał** na zegarek, żeby się nie spóźnić. *He glanced at his watch in order not to be late.* 4. Zauważył, że wielu przechodniów **spogląda** na zegarek. *He noticed that many passersby were checking their watches.*

opiekować się/zaopiekować się   to take care of, look after

IMPERFECTIVE		PERFECTIVE

PRESENT

ja	opiekuję się
ty	opiekujesz się
on/ona/ono	opiekuje się
my	opiekujemy się
wy	opiekujecie się
oni/one	opiekują się

PAST

ja	opiekowałem się/opiekowałam się	zaopiekowałem się/zaopiekowałam się
ty	opiekowałeś się/opiekowałaś się	zaopiekowałeś się/zaopiekowałaś się
on/ona/ono	opiekował się/opiekowała się/ opiekowało się	zaopiekował się/zaopiekowała się/ zaopiekowało się
my	opiekowaliśmy się/opiekowałyśmy się	zaopiekowaliśmy się/zaopiekowałyśmy się
wy	opiekowaliście się/opiekowałyście się	zaopiekowaliście się/zaopiekowałyście się
oni/one	opiekowali się/opiekowały się	zaopiekowali się/zaopiekowały się

FUTURE

ja	będę się opiekował/opiekowała	zaopiekuję się
ty	będziesz się opiekował/opiekowała	zaopiekujesz się
on/ona/ono	będzie się opiekował/opiekowała/ opiekowało	zaopiekuje się
my	będziemy się opiekowali/opiekowały	zaopiekujemy się
wy	będziecie się opiekowali/opiekowały	zaopiekujecie się
oni/one	będą się opiekowali/opiekowały	zaopiekują się

CONDITIONAL

ja	opiekowałbym się/opiekowałabym się	zaopiekowałbym się/zaopiekowałabym się
ty	opiekowałbyś się/opiekowałabyś się	zaopiekowałbyś się/zaopiekowałabyś się
on/ona/ono	opiekowałby się/opiekowałaby się/ opiekowałoby się	zaopiekowałby się/zaopiekowałaby się/ zaopiekowałoby się
my	opiekowalibyśmy się/ opiekowałybyśmy się	zaopiekowalibyśmy się/ zaopiekowałybyśmy się
wy	opiekowalibyście się/ opiekowałybyście się	zaopiekowalibyście się/ zaopiekowałybyście się
oni/one	opiekowaliby się/opiekowałyby się	zaopiekowaliby się/zaopiekowałyby się

IMPERATIVE

	opiekujmy się		zaopiekujmy się
opiekuj się	opiekujcie się	zaopiekuj się	zaopiekujcie się
niech się opiekuje	niech się opiekują	niech się zaopiekuje	niech się zaopiekują

PARTICIPLES

PRES. ACT. opiekujący się, -a, -e; -y, -e
PRES. PASS.   **PAST PASS.**
ADV. PART. opiekując się
Verb governance: kim, czym
Related verbs with meanings:

EXAMPLES of model and/or related verbs: 1. Niańka **opiekuje się** maleństwem. *The baby-sitter is looking after the baby.* 2. Rodzice **opiekowali się** siedmioletnim Tomkiem. *The parents took care of seven-year-old Tommy.* 3. Obie babcie **będą opiekowały się** wnukiem. *Both grandmas will take care of their grandson.* 4. Proszę **zaopiekujcie się** dziećmi ze szkoły specjalnej podczas wakacji. *Please take care of the children from the special needs school during the holidays.*

organizować/zorganizować

IMPERFECTIVE		PERFECTIVE

PRESENT

ja	organizuję
ty	organizujesz
on/ona/ono	organizuje
my	organizujemy
wy	organizujecie
oni/one	organizują

PAST

	IMPERFECTIVE	PERFECTIVE
ja	organizowałem/organizowałam	zorganizowałem/zorganizowałam
ty	organizowałeś/organizowałaś	zorganizowałeś/zorganizowałaś
on/ona/ono	organizował/organizowała/-ło	zorganizował/zorganizowała/zorganizowało
my	organizowaliśmy/organizowałyśmy	zorganizowaliśmy/zorganizowałyśmy
wy	organizowaliście/organizowałyście	zorganizowaliście/zorganizowałyście
oni/one	organizowali/organizowały	zorganizowali/zorganizowały

FUTURE

	IMPERFECTIVE	PERFECTIVE
ja	będę organizował/organizowała	zorganizuję
ty	będziesz organizował/organizowała	zorganizujesz
on/ona/ono	będzie organizował/organizowała/ organizowało	zorganizuje
my	będziemy organizowali/organizowały	zorganizujemy
wy	będziecie organizowali/organizowały	zorganizujecie
oni/one	będą organizowali/organizowały	zorganizują

CONDITIONAL

	IMPERFECTIVE	PERFECTIVE
ja	organizowałbym/organizowałabym	zorganizowałbym/zorganizowałabym
ty	organizowałbyś/organizowałabyś	zorganizowałbyś/zorganizowałabyś
on/ona/ono	organizowałby/organizowałaby/ organizowałoby	zorganizowałby/zorganizowałaby/ zorganizowałoby
my	organizowalibyśmy/ organizowałybyśmy	zorganizowalibyśmy/ zorganizowałybyśmy
wy	organizowalibyście/-łybyście	zorganizowalibyście/-łybyście
oni/one	organizowaliby/organizowałyby	zorganizowaliby/zorganizowałyby

IMPERATIVE

	organizujmy		zorganizujmy
organizuj	organizujcie	zorganizuj	zorganizujcie
niech organizuje	niech organizują	niech zorganizuje	niech zorganizują

PARTICIPLES

PRES. ACT. organizujący, -a, -e; -y, -e
PRES. PASS. organizowany, -a, -e; -i, -e   **PAST PASS.** zorganizowany, -a, -e; -i, -e
ADV. PART. organizując

Verb governance: kogo, co; z kim, z czym
Related verbs with meanings: (**organizować się/zorganizować się** *be organized, unite*)
(**przeorganizować/się/** *reorganize; be reorganized*)

EXAMPLES of model and/or related verbs: 1. Byłam po raz pierwszy na kiermaszu polskiej książki **zorganizowanym** przez miejską bibliotekę. *I attended for the first time a Polish book fair organized by the municipal library.* 2. **Zorganizujemy** kółko żon profesorów. *Let's organize the professors' wives' club.* 3. Szkoda, że nie potrafimy **organizować się** na szczeblu lokalnym. *Too bad that we can't be organized at the local level.* 4. Ludzie nie **organizują się** w kluby z osobistych powodów. *People don't get organized into clubs for personal reasons.*

oszczędzać/oszczędzić　　　　　　to save, economize, put aside, be careful, spare

---

IMPERFECTIVE　　　　　　　　PERFECTIVE
PRESENT

ja	oszczędzam
ty	oszczędzasz
on/ona/ono	oszczędza
my	oszczędzamy
wy	oszczędzacie
oni/one	oszczędzają

PAST

ja	oszczędzałem/oszczędzałam	oszczędziłem/oszczędziłam
ty	oszczędzałeś/oszczędzałaś	oszczędziłeś/oszczędziłaś
on/ona/ono	oszczędzał/oszczędzała/oszczędzało	oszczędził/oszczędziła/oszczędziło
my	oszczędzaliśmy/oszczędzałyśmy	oszczędziliśmy/oszczędziłyśmy
wy	oszczędzaliście/oszczędzałyście	oszczędziliście/oszczędziłyście
oni/one	oszczędzali/oszczędzały	oszczędzili/oszczędziły

FUTURE

ja	będę oszczędzał/oszczędzała	oszczędzę
ty	będziesz oszczędzał/oszczędzała	oszczędzisz
on/ona/ono	będzie oszczędzał/oszczędzała/ oszczędzało	oszczędzi
my	będziemy oszczędzali/oszczędzały	oszczędzimy
wy	będziecie oszczędzali/oszczędzały	oszczędzicie
oni/one	będą oszczędzali/oszczędzały	oszczędzą

CONDITIONAL

ja	oszczędzałbym/oszczędzałabym	oszczędziłbym/oszczędziłabym
ty	oszczędzałbyś/oszczędzałabyś	oszczędziłbyś/oszczędziłabyś
on/ona/ono	oszczędzałby/oszczędzałaby/ oszczędzałoby	oszczędziłby/oszczędziłaby/oszczędziłoby
my	oszczędzalibyśmy/oszczędzałybyśmy	oszczędzilibyśmy/oszczędziłybyśmy
wy	oszczędzalibyście/oszczędzałybyście	oszczędzilibyście/oszczędziłybyście
oni/one	oszczędzaliby/oszczędzałyby	oszczędziliby/oszczędziłyby

IMPERATIVE

	oszczędzajmy		oszczędźmy
oszczędzaj	oszczędzajcie	oszczędź	oszczędźcie
niech oszczędza	niech oszczędzają	niech oszczędzi	niech oszczędzą

PARTICIPLES

PRES. ACT.　oszczędzający, -a, -e; -y, -e

PRES. PASS.　oszczędzany, -a, -e; -i, -e　　　*PAST PASS.*　oszczędzony, -a, -e; -eni, -one

ADV. PART.　oszczędzając

Verb governance: kogo, co; komu, czemu; na co; na czym

Related verbs with meanings: (**oszczędzać się/oszczędzić się** *take care of oneself*) (**zaoszczędzić** *economize on, save up*)

EXAMPLES of model and/or related verbs: 1. Za **zaoszczędzone** pieniądze kupię sobie przenośny komputer z drukarką. *With the saved-up money, I'll buy myself a laptop computer with a printer.* 2. **Oszczędzam** dolary na szarą godzinę. *I save dollars for a rainy day.* 3. **Oszczędzali** pieniądze na dom przez wiele lat. *For many years, they were saving money for a house.* 4. Pięciu wspólników **będzie oszczędzać** przez rok, aby założyć firmę konsultingową. *Five partners will be saving for a year in order to start up a consulting agency.*

ośmielać/ośmielić   to encourage, embolden

IMPERFECTIVE		PERFECTIVE	

PRESENT

ja	ośmielam		
ty	ośmielasz		
on/ona/ono	ośmiela		
my	ośmielamy		
wy	ośmielacie		
oni/one	ośmielają		

PAST

ja	ośmielałem/ośmielałam	ośmieliłem/ośmieliłam	
ty	ośmielałeś/ośmielałaś	ośmieliłeś/ośmieliłaś	
on/ona/ono	ośmielał/ośmielała/ośmielało	ośmielił/ośmieliła/ośmieliło	
my	ośmielaliśmy/ośmielałyśmy	ośmieliliśmy/ośmieliłyśmy	
wy	ośmielaliście/ośmielałyście	ośmieliliście/ośmieliłyście	
oni/one	ośmielali/ośmielały	ośmielili/ośmieliły	

FUTURE

ja	będę ośmielał/ośmielała	ośmielę	
ty	będziesz ośmielał/ośmielała	ośmielisz	
on/ona/ono	będzie ośmielał/ośmielała/ośmielało	ośmieli	
my	będziemy ośmielali/ośmielały	ośmielimy	
wy	będziecie ośmielali/ośmielały	ośmielicie	
oni/one	będą ośmielali/ośmielały	ośmielą	

CONDITIONAL

ja	ośmielałbym/ośmielałabym	ośmieliłbym/ośmieliłabym	
ty	ośmielałbyś/ośmielałabyś	ośmieliłbyś/ośmieliłabyś	
on/ona/ono	ośmielałby/ośmielałaby/ośmielałoby	ośmieliłby/ośmieliłaby/ośmieliłoby	
my	ośmielalibyśmy/ośmielałybyśmy	ośmielilibyśmy/ośmieliłybyśmy	
wy	ośmielalibyście/ośmielałybyście	ośmielilibyście/ośmieliłybyście	
oni/one	ośmielaliby/ośmielałyby	ośmieliliby/ośmieliłyby	

IMPERATIVE

	ośmielajmy		ośmielmy
ośmielaj	ośmielajcie	ośmiel	ośmielcie
niech ośmiela	niech ośmielają	niech ośmieli	niech ośmielą

PARTICIPLES

PRES. ACT.	ośmielający, -a, -e; -y, -e		
PRES. PASS.	ośmielany, -a, -e; -i, -e	*PAST PASS.*	ośmielony, -a, -e; -eni, -one
ADV. PART.	ośmielając		

Verb governance: kogo

Related verbs with meanings: (**ośmielać się/ośmielić się** *dare, venture*)

EXAMPLES of model and/or related verbs: 1. **Ośmielam się** zaproponować stworzenie nowej rubryki. *I dare to suggest the creation of a new column.* 2. Może **ośmieliłabym się** wyruszyć w długą podróż, jeżeli znalazłabym towarzysza do podróży. *Perhaps I would dare to undertake a long journey if I were to find a traveling companion.* 3. Nie wiem, czy **ośmielę się** na rozmowę z dziennikarką. *I don't know if I'll dare the interview with a journalist.* 4. W tej sprawie nie **ośmieliliśmy się** być anonimowi. *In this matter, we didn't dare to be anonymous.*

IMPERFECTIVE		PERFECTIVE

PRESENT

ja	otwieram
ty	otwierasz
on/ona/ono	otwiera
my	otwieramy
wy	otwieracie
oni/one	otwierają

PAST

ja	otwierałem/otwierałam	otworzyłem/otworzyłam
ty	otwierałeś/otwierałaś	otworzyłeś/otworzyłaś
on/ona/ono	otwierał/otwierała/otwierało	otworzył/otworzyła/otworzyło
my	otwieraliśmy/otwierałyśmy	otworzyliśmy/otworzyłyśmy
wy	otwieraliście/otwierałyście	otworzyliście/otworzyłyście
oni/one	otwierali/otwierały	otworzyli/otworzyły

FUTURE

ja	będę otwierał/otwierała	otworzę
ty	będziesz otwierał/otwierała	otworzysz
on/ona/ono	będzie otwierał/otwierała/otwierało	otworzy
my	będziemy otwierali/otwierały	otworzymy
wy	będziecie otwierali/otwierały	otworzycie
oni/one	będą otwierali/otwierały	otworzą

CONDITIONAL

ja	otwierałbym/otwierałabym	otworzyłbym/otworzyłabym
ty	otwierałbyś/otwierałabyś	otworzyłbyś/otworzyłabyś
on/ona/ono	otwierałby/otwierałaby/otwierałoby	otworzyłby/otworzyłaby/otworzyłoby
my	otwieralibyśmy/otwierałybyśmy	otworzylibyśmy/otworzyłybyśmy
wy	otwieralibyście/otwierałybyście	otworzylibyście/otworzyłybyście
oni/one	otwieraliby/otwierałyby	otworzyliby/otworzyłyby

IMPERATIVE

	otwierajmy		otwórzmy
otwieraj	otwierajcie	otwórz	otwórzcie
niech otwiera	niech otwierają	niech otworzy	niech otworzą

PARTICIPLES

PRES. ACT.   otwierający, -a, -e; -y, -e
PRES. PASS.   otwierany, -a, -e; -, -e   *PAST PASS.*   otwarty, -a, -e; -, -te
ADV. PART.   otwierając
Verb governance: komu, co
Related verbs with meanings: (**otwierać się/otworzyć się** *be opened, open up*) (**pootwierać** *open one after another*) (**roztworzyć** *fling open*)

EXAMPLES of model and/or related verbs: 1. On **pootwierał** wszystkie okna w domu. *He opened all the windows in the house.* 2. Kto przy zdrowych zmysłach **otworzy** o północy drzwi obcemu? *Who in his right mind will open the door at midnight to a stranger?* 3. Furtka **otwiera się** łatwo. *The gate opens easily.* 4. **Otworzylibyśmy** i my przyparafialną kawiarenkę, jeżeli mielibyśmy dużo ochotników. *We too would open a parish coffee shop if we were to have enough volunteers.*

padać or **upadać/upaść**   to fall down; rain, snow [3rd pers. sing. **I** only]

IMPERFECTIVE		PERFECTIVE

PRESENT

ja	padam
ty	padasz
on/ona/ono	pada
my	padamy
wy	padacie
oni/one	padają

PAST

ja	padałem/padałam	upadłem/upadłam
ty	padałeś/padałaś	upadłeś/upadłaś
on/ona/ono	padał/padała/padało	upadł/upadła/upadło
my	padaliśmy/padałyśmy	upadliśmy/upadłyśmy
wy	padaliście/padałyście	upadliście/upadłyście
oni/one	padali/padały	upadli/upadły

FUTURE

ja	będę padał/padała	upadnę
ty	będziesz padał/padała	upadniesz
on/ona/ono	będzie padał/padała/padało	upadnie
my	będziemy padali/padały	upadniemy
wy	będziecie padali/padały	upadniecie
oni/one	będą padali/padały	upadną

CONDITIONAL

ja	padałbym/padałabym	upadłbym/upadłabym
ty	padałbyś/padałabyś	upadłbyś/upadłabyś
on/ona/ono	padałby/padałaby/padałoby	upadłby/upadłaby/upadłoby
my	padalibyśmy/padałybyśmy	upadlibyśmy/upadłybyśmy
wy	padalibyście/padałybyście	upadlibyście/upadłybyście
oni/one	padaliby/padałyby	upadliby/upadłyby

IMPERATIVE

	padajmy		upadnijmy
padaj	padajcie	upadnij	upadnijcie
niech pada	niech padają	niech upadnie	niech upadną

PARTICIPLES

PRES. ACT.   padający, -a, -e; -y, -e
PRES. PASS.   *PAST PASS.*
ADV. PART.   padając

Verb governance: co; na kogo, na co; z czego
Related verbs with meanings: (**dopadać** *overtake, reach, catch*) (**napadać** *mug, attack*) (**odpadać** *fall off/away, detach*) (**opadać** *drop*) (**popadać** *fall*) (**przepadać** *be lost, be fond of*) (**spadać** *tumble*) (**wpadać** *fall into, drop in*) (**wypadać** *fall out, occur*) (**zapadać** *fall, be afflicted, get sick*)

EXAMPLES of model and/or related verbs: 1. Uczeń **wpadł** w panikę przed klasówką. *The pupil panicked before the test.* 2. Ludzie którzy się rozstali nie **padają** sobie z powrotem w ramiona. *People who have separated don't fall into each other's arms again.* 3. Kobiety **przepadałyby** za nim, gdyby dostał się do Hollywood. *Women would have been crazy about him, had he managed to get himself to Hollywood.* 4. Jeżeli nie będziesz palił papierosów, nie **zapadniesz** na choroby płuc. *If you don't smoke, you will not fall ill with lung disease.*

IMPERFECTIVE	PERFECTIVE

PRESENT

	IMPERFECTIVE	
ja	pakuję	
ty	pakujesz	
on/ona/ono	pakuje	
my	pakujemy	
wy	pakujecie	
oni/one	pakują	

PAST

	IMPERFECTIVE	PERFECTIVE
ja	pakowałem/pakowałam	spakowałem/spakowałam
ty	pakowałeś/pakowałaś	spakowałeś/spakowałaś
on/ona/ono	pakował/pakowała/pakowało	spakował/spakowała/spakowało
my	pakowaliśmy/pakowałyśmy	spakowaliśmy/spakowałyśmy
wy	pakowaliście/pakowałyście	spakowaliście/spakowałyście
oni/one	pakowali/pakowały	spakowali/spakowały

FUTURE

	IMPERFECTIVE	PERFECTIVE
ja	będę pakował/pakowała	spakuję
ty	będziesz pakował/pakowała	spakujesz
on/ona/ono	będzie pakował/pakowała/pakowało	spakuje
my	będziemy pakowali/pakowały	spakujemy
wy	będziecie pakowali/pakowały	spakujecie
oni/one	będą pakowali/pakowały	spakują

CONDITIONAL

	IMPERFECTIVE	PERFECTIVE
ja	pakowałbym/pakowałabym	spakowałbym/spakowałabym
ty	pakowałbyś/pakowałabyś	spakowałbyś/spakowałabyś
on/ona/ono	pakowałby/pakowałaby/pakowałoby	spakowałby/spakowałaby/spakowałoby
my	pakowalibyśmy/pakowałybyśmy	spakowalibyśmy/spakowałybyśmy
wy	pakowalibyście/pakowałybyście	spakowalibyście/spakowałybyście
oni/one	pakowaliby/pakowałyby	spakowaliby/spakowałyby

IMPERATIVE

	IMPERFECTIVE		PERFECTIVE	
	pakujmy			spakujmy
pakuj	pakujcie		spakuj	spakujcie
niech pakuje	niech pakują		niech spakuje	niech spakują

PARTICIPLES

PRES. ACT. pakujący, -a, -e; -y, -e
PRES. PASS. pakowany, -a, -e; -i, -e   *PAST PASS.* spakowany, -a, -e; -i, -e
ADV. PART. pakując

Verb governance: kogo, co
Related verbs with meanings: (**pakować się/spakować się** *pack up*) (**dopakować** *add to a package*) (**napakować/się/** *pack full; crowd into*) (**opakować** *wrap, package*) (**odpakować** *unpack, remove packaging*) (**przepakować** *repack*) (**rozpakować/się/** *unpack/one's luggage/*) (**wpakować/się/** *stuff; barge in*) (**wypakować** *unpack, cram*) (**zapakować** *wrap, pack*)

EXAMPLES of model and/or related verbs: 1. Alicja **pakuje** walizkę i wraca do Gdańska. *Alice packs her suitcase and returns to Gdansk.* 2. Często **pakowałam** plecak i wyjeżdżałam w góry. *I often packed my backpack and headed for the mountains.* 3. Mama zawsze mi **wpakuje** czerwone jabłko do tornistra. *Mom will always stuff a red apple into my backpack.* 4. **Spakuj** paczkę do Polski i wyślij ją jutro. *Pack a package for Poland and send it tomorrow.*

palić/zapalić   to burn, smoke; light up, ignite, start a car [**P** only]

IMPERFECTIVE		PERFECTIVE

PRESENT

ja	palę	
ty	palisz	
on/ona/ono	pali	
my	palimy	
wy	palicie	
oni/one	palą	

PAST

ja	paliłem/paliłam	zapaliłem/zapaliłam
ty	paliłeś/paliłaś	zapaliłeś/zapaliłaś
on/ona/ono	palił/paliła/paliło	zapalił/zapaliła/zapaliło
my	paliliśmy/paliłyśmy	zapaliliśmy/zapaliłyśmy
wy	paliliście/paliłyście	zapaliliście/zapaliłyście
oni/one	palili/paliły	zapalili/zapaliły

FUTURE

ja	będę palił/paliła	zapalę
ty	będziesz palił/paliła	zapalisz
on/ona/ono	będzie palił/paliła/paliło	zapali
my	będziemy palili/paliły	zapalimy
wy	będziecie palili/paliły	zapalicie
oni/one	będą palili/paliły	zapalą

CONDITIONAL

ja	paliłbym/paliłabym	zapaliłbym/zapaliłabym
ty	paliłbyś/paliłabyś	zapaliłbyś/zapaliłabyś
on/ona/ono	paliłby/paliłaby/paliłoby	zapaliłby/zapaliłaby/zapaliłoby
my	palilibyśmy/paliłybyśmy	zapalilibyśmy/zapaliłybyśmy
wy	palilibyście/paliłybyście	zapalilibyście/zapaliłybyście
oni/one	paliliby/paliłyby	zapaliliby/zapaliłyby

IMPERATIVE

	palmy		zapalmy
pal	palcie	zapal	zapalcie
niech pali	niech palą	niech zapali	niech zapalą

PARTICIPLES

PRES. ACT. palący, -a, -e; -y, -e
PRES. PASS. palony, -a, -e; -eni, -one   **PAST PASS.** zapalony, -a, -e; -eni, -one
ADV. PART. paląc

Verb governance: co

Related verbs with meanings: (**palić się/zapalić się** *be burning*) (**dopalić/się/** *burn up; burn out*) (**napalić** *heat*) (**opalić/się/** *keep warm, singe, tan; get sunburnt*) (**odpalić** *light from, retort*) (**podpalić** *set fire to, set on fire*) (**przepalić** *heat, make a fire*) (**przypalić** *burn, sear*) (**rozpalić** *light a fire*) (**upalić/się/** *singe, roast; be burnt*) (**wypalić** *burn out, scorch, cauterize, shoot/a gun/*) (**spalić/się/** *burn down; be burnt down, die of*)

EXAMPLES of model and/or related verbs: 1. **Spaliliby się** ze wstydu, gdyby rodzice się dowiedzieli. *They would have died of shame, had their parents found out.* 2. Katedra **zapaliła się** i runęła. *The cathedral caught fire and caved in.* 3. Czasem **palono** stosy krzewów. *Sometimes, piles of shrubs were burned.* 4. **Palące się** świeczki stwarzają romantyczny nastrój. *The burning candles create a romantic atmosphere.*

IMPERFECTIVE		PERFECTIVE

PRESENT

ja	pamiętam	
ty	pamiętasz	
on/ona/ono	pamięta	
my	pamiętamy	
wy	pamiętacie	
oni/one	pamiętają	

PAST

ja	pamiętałem/pamiętałam	zapamiętałem/zapamiętałam
ty	pamiętałeś/pamiętałaś	zapamiętałeś/zapamiętałaś
on/ona/ono	pamiętał/pamiętała/pamiętało	zapamiętał/zapamiętała/zapamiętało
my	pamiętaliśmy/pamiętałyśmy	zapamiętaliśmy/zapamiętałyśmy
wy	pamiętaliście/pamiętałyście	zapamiętaliście/zapamiętałyście
oni/one	pamiętali/pamiętały	zapamiętali/zapamiętały

FUTURE

ja	będę pamiętał/pamiętała	zapamiętam
ty	będziesz pamiętał/pamiętała	zapamiętasz
on/ona/ono	będzie pamiętał/pamiętała/pamiętało	zapamięta
my	będziemy pamiętali/pamiętały	zapamiętamy
wy	będziecie pamiętali/pamiętały	zapamiętacie
oni/one	będą pamiętali/pamiętały	zapamiętają

CONDITIONAL

ja	pamiętałbym/pamiętałabym	zapamiętałbym/zapamiętałabym
ty	pamiętałbyś/pamiętałabyś	zapamiętałbyś/zapamiętałabyś
on/ona/ono	pamiętałby/pamiętałaby/pamiętałoby	zapamiętałby/zapamiętałaby/zapamiętałoby
my	pamiętalibyśmy/pamiętałybyśmy	zapamiętalibyśmy/zapamiętałybyśmy
wy	pamiętalibyście/pamiętałybyście	zapamiętalibyście/zapamiętałybyście
oni/one	pamiętaliby/pamiętałyby	zapamiętaliby/zapamiętałyby

IMPERATIVE

	pamiętajmy		zapamiętajmy
pamiętaj	pamiętajcie	zapamiętaj	zapamiętajcie
niech pamięta	niech pamiętają	niech zapamięta	niech zapamiętają

PARTICIPLES

PRES. ACT.   pamiętający, -a, -e; -y, -e
PRES. PASS.   pamiętany, -a, -e; -i, -e   *PAST PASS.*   zapamiętany, -a, -e; -i, -e
ADV. PART.   pamiętając

Verb governance: kogo, co; o kim, o czym
Related verbs with meanings: (**opamiętać się** *collect oneself, cool off*) (**rozpamiętać się** *recollect*) (**spamiętać** *remember*)

EXAMPLES of model and/or related verbs: 1. **Pamiętajcie,** że żyje się tylko raz. *Remember that you live only once.* 2. **Pamiętam** do dzisiaj moje świadectwo z pierwszej klasy. *I remember to this day my report card from grade one.* 3. On **pamiętał** wszystko z lat dziecięcych. *He remembered everything from childhood.* 4. Przeszłości w ogóle nie **zapamiętaliśmy.** *We had not remembered the past at all.*

panować/opanować   to master, prevail over, control, rule, reign

IMPERFECTIVE		PERFECTIVE

PRESENT

ja	panuję	
ty	panujesz	
on/ona/ono	panuje	
my	panujemy	
wy	panujecie	
oni/one	panują	

PAST

ja	panowałem/panowałam	opanowałem/opanowałam
ty	panowałeś/panowałaś	opanowałeś/opanowałaś
on/ona/ono	panował/panowała/panowało	opanował/opanowała/opanowało
my	panowaliśmy/panowałyśmy	opanowaliśmy/opanowałyśmy
wy	panowaliście/panowałyście	opanowaliście/opanowałyście
oni/one	panowali/panowały	opanowali/opanowały

FUTURE

ja	będę panował/panowała	opanuję
ty	będziesz panował/panowała	opanujesz
on/ona/ono	będzie panował/panowała/panowało	opanuje
my	będziemy panowali/panowały	opanujemy
wy	będziecie panowali/panowały	opanujecie
oni/one	będą panowali/panowały	opanują

CONDITIONAL

ja	panowałbym/panowałabym	opanowałbym/opanowałabym
ty	panowałbyś/panowałabyś	opanowałbyś/opanowałabyś
on/ona/ono	panowałby/panowałaby/panowałoby	opanowałby/opanowałaby/opanowałoby
my	panowalibyśmy/panowałybyśmy	opanowalibyśmy/opanowałybyśmy
wy	panowalibyście/panowałybyście	opanowalibyście/opanowałybyście
oni/one	panowaliby/panowałyby	opanowaliby/opanowałyby

IMPERATIVE

	panujmy		opanujmy
panuj	panujcie	opanuj	opanujcie
niech panuje	niech panują	niech opanuje	niech opanują

PARTICIPLES

PRES. ACT.   panujący, -a, -e; -y, -e
PRES. PASS.   *PAST PASS.*   opanowany, -a, -e; -i, -e
ADV. PART.   panując

Verb governance: kogo, co; nad kim, nad czym
Related verbs with meanings: (**opanować się** *pull oneself together*) (**zapanować** *take control, set in, overcome, reign*)

EXAMPLES of model and/or related verbs: 1. Spokój **zapanował** we mnie. *Peace reigned in me.* 2. Wczesnym rankiem nad jeziorem **panuje** zupełna cisza. *A total silence prevails over the lake early in the morning.* 3. Fala amerykanizacji **opanowała** nasze życie społeczne. *A wave of doing things the American way dominated our social life.* 4. Muszę **zapanować** nad nerwicą. *I have to overcome my neurosis.*

IMPERFECTIVE		PERFECTIVE

PRESENT

ja	parkuję	
ty	parkujesz	
on/ona/ono	parkuje	
my	parkujemy	
wy	parkujecie	
oni/one	parkują	

PAST

ja	parkowałem/parkowałam	zaparkowałem/zaparkowałam
ty	parkowałeś/parkowałaś	zaparkowałeś/zaparkowałaś
on/ona/ono	parkował/parkowała/parkowało	zaparkował/zaparkowała/zaparkowało
my	parkowaliśmy/parkowałyśmy	zaparkowaliśmy/zaparkowałyśmy
wy	parkowaliście/parkowałyście	zaparkowaliście/zaparkowałyście
oni/one	parkowali/parkowały	zaparkowali/zaparkowały

FUTURE

ja	będę parkował/parkowała	zaparkuję
ty	będziesz parkował/parkowała	zaparkujesz
on/ona/ono	będzie parkował/parkowała/parkowało	zaparkuje
my	będziemy parkowali/parkowały	zaparkujemy
wy	będziecie parkowali/parkowały	zaparkujecie
oni/one	będą parkowali/parkowały	zaparkują

CONDITIONAL

ja	parkowałbym/parkowałabym	zaparkowałbym/zaparkowałabym
ty	parkowałbyś/parkowałabyś	zaparkowałbyś/zaparkowałabyś
on/ona/ono	parkowałby/parkowałaby/ parkowałoby	zaparkowałby/zaparkowałaby/ zaparkowałoby
my	parkowalibyśmy/parkowałybyśmy	zaparkowalibyśmy/zaparkowałybyśmy
wy	parkowalibyście/parkowałybyście	zaparkowalibyście/zaparkowałybyście
oni/one	parkowaliby/parkowałyby	zaparkowaliby/zaparkowałyby

IMPERATIVE

	parkujmy		zaparkujmy
parkuj	parkujcie	zaparkuj	zaparkujcie
niech parkuje	niech parkują	niech zaparkuje	niech zaparkują

PARTICIPLES

PRES. ACT. parkujący, -a, -e; -y, -e
PRES. PASS. parkowany, -a, -e; -, -e   *PAST PASS.* zaparkowany, -a, -e; -i, -e
ADV. PART. parkując
Verb governance: co; gdzie
Related verbs with meanings:

EXAMPLES of model and/or related verbs: 1. Możesz **zaparkować** samochód na ulicy. *You may park your car on the street.* 2. Gdy przyjeżdżał do centrum, **parkował** na parkingu strzeżonym. *Whenever he came downtown, he parked in the lot with an attendant.* 3. **Zaparkuj** tu pod znakiem drogowym. *Park here under the traffic sign.* 4. Nie wiem jeszcze gdzie **zaparkuję.** *I don't know yet where I'll park.*

patrzeć/popatrzeć or **patrzyć/popatrzyć**   to look at, eye, stare

IMPERFECTIVE		PERFECTIVE

PRESENT

ja	patrzę	
ty	patrzysz	
on/ona/ono	patrzy	
my	patrzymy	
wy	patrzycie	
oni/one	patrzą	

PAST

ja	patrzyłem/patrzyłam	popatrzyłem/popatrzyłam
ty	patrzyłeś/patrzyłaś	popatrzyłeś/popatrzyłaś
on/ona/ono	patrzył/patrzyła/patrzyło	popatrzył/popatrzyła/popatrzyło
my	patrzyliśmy/patrzyłyśmy	popatrzyliśmy/popatrzyłyśmy
wy	patrzyliście/patrzyłyście	popatrzyliście/popatrzyłyście
oni/one	patrzyli/patrzyły	popatrzyli/popatrzyły

FUTURE

ja	będę patrzył/patrzyła	popatrzę
ty	będziesz patrzył/patrzyła	popatrzysz
on/ona/ono	będzie patrzył/patrzyła/patrzyło	popatrzy
my	będziemy patrzyli/patrzyły	popatrzymy
wy	będziecie patrzyli/patrzyły	popatrzycie
oni/one	będą patrzyli/patrzyły	popatrzą

CONDITIONAL

ja	patrzyłbym/patrzyłabym	popatrzyłbym/popatrzyłabym
ty	patrzyłbyś/patrzyłabyś	popatrzyłbyś/popatrzyłabyś
on/ona/ono	patrzyłby/patrzyłaby/patrzyłoby	popatrzyłby/popatrzyłaby/popatrzyłoby
my	patrzylibyśmy/patrzyłybyśmy	popatrzylibyśmy/popatrzyłybyśmy
wy	patrzylibyście/patrzyłybyście	popatrzylibyście/popatrzyłybyście
oni/one	patrzyliby/patrzyłyby	popatrzyliby/popatrzyłyby

IMPERATIVE

	patrzmy		popatrzmy
patrz	patrzcie	popatrz	popatrzcie
niech patrzy	niech patrzą	niech popatrzy	niech popatrzą

PARTICIPLES

PRES. ACT. patrzący, -a, -e; -y, -e
PRES. PASS.   *PAST PASS.*
ADV. PART. patrząc

Verb governance: na kogo, na co
Related verbs with meanings: (**patrzeć się/popatrzeć się** *look at, take a look, glance*)
(**dopatrzyć/się/** *oversee, watch; suspect*) (**napatrzeć się** *have a good look*) (**opatrzyć** *bandage*)
(**podpatrzeć** *pry, detect*) (**przepatrzeć** *look through, revise*) (**przypatrzyć się** *observe*)
(**rozpatrzeć** *look into, consider*) (**upatrzeć** *single out, track*) (**wypatrzyć** *catch sight of*)
(**zaopatrzyć/się/** *supply, stock; equip oneself*) (**zapatrzyć się** *stare*) Note: -*eć* is used with some
verbs and -*yć* with others.

EXAMPLES of model and/or related verbs: 1. **Patrzyliśmy** na samotną postać w oddali. *We
looked at the lone figure in the distance.* 2. Rozsądna żona **patrzy** na swego męża z rozbawieniem.
The level-headed wife is looking at her husband with amusement. 3. **Wypatrzyłeś** ją u zbiegu ulic.
You caught sight of her at an intersection. 4. Kiedy **popatrzymy** sobie w oczy, poznamy prawdę.
When we look each other in the eyes, we will recognize the truth.

perfumować/poperfumować   to perfume, scent

IMPERFECTIVE	PERFECTIVE

PRESENT

ja	perfumuję
ty	perfumujesz
on/ona/ono	perfumuje
my	perfumujemy
wy	perfumujecie
oni/one	perfumują

PAST

ja	perfumowałem/perfumowałam	poperfumowałem/poperfumowałam
ty	perfumowałeś/perfumowałaś	poperfumowałeś/poperfumowałaś
on/ona/ono	perfumował/perfumowała/-ło	poperfumował/poperfumowała/-ło
my	perfumowaliśmy/perfumowałyśmy	poperfumowaliśmy/poperfumowałyśmy
wy	perfumowaliście/perfumowałyście	poperfumowaliście/poperfumowałyście
oni/one	perfumowali/perfumowały	poperfumowali/poperfumowały

FUTURE

ja	będę perfumował/perfumowała	poperfumuję
ty	będziesz perfumował/perfumowała	poperfumujesz
on/ona/ono	będzie perfumował/perfumowała/-ło	poperfumuje
my	będziemy perfumowali/perfumowały	poperfumujemy
wy	będziecie perfumowali/perfumowały	poperfumujecie
oni/one	będą perfumowali/perfumowały	poperfumują

CONDITIONAL

ja	perfumowałbym/perfumowałabym	poperfumowałbym/poperfumowałabym
ty	perfumowałbyś/perfumowałabyś	poperfumowałbyś/poperfumowałabyś
on/ona/ono	perfumowałby/perfumowałaby/perfumowałoby	poperfumowałby/poperfumowałaby/poperfumowałoby
my	perfumowalibyśmy/perfumowałybyśmy	poperfumowalibyśmy/poperfumowałybyśmy
wy	perfumowalibyście/-łybyście	poperfumowalibyście/-łybyście
oni/one	perfumowaliby/perfumowałyby	poperfumowaliby/poperfumowałyby

IMPERATIVE

	perfumujmy		poperfumujmy
perfumuj	perfumujcie	poperfumuj	poperfumujcie
niech perfumuje	niech perfumują	niech poperfumuje	niech poperfumują

PARTICIPLES

PRES. ACT. perfumujący, -a, -e; -y, -e
PRES. PASS. perfumowany, -a, -e; -i, -e   ***PAST PASS.*** poperfumowany, -a, -e; -i, -e
ADV. PART. perfumując
Verb governance: kogo, co; czym
Related verbs with meanings: (**perfumować się/poperfumować się** *put on perfume*) (**naperfumować/się/** *scent; spray oneself with scent*) (**uperfumować/się/** *scent; sprinkle oneself with scent*) (**wyperfumować/się/** *scent; use scent*) (**zaperfumować** *perfume*)

EXAMPLES of model and/or related verbs: 1. Machała **perfumowaną** chusteczką żegnając go. *She waved the perfumed hanky while saying good-bye to him.* 2. Staś **perfumował się** zaraz po goleniu. *Stan perfumed himself immediately after shaving.* 3. **Uperfumuję się** na wieczór. *I'll perfume myself for the evening.* 4. Możemy **naperfumować się** drogimi perfumami w sklepie kosmetycznym. *We may spray ourselves with expensive perfumes at the beauty counter.*

pić/wypić   to drink

IMPERFECTIVE		PERFECTIVE

PRESENT

ja	piję	
ty	pijesz	
on/ona/ono	pije	
my	pijemy	
wy	pijecie	
oni/one	piją	

PAST

ja	piłem/piłam	wypiłem/wypiłam
ty	piłeś/piłaś	wypiłeś/wypiłaś
on/ona/ono	pił/piła/piło	wypił/wypiła/wypiło
my	piliśmy/piłyśmy	wypiliśmy/wypiłyśmy
wy	piliście/piłyście	wypiliście/wypiłyście
oni/one	pili/piły	wypili/wypiły

FUTURE

ja	będę pił/piła	wypiję
ty	będziesz pił/piła	wypijesz
on/ona/ono	będzie pił/piła/piło	wypije
my	będziemy pili/piły	wypijemy
wy	będziecie pili/piły	wypijecie
oni/one	będą pili/piły	wypiją

CONDITIONAL

ja	piłbym/piłabym	wypiłbym/wypiłabym
ty	piłbyś/piłabyś	wypiłbyś/wypiłabyś
on/ona/ono	piłby/piłaby/piłoby	wypiłby/wypiłaby/wypiłoby
my	pilibyśmy/piłybyśmy	wypilibyśmy/wypiłybyśmy
wy	pilibyście/piłybyście	wypilibyście/wypiłybyście
oni/one	piliby/piłyby	wypiliby/wypiłyby

IMPERATIVE

	pijmy		wypijmy
pij	pijcie	wypij	wypijcie
niech pije	niech piją	niech wypije	niech wypiją

PARTICIPLES

PRES. ACT.	pijący, -a, -e; -y, -e		
PRES. PASS.	pity, -a, -e; -, -e	***PAST PASS.***	wypity, -a, -e; -, -e
ADV. PART.	pijąc		

Verb governance: co

Related verbs with meanings: (**dopić** *drink up*) (**napić się** *have a drink*) (**opić się** *drink too much*) (**odpić** *take a sip*) (**podpić** *get tipsy*) (**popić** *drink some*) (**przepić** *drink away*) (**rozpić/się/** *ply with liquor; take to drink, become alcoholic*) (**upić/się/** *drink off; get drunk*) (**zapić/się/** *drink down; drink immoderately*)

EXAMPLES of model and/or related verbs: 1. Sprzeciwił się **rozpitemu** facetowi. *He objected to the drunken fellow.* 2. **Pijemy** coraz więcej napojów gazowanych. *We drink more and more carbonated beverages.* 3. Jeśli nie **piłby,** to byłby dobrym mężem. *If he didn't drink, he would be a good husband.* 4. Niech dzieci **wypiją** syrop od kaszlu przed snem. *Let the children drink some cough syrup before bedtime.*

pilnować/dopilnować to look after, watch, supervise, attend, guard, baby-sit

IMPERFECTIVE		PERFECTIVE

PRESENT

ja	pilnuję
ty	pilnujesz
on/ona/ono	pilnuje
my	pilnujemy
wy	pilnujecie
oni/one	pilnują

PAST

ja	pilnowałem/pilnowałam	dopilnowałem/dopilnowałam
ty	pilnowałeś/pilnowałaś	dopilnowałeś/dopilnowałaś
on/ona/ono	pilnował/pilnowała/pilnowało	dopilnował/dopilnowała/dopilnowało
my	pilnowaliśmy/pilnowałyśmy	dopilnowaliśmy/dopilnowałyśmy
wy	pilnowaliście/pilnowałyście	dopilnowaliście/dopilnowałyście
oni/one	pilnowali/pilnowały	dopilnowali/dopilnowały

FUTURE

ja	będę pilnował/pilnowała	dopilnuję
ty	będziesz pilnował/pilnowała	dopilnujesz
on/ona/ono	będzie pilnował/pilnowała/pilnowało	dopilnuje
my	będziemy pilnowali/pilnowały	dopilnujemy
wy	będziecie pilnowali/pilnowały	dopilnujecie
oni/one	będą pilnowali/pilnowały	dopilnują

CONDITIONAL

ja	pilnowałbym/pilnowałabym	dopilnowałbym/dopilnowałabym
ty	pilnowałbyś/pilnowałabyś	dopilnowałbyś/dopilnowałabyś
on/ona/ono	pilnowałby/pilnowałaby/pilnowałoby	dopilnowałby/dopilnowałaby/dopilnowałoby
my	pilnowalibyśmy/pilnowałybyśmy	dopilnowalibyśmy/dopilnowałybyśmy
wy	pilnowalibyście/pilnowałybyście	dopilnowalibyście/dopilnowałybyście
oni/one	pilnowaliby/pilnowałyby	dopilnowaliby/dopilnowałyby

IMPERATIVE

	pilnujmy		dopilnujmy
pilnuj	pilnujcie	dopilnuj	dopilnujcie
niech pilnuje	niech pilnują	niech dopilnuje	niech dopilnują

PARTICIPLES

PRES. ACT. pilnujący, -a, -e; -y, -e
PRES. PASS. pilnowany, -a, -e; -i, -e   *PAST PASS.* dopilnowany, -a, -e; -i, -e
ADV. PART. pilnując
Verb governance: kogo, czego
Related verbs with meanings: (**pilnować się/dopilnować się** *be on one's guard*) (**popilnować** *watch awhile*) (**przypilnować** *keep an eye on*) (**upilnować** *guard*)

EXAMPLES of model and/or related verbs: 1. **Pilnujcie** równowagi umysłowej. *Look after your mental balance.* 2. Zawsze **pilnowała,** żeby dżinsy nie wyglądały niedbale. *She always watched that jeans didn't look sloppy.* 3. Narzekała, że musiała **pilnować** braciszka. *She complained that she had to baby-sit her little brother.* 4. Policja skarbowa **pilnuje** jak prowadzą interes. *The treasury police supervise how they manage business.*

146

pisać/napisać   to write

IMPERFECTIVE		PERFECTIVE	

PRESENT

ja	piszę		
ty	piszesz		
on/ona/ono	pisze		
my	piszemy		
wy	piszecie		
oni/one	piszą		

PAST

ja	pisałem/pisałam	napisałem/napisałam
ty	pisałeś/pisałaś	napisałeś/napisałaś
on/ona/ono	pisał/pisała/pisało	napisał/napisała/napisało
my	pisaliśmy/pisałyśmy	napisaliśmy/napisałyśmy
wy	pisaliście/pisałyście	napisaliście/napisałyście
oni/one	pisali/pisały	napisali/napisały

FUTURE

ja	będę pisał/pisała	napiszę
ty	będziesz pisał/pisała	napiszesz
on/ona/ono	będzie pisał/pisała/pisało	napisze
my	będziemy pisali/pisały	napiszemy
wy	będziecie pisali/pisały	napiszecie
oni/one	będą pisali/pisały	napiszą

CONDITIONAL

ja	pisałbym/pisałabym	napisałbym/napisałabym
ty	pisałbyś/pisałabyś	napisałbyś/napisałabyś
on/ona/ono	pisałby/pisałaby/pisałoby	napisałby/napisałaby/napisałoby
my	pisalibyśmy/pisałybyśmy	napisalibyśmy/napisałybyśmy
wy	pisalibyście/pisałybyście	napisalibyście/napisałybyście
oni/one	pisaliby/pisałyby	napisaliby/napisałyby

IMPERATIVE

	piszmy		napiszmy
pisz	piszcie	napisz	napiszcie
niech pisze	niech piszą	niech napisze	niech napiszą

PARTICIPLES

PRES. ACT. piszący, -a, -e; -y, -e
PRES. PASS. pisany, -a, -e; -, -e   *PAST PASS.* napisany, -a, -e; -, -e
ADV. PART. pisząc

Verb governance: do kogo, co; komu; o kim, o czym; do czego, czym, na czym
Related verbs with meanings: (**odpisać** *reply, write back, copy*) (**opisać** *describe, portray*) (**pisać się** *spell*) (**podpisać/się/** *sign; endorse*) (**popisać/się/** *write awhile; show off, flaunt*) (**przepisać** *copy*) (**przypisać** *attribute*) (**rozpisać/się/** *write out; write at length*) (**spisać/się/** *list, write down; distinguish oneself*) (**wypisać/się/** *write out, use up; discontinue, be used up, quit*) (**zapisać/się/** *write down, note down, register; apply, subscribe to*)

EXAMPLES of model and/or related verbs: 1. Tylko proszę cię, **pisz** bardzo wyraźnie, bo inaczej nic nie zrozumiem. *I only ask you to please write clearly; otherwise, I won't understand anything.* 2. Zainspirowany pięknem natury, **napisał** cykl wierszy. *Inspired by the beauty of nature, he wrote a series of poems.* 3. Nazwisko było źle **napisane**. *The surname was written incorrectly.* 4. Imię jej **napiszemy** dużymi literami. *We'll write her name in capital letters.*

płacić/zapłacić

to pay

IMPERFECTIVE		PERFECTIVE

PRESENT

ja	płacę
ty	płacisz
on/ona/ono	płaci
my	płacimy
wy	płacicie
oni/one	płacą

PAST

ja	płaciłem/płaciłam	zapłaciłem/zapłaciłam
ty	płaciłeś/płaciłaś	zapłaciłeś/zapłaciłaś
on/ona/ono	płacił/płaciła/płaciło	zapłacił/zapłaciła/zapłaciło
my	płaciliśmy/płaciłyśmy	zapłaciliśmy/zapłaciłyśmy
wy	płaciliście/płaciłyście	zapłaciliście/zapłaciłyście
oni/one	płacili/płaciły	zapłacili/zapłaciły

FUTURE

ja	będę płacił/płaciła	zapłacę
ty	będziesz płacił/płaciła	zapłacisz
on/ona/ono	będzie płacił/płaciła/płaciło	zapłaci
my	będziemy płacili/płaciły	zapłacimy
wy	będziecie płacili/płaciły	zapłacicie
oni/one	będą płacili/płaciły	zapłacą

CONDITIONAL

ja	płaciłbym/płaciłabym	zapłaciłbym/zapłaciłabym
ty	płaciłbyś/płaciłabyś	zapłaciłbyś/zapłaciłabyś
on/ona/ono	płaciłby/płaciłaby/płaciłoby	zapłaciłby/zapłaciłaby/zapłaciłoby
my	płacilibyśmy/płaciłybyśmy	zapłacilibyśmy/zapłaciłybyśmy
wy	płacilibyście/płaciłybyście	zapłacilibyście/zapłaciłybyście
oni/one	płaciliby/płaciłyby	zapłaciliby/zapłaciłyby

IMPERATIVE

	płaćmy		zapłaćmy
płać	płaćcie	zapłać	zapłaćcie
niech płaci	niech płacą	niech zapłaci	niech zapłacą

PARTICIPLES

PRES. ACT. płacący, -a, -e; -y, -e
PRES. PASS. płacony, -a, -e; -eni, -one   **PAST PASS.** zapłacony, -a, -e; -eni, -one
ADV. PART. płacąc
Verb governance: komu, za co; czym
Related verbs with meanings: (**dopłacić** *make up the sum, pay to*) (**odpłacić/się**/ *repay; reciprocate*) (**opłacić/się**/ *pay the price; be worth while*) (**popłacić** *pay/all/*) (**przepłacić** *pay too much*) (**przypłacić** *pay with*) (**spłacić** *pay off, reimburse*) (**wypłacić** *pay/sum/*)

EXAMPLES of model and/or related verbs: 1. Za każdą operację plastyczną twarzy **płaci się** 250 tysięcy złotych. *For each face-lift, you have to pay 250,000 zlotys.* 2. Wykalkulowaliśmy co nam **się opłaciło,** a co nie. *We calculated what was worthwhile and what was not.* 3. Trzeba **płacić** astronomiczne rachunki za telefon. *We have to pay huge phone bills.* 4. **Zapłacą** bardzo drogo za miesiąc spędzony na nartach. *They'll pay dearly for the month spent skiing.*

148

IMPERFECTIVE	PERFECTIVE

PRESENT

ja	płaczę
ty	płaczesz
on/ona/ono	płacze
my	płaczemy
wy	płaczecie
oni/one	płaczą

PAST

	IMPERFECTIVE	PERFECTIVE
ja	płakałem/płakałam	zapłakałem/zapłakałam
ty	płakałeś/płakałaś	zapłakałeś/zapłakałaś
on/ona/ono	płakał/płakała/płakało	zapłakał/zapłakała/zapłakało
my	płakaliśmy/płakałyśmy	zapłakaliśmy/zapłakałyśmy
wy	płakaliście/płakałyście	zapłakaliście/zapłakałyście
oni/one	płakali/płakały	zapłakali/zapłakały

FUTURE

	IMPERFECTIVE	PERFECTIVE
ja	będę płakał/płakała	zapłaczę
ty	będziesz płakał/płakała	zapłaczesz
on/ona/ono	będzie płakał/płakała/płakało	zapłacze
my	będziemy płakali/płakały	zapłaczemy
wy	będziecie płakali/płakały	zapłaczecie
oni/one	będą płakali/płakały	zapłaczą

CONDITIONAL

	IMPERFECTIVE	PERFECTIVE
ja	płakałbym/płakałabym	zapłakałbym/zapłakałabym
ty	płakałbyś/płakałabyś	zapłakałbyś/zapłakałabyś
on/ona/ono	płakałby/płakałaby/płakałoby	zapłakałby/zapłakałaby/zapłakałoby
my	płakalibyśmy/płakałybyśmy	zapłakalibyśmy/zapłakałybyśmy
wy	płakalibyście/płakałybyście	zapłakalibyście/zapłakałybyście
oni/one	płakaliby/płakałyby	zapłakaliby/zaptakałyby

IMPERATIVE

	płaczmy		zapłaczmy
płacz	płaczcie	zapłacz	zapłaczcie
niech płacze	niech płaczą	niech zapłacze	niech zapłaczą

PARTICIPLES

PRES. ACT.   płaczący, -a, -e; -y, -e
PRES. PASS.   ***PAST PASS.***
ADV. PART.   płacząc

Verb governance: czym; za kim, za czym; o kogo, o co
Related verbs with meanings: (**napłakać/się/** *weep; cry one's heart out*) (**opłakać** *lament, mourn*) (**popłakać** *have a good cry*) (**rozpłakać się** *burst into tears*) (**spłakać się** *dissolve in tears*) (**wypłakać się** *weep*)

EXAMPLES of model and/or related verbs: 1. **Płakał** ze wzruszenia jak dziecko. *He cried with emotion like a baby.* 2. Gdyby zagrali jej ulubioną piosenkę, to napewno **spłakałaby się.** *Had they played her favorite song, she would have, for sure, dissolved in tears.* 3. Agnieszka **zapłakała** przez sen. *Agnes cried in her sleep.* 4. Ona ciągle **płacze** i użala się na męża. *She always cries and complains about her husband.*

IMPERFECTIVE		PERFECTIVE

PRESENT

ja	płuczę
ty	płuczesz
on/ona/ono	płucze
my	płuczemy
wy	płuczecie
oni/one	płuczą

PAST

ja	płukałem/płukałam	wypłukałem/wypłukałam
ty	płukałeś/płukałaś	wypłukałeś/wypłukałaś
on/ona/ono	płukał/płukała/płukało	wypłukał/wypłukała/wypłukało
my	płukaliśmy/płukałyśmy	wypłukaliśmy/wypłukałyśmy
wy	płukaliście/płukałyście	wypłukaliście/wypłukałyście
oni/one	płukali/płukały	wypłukali/wypłukały

FUTURE

ja	będę płukał/płukała	wypłuczę
ty	będziesz płukał/płukała	wypłuczesz
on/ona/ono	będzie płukał/płukała/płukało	wypłucze
my	będziemy płukali/płukały	wypłuczemy
wy	będziecie płukali/płukały	wypłuczecie
oni/one	będą płukali/płukały	wypłuczą

CONDITIONAL

ja	płukałbym/płukałabym	wypłukałbym/wypłukałabym
ty	płukałbyś/płukałabyś	wypłukałbyś/wypłukałabyś
on/ona/ono	płukałby/płukałaby/płukałoby	wypłukałby/wypłukałaby/wypłukałoby
my	płukalibyśmy/płukałybyśmy	wypłukalibyśmy/wypłukałybyśmy
wy	płukalibyście/płukałybyście	wypłukalibyście/wypłukałybyście
oni/one	płukaliby/płukałyby	wypłukaliby/wypłukałyby

IMPERATIVE

	płuczmy		wypłuczmy
płucz	płuczcie	wypłucz	wypłuczcie
niech płucze	niech płuczą	niech wypłucze	niech wypłuczą

PARTICIPLES

PRES. ACT. płuczący, -a, -e; -y, -e
PRES. PASS. płukany, -a, -e; -i, -e   *PAST PASS.* wypłukany, -a, -e; -i, -e
ADV. PART. płucząc

Verb governance: kogo, co; czym
Related verbs with meanings: (**opłukać/się/** *rinse; rinse oneself*) (**popłukać** *rinse*) (**przepłukać** *wash out*) (**spłukać/się/** *rinse out; gamble away*)

EXAMPLES of model and/or related verbs: 1. **Spłukałem się** z pieniędzy w kasynie. *I gambled away my money in a casino.* 2. Dokładnie **wypłucz** jedwabny szalik. *Carefully rinse the silk scarf.* 3. **Opłukany** móżdżek siekamy. *We chop the rinsed brains.* 4. Na kampingu **płuczę** naczynia w jeziorze. *When camping, I rinse the dishes in a lake.*

pływać * płynąć/popłynąć   to sail, swim, float

IMPERFECTIVE

INDETERMINATE		DETERMINATE	

PRESENT

ja	pływam	płynę
ty	pływasz	płyniesz
on/ona/ono	pływa	płynie
my	pływamy	płyniemy
wy	pływacie	płyniecie
oni/one	pływają	płyną

PAST

ja	pływałem/pływałam	płynąłem/płynęłam
ty	pływałeś/pływałaś	płynąłeś/płynęłaś
on/ona/ono	pływał/pływała/pływało	płynął/płynęła/płynęło
my	pływaliśmy/pływałyśmy	płynęliśmy/płynęłyśmy
wy	pływaliście/pływałyście	płynęliście/płynęłyście
oni/one	pływali/pływały	płynęli/płynęły

FUTURE

ja	będę pływał/pływała	będę płynął/płynęła
ty	będziesz pływał/pływała	będziesz płynął/płynęła
on/ona/ono	będzie pływał/pływała/pływało	będzie płynął/płynęła/płynęło
my	będziemy pływali/pływały	będziemy płynęli/płynęły
wy	będziecie pływali/pływały	będziecie płynęli/płynęły
oni/one	będą pływali/pływały	będą płynęli/płynęły

CONDITIONAL

ja	pływałbym/pływałabym	płynąłbym/płynęłabym
ty	pływałbyś/pływałabyś	płynąłbyś/płynęłabyś
on/ona/ono	pływałby/pływałaby/pływałoby	płynąłby/płynęłaby/płynęłoby
my	pływalibyśmy/pływałybyśmy	płynęlibyśmy/płynęłybyśmy
wy	pływalibyście/pływałybyście	płynęlibyście/płynęłybyście
oni/one	pływaliby/pływałyby	płynęliby/płynęłyby

IMPERATIVE

	pływajmy		płyńmy
pływaj	pływajcie	płyń	płyńcie
niech pływa	niech pływają	niech płynie	niech płyną

PARTICIPLES

PRES. ACT.   pływający, -a, -e; -y, -e   płynący, -a, -e; -y, -e
PRES. PASS.   **PAST PASS.**
ADV. PART.   pływając   płynąc

Verb governance: czym; gdzie

Related verbs with meanings: (**dopłynąć** *swim up to, reach*) (**napłynąć** *flow in/to/, inundate*) (**odpłynąć** *swim away, sail away from*) (**opłynąć** *swim around, sail around*) (**podpłynąć** *swim up, sail up to*) (**przepłynąć** *swim, sail across*/past) (**przypłynąć** *arrive by water, sail up to*) (**rozpłynąć się** *melt, diverge*) (**spłynąć** *flow, drift, float*) (**upłynąć** *elapse, expire*) (**wypłynąć** *surface, swim, sail into the open*) (**zapłynąć** *sail/into/, swim/up to/*)

EXAMPLES of model and/or related verbs: 1. Z głośnika **płynęła** znajoma piosenka. *A familiar song was coming through the loudspeaker.* 2. **Przepłynęli** właśnie obok bezludnej wyspy. *They just sailed past a deserted island.* 3. Po jeziorze **pływają** łódki w kształcie łabędzi. *Boats in the shape of swans are sailing on the lake.* 4. **Upłyną** dziesiątki lat zanim te drzewa urosną. *Tens of years will go by before these trees mature.*

IMPERFECTIVE	PERFECTIVE

PRESENT

ja	podkreślam	
ty	podkreślasz	
on/ona/ono	podkreśla	
my	podkreślamy	
wy	podkreślacie	
oni/one	podkreślają	

PAST

ja	podkreślałem/podkreślałam	podkreśliłem/podkreśliłam
ty	podkreślałeś/podkreślałaś	podkreśliłeś/podkreśliłaś
on/ona/ono	podkreślał/podkreślała/podkreślało	podkreślił/podkreśliła/podkreśliło
my	podkreślaliśmy/podkreślałyśmy	podkreśliliśmy/podkreśliłyśmy
wy	podkreślaliście/podkreślałyście	podkreśliliście/podkreśliłyście
oni/one	podkreślali/podkreślały	podkreślili/podkreśliły

FUTURE

ja	będę podkreślał/podkreślała	podkreślę
ty	będziesz podkreślał/podkreślała	podkreślisz
on/ona/ono	będzie podkreślał/podkreślała/ podkreślało	podkreśli
my	będziemy podkreślali/podkreślały	podkreślimy
wy	będziecie podkreślali/podkreślały	podkreślicie
oni/one	będą podkreślali/podkreślały	podkreślą

CONDITIONAL

ja	podkreślałbym/podkreślałabym	podkreśliłbym/podkreśliłabym
ty	podkreślałbyś/podkreślałabyś	podkreśliłbyś/podkreśliłabyś
on/ona/ono	podkreślałby/podkreślałaby/ podkreślałoby	podkreśliłby/podkreśliłaby/podkreśliłoby
my	podkreślalibyśmy/podkreślałybyśmy	podkreślilibyśmy/podkreśliłybyśmy
wy	podkreślalibyście/podkreślałybyście	podkreślilibyście/podkreśliłybyście
oni/one	podkreślaliby/podkreślałyby	podkreśliliby/podkreśliłyby

IMPERATIVE

	podkreślajmy		podkreślmy
podkreślaj	podkreślajcie	podkreśl	podkreślcie
niech podkreśla	niech podkreślają	niech podkreśli	niech podkreślą

PARTICIPLES

PRES. ACT.   podkreślający, -a, -e; -y, -e
PRES. PASS.   podkreślany, -a, -e; -i, -e   *PAST PASS.*   podkreślony, -a, -e; -eni, -one
ADV. PART.   podkreślając

Verb governance: co, w czym

Related verbs with meanings: (**nakreślić** *sketch, describe*) (**określić** *state, define*) (**odkreślić** *mark off*) (**pokreślić** *line, cover with lines*) (**przekreślić** *cross out*) (**wykreślić** *draft, strike off*) (**skreślić** *delete, jot down*) (**zakreślić** *mark off, outline*)

EXAMPLES of model and/or related verbs: 1. Sędzia **określiłby** ich działalność jako nielegalną. *The judge would define their activity as illegal.* 2. Papieska Rada **podkreśliła,** że spowiedź powinna się odbywać w konfesjonale. *The Papal Council stressed that confession should take place in a confession booth.* 3. **Podkreślam,** że wracałem z brydża przed północą. *I stress that I was coming back from a game of bridge before midnight.* 4. Była gotowa służyć Polsce, co zawsze **podkreślała.** *She always emphasized that she was ready to serve Poland.*

podobać się/spodobać się

to be likable, please, like, appeal

IMPERFECTIVE	PERFECTIVE

PRESENT

ja	podobam się
ty	podobasz się
on/ona/ono	podoba się
my	podobamy się
wy	podobacie się
oni/one	podobają się

PAST

	IMPERFECTIVE	PERFECTIVE
ja	podobałem się/podobałam się	spodobałem się/spodobałam się
ty	podobałeś się/podobałaś się	spodobałeś się/spodobałaś się
on/ona/ono	podobał się/podobała się/podobało się	spodobał się/spodobała się/spodobało się
my	podobaliśmy się/podobałyśmy się	spodobaliśmy się/spodobałyśmy się
wy	podobaliście się/podobałyście się	spodobaliście się/spodobałyście się
oni/one	podobali się/podobały się	spodobali się/spodobały się

FUTURE

	IMPERFECTIVE	PERFECTIVE
ja	będę się podobał/podobała	spodobam się
ty	będziesz się podobał/podobała	spodobasz się
on/ona/ono	będzie się podobał/podobała/podobało	spodoba się
my	będziemy się podobali/podobały	spodobamy się
wy	będziecie się podobali/podobały	spodobacie się
oni/one	będą się podobali/podobały	spodobają się

CONDITIONAL

	IMPERFECTIVE	PERFECTIVE
ja	podobałbym się/podobałabym się	spodobałbym się/spodobałabym się
ty	podobałbyś się/podobałabyś się	spodobałbyś się/spodobałabyś się
on/ona/ono	podobałby się/podobałaby się/ podobałoby się	spodobałby się/spodobałaby się/ spodobałoby się
my	podobalibyśmy się/podobałybyśmy się	spodobalibyśmy się/spodobałybyśmy się
wy	podobalibyście się/podobałybyście się	spodobalibyście się/spodobałybyście się
oni/one	podobaliby się/podobałyby się	spodobaliby się/spodobałyby się

IMPERATIVE

	podobajmy się		spodobajmy się
podobaj się	podobajcie się	spodobaj się	spodobajcie się
niech się podoba	niech się podobają	niech się spodoba	niech się spodobają

PARTICIPLES

PRES. ACT. podobający się, -a, -e; -y, -e

PRES. PASS.   *PAST PASS.*

ADV. PART. podobając się

Verb governance: kto, co; komu

Related verbs with meanings: (**przypodobać się** *endear oneself*)

EXAMPLES of model and/or related verbs: 1. Twój pomysł **spodobał się** nam od razu. *Your idea appealed to us immediately.* 2. Gdyby ta sukienka była czerwona, to **podobałaby się** jej od razu. *If that dress was red, she would like it right away.* 3. **Podobają** mi **się** mężczyźni zdecydowani. *Strong-minded men appeal to me.* 4. Czasem komuś coś **się spodoba.** *Sometimes, someone will like something.*

podróżować   to travel, journey

PRESENT

ja	podróżuję
ty	podróżujesz
on/ona/ono	podróżuje
my	podróżujemy
wy	podróżujecie
oni/one	podróżują

PAST

ja	podróżowałem/podróżowałam
ty	podróżowałeś/podróżowałaś
on/ona/ono	podróżował/podróżowała/podróżowało
my	podróżowaliśmy/podróżowałyśmy
wy	podróżowaliście/podróżowałyście
oni/one	podróżowali/podróżowały

FUTURE

ja	będę podróżował/podróżowała
ty	będziesz podróżował/podróżowała
on/ona/ono	będzie podróżował/podróżowała/podróżowało
my	będziemy podróżowali/podróżowały
wy	będziecie podróżowali/podróżowały
oni/one	będą podróżowali/podróżowały

CONDITIONAL

ja	podróżowałbym/podróżowałabym
ty	podróżowałbyś/podróżowałabyś
on/ona/ono	podróżowałby/podróżowałaby/podróżowałoby
my	podróżowalibyśmy/podróżowałybyśmy
wy	podróżowalibyście/podróżowałybyście
oni/one	podróżowaliby/podróżowałyby

IMPERATIVE

	podróżujmy
podróżuj	podróżujcie
niech podróżuje	niech podróżują

PARTICIPLES

PRES. ACT.   podróżujący, -a, -e; -y, -e
PRES. PASS.   *PAST PASS.*
ADV. PART.   podróżując
Verb governance: z kim, czym; gdzie
Related verbs with meanings: (**napodróżować się** *travel a great deal*)

EXAMPLES of model and/or related verbs: 1. **Podróżowała** jako kurier przez cały kontynent. *She traveled as a courier across the whole continent.* 2. **Podróżujemy** zwykle pierwszą klasą. *We usually travel first class.* 3. Studenci zaplanowali **podróżować** autostopem w czasie wakacji. *The students had planned to do some hitchhiking during summer vacation.* 4. Moje córki **napodróżowały się** po świecie. *My daughters traveled a great deal around the world.*

pokazywać/pokazać   to show, point

IMPERFECTIVE		PERFECTIVE	

PRESENT

ja	pokazuję
ty	pokazujesz
on/ona/ono	pokazuje
my	pokazujemy
wy	pokazujecie
oni/one	pokazują

PAST

ja	pokazywałem/pokazywałam	pokazałem/pokazałam
ty	pokazywałeś/pokazywałaś	pokazałeś/pokazałaś
on/ona/ono	pokazywał/pokazywała/pokazywało	pokazał/pokazała/pokazało
my	pokazywaliśmy/pokazywałyśmy	pokazaliśmy/pokazałyśmy
wy	pokazywaliście/pokazywałyście	pokazaliście/pokazałyście
oni/one	pokazywali/pokazywały	pokazali/pokazały

FUTURE

ja	będę pokazywał/pokazywała	pokażę
ty	będziesz pokazywał/pokazywała	pokażesz
on/ona/ono	będzie pokazywał/pokazywała/ pokazywało	pokaże
my	będziemy pokazywali/pokazywały	pokażemy
wy	będziecie pokazywali/pokazywały	pokażecie
oni/one	będą pokazywali/pokazywały	pokażą

CONDITIONAL

ja	pokazywałbym/pokazywałabym	pokazałbym/pokazałabym
ty	pokazywałbyś/pokazywałabyś	pokazałbyś/pokazałabyś
on/ona/ono	pokazywałby/pokazywałaby/ pokazywałoby	pokazałby/pokazałaby/pokazałoby
my	pokazywalibyśmy/pokazywałybyśmy	pokazalibyśmy/pokazałybyśmy
wy	pokazywalibyście/pokazywałybyście	pokazalibyście/pokazałybyście
oni/one	pokazywaliby/pokazywałyby	pokazaliby/pokazałyby

IMPERATIVE

	pokazujmy		pokażmy
pokazuj	pokazujcie	pokaż	pokażcie
niech pokazuje	niech pokazują	niech pokaże	niech pokażą

PARTICIPLES

PRES. ACT. pokazujący, -a, -e; -y, -e
PRES. PASS. pokazywany, -a, -e; -i, -e   *PAST PASS.* pokazany, -a, -e; -i, -e
ADV. PART. pokazując
Verb governance: kogo, co; komu
Related verbs with meanings: (**pokazywać się/pokazać się** *appear*) (**dokazywać** *frolic*) (**nakazywać** *demand, order*) (**okazywać/się/** *manifest; prove*) (**przekazywać** *deliver*) (**przykazywać**, *enjoin*) (**rozkazywać** *command*) (**ukazywać/się/** *reveal; appear*) (**wykazywać** *demonstrate*) (**wzkazywać** *point to*) (**zakazywać** *forbid, ban*)

EXAMPLES of model and/or related verbs: 1. Zgodził się, aby **pokazać** swoją twarz w telewizji. *He agreed to show his face on TV.* 2. I cóż **się okazuje?** *And what does that prove?* 3. W USA **ukazała się** nowa książka o romansie stulecia. *A new book about the love affair of the century appeared in the United States.* 4. **Pokaż** nam poprzednie swoje zdjęcia. *Show us your former pictures.*

polecać/polecić to recommend, direct, commit to one's care, suggest

IMPERFECTIVE		PERFECTIVE

PRESENT

ja	polecam	
ty	polecasz	
on/ona/ono	poleca	
my	polecamy	
wy	polecacie	
oni/one	polecają	

PAST

ja	polecałem/polecałam	poleciłem/poleciłam
ty	polecałeś/polecałaś	poleciłeś/poleciłaś
on/ona/ono	polecał/polecała/polecało	polecił/poleciła/poleciło
my	polecaliśmy/polecałyśmy	poleciliśmy/poleciłyśmy
wy	polecaliście/polecałyście	poleciliście/poleciłyście
oni/one	polecali/polecały	polecili/poleciły

FUTURE

ja	będę polecał/polecała	polecę
ty	będziesz polecał/polecała	polecisz
on/ona/ono	będzie polecał/polecała/polecało	poleci
my	będziemy polecali/polecały	polecimy
wy	będziecie polecali/polecały	polecicie
oni/one	będą polecali/polecały	polecą

CONDITIONAL

ja	polecałbym/polecałabym	poleciłbym/poleciłabym
ty	polecałbyś/polecałabyś	poleciłbyś/poleciłabyś
on/ona/ono	polecałby/polecałaby/polecałoby	poleciłby/poleciłaby/poleciłoby
my	polecalibyśmy/polecałybyśmy	polecilibyśmy/poleciłybyśmy
wy	polecalibyście/polecałybyście	polecilibyście/poleciłybyście
oni/one	polecaliby/polecałyby	poleciliby/poleciłyby

IMPERATIVE

	polecajmy		polećmy
polecaj	polecajcie	poleć	polećcie
niech poleca	niech polecają	niech poleci	niech polecą

PARTICIPLES

PRES. ACT. polecający, -a, -e; -y, -e
PRES. PASS. polecany, -a, -e; -i, -e   *PAST PASS.* polecony, -a, -e; -ceni, -cione
ADV. PART. polecając
Verb governance: kogo, co; komu
Related verbs with meanings: (**zalecać/się/** *recommend; court, woo*)

EXAMPLES of model and/or related verbs: 1. **Polecono** mu, żeby zmienił pracę. *It was recommended that he change jobs.* 2. Kelner **poleca** nam zupę szczawiową. *The waiter recommends sorrel soup to us.* 3. Proszę **polecić** ten produkt wszystkim znajomym. *Please recommend this product to all your friends.* 4. Wszystkim gospodyniom domowym **polecałbym** wypróbować ten produkt. *I would recommend to all the homemakers to try this product.*

polegać   to depend, rely on, look to, rest upon

IMPERFECTIVE	PERFECTIVE

PRESENT

ja	polegam
ty	polegasz
on/ona/ono	polega
my	polegamy
wy	polegacie
oni/one	polegają

PAST

ja	polegałem/polegałam
ty	polegałeś/polegałaś
on/ona/ono	polegał/polegała/polegało
my	polegaliśmy/polegałyśmy
wy	polegaliście/polegałyście
oni/one	polegali/polegały

FUTURE

ja	będę polegał/polegała
ty	będziesz polegał/polegała
on/ona/ono	będzie polegał/polegała/polegało
my	będziemy polegali/polegały
wy	będziecie polegali/polegały
oni/one	będą polegali/polegały

CONDITIONAL

ja	polegałbym/polegałabym
ty	polegałbyś/polegałabyś
on/ona/ono	polegałby/polegałaby/polegałoby
my	polegalibyśmy/polegałybyśmy
wy	polegalibyście/polegałybyście
oni/one	polegaliby/polegałyby

IMPERATIVE

	polegajmy
polegaj	polegajcie
niech polega	niech polegają

PARTICIPLES

PRES. ACT. polegający, -a, -e; -y, -e
PRES. PASS.   *PAST PASS.*
ADV. PART. polegając
Verb governance: na kim, na czym
Related verbs with meanings: (**dolegać** *ache*) (**nalegać** *insist*) (**podlegać** *be subject to*) (**ulegać** *submit*) (**zalegać** *cover, be in arrears*)

EXAMPLES of model and/or related verbs: 1. **Polegał** na swoim przyjacielu. *He relied on his friend.* 2. Warto **polegać** na innych. *It pays to rely on others.* 3. Szczęście **polega** na tym, że trzeba wiedzieć kiedy mu pomóc. *Happiness depends on the fact that one has to know when to help it along.* 4. Od dziś **będziemy polegali** na waszej opinii. *From now on, we'll be depending on your opinion.*

pomagać/pomóc   to help, aid, assist

IMPERFECTIVE		PERFECTIVE

PRESENT

ja	pomagam	
ty	pomagasz	
on/ona/ono	pomaga	
my	pomagamy	
wy	pomagacie	
oni/one	pomagają	

PAST

ja	pomagałem/pomagałam	pomogłem/pomogłam
ty	pomagałeś/pomagałaś	pomogłeś/pomogłaś
on/ona/ono	pomagał/pomagała/pomagało	pomógł/pomogła/pomogło
my	pomagaliśmy/pomagałyśmy	pomogliśmy/pomogłyśmy
wy	pomagaliście/pomagałyście	pomogliście/pomogłyście
oni/one	pomagali/pomagały	pomogli/pomogły

FUTURE

ja	będę pomagał/pomagała	pomogę
ty	będziesz pomagał/pomagała	pomożesz
on/ona/ono	będzie pomagał/pomagała/pomagało	pomoże
my	będziemy pomagali/pomagały	pomożemy
wy	będziecie pomagali/pomagały	pomożecie
oni/one	będą pomagali/pomagały	pomogą

CONDITIONAL

ja	pomagałbym/pomagałabym	pomógłbym/pomogłabym
ty	pomagałbyś/pomagałabyś	pomógłbyś/pomogłabyś
on/ona/ono	pomagałby/pomagałaby/pomagałoby	pomógłby/pomogłaby/pomogłoby
my	pomagalibyśmy/pomagałybyśmy	pomoglibyśmy/pomogłybyśmy
wy	pomagalibyście/pomagałybyście	pomoglibyście/pomogłybyście
oni/one	pomagaliby/pomagałyby	pomogliby/pomogłyby

IMPERATIVE

	pomagajmy		pomóżmy
pomagaj	pomagajcie	pomóż	pomóżcie
niech pomaga	niech pomagają	niech pomoże	niech pomogą

PARTICIPLES

PRES. ACT. pomagający, -a, -e; -y, -e
PRES. PASS.   *PAST PASS.*
ADV. PART. pomagając
Verb governance: komu, czemu; w czym
Related verbs with meanings: (**domagać się** *claim, demand*) (**wymagać** *demand, require, be strict*)
(**wzmagać/się/** *intensify; increase*) (**zmagać/się/** *overcome; struggle*)

EXAMPLES of model and/or related verbs: 1. Ona **pomaga** mi w tym najtrudniejszym czasie.
She helps me in this most difficult time. 2. Miał kłopoty z chodzeniem i **pomagał** sobie laską. *He
had problems walking and helped himself with a cane.* 3. On **pomógł** jej otrząsnąć się z apatii. *He
helped her to shake off her apathy.* 4. **Wymagaj** nieco odmiennego traktowania. *Demand to be
treated somewhat differently.*

pompować/napompować   to pump up, inflate

IMPERFECTIVE		PERFECTIVE	

PRESENT

ja	pompuję		
ty	pompujesz		
on/ona/ono	pompuje		
my	pompujemy		
wy	pompujecie		
oni/one	pompują		

PAST

ja	pompowałem/pompowałam	napompowałem/napompowałam	
ty	pompowałeś/pompowałaś	napompowałeś/napompowałaś	
on/ona/ono	pompował/pompowała/pompowało	napompował/napompowała/napompowało	
my	pompowaliśmy/pompowałyśmy	napompowaliśmy/napompowałyśmy	
wy	pompowaliście/pompowałyście	napompowaliście/napompowałyście	
oni/one	pompowali/pompowały	napompowali/napompowały	

FUTURE

ja	będę pompował/pompowała	napompuję	
ty	będziesz pompował/pompowała	napompujesz	
on/ona/ono	będzie pompował/pompowała/ pompowało	napompuje	
my	będziemy pompowali/pompowały	napompujemy	
wy	będziecie pompowali/pompowały	napompujecie	
oni/one	będą pompowali/pompowały	napompują	

CONDITIONAL

ja	pompowałbym/pompowałabym	napompowałbym/napompowałabym	
ty	pompowałbyś/pompowałabyś	napompowałbyś/napompowałabyś	
on/ona/ono	pompowałby/pompowałaby/ pompowałoby	napompowałby/napompowałaby/ napompowałoby	
my	pompowalibyśmy/pompowałybyśmy	napompowalibyśmy/napompowałybyśmy	
wy	pompowalibyście/pompowałybyście	napompowalibyście/napompowałybyście	
oni/one	pompowaliby/pompowałyby	napompowaliby/napompowałyby	

IMPERATIVE

	pompujmy		napompujmy
pompuj	pompujcie	napompuj	napompujcie
niech pompuje	niech pompują	niech napompuje	niech napompują

PARTICIPLES

PRES. ACT. pompujący, -a, -e; -y, -e
PRES. PASS. pompowany, -a, -e; -, -e   *PAST PASS.* napompowany, -a, -e; -, -e
ADV. PART. pompując
Verb governance: co, do czego; czym; gdzie
Related verbs with meanings: (**dopompować** *pump up full*) (**przepompować** *pump over*)
(**wypompować** *pump out*)

EXAMPLES of model and/or related verbs: 1. Przed wyruszeniem w drogę trzeba będzie
dopompować opony. *Before starting on the trip, we have to pump up the tires.* 2. Gdybym miał
pompkę, **napompowałbym** oponę roweru. *If I had a pump, I would inflate the bicycle tire.*
3. **Wypompowali** wodę ze studni, bo była zanieczyszczona. *They pumped out the water from the
well because it was contaminated.* 4. On płynie na **napompowanym** materacu. *He floats on an
inflated mattress.*

poprawiać/poprawić   to correct, better, mend, redo

IMPERFECTIVE	PERFECTIVE

PRESENT

ja	poprawiam
ty	poprawiasz
on/ona/ono	poprawia
my	poprawiamy
wy	poprawiacie
oni/one	poprawiają

PAST

ja	poprawiałem/poprawiałam	poprawiłem/poprawiłam
ty	poprawiałeś/poprawiałaś	poprawiłeś/poprawiłaś
on/ona/ono	poprawiał/poprawiała/poprawiało	poprawił/poprawiła/poprawiło
my	poprawialiśmy/poprawiałyśmy	poprawiliśmy/poprawiłyśmy
wy	poprawialiście/poprawiałyście	poprawiliście/poprawiłyście
oni/one	poprawiali/poprawiały	poprawili/poprawiły

FUTURE

ja	będę poprawiał/poprawiała	poprawię
ty	będziesz poprawiał/poprawiała	poprawisz
on/ona/ono	będzie poprawiał/poprawiała/poprawiało	poprawi
my	będziemy poprawiali/poprawiały	poprawimy
wy	będziecie poprawiali/poprawiały	poprawicie
oni/one	będą poprawiali/poprawiały	poprawią

CONDITIONAL

ja	poprawiałbym/poprawiałabym	poprawiłbym/poprawiłabym
ty	poprawiałbyś/poprawiałabyś	poprawiłbyś/poprawiłabyś
on/ona/ono	poprawiałby/poprawiałaby/ poprawiałoby	poprawiłby/poprawiłaby/poprawiłoby
my	poprawialibyśmy/poprawiałybyśmy	poprawilibyśmy/poprawiłybyśmy
wy	poprawialibyście/poprawiałybyście	poprawilibyście/poprawiłybyście
oni/one	poprawialiby/poprawiałyby	poprawiliby/poprawiłyby

IMPERATIVE

	poprawiajmy		poprawmy
poprawiaj	poprawiajcie	popraw	poprawcie
niech poprawia	niech poprawiają	niech poprawi	niech poprawią

PARTICIPLES

PRES. ACT. poprawiający, -a, -e; -y, -e
PRES. PASS. poprawiany, -a, -e; -i, -e   ***PAST PASS.*** poprawiony, -a, -e; -eni, -one
ADV. PART. poprawiając
Verb governance: kogo, co
Related verbs with meanings: (**poprawiać się/poprawić się** *improve, adjust, amend*) (**doprawić**
replace, season) (**naprawić** *fix, rectify*) (**oprawić** *frame*) (**odprawić** *send off, celebrate*)
(**podprawić** *season*) (**przeprawić/się/** *convey across; cross*) (**przyprawić** *prepare, spice, attach*)
(**rozprawić się** *settle matters*) (**uprawić** *practice, cultivate*) (**wyprawić** *get ready*) (**sprawić** *cause,
procure*) (**zaprawić** *flavor*)

EXAMPLES of model and/or related verbs: 1. Gdy chcemy sobie **poprawić** humor, razem
przeglądamy albumy. *If we want to better our mood, we look through picture albums together.*
2. Mszę świętą **odprawił** Prymas Polski. *The holy mass was celebrated by the Primate of Poland.*
3. Przejrzysty żel **sprawia,** że skóra wilgotnieje. *The clear lotion moisturizes the skin.*
4. Nie **naprawiłby** tych win, gdyby nie miał wyrzutów sumienia. *He wouldn't have rectified these
faults if his conscience hadn't bothered him.*

postanawiać/postanowić   to decide, make up one's mind

IMPERFECTIVE	PERFECTIVE

PRESENT

ja	postanawiam
ty	postanawiasz
on/ona/ono	postanawia
my	postanawiamy
wy	postanawiacie
oni/one	postanawiają

PAST

	IMPERFECTIVE	PERFECTIVE
ja	postanawiałem/postanawiałam	postanowiłem/postanowiłam
ty	postanawiałeś/postanawiałaś	postanowiłeś/postanowiłaś
on/ona/ono	postanawiał/postanawiała/ postanawiało	postanowił/postanowiła/postanowiło
my	postanawialiśmy/postanawiałyśmy	postanowiliśmy/postanowiłyśmy
wy	postanawialiście/postanawiałyście	postanowiliście/postanowiłyście
oni/one	postanawiali/postanawiały	postanowili/postanowiły

FUTURE

	IMPERFECTIVE	PERFECTIVE
ja	będę postanawiał/postanawiała	postanowię
ty	będziesz postanawiał/postanawiała	postanowisz
on/ona/ono	będzie postanawiał/postanawiała/ postanawiało	postanowi
my	będziemy postanawiali/postanawiały	postanowimy
wy	będziecie postanawiali/postanawiały	postanowicie
oni/one	będą postanawiali/postanawiały	postanowią

CONDITIONAL

	IMPERFECTIVE	PERFECTIVE
ja	postanawiałbym/postanawiałabym	postanowiłbym/postanowiłabym
ty	postanawiałbyś/postanawiałabyś	postanowiłbyś/postanowiłabyś
on/ona/ono	postanawiałby/postanawiałaby/ postanawiałoby	postanowiłby/postanowiłaby/postanowiłoby
my	postanawialibyśmy/ postanawiałybyśmy	postanowilibyśmy/postanowiłybyśmy
wy	postanawialibyście/ postanawiałybyście	postanowilibyście/postanowiłybyście
oni/one	postanawialiby/postanawiałyby	postanowiliby/postanowiłyby

IMPERATIVE

	IMPERFECTIVE		PERFECTIVE	
	postanawiajmy			postanówmy
postanawiaj	postanawiajcie	postanów		postanówcie
niech postanawia	niech postanawiają	niech postanowi		niech postanowią

PARTICIPLES

PRES. ACT. postanawiający, -a, -e; -y, -e
PRES. PASS. postanawiany, -a, -e; -i, -e   *PAST PASS.* postanowiony, -a, -e; -eni, -one
ADV. PART. postanawiając

Verb governance: co; o kim, o czym
Related verbs with meanings: (**ostanowić** *hold/quarry/*) (**ustanowić** *set up, lay down*)
(**zastanowić/się/** *check, astonish; consider, ponder, think over*)

EXAMPLES of model and/or related verbs: 1. Rząd chciał **ustanowić** nowe prawo bez
konsultacji społeczeństwa. *The government wanted to set up a new law without consulting the
general public.* 2. Babcia **postanowiła** zamieszkać w domu starców. *Grandma decided to live in a
senior citizens' home.* 3. Cokolwiek **postanowi,** dopnie swego. *Whatever he decides on, he will
achieve.* 4. **Zastanów się,** co ty robisz! *Consider what you're doing!*

posuwać/posunąć   to push, move, shove, advance

IMPERFECTIVE		PERFECTIVE

PRESENT

ja	posuwam	
ty	posuwasz	
on/ona/ono	posuwa	
my	posuwamy	
wy	posuwacie	
oni/one	posuwają	

PAST

ja	posuwałem/posuwałam	posunąłem/posunęłam
ty	posuwałeś/posuwałaś	posunąłeś/posunęłaś
on/ona/ono	posuwał/posuwała/posuwało	posunął/posunęła/posunęło
my	posuwaliśmy/posuwałyśmy	posunęliśmy/posunęłyśmy
wy	posuwaliście/posuwałyście	posunęliście/posunęłyście
oni/one	posuwali/posuwały	posunęli/posunęły

FUTURE

ja	będę posuwał/posuwała	posunę
ty	będziesz posuwał/posuwała	posuniesz
on/ona/ono	będzie posuwał/posuwała/posuwało	posunie
my	będziemy posuwali/posuwały	posuniemy
wy	będziecie posuwali/posuwały	posuniecie
oni/one	będą posuwali/posuwały	posuną

CONDITIONAL

ja	posuwałbym/posuwałabym	posunąłbym/posunęłabym
ty	posuwałbyś/posuwałabyś	posunąłbyś/posunęłabyś
on/ona/ono	posuwałby/posuwałaby/posuwałoby	posunąłby/posunęłaby/posunęłoby
my	posuwalibyśmy/posuwałybyśmy	posunęlibyśmy/posunęłybyśmy
wy	posuwalibyście/posuwałybyście	posunęlibyście/posunęłybyście
oni/one	posuwaliby/posuwałyby	posunęliby/posunęłyby

IMPERATIVE

	posuwajmy		posuńmy
posuwaj	posuwajcie	posuń	posuńcie
niech posuwa	niech posuwają	niech posunie	niech posuną

PARTICIPLES

PRES. ACT. posuwający, -a, -e; -y, -e
PRES. PASS. posuwany, -a, -e; -i, -e   **PAST PASS.** posunięty, -a, -e; -ci, -te
ADV. PART. posuwając
Verb governance: kogo, co
Related verbs with meanings: (**posuwać się/posunąć się** *shift, move*) (**dosunąć/się/** *push close; come closer*) (**nasunąć/się/** *draw near, suggest; occur*) (**odsunąć/się/** *push away, remove; stand back*) (**osunąć/się/** *lower; slide down, slump*) (**podsunąć/się/** *draw near, suggest, offer; approach, creep up to*) (**przesunąć/się/** *move over; slip through*) (**przysunąć/się/** *push near; move nearer, get closer*) (**rozsunąć** *separate, draw aside*) (**usunąć/się/** *take away, remove; step aside*) (**wysunąć/się/** *stick out; come out*) (**zasunąć** *draw*) (**zsunąć/się/** *push down; slip off*)

EXAMPLES of model and/or related verbs: 1. **Zasuń** firanki w oknie. *Close the window curtains.* 2. Babcia **podsunęła** Markowi zabawkę. *Grandma offered Marc a toy.* 3. Możesz **usunąć** najdrobniejsze ślady siwizny. *You may remove the slightest traces of gray hair.* 4. Pies **wysunąłby się** z budy, gdybyś go zawołał. *The dog would have come out of the doghouse if you had called him.*

potrzebować   to need, require

IMPERFECTIVE		PERFECTIVE

PRESENT

ja	potrzebuję
ty	potrzebujesz
on/ona/ono	potrzebuje
my	potrzebujemy
wy	potrzebujecie
oni/one	potrzebują

PAST

ja	potrzebowałem/potrzebowałam
ty	potrzebowałeś/potrzebowałaś
on/ona/ono	potrzebował/potrzebowała/potrzebowało
my	potrzebowaliśmy/potrzebowałyśmy
wy	potrzebowaliście/potrzebowałyście
oni/one	potrzebowali/potrzebowały

FUTURE

ja	będę potrzebował/potrzebowała
ty	będziesz potrzebował/potrzebowała
on/ona/ono	będzie potrzebował/potrzebowała/potrzebowało
my	będziemy potrzebowali/potrzebowały
wy	będziecie potrzebowali/potrzebowały
oni/one	będą potrzebowali/potrzebowały

CONDITIONAL

ja	potrzebowałbym/potrzebowałabym
ty	potrzebowałbyś/potrzebowałabyś
on/ona/ono	potrzebowałby/potrzebowałaby/potrzebowałoby
my	potrzebowalibyśmy/potrzebowałybyśmy
wy	potrzebowalibyście/potrzebowałybyście
oni/one	potrzebowaliby/potrzebowałyby

IMPERATIVE

PARTICIPLES

PRES. ACT.   potrzebujący, -a, -e; -y, -e
PRES. PASS.   *PAST PASS.*
ADV. PART.   potrzebując
Verb governance: kogo, co; czego
Related verbs with meanings:

EXAMPLES of model and/or related verbs: 1. Dzieci **potrzebują** ojców. *Children need fathers.* 2. Chory **potrzebował** pomocy. *The sick person needed help.* 3. W twoim wieku cera **potrzebowałaby** dodatkowego nawilżenia. *At your age, your complexion would need an extra bit of moisturizing.* 4. **Będziemy potrzebowali** specjalnego sprzętu. *We will need special equipment.*

IMPERFECTIVE	PERFECTIVE

PRESENT

ja	powiadamiam	
ty	powiadamiasz	
on/ona/ono	powiadamia	
my	powiadamiamy	
wy	powiadamiacie	
oni/one	powiadamiają	

PAST

ja	powiadamiałem/powiadamiałam	powiadomiłem/powiadomiłam
ty	powiadamiałeś/powiadamiałaś	powiadomiłeś/powiadomiłaś
on/ona/ono	powiadamiał/powiadamiała/ powiadamiało	powiadomił/powiadomiła/powiadomiło
my	powiadamialiśmy/powiadamiałyśmy	powiadomiliśmy/powiadomiłyśmy
wy	powiadamialiście/powiadamiałyście	powiadomiliście/powiadomiłyście
oni/one	powiadamiali/powiadamiały	powiadomili/powiadomiły

FUTURE

ja	będę powiadamiał/powiadamiała	powiadomię
ty	będziesz powiadamiał/powiadamiała	powiadomisz
on/ona/ono	będzie powiadamiał/powiadamiała/ powiadamiało	powiadomi
my	będziemy powiadamiali/powiadamiały	powiadomimy
wy	będziecie powiadamiali/powiadamiały	powiadomicie
oni/one	będą powiadamiali/powiadamiały	powiadomią

CONDITIONAL

ja	powiadamiałbym/powiadamiałabym	powiadomiłbym/powiadomiłabym
ty	powiadamiałbyś/powiadamiałabyś	powiadomiłbyś/powiadomiłabyś
on/ona/ono	powiadamiałby/powiadamiałaby/ powiadamiałoby	powiadomiłby/powiadomiłaby/ powiadomiłoby
my	powiadamialibyśmy/ powiadamiałybyśmy	powiadomilibyśmy/powiadomiłybyśmy
wy	powiadamialibyście/ powiadamiałybyście	powiadomilibyście/powiadomiłybyście
oni/one	powiadamialiby/powiadamiałyby	powiadomiliby/powiadomiłyby

IMPERATIVE

	powiadamiajmy		powiadommy
powiadamiaj	powiadamiajcie	powiadom	powiadomcie
niech powiadamia	niech powiadamiają	niech powiadomi	niech powiadomią

PARTICIPLES

PRES. ACT.   powiadamiający, -a, -e; -y, -e
PRES. PASS.   powiadamiany, -a, -e; -i, -e   *PAST PASS.*   powiadomiony, -a, -e; -eni, -one
ADV. PART.   powiadamiając
Verb governance: kogo; o kim, o czym
Related verbs with meanings: (**zawiadomić** *inform, send word*)

EXAMPLES of model and/or related verbs: 1. Władze **powiadomiły** o tym ambasadę polską. *The authorities informed the Polish embassy about that.* 2. Telewizja **powiadomi,** gdy wybiorą kolejną królowę piękności. *It will be announced on TV when the next beauty queen will be chosen.*
3. **Powiadamiają** nas, że mamy przejść tygodniowy kurs. *They are informing us that we have to take a week-long course.* 4. **Zawiadomiliby** nas, jeżeli to nie jest odpowiednie miejsce dla dzieci. *They should send us word if it is an inappropriate place for children.*

powiększać/powiększyć   to enlarge, magnify, make bigger, extend, add to

IMPERFECTIVE		PERFECTIVE

PRESENT

ja	powiększam
ty	powiększasz
on/ona/ono	powiększa
my	powiększamy
wy	powiększacie
oni/one	powiększają

PAST

	IMPERFECTIVE	PERFECTIVE
ja	powiększałem/powiększałam	powiększyłem/powiększyłam
ty	powiększałeś/powiększałaś	powiększyłeś/powiększyłaś
on/ona/ono	powiększał/powiększała/powiększało	powiększył/powiększyła/powiększyło
my	powiększaliśmy/powiększałyśmy	powiększyliśmy/powiększyłyśmy
wy	powiększaliście/powiększałyście	powiększyliście/powiększyłyście
oni/one	powiększali/powiększały	powiększyli/powiększyły

FUTURE

	IMPERFECTIVE	PERFECTIVE
ja	będę powiększał/powiększała	powiększę
ty	będziesz powiększał/powiększała	powiększysz
on/ona/ono	będzie powiększał/powiększała/ powiększało	powiększy
my	będziemy powiększali/powiększały	powiększymy
wy	będziecie powiększali/powiększały	powiększycie
oni/one	będą powiększali/powiększały	powiększą

CONDITIONAL

	IMPERFECTIVE	PERFECTIVE
ja	powiększałbym/powiększałabym	powiększyłbym/powiększyłabym
ty	powiększałbyś/powiększałabyś	powiększyłbyś/powiększyłabyś
on/ona/ono	powiększałby/powiększałaby/ powiększałoby	powiększyłby/powiększyłaby/ powiększyłoby
my	powiększalibyśmy/powiększałybyśmy	powiększylibyśmy/powiększyłybyśmy
wy	powiększalibyście/powiększałybyście	powiększylibyście/powiększyłybyście
oni/one	powiększaliby/powiększałyby	powiększyliby/powiększyłyby

IMPERATIVE

	powiększajmy		powiększmy
powiększaj	powiększajcie	powiększ	powiększcie
niech powiększa	niech powiększają	niech powiększy	niech powiększą

PARTICIPLES

PRES. ACT. powiększający, -a, -e; -, -e
PRES. PASS. powiększany, -a, -e; -, -e   *PAST PASS.* powiększony, -a, -e; -, -one
ADV. PART. powiększając

Verb governance: co
Related verbs with meanings: (**powiększać się/powiększyć się** *increase, augment, grow*)
(**zwiększyć/się/** *increase; grow larger, extend*)

EXAMPLES of model and/or related verbs: 1. **Powiększyliśmy** zdjęcia i powiesiliśmy je na
ścianach. *We enlarged the pictures and hung them on walls.* 2. Jej kolekcja lalek na półce w
stołowym **powiększa się.** *Her collection of dolls on the shelf in the dining room increases.*
3. Moja żona **powiększała** grono przyjaciółek. *My wife was increasing her circle of friends.*
4. Nie **powiększajcie** błahych kłopotów do apokaliptycznych rozmiarów. *Don't magnify your
insignificant troubles to apocalyptic proportions.*

powodować/spowodować   to cause, bring about

IMPERFECTIVE	PERFECTIVE

PRESENT

ja	powoduję
ty	powodujesz
on/ona/ono	powoduje
my	powodujemy
wy	powodujecie
oni/one	powodują

PAST

	IMPERFECTIVE	PERFECTIVE
ja	powodowałem/powodowałam	spowodowałem/spowodowałam
ty	powodowałeś/powodowałaś	spowodowałeś/spowodowałaś
on/ona/ono	powodował/powodowała/powodowało	spowodował/spowodowała/spowodowało
my	powodowaliśmy/powodowałyśmy	spowodowaliśmy/spowodowałyśmy
wy	powodowaliście/powodowałyście	spowodowaliście/spowodowałyście
oni/one	powodowali/powodowały	spowodowali/spowodowały

FUTURE

	IMPERFECTIVE	PERFECTIVE
ja	będę powodował/powodowała	spowoduję
ty	będziesz powodował/powodowała	spowodujesz
on/ona/ono	będzie powodował/powodowała/ powodowało	spowoduje
my	będziemy powodowali/powodowały	spowodujemy
wy	będziecie powodowali/powodowały	spowodujecie
oni/one	będą powodowali/powodowały	spowodują

CONDITIONAL

	IMPERFECTIVE	PERFECTIVE
ja	powodowałbym/powodowałabym	spowodowałbym/spowodowałabym
ty	powodowałbyś/powodowałabyś	spowodowałbyś/spowodowałabyś
on/ona/ono	powodowałby/powodowałaby/ powodowałoby	spowodowałby/spowodowałaby/ spowodowałoby
my	powodowalibyśmy/ powodowałybyśmy	spowodowalibyśmy/ spowodowałybyśmy
wy	powodowalibyście/ powodowałybyście	spowodowalibyście/ spowodowałybyście
oni/one	powodowaliby/powodowałyby	spowodowaliby/spowodowałyby

IMPERATIVE

	IMPERFECTIVE		PERFECTIVE
	powodujmy		spowodujmy
powoduj	powodujcie	spowoduj	spowodujcie
niech powoduje	niech powodują	niech spowoduje	niech spowodują

PARTICIPLES

PRES. ACT.   powodujący, -a, -e; -y, -e
PRES. PASS.   powodowany, -a, -e; -i, -e   **PAST PASS.**   spowodowany, -a, -e; -i, -e
ADV. PART.   powodując
Verb governance: co
Related verbs with meanings: (**powodować się** *be prompted, be governed*)

EXAMPLES of model and/or related verbs: 1. Preparaty aloesowe **powodują** podciągnięcie mięśni. *Cosmetics made from aloe vera cause tightening of the muscles.* 2. Wódka **spowodowała** uszkodzenie wątroby. *The vodka caused damage to the liver.* 3. Zastosowanie tego preparatu **spowodowałoby** lepsze konserwowanie żywności. *The application of this product would have resulted in better preservation of food.* 4. To nowe lekarstwo **powodowało** przyspieszenie bicia serca. *This new medication was causing acceleration of the heartbeat.*

powtarzać/powtórzyć   to repeat, reiterate

IMPERFECTIVE		PERFECTIVE

PRESENT

ja	powtarzam	
ty	powtarzasz	
on/ona/ono	powtarza	
my	powtarzamy	
wy	powtarzacie	
oni/one	powtarzają	

PAST

ja	powtarzałem/powtarzałam	powtórzyłem/powtórzyłam
ty	powtarzałeś/powtarzałaś	powtórzyłeś/powtórzyłaś
on/ona/ono	powtarzał/powtarzała/powtarzało	powtórzył/powtórzyła/powtórzyło
my	powtarzaliśmy/powtarzałyśmy	powtórzyliśmy/powtórzyłyśmy
wy	powtarzaliście/powtarzałyście	powtórzyliście/powtórzyłyście
oni/one	powtarzali/powtarzały	powtórzyli/powtórzyły

FUTURE

ja	będę powtarzał/powtarzała	powtórzę
ty	będziesz powtarzał/powtarzała	powtórzysz
on/ona/ono	będzie powtarzał/powtarzała/ powtarzało	powtórzy
my	będziemy powtarzali/powtarzały	powtórzymy
wy	będziecie powtarzali/powtarzały	powtórzycie
oni/one	będą powtarzali/powtarzały	powtórzą

CONDITIONAL

ja	powtarzałbym/powtarzałabym	powtórzyłbym/powtórzyłabym
ty	powtarzałbyś/powtarzałabyś	powtórzyłbyś/powtórzyłabyś
on/ona/ono	powtarzałby/powtarzałaby/ powtarzałoby	powtórzyłby/powtórzyłaby/powtórzyłoby
my	powtarzalibyśmy/powtarzałybyśmy	powtórzylibyśmy/powtórzyłybyśmy
wy	powtarzalibyście/powtarzałybyście	powtórzylibyście/powtórzyłybyście
oni/one	powtarzaliby/powtarzałyby	powtórzyliby/powtórzyłyby

IMPERATIVE

	powtarzajmy		powtórzmy
powtarzaj	powtarzajcie	powtórz	powtórzcie
niech powtarza	niech powtarzają	niech powtórzy	niech powtórzą

PARTICIPLES

PRES. ACT. powtarzający, -a, -e; -y, -e
PRES. PASS. powtarzany, -a, -e; -i, -e   *PAST PASS.* powtórzony, -a, -e; -eni, -one
ADV. PART. powtarzając
Verb governance: komu, co
Related verbs with meanings: (**powtarzać się/powtórzyć się** *be repeated, rerun, happen again*)

EXAMPLES of model and/or related verbs: 1. Proszę **powtórzyć** za mną. *Please repeat after me.*
2. Co roku **powtarzamy** tradycje. *Each year we repeat traditions.* 3. Nasze programy zaczęły **się**
powtarzać w telewizji edukacyjnej. *Our programs started to be repeated on educational TV.*
4. Nasz dyrektor **powtarzał** to określenie. *Our director used to repeat this term.*

pozdrawiać/pozdrowić

to greet, salute, say hi

IMPERFECTIVE		PERFECTIVE

PRESENT

ja	pozdrawiam
ty	pozdrawiasz
on/ona/ono	pozdrawia
my	pozdrawiamy
wy	pozdrawiacie
oni/one	pozdrawiają

PAST

ja	pozdrawiałem/pozdrawiałam	pozdrowiłem/pozdrowiłam
ty	pozdrawiałeś/pozdrawiałaś	pozdrowiłeś/pozdrowiłaś
on/ona/ono	pozdrawiał/pozdrawiała/pozdrawiało	pozdrowił/pozdrowiła/pozdrowiło
my	pozdrawialiśmy/pozdrawiałyśmy	pozdrowiliśmy/pozdrowiłyśmy
wy	pozdrawialiście/pozdrawiałyście	pozdrowiliście/pozdrowiłyście
oni/one	pozdrawiali/pozdrawiały	pozdrowili/pozdrowiły

FUTURE

ja	będę pozdrawiał/pozdrawiała	pozdrowię
ty	będziesz pozdrawiał/pozdrawiała	pozdrowisz
on/ona/ono	będzie pozdrawiał/pozdrawiała/ pozdrawiało	pozdrowi
my	będziemy pozdrawiali/pozdrawiały	pozdrowimy
wy	będziecie pozdrawiali/pozdrawiały	pozdrowicie
oni/one	będą pozdrawiali/pozdrawiały	pozdrowią

CONDITIONAL

ja	pozdrawiałbym/pozdrawiałabym	pozdrowiłbym/pozdrowiłabym
ty	pozdrawiałbyś/pozdrawiałabyś	pozdrowiłbyś/pozdrowiłabyś
on/ona/ono	pozdrawiałby/pozdrawiałaby/ pozdrawiałoby	pozdrowiłby/pozdrowiłaby/pozdrowiłoby
my	pozdrawialibyśmy/pozdrawiałybyśmy	pozdrowilibyśmy/pozdrowiłybyśmy
wy	pozdrawialibyście/pozdrawiałybyście	pozdrowilibyście/pozdrowiłybyście
oni/one	pozdrawialiby/pozdrawiałyby	pozdrowiliby/pozdrowiłyby

IMPERATIVE

	pozdrawiajmy		pozdrówmy
pozdrawiaj	pozdrawiajcie	pozdrów	pozdrówcie
niech pozdrawia	niech pozdrawiają	niech pozdrowi	niech pozdrowią

PARTICIPLES

PRES. ACT. pozdrawiający, -a, -e; -y, -e

PRES. PASS. pozdrawiany, -a, -e; -i, -e   ***PAST PASS.*** pozdrowiony, -a, -e; -eni, -one

ADV. PART. pozdrawiając

Verb governance: kogo

Related verbs with meanings: (**pozdrawiać się/pozdrowić się** *exchange greetings*) (**ozdrowić** *restore to health*) (**uzdrowić** *cure, remedy*)

EXAMPLES of model and/or related verbs: 1. Piotr kazał cię **pozdrowić**. *Peter asked to say hi to you.* 2. Serdecznie **pozdrawiam** ciocię i wujka. *I send my kind regards to my aunt and uncle.* 3. **Pozdrów** Roberta od nas. *Say hi to Robert from us.* 4. **Uzdrowił** go pobyt w sanatorium. *A stay at a health resort cured him.*

poznawać/poznać   to meet, get to know, acquaint, recognize

IMPERFECTIVE	PERFECTIVE

PRESENT

ja	poznaję
ty	poznajesz
on/ona/ono	poznaje
my	poznajemy
wy	poznajecie
oni/one	poznają

PAST

	IMPERFECTIVE	PERFECTIVE
ja	poznawałem/poznawałam	poznałem/poznałam
ty	poznawałeś/poznawałaś	poznałeś/poznałaś
on/ona/ono	poznawał/poznawała/poznawało	poznał/poznała/poznało
my	poznawaliśmy/poznawałyśmy	poznaliśmy/poznałyśmy
wy	poznawaliście/poznawałyście	poznaliście/poznałyście
oni/one	poznawali/poznawały	poznali/poznały

FUTURE

	IMPERFECTIVE	PERFECTIVE
ja	będę poznawał/poznawała	poznam
ty	będziesz poznawał/poznawała	poznasz
on/ona/ono	będzie poznawał/poznawała/poznawało	pozna
my	będziemy poznawali/poznawały	poznamy
wy	będziecie poznawali/poznawały	poznacie
oni/one	będą poznawali/poznawały	poznają

CONDITIONAL

	IMPERFECTIVE	PERFECTIVE
ja	poznawałbym/poznawałabym	poznałbym/poznałabym
ty	poznawałbyś/poznawałabyś	poznałbyś/poznałabyś
on/ona/ono	poznawałby/poznawałaby/poznawałoby	poznałby/poznałaby/poznałoby
my	poznawalibyśmy/poznawałybyśmy	poznalibyśmy/poznałybyśmy
wy	poznawalibyście/poznawałybyście	poznalibyście/poznałybyście
oni/one	poznawaliby/poznawałyby	poznaliby/poznałyby

IMPERATIVE

	IMPERFECTIVE		PERFECTIVE
	poznawajmy		poznajmy
poznawaj	poznawajcie	poznaj	poznajcie
niech poznaje	niech poznawają	niech pozna	niech poznają

PARTICIPLES

PRES. ACT. poznający, -a, -e; -y, -e
PRES. PASS. poznawany, -a, -e; -i, -e   *PAST PASS.* poznany, -a, -e; -i, -e
ADV. PART. poznając

Verb governance: kogo, co

Related verbs with meanings: (**poznawać się/poznać się** *get acquainted, perceive*) (**doznać** *experience, feel*) (**przyznać/się/** *award; admit*) (**rozeznać** *discern*) (**rozpoznać** *distinguish, key out, spot*) (**uznać** *acknowledge, approve, appreciate*) (**wyznać** *confess, profess*) (**zaznać** *experience*)

EXAMPLES of model and/or related verbs: 1. **Poznamy się** bliżej na zabawie. *We'll get to know each other better at the dance.* 2. **Poznaliśmy się** kilka lat temu. *We met a few years ago.* 3. Młody nauczyciel **poznałby** siostrzenicę dyrektora szkoły, gdyby nie wyjechała na wakacje. *The young teacher would have met the school director's niece if she had not left for vacation.* 4. Lubimy **poznawać** nowe miejsca. *We like to explore new places.*

pozwalać/pozwolić   to allow, permit, consent, authorize, give permission

IMPERFECTIVE		PERFECTIVE

PRESENT

ja	pozwalam
ty	pozwalasz
on/ona/ono	pozwala
my	pozwalamy
wy	pozwalacie
oni/one	pozwalają

PAST

ja	pozwalałem/pozwalałam	pozwoliłem/pozwoliłam
ty	pozwalałeś/pozwalałaś	pozwoliłeś/pozwoliłaś
on/ona/ono	pozwalał/pozwalała/pozwalało	pozwolił/pozwoliła/pozwoliło
my	pozwalaliśmy/pozwalałyśmy	pozwoliliśmy/pozwoliłyśmy
wy	pozwalaliście/pozwalałyście	pozwoliliście/pozwoliłyście
oni/one	pozwalali/pozwalały	pozwolili/pozwoliły

FUTURE

ja	będę pozwalał/pozwalała	pozwolę
ty	będziesz pozwalał/pozwalała	pozwolisz
on/ona/ono	będzie pozwalał/pozwalała/pozwalało	pozwoli
my	będziemy pozwalali/pozwalały	pozwolimy
wy	będziecie pozwalali/pozwalały	pozwolicie
oni/one	będą pozwalali/pozwalały	pozwolą

CONDITIONAL

ja	pozwalałbym/pozwalałabym	pozwoliłbym/pozwoliłabym
ty	pozwalałbyś/pozwalałabyś	pozwoliłbyś/pozwoliłabyś
on/ona/ono	pozwalałby/pozwalałaby/pozwalałoby	pozwoliłby/pozwoliłaby/pozwoliłoby
my	pozwalalibyśmy/pozwalałybyśmy	pozwolilibyśmy/pozwoliłybyśmy
wy	pozwalalibyście/pozwalałybyście	pozwolilibyście/pozwoliłybyście
oni/one	pozwalaliby/pozwalałyby	pozwoliliby/pozwoliłyby

IMPERATIVE

	pozwalajmy		pozwólmy
pozwalaj	pozwalajcie	pozwól	pozwólcie
niech pozwala	niech pozwalają	niech pozwoli	niech pozwolą

PARTICIPLES

PRES. ACT. pozwalający, -a, -e; -y, -e
PRES. PASS. pozwalany, -a, -e; -, -e   *PAST PASS.* pozwolony, -a, -e; -, -e
ADV. PART. pozwalając
Verb governance: komu, co; na co
Related verbs with meanings: (**dozwolić** *allow*) (**wyzwolić/się/** *free/oneself/*)

EXAMPLES of model and/or related verbs: 1. Powiedziała, że nie **pozwoli** na widzenie się dziecka z ojcem. *She announced that she will not consent to the visit between the father and son.* 2. **Pozwól** mu przemówić. *Allow him to have his say.* 3. Nowe kosmetyki **pozwalają** skórze oddychać. *The new makeup allows the skin to breathe.* 4. Podróże były największym luksusem, na jaki sobie **pozwoliliśmy**. *Travel was the biggest luxury that we allowed ourselves.*

170

pożyczać/pożyczyć
to borrow, lend, loan

IMPERFECTIVE		PERFECTIVE

PRESENT

ja	pożyczam	
ty	pożyczasz	
on/ona/ono	pożycza	
my	pożyczamy	
wy	pożyczacie	
oni/one	pożyczają	

PAST

ja	pożyczałem/pożyczałam	pożyczyłem/pożyczyłam
ty	pożyczałeś/pożyczałaś	pożyczyłeś/pożyczyłaś
on/ona/ono	pożyczał/pożyczała/pożyczało	pożyczył/pożyczyła/pożyczyło
my	pożyczaliśmy/pożyczałyśmy	pożyczyliśmy/pożyczyłyśmy
wy	pożyczaliście/pożyczałyście	pożyczyliście/pożyczyłyście
oni/one	pożyczali/pożyczały	pożyczyli/pożyczyły

FUTURE

ja	będę pożyczał/pożyczała	pożyczę
ty	będziesz pożyczał/pożyczała	pożyczysz
on/ona/ono	będzie pożyczał/pożyczała/pożyczało	pożyczy
my	będziemy pożyczali/pożyczały	pożyczymy
wy	będziecie pożyczali/pożyczały	pożyczycie
oni/one	będą pożyczali/pożyczały	pożyczą

CONDITIONAL

ja	pożyczałbym/pożyczałabym	pożyczyłbym/pożyczyłabym
ty	pożyczałbyś/pożyczałabyś	pożyczyłbyś/pożyczyłabyś
on/ona/ono	pożyczałby/pożyczałaby/pożyczałoby	pożyczyłby/pożyczyłaby/pożyczyłoby
my	pożyczalibyśmy/pożyczałybyśmy	pożyczylibyśmy/pożyczyłybyśmy
wy	pożyczalibyście/pożyczałybyście	pożyczylibyście/pożyczyłybyście
oni/one	pożyczaliby/pożyczałyby	pożyczyliby/pożyczyłyby

IMPERATIVE

	pożyczajmy		pożyczmy
pożyczaj	pożyczajcie	pożycz	pożyczcie
niech pożycza	niech pożyczają	niech pożyczy	niech pożyczą

PARTICIPLES

PRES. ACT. pożyczający, -a, -e; -y, -e
PRES. PASS. pożyczany, -a, -e; -i, -e   *PAST PASS.* pożyczony, -a, -e; -eni, -one
ADV. PART. pożyczając

Verb governance: komu, co; od kogo
Related verbs with meanings: (**wypożyczyć** *rent*) (**zapożyczyć/się/** *adopt/custom/; fall in debt*)

EXAMPLES of model and/or related verbs: 1. Jutro Jadwiga **pożyczy** kapelusz od jednej ze swoich koleżanek. *Tomorrow, Hedwig will borrow a hat from one of her friends.* 2. Lusia **pożyczała** ode mnie drobiazgi. *Lucy used to borrow trinkets from me.* 3. **Pożycz** mi milion złotych. *Lend me a million zlotys.* 4. Nasi znajomi za **pożyczone** pieniądze kupili działkę. *Our acquaintances bought a parcel of land with the borrowed money.*

IMPERFECTIVE	PERFECTIVE

PRESENT

ja	pracuję
ty	pracujesz
on/ona/ono	pracuje
my	pracujemy
wy	pracujecie
oni/one	pracują

PAST

ja	pracowałem/pracowałam	popracowałem/popracowałam
ty	pracowałeś/pracowałaś	popracowałeś/popracowałaś
on/ona/ono	pracował/pracowała/pracowało	popracował/popracowała/popracowało
my	pracowaliśmy/pracowałyśmy	popracowaliśmy/popracowałyśmy
wy	pracowaliście/pracowałyście	popracowaliście/popracowałyście
oni/one	pracowali/pracowały	popracowali/popracowały

FUTURE

ja	będę pracował/pracowała	popracuję
ty	będziesz pracował/pracowała	popracujesz
on/ona/ono	będzie pracował/pracowała/pracowało	popracuje
my	będziemy pracowali/pracowały	popracujemy
wy	będziecie pracowali/pracowały	popracujecie
oni/one	będą pracowali/pracowały	popracują

CONDITIONAL

ja	pracowałbym/pracowałabym	popracowałbym/popracowałabym
ty	pracowałbyś/pracowałabyś	popracowałbyś/popracowałabyś
on/ona/ono	pracowałby/pracowałaby/ pracowałoby	popracowałby/popracowałaby/ popracowałoby
my	pracowalibyśmy/pracowałybyśmy	popracowalibyśmy/popracowałybyśmy
wy	pracowalibyście/pracowałybyście	popracowalibyście/popracowałybyście
oni/one	pracowaliby/pracowałyby	popracowaliby/popracowałyby

IMPERATIVE

	pracujmy		popracujmy
pracuj	pracujcie	popracuj	popracujcie
niech pracuje	niech pracują	niech popracuje	niech popracują

PARTICIPLES

PRES. ACT.   pracujący, -a, -e; -y, -e
PRES. PASS.   ***PAST PASS.***
ADV. PART.   pracując

Verb governance: nad kim, nad czym; w czym; gdzie

Related verbs with meanings: (**dopracować się** *obtain by work, earn*) (**napracować się** *toil*) (**odpracować** *work one's hours*) (**opracować** *compile*) (**przepracować/się/** *work/x hours/, reshape; be overworked*) (**wypracować** *perfect, work out*) (**zapracować/się/** *earn; overstrain oneself*)

EXAMPLES of model and/or related verbs: 1. Ciężko **pracowałam** na sukces. *I worked hard to achieve success.* 2. Lubię najbardziej **pracować** sama. *I prefer to work by myself.* 3. Na miejscu tragedii **pracują** ekipy złożone z miejscowych ludzi. *Teams made up of local people are working at the disaster site.* 4. **Popracowałbym** jako ślusarz, gdybym znalazł pracę. *I would work as a locksmith if I were to find work.*

prać/uprać *or* **wyprać**   to wash, launder

IMPERFECTIVE		PERFECTIVE	

PRESENT

ja	piorę		
ty	pierzesz		
on/ona/ono	pierze		
my	pierzemy		
wy	pierzecie		
oni/one	piorą		

PAST

ja	prałem/prałam	uprałem/uprałam
ty	prałeś/prałaś	uprałeś/uprałaś
on/ona/ono	prał/prała/prało	uprał/uprała/uprało
my	praliśmy/prałyśmy	upraliśmy/uprałyśmy
wy	praliście/prałyście	upraliście/uprałyście
oni/one	prali/prały	uprali/uprały

FUTURE

ja	będę prał/prała	upiorę
ty	będziesz prał/prała	upierzesz
on/ona/ono	będzie prał/prała/prało	upierze
my	będziemy prali/prały	upierzemy
wy	będziecie prali/prały	upierzecie
oni/one	będą prali/prały	upiorą

CONDITIONAL

ja	prałbym/prałabym	uprałbym/uprałabym
ty	prałbyś/prałabyś	uprałbyś/uprałabyś
on/ona/ono	prałby/prałaby/prałoby	uprałby/uprałaby/uprałoby
my	pralibyśmy/prałybyśmy	upralibyśmy/uprałybyśmy
wy	pralibyście/prałybyście	upralibyście/uprałybyście
oni/one	praliby/prałyby	upraliby/uprałyby

IMPERATIVE

	pierzmy		upierzmy
pierz	pierzcie	upierz	upierzcie
niech pierze	niech piorą	niech upierze	niech upiorą

PARTICIPLES

PRES. ACT. piorący, -a, -e; -y, -e
PRES. PASS. prany, -a, -e; -, -e   **PAST PASS.** uprany, -a, -e; -, -e
ADV. PART. piorąc

Verb governance: co; w czym; gdzie

Related verbs with meanings: (**doprać** *wash clean*) (**naprać** *get washing done*) (**oprać** *do laundering*) (**poprać** *do some washing*) (**przeprać** *launder*) (**sprać/się/** *wash out; come out in the wash*) (**zaprać** *wash away*)

EXAMPLES of model and/or related verbs: 1. Chcę dzisiaj **przeprać** bieliznę. *I want to do the laundry today.* 2. **Upiorę** jedwabną bluzkę ręcznie. *I'll wash the silk blouse by hand.* 3. **Wypierz** w końcu ten sweter. *Wash this sweater at last.* 4. W taką śliczną pogodę **będę prała** wszystko. *In such beautiful weather, I'm going to launder everything.*

pragnąć/zapragnąć   to desire, wish, long, crave, be keen

IMPERFECTIVE		PERFECTIVE

PRESENT

ja	pragnę	
ty	pragniesz	
on/ona/ono	pragnie	
my	pragniemy	
wy	pragniecie	
oni/one	pragną	

PAST

ja	pragnąłem/pragnęłam	zapragnąłem/zapragnęłam
ty	pragnąłeś/pragnęłaś	zapragnąłeś/zapragnęłaś
on/ona/ono	pragnął/pragnęła/pragnęło	zapragnął/zapragnęła/zapragnęło
my	pragnęliśmy/pragnęłyśmy	zapragnęliśmy/zapragnęłyśmy
wy	pragnęliście/pragnęłyście	zapragnęliście/zapragnęłyście
oni/one	pragnęli/pragnęły	zapragnęli/zapragnęły

FUTURE

ja	będę pragnął/pragnęła	zapragnę
ty	będziesz pragnął/pragnęła	zapragniesz
on/ona/ono	będzie pragnął/pragnęła/pragnęło	zapragnie
my	będziemy pragnęli/pragnęły	zapragniemy
wy	będziecie pragnęli/pragnęły	zapragniecie
oni/one	będą pragnęli/pragnęły	zapragną

CONDITIONAL

ja	pragnąłbym/pragnęłabym	zapragnąłbym/zapragnęłabym
ty	pragnąłbyś/pragnęłabyś	zapragnąłbyś/zapragnęłabyś
on/ona/ono	pragnąłby/pragnęłaby/pragnęłoby	zapragnąłby/zapragnęłaby/zapragnęłoby
my	pragnęlibyśmy/pragnęłybyśmy	zapragnęlibyśmy/zapragnęłybyśmy
wy	pragnęlibyście/pragnęłybyście	zapragnęlibyście/zapragnęłybyście
oni/one	pragnęliby/pragnęłyby	zapragnęliby/zapragnęłyby

IMPERATIVE

	pragnijmy		zapragnijmy
pragnij	pragnijcie	zapragnij	zapragnijcie
niech pragnie	niech pragną	niech zapragnie	niech zapragną

PARTICIPLES

PRES. ACT.   pragnący, -a, -e; -y, -e
PRES. PASS.   *PAST PASS.*
ADV. PART.   pragnąc
Verb governance: kogo, co; czego
Related verbs with meanings:

EXAMPLES of model and/or related verbs: 1. **Zapragnęli** kupić nowe meble do domu. *They were keen on buying new furniture for the house.* 2. **Pragnę** zobaczyć egzotyczne kraje. *I wish to see exotic places.* 3. One **pragnęły** rodzicielskiej miłości. *They longed for parental love.*
4. **Pragnęłabym** żyć w zwolnionym rytmie. *I would like to live at a slower pace.*

prasować/wyprasować — to iron, press

IMPERFECTIVE		PERFECTIVE

PRESENT

ja	prasuję
ty	prasujesz
on/ona/ono	prasuje
my	prasujemy
wy	prasujecie
oni/one	prasują

PAST

	IMPERFECTIVE	PERFECTIVE
ja	prasowałem/prasowałam	wyprasowałem/wyprasowałam
ty	prasowałeś/prasowałaś	wyprasowałeś/wyprasowałaś
on/ona/ono	prasował/prasowała/prasowało	wyprasował/wyprasowała/wyprasowało
my	prasowaliśmy/prasowałyśmy	wyprasowaliśmy/wyprasowałyśmy
wy	prasowaliście/prasowałyście	wyprasowaliście/wyprasowałyście
oni/one	prasowali/prasowały	wyprasowali/wyprasowały

FUTURE

	IMPERFECTIVE	PERFECTIVE
ja	będę prasował/prasowała	wyprasuję
ty	będziesz prasował/prasowała	wyprasujesz
on/ona/ono	będzie prasował/prasowała/prasowało	wyprasuje
my	będziemy prasowali/prasowały	wyprasujemy
wy	będziecie prasowali/prasowały	wyprasujecie
oni/one	będą prasowali/prasowały	wyprasują

CONDITIONAL

	IMPERFECTIVE	PERFECTIVE
ja	prasowałbym/prasowałabym	wyprasowałbym/wyprasowałabym
ty	prasowałbyś/prasowałabyś	wyprasowałbyś/wyprasowałabyś
on/ona/ono	prasowałby/prasowałaby/prasowałoby	wyprasowałby/wyprasowałaby/ wyprasowałoby
my	prasowalibyśmy/prasowałybyśmy	wyprasowalibyśmy/wyprasowałybyśmy
wy	prasowalibyście/prasowałybyście	wyprasowalibyście/wyprasowałybyście
oni/one	prasowaliby/prasowałyby	wyprasowaliby/wyprasowałyby

IMPERATIVE

	prasujmy		wyprasujmy
prasuj	prasujcie	wyprasuj	wyprasujcie
niech prasuje	niech prasują	niech wyprasuje	niech wyprasują

PARTICIPLES

PRES. ACT.   prasujący, -a, -e; -y, -e
PRES. PASS.   prasowany, -a, -e; -; -e   *PAST PASS.*   wyprasowany, -a, -e; -; -e
ADV. PART.   prasując

Verb governance: co

Related verbs with meanings: (**doprasować** *finish ironing*) (**odprasować** *iron, press*)
(**przeprasować** *iron clothes*) (**przyprasować** *iron, press*) (**rozprasować** *flatten/by ironing/*)
(**sprasować** *compress, squeeze*) (**uprasować** *iron*) (**zaprasować** *iron out, iron/creases/*)

EXAMPLES of model and/or related verbs: 1. Moje koszule są idealnie **wyprasowane.** *My shirts are perfectly ironed.* 2. Szybko **prasuj,** to będziesz miała więcej czasu dla siebie. *Iron quickly, so you'll have more time to yourself.* 3. Możesz swobodnie **prasować,** bo sznur od żelazka ma 2,5 metra długości. *You may iron freely because the iron cord is 2.5 meters long.* 4. **Prasuję** bardzo pogniecione tkaniny. *I iron very wrinkled fabrics.*

projektować/zaprojektować

to design, plan, draft, lay out

IMPERFECTIVE		PERFECTIVE

PRESENT

ja	projektuję	
ty	projektujesz	
on/ona/ono	projektuje	
my	projektujemy	
wy	projektujecie	
oni/one	projektują	

PAST

ja	projektowałem/projektowałam	zaprojektowałem/zaprojektowałam
ty	projektowałeś/projektowałaś	zaprojektowałeś/zaprojektowałaś
on/ona/ono	projektował/projektowała/ projektowało	zaprojektował/zaprojektowała/ zaprojektowało
my	projektowaliśmy/projektowałyśmy	zaprojektowaliśmy/zaprojektowałyśmy
wy	projektowaliście/projektowałyście	zaprojektowaliście/zaprojektowałyście
oni/one	projektowali/projektowały	zaprojektowali/zaprojektowały

FUTURE

ja	będę projektował/projektowała	zaprojektuję
ty	będziesz projektował/projektowała	zaprojektujesz
on/ona/ono	będzie projektował/projektowała/ projektowało	zaprojektuje
my	będziemy projektowali/projektowały	zaprojektujemy
wy	będziecie projektowali/projektowały	zaprojektujecie
oni/one	będą projektowali/projektowały	zaprojektują

CONDITIONAL

ja	projektowałbym/projektowałabym	zaprojektowałbym/zaprojektowałabym
ty	projektowałbyś/projektowałabyś	zaprojektowałbyś/zaprojektowałabyś
on/ona/ono	projektowałby/projektowałaby/ projektowałoby	zaprojektowałby/zaprojektowałaby/ zaprojektowałoby
my	projektowalibyśmy/ projektowałybyśmy	zaprojektowalibyśmy/ zaprojektowałybyśmy
wy	projektowalibyście/ projektowałybyście	zaprojektowalibyście/ zaprojektowałybyście
oni/one	projektowaliby/projektowałyby	zaprojektowaliby/zaprojektowałyby

IMPERATIVE

	projektujmy		zaprojektujmy
projektuj	projektujcie	zaprojektuj	zaprojektujcie
niech projektuje	niech projektują	niech zaprojektuje	niech zaprojektują

PARTICIPLES

PRES. ACT. projektujący, -a, -e; -y, -e

PRES. PASS. projektowany, -a, -e; -, -e   *PAST PASS.* zaprojektowany, -a, -e; -, -e

ADV. PART. projektując

Verb governance: co

Related verbs with meanings: (**doprojektować** *finish designing, add to the design, make an extra design*) (**przeprojektować** *redesign*)

EXAMPLES of model and/or related verbs: 1. On **projektował** okładkę do nowej książki. *He designed the cover for the new book.* 2. **Zaprojektowałbyś** nowe kostiumy do następnej sztuki. *You should design new costumes for the next play.* 3. Ona **projektuje** nowy obiekt sportowy. *She's designing a new sports center.* 4. Ona **będzie projektować** wiosenną kolekcję mody. *She will design the spring fashion creations.*

IMPERFECTIVE		PERFECTIVE

PRESENT

ja	proponuję
ty	proponujesz
on/ona/ono	proponuje
my	proponujemy
wy	proponujecie
oni/one	proponują

PAST

ja	proponowałem/proponowałam	zaproponowałem/zaproponowałam
ty	proponowałeś/proponowałaś	zaproponowałeś/zaproponowałaś
on/ona/ono	proponował/proponowała/ proponowało	zaproponował/zaproponowała/ zaproponowało
my	proponowaliśmy/proponowałyśmy	zaproponowaliśmy/zaproponowałyśmy
wy	proponowaliście/proponowałyście	zaproponowaliście/zaproponowałyście
oni/one	proponowali/proponowały	zaproponowali/zaproponowały

FUTURE

ja	będę proponował/proponowała	zaproponuję
ty	będziesz proponował/proponowała	zaproponujesz
on/ona/ono	będzie proponował/proponowała/ proponowało	zaproponuje
my	będziemy proponowali/proponowały	zaproponujemy
wy	będziecie proponowali/proponowały	zaproponujecie
oni/one	będą proponowali/proponowały	zaproponują

CONDITIONAL

ja	proponowałbym/proponowałabym	zaproponowałbym/zaproponowałabym
ty	proponowałbyś/proponowałabyś	zaproponowałbyś/zaproponowałabyś
on/ona/ono	proponowałby/proponowałaby/ proponowałoby	zaproponowałby/zaproponowałaby/ zaproponowałoby
my	proponowalibyśmy/ proponowałybyśmy	zaproponowalibyśmy/ zaproponowałybyśmy
wy	proponowalibyście/ proponowałybyście	zaproponowalibyście/ zaproponowałybyście
oni/one	proponowaliby/proponowałyby	zaproponowaliby/zaproponowałyby

IMPERATIVE

	proponujmy		zaproponujmy
proponuj	proponujcie	zaproponuj	zaproponujcie
niech proponuje	niech proponują	niech zaproponuje	niech zaproponują

PARTICIPLES

PRES. ACT.   proponujący, -a, -e; -y, -e
PRES. PASS.   proponowany, -a, -e; -i, -e   **PAST PASS.**   zaproponowany, -a, -e; -i, -e
ADV. PART.   proponując
Verb governance: kogo, co; komu
Related verbs with meanings:

EXAMPLES of model and/or related verbs: 1. **Zaproponowali** nam w końcu uzgodnienie poglądów. *In the end, they proposed a compromise.* 2. Kolekcja **proponowana** przez dom mody zaskoczyła wszystkich oryginalnością. *The collection proposed by the fashion house surprised everyone by its originality.* 3. Ona **proponuje** nowy styl. *She suggests a new style.* 4. **Zaproponuj** mu spędzenie urlopu w Sopocie. *Suggest to him to spend his vacation in Sopot.*

prosić/poprosić   to ask, request, beg, plead, invite

IMPERFECTIVE		PERFECTIVE

PRESENT

ja	proszę	
ty	prosisz	
on/ona/ono	prosi	
my	prosimy	
wy	prosicie	
oni/one	proszą	

PAST

ja	prosiłem/prosiłam	poprosiłem/poprosiłam
ty	prosiłeś/prosiłaś	poprosiłeś/poprosiłaś
on/ona/ono	prosił/prosiła/prosiło	poprosił/poprosiła/poprosiło
my	prosiliśmy/prosiłyśmy	poprosiliśmy/poprosiłyśmy
wy	prosiliście/prosiłyście	poprosiliście/poprosiłyście
oni/one	prosili/prosiły	poprosili/poprosiły

FUTURE

ja	będę prosił/prosiła	poproszę
ty	będziesz prosił/prosiła	poprosisz
on/ona/ono	będzie prosił/prosiła/prosiło	poprosi
my	będziemy prosili/prosiły	poprosimy
wy	będziecie prosili/prosiły	poprosicie
oni/one	będą prosili/prosiły	poproszą

CONDITIONAL

ja	prosiłbym/prosiłabym	poprosiłbym/poprosiłabym
ty	prosiłbyś/prosiłabyś	poprosiłbyś/poprosiłabyś
on/ona/ono	prosiłby/prosiłaby/prosiłoby	poprosiłby/poprosiłaby/poprosiłoby
my	prosilibyśmy/prosiłybyśmy	poprosilibyśmy/poprosiłybyśmy
wy	prosilibyście/prosiłybyście	poprosilibyście/poprosiłybyście
oni/one	prosiliby/prosiłyby	poprosiliby/poprosiłyby

IMPERATIVE

	prośmy		poprośmy
proś	proście	poproś	poproście
niech prosi	niech proszą	niech poprosi	niech poproszą

PARTICIPLES

PRES. ACT.   proszący, -a, -e; -y, -e
PRES. PASS.   proszony, -a, -e; -eni, -one   ***PAST PASS.***   poproszony, -a, -e; -eni, -one
ADV. PART.   prosząc

Verb governance: kogo, o co; na co
Related verbs with meanings: (**doprosić/się/** *entreat; make requests*) (**naprosić/się/** *invite over; plead*) (**odprosić** *beg off*) (**prosić się** *beg*) (**przeprosić** *apologize for*) (**sprosić** *gather*) (**wprosić się** *intrude, invite oneself*) (**wyprosić** *plead, ask one to leave*) (**zaprosić** *invite*)

EXAMPLES of model and/or related verbs: 1. **Zaprosiliby** mnie na obiad, gdyby mieli mój telefon. *They would have asked me to dinner if they had my phone number.* 2. Ona **wyprosiła** mnie z domu. *She asked me to leave her house.* 3. Ten melodramat aż **prosi się** o przeniesienie na ekran. *This melodrama is practically begging to be brought to the big screen.* 4. **Poproś** ją na kolację do restauracji. *Invite her to dinner at a restaurant.*

IMPERFECTIVE		PERFECTIVE	

PRESENT

ja	protestuję
ty	protestujesz
on/ona/ono	protestuje
my	protestujemy
wy	protestujecie
oni/one	protestują

PAST

ja	protestowałem/protestowałam	zaprotestowałem/zaprotestowałam
ty	protestowałeś/protestowałaś	zaprotestowałeś/zaprotestowałaś
on/ona/ono	protestował/protestowała/protestowało	zaprotestował/zaprotestowała/ zaprotestowało
my	protestowaliśmy/protestowałyśmy	zaprotestowaliśmy/zaprotestowałyśmy
wy	protestowaliście/protestowałyście	zaprotestowaliście/zaprotestowałyście
oni/one	protestowali/protestowały	zaprotestowali/zaprotestowały

FUTURE

ja	będę protestował/protestowała	zaprotestuję
ty	będziesz protestował/protestowała	zaprotestujesz
on/ona/ono	będzie protestował/protestowała/ protestowało	zaprotestuje
my	będziemy protestowali/protestowały	zaprotestujemy
wy	będziecie protestowali/protestowały	zaprotestujecie
oni/one	będą protestowali/protestowały	zaprotestują

CONDITIONAL

ja	protestowałbym/protestowałabym	zaprotestowałbym/zaprotestowałabym
ty	protestowałbyś/protestowałabyś	zaprotestowałbyś/zaprotestowałabyś
on/ona/ono	protestowałby/protestowałaby/ protestowałoby	zaprotestowałby/zaprotestowałaby/ zaprotestowałoby
my	protestowalibyśmy/ protestowałybyśmy	zaprotestowalibyśmy/ zaprotestowałybyśmy
wy	protestowalibyście/protestowałybyście	zaprotestowalibyście/zaprotestowałybyście
oni/one	protestowaliby/protestowałyby	zaprotestowaliby/zaprotestowałyby

IMPERATIVE

	protestujmy		zaprotestujmy
protestuj	protestujcie	zaprotestuj	zaprotestujcie
niech protestuje	niech protestują	niech zaprotestuje	niech zaprotestują

PARTICIPLES

PRES. ACT.	protestujący, -a, -e; -y, -e		
PRES. PASS.	protestowany, -a, -e; -, -e	***PAST PASS.***	
ADV. PART.	protestując		

Verb governance: przeciw komu, przeciw czemu
Related verbs with meanings:

EXAMPLES of model and/or related verbs: 1. Matki **protestują** by przy placu zabawowym nie było parkingu. *Mothers protest that the parking lot should not be next to the playground.* 2. Panie zaczęły **protestować** z determinacją. *The ladies started to protest with determination.*
3. Zadręczaliśmy go prośbami, a on **protestował**. *We tortured him with requests, and he protested.*
4. Mamo, nie **protestuj**! *Mom, don't object!*

179

prowadzić/zaprowadzić   to conduct, lead, guide, take to, carry on

IMPERFECTIVE		PERFECTIVE

PRESENT

ja	prowadzę
ty	prowadzisz
on/ona/ono	prowadzi
my	prowadzimy
wy	prowadzicie
oni/one	prowadzą

PAST

	IMPERFECTIVE	PERFECTIVE
ja	prowadziłem/prowadziłam	zaprowadziłem/zaprowadziłam
ty	prowadziłeś/prowadziłaś	zaprowadziłeś/zaprowadziłaś
on/ona/ono	prowadził/prowadziła/prowadziło	zaprowadził/zaprowadziła/zaprowadziło
my	prowadziliśmy/prowadziłyśmy	zaprowadziliśmy/zaprowadziłyśmy
wy	prowadziliście/prowadziłyście	zaprowadziliście/zaprowadziłyście
oni/one	prowadzili/prowadziły	zaprowadzili/zaprowadziły

FUTURE

	IMPERFECTIVE	PERFECTIVE
ja	będę prowadził/prowadziła	zaprowadzę
ty	będziesz prowadził/prowadziła	zaprowadzisz
on/ona/ono	będzie prowadził/prowadziła/ prowadziło	zaprowadzi
my	będziemy prowadzili/prowadziły	zaprowadzimy
wy	będziecie prowadzili/prowadziły	zaprowadzicie
oni/one	będą prowadzili/prowadziły	zaprowadzą

CONDITIONAL

	IMPERFECTIVE	PERFECTIVE
ja	prowadziłbym/prowadziłabym	zaprowadziłbym/zaprowadziłabym
ty	prowadziłbyś/prowadziłabyś	zaprowadziłbyś/zaprowadziłabyś
on/ona/ono	prowadziłby/prowadziłaby/ prowadziłoby	zaprowadziłby/zaprowadziłaby/ zaprowadziłoby
my	prowadzilibyśmy/prowadziłybyśmy	zaprowadzilibyśmy/zaprowadziłybyśmy
wy	prowadzilibyście/prowadziłybyście	zaprowadzilibyście/zaprowadziłybyście
oni/one	prowadziliby/prowadziłyby	zaprowadziliby/zaprowadziłyby

IMPERATIVE

	prowadźmy		zaprowadźmy
prowadź	prowadźcie	zaprowadź	zaprowadźcie
niech prowadzi	niech prowadzą	niech zaprowadzi	niech zaprowadzą

PARTICIPLES

PRES. ACT. prowadzący, -a, -e; -y, -e
PRES. PASS. prowadzony, -a, -e; -eni, -one   *PAST PASS.* zaprowadzony, -a, -e; -eni, -one
ADV. PART. prowadząc
Verb governance: kogo, co
Related verbs with meanings: (**naprowadzić** *bring to*) (**odprowadzić** *see off, escort*) (**oprowadzić** *show around*) (**podprowadzić** *lead up to*) (**poprowadzić** *lead*) (**przeprowadzić /się/** *convey across; move*) (**przyprowadzić** *bring along*) (**sprowadzić/się/** *import, lead down; settle*) (**uprowadzić** *lead away, abduct, kidnap*) (**wprowadzić/się/** *lead into, cause; move into*) (**wyprowadzić/się/** *lead out; move to*)

EXAMPLES of model and/or related verbs: 1. Po studiach **wprowadziłam się** do nowego mieszkania. *After college, I moved into a new apartment.* 2. Wszystkie drogi bez wyjątku **prowadzą** do Rzymu. *All the roads, without exception, lead to Rome.* 3. Dwaj misjonarze zostali **uprowadzeni.** *Two missionaries were kidnaped.* 4. Proszę cię, **prowadź** go za rączkę. *Please take him by the hand.*

próbować/spróbować   to try, taste, attempt, test, sample

IMPERFECTIVE		PERFECTIVE

PRESENT

ja	próbuję	
ty	próbujesz	
on/ona/ono	próbuje	
my	próbujemy	
wy	próbujecie	
oni/one	próbują	

PAST

ja	próbowałem/próbowałam	spróbowałem/spróbowałam
ty	próbowałeś/próbowałaś	spróbowałeś/spróbowałaś
on/ona/ono	próbował/próbowała/próbowało	spróbował/spróbowała/spróbowało
my	próbowaliśmy/próbowałyśmy	spróbowaliśmy/spróbowałyśmy
wy	próbowaliście/próbowałyście	spróbowaliście/spróbowałyście
oni/one	próbowali/próbowały	spróbowali/spróbowały

FUTURE

ja	będę próbował/próbowała	spróbuję
ty	będziesz próbował/próbowała	spróbujesz
on/ona/ono	będzie próbował/próbowała/ próbowało	spróbuje
my	będziemy próbowali/próbowały	spróbujemy
wy	będziecie próbowali/próbowały	spróbujecie
oni/one	będą próbowali/próbowały	spróbują

CONDITIONAL

ja	próbowałbym/próbowałabym	spróbowałbym/spróbowałabym
ty	próbowałbyś/próbowałabyś	spróbowałbyś/spróbowałabyś
on/ona/ono	próbowałby/próbowałaby/ próbowałoby	spróbowałby/spróbowałaby/ spróbowałoby
my	próbowalibyśmy/próbowałybyśmy	spróbowalibyśmy/spróbowałybyśmy
wy	próbowalibyście/próbowałybyście	spróbowalibyście/spróbowałybyście
oni/one	próbowaliby/próbowałyby	spróbowaliby/spróbowałyby

IMPERATIVE

	próbujmy		spróbujmy
próbuj	próbujcie	spróbuj	spróbujcie
niech próbuje	niech próbują	niech spróbuje	niech spróbują

PARTICIPLES

PRES. ACT. próbujący, -a, -e; -y, -e
PRES. PASS. próbowany, -a, -e, -i, -e   *PAST PASS.* spróbowany, -a, -e, -i, -e
ADV. PART. próbując

Verb governance: czego

Related verbs with meanings: (**popróbować** *have a try*) (**wypróbować** *put to the test, try out, test run*)

EXAMPLES of model and/or related verbs: 1. Trzeba **spróbować,** żeby się przekonać. *One must try in order to be convinced.* 2. Ojciec **próbował** zabaczyć dziecko w przedszkolu. *The father tried to see the child in kindergarten.* 3. Panowie **próbujcie** nie zwracać uwagi na siebie. *Gentlemen, try not to attract attention to yourselves.* 4. **Spróbujmy** ich zrozumieć. *Let's try to understand them.*

przeczyć/zaprzeczyć[1]   to deny, say no, contradict, negate

IMPERFECTIVE	PERFECTIVE

PRESENT

ja	przeczę	
ty	przeczysz	
on/ona/ono	przeczy	
my	przeczymy	
wy	przeczycie	
oni/one	przeczą	

PAST

ja	przeczyłem/przeczyłam	zaprzeczyłem/zaprzeczyłam
ty	przeczyłeś/przeczyłaś	zaprzeczyłeś/zaprzeczyłaś
on/ona/ono	przeczył/przeczyła/przeczyło	zaprzeczył/zaprzeczyła/zaprzeczyło
my	przeczyliśmy/przeczyłyśmy	zaprzeczyliśmy/zaprzeczyłyśmy
wy	przeczyliście/przeczyłyście	zaprzeczyliście/zaprzeczyłyście
oni/one	przeczyli/przeczyły	zaprzeczyli/zaprzeczyły

FUTURE

ja	będę przeczył/przeczyła	zaprzeczę
ty	będziesz przeczył/przeczyła	zaprzeczysz
on/ona/ono	będzie przeczył/przeczyła/przeczyło	zaprzeczy
my	będziemy przeczyli/przeczyły	zaprzeczymy
wy	będziecie przeczyli/przeczyły	zaprzeczycie
oni/one	będą przeczyli/przeczyły	zaprzeczą

CONDITIONAL

ja	przeczyłbym/przeczyłabym	zaprzeczyłbym/zaprzeczyłabym
ty	przeczyłbyś/przeczyłabyś	zaprzeczyłbyś/zaprzeczyłabyś
on/ona/ono	przeczyłby/przeczyłaby/przeczyłoby	zaprzeczyłby/zaprzeczyłaby/zaprzeczyłoby
my	przeczylibyśmy/przeczyłybyśmy	zaprzeczylibyśmy/zaprzeczyłybyśmy
wy	przeczylibyście/przeczyłybyście	zaprzeczylibyście/zaprzeczyłybyście
oni/one	przeczyliby/przeczyłyby	zaprzeczyliby/zaprzeczyłyby

IMPERATIVE

	przeczmy		zaprzeczmy
przecz	przeczcie	zaprzecz	zaprzeczcie
niech przeczy	niech przeczą	niech zaprzeczy	niech zaprzeczą

PARTICIPLES

PRES. ACT.   przeczący, -a, -e; -y, -e
PRES. PASS.   *PAST PASS.*   zaprzeczony, -a, -e; -, -one
ADV. PART.   przecząc
Verb governance: komu, czemu
Related verbs with meanings: [1]or **zaprzeczać/zaprzeczyć**

EXAMPLES of model and/or related verbs: 1. Gdyby nie było świadków, on **zaprzeczyłby** wszystkiemu. *If there had been no witnesses, he would have denied everything.* 2. Ona nie **przeczy,** że ucieka do przyjaciółek. *She doesn't deny that she runs away to her girlfriends.* 3. Nie **przeczył,** że to była jego wina. *He didn't deny that it was his fault.* 4. Niech **zaprzeczy,** że nie umiera na marskość wątroby. *Let him deny that he's not dying of cirrhosis of the liver.*

przekonywać/przekonać   to persuade, convince, reason with, influence, sway, brainwash

IMPERFECTIVE		PERFECTIVE

PRESENT

ja	przekonuję
ty	przekonujesz
on/ona/ono	przekonuje
my	przekonujemy
wy	przekonujecie
oni/one	przekonują

PAST

ja	przekonywałem/przekonywałam	przekonałem/przekonałam
ty	przekonywałeś/przekonywałaś	przekonałeś/przekonałaś
on/ona/ono	przekonywał/przekonywała/-ło	przekonał/przekonała/przekonało
my	przekonywaliśmy/przekonywałyśmy	przekonaliśmy/przekonałyśmy
wy	przekonywaliście/przekonywałyście	przekonaliście/przekonałyście
oni/one	przekonywali/przekonywały	przekonali/przekonały

FUTURE

ja	będę przekonywał/przekonywała	przekonam
ty	będziesz przekonywał/przekonywała	przekonasz
on/ona/ono	będzie przekonywał/przekonywała/ przekonywało	przekona
my	będziemy przekonywali/przekonywały	przekonamy
wy	będziecie przekonywali/przekonywały	przekonacie
oni/one	będą przekonywali/przekonywały	przekonają

CONDITIONAL

ja	przekonywałbym/przekonywałabym	przekonałbym/przekonałabym
ty	przekonywałbyś/przekonywałabyś	przekonałbyś/przekonałabyś
on/ona/ono	przekonywałby/przekonywałaby/ przekonywałoby	przekonałby/przekonałaby/przekonałoby
my	przekonywalibyśmy/ przekonywałybyśmy	przekonalibyśmy/przekonałybyśmy
wy	przekonywalibyście/ przekonywałybyście	przekonalibyście/przekonałybyście
oni/one	przekonywaliby/przekonywałyby	przekonaliby/przekonałyby

IMPERATIVE

	przekonujmy		przekonajmy
przekonuj	przekonujcie	przekonaj	przekonajcie
niech przekonuje	niech przekonują	niech przekona	niech przekonają

PARTICIPLES

PRES. ACT.   przekonujący, -a, -e; -y, -e
PRES. PASS.   przekonywany, -a, -e; -i, -e   *PAST PASS.*   przekonany, -a, -e; -i, -e
ADV. PART.   przekonując

Verb governance: kogo; o kim, o czym
Related verbs with meanings: (**przekonywać się/przekonać się** *be convinced*) (**dokonać/się/** *achieve; take place, come to pass*) (**pokonać** *overcome, conquer*) (**skonać** *die, expire*) (**wykonać** *perform, execute*)

EXAMPLES of model and/or related verbs: 1. Czego **dokonał** ten człowiek? *What did this man accomplish?* 2. Uważam, że praca jest właściwie **wykonywana.** *I consider that the assignment is being properly completed.* 3. **Przekonaliście się** sami, że warto było poczekać. *You became convinced that it was worth waiting.* 4. Początkowo byliśmy **przekonani,** że dostał się za granicę. *At first, we were convinced that he managed to get across the border.*

przeznaczać/przeznaczyć   to assign, intend, devote, destine, dedicate, reserve, set aside

IMPERFECTIVE	PERFECTIVE

PRESENT

ja	przeznaczam
ty	przeznaczasz
on/ona/ono	przeznacza
my	przeznaczamy
wy	przeznaczacie
oni/one	przeznaczają

PAST

ja	przeznaczałem/przeznaczałam	przeznaczyłem/przeznaczyłam
ty	przeznaczałeś/przeznaczałaś	przeznaczyłeś/przeznaczyłaś
on/ona/ono	przeznaczał/przeznaczała/-ło	przeznaczył/przeznaczyła/przeznaczyło
my	przeznaczaliśmy/przeznaczałyśmy	przeznaczyliśmy/przeznaczyłyśmy
wy	przeznaczaliście/przeznaczałyście	przeznaczyliście/przeznaczyłyście
oni/one	przeznaczali/przeznaczały	przeznaczyli/przeznaczyły

FUTURE

ja	będę przeznaczał/przeznaczała	przeznaczę
ty	będziesz przeznaczał/przeznaczała	przeznaczysz
on/ona/ono	będzie przeznaczał/przeznaczała/-ło	przeznaczy
my	będziemy przeznaczali/przeznaczały	przeznaczymy
wy	będziecie przeznaczali/przeznaczały	przeznaczycie
oni/one	będą przeznaczali/przeznaczały	przeznaczą

CONDITIONAL

ja	przeznaczałbym/przeznaczałabym	przeznaczyłbym/przeznaczyłabym
ty	przeznaczałbyś/przeznaczałabyś	przeznaczyłbyś/przeznaczyłabyś
on/ona/ono	przeznaczałby/przeznaczałaby/ przeznaczałoby	przeznaczyłby/przeznaczyłaby/ przeznaczyłoby
my	przeznaczalibyśmy/ przeznaczałybyśmy	przeznaczylibyśmy/ przeznaczyłybyśmy
wy	przeznaczalibyście/-łybyście	przeznaczylibyście/-łybyście
oni/one	przeznaczaliby/przeznaczałyby	przeznaczyliby/przeznaczyłyby

IMPERATIVE

	przeznaczajmy		przeznaczmy
przeznaczaj	przeznaczajcie	przeznacz	przeznaczcie
niech przeznacza	niech przeznaczają	niech przeznaczy	niech przeznaczą

PARTICIPLES

PRES. ACT.   przeznaczający, -a, -e; -y, -e
PRES. PASS.   przeznaczany, -a, -e; -i, -e   *PAST PASS.*   przeznaczony, -a, -e; -eni, -one
ADV. PART.   przeznaczając
Verb governance: kogo, co; na co
Related verbs with meanings: (**naznaczyć** *indicate, mark, highlight*) (**odznaczyć** *mark off, honor*) (**oznaczać** *mean*) (**oznaczyć** *determine*) (**poznaczyć** *mark*) (**wyznaczyć** *demarcate*) (**zaznaczyć** *mark, note, stress*)

EXAMPLES of model and/or related verbs: 1. Atrakcyjna fizjonomia nie **oznacza** brak inteligencji. *A pretty face doesn't mean a lack of intelligence.* 2. Ten krem jest **przeznaczony** dla skóry suchej. *This cream is intended for dry skin.* 3. Kosmetyczka **przeznaczyła** ten puder dla mnie. *The beautician reserved this powder for me.* 4. **Zaznacz** ten przepis w książce kucharskiej. *Mark this recipe in your cookbook.*

przyjmować/przyjąć   to accept, receive, hire, welcome, treat, admit

IMPERFECTIVE		PERFECTIVE	

PRESENT

ja	przyjmuję
ty	przyjmujesz
on/ona/ono	przyjmuje
my	przyjmujemy
wy	przyjmujecie
oni/one	przyjmują

PAST

ja	przyjmowałem/przyjmowałam	przyjąłem/przyjęłam
ty	przyjmowałeś/przyjmowałaś	przyjąłeś/przyjęłaś
on/ona/ono	przyjmował/przyjmowała/-ło	przyjął/przyjęła/przyjęło
my	przyjmowaliśmy/przyjmowałyśmy	przyjęliśmy/przyjęłyśmy
wy	przyjmowaliście/przyjmowałyście	przyjęliście/przyjęłyście
oni/one	przyjmowali/przyjmowały	przyjęli/przyjęły

FUTURE

ja	będę przyjmował/przyjmowała	przyjmę
ty	będziesz przyjmował/przyjmowała	przyjmiesz
on/ona/ono	będzie przyjmował/przyjmowała/-ło	przyjmie
my	będziemy przyjmowali/przyjmowały	przyjmiemy
wy	będziecie przyjmowali/przyjmowały	przyjmiecie
oni/one	będą przyjmowali/przyjmowały	przyjmą

CONDITIONAL

ja	przyjmowałbym/przyjmowałabym	przyjąłbym/przyjęłabym
ty	przyjmowałbyś/przyjmowałabyś	przyjąłbyś/przyjęłabyś
on/ona/ono	przyjmowałby/przyjmowałaby/ przyjmowałoby	przyjąłby/przyjęłaby/przyjęłoby
my	przyjmowalibyśmy/ przyjmowałybyśmy	przyjęlibyśmy/przyjęłybyśmy
wy	przyjmowalibyście/-łybyście	przyjęlibyście/przyjęłybyście
oni/one	przyjmowaliby/przyjmowałyby	przyjęliby/przyjęłyby

IMPERATIVE

	przyjmujmy		przyjmijmy
przyjmuj	przyjmujcie	przyjmij	przyjmijcie
niech przyjmuje	niech przyjmują	niech przyjmie	niech przyjmą

PARTICIPLES

PRES. ACT.   przyjmujący, -a, -e; -y, -e
PRES. PASS.   przyjmowany, -a, -e; -i, -e   ***PAST PASS.***   przyjęty, -a, -e; -ci, -te
ADV. PART.   przyjmując

Verb governance: kogo; od kogo, co

Related verbs with meanings: (**przyjmować się/przyjąć się** *take root, catch on*) (**najmować** *hire*) (**pojmować** *understand, comprehend*) (**przejmować/się/** *take over; be distressed*) (**ujmować** *detract*) (**wyjmować** *take out, withdraw*) (**wynajmować** *rent*) (**zajmować/się/** *occupy; deal with, take care of, be busy*) Note: Also see page 292.

EXAMPLES of model and/or related verbs: 1. To jest coś, czego ja zupełnie nie **pojmuję.** *This is something that I don't understand at all.* 2. **Zajmowali się** łagodzeniem konfliktów rodzinnych. *They dealt with mediating family conflicts.* 3. Szef **przyjął** nowego pracownika. *The manager hired a new worker.* 4. Gdyby mieli większy dom, **wynajmowaliby** go turystom. *If they had a bigger house, they would rent it to the tourists.*

przypominać/przypomnieć   to recall, remind

IMPERFECTIVE		PERFECTIVE	

PRESENT

ja	przypominam		
ty	przypominasz		
on/ona/ono	przypomina		
my	przypominamy		
wy	przypominacie		
oni/one	przypominają		

PAST

ja	przypominałem/przypominałam	przypomniałem/przypomniałam
ty	przypominałeś/przypominałaś	przypomniałeś/przypomniałaś
on/ona/ono	przypominał/przypominała/ przypominało	przypomniał/przypomniała/przypomniało
my	przypominaliśmy/przypominałyśmy	przypomnieliśmy/przypomniałyśmy
wy	przypominaliście/przypominałyście	przypomnieliście/przypomniałyście
oni/one	przypominali/przypominały	przypomnieli/przypomniały

FUTURE

ja	będę przypominał/przypominała	przypomnę
ty	będziesz przypominał/przypominała	przypomnisz
on/ona/ono	będzie przypominał/przypominała/ przypominało	przypomni
my	będziemy przypominali/przypominały	przypomnimy
wy	będziecie przypominali/przypominały	przypomnicie
oni/one	będą przypominali/przypominały	przypomną

CONDITIONAL

ja	przypominałbym/przypominałabym	przypomniałbym/przypomniałabym
ty	przypominałbyś/przypominałabyś	przypomniałbyś/przypomniałabyś
on/ona/ono	przypominałby/przypominałaby/ przypominałoby	przypomniałby/przypomniałaby/ przypomniałoby
my	przypominalibyśmy/ przypominałybyśmy	przypomnielibyśmy/przypomniałybyśmy
wy	przypominalibyście/ przypominałybyście	przypomnielibyście/przypomniałybyście
oni/one	przypominaliby/przypominałyby	przypomnieliby/przypomniałyby

IMPERATIVE

	przypominajmy		przypomnijmy
przypominaj	przypominajcie	przypomnij	przypomnijcie
niech przypomina	niech przypominają	niech przypomni	niech przypomną

PARTICIPLES

PRES. ACT. przypominający, -a, -e; -y, -e
PRES. PASS. przypominany, -a, -e; -i, -e   **PAST PASS.** przypomniany, -a, -e; -i, -e
ADV. PART. przypominając

Verb governance: kogo, co; komu; o kim, o czym

Related verbs with meanings: (**przypominać się/przypomnieć się** *recollect*) (**dopominać się** *claim*) (**napominać** *admonish*) (**upominać/się/** *scold; demand*) (**wspominać** *remember*) (**wypominać** *reproach*) (**zapominać** *forget*)

EXAMPLES of model and/or related verbs: 1. Tomek **przypomina** ojcu, że czas iść na mecz piłki nożnej. *Tommy reminds his father that it's time to go to the soccer game.* 2. On tylko raz **upomniał się** o pieniądze. *Just once, he demanded money.* 3. **Będziemy** sobie **wspominali** stare, dobre czasy. *We will be remembering the good old days.*

przyzwyczajać/przyzwyczaić   to accustom

IMPERFECTIVE		PERFECTIVE

PRESENT

ja	przyzwyczajam
ty	przyzwyczajasz
on/ona/ono	przyzwyczaja
my	przyzwyczajamy
wy	przyzwyczajacie
oni/one	przyzwyczajają

PAST

ja	przyzwyczajałem/przyzwyczajałam	przyzwyczaiłem/przyzwyczaiłam
ty	przyzwyczajałeś/przyzwyczajałaś	przyzwyczaiłeś/przyzwyczaiłaś
on/ona/ono	przyzwyczajał/przyzwyczajała/-ło	przyzwyczaił/przyzwyczaiła/-ło
my	przyzwyczajaliśmy/ przyzwyczajałyśmy	przyzwyczailiśmy/ przyzwyczaiłyśmy
wy	przyzwyczajaliście/-łyście	przyzwyczailiście/-łyście
oni/one	przyzwyczajali/przyzwyczajały	przyzwyczaili/przyzwyczaiły

FUTURE

ja	będę przyzwyczajał/przyzwyczajała	przyzwyczaję
ty	będziesz przyzwyczajał/przyzwyczajała	przyzwyczaisz
on/ona/ono	będzie przyzwyczajał/przyzwyczajała/ przyzwyczajało	przyzwyczai
my	będziemy przyzwyczajali/przyzwyczajały	przyzwyczaimy
wy	będziecie przyzwyczajali/przyzwyczajały	przyzwyczaicie
oni/one	będą przyzwyczajali/przyzwyczajały	przyzwyczają

CONDITIONAL

ja	przyzwyczajałbym/przyzwyczajałabym	przyzwyczaiłbym/przyzwyczaiłabym
ty	przyzwyczajałbyś/przyzwyczajałabyś	przyzwyczaiłbyś/przyzwyczaiłabyś
on/ona/ono	przyzwyczajałby/przyzwyczajałaby/ przyzwyczajałoby	przyzwyczaiłby/przyzwyczaiłaby/ przyzwyczaiłoby
my	przyzwyczajalibyśmy/ przyzwyczajałybyśmy	przyzwyczailibyśmy/ przyzwyczaiłybyśmy
wy	przyzwyczajalibyście/-łybyście	przyzwyczailibyście/-łybyście
oni/one	przyzwyczajaliby/przyzwyczajałyby	przyzwyczailiby/przyzwyczaiłyby

IMPERATIVE

	przyzwyczajajmy		przyzwyczajmy
przyzwyczajaj	przyzwyczajajcie	przyzwyczaj	przyzwyczajcie
niech przyzwyczaja	niech przyzwyczajają	niech przyzwyczai	niech przyzwyczają

PARTICIPLES

PRES. ACT. przyzwyczajający, -a, -e; -y, -e
PRES. PASS. przyzwyczajany, -a, -e; -i, -e   **PAST PASS.** przyzwyczajony, -a, -e; -eni, -one
ADV. PART. przyzwyczajając
Verb governance: kogo, co; do kogo, do czego
Related verbs with meanings: (**przyzwyczajać się/przyzwyczaić się** *get accustomed to, grow to*
like) (**odzwyczaić/się/** *break/habit/; discontinue*)

EXAMPLES of model and/or related verbs: 1. Do kawy byłam **przyzwyczajona** jeszcze w
Polsce. *In Poland, I was already accustomed to coffee.* 2. **Przyzwyczaimy się** jakoś do tego
małego mieszkania. *Somehow, we will get used to this small apartment.* 3. Oni **przyzwyczajają**
się do bliskości przyrody. *They are getting accustomed to the proximity of nature.*
4. **Odzwyczailiście się** żyć w takim zgiełku. *You are no longer accustomed to live in such turmoil.*

psuć/zepsuć   to spoil, break, damage

IMPERFECTIVE	PERFECTIVE

PRESENT

ja	psuję	
ty	psujesz	
on/ona/ono	psuje	
my	psujemy	
wy	psujecie	
oni/one	psują	

PAST

ja	psułem/psułam	zepsułem/zepsułam
ty	psułeś/psułaś	zepsułeś/zepsułaś
on/ona/ono	psuł/psuła/psuło	zepsuł/zepsuła/zepsuło
my	psuliśmy/psułyśmy	zepsuliśmy/zepsułyśmy
wy	psuliście/psułyście	zepsuliście/zepsułyście
oni/one	psuli/psuły	zepsuli/zepsuły

FUTURE

ja	będę psuł/psuła	zepsuję
ty	będziesz psuł/psuła	zepsujesz
on/ona/ono	będzie psuł/psuła/psuło	zepsuje
my	będziemy psuli/psuły	zepsujemy
wy	będziecie psuli/psuły	zepsujecie
oni/one	będą psuli/psuły	zepsują

CONDITIONAL

ja	psułbym/psułabym	zepsułbym/zepsułabym
ty	psułbyś/psułabyś	zepsułbyś/zepsułabyś
on/ona/ono	psułby/psułaby/psułoby	zepsułby/zepsułaby/zepsułoby
my	psulibyśmy/psułybyśmy	zepsulibyśmy/zepsułybyśmy
wy	psulibyście/psułybyście	zepsulibyście/zepsułybyście
oni/one	psuliby/psułyby	zepsuliby/zepsułyby

IMPERATIVE

	psujmy		zepsujmy
psuj	psujcie	zepsuj	zepsujcie
niech psuje	niech psują	niech zepsuje	niech zepsują

PARTICIPLES

PRES. ACT. psujący, -a, -e; -y, -e
PRES. PASS. psuty, -a, -e; -ci, -te   *PAST PASS.* zepsuty, -a, -e; -ci, -te
ADV. PART. psując
Verb governance: kogo, co
Related verbs with meanings: (**psuć się/zepsuć się** *go bad, decay, rot, break down*) (**nadpsuć/się/** *spoil somewhat; deteriorate*) (**popsuć/się/** *spoil, bungle; get spoiled*) (**wypsuć** *spoil, waste*)

EXAMPLES of model and/or related verbs: 1. W lodówce produkty nie **psują się** szybko. *In the fridge, produce does not spoil fast.* 2. Mój samochód **zepsuł się** na środku ulicy. *My car broke down in the middle of the street.* 3. Wycieraczki w samochodzie zawsze **się psuły**. *The windshield wipers in the car were always breaking down.* 4. Nie jedz tego jabłka, bo jest **nadpsute**. *Don't eat this apple because it's somewhat spoiled.*

IMPERFECTIVE		PERFECTIVE	

PRESENT

ja	pukam		
ty	pukasz		
on/ona/ono	puka		
my	pukamy		
wy	pukacie		
oni/one	pukają		

PAST

ja	pukałem/pukałam	zapukałem/zapukałam	
ty	pukałeś/pukałaś	zapukałeś/zapukałaś	
on/ona/ono	pukał/pukała/pukało	zapukał/zapukała/zapukało	
my	pukaliśmy/pukałyśmy	zapukaliśmy/zapukałyśmy	
wy	pukaliście/pukałyście	zapukaliście/zapukałyście	
oni/one	pukali/pukały	zapukali/zapukały	

FUTURE

ja	będę pukał/pukała	zapukam	
ty	będziesz pukał/pukała	zapukasz	
on/ona/ono	będzie pukał/pukała/pukało	zapuka	
my	będziemy pukali/pukały	zapukamy	
wy	będziecie pukali/pukały	zapukacie	
oni/one	będą pukali/pukały	zapukają	

CONDITIONAL

ja	pukałbym/pukałabym	zapukałbym/zapukałabym	
ty	pukałbyś/pukałabyś	zapukałbyś/zapukałabyś	
on/ona/ono	pukałby/pukałaby/pukałoby	zapukałby/zapukałaby/zapukałoby	
my	pukalibyśmy/pukałybyśmy	zapukalibyśmy/zapukałybyśmy	
wy	pukalibyście/pukałybyście	zapukalibyście/zapukałybyście	
oni/one	pukaliby/pukałyby	zapukaliby/zapukałyby	

IMPERATIVE

	pukajmy		zapukajmy
pukaj	pukajcie	zapukaj	zapukajcie
niech puka	niech pukają	niech zapuka	niech zapukają

PARTICIPLES

PRES. ACT.   pukający, -a, -e; -y, -e
PRES. PASS.   *PAST PASS.*
ADV. PART.   pukając
Verb governance: do kogo, do czego; w co
Related verbs with meanings: (**dopukać się** *knock at*) (**odpukać** *knock back, touch wood*) (**opukać** *tap*) (**wypukać** *tap out*)

EXAMPLES of model and/or related verbs: 1. Dzięcioł **puka** w drzewo. *The woodpecker pecks at the tree.* 2. Ktoś **pukał** do drzwi. *Somebody was knocking at the door.* 3. Napewno spali, bo nie mogłam **dopukać się** do nich. *They must have been sleeping because I knocked without any result.* 4. **Zapukaj** do drzwi zanim wejdziesz. *Knock on the door before you enter.*

puszczać/puścić   to let go, drop, bud, sprout, come off, let in

IMPERFECTIVE	PERFECTIVE

PRESENT

ja	puszczam
ty	puszczasz
on/ona/ono	puszcza
my	puszczamy
wy	puszczacie
oni/one	puszczają

PAST

	IMPERFECTIVE	PERFECTIVE
ja	puszczałem/puszczałam	puściłem/puściłam
ty	puszczałeś/puszczałaś	puściłeś/puściłaś
on/ona/ono	puszczał/puszczała/puszczało	puścił/puściła/puściło
my	puszczaliśmy/puszczałyśmy	puściliśmy/puściłyśmy
wy	puszczaliście/puszczałyście	puściliście/puściłyście
oni/one	puszczali/puszczały	puścili/puściły

FUTURE

	IMPERFECTIVE	PERFECTIVE
ja	będę puszczał/puszczała	puszczę
ty	będziesz puszczał/puszczała	puścisz
on/ona/ono	będzie puszczał/puszczała/puszczało	puści
my	będziemy puszczali/puszczały	puścimy
wy	będziecie puszczali/puszczały	puścicie
oni/one	będą puszczali/puszczały	puszczą

CONDITIONAL

	IMPERFECTIVE	PERFECTIVE
ja	puszczałbym/puszczałabym	puściłbym/puściłabym
ty	puszczałbyś/puszczałabyś	puściłbyś/puściłabyś
on/ona/ono	puszczałby/puszczałaby/puszczałoby	puściłby/puściłaby/puściłoby
my	puszczalibyśmy/puszczałybyśmy	puścilibyśmy/puściłybyśmy
wy	puszczalibyście/puszczałybyście	puścilibyście/puściłybyście
oni/one	puszczaliby/puszczałyby	puściliby/puściłyby

IMPERATIVE

	puszczajmy		puśćmy
puszczaj	puszczajcie	puść	puśćcie
niech puszcza	niech puszczają	niech puści	niech puszczą

PARTICIPLES

PRES. ACT. puszczający, -a, -e; -y, -e
PRES. PASS. puszczany, -a, -e; -i, -e   **PAST PASS.** puszczony, -a, -e; -eni, -one
ADV. PART. puszczając
Verb governance: kogo, co
Related verbs with meanings: (**puszczać się/puścić się** *bud, set out/off, be promiscuous*)
(**dopuszczać/się/** *admit, allow; commit*) (**napuszczać** *let in*) (**odpuszczać** *thaw, give absolution,*
let off) (**opuszczać/się/** *abandon, leave; neglect oneself*) (**podpuszczać** *give access*)
(**przepuszczać** *let pass, forgive*) (**przypuszczać** *suppose, presume*) (**rozpuszczać/się/** *spend,*
dismiss; dissolve, melt, grow lax) (**spuszczać/się/** *flush, lower; descend, rely on*) (**upuszczać** *let*
fall) (**wypuszczać** *let out*) (**zapuszczać/się/** *let in, grow, cover; penetrate*)

EXAMPLES of model and/or related verbs: 1. **Dopuść** go do egzaminu. *Allow him to take the*
exam. 2. Ona pod byle pozorem nie **dopuszcza** do tych spotkań. *On no account, does she allow*
these meetings. 3. Od kilku lat on nie **opuścił** żadnego koncertu. *For a number of years, he has not*
missed any concerts. 4. Był gotowy natychmiast **wypuścić** psa na podwórze. *He was ready to let*
the dog out immediately into the yard.

pytać/zapytać

to ask, inquire

IMPERFECTIVE		PERFECTIVE

PRESENT

ja	pytam	
ty	pytasz	
on/ona/ono	pyta	
my	pytamy	
wy	pytacie	
oni/one	pytają	

PAST

ja	pytałem/pytałam	zapytałem/zapytałam
ty	pytałeś/pytałaś	zapytałeś/zapytałaś
on/ona/ono	pytał/pytała/pytało	zapytał/zapytała/zapytało
my	pytaliśmy/pytałyśmy	zapytaliśmy/zapytałyśmy
wy	pytaliście/pytałyście	zapytaliście/zapytałyście
oni/one	pytali/pytały	zapytali/zapytały

FUTURE

ja	będę pytał/pytała	zapytam
ty	będziesz pytał/pytała	zapytasz
on/ona/ono	będzie pytał/pytała/pytało	zapyta
my	będziemy pytali/pytały	zapytamy
wy	będziecie pytali/pytały	zapytacie
oni/one	będą pytali/pytały	zapytają

CONDITIONAL

ja	pytałbym/pytałabym	zapytałbym/zapytałabym
ty	pytałbyś/pytałabyś	zapytałbyś/zapytałabyś
on/ona/ono	pytałby/pytałaby/pytałoby	zapytałby/zapytałaby/zapytałoby
my	pytalibyśmy/pytałybyśmy	zapytalibyśmy/zapytałybyśmy
wy	pytalibyście/pytałybyście	zapytalibyście/zapytałybyście
oni/one	pytaliby/pytałyby	zapytaliby/zapytałyby

IMPERATIVE

	pytajmy		zapytajmy
pytaj	pytajcie	zapytaj	zapytajcie
niech pyta	niech pytają	niech zapyta	niech zapytają

PARTICIPLES

PRES. ACT. pytający, -a, -e; -y, -e
PRES. PASS. pytany, -a, -e; -i, -e   *PAST PASS.* zapytany, -a, -e; -i, -e
ADV. PART. pytając

Verb governance: kogo, o co

Related verbs with meanings: (**pytać się/zapytać się** *question*) (**dopytać się** *find out*) (**napytać się** *ask/many questions/*) (**odpytać** *examine*) (**podpytać** *sound/someone/*) (**popytać** *inquire*) (**przepytać** *examine*) (**przypytać się** *intrude*) (**rozpytać** *ask*) (**spytać/się/** *ask*) (**wypytać** *ask questions*)

EXAMPLES of model and/or related verbs: 1. **Zapytałem** dziewczynę, gdzie mieszka. *I asked the girl where she lives.* 2. **Pyta** ich o adres po raz ostatni. *For the last time, he asks them for their address.* 3. **Podpytaj** gości o upodobania smakowe. *Survey the guests about their taste preferences.* 4. **Zapytany** o kobiety w polskich służbach specjalnych, przyznaje, że owszem, są. *When asked about women in the Polish intelligence service, he acknowledges that, certainly, there are some.*

radzić/poradzić   to advise, counsel

IMPERFECTIVE		PERFECTIVE	

PRESENT

ja	radzę		
ty	radzisz		
on/ona/ono	radzi		
my	radzimy		
wy	radzicie		
oni/one	radzą		

PAST

ja	radziłem/radziłam	poradziłem/poradziłam	
ty	radziłeś/radziłaś	poradziłeś/poradziłaś	
on/ona/ono	radził/radziła/radziło	poradził/poradziła/poradziło	
my	radziliśmy/radziłyśmy	poradziliśmy/poradziłyśmy	
wy	radziliście/radziłyście	poradziliście/poradziłyście	
oni/one	radzili/radziły	poradzili/poradziły	

FUTURE

ja	będę radził/radziła	poradzę	
ty	będziesz radził/radziła	poradzisz	
on/ona/ono	będzie radził/radziła/radziło	poradzi	
my	będziemy radzili/radziły	poradzimy	
wy	będziecie radzili/radziły	poradzicie	
oni/one	będą radzili/radziły	poradzą	

CONDITIONAL

ja	radziłbym/radziłabym	poradziłbym/poradziłabym	
ty	radziłbyś/radziłabyś	poradziłbyś/poradziłabyś	
on/ona/ono	radziłby/radziłaby/radziłoby	poradziłby/poradziłaby/poradziłoby	
my	radzilibyśmy/radziłybyśmy	poradzilibyśmy/poradziłybyśmy	
wy	radzilibyście/radziłybyście	poradzilibyście/poradziłybyście	
oni/one	radziliby/radziłyby	poradziliby/poradziłyby	

IMPERATIVE

	radźmy		poradźmy
radź	radźcie	poradź	poradźcie
niech radzi	niech radzą	niech poradzi	niech poradzą

PARTICIPLES

PRES. ACT.	radzący, -a, -e; -y, -e		
PRES. PASS.	radzony, -a, -e; -, -e	***PAST PASS.***	poradzony, -a, -e; -, -e
ADV. PART.	radząc		

Verb governance: komu, co

Related verbs with meanings: (**radzić się/poradzić się** *consult*) (**doradzić** *recommend*) (**naradzić się** *deliberate*) (**uradzić** *decide*) (**zaradzić** *remedy*) (**zdradzić/się/** *betray, have an extramarital affair; be unfaithful to each other, give oneself away*)

EXAMPLES of model and/or related verbs: 1. To, że ona potrafi **radzić** sobie w trudnych sytuacjach bardzo mi odpowiada. *The fact that she is able to deal with difficult situations suits me nicely.* 2. Z początku był w porządku, a później **zdradził** mnie. *At first he was all right, but then he betrayed me.* 3. Nie **radzę** żyć stale za granicą. *I don't recommend living abroad permanently.* 4. Gdybyście jechali bez dzieci, **radzilibyśmy** wam pojechać w Tatry. *If you were to travel without children, we would advise you to go to the Tatra Mountains.*

ratować/uratować   to rescue, save

IMPERFECTIVE	PERFECTIVE

PRESENT

ja	ratuję
ty	ratujesz
on/ona/ono	ratuje
my	ratujemy
wy	ratujecie
oni/one	ratują

PAST

	IMPERFECTIVE	PERFECTIVE
ja	ratowałem/ratowałam	uratowałem/uratowałam
ty	ratowałeś/ratowałaś	uratowałeś/uratowałaś
on/ona/ono	ratował/ratowała/ratowało	uratował/uratowała/uratowało
my	ratowaliśmy/ratowałyśmy	uratowaliśmy/uratowałyśmy
wy	ratowaliście/ratowałyście	uratowaliście/uratowałyście
oni/one	ratowali/ratowały	uratowali/uratowały

FUTURE

	IMPERFECTIVE	PERFECTIVE
ja	będę ratował/ratowała	uratuję
ty	będziesz ratował/ratowała	uratujesz
on/ona/ono	będzie ratował/ratowała/ratowało	uratuje
my	będziemy ratowali/ratowały	uratujemy
wy	będziecie ratowali/ratowały	uratujecie
oni/one	będą ratowali/ratowały	uratują

CONDITIONAL

	IMPERFECTIVE	PERFECTIVE
ja	ratowałbym/ratowałabym	uratowałbym/uratowałabym
ty	ratowałbyś/ratowałabyś	uratowałbyś/uratowałabyś
on/ona/ono	ratowałby/ratowałaby/ratowałoby	uratowałby/uratowałaby/uratowałoby
my	ratowalibyśmy/ratowałybyśmy	uratowalibyśmy/uratowałybyśmy
wy	ratowalibyście/ratowałybyście	uratowalibyście/uratowałybyście
oni/one	ratowaliby/ratowałyby	uratowaliby/uratowałyby

IMPERATIVE

	ratujmy		uratujmy
ratuj	ratujcie	uratuj	uratujcie
niech ratuje	niech ratują	niech uratuje	niech uratują

PARTICIPLES

PRES. ACT.   ratujący, -a, -e; -y, -e
PRES. PASS.   ratowany, -a, -e; -i, -e   **PAST PASS.**   uratowany, -a, -e; -i, -e
ADV. PART.   ratując

Verb governance: kogo, co; od kogo, od czego

Related verbs with meanings: (**ratować się/uratować się** *save oneself*) (**odratować** *bring back to life*) (**podratować** *help out*) (**poratować** *help in distress*) (**wyratować/się/** *help to safety; escape from*)

EXAMPLES of model and/or related verbs: 1. Chcą **uratować** kraj przed destrukcją. *They want to save the country from destruction.* 2. Lekarz **ratował** mi zdrowie. *The doctor was saving my health.* 3. **Uratuj** go od stereotypowego myślenia. *Save him from stereotype thinking.* 4. Witamina A **podratuje** regenerację naskórka. *Vitamin A will help the regeneration of the skin.*

regulować/uregulować   to regulate, settle something

IMPERFECTIVE	PERFECTIVE

PRESENT

ja	reguluję
ty	regulujesz
on/ona/ono	reguluje
my	regulujemy
wy	regulujecie
oni/one	regulują

PAST

	IMPERFECTIVE	PERFECTIVE
ja	regulowałem/regulowałam	uregulowałem/uregulowałam
ty	regulowałeś/regulowałaś	uregulowałeś/uregulowałaś
on/ona/ono	regulował/regulowała/regulowało	uregulował/uregulowała/uregulowało
my	regulowaliśmy/regulowałyśmy	uregulowaliśmy/uregulowałyśmy
wy	regulowaliście/regulowałyście	uregulowaliście/uregulowałyście
oni/one	regulowali/regulowały	uregulowali/uregulowały

FUTURE

	IMPERFECTIVE	PERFECTIVE
ja	będę regulował/regulowała	ureguluję
ty	będziesz regulował/regulowała	uregulujesz
on/ona/ono	będzie regulował/regulowała/ regulowało	ureguluje
my	będziemy regulowali/regulowały	uregulujemy
wy	będziecie regulowali/regulowały	uregulujecie
oni/one	będą regulowali/regulowały	uregulują

CONDITIONAL

	IMPERFECTIVE	PERFECTIVE
ja	regulowałbym/regulowałabym	uregulowałbym/uregulowałabym
ty	regulowałbyś/regulowałabyś	uregulowałbyś/uregulowałabyś
on/ona/ono	regulowałby/regulowałaby/ regulowałoby	uregulowałby/uregulowałaby/ uregulowałoby
my	regulowalibyśmy/regulowałybyśmy	uregulowalibyśmy/uregulowałybyśmy
wy	regulowalibyście/regulowałybyście	uregulowalibyście/uregulowałybyście
oni/one	regulowaliby/regulowałyby	uregulowaliby/uregulowałyby

IMPERATIVE

	regulujmy		uregulujmy
reguluj	regulujcie	ureguluj	uregulujcie
niech reguluje	niech regulują	niech ureguluje	niech uregulują

PARTICIPLES

PRES. ACT. regulujący, -a, -e; -y, -e
PRES. PASS. regulowany, -a, -e; -i, -e   **PAST PASS.** uregulowany, -a, -e; -i, -e
ADV. PART. regulując
Verb governance: komu, co; czym
Related verbs with meanings: (**doregulować** *adjust precisely*) (**naregulować** *adjust*)
(**podregulować** *tune up*) (**poregulować** *settle*) (**rozregulować/się/** *throw out of gear; get out of order, deregulate*) (**uregulować się** *be regulated*) (**wyregulować** *align*)

EXAMPLES of model and/or related verbs: 1. Ten gorset **reguluje** natychmiast brzuch. *This girdle immediately controls one's tummy.* 2. Mój brat **podregulował** telewizor i teraz odbiera dobrze. *My brother tuned up the TV, and the reception is good now.* 3. Obiecałeś, że **uregulujesz** długi w przyszłym miesiącu. *You promised that you would settle your debts next month.* 4. Mój zegarek spieszy się i musi być **naregulowany.** *My watch is fast and has to be adjusted.*

rejestrować/zarejestrować   to register, record, incorporate, check in, enter in a ledger

IMPERFECTIVE		PERFECTIVE

PRESENT

ja	rejestruję
ty	rejestrujesz
on/ona/ono	rejestruje
my	rejestrujemy
wy	rejestrujecie
oni/one	rejestrują

PAST

ja	rejestrowałem/rejestrowałam	zarejestrowałem/zarejestrowałam
ty	rejestrowałeś/rejestrowałaś	zarejestrowałeś/zarejestrowałaś
on/ona/ono	rejestrował/rejestrowała/rejestrowało	zarejestrował/zarejestrowała/zarejestrowało
my	rejestrowaliśmy/rejestrowałyśmy	zarejestrowaliśmy/zarejestrowałyśmy
wy	rejestrowaliście/rejestrowałyście	zarejestrowaliście/zarejestrowałyście
oni/one	rejestrowali/rejestrowały	zarejestrowali/zarejestrowały

FUTURE

ja	będę rejestrował/rejestrowała	zarejestruję
ty	będziesz rejestrował/rejestrowała	zarejestrujesz
on/ona/ono	będzie rejestrował/rejestrowała/ rejestrowało	zarejestruje
my	będziemy rejestrowali/rejestrowały	zarejestrujemy
wy	będziecie rejestrowali/rejestrowały	zarejestrujecie
oni/one	będą rejestrowali/rejestrowały	zarejestrują

CONDITIONAL

ja	rejestrowałbym/rejestrowałabym	zarejestrowałbym/zarejestrowałabym
ty	rejestrowałbyś/rejestrowałabyś	zarejestrowałbyś/zarejestrowałabyś
on/ona/ono	rejestrowałby/rejestrowałaby/ rejestrowałoby	zarejestrowałby/zarejestrowałaby/ zarejestrowałoby
my	rejestrowalibyśmy/rejestrowałybyśmy	zarejestrowalibyśmy/zarejestrowałybyśmy
wy	rejestrowalibyście/rejestrowałybyście	zarejestrowalibyście/zarejestrowałybyście
oni/one	rejestrowaliby/rejestrowałyby	zarejestrowaliby/zarejestrowałyby

IMPERATIVE

	rejestrujmy		zarejestrujmy
rejestruj	rejestrujcie	zarejestruj	zarejestrujcie
niech rejestruje	niech rejestrują	niech zarejestruje	niech zarejestrują

PARTICIPLES

PRES. ACT.	rejestrujący, -a, -e; -y, -e		
PRES. PASS.	rejestrowany, -a, -e; -i, -e	***PAST PASS.***	zarejestrowany, -a, -e; -i, -e
ADV. PART.	rejestrując		

Verb governance: kogo, co; gdzie
Related verbs with meanings: (**rejestrować się/zarejestrować się** *become registered/ incorporated*)

EXAMPLES of model and/or related verbs: 1. Zaczęli **rejestrować** dzieci do I-szej komunii i bierzmowania. *They started to register the children for First Communion and Confirmation.* 2. Firmę **zarejestrowali** w dobrym momencie. *They incorporated their company at the right moment.* 3. Jutro **zarejestruję** szczeniaka. *I'll register the puppy tomorrow.* 4. Rodzice **rejestrują** dzieci do pierwszej klasy. *The parents register their children into grade one.*

IMPERFECTIVE	PERFECTIVE

PRESENT

ja	rezerwuję
ty	rezerwujesz
on/ona/ono	rezerwuje
my	rezerwujemy
wy	rezerwujecie
oni/one	rezerwują

PAST

	IMPERFECTIVE	PERFECTIVE
ja	rezerwowałem/rezerwowałam	zarezerwowałem/zarezerwowałam
ty	rezerwowałeś/rezerwowałaś	zarezerwowałeś/zarezerwowałaś
on/ona/ono	rezerwował/rezerwowała/ rezerwowało	zarezerwował/zarezerwowała/ zarezerwowało
my	rezerwowaliśmy/rezerwowałyśmy	zarezerwowaliśmy/zarezerwowałyśmy
wy	rezerwowaliście/rezerwowałyście	zarezerwowaliście/zarezerwowałyście
oni/one	rezerwowali/rezerwowały	zarezerwowali/zarezerwowały

FUTURE

	IMPERFECTIVE	PERFECTIVE
ja	będę rezerwował/rezerwowała	zarezerwuję
ty	będziesz rezerwował/rezerwowała	zarezerwujesz
on/ona/ono	będzie rezerwował/rezerwowała/ rezerwowało	zarezerwuje
my	będziemy rezerwowali/rezerwowały	zarezerwujemy
wy	będziecie rezerwowali/rezerwowały	zarezerwujecie
oni/one	będą rezerwowali/rezerwowały	zarezerwują

CONDITIONAL

	IMPERFECTIVE	PERFECTIVE
ja	rezerwowałbym/rezerwowałabym	zarezerwowałbym/zarezerwowałabym
ty	rezerwowałbyś/rezerwowałabyś	zarezerwowałbyś/zarezerwowałabyś
on/ona/ono	rezerwowałby/rezerwowałaby/ rezerwowałoby	zarezerwowałby/zarezerwowałaby/ zarezerwowałoby
my	rezerwowalibyśmy/ rezerwowałybyśmy	zarezerwowalibyśmy/ zarezerwowałybyśmy
wy	rezerwowalibyście/rezerwowałybyście	zarezerwowalibyście/zarezerwowałybyście
oni/one	rezerwowaliby/rezerwowałyby	zarezerwowaliby/zarezerwowałyby

IMPERATIVE

	rezerwujmy		zarezerwujmy
rezerwuj	rezerwujcie	zarezerwuj	zarezerwujcie
niech rezerwuje	niech rezerwują	niech zarezerwuje	niech zarezerwują

PARTICIPLES

PRES. ACT. rezerwujący, -a, -e; -y, -e
PRES. PASS. rezerwowany, -a, -e; -, -e   ***PAST PASS.*** zarezerwowany, -a, -e; -, -e
ADV. PART. rezerwując
Verb governance: co
Related verbs with meanings:

EXAMPLES of model and/or related verbs: 1. Dla zmotoryzowanych **zarezerwowane** są trzy parkingi. *For those with vehicles, there are three parking lots reserved.* 2. **Zarezerwowali** miejsca wyłącznie dla mężczyzn. *They reserved seats exclusively for men.* 3. **Zarezerwuję** pokoik na pierwszym piętrze. *I'll book a small room on the first floor.* 4. Chciałabym **zarezerwować** bilet powrotny do Warszawy. *I would like to reserve a return ticket to Warsaw.*

IMPERFECTIVE		PERFECTIVE	

PRESENT

ja	robię
ty	robisz
on/ona/ono	robi
my	robimy
wy	robicie
oni/one	robią

PAST

ja	robiłem/robiłam	zrobiłem/zrobiłam
ty	robiłeś/robiłaś	zrobiłeś/zrobiłaś
on/ona/ono	robił/robiła/robiło	zrobił/zrobiła/zrobiło
my	robiliśmy/robiłyśmy	zrobiliśmy/zrobiłyśmy
wy	robiliście/robiłyście	zrobiliście/zrobiłyście
oni/one	robili/robiły	zrobili/zrobiły

FUTURE

ja	będę robił/robiła	zrobię
ty	będziesz robił/robiła	zrobisz
on/ona/ono	będzie robił/robiła/robiło	zrobi
my	będziemy robili/robiły	zrobimy
wy	będziecie robili/robiły	zrobicie
oni/one	będą robili/robiły	zrobią

CONDITIONAL

ja	robiłbym/robiłabym	zrobiłbym/zrobiłabym
ty	robiłbyś/robiłabyś	zrobiłbyś/zrobiłabyś
on/ona/ono	robiłby/robiłaby/robiłoby	zrobiłby/zrobiłaby/zrobiłoby
my	robilibyśmy/robiłybyśmy	zrobilibyśmy/zrobiłybyśmy
wy	robilibyście/robiłybyście	zrobilibyście/zrobiłybyście
oni/one	robiliby/robiłyby	zrobiliby/zrobiłyby

IMPERATIVE

	róbmy		zróbmy
rób	róbcie	zrób	zróbcie
niech robi	niech robią	niech zrobi	niech zrobią

PARTICIPLES

PRES. ACT.   robiący, -a, -e; -y, -e
PRES. PASS. robiony, -a, -e; -, -one   *PAST PASS.*   zrobiony, -a, -e; -, -one
ADV. PART.   robiąc

Verb governance: komu, co
Related verbs with meanings: (**robić się/zrobić się** *become*) (**dorobić/się/** *replace; amass, get rich*) (**nadrobić** *exceed, make up for*) (**narobić** *cause*) (**odrobić** *do one's work*) (**podrobić** *copy, forge*) (**przerobić** *alter*) (**urobić** *mould*) (**wyrobić** *produce, knead*) (**zarobić** *earn*)

EXAMPLES of model and/or related verbs: 1. Za kilka lat **zrobię** magistra. *I'll complete my Master's degree in a couple of years.* 2. On **robi** łóżeczko dla nowonarodzonego. *He's making a crib for a newborn baby.* 3. Co ja w waszym domu **będę robił?** *What am I going to do in your house?* 4. Należy coś z tym **zrobić.** *Something has to be done with it.*

IMPERFECTIVE		PERFECTIVE	

PRESENT

ja	rodzę
ty	rodzisz
on/ona/ono	rodzi[1]
my	rodzimy
wy	rodzicie
oni/one	rodzą

PAST

ja	rodziłem/rodziłam	urodziłem/urodziłam
ty	rodziłeś/rodziłaś	urodziłeś/urodziłaś
on/ona/ono	rodził/rodziła/rodziło	urodził/urodziła/urodziło
my	rodziliśmy/rodziłyśmy	urodziliśmy/urodziłyśmy
wy	rodziliście/rodziłyście	urodziliście/urodziłyście
oni/one	rodzili/rodziły	urodzili/urodziły

FUTURE

ja	będę rodził/rodziła	urodzę
ty	będziesz rodził/rodziła	urodzisz
on/ona/ono	będzie rodził/rodziła/rodziło	urodzi
my	będziemy rodzili/rodziły	urodzimy
wy	będziecie rodzili/rodziły	urodzicie
oni/one	będą rodzili/rodziły	urodzą

CONDITIONAL

ja	rodziłbym/rodziłabym	urodziłbym/urodziłabym
ty	rodziłbyś/rodziłabyś	urodziłbyś/urodziłabyś
on/ona/ono	rodziłby/rodziłaby/rodziłoby	urodziłby/urodziłaby/urodziłoby
my	rodzilibyśmy/rodziłybyśmy	urodzilibyśmy/urodziłybyśmy
wy	rodzilibyście/rodziłybyście	urodzilibyście/urodziłybyście
oni/one	rodziliby/rodziłyby	urodziliby/urodziłyby

IMPERATIVE

	ródźmy		uródźmy
ródź	ródźcie	uródź	uródźcie
niech rodzi	niech rodzą	niech urodzi	niech urodzą

PARTICIPLES

PRES. ACT. rodzący, -a, -e; -y, -e
PRES. PASS.   *PAST PASS.* urodzony, -a, -e; -eni, -one
ADV. PART. rodząc

Verb governance: kogo, co
Related verbs with meanings: (**rodzić się/urodzić się** *be born*) (**narodzić /się/** *give birth; be born, spring up/idea/*) (**odrodzić/się/** *regenerate; be restored, revive*) (**wyrodzić się** *degenerate, turn into a black sheep*) (**zrodzić się** *come about*) [1]Does not apply to the masc. gender; the pattern is needed with reflexives.

EXAMPLES of model and/or related verbs: 1. Pomysł wylansowania tej książki **zrodził się** z inicjatywy moich studentów. *The idea of launching this book came about as a result of my students' initiative.* 2. Papież Jan Paweł II **urodził się** w Polsce. *Pope John Paul II was born in Poland.* 3. Sama byłam ciekawa jak to będzie, gdy **urodzi się** nam dziecko. *I myself was curious what it would be like when our baby would be born.* 4. Mówili, że już w chwili kiedy **się rodził,** miał zapewnioną przyszłość. *They said his future was secure from the moment he was born.*

rosnąć/wyrosnąć   to grow, increase

IMPERFECTIVE		PERFECTIVE

PRESENT

ja	rosnę	
ty	rośniesz	
on/ona/ono	rośnie	
my	rośniemy	
wy	rośniecie	
oni/one	rosną	

PAST

ja	rosłem/rosłam	wyrosłem/wyrosłam
ty	rosłeś/rosłaś	wyrosłeś/wyrosłaś
on/ona/ono	rósł/rosła/rosło	wyrósł/wyrosła/wyrosło
my	rośliśmy/rosłyśmy	wyrośliśmy/wyrosłyśmy
wy	rośliście/rosłyście	wyrośliście/wyrosłyście
oni/one	rośli/rosły	wyrośli/wyrosły

FUTURE

ja	będę rósł/rosła	wyrosnę
ty	będziesz rósł/rosła	wyrośniesz
on/ona/ono	będzie rósł/rosła/rosło	wyrośnie
my	będziemy rośli/rosły	wyrośniemy
wy	będziecie rośli/rosły	wyrośniecie
oni/one	będą rośli/rosły	wyrosną

CONDITIONAL

ja	rósłbym/rosłabym	wyrósłbym/wyrosłabym
ty	rósłbyś/rosłabyś	wyrósłbyś/wyrosłabyś
on/ona/ono	rósłby/rosłaby/rosłoby	wyrósłby/wyrosłaby/wyrosłoby
my	roślibyśmy/rosłybyśmy	wyroślibyśmy/wyrosłybyśmy
wy	roślibyście/rosłybyście	wyroślibyście/wyrosłybyście
oni/one	rośliby/rosłyby	wyrośliby/wyrosłyby

IMPERATIVE

	rośnijmy		wyrośnijmy
rośnij	rośnijcie	wyrośnij	wyrośnijcie
niech rośnie	niech rosną	niech wyrośnie	niech wyrosną

PARTICIPLES

PRES. ACT.   rosnący, -a, -e; -y, -e
PRES. PASS.   **PAST PASS.**   wyrośnięty, -a, -e; -ci, -te
ADV. PART.   rosnąc
Verb governance: gdzie
Related verbs with meanings: (**dorosnąć** *grow up to*) (**narosnąć** *grow onto, accumulate*) (**obrosnąć** *be overgrown*) (**odrosnąć** *grow again*) (**podrosnąć** *grow up a bit*) (**przerosnąć** *outgrow*) (**przyrosnąć** *grow, adhere, fuse*) (**rozrosnąć się** *grow, spread out*) (**urosnąć** *grow up, mature, develop*) (**wzrosnąć** *grow, rise, increase*) (**zarosnąć** *be overgrown with*) (**zrosnąć się** *merge together*)

EXAMPLES of model and/or related verbs: 1. W ciągu ostatnich miesięcy ceny żywności w Polsce znowu **wzrosły.** *In the last few months, food prices rose again in Poland.* 2. Gdy **podrósł,** ojciec wziął go na ryby. *When he grew up a bit, his father took him fishing.* 3. W dziupli na jednej ze starych wierzb, **rosnących** w alejce, siedziała sroka. *In the hollow, on one of the old willow trees growing in the alley, sat a magpie.* 4. Drzewo **rozrosłoby się** bardziej, gdyby miało więcej miejsca. *The tree would have grown better if it had more space.*

rozmawiać/porozmawiać   to speak with, talk to, chat, have a talk, converse

IMPERFECTIVE	PERFECTIVE

PRESENT

ja	rozmawiam
ty	rozmawiasz
on/ona/ono	rozmawia
my	rozmawiamy
wy	rozmawiacie
oni/one	rozmawiają

PAST

	IMPERFECTIVE	PERFECTIVE
ja	rozmawiałem/rozmawiałam	porozmawiałem/porozmawiałam
ty	rozmawiałeś/rozmawiałaś	porozmawiałeś/porozmawiałaś
on/ona/ono	rozmawiał/rozmawiała/rozmawiało	porozmawiał/porozmawiała/porozmawiało
my	rozmawialiśmy/rozmawiałyśmy	porozmawialiśmy/porozmawiałyśmy
wy	rozmawialiście/rozmawiałyście	porozmawialiście/porozmawiałyście
oni/one	rozmawiali/rozmawiały	porozmawiali/porozmawiały

FUTURE

	IMPERFECTIVE	PERFECTIVE
ja	będę rozmawiał/rozmawiała	porozmawiam
ty	będziesz rozmawiał/rozmawiała	porozmawiasz
on/ona/ono	będzie rozmawiał/rozmawiała/ rozmawiało	porozmawia
my	będziemy rozmawiali/rozmawiały	porozmawiamy
wy	będziecie rozmawiali/rozmawiały	porozmawiacie
oni/one	będą rozmawiali/rozmawiały	porozmawiają

CONDITIONAL

	IMPERFECTIVE	PERFECTIVE
ja	rozmawiałbym/rozmawiałabym	porozmawiałbym/porozmawiałabym
ty	rozmawiałbyś/rozmawiałabyś	porozmawiałbyś/porozmawiałabyś
on/ona/ono	rozmawiałby/rozmawiałaby/ rozmawiałoby	porozmawiałby/porozmawiałaby/ porozmawiałoby
my	rozmawialibyśmy/rozmawiałybyśmy	porozmawialibyśmy/porozmawiałybyśmy
wy	rozmawialibyście/rozmawiałybyście	porozmawialibyście/porozmawiałybyście
oni/one	rozmawialiby/rozmawiałyby	porozmawialiby/porozmawiałyby

IMPERATIVE

	rozmawiajmy		porozmawiajmy
rozmawiaj	rozmawiajcie	porozmawiaj	porozmawiajcie
niech rozmawia	niech rozmawiają	niech porozmawia	niech porozmawiają

PARTICIPLES

PRES. ACT. rozmawiający, -a, -e; -y, -e
PRES. PASS.   *PAST PASS.*
ADV. PART. rozmawiając
Verb governance: o kim, o czym; z kim
Related verbs with meanings:

EXAMPLES of model and/or related verbs: 1. **Porozmawiamy** teraz o naszym osobistym życiu. *Let's have a talk about our private life now.* 2. Przy kapliczce **rozmawiał** z Bogiem. *At the shrine, he talked to God.* 3. Czasem **rozmawiamy** z kucharzami. *Sometimes we chat with the cooks.* 4. Wiem, że **będziecie rozmawiały** z nimi o muzyce. *I know that you are going to talk to them about music.*

rozumieć/zrozumieć   to understand, comprehend, get meaning, grasp

IMPERFECTIVE		PERFECTIVE

PRESENT

ja	rozumiem
ty	rozumiesz
on/ona/ono	rozumie
my	rozumiemy
wy	rozumiecie
oni/one	rozumieją

PAST

ja	rozumiałem/rozumiałam	zrozumiałem/zrozumiałam
ty	rozumiałeś/rozumiałaś	zrozumiałeś/zrozumiałaś
on/ona/ono	rozumiał/rozumiała/rozumiało	zrozumiał/zrozumiała/zrozumiało
my	rozumieliśmy/rozumiałyśmy	zrozumieliśmy/zrozumiałyśmy
wy	rozumieliście/rozumiałyście	zrozumieliście/zrozumiałyście
oni/one	rozumieli/rozumiały	zrozumieli/zrozumiały

FUTURE

ja	będę rozumiał/rozumiała	zrozumiem
ty	będziesz rozumiał/rozumiała	zrozumiesz
on/ona/ono	będzie rozumiał/rozumiała/ rozumiało	zrozumie
my	będziemy rozumieli/rozumiały	zrozumiemy
wy	będziecie rozumieli/rozumiały	zrozumiecie
oni/one	będą rozumieli/rozumiały	zrozumieją

CONDITIONAL

ja	rozumiałbym/rozumiałabym	zrozumiałbym/zrozumiałabym
ty	rozumiałbyś/rozumiałabyś	zrozumiałbyś/zrozumiałabyś
on/ona/ono	rozumiałby/rozumiałaby/ rozumiałoby	zrozumiałby/zrozumiałaby/zrozumiałoby
my	rozumielibyśmy/rozumiałybyśmy	zrozumielibyśmy/zrozumiałybyśmy
wy	rozumielibyście/rozumiałybyście	zrozumielibyście/zrozumiałybyście
oni/one	rozumieliby/rozumiałyby	zrozumieliby/zrozumiałyby

IMPERATIVE

			zrozummy
		zrozum	zrozumcie
niech rozumie	niech rozumieją	niech zrozumie	niech zrozumią

PARTICIPLES

PRES. ACT. rozumiejący, -a, -e; -y, -e
PRES. PASS. rozumiany, -a, -e; -i, -e   *PAST PASS.* zrozumiany, -a, -e; -i, -e
ADV. PART. rozumiejąc
Verb governance: kogo, co
Related verbs with meanings: (**rozumieć się/zrozumieć się** *understand each other, be understood*) (**dorozumieć się** *catch on*) (**porozumieć się** *agree upon*) (**wyrozumieć** *sympathize with, make out*)

EXAMPLES of model and/or related verbs: 1. Ona nie **rozumie** jednak, że niezbędny jest kontakt z ojcem dziecka. *She, however, doesn't understand that staying in touch with the father of the child is essential.* 2. **Rozumiała** jego duszę. *She understood his soul.* 3. **Niech zrozumią,** że dzieciom trzeba poświęcić czasu i uwagi. *Let them understand that they have to devote time and attention to children.* 4. Wcale nie **zrozumieliśmy** wykładu. *We didn't comprehend the lecture at all.*

IMPERFECTIVE		PERFECTIVE

PRESENT

ja	rozwiązuję
ty	rozwiązujesz
on/ona/ono	rozwiązuje
my	rozwiązujemy
wy	rozwiązujecie
oni/one	rozwiązują

PAST

	IMPERFECTIVE	PERFECTIVE
ja	rozwiązywałem/rozwiązywałam	rozwiązałem/rozwiązałam
ty	rozwiązywałeś/rozwiązywałaś	rozwiązałeś/rozwiązałaś
on/ona/ono	rozwiązywał/rozwiązywała/-ło	rozwiązał/rozwiązała/rozwiązało
my	rozwiązywaliśmy/rozwiązywałyśmy	rozwiązaliśmy/rozwiązałyśmy
wy	rozwiązywaliście/rozwiązywałyście	rozwiązaliście/rozwiązałyście
oni/one	rozwiązywali/rozwiązywały	rozwiązali/rozwiązały

FUTURE

	IMPERFECTIVE	PERFECTIVE
ja	będę rozwiązywał/rozwiązywała	rozwiążę
ty	będziesz rozwiązywał/rozwiązywała	rozwiążesz
on/ona/ono	będzie rozwiązywał/rozwiązywała/-ło	rozwiąże
my	będziemy rozwiązywali/rozwiązywały	rozwiążemy
wy	będziecie rozwiązywali/rozwiązywały	rozwiążecie
oni/one	będą rozwiązywali/rozwiązywały	rozwiążą

CONDITIONAL

	IMPERFECTIVE	PERFECTIVE
ja	rozwiązywałbym/rozwiązywałabym	rozwiązałbym/rozwiązałabym
ty	rozwiązywałbyś/rozwiązywałabyś	rozwiązałbyś/rozwiązałabyś
on/ona/ono	rozwiązywałby/rozwiązywałaby/ rozwiązywałoby	rozwiązałby/rozwiązałaby/ rozwiązałoby
my	rozwiązywalibyśmy/-łybyśmy	rozwiązalibyśmy/-łybyśmy
wy	rozwiązywalibyście/-łybyście	rozwiąlibyście/-łybyście
oni/one	rozwiązywaliby/rozwiązywałyby	rozwiązaliby/rozwiązałyby

IMPERATIVE

	rozwiązujmy		rozwiążmy
rozwiązuj	rozwiązujcie	rozwiąż	rozwiążcie
niech rozwiązuje	niech rozwiązują	niech rozwiąże	niech rozwiążą

PARTICIPLES

PRES. ACT.   rozwiązujący, -a, -e; -y, -e
PRES. PASS.   rozwiązywany, -a, -e; -i, -e   ***PAST PASS.***   rozwiązany, -a, -e; -i, -e
ADV. PART.   rozwiązując
Verb governance: co
Related verbs with meanings: (**rozwiązywać się/rozwiązać się** *be solved, be untied*) (**dowiązywać** *finish tying*) (**nawiązywać** *tie, refer to*) (**obwiązywać** *bind*) (**odwiązywać** *untie, come loose*) (**przewiązywać/się/** *bind up; tie around oneself*) (**przywiązywać/się/** *fasten; become attached to*) (**uwiązywać** *attach*) (**wywiązywać się** *carry off, aquit oneself of*) (**związywać** *join*) (**zawiązywać** *tie up, establish*) Note: Also see p. 263.

EXAMPLES of model and/or related verbs: 1. Ty zawsze **rozwiążesz** zagadkę. *You always solve the problem.* 2. Wydaje się, że problem został **rozwiązany**. *It seems that the problem was solved.* 3. **Rozwiąż** ten test! *Solve this test!* 4. Polacy raz jeszcze usiłują **rozwiązać** problemy polityczne. *One more time, the Poles are trying to solve their political problems.*

rozwijać/rozwinąć   to develop, unfold, unroll

IMPERFECTIVE	PERFECTIVE

PRESENT

ja	rozwijam
ty	rozwijasz
on/ona/ono	rozwija
my	rozwijamy
wy	rozwijacie
oni/one	rozwijają

PAST

ja	rozwijałem/rozwijałam	rozwinąłem/rozwinęłam
ty	rozwijałeś/rozwijałaś	rozwinąłeś/rozwinęłaś
on/ona/ono	rozwijał/rozwijała/rozwijało	rozwinął/rozwinęła/rozwinęło
my	rozwijaliśmy/rozwijałyśmy	rozwinęliśmy/rozwinęłyśmy
wy	rozwijaliście/rozwijałyście	rozwinęliście/rozwinęłyście
oni/one	rozwijali/rozwijały	rozwinęli/rozwinęły

FUTURE

ja	będę rozwijał/rozwijała	rozwinę
ty	będziesz rozwijał/rozwijała	rozwiniesz
on/ona/ono	będzie rozwijał/rozwijała/rozwijało	rozwinie
my	będziemy rozwijali/rozwijały	rozwiniemy
wy	będziecie rozwijali/rozwijały	rozwiniecie
oni/one	będą rozwijali/rozwijały	rozwiną

CONDITIONAL

ja	rozwijałbym/rozwijałabym	rozwinąłbym/rozwinęłabym
ty	rozwijałbyś/rozwijałabyś	rozwinąłbyś/rozwinęłabyś
on/ona/ono	rozwijałby/rozwijałaby/rozwijałoby	rozwinąłby/rozwinęłaby/rozwinęłoby
my	rozwijalibyśmy/rozwijałybyśmy	rozwinęlibyśmy/rozwinęłybyśmy
wy	rozwijalibyście/rozwijałybyście	rozwinęlibyście/rozwinęłybyście
oni/one	rozwijaliby/rozwijałyby	rozwinęliby/rozwinęłyby

IMPERATIVE

	rozwijajmy		rozwińmy
rozwijaj	rozwijajcie	rozwiń	rozwińcie
niech rozwija	niech rozwijają	niech rozwinie	niech rozwiną

PARTICIPLES

PRES. ACT. rozwijający, -a, -e; -y, -e
PRES. PASS. rozwijany, -a, -e; -i, -e   ***PAST PASS.*** rozwinięty, -a, -e; -ci, -te
ADV. PART. rozwijając

Verb governance: co, z czego

Related verbs with meanings: (**rozwijać się/rozwinąć się** *be developed, develop, evolve, open out*)
(**nawinąć/się/** *reel; occur*) (**odwinąć/się/** *unwrap, fold back; spool off*) (**owinąć/się/** *wrap
/oneself/*) (**podwinąć/się/** *draw up; creep up*) (**przewinąć/się/** *change, rewind; slip through*)
(**uwinąć się** *hurry*) (**wywinąć/się/** *turn down, prance; slip out*) (**zwinąć/się/** *roll up; be quick*)
(**zawinąć** *wrap up*)

EXAMPLES of model and/or related verbs: 1. Dzieci były szczęśliwe i właściwie **się rozwijały.**
The children were happy and were properly developing. 2. Ich poziom edukacji nie jest gorszy niż
w **rozwiniętych** krajach. *Their level of education is not worse than in the developed countries.*
3. Czołg **rozwija** prędkość 58 km na godzinę. *The tank develops a speed of 58 km per hour.*
4. Przemysł włókienniczy **rozwinął się** w naszym regionie w ostatnich latach. *The textile industry
developed recently in our region.*

ruszać/ruszyć   to touch, stir, handle, start

IMPERFECTIVE		PERFECTIVE	

PRESENT

ja	ruszam	
ty	ruszasz	
on/ona/ono	rusza	
my	ruszamy	
wy	ruszacie	
oni/one	ruszają	

PAST

ja	ruszałem/ruszałam	ruszyłem/ruszyłam
ty	ruszałeś/ruszałaś	ruszyłeś/ruszyłaś
on/ona/ono	ruszał/ruszała/ruszało	ruszył/ruszyła/ruszyło
my	ruszaliśmy/ruszałyśmy	ruszyliśmy/ruszyłyśmy
wy	ruszaliście/ruszałyście	ruszyliście/ruszyłyście
oni/one	ruszali/ruszały	ruszyli/ruszyły

FUTURE

ja	będę ruszał/ruszała	ruszę
ty	będziesz ruszał/ruszała	ruszysz
on/ona/ono	będzie ruszał/ruszała/ruszało	ruszy
my	będziemy ruszali/ruszały	ruszymy
wy	będziecie ruszali/ruszały	ruszycie
oni/one	będą ruszali/ruszały	ruszą

CONDITIONAL

ja	ruszałbym/ruszałabym	ruszyłbym/ruszyłabym
ty	ruszałbyś/ruszałabyś	ruszyłbyś/ruszyłabyś
on/ona/ono	ruszałby/ruszałaby/ruszałoby	ruszyłby/ruszyłaby/ruszyłoby
my	ruszalibyśmy/ruszałybyśmy	ruszylibyśmy/ruszyłybyśmy
wy	ruszalibyście/ruszałybyście	ruszylibyście/ruszyłybyście
oni/one	ruszaliby/ruszałyby	ruszyliby/ruszyłyby

IMPERATIVE

	ruszajmy		ruszmy
ruszaj	ruszajcie	rusz	ruszcie
niech rusza	niech ruszają	niech ruszy	niech ruszą

PARTICIPLES

PRES. ACT. ruszający, -a, -e; -y, -e
PRES. PASS. ruszany, -a, -e; -i, -e   *PAST PASS.* ruszony, -a, -e; -eni, -one
ADV. PART. ruszając
Verb governance: kogo, co
Related verbs with meanings: (**ruszać się/ruszyć się** *move, budge*) (**naruszyć** *disturb*)
(**poruszyć/się/** *agitate, broach, excite; move*) (**wyruszyć** *set out, start out*) (**wzruszyć/się/** *affect; be moved*) (**zruszyć** *loosen/the soil/*)

EXAMPLES of model and/or related verbs: 1. Czy **wyruszaliście** ze Zgorzelca na waszą podróż do Niemiec? *Were you starting out from Zgorzelec on your trip to Germany?* 2. Pochód **ruszył** w drogę. *The parade started on its way.* 3. **Wyruszylibyśmy** na kolejną wędrówkę, gdyby pogoda dopisała. *We would have set out on another hike if the weather had been nice.* 4. Musisz **poruszać się** w tym samym kierunku. *You have to move in the same direction.*

rwać/urwać

IMPERFECTIVE		PERFECTIVE	

PRESENT

ja	rwę		
ty	rwiesz		
on/ona/ono	rwie		
my	rwiemy		
wy	rwiecie		
oni/one	rwą		

PAST

ja	rwałem/rwałam	urwałem/urwałam	
ty	rwałeś/rwałaś	urwałeś/urwałaś	
on/ona/ono	rwał/rwała/rwało	urwał/urwała/urwało	
my	rwaliśmy/rwałyśmy	urwaliśmy/urwałyśmy	
wy	rwaliście/rwałyście	urwaliście/urwałyście	
oni/one	rwali/rwały	urwali/urwały	

FUTURE

ja	będę rwał/rwała	urwę	
ty	będziesz rwał/rwała	urwiesz	
on/ona/ono	będzie rwał/rwała/rwało	urwie	
my	będziemy rwali/rwały	urwiemy	
wy	będziecie rwali/rwały	urwiecie	
oni/one	będą rwali/rwały	urwą	

CONDITIONAL

ja	rwałbym/rwałabym	urwałbym/urwałabym	
ty	rwałbyś/rwałabyś	urwałbyś/urwałabyś	
on/ona/ono	rwałby/rwałaby/rwałoby	urwałby/urwałaby/urwałoby	
my	rwalibyśmy/rwałybyśmy	urwalibyśmy/urwałybyśmy	
wy	rwalibyście/rwałybyście	urwalibyście/urwałybyście	
oni/one	rwaliby/rwałyby	urwaliby/urwałyby	

IMPERATIVE

	rwijmy		urwijmy
rwij	rwijcie	urwij	urwijcie
niech rwie	niech rwą	niech urwie	niech urwą

PARTICIPLES

PRES. ACT. rwący, -a, -e; -y, -e
PRES. PASS. rwany, -a, -e; -i, -e   ***PAST PASS.*** urwany, -a, -e; -i, -e
ADV. PART. rwąc

Verb governance: co

Related verbs with meanings: (**rwać się/urwać się** *be torn, take off*) (**dorwać/się/** *tear out some more; seize, get to*) (**naderwać/się/** *tear somewhat; overdo, get hernia*) (**oderwać/się/** *tear off, remove; come off*) (**poderwać/się/** *pick up; strain oneself*) (**porwać/się/tear up, abduct; get torn*) (**przerwać/się/** *break off, interrupt; snap*) (**rozerwać/się/** *rend, amuse; break apart*) (**wyrwać/się/** *pull out; break loose, blurt out*) (**zerwać /się/** *tear away, break off; jump up, get torn*)

EXAMPLES of model and/or related verbs: 1. Ona chciała go **poderwać** w barze. *She wanted to pick him up in a bar.* 2. Jestem **oderwany** od rzeczywistości. *I'm removed from reality.*
3. **Przerwała** bezwzględnie piękną karierę aktorską. *She categorically terminated her brilliant acting career.* 4. Przy rowie **rwałam** niezapominajki. *By the ditch, I picked forget-me-nots.*

IMPERFECTIVE	PERFECTIVE

PRESENT

ja	rzucam
ty	rzucasz
on/ona/ono	rzuca
my	rzucamy
wy	rzucacie
oni/one	rzucają

PAST

ja	rzucałem/rzucałam	rzuciłem/rzuciłam
ty	rzucałeś/rzucałaś	rzuciłeś/rzuciłaś
on/ona/ono	rzucał/rzucała/rzucało	rzucił/rzuciła/rzuciło
my	rzucaliśmy/rzucałyśmy	rzuciliśmy/rzuciłyśmy
wy	rzucaliście/rzucałyście	rzuciliście/rzuciłyście
oni/one	rzucali/rzucały	rzucili/rzuciły

FUTURE

ja	będę rzucał/rzucała	rzucę
ty	będziesz rzucał/rzucała	rzucisz
on/ona/ono	będzie rzucał/rzucała/rzucało	rzuci
my	będziemy rzucali/rzucały	rzucimy
wy	będziecie rzucali/rzucały	rzucicie
oni/one	będą rzucali/rzucały	rzucą

CONDITIONAL

ja	rzucałbym/rzucałabym	rzuciłbym/rzuciłabym
ty	rzucałbyś/rzucałabyś	rzuciłbyś/rzuciłabyś
on/ona/ono	rzucałby/rzucałaby/rzucałoby	rzuciłby/rzuciłaby/rzuciłoby
my	rzucalibyśmy/rzucałybyśmy	rzucilibyśmy/rzuciłybyśmy
wy	rzucalibyście/rzucałybyście	rzucilibyście/rzuciłybyście
oni/one	rzucaliby/rzucałyby	rzuciliby/rzuciłyby

IMPERATIVE

	rzucajmy		rzućmy
rzucaj	rzucajcie	rzuć	rzućcie
niech rzuca	niech rzucają	niech rzuci	niech rzucą

PARTICIPLES

PRES. ACT.	rzucający, -a, -e; -y, -e	
PRES. PASS.	rzucany, -a, -e; -i, -e	***PAST PASS.*** rzucony, -a, -e; -eni, -one
ADV. PART.	rzucając	

Verb governance: kogo, co

Related verbs with meanings: (**rzucać się/rzucić się** *assail, rush, attack*) (**dorzucić** *throw as far, throw closer to, add*) (**narzucić/się/** *put on, impose; intrude upon*) (**obrzucić/się/** *throw at, hurl; become covered with*) (**odrzucić** *throw away, turn down*) (**porzucić** *abandon, leave*) (**przerzucić/się/** *throw about/over; switch*) (**przyrzucić** *add, cover with*) (**rozrzucić/się/** *scatter, squander; be scattered*) (**wrzucić/się/** *throw in; throw oneself in*) (**wyrzucić** *throw out*)

EXAMPLES of model and/or related verbs: 1. Namiętnie **zarzuca** dom książkami. *With a passion, he clutters the house with books.* 2. **Obrzuciły** mnie setką wyzwisk. *They hurled a hundred obscenities at me.* 3. Możemy mówić o pewnej normie **narzuconej** przez społeczeństwo. *We may speak about a certain norm imposed by society.* 4. W chwilach szaleństwa on **wyrzucał** przez okno garść drobnych pieniędzy na ulicę. *In moments of folly, he used to throw a fistful of change out the window onto the street.*

sądzić   to judge, believe, think, try a case

IMPERFECTIVE	PERFECTIVE

PRESENT

ja	sądzę
ty	sądzisz
on/ona/ono	sądzi
my	sądzimy
wy	sądzicie
oni/one	sądzą

PAST

ja	sądziłem/sądziłam
ty	sądziłeś/sądziłaś
on/ona/ono	sądził/sądziła/sądziło
my	sądziliśmy/sądziłyśmy
wy	sądziliście/sądziłyście
oni/one	sądzili/sądziły

FUTURE

ja	będę sądził/sądziła
ty	będziesz sądził/sądziła
on/ona/ono	będzie sądził/sądziła/sądziło
my	będziemy sądzili/sądziły
wy	będziecie sądzili/sądziły
oni/one	będą sądzili/sądziły

CONDITIONAL

ja	sądziłbym/sądziłabym
ty	sądziłbyś/sądziłabyś
on/ona/ono	sądziłby/sądziłaby/sądziłoby
my	sądzilibyśmy/sądziłybyśmy
wy	sądzilibyście/sądziłybyście
oni/one	sądziliby/sądziłyby

IMPERATIVE

	sądźmy
sądź	sądźcie
niech sądzi	niech sądzą

PARTICIPLES

PRES. ACT.   sądzący, -a, -e; -y, -e
PRES. PASS.   sądzony, -a, -e; -eni, -one   *PAST PASS.*
ADV. PART.   sądząc

Verb governance: kogo, co; o kim, o czym; po kim

Related verbs with meanings: (**sądzić się** *be in court*) (**osądzić** *pass judgment*) (**posądzić** *suspect*) (**przesądzić** *prejudice*) (**przysądzić** *allocate*) (**rozsądzić** *make a judgement*) (**wysądzić** *sue out*) (**zasądzić** *sentence, issue ruling, condemn*)

EXAMPLES of model and/or related verbs: 1. **Sądzę,** że epoka o której wspominałeś, przeminęła. *I believe the epoch that you mentioned has passed.* 2. Nie **sądziłam** jednak, że kiedykolwiek przyjdzie mi wyjechać do Kanady. *Somehow, I didn't believe that one day I'd get to move to Canada.* 3. **Osądzimy** cudowne lekarstwo po użyciu. *We'll pass judgment on the miracle drug after using it.* 4. On został **zasądzony** na pięć lat. *He was sentenced to five years.*

IMPERFECTIVE		PERFECTIVE

PRESENT

ja	siadam	
ty	siadasz	
on/ona/ono	siada	
my	siadamy	
wy	siadacie	
oni/one	siadają	

PAST

ja	siadałem/siadałam	usiadłem/usiadłam
ty	siadałeś/siadałaś	usiadłeś/usiadłaś
on/ona/ono	siadał/siadała/siadało	usiadł/usiadła/usiadło
my	siadaliśmy/siadałyśmy	usiedliśmy/usiadłyśmy
wy	siadaliście/siadałyście	usiedliście/usiadłyście
oni/one	siadali/siadały	usiedli/usiadły

FUTURE

ja	będę siadał/siadała	usiądę
ty	będziesz siadał/siadała	usiądziesz
on/ona/ono	będzie siadał/siadała/siadało	usiądzie
my	będziemy siadali/siadały	usiądziemy
wy	będziecie siadali/siadały	usiądziecie
oni/one	będą siadali/siadały	usiądą

CONDITIONAL

ja	siadałbym/siadałabym	usiadłbym/usiadłabym
ty	siadałbyś/siadałabyś	usiadłbyś/usiadłabyś
on/ona/ono	siadałby/siadałaby/siadałoby	usiadłby/usiadłaby/usiadłoby
my	siadalibyśmy/siadałybyśmy	usiedlibyśmy/usiadłybyśmy
wy	siadalibyście/siadałybyście	usiedlibyście/usiadłybyście
oni/one	siadaliby/siadałyby	usiedliby/usiadłyby

IMPERATIVE

	siadajmy		usiądźmy
siadaj	siadajcie	usiądź	usiądźcie
niech siada	niech siadają	niech usiądzie	niech usiądą

PARTICIPLES

PRES. ACT.   siadający, -a, -e; -y, -e
PRES. PASS.   *PAST PASS.*
ADV. PART.   siadając

Verb governance: na czym; gdzie

Related verbs with meanings: (**dosiąść/się/** *mount; sit by*) (**osiąść/się/** *settle down; set*) (**posiąść** *own, possess*) (**przesiąść/się/** *change places; change to*) (**przysiąść/się/** *sit up/on; sit next to*) (**rozsiąść się** *sit comfortably, lounge*) (**wsiąść** *get on*) (**wysiąść** *get off, break down*) (**zasiąść** *sit down to, sit on*) (**zsiąść/się/** *get off; curdle*)

EXAMPLES of model and/or related verbs: 1. Można nie **posiadać** nic, i mimo to być szczęśliwym. *It is possible to own nothing and still be happy.* 2. **Wysiada** z samochodu, podchodzi do drzwi i puka. *He gets out of the car, walks up to the door, and knocks.* 3. **Usiądę** dokładnie tam, gdzie pani teraz siedzi. *I'll sit down over there, precisely where you are sitting now.* 4. Nigdy nie **wsiadali** na statek. *They never boarded a ship.*

siedzieć/posiedzieć   to sit, be seated, remain, stay

IMPERFECTIVE	PERFECTIVE

PRESENT

ja	siedzę	
ty	siedzisz	
on/ona/ono	siedzi	
my	siedzimy	
wy	siedzicie	
oni/one	siedzą	

PAST

ja	siedziałem/siedziałam	posiedziałem/posiedziałam
ty	siedziałeś/siedziałaś	posiedziałeś/posiedziałaś
on/ona/ono	siedział/siedziała/siedziało	posiedział/posiedziała/posiedziało
my	siedzieliśmy/siedziałyśmy	posiedzieliśmy/posiedziałyśmy
wy	siedzieliście/siedziałyście	posiedzieliście/posiedziałyście
oni/one	siedzieli/siedziały	posiedzieli/posiedziały

FUTURE

ja	będę siedział/siedziała	posiedzę
ty	będziesz siedział/siedziała	posiedzisz
on/ona/ono	będzie siedział/siedziała/siedziało	posiedzi
my	będziemy siedzieli/siedziały	posiedzimy
wy	będziecie siedzieli/siedziały	posiedzicie
oni/one	będą siedzieli/siedziały	posiedzą

CONDITIONAL

ja	siedziałbym/siedziałabym	posiedziałbym/posiedziałabym
ty	siedziałbyś/siedziałabyś	posiedziałbyś/posiedziałabyś
on/ona/ono	siedziałby/siedziałaby/siedziałoby	posiedziałby/posiedziałaby/posiedziałoby
my	siedzielibyśmy/siedziałybyśmy	posiedzielibyśmy/posiedziałybyśmy
wy	siedzielibyście/siedziałybyście	posiedzielibyście/posiedziałybyście
oni/one	siedzieliby/siedziałyby	posiedzieliby/posiedziałyby

IMPERATIVE

	siedźmy		posiedźmy
siedź	siedźcie	posiedź	posiedźcie
niech siedzi	niech siedzą	niech posiedzi	niech posiedzą

PARTICIPLES

PRES. ACT. siedzący, -a, -e; -y, -e
PRES. PASS.   *PAST PASS.*
ADV. PART. siedząc
Verb governance: na czym; gdzie
Related verbs with meanings: (**dosiedzieć** *sit to the end*) (**nasiedzieć się** *stay long*) (**odsiedzieć** *sit out, serve a sentence, atone*) (**przesiedzieć** *remain*) (**usiedzieć** *sit still*) (**wysiedzieć** *sit out, serve/time/*) (**zasiedzieć się** *stay too long*)

EXAMPLES of model and/or related verbs: 1. Gdyby nie on, **siedziałabym** w domu z dziećmi. *If it wasn't for him, I would have stayed at home with the children.* 2. Patrzyłam z uczuciem, jak cichutko **siedzą** dzieci w ławkach. *I observed with emotion how very quietly the children were sitting at their desks.* 3. Król **siedział** na tronie. *The king sat on the throne.* 4. **Siedząc** na krzesełku pośród malw myślał, że jest gdzieś na wsi. *Sitting on a chair among mallows, he thought he was somewhere in the countryside.*

skakać/skoczyć

IMPERFECTIVE		PERFECTIVE	

PRESENT

	IMPERFECTIVE	PERFECTIVE
ja	skaczę	
ty	skaczesz	
on/ona/ono	skacze	
my	skaczemy	
wy	skaczecie	
oni/one	skaczą	

PAST

	IMPERFECTIVE	PERFECTIVE
ja	skakałem/skakałam	skoczyłem/skoczyłam
ty	skakałeś/skakałaś	skoczyłeś/skoczyłaś
on/ona/ono	skakał/skakała/skakało	skoczył/skoczyła/skoczyło
my	skakaliśmy/skakałyśmy	skoczyliśmy/skoczyłyśmy
wy	skakaliście/skakałyście	skoczyliście/skoczyłyście
oni/one	skakali/skakały	skoczyli/skoczyły

FUTURE

	IMPERFECTIVE	PERFECTIVE
ja	będę skakał/skakała	skoczę
ty	będziesz skakał/skakała	skoczysz
on/ona/ono	będzie skakał/skakała/skakało	skoczy
my	będziemy skakali/skakały	skoczymy
wy	będziecie skakali/skakały	skoczycie
oni/one	będą skakali/skakały	skoczą

CONDITIONAL

	IMPERFECTIVE	PERFECTIVE
ja	skakałbym/skakałabym	skoczyłbym/skoczyłabym
ty	skakałbyś/skakałabyś	skoczyłbyś/skoczyłabyś
on/ona/ono	skakałby/skakałaby/skakałoby	skoczyłby/skoczyłaby/skoczyłoby
my	skakalibyśmy/skakałybyśmy	skoczylibyśmy/skoczyłybyśmy
wy	skakalibyście/skakałybyście	skoczylibyście/skoczyłybyście
oni/one	skakaliby/skakałyby	skoczyliby/skoczyłyby

IMPERATIVE

	skaczmy		skoczmy
skacz	skaczcie	skocz	skoczcie
niech skacze	niech skaczą	niech skoczy	niech skoczą

PARTICIPLES

PRES. ACT. skakający, -a, -e; -y, -e
PRES. PASS.   *PAST PASS.*
ADV. PART. skakając

Verb governance: na co; do czego; w co

Related verbs with meanings: (**doskoczyć** *make a leap*) (**obskoczyć** *beset*) (**odskoczyć** *jump back*) (**podskoczyć** *jump up, skip, hop*) (**przeskoczyć** *jump over*) (**przyskoczyć** *jump to, come bouncing*) (**uskoczyć** *dodge*) (**wskoczyć** *jump on/into*) (**wyskoczyć** *jump out, bail out*) (**zaskoczyć** *surprise*)

EXAMPLES of model and/or related verbs: 1. Któregoś dnia **zaskoczył** mnie swoją propozycją. *One day, he surprised me with his proposal.* 2. **Wskoczyłby** na balkon z pąsową różą w ręce, gdyby balkon nie był za wysoko. *He would have jumped onto the balcony with a red rose in his hand if the balcony hadn't been too high up.* 3. Dziesiątki razy **skakała** z samolotów bez lęku. *Without fear, she jumped out of planes dozens of times.* 4. **Przeskocz** przez kałużę. *Jump over the puddle.*

składać/złożyć　　　　　　　　　to gather, fold, file, extend, pay a visit, give a sum

IMPERFECTIVE		PERFECTIVE

PRESENT

ja	składam	
ty	składasz	
on/ona/ono	składa	
my	składamy	
wy	składacie	
oni/one	składają	

PAST

ja	składałem/składałam	złożyłem/złożyłam
ty	składałeś/składałaś	złożyłeś/złożyłaś
on/ona/ono	składał/składała/składało	złożył/złożyła/złożyło
my	składaliśmy/składałyśmy	złożyliśmy/złożyłyśmy
wy	składaliście/składałyście	złożyliście/złożyłyście
oni/one	składali/składały	złożyli/złożyły

FUTURE

ja	będę składał/składała	złożę
ty	będziesz składał/składała	złożysz
on/ona/ono	będzie składał/składała/składało	złoży
my	będziemy składali/składały	złożymy
wy	będziecie składali/składały	złożycie
oni/one	będą składali/składały	złożą

CONDITIONAL

ja	składałbym/składałabym	złożyłbym/złożyłabym
ty	składałbyś/składałabyś	złożyłbyś/złożyłabyś
on/ona/ono	składałby/składałaby/składałoby	złożyłby/złożyłaby/złożyłoby
my	składalibyśmy/składałybyśmy	złożylibyśmy/złożyłybyśmy
wy	składalibyście/składałybyście	złożylibyście/złożyłybyście
oni/one	składaliby/składałyby	złożyliby/złożyłyby

IMPERATIVE

	składajmy		złóżmy
składaj	składajcie	złóż	złóżcie
niech składa	niech składają	niech złoży	niech złożą

PARTICIPLES

PRES. ACT.　składający, -a, -e; -y, -e
PRES. PASS.　składany, -a, -e; -i, -e　　　*PAST PASS.*　złożony, -a, -e; -eni, -one
ADV. PART.　składając

Verb governance: co

Related verbs with meanings: (**składać się/złożyć się** *happen, consist of*) (**dokładać/się/** *add to; take pains*) (**nakładać** *place*) (**odkładać** *put aside/off*) (**okładać** *cover up, impose*) (**przekładać** *shift to, postpone*) (**przykładać/się/** *apply/oneself/*) (**rozkładać/się/** *place apart; lay out*) (**układać/się/** *pile, arrange, compose; shape*) (**wykładać** *lay out, lecture*) (**zakładać/się/** *set up, establish, assume; bet, wager*)

EXAMPLES of model and/or related verbs: 1. Ojciec święty **złożył** życzenia świąteczne w 58 językach. *The Holy Father extended Christmas wishes in 58 languages.* 2. Prezydent Polski **złoży** oficjalną wizytę na Litwie. *The Polish president will pay an official visit to Lithuania.* 3. Chciał **złożyć** prośbę o to, by kto inny przejął nadzór. *He wanted to file a petition that the supervision be handled by someone else.* 4. Dobrze **się składa,** że będziemy mogli pójść do kina. *It so happens that we will be able to go to the movies.*

IMPERFECTIVE		PERFECTIVE

PRESENT

ja	słucham	
ty	słuchasz	
on/ona/ono	słucha	
my	słuchamy	
wy	słuchacie	
oni/one	słuchają	

PAST

ja	słuchałem/słuchałam	posłuchałem/posłuchałam
ty	słuchałeś/słuchałaś	posłuchałeś/posłuchałaś
on/ona/ono	słuchał/słuchała/słuchało	posłuchał/posłuchała/posłuchało
my	słuchaliśmy/słuchałyśmy	posłuchaliśmy/posłuchałyśmy
wy	słuchaliście/słuchałyście	posłuchaliście/posłuchałyście
oni/one	słuchali/słuchały	posłuchali/posłuchały

FUTURE

ja	będę słuchał/słuchała	posłucham
ty	będziesz słuchał/słuchała	posłuchasz
on/ona/ono	będzie słuchał/słuchała/słuchało	posłucha
my	będziemy słuchali/słuchały	posłuchamy
wy	będziecie słuchali/słuchały	posłuchacie
oni/one	będą słuchali/słuchały	posłuchają

CONDITIONAL

ja	słuchałbym/słuchałabym	posłuchałbym/posłuchałabym
ty	słuchałbyś/słuchałabyś	posłuchałbyś/posłuchałabyś
on/ona/ono	słuchałby/słuchałaby/słuchałoby	posłuchałby/posłuchałaby/posłuchałoby
my	słuchalibyśmy/słuchałybyśmy	posłuchalibyśmy/posłuchałybyśmy
wy	słuchalibyście/słuchałybyście	posłuchalibyście/posłuchałybyście
oni/one	słuchaliby/słuchałyby	posłuchaliby/posłuchałyby

IMPERATIVE

	słuchajmy		posłuchajmy
słuchaj	słuchajcie	posłuchaj	posłuchajcie
niech słucha	niech słuchają	niech posłucha	niech posłuchają

PARTICIPLES

PRES. ACT. słuchający, -a, -e; -y, -e
PRES. PASS. słuchany, -a, -e; -i, -e   *PAST PASS.* posłuchany, -a, -e; -i, -e
ADV. PART. słuchając
Verb governance: kogo, czego
Related verbs with meanings: (**słuchać się/posłuchać się** *follow advice, obey*) (**dosłuchać** *listen to the end, hear well*) (**nasłuchać się** *listen endlessly*) (**osłuchać/się/** *auscultate; familiarize oneself*) (**podsłuchać** *overhear, eavesdrop*) (**przesłuchać** *listen through*) (**przysłuchać się** *listen to*) (**rozsłuchać się** *listen intently*) (**usłuchać** *obey*) (**wsłuchać się** *listen with concentration*) (**wysłuchać** *hear out*) (**zasłuchać się** *listen attentively*)

EXAMPLES of model and/or related verbs: 1. Chętnie **słuchałabym** wykładów o poprawnej polszczyźnie. *I would gladly listen to lectures about correct usage of Polish.* 2. Lubię **słuchać** dobrej muzyki. *I like to listen to good music.* 3. Z przyjemnością **słucham,** jak biegle improwizuje. *I listen with pleasure to his skilled improvisations.* 4. **Posłuchałam** rad mojej mamy. *I listened to my mom's advice.*

służyć/posłużyć   to serve, be intended for, wait on, be handy, attend

IMPERFECTIVE		PERFECTIVE

PRESENT

ja	służę	
ty	służysz	
on/ona/ono	służy	
my	służymy	
wy	służycie	
oni/one	służą	

PAST

ja	służyłem/służyłam	posłużyłem/posłużyłam
ty	służyłeś/służyłaś	posłużyłeś/posłużyłaś
on/ona/ono	służył/służyła/służyło	posłużył/posłużyła/posłużyło
my	służyliśmy/służyłyśmy	posłużyli/posłużyłyśmy
wy	służyliście/służyłyście	posłużyliście/posłużyłyście
oni/one	służyli/służyły	posłużyli/posłużyły

FUTURE

ja	będę służył/służyła	posłużę
ty	będziesz służył/służyła	posłużysz
on/ona/ono	będzie służył/służyła/służyło	posłuży
my	będziemy służyli/służyły	posłużymy
wy	będziecie służyli/służyły	posłużycie
oni/one	będą służyli/służyły	posłużą

CONDITIONAL

ja	służyłbym/służyłabym	posłużyłbym/posłużyłabym
ty	służyłbyś/służyłabyś	posłużyłbyś/posłużyłabyś
on/ona/ono	służyłby/służyłaby/służyłoby	posłużyłby/posłużyłaby/posłużyłoby
my	służylibyśmy/służyłybyśmy	posłużylibyśmy/posłużyłybyśmy
wy	służylibyście/służyłybyście	posłużylibyście/posłużyłybyście
oni/one	służyliby/służyłyby	posłużyliby/posłużyłyby

IMPERATIVE

	służmy		posłużmy
służ	służcie	posłuż	posłużcie
niech służy	niech służą	niech posłuży	niech posłużą

PARTICIPLES

PRES. ACT.   służący, -a, -e; -y, -e
PRES. PASS.   *PAST PASS.*
ADV. PART.   służąc

Verb governance: komu, czemu

Related verbs with meanings: (**dosłużyć/się/** *serve one's term; be promoted*) (**odsłużyć** *serve one's term, serve off*) (**posłużyć się** *make use, employ*) (**przesłużyć** *serve*) (**przysłużyć się** *do a favor, render a service*) (**usłużyć** *attend, wait upon*) (**wysłużyć** *serve one's time, earn*) (**zasłużyć** *deserve*)

EXAMPLES of model and/or related verbs: 1. Był gotowy **służyć** jako tłumacz. *He was ready to serve as an interpreter.* 2. **Zasłużyłaś** na coś lepszego. *You deserved something better.* 3. Wianki **służyły** do przystrajania grobów. *The wreaths were intended for decorating the graves.* 4. Mleczko kosmetyczne **służy** do oczyszczenia twarzy. *The face lotion is intended to cleanse the face.*

słyszeć/usłyszeć   to hear, catch sound of, get to know, learn

IMPERFECTIVE		PERFECTIVE

PRESENT

ja	słyszę	
ty	słyszysz	
on/ona/ono	słyszy	
my	słyszymy	
wy	słyszycie	
oni/one	słyszą	

PAST

ja	słyszałem/słyszałam	usłyszałem/usłyszałam
ty	słyszałeś/słyszałaś	usłyszałeś/usłyszałaś
on/ona/ono	słyszał/słyszała/słyszało	usłyszał/usłyszała/usłyszało
my	słyszeliśmy/słyszałyśmy	usłyszeliśmy/usłyszałyśmy
wy	słyszeliście/słyszałyście	usłyszeliście/usłyszałyście
oni/one	słyszeli/słyszały	usłyszeli/usłyszały

FUTURE

ja	będę słyszał/słyszała	usłyszę
ty	będziesz słyszał/słyszała	usłyszysz
on/ona/ono	będzie słyszał/słyszała/słyszało	usłyszy
my	będziemy słyszeli/słyszały	usłyszymy
wy	będziecie słyszeli/słyszały	usłyszycie
oni/one	będą słyszeli/słyszały	usłyszą

CONDITIONAL

ja	słyszałbym/słyszałabym	usłyszałbym/usłyszałabym
ty	słyszałbyś/słyszałabyś	usłyszałbyś/usłyszałabyś
on/ona/ono	słyszałby/słyszałaby/słyszałoby	usłyszałby/usłyszałaby/usłyszałoby
my	słyszelibyśmy/słyszałybyśmy	usłyszelibyśmy/usłyszałybyśmy
wy	słyszelibyście/słyszałybyście	usłyszelibyście/usłyszałybyście
oni/one	słyszeliby/słyszałyby	usłyszeliby/usłyszałyby

IMPERATIVE

			usłyszmy
		usłysz	usłyszcie
niech słyszy	niech słyszą	niech usłyszy	niech usłyszą

PARTICIPLES

PRES. ACT. słyszący, -a, -e; -y, -e
PRES. PASS. słyszany, -a, -e; -i,- e   ***PAST PASS.*** usłyszany, -a, -e; -i, -e
ADV. PART. słysząc
Verb governance: kogo, co; od kogo
Related verbs with meanings: (**dosłyszeć** *catch a sound*) (**posłyszeć** *overhear*) (**przesłyszeć się** *misunderstand, mishear*)

EXAMPLES of model and/or related verbs: 1. Mój tata początkowo nie chciał nawet **słyszeć** o moich planach. *At first, my dad didn't even want to hear about my plans.* 2. Czasem mój mąż wydaje z siebie jakieś okrzyki, gdy **słyszy,** co też my kobiety wygadujemy. *Sometimes my husband lets out some kind of noises when he hears what we women are chatting about.* 3. **Słyszały,** że wszystko to jest wstępem do zabiegu. *They heard that all this is an introduction to a procedure.* 4. **Usłyszałam,** że mięśnie kurczą się. *I heard that muscles contract.*

smarować/posmarować   to spread, grease, smear, lubricate, butter, scribble,
                                            make dirty, soil, bribe

IMPERFECTIVE	PERFECTIVE

PRESENT

ja	smaruję
ty	smarujesz
on/ona/ono	smaruje
my	smarujemy
wy	smarujecie
oni/one	smarują

PAST

	IMPERFECTIVE	PERFECTIVE
ja	smarowałem/smarowałam	posmarowałem/posmarowałam
ty	smarowałeś/smarowałaś	posmarowałeś/posmarowałaś
on/ona/ono	smarował/smarowała/smarowało	posmarował/posmarowała/posmarowało
my	smarowaliśmy/smarowałyśmy	posmarowaliśmy/posmarowałyśmy
wy	smarowaliście/smarowałyście	posmarowaliście/posmarowałyście
oni/one	smarowali/smarowały	posmarowali/posmarowały

FUTURE

	IMPERFECTIVE	PERFECTIVE
ja	będę smarował/smarowała	posmaruję
ty	będziesz smarował/smarowała	posmarujesz
on/ona/ono	będzie smarował/smarowała/ smarowało	posmaruje
my	będziemy smarowali/smarowały	posmarujemy
wy	będziecie smarowali/smarowały	posmarujecie
oni/one	będą smarowali/smarowały	posmarują

CONDITIONAL

	IMPERFECTIVE	PERFECTIVE
ja	smarowałbym/smarowałabym	posmarowałbym/posmarowałabym
ty	smarowałbyś/smarowałabyś	posmarowałbyś/posmarowałabyś
on/ona/ono	smarowałby/smarowałaby/ smarowałoby	posmarowałby/posmarowałaby/ posmarowałoby
my	smarowalibyśmy/smarowałybyśmy	posmarowalibyśmy/posmarowałybyśmy
wy	smarowalibyście/smarowałybyście	posmarowalibyście/posmarowałybyście
oni/one	smarowaliby/smarowałyby	posmarowaliby/posmarowałyby

IMPERATIVE

	smarujmy		posmarujmy
smaruj	smarujcie	posmaruj	posmarujcie
niech smaruje	niech smarują	niech posmaruje	niech posmarują

PARTICIPLES

PRES. ACT. smarujący, -a, -e; -y, -e
PRES. PASS. smarowany, -a, -e; -i, -e   **PAST PASS.** posmarowany, -a, -e; -i, -e
ADV. PART. smarując
Verb governance: kogo, co; czym
Related verbs with meanings: (**smarować się/posmarować się** *soil, apply*) (**nasmarować** *smear over, grease, scrawl*) (**osmarować** *smear, blacken*) (**podsmarować** *oil*) (**rozsmarować** *spread all over*) (**usmarować/się/** *smear, soil; get dirty*) (**wysmarować** *smear, soil, lubricate*) (**zasmarować** *smear, grease, scrawl all over*)

EXAMPLES of model and/or related verbs: 1. **Posmaruj** chleb masłem. *Butter the bread.*
2. Dlaczego **nasmarowałeś** w książce? *Why did you scrawl in the book?* 3. Rano i wieczorem
smaruję maścią plecy. *I apply ointment to my back in the morning and evening.* 4. Trzeba
posmarować łańcuch w rowerze. *We have to grease the bike chain.*

IMPERFECTIVE		PERFECTIVE	

PRESENT

ja	spaceruję
ty	spacerujesz
on/ona/ono	spaceruje
my	spacerujemy
wy	spacerujecie
oni/one	spacerują

PAST

ja	spacerowałem/spacerowałam	pospacerowałem/pospacerowałam
ty	spacerowałeś/spacerowałaś	pospacerowałeś/pospacerowałaś
on/ona/ono	spacerował/spacerowała/spacerowało	pospacerował/pospacerowała/pospacerowało
my	spacerowaliśmy/spacerowałyśmy	pospacerowaliśmy/pospacerowałyśmy
wy	spacerowaliście/spacerowałyście	pospacerowaliście/pospacerowałyście
oni/one	spacerowali/spacerowały	pospacerowali/pospacerowały

FUTURE

ja	będę spacerował/spacerowała	pospaceruję
ty	będziesz spacerował/spacerowała	pospacerujesz
on/ona/ono	będzie spacerował/spacerowała/ spacerowało	pospaceruje
my	będziemy spacerowali/spacerowały	pospacerujemy
wy	będziecie spacerowali/spacerowały	pospacerujecie
oni/one	będą spacerowali/spacerowały	pospacerują

CONDITIONAL

ja	spacerowałbym/spacerowałabym	pospacerowałbym/pospacerowałabym
ty	spacerowałbyś/spacerowałabyś	pospacerowałbyś/pospacerowałabyś
on/ona/ono	spacerowałby/spacerowałaby/ spacerowałoby	pospacerowałby/pospacerowałaby/ pospacerowałoby
my	spacerowalibyśmy/spacerowałybyśmy	pospacerowalibyśmy/pospacerowałybyśmy
wy	spacerowalibyście/spacerowałybyście	pospacerowalibyście/pospacerowałybyście
oni/one	spacerowaliby/spacerowałyby	pospacerowaliby/pospacerowałyby

IMPERATIVE

	spacerujmy		pospacerujmy
spaceruj	spacerujcie	pospaceruj	pospacerujcie
niech spaceruje	niech spacerują	niech pospaceruje	niech pospacerują

PARTICIPLES

PRES. ACT.   spacerujący, -a, -e; -y, -e
PRES. PASS.   spacerowany, -a, -e; -i, -e   **_PAST PASS._**   pospacerowany, -a, -e; -i, -e
ADV. PART.   spacerując

Verb governance: z kim, z czym; gdzie; kiedy
Related verbs with meanings: (**przespacerować się** _stroll through_) (**wyspacerować się** _walk about_)

EXAMPLES of model and/or related verbs: 1. Gdy **spacerował** spotkał starego kolegę. _When he walked about, he met an old friend._ 2. **Spacerują** panie z nieodłącznym parasolem. _Ladies stroll with the ever-present parasol._ 3. Po południu **będą spacerowali** w rozległym i przepięknym parku. _In the afternoon, they'll be walking about in a huge and beautiful park._ 4. Wyszedł **pospacerować** z psem na łąkę. _He went out to stroll about with the dog in the meadow._

spać * sypiać/pospać *or* **przespać**   to sleep, take a nap

IMPERFECTIVE

ACTUAL		*FREQUENTATIVE*	

PRESENT

ja	śpię	sypiam
ty	śpisz	sypiasz
on/ona/ono	śpi	sypia
my	śpimy	sypiamy
wy	śpicie	sypiacie
oni/one	śpią	sypiają

PAST

ja	spałem/spałam	sypiałem/sypiałam
ty	spałeś/spałaś	sypiałeś/sypiałaś
on/ona/ono	spał/spała/spało	sypiał/sypiała/sypiało
my	spaliśmy/spałyśmy	sypialiśmy/sypiałyśmy
wy	spaliście/spałyście	sypialiście/sypiałyście
oni/one	spali/spały	sypiali/sypiały

FUTURE

ja	będę spał/spała	będę sypiał/sypiała
ty	będziesz spał/spała	będziesz sypiał/sypiała
on/ona/ono	będzie spał/spała/spało	będzie sypiał/sypiała/sypiało
my	będziemy spali/spały	będziemy sypiali/sypiały
wy	będziecie spali/spały	będziecie sypiali/sypiały
oni/one	będą spali/spały	będą sypiali/sypiały

CONDITIONAL

ja	spałbym/spałabym	sypiałbym/sypiałabym
ty	spałbyś/spałabyś	sypiałbyś/sypiałabyś
on/ona/ono	spałby/spałaby/spałoby	sypiałby/sypiałaby/sypiałoby
my	spalibyśmy/spałybyśmy	sypialibyśmy/sypiałybyśmy
wy	spalibyście/spałybyście	sypialibyście/sypiałybyście
oni/one	spaliby/spałyby	sypialiby/sypiałyby

IMPERATIVE

	śpijmy		sypiajmy
śpij	śpijcie	sypiaj	sypiajcie
niech śpi	niech śpią	niech sypia	niech sypiają

PARTICIPLES

PRES. ACT.	śpiący, -a, -e; -y, -e		sypiający, -a, -e; -y, -e
PRES. PASS.		*PAST PASS.*	
ADV. PART.	śpiąc		sypiając

Verb governance: gdzie

Related verbs with meanings: (**dospać**[1] *catch up on sleep, sleep till*) (**przespać się**[1] *take a nap*) (**usypiać** *fall asleep*) (**wyspać się**[1] *sleep enough*) (**zaspać**[1] *oversleep*) (**zasypiać** *fall asleep*)

Note: [1]Remember that the future is like the present of the base verb (e.g. **śpię > wyśpię się**).

EXAMPLES of model and/or related verbs: 1. W ciepłym słońcu **spały** trzy koty. *Three cats slept in the warm sunlight.* 2. Dzieci **śpią** spokojnie. *The children are sleeping peacefully.* 3. **Spałby** cały czas, gdyby mógł. *He would sleep the whole time if he could.* 4. **Śpij** w dzień i żyj nocą. *Sleep in the daytime and live it up at night.*

spędzać/spędzić   to pass time, spend time, drive away, round up

IMPERFECTIVE	PERFECTIVE

PRESENT

ja	spędzam
ty	spędzasz
on/ona/ono	spędza
my	spędzamy
wy	spędzacie
oni/one	spędzają

PAST

	IMPERFECTIVE	PERFECTIVE
ja	spędzałem/spędzałam	spędziłem/spędziłam
ty	spędzałeś/spędzałaś	spędziłeś/spędziłaś
on/ona/ono	spędzał/spędzała/spędzało	spędził/spędziła/spędziło
my	spędzaliśmy/spędzałyśmy	spędziliśmy/spędziłyśmy
wy	spędzaliście/spędzałyście	spędziliście/spędziłyście
oni/one	spędzali/spędzały	spędzili/spędziły

FUTURE

	IMPERFECTIVE	PERFECTIVE
ja	będę spędzał/spędzała	spędzę
ty	będziesz spędzał/spędzała	spędzisz
on/ona/ono	będzie spędzał/spędzała/spędzało	spędzi
my	będziemy spędzali/spędzały	spędzimy
wy	będziecie spędzali/spędzały	spędzicie
oni/one	będą spędzali/spędzały	spędzą

CONDITIONAL

	IMPERFECTIVE	PERFECTIVE
ja	spędzałbym/spędzałabym	spędziłbym/spędziłabym
ty	spędzałbyś/spędzałabyś	spędziłbyś/spędziłabyś
on/ona/ono	spędzałby/spędzałaby/spędzałoby	spędziłby/spędziłaby/spędziłoby
my	spędzalibyśmy/spędzałybyśmy	spędzilibyśmy/spędziłybyśmy
wy	spędzalibyście/spędzałybyście	spędzilibyście/spędziłybyście
oni/one	spędzaliby/spędzałyby	spędziliby/spędziłyby

IMPERATIVE

	spędzajmy		spędźmy
spędzaj	spędzajcie	spędź	spędźcie
niech spędza	niech spędzają	niech spędzi	niech spędzą

PARTICIPLES

PRES. ACT.	spędzający, -a, -e; -y, -e		
PRES. PASS.	spędzany, -a, -e; -i, -e	*PAST PASS.*	spędzony, -a, -e; -eni, -one
ADV. PART.	spędzając		

Verb governance: kogo, co

Related verbs with meanings: (**dopędzić** *catch up, overtake*) (**napędzić** *propel, incite*) (**opędzić/się/** *drive away; repel*) (**odpędzić** *keep back/off*) (**podpędzić** *hasten, speed up*) (**popędzić** *prod, press forward*) (**przepędzić** *drive away*) (**przypędzić** *run up, round up*) (**rozpędzić/się/** *disperse; dash on*) (**wypędzić** *drive out, expel*) (**zapędzić/się/** *drive in/to/; run as far as*)

EXAMPLES of model and/or related verbs: 1. **Spędzam** wolny czas w otoczeniu moich blizkich. *I spend my free time in the company of my friends.* 2. My **spędzaliśmy** dużo czasu w klubach studenckich. *We spent a lot of time in the students' clubs.* 3. Pozwalają **spędzać** z własnym dzieckiem raz w tygodniu zaledwie dwie godziny. *Once a week, they allow a mere two hours to spend with one's own child.* 4. Raz **spędził** samotnie czas na wyspie. *Once, he spent time alone on an island.*

spodziewać się   to expect, hope for, anticipate

IMPERFECTIVE	PERFECTIVE

PRESENT

ja	spodziewam się
ty	spodziewasz się
on/ona/ono	spodziewa się
my	spodziewamy się
wy	spodziewacie się
oni/one	spodziewają się

PAST

ja	spodziewałem się/spodziewałam się
ty	spodziewałeś się/spodziewałaś się
on/ona/ono	spodziewał się/spodziewała się/spodziewało się
my	spodziewaliśmy się/spodziewałyśmy się
wy	spodziewaliście się/spodziewałyście się
oni/one	spodziewali się/spodziewały się

FUTURE

ja	będę się spodziewał/spodziewała
ty	będziesz się spodziewał/spodziewała
on/ona/ono	będzie się spodziewał/spodziewała/spodziewało
my	będziemy się spodziewali/spodziewały
wy	będziecie się spodziewali/spodziewały
oni/one	będą się spodziewali/spodziewały

CONDITIONAL

ja	spodziewałbym się/spodziewałabym się
ty	spodziewałbyś się/spodziewałabyś się
on/ona/ono	spodziewałby się/spodziewałaby się/spodziewałoby się
my	spodziewalibyśmy się/spodziewałybyśmy się
wy	spodziewalibyście się/spodziewałybyście się
oni/one	spodziewaliby się/spodziewałyby się

IMPERATIVE

	spodziewajmy się
spodziewaj się	spodziewajcie się
niech się spodziewa	niech się spodziewają

PARTICIPLES

PRES. ACT.   spodziewający się, -a, -e; -y, -e
PRES. PASS.   *PAST PASS.*
ADV. PART.   spodziewając się
Verb governance: kogo, czego
Related verbs with meanings:

EXAMPLES of model and/or related verbs: 1. **Spodziewamy się,** że nastąpi to w niedalekiej przyszłości. *We expect that it will happen in the near future.* 2. Śmierć ją dopadła, kiedy **się** jej najmniej **spodziewała.** *Death reached her when she least expected it.* 3. Zawsze **spodziewaj się** czegoś pozytywnego. *Always expect something positive.* 4. Nie miałam zielonego pojęcia, czego **się spodziewać** od niego. *I didn't have a clue what to expect from him.*

spostrzegać/spostrzec   to notice, perceive, catch sight of, observe

IMPERFECTIVE	PERFECTIVE

PRESENT

ja	spostrzegam
ty	spostrzegasz
on/ona/ono	spostrzega
my	spostrzegamy
wy	spostrzegacie
oni/one	spostrzegają

PAST

	IMPERFECTIVE	PERFECTIVE
ja	spostrzegałem/spostrzegałam	spostrzegłem/spostrzegłam
ty	spostrzegałeś/spostrzegałaś	spostrzegłeś/spostrzegłaś
on/ona/ono	spostrzegał/spostrzegała/spostrzegało	spostrzegł/spostrzegła/spostrzegło
my	spostrzegaliśmy/spostrzegałyśmy	spostrzegliśmy/spostrzegłyśmy
wy	spostrzegaliście/spostrzegałyście	spostrzegliście/spostrzegłyście
oni/one	spostrzegali/spostrzegały	spostrzegli/spostrzegły

FUTURE

	IMPERFECTIVE	PERFECTIVE
ja	będę spostrzegał/spostrzegała	spostrzegę
ty	będziesz spostrzegał/spostrzegała	spostrzeżesz
on/ona/ono	będzie spostrzegał/spostrzegała/ spostrzegało	spostrzeże
my	będziemy spostrzegali/spostrzegały	spostrzeżemy
wy	będziecie spostrzegali/spostrzegały	spostrzeżecie
oni/one	będą spostrzegali/spostrzegały	spostrzegą

CONDITIONAL

	IMPERFECTIVE	PERFECTIVE
ja	spostrzegałbym/spostrzegałabym	spostrzegłbym/spostrzegłabym
ty	spostrzegałbyś/spostrzegałabyś	spostrzegłbyś/spostrzegłabyś
on/ona/ono	spostrzegałby/spostrzegałaby/ spostrzegałoby	spostrzegłby/spostrzegłaby/spostrzegłoby
my	spostrzegalibyśmy/spostrzegałybyśmy	spostrzeglibyśmy/spostrzegłybyśmy
wy	spostrzegalibyście/spostrzegałybyście	spostrzeglibyście/spostrzegłybyście
oni/one	spostrzegaliby/spostrzegałyby	spostrzegliby/spostrzegłyby

IMPERATIVE

	spostrzegajmy		spostrzeżmy
spostrzegaj	spostrzegajcie	spostrzeż	spostrzeżcie
niech spostrzega	niech spostrzegają	niech spostrzeże	niech spostrzegą

PARTICIPLES

PRES. ACT.   spostrzegający, -a, -e; -y, -e
PRES. PASS.   spostrzegany, -a, -e; -i, -e   **PAST PASS.**   spostrzeżony, -a, -e; -eni, -one
ADV. PART.   spostrzegając

Verb governance: kogo, co

Related verbs with meanings: (**dostrzegać** *detect*) (**ostrzegać** *warn*) (**przestrzegać** *caution, comply*) (**ustrzec/się/** *guard; avoid*) (**wystrzegać się** *beware of, shun*) (**zastrzegać się** *stipulate, declare*)

EXAMPLES of model and/or related verbs: 1. Zaczęła **dostrzegać** swoje miejsce w świecie mody. *She began to detect her role in the world of fashion.* 2. Widzicie rzeczy, których ja nie **spostrzegam.** *You see things that I don't notice.* 3. **Spostrzegał** w kobiecie rzeczy, które inni nie **spostrzegali.** *He perceived in women details that others didn't notice.* 4. Lekarz **spostrzegł,** że okaleczenia zagoiły się szybko. *The physician noticed that the wounds had healed fast.*

spotykać/spotkać   to meet, happen, encounter, bump into

IMPERFECTIVE   PERFECTIVE
PRESENT

ja	spotykam
ty	spotykasz
on/ona/ono	spotyka
my	spotykamy
wy	spotykacie
oni/one	spotykają

PAST

	IMPERFECTIVE	PERFECTIVE
ja	spotykałem/spotykałam	spotkałem/spotkałam
ty	spotykałeś/spotykałaś	spotkałeś/spotkałaś
on/ona/ono	spotykał/spotykała/spotykało	spotkał/spotkała/spotkało
my	spotykaliśmy/spotykałyśmy	spotkaliśmy/spotkałyśmy
wy	spotykaliście/spotykałyście	spotkaliście/spotkałyście
oni/one	spotykali/spotykały	spotkali/spotkały

FUTURE

	IMPERFECTIVE	PERFECTIVE
ja	będę spotykał/spotykała	spotkam
ty	będziesz spotykał/spotykała	spotkasz
on/ona/ono	będzie spotykał/spotykała/spotykało	spotka
my	będziemy spotykali/spotykały	spotkamy
wy	będziecie spotykali/spotykały	spotkacie
oni/one	będą spotykali/spotykały	spotkają

CONDITIONAL

	IMPERFECTIVE	PERFECTIVE
ja	spotykałbym/spotykałabym	spotkałbym/spotkałabym
ty	spotykałbyś/spotykałabyś	spotkałbyś/spotkałabyś
on/ona/ono	spotykałby/spotykałaby/spotykałoby	spotkałby/spotkałaby/spotkałoby
my	spotykalibyśmy/spotykałybyśmy	spotkalibyśmy/spotkałybyśmy
wy	spotykalibyście/spotykałybyście	spotkalibyście/spotkałybyście
oni/one	spotykaliby/spotykałyby	spotkaliby/spotkałyby

IMPERATIVE

	spotykajmy		spotkajmy
spotykaj	spotykajcie	spotkaj	spotkajcie
niech spotyka	niech spotykają	niech spotka	niech spotkają

PARTICIPLES

PRES. ACT.   spotykający, -a, -e; -y, -e
PRES. PASS. spotykany, -a, -e; -i, -e   *PAST PASS.*   spotkany, -a, -e; -i, -e
ADV. PART.   spotykając

Verb governance: kogo, co

Related verbs with meanings: (**spotykać się/spotkać się** *meet*) (**napotkać** *come across, run into*)

EXAMPLES of model and/or related verbs: 1. Autorkę książki **spotkałem** osobiście. *I personally met the author of the book.* 2. Pragnie **się** z nim **spotkać.** *She wishes to meet with him.* 3. Gdyby nie ja, **spotkałby się** z różnymi ocenami. *If it weren't for me, he would have met with varied reviews.* 4. Słyszę, że **spotykacie się** dość często. *I hear that you meet quite often.*

spóźniać się/spóźnić się — to be late, come late

IMPERFECTIVE	PERFECTIVE

PRESENT

ja	spóźniam się
ty	spóźniasz się
on/ona/ono	spóźnia się
my	spóźniamy się
wy	spóźniacie się
oni/one	spóźniają się

PAST

	IMPERFECTIVE	PERFECTIVE
ja	spóźniałem się/spóźniałam się	spóźniłem się/spóźniłam się
ty	spóźniałeś się/spóźniałaś się	spóźniłeś się/spóźniłaś się
on/ona/ono	spóźniał się/spóźniała się/spóźniało się	spóźnił się/spóźniła się/spóźniło się
my	spóźnialiśmy się/spóźniałyśmy się	spóźniliśmy się/spóźniłyśmy się
wy	spóźnialiście się/spóźniałyście się	spóźniliście się/spóźniłyście się
oni/one	spóźniali się/spóźniały się	spóźnili się/spóźniły się

FUTURE

	IMPERFECTIVE	PERFECTIVE
ja	będę się spóźniał/spóźniała	spóźnię się
ty	będziesz się spóźniał/spóźniała	spóźnisz się
on/ona/ono	będzie się spóźniał/spóźniała/ spóźniało	spóźni się
my	będziemy się spóźniali/spóźniały	spóźnimy się
wy	będziecie się spóźniali/spóźniały	spóźnicie się
oni/one	będą się spóźniali/spóźniały	spóźnią się

CONDITIONAL

	IMPERFECTIVE	PERFECTIVE
ja	spóźniałbym się/spóźniałabym się	spóźniłbym się/spóźniłabym się
ty	spóźniałbyś się/spóźniałabyś się	spóźniłbyś się/spóźniłabyś się
on/ona/ono	spóźniałby się/spóźniałaby się/ spóźniałoby się	spóźniłby się/spóźniłaby się/ spóźniłoby się
my	spóźnialibyśmy się/ spóźniałybyśmy się	spóźnilibyśmy się/spóźniłybyśmy się
wy	spóźnialibyście się/spóźniałybyście się	spóźnilibyście się/spóźniłybyście się
oni/one	spóźnialiby się/spóźniałyby się	spóźniliby się/spóźniłyby się

IMPERATIVE

IMPERFECTIVE		PERFECTIVE	
	spóźniajmy się	spóźnijmy się	
spóźniaj się	spóźniajcie się	spóźnij się	spóźnijcie się
niech się spóźnia	niech się spóźniają	niech się spóźni	niech się spóźnią

PARTICIPLES

PRES. ACT. spóźniający się, -a, -e; -y, -e
PRES. PASS.   **PAST PASS.**
ADV. PART. spóźniając się

Verb governance: gdzie; na co

Related verbs with meanings: (**opóźnić/się/** *retard; lag behind*) (**późnić się** *be behind time, be slow*) (**zapóźnić/się/** *delay; be late*)

EXAMPLES of model and/or related verbs: 1. **Spóźniłam się** dzisiaj do pracy. *I was late for work today.* 2. Napewno **spóźnimy się** na przedstawienie. *We will certainly be late for the performance.* 3. Przyrzekają, że nie będą **się** więcej **spóźniali** na wykłady. *They are promising that they are not going to be late any more for lectures.* 4. Nie **spóźnij się,** bo nie zobaczysz pierwszego aktu. *Don't be late; otherwise, you'll miss the first act.*

sprawdzać/sprawdzić to check, verify, make sure, confirm

IMPERFECTIVE		PERFECTIVE

PRESENT

ja	sprawdzam
ty	sprawdzasz
on/ona/ono	sprawdza
my	sprawdzamy
wy	sprawdzacie
oni/one	sprawdzają

PAST

ja	sprawdzałem/sprawdzałam	sprawdziłem/sprawdziłam
ty	sprawdzałeś/sprawdzałaś	sprawdziłeś/sprawdziłaś
on/ona/ono	sprawdzał/sprawdzała/sprawdzało	sprawdził/sprawdziła/sprawdziło
my	sprawdzaliśmy/sprawdzałyśmy	sprawdziliśmy/sprawdziłyśmy
wy	sprawdzaliście/sprawdzałyście	sprawdziliście/sprawdziłyście
oni/one	sprawdzali/sprawdzały	sprawdzili/sprawdziły

FUTURE

ja	będę sprawdzał/sprawdzała	sprawdzę
ty	będziesz sprawdzał/sprawdzała	sprawdzisz
on/ona/ono	będzie sprawdzał/sprawdzała/ sprawdzało	sprawdzi
my	będziemy sprawdzali/sprawdzały	sprawdzimy
wy	będziecie sprawdzali/sprawdzały	sprawdzicie
oni/one	będą sprawdzali/sprawdzały	sprawdzą

CONDITIONAL

ja	sprawdzałbym/sprawdzałabym	sprawdziłbym/sprawdziłabym
ty	sprawdzałbyś/sprawdzałabyś	sprawdziłbyś/sprawdziłabyś
on/ona/ono	sprawdzałby/sprawdzałaby/ sprawdzałoby	sprawdziłby/sprawdziłaby/sprawdziłoby
my	sprawdzalibyśmy/sprawdzałybyśmy	sprawdzilibyśmy/sprawdziłybyśmy
wy	sprawdzalibyście/sprawdzałybyście	sprawdzilibyście/sprawdziłybyście
oni/one	sprawdzaliby/sprawdzałyby	sprawdziliby/sprawdziłyby

IMPERATIVE

	sprawdzajmy		sprawdźmy
sprawdzaj	sprawdzajcie	sprawdź	sprawdźcie
niech sprawdza	niech sprawdzają	niech sprawdzi	niech sprawdzą

PARTICIPLES

PRES. ACT. sprawdzający, -a, -e; -y, -e
PRES. PASS. sprawdzany, -a, -e; -i, -e   ***PAST PASS.*** sprawdzony, -a, -e; -eni, -one
ADV. PART. sprawdzając
Verb governance: kogo, co
Related verbs with meanings: (**sprawdzać się/sprawdzić się** *come true, prove correct, be verified*)

EXAMPLES of model and/or related verbs: 1. W przypadku Ewy to **się sprawdza** w stu procentach. *In Eva's case, it comes true 100%.* 2. Kandydatów **sprawdzało się** skrupulatnie. *The candidates were verified meticulously.* 3. **Sprawdź** sama, jak rękawice gumowe mogą pomóc w twoich problemach z paznokciami. *Check for yourself how rubber gloves may help with your nail problems.* 4. Nauczyciel **sprawdził** moje szkolne podręczniki. *The teacher checked my school textbooks.*

sprzątać/sprzątnąć   to tidy, clean up, remove, kill

IMPERFECTIVE		PERFECTIVE

PRESENT

ja	sprzątam	
ty	sprzątasz	
on/ona/ono	sprząta	
my	sprzątamy	
wy	sprzątacie	
oni/one	sprzątają	

PAST

ja	sprzątałem/sprzątałam	sprzątnąłem/sprzątnęłam
ty	sprzątałeś/sprzątałaś	sprzątnąłeś/sprzątnęłaś
on/ona/ono	sprzątał/sprzątała/sprzątało	sprzątnął/sprzątnęła/sprzątnęło
my	sprzątaliśmy/sprzątałyśmy	sprzątnęliśmy/sprzątnęłyśmy
wy	sprzątaliście/sprzątałyście	sprzątnęliście/sprzątnęłyście
oni/one	sprzątali/sprzątały	sprzątnęli/sprzątnęły

FUTURE

ja	będę sprzątał/sprzątała	sprzątnę
ty	będziesz sprzątał/sprzątała	sprzątniesz
on/ona/ono	będzie sprzątał/sprzątała/sprzątało	sprzątnie
my	będziemy sprzątali/sprzątały	sprzątniemy
wy	będziecie sprzątali/sprzątały	sprzątniecie
oni/one	będą sprzątali/sprzątały	sprzątną

CONDITIONAL

ja	sprzątałbym/sprzątałabym	sprzątnąłbym/sprzątnęłabym
ty	sprzątałbyś/sprzątałabyś	sprzątnąłbyś/sprzątnęłabyś
on/ona/ono	sprzątałby/sprzątałaby/sprzątałoby	sprzątnąłby/sprzątnęłaby/sprzątnęłoby
my	sprzątalibyśmy/sprzątałybyśmy	sprzątnęlibyśmy/sprzątnęłybyśmy
wy	sprzątalibyście/sprzątałybyście	sprzątnęlibyście/sprzątnęłybyście
oni/one	sprzątaliby/sprzątałyby	sprzątnęliby/sprzątnęłyby

IMPERATIVE

	sprzątajmy		sprzątnijmy
sprzątaj	sprzątajcie	sprzątnij	sprzątnijcie
niech sprząta	niech sprzątają	niech sprzątnie	niech sprzątną

PARTICIPLES

PRES. ACT.   sprzątający, -a, -e; -y, -e
PRES. PASS.   sprzątany, -a, -e; -i, -e   *PAST PASS.*   sprzątnięty, -a, -e; -ci, -te
ADV. PART.   sprzątając
Verb governance: kogo, co
Related verbs with meanings: (**oprzątać** *do chores, care for farm animals*) (**posprzątać** *tidy, put away*) (**wysprzątać** *tidy, clean up*) (**zaprzątać** *preoccupy*)

EXAMPLES of model and/or related verbs: 1. Twoje myśli **zaprzątają** sprawy uczuciowe. *Your thoughts are preoccupied with emotional matters.* 2. Mieszkanie wydawało się **nieposprzątane.** *The apartment seemed messy.* 3. Ona **będzie sprzątać** biuro usług prawnych. *She will be cleaning the law office.* 4. **Wysprzątali** 3-pokojowe mieszkanie bardzo szybko. *They tidied the three-room apartment very quickly.*

sprzedawać/sprzedać — to sell, dispose, dump

IMPERFECTIVE		PERFECTIVE

PRESENT

ja	sprzedaję
ty	sprzedajesz
on/ona/ono	sprzedaje
my	sprzedajemy
wy	sprzedajecie
oni/one	sprzedają

PAST

	IMPERFECTIVE	PERFECTIVE
ja	sprzedawałem/sprzedawałam	sprzedałem/sprzedałam
ty	sprzedawałeś/sprzedawałaś	sprzedałeś/sprzedałaś
on/ona/ono	sprzedawał/sprzedawała/ sprzedawało	sprzedał/sprzedała/sprzedało
my	sprzedawaliśmy/sprzedawałyśmy	sprzedaliśmy/sprzedałyśmy
wy	sprzedawaliście/sprzedawałyście	sprzedaliście/sprzedałyście
oni/one	sprzedawali/sprzedawały	sprzedali/sprzedały

FUTURE

	IMPERFECTIVE	PERFECTIVE
ja	będę sprzedawał/sprzedawała	sprzedam
ty	będziesz sprzedawał/sprzedawała	sprzedasz
on/ona/ono	będzie sprzedawał/sprzedawała/ sprzedawało	sprzeda
my	będziemy sprzedawali/sprzedawały	sprzedamy
wy	będziecie sprzedawali/sprzedawały	sprzedacie
oni/one	będą sprzedawali/sprzedawały	sprzedadzą

CONDITIONAL

	IMPERFECTIVE	PERFECTIVE
ja	sprzedawałbym/sprzedawałabym	sprzedałbym/sprzedałabym
ty	sprzedawałbyś/sprzedawałabyś	sprzedałbyś/sprzedałabyś
on/ona/ono	sprzedawałby/sprzedawałaby/ sprzedawałoby	sprzedałby/sprzedałaby/ sprzedałoby
my	sprzedawalibyśmy/sprzedawałybyśmy	sprzedalibyśmy/sprzedałybyśmy
wy	sprzedawalibyście/sprzedawałybyście	sprzedalibyście/sprzedałybyście
oni/one	sprzedawaliby/sprzedawałyby	sprzedaliby/sprzedałyby

IMPERATIVE

	sprzedawajmy		sprzedajmy
sprzedawaj	sprzedawajcie	sprzedaj	sprzedajcie
niech sprzedaje	niech sprzedają	niech sprzeda	niech sprzedadzą

PARTICIPLES

PRES. ACT. sprzedający, -a, -e; -y, -e
PRES. PASS. sprzedawany, -a, -e; -i, -e   *PAST PASS.* sprzedany, -a, -e; -i, -e
ADV. PART. sprzedając

Verb governance: kogo, co; komu; gdzie
Related verbs with meanings: (**odprzedać** *or* **odsprzedać** *resell*) (**posprzedawać** *get rid*)
(**rozprzedać** *sell out*) (**wyprzedać** *sell off /out*)

EXAMPLES of model and/or related verbs: 1. W tym roku **sprzedano** ponad 20 milionów wydań Biblii. *This year, over 20 million Bibles were sold.* 2. Mój ojciec z farmy w Kanadzie **sprzedawał** konie, krowy, ziemniaki i inne warzywa. *From his farm in Canada, my father used to sell horses, cows, potatoes, and other vegetables.* 3. Seks dobrze **się sprzedaje**. *Sex sells well.* 4. **Sprzedają** swój towar na targu. *They sell their goods at the market.*

IMPERFECTIVE		PERFECTIVE

PRESENT

ja	stoję	
ty	stoisz	
on/ona/ono	stoi	
my	stoimy	
wy	stoicie	
oni/one	stoją	

PAST

ja	stałem/stałam	postałem/postałam
ty	stałeś/stałaś	postałeś/postałaś
on/ona/ono	stał/stała/stało	postał/postała/postało
my	staliśmy/stałyśmy	postaliśmy/postałyśmy
wy	staliście/stałyście	postaliście/postałyście
oni/one	stali/stały	postali/postały

FUTURE

ja	będę stał/stała	postoję
ty	będziesz stał/stała	postoisz
on/ona/ono	będzie stał/stała/stało	postoi
my	będziemy stali/stały	postoimy
wy	będziecie stali/stały	postoicie
oni/one	będą stali/stały	postoją

CONDITIONAL

ja	stałbym/stałabym	postałbym/postałabym
ty	stałbyś/stałabyś	postałbyś/postałabyś
on/ona/ono	stałby/stałaby/stałoby	postałby/postałaby/postałoby
my	stalibyśmy/stałybyśmy	postalibyśmy/postałybyśmy
wy	stalibyście/stałybyście	postalibyście/postałybyście
oni/one	staliby/stałyby	postaliby/postałyby

IMPERATIVE

	stójmy		postójmy
stój	stójcie	postój	postójcie
niech stoi	niech stoją	niech postoi	niech postoją

PARTICIPLES

PRES. ACT.   stojący, -a, -e; -y, -e
PRES. PASS.   *PAST PASS.*
ADV. PART.   stojąc
Verb governance: gdzie
Related verbs with meanings: (**dostać** *stand till the end, mellow, ripen*) (**przestać** *stand some time*) (**stać się**[1] *become*) (**wystać/się/** *queue; settle, ripen*) Note: [1]the present is **stanę się, staniesz się** ... **staną się.**

EXAMPLES of model and/or related verbs: 1. Oskarżony sprawca zamachu terrorystycznego **stał** przed sędzią. *The alleged perpetrator of a terrorist attempt stood before the judge.* 2. Po drugiej stronie torów **stoją** domy dla robotników. *The workers' houses are on the other side of the railroad tracks.* 3. Okazało się, że na takie drogie wyposażenie mieszkania nie było nas **stać.** *It turned out that we couldn't afford such expensive furnishings.* 4. Papież Polak **stał się** znakiem nowego kierunku. *The Polish Pope became the symbol of the new direction.*

starać się/postarać się   to endeavor, see to, try one's best, make an attempt/effort, try hard

IMPERFECTIVE		PERFECTIVE

PRESENT

ja	staram się
ty	starasz się
on/ona/ono	stara się
my	staramy się
wy	staracie się
oni/one	starają się

PAST

ja	starałem się/starałam się	postarałem się/postarałam się
ty	starałeś się/starałaś się	postarałeś się/postarałaś się
on/ona/ono	starał się/starała się/starało się	postarał się/postarała się/postarało się
my	staraliśmy się/starałyśmy się	postaraliśmy się/postarałyśmy się
wy	staraliście się/starałyście się	postaraliście się/postarałyście się
oni/one	starali się/starały się	postarali się/postarały się

FUTURE

ja	będę się starał/starała	postaram się
ty	będziesz się starał/starała	postarasz się
on/ona/ono	będzie się starał/starała/starało	postara się
my	będziemy się starali/starały	postaramy się
wy	będziecie się starali/starały	postaracie się
oni/one	będą się starali/starały	postarają się

CONDITIONAL

ja	starałbym się/starałabym się	postarałbym się/postarałabym się
ty	starałbyś się/starałabyś się	postarałbyś się/postarałabyś się
on/ona/ono	starałby się/starałaby się/starałoby się	postarałby się/postarałaby się/postarałoby się
my	staralibyśmy się/starałybyśmy się	postaralibyśmy się/postarałybyśmy się
wy	staralibyście się/starałybyście się	postaralibyście się/postarałybyście się
oni/one	staraliby się/starałyby się	postaraliby się/postarałyby się

IMPERATIVE

	starajmy się		postarajmy się
staraj się	starajcie się	postaraj się	postarajcie się
niech się stara	niech się starają	niech się postara	niech się postarają

PARTICIPLES

PRES. ACT.	starający się, -a, -e; -y, -e	
PRES. PASS.		*PAST PASS.*
ADV. PART.	starając się	

Verb governance: o kogo, o co

Related verbs with meanings: (**wystarać się** *procure*)

EXAMPLES of model and/or related verbs: 1. **Staram się** zrobić to jak najlepiej. *I'm making an effort to do this to the best of my ability.* 2. Nie jestem aniołem, ale **postaram się** być dobrym ojcem. *I'm not an angel, but I'll try my best to be a good father.* 3. **Będziemy się starali** pamiętać, kto je jaką potrawę. *We'll make an attempt to remember who eats what food.* 4. **Starałem się** z nią spotkać choć na krótko. *I tried my best to meet with her even for a little while.*

stawać/stanąć   to stop, stand, bring to a stop, come to a standstill

IMPERFECTIVE		PERFECTIVE

PRESENT

ja	staję
ty	stajesz
on/ona/ono	staje
my	stajemy
wy	stajecie
oni/one	stają

PAST

ja	stawałem/stawałam	stanąłem/stanęłam
ty	stawałeś/stawałaś	stanąłeś/stanęłaś
on/ona/ono	stawał/stawała/stawało	stanął/stanęła/stanęło
my	stawaliśmy/stawałyśmy	stanęliśmy/stanęłyśmy
wy	stawaliście/stawałyście	stanęliście/stanęłyście
oni/one	stawali/stawały	stanęli/stanęły

FUTURE

ja	będę stawał/stawała	stanę
ty	będziesz stawał/stawała	staniesz
on/ona/ono	będzie stawał/stawała/stawało	stanie
my	będziemy stawali/stawały	staniemy
wy	będziecie stawali/stawały	staniecie
oni/one	będą stawali/stawały	staną

CONDITIONAL

ja	stawałbym/stawałabym	stanąłbym/stanęłabym
ty	stawałbyś/stawałabyś	stanąłbyś/stanęłabyś
on/ona/ono	stawałby/stawałaby/stawałoby	stanąłby/stanęłaby/stanęłoby
my	stawalibyśmy/stawałybyśmy	stanęlibyśmy/stanęłybyśmy
wy	stawalibyście/stawałybyście	stanęlibyście/stanęłybyście
oni/one	stawaliby/stawałyby	stanęliby/stanęłyby

IMPERATIVE

	stawajmy		stańmy
stawaj	stawajcie	stań	stańcie
niech staje	niech stają	niech stanie	niech staną

PARTICIPLES

PRES. ACT.   stający, -a, -e; -y, -e
PRES. PASS.   *PAST PASS.*
ADV. PART.   stając
Verb governance: gdzie
Related verbs with meanings: (**nastawać** *insist on, urge, press*) (**powstawać** *be made, get up*) (**przestawać** *cease, stop, keep company*) (**przystawać** *pause, halt*) (**stawać się** *become, happen*) (**ustawać** *grow weary*) (**wystawać** *stand out, protrude*) (**zostawać/się/** *remain, stay; stay behind, become, be left*)

EXAMPLES of model and/or related verbs: 1. Modelki **stają się** gwiazdami i księżniczkami wybiegów. *The models become the stars and princesses of the runway.* 2. W pracowni architekta **powstawał** projekt rozbudowy budynku. *The project to enlarge the building was being made in the architect's office.* 3. Może on **przestanie** mnie postrzegać jako osobę oderwaną od problemów szarego życia. *Perhaps he will stop perceiving me as an individual removed from everyday problems.* 4. Powiedz mi, w jaki sposób **zostaje się** modelką? *Tell me, how does one become a model?*

228

stawiać/postawić   to place, set, put upright, raise, erect, build

IMPERFECTIVE		PERFECTIVE	

PRESENT

ja	stawiam		
ty	stawiasz		
on/ona/ono	stawia		
my	stawiamy		
wy	stawiacie		
oni/one	stawiają		

PAST

ja	stawiałem/stawiałam	postawiłem/postawiłam
ty	stawiałeś/stawiałaś	postawiłes/postawiłaś
on/ona/ono	stawiał/stawiała/stawiało	postawił/postawiła/postawiło
my	stawialiśmy/stawiałyśmy	postawiliśmy/postawiłyśmy
wy	stawiališcie/stawiałyście	postawiliście/postawiłyście
oni/one	stawiali/stawiały	postawili/postawiły

FUTURE

ja	będę stawiał/stawiała	postawię
ty	będziesz stawiał/stawiała	postawisz
on/ona/ono	będzie stawiał/stawiała/stawiało	postawi
my	będziemy stawiali/stawiały	postawimy
wy	będziecie stawiali/stawiały	postawicie
oni/one	będą stawiali/stawiały	postawią

CONDITIONAL

ja	stawiałbym/stawiałabym	postawiłbym/postawiłabym
ty	stawiałbyś/stawiałabyś	postawiłbyś/postawiłabyś
on/ona/ono	stawiałby/stawiałaby/stawiałoby	postawiłby/postawiłaby/postawiłoby
my	stawialibyśmy/stawiałybyśmy	postawilibyśmy/postawiłybyśmy
wy	stawialibyście/stawiałybyście	postawilibyście/postawiłybyście
oni/one	stawialiby/stawiałyby	postawiliby/postawiłyby

IMPERATIVE

	stawiajmy		postawmy
stawiaj	stawiajcie	postaw	postawcie
niech stawia	niech stawiają	niech postawi	niech postawią

PARTICIPLES

PRES. ACT.   stawiający, -a, -e; -y, -e
PRES. PASS.   stawiany, -a, -e; -i, -e   ***PAST PASS.***   postawiony, -a, -e; -eni, -one
ADV. PART.   stawiając

Verb governance: kogo, co; gdzie

Related verbs with meanings: (**stawiać się/postawić się** *assert oneself, stand for office*) (**dostawić** *add, supply*) (**nastawić/się/** *direct; prepare*) (**obstawić** *surround, guard*) (**odstawić** *push aside, deliver*) (**podstawić** *substitute, support*) (**przestawić/się/** *shift, rearrange; switch over*) (**przedstawić/się/** *depict; introduce/oneself/, appear*) (**przystawić** *set to/against*) (**rozstawić** *space out*) (**ustawić/się/** *place; form a line, line up*) (**wystawić** *exhibit, display*) (**zostawić** *leave behind, let*)

EXAMPLES of model and/or related verbs: 1. Ojcowie Paulini **nastawiają się** na jak najlepsze przyjęcie pielgrzymów. *The Paulini Fathers are preparing for the best-ever welcoming of pilgrims.* 2. Środek zajmuje mitologiczna scena **przedstawiająca** zabawy bóstw morskich. *The middle is taken up by a mythological scene depicting the games of the sea gods.* 3. Mój mąż **zostawił** mi wolną rękę. *My husband let me do as I pleased.* 4. **Stawiam** następny tom encyklopedii na półkę. *I put the next volume of the encyclopedia on the shelf.*

stosować/zastosować

to employ, apply, use, adapt, follow

IMPERFECTIVE		PERFECTIVE

PRESENT

ja	stosuję	
ty	stosujesz	
on/ona/ono	stosuje	
my	stosujemy	
wy	stosujecie	
oni/one	stosują	

PAST

ja	stosowałem/stosowałam	zastosowałem/zastosowałam
ty	stosowałeś/stosowałaś	zastosowałeś/zastosowałaś
on/ona/ono	stosował/stosowała/stosowało	zastosował/zastosowała/zastosowało
my	stosowaliśmy/stosowałyśmy	zastosowaliśmy/zastosowałyśmy
wy	stosowaliście/stosowałyście	zastosowaliście/zastosowałyście
oni/one	stosowali/stosowały	zastosowali/zastosowały

FUTURE

ja	będę stosował/stosowała	zastosuję
ty	będziesz stosował/stosowała	zastosujesz
on/ona/ono	będzie stosował/stosowała/stosowało	zastosuje
my	będziemy stosowali/stosowały	zastosujemy
wy	będziecie stosowali/stosowały	zastosujecie
oni/one	będą stosowali/stosowały	zastosują

CONDITIONAL

ja	stosowałbym/stosowałabym	zastosowałbym/zastosowałabym
ty	stosowałbyś/stosowałabyś	zastosowałbyś/zastosowałabyś
on/ona/ono	stosowałby/stosowałaby/stosowałoby	zastosowałby/zastosowałaby/zastosowałoby
my	stosowalibyśmy/stosowałybyśmy	zastosowalibyśmy/zastosowałybyśmy
wy	stosowalibyście/stosowałybyście	zastosowalibyście/zastosowałybyście
oni/one	stosowaliby/stosowałyby	zastosowaliby/zastosowałyby

IMPERATIVE

	stosujmy		zastosujmy
stosuj	stosujcie	zastosuj	zastosujcie
niech stosuje	niech stosują	niech zastosuje	niech zastosują

PARTICIPLES

PRES. ACT.   stosujący, -a, -e; -y, -e
PRES. PASS.   stosowany, -a, -e; -, -e   **PAST PASS.**   zastosowany, -a, -e; -, -e
ADV. PART.   stosując

Verb governance: co

Related verbs with meanings: (**stosować się/zastosować się** *comply, adhere*) (**dostosować/się/** *adjust, suit; conform oneself to*) (**przystosować/się/** *accommodate, fit; adapt oneself to*) (**wystosować** *direct*)

EXAMPLES of model and/or related verbs: 1. Dużo zabiegów trzeba **zastosować** żeby mieć ładną cerę. *You have to use many treatments in order to have good complexion.* 2. Ten krem **stosuje się** na twarz. *This cream is applied to the face.* 3. Zioła mogą być **stosowane** niezależnie od wieku. *Herbs may be used regardless of age.* 4. **Przystosowałam się** do życia na obczyźnie. *I adapted myself to life abroad.*

studiować/przestudiować   to study, examine

IMPERFECTIVE	PERFECTIVE

PRESENT

ja	studiuję
ty	studiujesz
on/ona/ono	studiuje
my	studiujemy
wy	studiujecie
oni/one	studiują

PAST

ja	studiowałem/studiowałam	przestudiowałem/przestudiowałam
ty	studiowałeś/studiowałaś	przestudiowałeś/przestudiowałaś
on/ona/ono	studiował/studiowała/studiowało	przestudiował/przestudiowała/ przestudiowało
my	studiowaliśmy/studiowałyśmy	przestudiowaliśmy/przestudiowałyśmy
wy	studiowaliście/studiowałyście	przestudiowaliście/przestudiowałyście
oni/one	studiowali/studiowały	przestudiowali/przestudiowały

FUTURE

ja	będę studiował/studiowała	przestudiuję
ty	będziesz studiował/studiowała	przestudiujesz
on/ona/ono	będzie studiował/studiowała/ studiowało	przestudiuje
my	będziemy studiowali/studiowały	przestudiujemy
wy	będziecie studiowali/studiowały	przestudiujecie
oni/one	będą studiowali/studiowały	przestudiują

CONDITIONAL

ja	studiowałbym/studiowałabym	przestudiowałbym/przestudiowałabym
ty	studiowałbyś/studiowałabyś	przestudiowałbyś/przestudiowałabyś
on/ona/ono	studiowałby/studiowałaby/ studiowałoby	przestudiowałby/przestudiowałaby/ przestudiowałoby
my	studiowalibyśmy/studiowałybyśmy	przestudiowalibyśmy/przestudiowałybyśmy
wy	studiowalibyście/studiowałybyście	przestudiowalibyście/przestudiowałybyście
oni/one	studiowaliby/studiowałyby	przestudiowaliby/przestudiowałyby

IMPERATIVE

	studiujmy		przestudiujmy
studiuj	studiujcie	przestudiuj	przestudiujcie
niech studiuje	niech studiują	niech przestudiuje	niech przestudiują

PARTICIPLES

PRES. ACT.	studiujący, -a, -e; -y, -e	
PRES. PASS.	studiowany, -a, -e; -i, -e	*PAST PASS.* przestudiowany, -a, -e; -i, -e
ADV. PART.	studiując	

Verb governance: kogo, co

Related verbs with meanings: (**wystudiować** *study*)

EXAMPLES of model and/or related verbs: 1. **Studiowałbyś** o rok krócej, gdybyś nie zmienił uniwersytetu. *You would have finished your studies a year earlier if you had not changed universities.* 2. Seminarzyści **studiowali** Słowo Boże. *The seminarians studied the Scripture.* 3. **Przestudiuj** Mickiewicza. *Examine the works of Mickiewicz.* 4. Oni **będą studiowali** języki obce w Warszawie. *They will study foreign languages in Warsaw.*

IMPERFECTIVE		**PERFECTIVE**	

PRESENT

ja	suszę
ty	suszysz
on/ona/ono	suszy
my	suszymy
wy	suszycie
oni/one	suszą

PAST

ja	suszyłem/suszyłam	wysuszyłem/wysuszyłam
ty	suszyłeś/suszyłaś	wysuszyłeś/wysuszyłaś
on/ona/ono	suszył/suszyła/suszyło	wysuszył/wysuszyła/wysuszyło
my	suszyliśmy/suszyłyśmy	wysuszyliśmy/wysuszyłyśmy
wy	suszyliście/suszyłyście	wysuszyliście/wysuszyłyście
oni/one	suszyli/suszyły	wysuszyli/wysuszyły

FUTURE

ja	będę suszył/suszyła	wysuszę
ty	będziesz suszył/suszyła	wysuszysz
on/ona/ono	będzie suszył/suszyła/suszyło	wysuszy
my	będziemy suszyli/suszyły	wysuszymy
wy	będziecie suszyli/suszyły	wysuszycie
oni/one	będą suszyli/suszyły	wysuszą

CONDITIONAL

ja	suszyłbym/suszyłabym	wysuszyłbym/wysuszyłabym
ty	suszyłbyś/suszyłabyś	wysuszyłbyś/wysuszyłabyś
on/ona/ono	suszyłby/suszyłaby/suszyłoby	wysuszyłby/wysuszyłaby/wysuszyłoby
my	suszylibyśmy/suszyłybyśmy	wysuszylibyśmy/wysuszyłybyśmy
wy	suszylibyście/suszyłybyście	wysuszylibyście/wysuszyłybyście
oni/one	suszyliby/suszyłyby	wysuszyliby/wysuszyłyby

IMPERATIVE

	suszmy		wysuszmy
susz	suszcie	wysusz	wysuszcie
niech suszy	niech suszą	niech wysuszy	niech wysuszą

PARTICIPLES

PRES. ACT. suszący, -a ,-e; -y, -e
PRES. PASS. suszony, -a, -e; -eni, -one   *PAST PASS.* wysuszony, -a, -e; -eni, -one
ADV. PART. susząc
Verb governance: co, czym
Related verbs with meanings: (**suszyć się/wysuszyć się** *dry, get dry*) (**dosuszyć** *dry up*) (**nasuszyć** *dry some*) (**osuszyć/się/** *dry, dehumidify, drain; dry one's clothes*) (**podsuszyć** *make partly or completely dry*) (**posuszyć** *dry*) (**przesuszyć/się/** *parch, dry up; get quite/too/dry*) (**ususzyć/się/** *dry*) (**zasuszyć** *wither, dry and press*)

EXAMPLES of model and/or related verbs: 1. Alusia **suszyła** włosy. *Alice was drying her hair.* 2. Na wietrze bielizna szybko **się wysuszy**. *The laundry will dry quickly in the wind.* 3. Mieszkanie pięknie pachnie od **suszonych** kwiatów. *The apartment smells beautiful from dry flowers.* 4. **Suszę** liście dębu na gazecie. *I dry oak leaves on the newspaper.*

szaleć/poszaleć   to rage, rave, revel, be mad, be crazy about, horse around

IMPERFECTIVE		PERFECTIVE

PRESENT

ja	szaleję	
ty	szalejesz	
on/ona/ono	szaleje	
my	szalejemy	
wy	szalejecie	
oni/one	szaleją	

PAST

ja	szalałem/szalałam	poszalałem/poszalałam
ty	szalałeś/szalałaś	poszalałeś/poszalałaś
on/ona/ono	szalał/szalała/szalało	poszalał/poszalała/poszalało
my	szaleliśmy/szalałyśmy	poszaleliśmy/poszalałyśmy
wy	szaleliście/szalałyście	poszaleliście/poszalałyście
oni/one	szaleli/szalały	poszaleli/poszalały

FUTURE

ja	będę szalał/szalała	poszaleję
ty	będziesz szalał/szalała	poszalejesz
on/ona/ono	będzie szalał/szalała/szalało	poszaleje
my	będziemy szaleli/szalały	poszalejemy
wy	będziecie szaleli/szalały	poszalejecie
oni/one	będą szaleli/szalały	poszaleją

CONDITIONAL

ja	szalałbym/szalałabym	poszalałbym/poszalałabym
ty	szalałbyś/szalałabyś	poszalałbyś/poszalałabyś
on/ona/ono	szalałby/szalałaby/szalałoby	poszalałby/poszalałaby/poszalałoby
my	szalelibyśmy/szalałybyśmy	poszalelibyśmy/poszalałybyśmy
wy	szalelibyście/szalałybyście	poszalelibyście/poszalałybyście
oni/one	szaleliby/szalałyby	poszaleliby/poszalałyby

IMPERATIVE

	szalejmy		poszalejmy
szalej	szalejcie	poszalej	poszalejcie
niech szaleje	niech szaleją	niech poszaleje	niech poszaleją

PARTICIPLES

PRES. ACT.   szalejący, -a, -e; -y, -e
PRES. PASS.   *PAST PASS.*
ADV. PART.   szalejąc

Verb governance: za kim, za czym; z czego
Related verbs with meanings: (**oszaleć** *go mad, drive wild*) (**rozszaleć się** *rage, storm*) (**wyszaleć się** *rage out, have the time of one's life*)

EXAMPLES of model and/or related verbs: 1. **Szaleli** za zwariowanym rytmem. *They raved about the crazy rhythm.* 2. W czasie festiwalu miasto **szaleje**. *The city revels during festival time.* 3. **Wyszalała się** za granicą, a po przyjeździe uspokoiła się. *She had the time of her life abroad, but she has quieted down since her return.* 4. Mimo próśb, dzieci nie chciały przestać **szaleć**. *In spite of warnings, the children didn't want to stop horsing around.*

szkodzić/zaszkodzić to hurt, cause damage to, injure, do harm, disagree, be bad for; matter [**I** only]

IMPERFECTIVE	PERFECTIVE

PRESENT

ja	szkodzę
ty	szkodzisz
on/ona/ono	szkodzi
my	szkodzimy
wy	szkodzicie
oni/one	szkodzą

PAST

	IMPERFECTIVE	PERFECTIVE
ja	szkodziłem/szkodziłam	zaszkodziłem/zaszkodziłam
ty	szkodziłeś/szkodziłaś	zaszkodziłeś/zaszkodziłaś
on/ona/ono	szkodził/szkodziła/szkodziło	zaszkodził/zaszkodziła/zaszkodziło
my	szkodziliśmy/szkodziłyśmy	zaszkodziliśmy/zaszkodziłyśmy
wy	szkodziliście/szkodziłyście	zaszkodziliście/zaszkodziłyście
oni/one	szkodzili/szkodziły	zaszkodzili/zaszkodziły

FUTURE

	IMPERFECTIVE	PERFECTIVE
ja	będę szkodził/szkodziła	zaszkodzę
ty	będziesz szkodził/szkodziła	zaszkodzisz
on/ona/ono	będzie szkodził/szkodziła/szkodziło	zaszkodzi
my	będziemy szkodzili/szkodziły	zaszkodzimy
wy	będziecie szkodzili/szkodziły	zaszkodzicie
oni/one	będą szkodzili/szkodziły	zaszkodzą

CONDITIONAL

	IMPERFECTIVE	PERFECTIVE
ja	szkodziłbym/szkodziłabym	zaszkodziłbym/zaszkodziłabym
ty	szkodziłbyś/szkodziłabyś	zaszkodziłbyś/zaszkodziłabyś
on/ona/ono	szkodziłby/szkodziłaby/szkodziłoby	zaszkodziłby/zaszkodziłaby/zaszkodziłoby
my	szkodzilibyśmy/szkodziłybyśmy	zaszkodzilibyśmy/zaszkodziłybyśmy
wy	szkodzilibyście/szkodziłybyście	zaszkodzilibyście/zaszkodziłybyście
oni/one	szkodziliby/szkodziłyby	zaszkodziliby/zaszkodziłyby

IMPERATIVE

	szkodźmy		zaszkodźmy
szkodź	szkodźcie	zaszkodź	zaszkodźcie
niech szkodzi	niech szkodzą	niech zaszkodzi	niech zaszkodzą

PARTICIPLES

PRES. ACT. szkodzący, -a, -e; -y, -e
PRES. PASS.   *PAST PASS.*
ADV. PART. szkodząc
Verb governance: komu, czemu
Related verbs with meanings: (**naszkodzić** *cause damage*) (**uszkodzić/się/** *impair, damage; be damaged*) (**przeszkodzić** *interfere, disturb*)

EXAMPLES of model and/or related verbs: 1. Czy nie **przeszkodzę** wam moim śpiewaniem? *Won't I disturb you with my singing?* 2. **Uszkodziłaś** karoserię w jego ukochanym samochodzie. *You have damaged the body of his favorite car.* 3. Nie **szkodzi,** że nic nie wiem o eksponatach. *It doesn't matter that I know nothing about the exhibit.* 4. Czy kiszone ogórki nie **zaszkodziłyby** nam? *Wouldn't pickles be bad for us?*

szukać/poszukać   to seek, look for, search

<table>
<tr><td>**IMPERFECTIVE**</td><td>**PERFECTIVE**</td></tr>
</table>

PRESENT

ja	szukam
ty	szukasz
on/ona/ono	szuka
my	szukamy
wy	szukacie
oni/one	szukają

PAST

ja	szukałem/szukałam	poszukałem/poszukałam
ty	szukałeś/szukałaś	poszukałeś/poszukałaś
on/ona/ono	szukał/szukała/szukało	poszukał/poszukała/poszukało
my	szukaliśmy/szukałyśmy	poszukaliśmy/poszukałyśmy
wy	szukaliście/szukałyście	poszukaliście/poszukałyście
oni/one	szukali/szukały	poszukali/poszukały

FUTURE

ja	będę szukał/szukała	poszukam
ty	będziesz szukał/szukała	poszukasz
on/ona/ono	będzie szukał/szukała/szukało	poszuka
my	będziemy szukali/szukały	poszukamy
wy	będziecie szukali/szukały	poszukacie
oni/one	będą szukali/szukały	poszukają

CONDITIONAL

ja	szukałbym/szukałabym	poszukałbym/poszukałabym
ty	szukałbyś/szukałabyś	poszukałbyś/poszukałabyś
on/ona/ono	szukałby/szukałaby/szukałoby	poszukałby/poszukałaby/poszukałoby
my	szukalibyśmy/szukałybyśmy	poszukalibyśmy/poszukałybyśmy
wy	szukalibyście/szukałybyście	poszukalibyście/poszukałybyście
oni/one	szukaliby/szukałyby	poszukaliby/poszukałyby

IMPERATIVE

	szukajmy		poszukajmy
szukaj	szukajcie	poszukaj	poszukajcie
niech szuka	niech szukają	niech poszuka	niech poszukają

PARTICIPLES

PRES. ACT.	szukający, -a, -e; -y, -e	
PRES. PASS.	szukany, -a, -e; -i, -e	***PAST PASS.***
ADV. PART.	szukając	

Verb governance: kogo, czego
Related verbs with meanings: (**doszukać się** *detect*) (**obszukać** *search*) (**odszukać/się**/ *seek out, find; find each other*) (**oszukać/się**/ *deceive, cheat, outwit; be mistaken*) (**przeszukać** *search, ransack*) (**wyszukać** *find out*)

EXAMPLES of model and/or related verbs: 1. **Szukamy** błędów i naprawiamy je. *We look for faults and we fix them.* 2. **Szukano** go wszędzie i nie znaleziono. *They looked for him everywhere and didn't find him.* 3. Pani A czuje się **oszukana** przez pana B. *Mrs. A. feels that she's been deceived by Mr. B.* 4. Nie mogli **się odszukać** w tłumie. *They couldn't find each other in the crowd.*

szyć/uszyć   to sew, stitch

IMPERFECTIVE		**PERFECTIVE**	

PRESENT

ja	szyję		
ty	szyjesz		
on/ona/ono	szyje		
my	szyjemy		
wy	szyjecie		
oni/one	szyją		

PAST

ja	szyłem/szyłam	uszyłem/uszyłam
ty	szyłeś/szyłaś	uszyłeś/uszyłaś
on/ona/ono	szył/szyła/szyło	uszył/uszyła/uszyło
my	szyliśmy/szyłyśmy	uszyliśmy/uszyłyśmy
wy	szyliście/szyłyście	uszyliście/uszyłyście
oni/one	szyli/szyły	uszyli/uszyły

FUTURE

ja	będę szył/szyła	uszyję
ty	będziesz szył/szyła	uszyjesz
on/ona/ono	będzie szył/szyła/szyło	uszyje
my	będziemy szyli/szyły	uszyjemy
wy	będziecie szyli/szyły	uszyjecie
oni/one	będą szyli/szyły	uszyją

CONDITIONAL

ja	szyłbym/szyłabym	uszyłbym/uszyłabym
ty	szyłbyś/szyłabyś	uszyłbyś/uszyłabyś
on/ona/ono	szyłby/szyłaby/szyłoby	uszyłby/uszyłaby/uszyłoby
my	szylibyśmy/szyłybyśmy	uszylibyśmy/uszyłybyśmy
wy	szylibyście/szyłybyście	uszylibyście/uszyłybyście
oni/one	szyliby/szyłyby	uszyliby/uszyłyby

IMPERATIVE

	szyjmy		uszyjmy
szyj	szyjcie	uszyj	uszyjcie
niech szyje	niech szyją	niech uszyje	niech uszyją

PARTICIPLES

PRES. ACT. szyjący, -a, -e; -y, -e
PRES. PASS. szyty, -a, -e; -, -e   *PAST PASS.* uszyty, -a, -e; -, -e
ADV. PART. szyjąc
Verb governance: komu, co
Related verbs with meanings: (**doszyć** *sew on*) (**naszyć** *sew on, trim with*) (**obszyć** *sew around*) (**poszyć** *sew*) (**przeszyć** *re-sew, interweave*) (**przyszyć** *sew on*) (**rozszyć** *insert a gusset*) (**wszyć** *sew in*) (**wyszyć** *embroider*) (**zaszyć/się/** *mend, sew up; burrow, conceal oneself*) (**zszyć** *stitch together*)

EXAMPLES of model and/or related verbs: 1. **Szyj** nową sukienkę na sylwestra. *Sew a new dress for New Year's Eve.* 2. Krawcowa **szyje** spódniczkę układaną w fałdy. *The seamstress is sewing a skirt with pleats.* 3. **Uszyli** jej piękny strój. *They sewed a beautiful outfit for her.* 4. Ona woli rzeczy wymyślone i **szyte** przez Włochów. *She prefers things designed and sewn by Italians.*

IMPERFECTIVE	PERFECTIVE

PRESENT

ja	śmieję się
ty	śmiejesz się
on/ona/ono	śmieje się
my	śmiejemy się
wy	śmiejecie się
oni/one	śmieją się

PAST

ja	śmiałem się/śmiałam się	zaśmiałem się/zaśmiałam się
ty	śmiałeś się/śmiałaś się	zaśmiałeś się/zaśmiałaś się
on/ona/ono	śmiał się/śmiała się/śmiało się	zaśmiał się/zaśmiała się/zaśmiało się
my	śmieliśmy się/śmiałyśmy się	zaśmieliśmy się/zaśmiałyśmy się
wy	śmieliście się/śmiałyście się	zaśmieliście się/zaśmiałyście się
oni/one	śmieli się/śmiały się	zaśmieli się/zaśmiały się

FUTURE

ja	będę się śmiał/śmiała	zaśmieję się
ty	będziesz się śmiał/śmiała	zaśmiejesz się
on/ona/ono	będzie się śmiał/śmiała/śmiało	zaśmieje się
my	będziemy się śmieli/śmiały	zaśmiejemy się
wy	będziecie się śmieli/śmiały	zaśmiejecie się
oni/one	będą się śmieli/śmiały	zaśmieją się

CONDITIONAL

ja	śmiałbym się/śmiałabym się	zaśmiałbym się/zaśmiałabym się
ty	śmiałbyś się/śmiałabyś się	zaśmiałbyś się/zaśmiałabyś się
on/ona/ono	śmiałby się/śmiałaby się/śmiałoby się	zaśmiałby się/zaśmiałaby się/zaśmiałoby się
my	śmielibyśmy się/śmiałybyśmy się	zaśmielibyśmy się/zaśmiałybyśmy się
wy	śmielibyście się/śmiałybyście się	zaśmielibyście się/zaśmiałybyście się
oni/one	śmieliby się/śmiałyby się	zaśmieliby się/zaśmiałyby się

IMPERATIVE

	śmiejmy się		zaśmiejmy się
śmiej się	śmiejcie się	zaśmiej się	zaśmiejcie się
niech się śmieje	niech się śmieją	niech się zaśmieje	niech się zaśmieją

PARTICIPLES

PRES. ACT. śmiejący się, -a, -e; -y, -e
PRES. PASS.   *PAST PASS.*
ADV. PART. śmiejąc się

Verb governance: z kogo, z czego

Related verbs with meanings: (**naśmiać się** *have a laugh*) (**obśmiać** *poke fun*) (**podśmiać się** *scoff*) (**pośmiać się** *have a good laugh*) (**roześmiać się** *burst out laughing*) (**uśmiać się** *laugh heartily*) (**wyśmiać/się/** *make fun; mock*)

EXAMPLES of model and/or related verbs: 1. Nie wypadało **śmiać się** z jej akcentu. *It wasn't appropriate to laugh at her accent.* 2. **Śmiał się** z jej zabobonów. *He laughed at her superstitions.* 3. Ludzie **roześmieli się** niespodziewanie. *The people unexpectedly burst out laughing.* 4. **Śmiejemy się,** że nasza egzystencja często bywa tak groteskowa. *We laugh that our existence is often so grotesque.*

śnić   to dream

IMPERFECTIVE		PERFECTIVE

PRESENT

ja	śnię	
ty	śnisz	
on/ona/ono	śni	
my	śnimy	
wy	śnicie	
oni/one	śnią	

PAST

ja	śniłem/śniłam	
ty	śniłeś/śniłaś	
on/ona/ono	śnił/śniła/śniło	
my	śniliśmy/śniłyśmy	
wy	śniliście/śniłyście	
oni/one	śnili/śniły	

FUTURE

ja	będę śnił/śniła	
ty	będziesz śnił/śniła	
on/ona/ono	będzie śnił/śniła/śniło	
my	będziemy śnili/śniły	
wy	będziecie śnili/śniły	
oni/one	będą śnili/śniły	

CONDITIONAL

ja	śniłbym/śniłabym	
ty	śniłbyś/śniłabyś	
on/ona/ono	śniłby/śniłaby/śniłoby	
my	śnilibyśmy/śniłybyśmy	
wy	śnilibyście/śniłybyście	
oni/one	śniliby/śniłyby	

IMPERATIVE

	śnijmy	
śnij	śnijcie	
niech śni	niech śnią	

PARTICIPLES

PRES. ACT. śniący, -a, -e; -y, -e
PRES. PASS.   *PAST PASS.*
ADV. PART. śniąc
Verb governance: o kim, o czym
Related verbs with meanings: (**śnić się** *dream*) (**dośnić** *complete a dream*) (**prześnić** *dream away/of*) (**przyśnić się** *appear in a dream*) (**wyśnić** *come true, fancy*)

EXAMPLES of model and/or related verbs: 1. **Śnił** mi **się** Mikołaj z prezentami. *I dreamed about Santa Claus with presents.* 2. Nawet nie **śniło** mi **się,** że warunki będą bardziej niż spartańskie. *I didn't even dream that the conditions would be more than Spartan.* 3. Polska już **się** Panu nie **śni?** *You don't dream of Poland anymore?* 4. **Niech śni,** że wygra w totolotka. *Let him dream that he'll win a lottery.*

śpieszyć się/pośpieszyć się[1]   to make haste, be in a hurry, be quick

IMPERFECTIVE		PERFECTIVE

PRESENT

	IMPERFECTIVE	
ja	śpieszę się	
ty	śpieszysz się	
on/ona/ono	śpieszy się	
my	śpieszymy się	
wy	śpieszycie się	
oni/one	śpieszą się	

PAST

	IMPERFECTIVE	PERFECTIVE
ja	śpieszyłem się/śpieszyłam się	pośpieszyłem się/pośpieszyłam się
ty	śpieszyłeś się/śpieszyłaś się	pośpieszyłeś się/pośpieszyłaś się
on/ona/ono	śpieszył się/śpieszyła się/śpieszyło się	pośpieszył się/pośpieszyła się/ pośpieszyło się
my	śpieszyliśmy się/śpieszyłyśmy się	pośpieszyliśmy się/pośpieszyłyśmy się
wy	śpieszyliście się/śpieszyłyście się	pośpieszyliście się/pośpieszyłyście się
oni/one	śpieszyli się/śpieszyły się	pośpieszyli się/pośpieszyły się

FUTURE

	IMPERFECTIVE	PERFECTIVE
ja	będę się śpieszył/śpieszyła	pośpieszę się
ty	będziesz się śpieszył/śpieszyła	pośpieszysz się
on/ona/ono	będzie się śpieszył/śpieszyła/śpieszyło	pośpieszy się
my	będziemy się śpieszyli/śpieszyły	pośpieszymy się
wy	będziecie się śpieszyli/śpieszyły	pośpieszycie się
oni/one	będą się śpieszyli/śpieszyły	pośpieszą się

CONDITIONAL

	IMPERFECTIVE	PERFECTIVE
ja	śpieszyłbym się/śpieszyłabym się	pośpieszyłbym się/pośpieszyłabym się
ty	śpieszyłbyś się/śpieszyłabyś się	pośpieszyłbyś się/pośpieszyłabyś się
on/ona/ono	śpieszyłby się/śpieszyłaby się/ śpieszyłoby się	pośpieszyłby się/pośpieszyłaby się/ pośpieszyłoby się
my	śpieszylibyśmy się/ śpieszyłybyśmy się	pośpieszylibyśmy się/ pośpieszyłybyśmy się
wy	śpieszylibyście się/ śpieszyłybyście się	pośpieszylibyście się/ pośpieszyłybyście się
oni/one	śpieszyliby się/śpieszyłyby się	pośpieszyliby się/pośpieszyłyby się

IMPERATIVE

	IMPERFECTIVE	PERFECTIVE	
	śpieszmy się		pośpieszmy się
śpiesz się	śpieszcie się	pośpiesz się	pośpieszcie się
niech się śpieszy	niech się śpieszą	niech się pośpieszy	niech się pośpieszą

PARTICIPLES

PRES. ACT.   śpieszący się, -a, -e; -y, -e

PRES. PASS.   *PAST PASS.*

ADV. PART.   śpiesząc się

Verb governance: gdzie; dokąd

Related verbs with meanings: (**śpieszyć/pośpieszyć** *hurry, hasten, be eager; be fast/of a time piece/ /I* only/) (**przyśpieszyć** *hurry, accelerate*) Note: [1]or spieszyć się/pospieszyć się

EXAMPLES of model and/or related verbs: 1. Jeśli wiesz dokąd zmierzasz, nie musisz **się** aż tak **śpieszyć.** *If you know where you're going, you don't have to hurry so much.* 2. Nie **śpieszy** mi **się** występować w klubach tanecznych. *I'm not in a hurry to perform in dance clubs.* 3. **Śpieszyłam się** na następny koncert. *I was hurrying to the next concert.* 4. **Pośpiesz się** z dekorowaniem sceny. *Hurry up with the stage setup.*

IMPERFECTIVE	PERFECTIVE

PRESENT

ja	śpiewam
ty	śpiewasz
on/ona/ono	śpiewa
my	śpiewamy
wy	śpiewacie
oni/one	śpiewają

PAST

	IMPERFECTIVE	PERFECTIVE
ja	śpiewałem/śpiewałam	zaśpiewałem/zaśpiewałam
ty	śpiewałeś/śpiewałaś	zaśpiewałeś/zaśpiewałaś
on/ona/ono	śpiewał/śpiewała/śpiewało	zaśpiewał/zaśpiewała/zaśpiewało
my	śpiewaliśmy/śpiewałyśmy	zaśpiewaliśmy/zaśpiewałyśmy
wy	śpiewaliście/śpiewałyście	zaśpiewaliście/zaśpiewałyście
oni/one	śpiewali/śpiewały	zaśpiewali/zaśpiewały

FUTURE

	IMPERFECTIVE	PERFECTIVE
ja	będę śpiewał/śpiewała	zaśpiewam
ty	będziesz śpiewał/śpiewała	zaśpiewasz
on/ona/ono	będzie śpiewał/śpiewała/śpiewało	zaśpiewa
my	będziemy śpiewali/śpiewały	zaśpiewamy
wy	będziecie śpiewali/śpiewały	zaśpiewacie
oni/one	będą śpiewali/śpiewały	zaśpiewają

CONDITIONAL

	IMPERFECTIVE	PERFECTIVE
ja	śpiewałbym/śpiewałabym	zaśpiewałbym/zaśpiewałabym
ty	śpiewałbyś/śpiewałabyś	zaśpiewałbyś/zaśpiewałabyś
on/ona/ono	śpiewałby/śpiewałaby/śpiewałoby	zaśpiewałby/zaśpiewałaby/zaśpiewałoby
my	śpiewalibyśmy/śpiewałybyśmy	zaśpiewalibyśmy/zaśpiewałybyśmy
wy	śpiewalibyście/śpiewałybyście	zaśpiewalibyście/zaśpiewałybyście
oni/one	śpiewaliby/śpiewałyby	zaśpiewaliby/zaśpiewałyby

IMPERATIVE

	śpiewajmy		zaśpiewajmy
śpiewaj	śpiewajcie	zaśpiewaj	zaśpiewajcie
niech śpiewa	niech śpiewają	niech zaśpiewa	niech zaśpiewają

PARTICIPLES

PRES. ACT.   śpiewający, -a, -e; -y, -e
PRES. PASS.   śpiewany, -a, -e; -, -e   **PAST PASS.**   zaśpiewany, -a, -e; -, -e
ADV. PART.   śpiewając

Verb governance: komu, co

Related verbs with meanings: (**dośpiewać** *sing to the end, continue singing*) (**odśpiewać** *sing off*) (**ośpiewać** *celebrate in song*) (**podśpiewać** *hum*) (**pośpiewać** *sing a while*) (**prześpiewać** *rehearse, sing through*) (**przyśpiewać** *sing with, croon*) (**rozśpiewać się** *sing out*) (**wyśpiewać/się/** *sing praises, warble; sing enough*)

EXAMPLES of model and/or related verbs: 1. Nie ukrywam także, że bardzo lubię **śpiewać.** *Neither do I hide it that I love to sing.* 2. W domu nigdy nie **śpiewał.** *He never sang at home.* 3. **Zaśpiewajcie** we dwoje arię operową. *The two of you, sing an opera aria.* 4. Jacek **śpiewa** w zespole rockowym. *Jack sings in a rock band.*

tańczyć/zatańczyć   to dance, perform a dance

IMPERFECTIVE		PERFECTIVE	

PRESENT

ja	tańczę		
ty	tańczysz		
on/ona/ono	tańczy		
my	tańczymy		
wy	tańczycie		
oni/one	tańczą		

PAST

ja	tańczyłem/tańczyłam	zatańczyłem/zatańczyłam
ty	tańczyłeś/tańczyłaś	zatańczyłeś/zatańczyłaś
on/ona/ono	tańczył/tańczyła/tańczyło	zatańczył/zatańczyła/zatańczyło
my	tańczyliśmy/tańczyłyśmy	zatańczyliśmy/zatańczyłyśmy
wy	tańczyliście/tańczyłyście	zatańczyliście/zatańczyłyście
oni/one	tańczyli/tańczyły	zatańczyli/zatańczyły

FUTURE

ja	będę tańczył/tańczyła	zatańczę
ty	będziesz tańczył/tańczyła	zatańczysz
on/ona/ono	będzie tańczył/tańczyła/tańczyło	zatańczy
my	będziemy tańczyli/tańczyły	zatańczymy
wy	będziecie tańczyli/tańczyły	zatańczycie
oni/one	będą tańczyli/tańczyły	zatańczą

CONDITIONAL

ja	tańczyłbym/tańczyłabym	zatańczyłbym/zatańczyłabym
ty	tańczyłbyś/tańczyłabyś	zatańczyłbyś/zatańczyłabyś
on/ona/ono	tańczyłby/tańczyłaby/tańczyłoby	zatańczyłby/zatańczyłaby/zatańczyłoby
my	tańczylibyśmy/tańczyłybyśmy	zatańczylibyśmy/zatańczyłybyśmy
wy	tańczylibyście/tańczyłybyście	zatańczylibyście/zatańczyłybyście
oni/one	tańczyliby/tańczyłyby	zatańczyliby/zatańczyłyby

IMPERATIVE

	tańczmy		zatańczmy
tańcz	tańczcie	zatańcz	zatańczcie
niech tańczy	niech tańczą	niech zatańczy	niech zatańczą

PARTICIPLES

PRES. ACT. tańczący, -a, -e; -y, -e
PRES. PASS. tańczony, -a, -e; -, -e   *PAST PASS.* zatańczony, -a, -e; -, -e
ADV. PART. tańcząc

Verb governance: co; z kim, z czym
Related verbs with meanings: (**dotańczyć** *finish a dance*) (**natańczyć się** *dance at will*) (**obtańczyć** *dance round*) (**odtańczyć** *dance a dance*) (**potańczyć** *have a dance*) (**przetańczyć** *dance away*) (**roztańczyć się** *dance with abandon*) (**wytańczyć się** *dance to one's heart's content*)

EXAMPLES of model and/or related verbs: 1. Śpiewał, **tańczył** i recytował swemu dziecku. *He sang, danced, and recited poetry to his child.* 2. Dzieci **tańczą** przebrane za zwierzęta, ptaki i kwiaty. *The children dance dressed as animals, birds, and flowers.* 3. Czy lubicie **tańczyć**? *Do you like to dance?* 4. **Potańcz** na sali dancingowej. *Have a dance in the ballroom.*

targować/potargować   to trade, bid, deal

IMPERFECTIVE		PERFECTIVE	

PRESENT

ja	targuję		
ty	targujesz		
on/ona/ono	targuje		
my	targujemy		
wy	targujecie		
oni/one	targują		

PAST

ja	targowałem/targowałam	potargowałem/potargowałam	
ty	targowałeś/targowałaś	potargowałeś/potargowałaś	
on/ona/ono	targował/targowała/targowało	potargował/potargowała/potargowało	
my	targowaliśmy/targowałyśmy	potargowaliśmy/potargowałyśmy	
wy	targowaliście/targowałyście	potargowaliście/potargowałyście	
oni/one	targowali/targowały	potargowali/potargowały	

FUTURE

ja	będę targował/targowała	potarguję	
ty	będziesz targował/targowała	potargujesz	
on/ona/ono	będzie targował/targowała/targowało	potarguje	
my	będziemy targowali/targowały	potargujemy	
wy	będziecie targowali/targowały	potargujecie	
oni/one	będą targowali/targowały	potargują	

CONDITIONAL

ja	targowałbym/targowałabym	potargowałbym/potargowałabym	
ty	targowałbyś/targowałabyś	potargowałbyś/potargowałabyś	
on/ona/ono	targowałby/targowałaby/targowałoby	potargowałby/potargowałaby/potargowałoby	
my	targowalibyśmy/targowałybyśmy	potargowalibyśmy/potargowałybyśmy	
wy	targowalibyście/targowałybyście	potargowalibyście/potargowałybyście	
oni/one	targowaliby/targowałyby	potargowaliby/potargowałyby	

IMPERATIVE

	targujmy		potargujmy
targuj	targujcie	potarguj	potargujcie
niech targuje	niech targują	niech potarguje	niech potargują

PARTICIPLES

PRES. ACT. targujący, -a, -e; -y, -e
PRES. PASS. targowany, -a, -e; -, -e   *PAST PASS.* potargowany, -a, -e; -, -e
ADV. PART. targując

Verb governance: z kim, czym; o co
Related verbs with meanings: (**targować się/potargować się** *haggle, bargain*) (**utargować** *gain, make a deal*) (**wytargować** *acquire by haggling, get at a bargain*)

EXAMPLES of model and/or related verbs: 1. **Utargowali** kilka osobistych komputerów na początek. *They got a deal on a few personal computers to start with.* 2. Nigdy nie mieliśmy możliwości **potargować się**. *We never had an opportunity to haggle.* 3. Może **wytarguję** serwis do herbaty. *Maybe I'll get a discount on a tea service.* 4. Płać i nie **targuj się**! *Pay and don't haggle!*

tłumaczyć/przetłumaczyć

to interpret, translate, explain

IMPERFECTIVE		PERFECTIVE

PRESENT

ja	tłumaczę	
ty	tłumaczysz	
on/ona/ono	tłumaczy	
my	tłumaczymy	
wy	tłumaczycie	
oni/one	tłumaczą	

PAST

ja	tłumaczyłem/tłumaczyłam	przetłumaczyłem/przetłumaczyłam
ty	tłumaczyłeś/tłumaczyłaś	przetłumaczyłeś/przetłumaczyłaś
on/ona/ono	tłumaczył/tłumaczyła/tłumaczyło	przetłumaczył/przetłumaczyła/ przetłumaczyło
my	tłumaczyliśmy/tłumaczyłyśmy	przetłumaczyliśmy/przetłumaczyłyśmy
wy	tłumaczyliście/tłumaczyłyście	przetłumaczyliście/przetłumaczyłyście
oni/one	tłumaczyli/tłumaczyły	przetłumaczyli/przetłumaczyły

FUTURE

ja	będę tłumaczył/tłumaczyła	przetłumaczę
ty	będziesz tłumaczył/tłumaczyła	przetłumaczysz
on/ona/ono	będzie tłumaczył/tłumaczyła/ tłumaczyło	przetłumaczy
my	będziemy tłumaczyli/tłumaczyły	przetłumaczymy
wy	będziecie tłumaczyli/tłumaczyły	przetłumaczycie
oni/one	będą tłumaczyli/tłumaczyły	przetłumaczą

CONDITIONAL

ja	tłumaczyłbym/tłumaczyłabym	przetłumaczyłbym/przetłumaczyłabym
ty	tłumaczyłbyś/tłumaczyłabyś	przetłumaczyłbyś/przetłumaczyłabyś
on/ona/ono	tłumaczyłby/tłumaczyłaby/ tłumaczyłoby	przetłumaczyłby/przetłumaczyłaby/ przetłumaczyłoby
my	tłumaczylibyśmy/tłumaczyłybyśmy	przetłumaczylibyśmy/przetłumaczyłybyśmy
wy	tłumaczylibyście/tłumaczyłybyście	przetłumaczylibyście/przetłumaczyłybyście
oni/one	tłumaczyliby/tłumaczyłyby	przetłumaczyliby/przetłumaczyłyby

IMPERATIVE

	tłumaczmy		przetłumaczmy
tłumacz	tłumaczcie	przetłumacz	przetłumaczcie
niech tłumaczy	niech tłumaczą	niech przetłumaczy	niech przetłumaczą

PARTICIPLES

PRES. ACT. tłumaczący, -a, -e; -y, -e
PRES. PASS. tłumaczony, -a, -e; -eni, -one   *PAST PASS.* przetłumaczony, -a, -e; -eni, -one
ADV. PART. tłumacząc
Verb governance: komu, co
Related verbs with meanings: (**natłumaczyć/się**/ *translate a lot; explain endlessly*)
(**wytłumaczyć/się**/ *explain, justify; excuse oneself*)

EXAMPLES of model and/or related verbs: 1. Sama **tłumaczy** dziecku, że tatuś jest bardzo zajęty. *She herself explains to the child that Daddy is very busy.* 2. Naukowcy **tłumaczyli** ten fenomen. *Scientists explained this phenomenon.* 3. **Wytłumacz** mi, czy istnieją duchy. *Explain to me if there are ghosts.* 4. **Niech przetłumaczą** ten podręcznik. *Let them translate this textbook.*

IMPERFECTIVE	PERFECTIVE

PRESENT

ja	towarzyszę
ty	towarzyszysz
on/ona/ono	towarzyszy
my	towarzyszymy
wy	towarzyszycie
oni/one	towarzyszą

PAST

ja	towarzyszyłem/towarzyszyłam
ty	towarzyszyłeś/towarzyszyłaś
on/ona/ono	towarzyszył/towarzyszyła/towarzyszyło
my	towarzyszyliśmy/towarzyszyłyśmy
wy	towarzyszyliście/towarzyszyłyście
oni/one	towarzyszyli/towarzyszyły

FUTURE

ja	będę towarzyszył/towarzyszyła
ty	będziesz towarzyszył/towarzyszyła
on/ona/ono	będzie towarzyszył/towarzyszyła/towarzyszyło
my	będziemy towarzyszyli/towarzyszyły
wy	będziecie towarzyszyli/towarzyszyły
oni/one	będą towarzyszyli/towarzyszyły

CONDITIONAL

ja	towarzyszyłbym/towarzyszyłabym
ty	towarzyszyłbyś/towarzyszyłabyś
on/ona/ono	towarzyszyłby/towarzyszyłaby/towarzyszyłoby
my	towarzyszylibyśmy/towarzyszyłybyśmy
wy	towarzyszylibyście/towarzyszyłybyście
oni/one	towarzyszyliby/towarzyszyłyby

IMPERATIVE

	towarzyszmy
towarzysz	towarzyszcie
niech towarzyszy	niech towarzyszą

PARTICIPLES

PRES. ACT.   towarzyszący, -a, -e; -y, -e

PRES. PASS.   *PAST PASS.*

ADV. PART.   towarzysząc

Verb governance: komu, czemu

Related verbs with meanings: (**stowarzyszyć się** *form an association, associate with, organize*)

EXAMPLES of model and/or related verbs: 1. Teściowa **towarzyszyła** im na urlopie. *Their mother-in-law accompanied them on their vacation.* 2. **Towarzyszący** mu gość, przyśpieszył kroku. *The fellow who kept him company picked up the pace.* 3. **Towarzyszy** im ogromne szczęście. *Huge luck follows them.* 4. Bóle głowy **towarzyszyłyby** chorobie, gdyby nie używał lekarstwa. *Headaches would have accompanied the illness if he had not used the medication.*

trafiać/trafić   to hit, strike, find one's way, get somewhere, come across

IMPERFECTIVE		PERFECTIVE	

PRESENT

ja	trafiam
ty	trafiasz
on/ona/ono	trafia
my	trafiamy
wy	trafiacie
oni/one	trafiają

PAST

ja	trafiałem/trafiałam	trafiłem/trafiłam
ty	trafiałeś/trafiałaś	trafiłeś/trafiłaś
on/ona/ono	trafiał/trafiała/trafiało	trafił/trafiła/trafiło
my	trafialiśmy/trafiałyśmy	trafiliśmy/trafiłyśmy
wy	trafialiście/trafiałyście	trafiliście/trafiłyście
oni/one	trafiali/trafiały	trafili/trafiły

FUTURE

ja	będę trafiał/trafiała	trafię
ty	będziesz trafiał/trafiała	trafisz
on/ona/ono	będzie trafiał/trafiała/trafiało	trafi
my	będziemy trafiali/trafiały	trafimy
wy	będziecie trafiali/trafiały	traficie
oni/one	będą trafiali/trafiały	trafią

CONDITIONAL

ja	trafiałbym/trafiałabym	trafiłbym/trafiłabym
ty	trafiałbyś/trafiałabyś	trafiłbyś/trafiłabyś
on/ona/ono	trafiałby/trafiałaby/trafiałoby	trafiłby/trafiłaby/trafiłoby
my	trafialibyśmy/trafiałybyśmy	trafilibyśmy/trafiłybyśmy
wy	trafialibyście/trafiałybyście	trafilibyście/trafiłybyście
oni/one	trafialiby/trafiałyby	trafiliby/trafiłyby

IMPERATIVE

	trafiajmy		trafmy
trafiaj	trafiajcie	traf	trafcie
niech trafia	niech trafiają	niech trafi	niech trafią

PARTICIPLES

PRES. ACT. trafiający, -a, -e; -y, -e
PRES. PASS. trafiany, -a, -e; -i, -e   **PAST PASS.** trafiony, -a, -e; -eni, -one
ADV. PART. trafiając

Verb governance: kogo, co; na kogo, na co; do kogo, do czego; w kogo, w co; gdzie
Related verbs with meanings: (**trafiać się/trafić się** *happen, occur*) (**natrafić** *encounter, come across, find*) (**potrafić**[1] *manage, know how, be able*) (**przytrafić się** *happen*) (**utrafić** *hit*) Note:
[1]Also see pages 111 & 254.

EXAMPLES of model and/or related verbs: 1. Książka **trafiła** do czytelnika. *The book found its way to the reader.* 2. Piszę, tak jak **potrafię**. *I write the way I know how.* 3. Ten elegancki pan zawsze **trafia** do kawiarni. *This elegant gentleman always finds his way to a coffee shop.*
4. Gdybym poszła na koncert, **natrafiłabym** na moich studentów. *Had I gone to the concert, I would have come across my students.*

trwać/potrwać   to continue, last, take until

IMPERFECTIVE		PERFECTIVE

PRESENT

ja	trwam	
ty	trwasz	
on/ona/ono	trwa	
my	trwamy	
wy	trwacie	
oni/one	trwają	

PAST

ja	trwałem/trwałam	potrwałem/potrwałam
ty	trwałeś/trwałaś	potrwałeś/potrwałaś
on/ona/ono	trwał/trwała/trwało	potrwał/potrwała/potrwało
my	trwaliśmy/trwałyśmy	potrwaliśmy/potrwałyśmy
wy	trwaliście/trwałyście	potrwaliście/potrwałyście
oni/one	trwali/trwały	potrwali/potrwały

FUTURE

ja	będę trwał/trwała	potrwam
ty	będziesz trwał/trwała	potrwasz
on/ona/ono	będzie trwał/trwała/trwało	potrwa
my	będziemy trwali/trwały	potrwamy
wy	będziecie trwali/trwały	potrwacie
oni/one	będą trwali/trwały	potrwają

CONDITIONAL

ja	trwałbym/trwałabym	potrwałbym/potrwałabym
ty	trwałbyś/trwałabyś	potrwałbyś/potrwałabyś
on/ona/ono	trwałby/trwałaby/trwałoby	potrwałby/potrwałaby/potrwałoby
my	trwalibyśmy/trwałybyśmy	potrwalibyśmy/potrwałybyśmy
wy	trwalibyście/trwałybyście	potrwalibyście/potrwałybyście
oni/one	trwaliby/trwałyby	potrwaliby/potrwałyby

IMPERATIVE

	trwajmy		potrwajmy
trwaj	trwajcie	potrwaj	potrwajcie
niech trwa	niech trwają	niech potrwa	niech potrwają

PARTICIPLES

PRES. ACT. trwający, -a, -e; -y, -e
PRES. PASS.   *PAST PASS.*
ADV. PART. trwając
Verb governance:
Related verbs with meanings: (**dotrwać** *hold out*) (**przetrwać** *outlast, endure*) (**wytrwać** *persevere*)

EXAMPLES of model and/or related verbs: 1. Praca **potrwa** aż do późnego wieczoru. *The work will continue until late in the evening.* 2. Debaty **trwały** cały dzień. *The debates lasted the whole day.* 3. Nasze małżeństwo **trwa** nadal. *Our marriage keeps going.* 4. Procesy sądowe, w które one są uwikłane, **będą trwały** lata. *The court cases in which they are implicated will last for years.*

IMPERFECTIVE	PERFECTIVE

PRESENT

ja	trzymam	
ty	trzymasz	
on/ona/ono	trzyma	
my	trzymamy	
wy	trzymacie	
oni/one	trzymają	

PAST

ja	trzymałem/trzymałam	potrzymałem/potrzymałam
ty	trzymałeś/trzymałaś	potrzymałeś/potrzymałaś
on/ona/ono	trzymał/trzymała/trzymało	potrzymał/potrzymała/potrzymało
my	trzymaliśmy/trzymałyśmy	potrzymaliśmy/potrzymałyśmy
wy	trzymaliście/trzymałyście	potrzymaliście/potrzymałyście
oni/one	trzymali/trzymały	potrzymali/potrzymały

FUTURE

ja	będę trzymał/trzymała	potrzymam
ty	będziesz trzymał/trzymała	potrzymasz
on/ona/ono	będzie trzymał/trzymała/trzymało	potrzyma
my	będziemy trzymali/trzymały	potrzymamy
wy	będziecie trzymali/trzymały	potrzymacie
oni/one	będą trzymali/trzymały	potrzymają

CONDITIONAL

ja	trzymałbym/trzymałabym	potrzymałbym/potrzymałabym
ty	trzymałbyś/trzymałabyś	potrzymałbyś/potrzymałabyś
on/ona/ono	trzymałby/trzymałaby/trzymałoby	potrzymałby/potrzymałaby/potrzymałoby
my	trzymalibyśmy/trzymałybyśmy	potrzymalibyśmy/potrzymałybyśmy
wy	trzymalibyście/trzymałybyście	potrzymalibyście/potrzymałybyście
oni/one	trzymaliby/trzymałyby	potrzymaliby/potrzymałyby

IMPERATIVE

	trzymajmy		potrzymajmy
trzymaj	trzymajcie	potrzymaj	potrzymajcie
niech trzyma	niech trzymają	niech potrzyma	niech potrzymają

PARTICIPLES

PRES. ACT.   trzymający, -a, -e; -y, -e
PRES. PASS. trzymany, -a, -e; -i, -e   *PAST PASS.*   potrzymany, -a, -e; -i, -e
ADV. PART.   trzymając

Verb governance: kogo, co; gdzie

Related verbs with meanings: (**trzymać się/potrzymać się** *hold by, abide by*) (**dotrzymać** *keep to the end, abide*) (**otrzymać** *receive*) (**przetrzymać** *retain, endure*) (**przytrzymać/się/** *hold/back/, detain; hold on*) (**utrzymać/się/** *hold, maintain; maintain oneself, keep one's ground*) (**wstrzymać/się/** *hold up, stop; abstain, refrain*) (**wytrzymać** *hold out, bear, stand, endure*) (**zatrzymać/się/** *stop; come to a stop, stay*)

EXAMPLES of model and/or related verbs: 1. Żaden mężczyzna nie byłby w stanie **wytrzymać** w tym domu sfrustrowanych kobiet. *No man would have been in a state to hold his own in this house of frustrated women.* 2. **Otrzymali** pozytywne postanowienia sądowe. *They received a favorable court ruling.* 3. Oni na długo nie **utrzymają** zwierzchnictwa nad kobietami. *They will not maintain their authority for long over women.* 4. **Zatrzymamy się** w tym hotelu. *We'll stop in this hotel.*

twierdzić/stwierdzić   to state, assert, maintain, affirm, claim, allege, profess

IMPERFECTIVE		PERFECTIVE

PRESENT

ja	twierdzę
ty	twierdzisz
on/ona/ono	twierdzi
my	twierdzimy
wy	twierdzicie
oni/one	twierdzą

PAST

ja	twierdziłem/twierdziłam	stwierdziłem/stwierdziłam
ty	twierdziłeś/twierdziłaś	stwierdziłeś/stwierdziłaś
on/ona/ono	twierdził/twierdziła/twierdziło	stwierdził/stwierdziła/stwierdziło
my	twierdziliśmy/twierdziłyśmy	stwierdziliśmy/stwierdziłyśmy
wy	twierdziliście/twierdziłyście	stwierdziliście/stwierdziłyście
oni/one	twierdzili/twierdziły	stwierdzili/stwierdziły

FUTURE

ja	będę twierdził/twierdziła	stwierdzę
ty	będziesz twierdził/twierdziła	stwierdzisz
on/ona/ono	będzie twierdził/twierdziła/twierdziło	stwierdzi
my	będziemy twierdzili/twierdziły	stwierdzimy
wy	będziecie twierdzili/twierdziły	stwierdzicie
oni/one	będą twierdzili/twierdziły	stwierdzą

CONDITIONAL

ja	twierdziłbym/twierdziłabym	stwierdziłbym/stwierdziłabym
ty	twierdziłbyś/twierdziłabyś	stwierdziłbyś/stwierdziłabyś
on/ona/ono	twierdziłby/twierdziłaby/twierdziłoby	stwierdziłby/stwierdziłaby/stwierdziłoby
my	twierdzilibyśmy/twierdziłybyśmy	stwierdzilibyśmy/stwierdziłybyśmy
wy	twierdzilibyście/twierdziłybyście	stwierdzilibyście/stwierdziłybyście
oni/one	twierdziliby/twierdziłyby	stwierdziliby/stwierdziłyby

IMPERATIVE

	twierdźmy		stwierdźmy
twierdź	twierdźcie	stwierdź	stwierdźcie
niech twierdzi	niech twierdzą	niech stwierdzi	niech stwierdzą

PARTICIPLES

PRES. ACT.   twierdzący, -a, -e; -y, -e
PRES. PASS.   ***PAST PASS.***   stwierdzony, -a, -e; -, -one
ADV. PART.   twierdząc
Verb governance: co
Related verbs with meanings: (**potwierdzić** *confirm, corroborate, certify*) (**przytwierdzić** *assent, affix*) (**utwierdzić** *fortify, fix*) (**zatwierdzić** *ratify, approve*)

EXAMPLES of model and/or related verbs: 1. **Stwierdził,** że nie była ta sytuacja szczególnie wygodna dla władzy. *He stated that it was not an especially comfortable situation for the authorities.* 2. **Twierdzę,** że jest to błąd. *I assert that that is a mistake.* 3. Gdybyś widział wypadek, **potwierdziłbyś** w sądzie. *If you had seen the accident, you would have confirmed it in court.* 4. Jutro **zatwierdzą** umowę. *Tomorrow they'll ratify the agreement.*

ubierać/ubrać   to dress, clothe, put on, deck, trim, spruce up

IMPERFECTIVE		PERFECTIVE

PRESENT

ja	ubieram
ty	ubierasz
on/ona/ono	ubiera
my	ubieramy
wy	ubieracie
oni/one	ubierają

PAST

ja	ubierałem/ubierałam	ubrałem/ubrałam
ty	ubierałeś/ubierałaś	ubrałeś/ubrałaś
on/ona/ono	ubierał/ubierała/ubierało	ubrał/ubrała/ubrało
my	ubieraliśmy/ubierałyśmy	ubraliśmy/ubrałyśmy
wy	ubieraliście/ubierałyście	ubraliście/ubrałyście
oni/one	ubierali/ubierały	ubrali/ubrały

FUTURE

ja	będę ubierał/ubierała	ubiorę
ty	będziesz ubierał/ubierała	ubierzesz
on/ona/ono	będzie ubierał/ubierała/ubierało	ubierze
my	będziemy ubierali/ubierały	ubierzemy
wy	będziecie ubierali/ubierały	ubierzecie
oni/one	będą ubierali/ubierały	ubiorą

CONDITIONAL

ja	ubierałbym/ubierałabym	ubrałbym/ubrałabym
ty	ubierałbyś/ubierałabyś	ubrałbyś/ubrałabyś
on/ona/ono	ubierałby/ubierałaby/ubierałoby	ubrałby/ubrałaby/ubrałoby
my	ubieralibyśmy/ubierałybyśmy	ubralibyśmy/ubrałybyśmy
wy	ubieralibyście/ubierałybyście	ubralibyście/ubrałybyście
oni/one	ubieraliby/ubierałyby	ubraliby/ubrałyby

IMPERATIVE

	ubierajmy		ubierzmy
ubieraj	ubierajcie	ubierz	ubierzcie
niech ubiera	niech ubierają	niech ubierze	niech ubiorą

PARTICIPLES

PRES. ACT.	ubierający, -a, -e; -y, -e		
PRES. PASS.	ubierany, -a, -e; -i, -e	*PAST PASS.*	ubrany, -a, -e; -i, -e
ADV. PART.	ubierając		

Verb governance: kogo, co; w co

Related verbs with meanings: (**ubierać się/ubrać się** *dress oneself, put on one's clothes*) (**przebierać/się/** *disguise; change clothes*) (**przybierać** *ornament, decorate, attire*) (**rozbierać/się/** *strip, undress; take off, get undressed*) Note: Also see pages 9 & 290.

EXAMPLES of model and/or related verbs: 1. **Ubieramy się** w pośpiechu. *We dress in a hurry.* 2. To było zdjęcie pani w średnim wieku, **ubranej** w szary żakiet i czarną bluzkę. *It was a photograph of a middle-aged lady dressed in a gray jacket and a black blouse.* 3. **Ubrała się** w rodowe klejnoty. *She decked herself in family jewels.* 4. Baśka **ubiera się** z większą fantazją na wieczór. *Barb dresses with more flair for the evening.*

uciekać/uciec   to run away, flee, escape, slip away, skip

IMPERFECTIVE		PERFECTIVE

PRESENT

ja	uciekam
ty	uciekasz
on/ona/ono	ucieka
my	uciekamy
wy	uciekacie
oni/one	uciekają

PAST

ja	uciekałem/uciekałam	uciekłem/uciekłam
ty	uciekałeś/uciekałaś	uciekłeś/uciekłaś
on/ona/ono	uciekał/uciekała/uciekało	uciekł/uciekła/uciekło
my	uciekaliśmy/uciekałyśmy	uciekliśmy/uciekłyśmy
wy	uciekaliście/uciekałyście	uciekliście/uciekłyście
oni/one	uciekali/uciekały	uciekli/uciekły

FUTURE

ja	będę uciekał/uciekała	ucieknę
ty	będziesz uciekał/uciekała	uciekniesz
on/ona/ono	będzie uciekał/uciekała/uciekało	ucieknie
my	będziemy uciekali/uciekały	uciekniemy
wy	będziecie uciekali/uciekały	uciekniecie
oni/one	będą uciekali/uciekały	uciekną

CONDITIONAL

ja	uciekałbym/uciekałabym	uciekłbym/uciekłabym
ty	uciekałbyś/uciekałabyś	uciekłbyś/uciekłabyś
on/ona/ono	uciekałby/uciekałaby/uciekałoby	uciekłby/uciekłaby/uciekłoby
my	uciekalibyśmy/uciekałybyśmy	ucieklibyśmy/uciekłybyśmy
wy	uciekalibyście/uciekałybyście	ucieklibyście/uciekłybyście
oni/one	uciekaliby/uciekałyby	uciekliby/uciekłyby

IMPERATIVE

	uciekajmy		ucieknijmy
uciekaj	uciekajcie	ucieknij	ucieknijcie
niech ucieka	niech uciekają	niech ucieknie	niech uciekną

PARTICIPLES

PRES. ACT.   uciekający, -a, -e; -y, -e
PRES. PASS.   **PAST PASS.**
ADV. PART.   uciekając

Verb governance: komu; przed kim, przed czym; od kogo, od czego; gdzie
Related verbs with meanings: (**uciekać się/uciec się** *go to, resort*) (**dociec** *find out*) (**naciec** *gather by flowing*) (**obciec** *flow away*) (**ociec** *drip*) (**pociec** *leak*) (**przeciec** *seep*) (**wciec** *trickle in*) (**wściec się** *go mad, be furious*) (**wyciec** *ooze out*) (**zaciec** *run down, fill up*)

EXAMPLES of model and/or related verbs: 1. Zapewniam panią, że nikt nie **ucieka** na mój widok. *I assure you that nobody runs away when they see me.* 2. Po prostu **uciekła** z Hollywood. *She simply ran away from Hollywood.* 3. Gdybym wiedział, że ten pies gryzie, **uciekałbym** przed nim. *If I had only known that this dog bites, I would have run away from him.* 4. Ich córka **uciekała** z domu kilka razy. *Their daughter has run away from home several times.*

uczęszczać

to frequent, attend, go to

IMPERFECTIVE	PERFECTIVE

PRESENT

ja	uczęszczam
ty	uczęszczasz
on/ona/ono	uczęszcza
my	uczęszczamy
wy	uczęszczacie
oni/one	uczęszczają

PAST

ja	uczęszczałem/uczęszczałam
ty	uczęszczałeś/uczęszczałaś
on/ona/ono	uczęszczał/uczęszczała/uczęszczało
my	uczęszczaliśmy/uczęszczałyśmy
wy	uczęszczaliście/uczęszczałyście
oni/one	uczęszczali/uczęszczały

FUTURE

ja	będę uczęszczał/uczęszczała
ty	będziesz uczęszczał/uczęszczała
on/ona/ono	będzie uczęszczał/uczęszczała/uczęszczało
my	będziemy uczęszczali/uczęszczały
wy	będziecie uczęszczali/uczęszczały
oni/one	będą uczęszczali/uczęszczały

CONDITIONAL

ja	uczęszczałbym/uczęszczałabym
ty	uczęszczałbyś/uczęszczałabyś
on/ona/ono	uczęszczałby/uczęszczałaby/uczęszczałoby
my	uczęszczalibyśmy/uczęszczałybyśmy
wy	uczęszczalibyście/uczęszczałybyście
oni/one	uczęszczaliby/uczęszczałyby

IMPERATIVE

	uczęszczajmy
uczęszczaj	uczęszczajcie
niech uczęszcza	niech uczęszczają

PARTICIPLES

PRES. ACT. uczęszczający, -a, -e; -y, -e

PRES. PASS. uczęszczany, -a, -e; -i, -e   *PAST PASS.*

ADV. PART. uczęszczając

Verb governance: na co; do czego; gdzie

Related verbs with meanings:

EXAMPLES of model and/or related verbs: 1. **Uczęszczam** na zebrania kobiet z różnych kultur. *I attend meetings of women from various cultures.* 2. Przyrzekli, że **będą uczęszczali** na odczyty. *They promised that they will attend lectures.* 3. W chwili wybuchu wojny **uczęszczał** na uniwersytet. *He was attending the university at the time the war broke out.* 4. **Uczęszczajcie** na lekcje z zapałem. *Attend your classes enthusiastically.*

IMPERFECTIVE		PERFECTIVE	

PRESENT

ja	uczę		
ty	uczysz		
on/ona/ono	uczy		
my	uczymy		
wy	uczycie		
oni/one	uczą		

PAST

ja	uczyłem/uczyłam	nauczyłem/nauczyłam
ty	uczyłeś/uczyłaś	nauczyłeś/nauczyłaś
on/ona/ono	uczył/uczyła/uczyło	nauczył/nauczyła/nauczyło
my	uczyliśmy/uczyłyśmy	nauczyliśmy/nauczyłyśmy
wy	uczyliście/uczyłyście	nauczyliście/nauczyłyście
oni/one	uczyli/uczyły	nauczyli/nauczyły

FUTURE

ja	będę uczył/uczyła	nauczę
ty	będziesz uczył/uczyła	nauczysz
on/ona/ono	będzie uczył/uczyła/uczyło	nauczy
my	będziemy uczyli/uczyły	nauczymy
wy	będziecie uczyli/uczyły	nauczycie
oni/one	będą uczyli/uczyły	nauczą

CONDITIONAL

ja	uczyłbym/uczyłabym	nauczyłbym/nauczyłabym
ty	uczyłbyś/uczyłabyś	nauczyłbyś/nauczyłabyś
on/ona/ono	uczyłby/uczyłaby/uczyłoby	nauczyłby/nauczyłaby/nauczyłoby
my	uczylibyśmy/uczyłybyśmy	nauczylibyśmy/nauczyłybyśmy
wy	uczylibyście/uczyłybyście	nauczylibyście/nauczyłybyście
oni/one	uczyliby/uczyłyby	nauczyliby/nauczyłyby

IMPERATIVE

	uczmy		nauczmy
ucz	uczcie	naucz	nauczcie
niech uczy	niech uczą	niech nauczy	niech nauczą

PARTICIPLES

PRES. ACT.   uczący, -a, -e; -y, -e
PRES. PASS.   uczony, -a, -e; -eni, -one   ***PAST PASS.***   nauczony, -a, -e; -eni, -one
ADV. PART.   ucząc
Verb governance: kogo, czego
Related verbs with meanings: (**uczyć się/nauczyć się** *learn*) (**douczyć się** *supplement/education/*)
(**obuczyć** *coach*) (**oduczyć/się/** *correct; unlearn*) (**poduczyć/się/** *prepare; acquire some
additional knowledge*) (**pouczyć** *advise*) (**przeuczyć się** *over-study*) (**przyuczyć/się/**
accustom/oneself/) (**wyuczyć/się/** *train; memorize*)

EXAMPLES of model and/or related verbs: 1. Polacy mogliby **się** od Amerykanów wiele
nauczyć. *The Polish people could learn a lot from the Americans.* 2. **Uczcie się** pływania! *Learn
to swim!* 3. Zeszłego lata **nauczyliśmy się** robić zdjęcia. *We learned how to take pictures last
summer.* 4. Sztuki wywiadowczej **uczył** ją słynny agent radziecki. *A famous Soviet agent taught
her the art of spying.*

uderzać/uderzyć   to strike, hit, blow, attack, blast

IMPERFECTIVE		PERFECTIVE

PRESENT

ja	uderzam
ty	uderzasz
on/ona/ono	uderza
my	uderzamy
wy	uderzacie
oni/one	uderzają

PAST

ja	uderzałem/uderzałam	uderzyłem/uderzyłam
ty	uderzałeś/uderzałaś	uderzyłeś/uderzyłaś
on/ona/ono	uderzał/uderzała/uderzało	uderzył/uderzyła/uderzyło
my	uderzaliśmy/uderzałyśmy	uderzyliśmy/uderzyłyśmy
wy	uderzaliście/uderzałyście	uderzyliście/uderzyłyście
oni/one	uderzali/uderzały	uderzyli/uderzyły

FUTURE

ja	będę uderzał/uderzała	uderzę
ty	będziesz uderzał/uderzała	uderzysz
on/ona/ono	będzie uderzał/uderzała/uderzało	uderzy
my	będziemy uderzali/uderzały	uderzymy
wy	będziecie uderzali/uderzały	uderzycie
oni/one	będą uderzali/uderzały	uderzą

CONDITIONAL

ja	uderzałbym/uderzałabym	uderzyłbym/uderzyłabym
ty	uderzałbyś/uderzałabyś	uderzyłbyś/uderzyłabyś
on/ona/ono	uderzałby/uderzałaby/uderzałoby	uderzyłby/uderzyłaby/uderzyłoby
my	uderzalibyśmy/uderzałybyśmy	uderzylibyśmy/uderzyłybyśmy
wy	uderzalibyście/uderzałybyście	uderzylibyście/uderzyłybyście
oni/one	uderzaliby/uderzałyby	uderzyliby/uderzyłyby

IMPERATIVE

	uderzajmy		uderzmy
uderzaj	uderzajcie	uderz	uderzcie
niech uderza	niech uderzają	niech uderzy	niech uderzą

PARTICIPLES

PRES. ACT.   uderzający, -a, -e; -y, -e
PRES. PASS.   uderzany, -a, -e; -i, -e   *PAST PASS.*   uderzony, -a, -e; -eni, -one
ADV. PART.   uderzając

Verb governance: kogo, co; w kogo, w co; czym
Related verbs with meanings: (**uderzać się/uderzyć się** *bump, knock*) (**zderzyć się** *collide, clash, crash*)

EXAMPLES of model and/or related verbs: 1. **Uderzyła** mnie w nim kultura i inteligencja. *I was struck by his culture and intelligence.* 2. Nie spodziewałam się, że nasze samochody **zderzą się.** *I didn't expect that our cars would collide.* 3. **Uderzy** ich różnica kultur. *They will be struck by the cultural differences.* 4. Gdy mówi, **uderza** pięścią w stół. *When he talks, he hits the table with his fist.*

umieć/potrafić[1]   to know how, manage

| IMPERFECTIVE | | PERFECTIVE |

PRESENT

ja	umiem
ty	umiesz
on/ona/ono	umie
my	umiemy
wy	umiecie
oni/one	umieją

PAST

ja	umiałem/umiałam	potrafiłem/potrafiłam
ty	umiałeś/umiałaś	potrafiłeś/potrafiłaś
on/ona/ono	umiał/umiała/umiało	potrafił/potrafiła/potrafiło
my	umieliśmy/umiałyśmy	potrafiliśmy/potrafiłyśmy
wy	umieliście/umiałyście	potrafiliście/potrafiłyście
oni/one	umieli/umiały	potrafili/potrafiły

FUTURE

ja	będę umiał/umiała	potrafię
ty	będziesz umiał/umiała	potrafisz
on/ona/ono	będzie umiał/umiała/umiało	potrafi
my	będziemy umieli/umiały	potrafimy
wy	będziecie umieli/umiały	potraficie
oni/one	będą umieli/umiały	potrafią

CONDITIONAL

ja	umiałbym/umiałabym	potrafiłbym/potrafiłabym
ty	umiałbyś/umiałabyś	potrafiłbyś/potrafiłabyś
on/ona/ono	umiałby/umiałaby/umiałoby	potrafiłby/potrafiłaby/potrafiłoby
my	umielibyśmy/umiałybyśmy	potrafilibyśmy/potrafiłybyśmy
wy	umielibyście/umiałybyście	potrafilibyście/potrafiłybyście
oni/one	umieliby/umiałyby	potrafiliby/potrafiłyby

IMPERATIVE

	umiejmy		potrafmy
umiej	umiejcie	potraf	potrafcie
niech umie	niech umieją	niech potrafi	niech potrafią

PARTICIPLES

PRES. ACT.   umiejący, -a, -e; -y, -e
PRES. PASS.   *PAST PASS.*
ADV. PART.   umiejąc
Verb governance: co
Related verbs with meanings: Note: [1]Also see pages 111 & 245.

EXAMPLES of model and/or related verbs: 1. Nie **umiesz** korzystać z życia. *You don't know how to enjoy life.* 2. Była taka mała, ale już sama **umiała** napisać swoją muzykę. *She was so young, but she already knew how to write her own musical score.* 3. **Umiałbyś** więcej, żebyś się dłużej uczył. *You would know more if you studied longer.* 4. Miota się jak ryba nie **umiejąc** podjąć żadnej decyzji. *He thrashes about like a fish, not knowing how to undertake any decisions.*

umierać/umrzeć   to die, pass away, fade away, kick the bucket

IMPERFECTIVE	PERFECTIVE

PRESENT

ja	umieram
ty	umierasz
on/ona/ono	umiera
my	umieramy
wy	umieracie
oni/one	umierają

PAST

	IMPERFECTIVE	PERFECTIVE
ja	umierałem/umierałam	umarłem/umarłam
ty	umierałeś/umierałaś	umarłeś/umarłaś
on/ona/ono	umierał/umierała/umierało	umarł/umarła/umarło
my	umieraliśmy/umierałyśmy	umarliśmy/umarłyśmy
wy	umieraliście/umierałyście	umarliście/umarłyście
oni/one	umierali/umierały	umarli/umarły

FUTURE

	IMPERFECTIVE	PERFECTIVE
ja	będę umierał/umierała	umrę
ty	będziesz umierał/umierała	umrzesz
on/ona/ono	będzie umierał/umierała/umierało	umrze
my	będziemy umierali/umierały	umrzemy
wy	będziecie umierali/umierały	umrzecie
oni/one	będą umierali/umierały	umrą

CONDITIONAL

	IMPERFECTIVE	PERFECTIVE
ja	umierałbym/umierałabym	umarłbym/umarłabym
ty	umierałbyś/umierałabyś	umarłbyś/umarłabyś
on/ona/ono	umierałby/umierałaby/umierałoby	umarłby/umarłaby/umarłoby
my	umieralibyśmy/umierałybyśmy	umarlibyśmy/umarłybyśmy
wy	umieralibyście/umierałybyście	umarlibyście/umarłybyście
oni/one	umieraliby/umierałyby	umarliby/umarłyby

IMPERATIVE

	umierajmy		umrzyjmy
umieraj	umierajcie	umrzyj	umrzyjcie
niech umiera	niech umierają	niech umrze	niech umrą

PARTICIPLES

PRES. ACT.   umierający, -a, -e; -y, -e
PRES. PASS.   *PAST PASS.*
ADV. PART.   umierając

Verb governance: z czego; od czego; na co; gdzie; jak
Related verbs with meanings: (**przymierać** *be dying from*) (**wymrzeć** *die out, become extinct*) (**zamrzeć** *waste away, be petrified, die down*) (**zemrzeć**[1] *drop off, decease, die*) Note: [1]Past perfective = **zmarł,** etc.

EXAMPLES of model and/or related verbs: 1. Nikt nie chce **umierać** młodo. *No one wants to die young.* 2. Mówili, że on **zmarł** na atak serca. *It was said that he died of a heart attack.* 3. **Umiera,** lub ginie tragicznie. *He dies or perishes tragically.* 4. Chrystus **umarł** za swoją wiarę. *Christ died for his beliefs.*

IMPERFECTIVE		PERFECTIVE	

PRESENT

ja	umożliwiam
ty	umożliwiasz
on/ona/ono	umożliwia
my	umożliwiamy
wy	umożliwiacie
oni/one	umożliwiają

PAST

ja	umożliwiałem/umożliwiałam	umożliwiłem/umożliwiłam
ty	umożliwiałeś/umożliwiałaś	umożliwiłeś/umożliwiłaś
on/ona/ono	umożliwiał/umożliwiała/umożliwiało	umożliwił/umożliwiła/umożliwiło
my	umożliwialiśmy/umożliwiałyśmy	umożliwiliśmy/umożliwiłyśmy
wy	umożliwialiście/umożliwiałyście	umożliwiliście/umożliwiłyście
oni/one	umożliwiali/umożliwiały	umożliwili/umożliwiły

FUTURE

ja	będę umożliwiał/umożliwiała	umożliwię
ty	będziesz umożliwiał/umożliwiała	umożliwisz
on/ona/ono	będzie umożliwiał/umożliwiała/ umożliwiało	umożliwi
my	będziemy umożliwiali/umożliwiały	umożliwimy
wy	będziecie umożliwiali/umożliwiały	umożliwicie
oni/one	będą umożliwiali/umożliwiały	umożliwią

CONDITIONAL

ja	umożliwiałbym/umożliwiałabym	umożliwiłbym/umożliwiłabym
ty	umożliwiałbyś/umożliwiałabyś	umożliwiłbyś/umożliwiłabyś
on/ona/ono	umożliwiałby/umożliwiałaby/ umożliwiałoby	umożliwiłby/umożliwiłaby/ umożliwiłoby
my	umożliwialibyśmy/umożliwiałybyśmy	umożliwilibyśmy/umożliwiłybyśmy
wy	umożliwialibyście/umożliwiałybyście	umożliwilibyście/umożliwiłybyście
oni/one	umożliwialiby/umożliwiałyby	umożliwiliby/umożliwiłyby

IMPERATIVE

	umożliwiajmy		umożliwmy
umożliwiaj	umożliwiajcie	umożliw	umożliwcie
niech umożliwia	niech umożliwiają	niech umożliwi	niech umożliwią

PARTICIPLES

PRES. ACT.	umożliwiający, -a, -e; -y, -e	
PRES. PASS.	umożliwiany, -a, -e; -, -e	**PAST PASS.** umożliwiony, -a, -e; -, -one
ADV. PART.	umożliwiając	

Verb governance: komu, co
Related verbs with meanings:

EXAMPLES of model and/or related verbs: 1. Nowa ustawa ma **umożliwić** biednym studentom chodzenie na uniwersytet. *The new law will make it possible for poor students to attend the university.* 2. Szpital **umożliwił** matkom pozostawanie z ich chorymi dziećmi. *The hospital made it possible for the mothers to remain with their sick children.* 3. Pałeczka z wacikiem **umożliwia** szybką korektę makijażu. *The cotton swab makes it possible to correct makeup quickly.* 4. To zapięcie **umożliwi** doskonałe dopasowanie sukienki. *This fastening will make your dress fit better.*

urządzać/urządzić   to arrange, furnish, plan, organize, settle

IMPERFECTIVE	PERFECTIVE

PRESENT

ja	urządzam
ty	urządzasz
on/ona/ono	urządza
my	urządzamy
wy	urządzacie
oni/one	urządzają

PAST

	IMPERFECTIVE	PERFECTIVE
ja	urządzałem/urządzałam	urządziłem/urządziłam
ty	urządzałeś/urządzałaś	urządziłeś/urządziłaś
on/ona/ono	urządzał/urządzała/urządzało	urządził/urządziła/urządziło
my	urządzaliśmy/urządzałyśmy	urządziliśmy/urządziłyśmy
wy	urządzaliście/urządzałyście	urządziliście/urządziłyście
oni/one	urządzali/urządzały	urządzili/urządziły

FUTURE

	IMPERFECTIVE	PERFECTIVE
ja	będę urządzał/urządzała	urządzę
ty	będziesz urządzał/urządzała	urządzisz
on/ona/ono	będzie urządzał/urządzała/urządzało	urządzi
my	będziemy urządzali/urządzały	urządzimy
wy	będziecie urządzali/urządzały	urządzicie
oni/one	będą urządzali/urządzały	urządzą

CONDITIONAL

	IMPERFECTIVE	PERFECTIVE
ja	urządzałbym/urządzałabym	urządziłbym/urządziłabym
ty	urządzałbyś/urządzałabyś	urządziłbyś/urządziłabyś
on/ona/ono	urządzałby/urządzałaby/urządzałoby	urządziłby/urządziłaby/urządziłoby
my	urządzalibyśmy/urządzałybyśmy	urządzilibyśmy/urządziłybyśmy
wy	urządzalibyście/urządzałybyście	urządzilibyście/urządziłybyście
oni/one	urządzaliby/urządzałyby	urządziliby/urządziłyby

IMPERATIVE

	urządzajmy		urządźmy
urządzaj	urządzajcie	urządź	urządźcie
niech urządza	niech urządzają	niech urządzi	niech urządzą

PARTICIPLES

PRES. ACT. urządzający, -a, -e; -y, -e
PRES. PASS. urządzany, -a, -e; -i, -e   *PAST PASS.* urządzony, -a, -e; -eni, -one
ADV. PART. urządzając

Verb governance: co

Related verbs with meanings: (**urządzać się/urządzić się** *establish oneself, furnish one's place*) (**narządzić** *adjust*) (**obrządzić** *attend to*) (**porządzić** *rule, govern/a short time/*) (**przyrządzić** *prepare*) (**rozrządzić** *command, dispose of*) (**wyrządzić** *cause, inflict, do*) (**zarządzić** *manage, administer*)

EXAMPLES of model and/or related verbs: 1. W wynajętym pokoju **urządzamy** potańcówkę. *We are organizing a dance in a rented room.* 2. **Urządziliśmy** polowanie na kuropatwy. *We've arranged a partridge hunt.* 3. Potrawy można szybko **przyrządzić** w kuchence mikrofalowej. *Meals may be quickly prepared in the microwave.* 4. W domu polskim **będą urządzali** bankiety. *Banquets will be held at the Polish hall.*

uspokajać/uspokoić   to calm, appease, reassure, soothe, tranquilize, pacify

IMPERFECTIVE	PERFECTIVE

PRESENT

ja	uspokajam
ty	uspokajasz
on/ona/ono	uspokaja
my	uspokajamy
wy	uspokajacie
oni/one	uspokajają

PAST

ja	uspokajałem/uspokajałam	uspokoiłem/uspokoiłam
ty	uspokajałeś/uspokajałaś	uspokoiłeś/uspokoiłaś
on/ona/ono	uspokajał/uspokajała/uspokajało	uspokoił/uspokoiła/uspokoiło
my	uspokajaliśmy/uspokajałyśmy	uspokoiliśmy/uspokoiłyśmy
wy	uspokajaliście/uspokajałyście	uspokoiliście/uspokoiłyście
oni/one	uspokajali/uspokajały	uspokoili/uspokoiły

FUTURE

ja	będę uspokajał/uspokajała	uspokoję
ty	będziesz uspokajał/uspokajała	uspokoisz
on/ona/ono	będzie uspokajał/uspokajała/ uspokajało	uspokoi
my	będziemy uspokajali/uspokajały	uspokoimy
wy	będziecie uspokajali/uspokajały	uspokoicie
oni/one	będą uspokajali/uspokajały	uspokoją

CONDITIONAL

ja	uspokajałbym/uspokajałabym	uspokoiłbym/uspokoiłabym
ty	uspokajałbyś/uspokajałabyś	uspokoiłbyś/uspokoiłabyś
on/ona/ono	uspokajałby/uspokajałaby/ uspokajałoby	uspokoiłby/uspokoiłaby/ uspokoiłoby
my	uspokajalibyśmy/uspokajałybyśmy	uspokoilibyśmy/uspokoiłybyśmy
wy	uspokajalibyście/uspokajałybyście	uspokoilibyście/uspokoiłybyście
oni/one	uspokajaliby/uspokajałyby	uspokoiliby/uspokoiłyby

IMPERATIVE

	uspokajajmy		uspokójmy
uspokajaj	uspokajajcie	uspokój	uspokójcie
niech uspokaja	niech uspokajają	niech uspokoi	niech uspokoją

PARTICIPLES

PRES. ACT.	uspokajający, -a, -e; -y, -e		
PRES. PASS.	uspokajany, -a, -e; -i, -e	***PAST PASS.***	uspokojony, -a, -e; -eni, -one
ADV. PART.	uspokajając		

Verb governance: kogo, czym

Related verbs with meanings: (**uspokajać się/uspokoić się** *quiet down, calm down, subside, compose oneself, settle down*) (**zaspokoić** *fulfil, gratify*)

EXAMPLES of model and/or related verbs: 1. Musimy **zaspokoić** różnorodne upodobania i potrzeby klientów. *We have to fulfill varied likes and needs of the clients.* 2. Grażyna **zaspokaja** swoje potrzeby intelektualne studiując psychologię. *Grazyna gratifies her intellectual needs by studying psychology.* 3. **Uspokajali** ją, że w tym kostiumie wygląda elegancko. *They were reassuring her that in this suit she looked elegant.* 4. Nie chcieli mącić **uspokajającej** ciszy stepu. *They didn't want to disturb the calming silence of the steppe.*

usprawiedliwiać/usprawiedliwić

to excuse, justify

IMPERFECTIVE		PERFECTIVE

PRESENT

ja	usprawiedliwiam
ty	usprawiedliwiasz
on/ona/ono	usprawiedliwia
my	usprawiedliwiamy
wy	usprawiedliwiacie
oni/one	usprawiedliwiają

PAST

ja	usprawiedliwiałem/usprawiedliwiałam	usprawiedliwiłem/usprawiedliwiłam
ty	usprawiedliwiałeś/usprawiedliwiałaś	usprawiedliwiłeś/usprawiedliwiłaś
on/ona/ono	usprawiedliwiał/usprawiedliwiała/-ło	usprawiedliwił/usprawiedliwiła/-ło

my	usprawiedliwialiśmy/
	  usprawiedliwiałyśmy
		usprawiedliwiliśmy/
		  usprawiedliwiłyśmy

wy	usprawiedliwialiście/-łyście	usprawiedliwiliście/-łyście
oni/one	usprawiedliwiali/usprawiedliwiały	usprawiedliwili/usprawiedliwiły

FUTURE

ja	będę usprawiedliwiał/usprawiedliwiała	usprawiedliwię
ty	będziesz usprawiedliwiał/usprawiedliwiała	usprawiedliwisz
on/ona/ono	będzie usprawiedliwiał/usprawiedliwiała/usprawiedliwiało	usprawiedliwi
my	będziemy usprawiedliwiali/usprawiedliwiały	usprawiedliwimy
wy	będziecie usprawiedliwiali/usprawiedliwiały	usprawiedliwicie
oni/one	będą usprawiedliwiali/usprawiedliwiały	usprawiedliwią

CONDITIONAL

ja	usprawiedliwiałbym/ usprawiedliwiałabym	usprawiedliwiłbym/usprawiedliwiłabym
ty	usprawiedliwiałbyś/ usprawiedliwiałabyś	usprawiedliwiłbyś/usprawiedliwiłabyś

on/ona/ono	usprawiedliwiałby/usprawiedliwiałaby/
	  usprawiedliwiałoby
		usprawiedliwiłby/usprawiedliwiłaby/
		  usprawiedliwiłoby

my	usprawiedliwialibyśmy/
	  usprawiedliwiałybyśmy
		usprawiedliwilibyśmy/
		  usprawiedliwiłybyśmy

wy	usprawiedliwialibyście/
	  usprawiedliwiałybyście
		usprawiedliwilibyście/
		  usprawiedliwiłybyście

oni/one	usprawiedliwialiby/-łyby	usprawiedliwiliby/usprawiedliwiłyby

IMPERATIVE

	usprawiedliwiajmy		usprawiedliwmy
usprawiedliwiaj	usprawiedliwiajcie	usprawiedliw	usprawiedliwcie
niech usprawiedliwia	niech usprawiedliwiają	niech usprawiedliwi	niech usprawiedliwią

PARTICIPLES

PRES. ACT. usprawiedliwiający, -a, -e; -y, -e
PRES. PASS. usprawiedliwiany, -a, -e; -i, -e *PAST PASS.* usprawiedliwiony, -a, -e; -eni, -one
ADV. PART. usprawiedliwiając
Verb governance: kogo, co; z czego
Related verbs with meanings: (**usprawiedliwiać się/usprawiedliwić się** *apologize, clear oneself*)

EXAMPLES of model and/or related verbs: 1. Chciał **się usprawiedliwić** ze swego życia prywatnego. *He wanted to apologize for his private life.* 2. **Usprawiedliwiała** swoje spóźnienie na lekcję. *She justified her being late for class.* 3. **Usprawiedliwiliby** motywy ich kłótni, gdyby mieli ważny powód. *They would have justified the motives of their quarrel if they had had a valid reason.* 4. Nie mogę **usprawiedliwiać** twoich ciągłych kłamstw. *I can't justify your constant lying.*

IMPERFECTIVE		PERFECTIVE	

PRESENT

ja	ustępuję		
ty	ustępujesz		
on/ona/ono	ustępuje		
my	ustępujemy		
wy	ustępujecie		
oni/one	ustępują		

PAST

ja	ustępowałem/ustępowałam	ustąpiłem/ustąpiłam
ty	ustępowałeś/ustępowałaś	ustąpiłeś/ustąpiłaś
on/ona/ono	ustępował/ustępowała/ustępowało	ustąpił/ustąpiła/ustąpiło
my	ustępowaliśmy/ustępowałyśmy	ustąpiliśmy/ustąpiłyśmy
wy	ustępowaliście/ustępowałyście	ustąpiliście/ustąpiłyście
oni/one	ustępowali/ustępowały	ustąpili/ustąpiły

FUTURE

ja	będę ustępował/ustępowała	ustąpię
ty	będziesz ustępował/ustępowała	ustąpisz
on/ona/ono	będzie ustępował/ustępowała/ ustępowało	ustąpi
my	będziemy ustępowali/ustępowały	ustąpimy
wy	będziecie ustępowali/ustępowały	ustąpicie
oni/one	będą ustępowali/ustępowały	ustąpią

CONDITIONAL

ja	ustępowałbym/ustępowałabym	ustąpiłbym/ustąpiłabym
ty	ustępowałbyś/ustępowałabyś	ustąpiłbyś/ustąpiłabyś
on/ona/ono	ustępowałby/ustępowałaby/ ustępowałoby	ustąpiłby/ustąpiłaby/ustąpiłoby
my	ustępowalibyśmy/ustępowałybyśmy	ustąpilibyśmy/ustąpiłybyśmy
wy	ustępowalibyście/ustępowałybyście	ustąpilibyście/ustąpiłybyście
oni/one	ustępowaliby/ustępowałyby	ustąpiliby/ustąpiłyby

IMPERATIVE

	ustępujmy		ustąpmy
ustępuj	ustępujcie	ustąp	ustąpcie
niech ustępuje	niech ustępują	niech ustąpi	niech ustąpią

PARTICIPLES

PRES. ACT.	ustępujący, -a, -e; -y, -e
PRES. PASS.	ustępowany, -a, -e; -, -e
ADV. PART.	ustępując

PAST PASS. ustąpiony, -a, -e; -, -e

Verb governance: komu, czego

Related verbs with meanings: (**dostąpić** *attain, approach*) (**nastąpić** *tread on, follow*) (**obstąpić** *cluster*) (**odstąpić** *withdraw, waive*) (**postąpić** *behave, advance*) (**przestąpić** *cross*) (**przystąpić** *proceed, join*) (**rozstąpić się** *part, split*) (**wstąpić** *mount, drop in*) (**wystąpić** *appear, perform*) (**zastąpić** *be a substitute for, replace, bar*) (**zstąpić** *step down, descend*)

EXAMPLES of model and/or related verbs: 1. Te róże **występują** w kilku odmianach. *These roses appear in several varieties.* 2. W najbliższym czasie **nastąpi** wiele przemian pozytywnych. *Many positive changes will take place in the near future.* 3. Komputery **zastąpiły** zabawę w ołowiane żołnierzyki. *Computers became a substitute for a game of tin soldiers.* 4. Falbanki, koronki i romantyczne sukienki **ustąpią** sportowej elegancji. *Frills, lace, and romantic dresses will give way to a sporty elegance.*

walczyć   to fight, struggle, combat

IMPERFECTIVE	PERFECTIVE

PRESENT

ja	walczę
ty	walczysz
on/ona/ono	walczy
my	walczymy
wy	walczycie
oni/one	walczą

PAST

ja	walczyłem/walczyłam
ty	walczyłeś/walczyłaś
on/ona/ono	walczył/walczyła/walczyło
my	walczyliśmy/walczyłyśmy
wy	walczyliście/walczyłyście
oni/one	walczyli/walczyły

FUTURE

ja	będę walczył/walczyła
ty	będziesz walczył/walczyła
on/ona/ono	będzie walczył/walczyła/walczyło
my	będziemy walczyli/walczyły
wy	będziecie walczyli/walczyły
oni/one	będą walczyli/walczyły

CONDITIONAL

ja	walczyłbym/walczyłabym
ty	walczyłbyś/walczyłabyś
on/ona/ono	walczyłby/walczyłaby/walczyłoby
my	walczylibyśmy/walczyłybyśmy
wy	walczylibyście/walczyłybyście
oni/one	walczyliby/walczyłyby

IMPERATIVE

	walczmy
walcz	walczcie
niech walczy	niech walczą

PARTICIPLES

PRES. ACT.   walczący, -a, -e; -y, -e
PRES. PASS.   *PAST PASS.*
ADV. PART.   walcząc

Verb governance: z kim, z czym; o kogo, o co
Related verbs with meanings: (**wywalczyć** *acquire, win*) (**zwalczyć** *strive, cope*)

EXAMPLES of model and/or related verbs: 1. Czy **walczymy** między sobą? *Are we fighting with each other?* 2. Nieraz całe lata **walczą** o możliwość kontaktu z własnymi dziećmi. *Sometimes, they fight for years to establish contact with their own children.* 3. Trzeba **walczyć** z przeszkodami. *One has to overcome obstacles.* 4. Kobiety na zachodzie **walczyły** o swoje prawa przez wiele lat. *Women in the West fought for many years for their rights.*

IMPERFECTIVE	PERFECTIVE

PRESENT

ja	ważę
ty	ważysz
on/ona/ono	waży
my	ważymy
wy	ważycie
oni/one	ważą

PAST

ja	ważyłem/ważyłam	zważyłem/zważyłam
ty	ważyłeś/ważyłaś	zważyłeś/zważyłaś
on/ona/ono	ważył/ważyła/ważyło	zważył/zważyła/zważyło
my	ważyliśmy/ważyłyśmy	zważyliśmy/zważyłyśmy
wy	ważyliście/ważyłyście	zważyliście/zważyłyście
oni/one	ważyli/ważyły	zważyli/zważyły

FUTURE

ja	będę ważył/ważyła	zważę
ty	będziesz ważył/ważyła	zważysz
on/ona/ono	będzie ważył/ważyła/ważyło	zważy
my	będziemy ważyli/ważyły	zważymy
wy	będziecie ważyli/ważyły	zważycie
oni/one	będą ważyli/ważyły	zważą

CONDITIONAL

ja	ważyłbym/ważyłabym	zważyłbym/zważyłabym
ty	ważyłbyś/ważyłabyś	zważyłbyś/zważyłabyś
on/ona/ono	ważyłby/ważyłaby/ważyłoby	zważyłby/zważyłaby/zważyłoby
my	ważylibyśmy/ważyłybyśmy	zważylibyśmy/zważyłybyśmy
wy	ważylibyście/ważyłybyście	zważylibyście/zważyłybyście
oni/one	ważyliby/ważyłyby	zważyliby/zważyłyby

IMPERATIVE

	zważmy
zważ	zważcie
niech zważy	niech zważą

PARTICIPLES

PRES. ACT.   ważący, -a, -e; -y, -e
PRES. PASS.   ważony, -a, -e; -eni, -one   *PAST PASS.*   zważony, -a, -e; -eni, -one
ADV. PART.   ważąc

Verb governance: kogo, co; czym

Related verbs with meanings: (**ważyć się/zważyć się** *be weighed*) (**doważyć/się/** *finish weighing; find the exact weight*) (**naważyć** *weigh out*) (**odważyć/się/** *weigh out; be brave enough, venture, risk*) (**poważyć/się/** *weigh; dare*) (**przeważyć** *over-weigh, prevail*) (**przyważyć** *weigh down*) (**rozważyć** *weigh out, ponder, consider*) (**równoważyć** *balance, weigh upon*) (**wyważyć** *weigh, force*) (**zaważyć** *weigh, play a part in*)

EXAMPLES of model and/or related verbs: 1. W końcu **rozważyliśmy** wspólnie wszystkie "za" i "przeciw". *In the end, together we considered all the pros and cons.* 2. **Waży** 60 kilogramów. *He weighs 60 kg.* 3. **Odważcie się** żyć bez sławy i pieniędzy. *Be brave enough to live without fame and money.* 4. Przyznaje, że na jej decyzji o wyjeździe do Paryża **zaważyły** względy uczuciowe. *She admits that emotional reasons played a part in her decision to leave for Paris.*

wiązać/związać

to bind, join, link, tie, oblige

IMPERFECTIVE		PERFECTIVE	

PRESENT

ja	wiążę		
ty	wiążesz		
on/ona/ono	wiąże		
my	wiążemy		
wy	wiążecie		
oni/one	wiążą		

PAST

ja	wiązałem/wiązałam	związałem/związałam
ty	wiązałeś/wiązałaś	związałeś/związałaś
on/ona/ono	wiązał/wiązała/wiązało	związał/związała/związało
my	wiązaliśmy/wiązałyśmy	związaliśmy/związałyśmy
wy	wiązaliście/wiązałyście	związaliście/związałyście
oni/one	wiązali/wiązały	związali/związały

FUTURE

ja	będę wiązał/wiązała	zwiążę
ty	będziesz wiązał/wiązała	zwiążesz
on/ona/ono	będzie wiązał/wiązała/wiązało	zwiąże
my	będziemy wiązali/wiązały	zwiążemy
wy	będziecie wiązali/wiązały	zwiążecie
oni/one	będą wiązali/wiązały	zwiążą

CONDITIONAL

ja	wiązałbym/wiązałabym	związałbym/związałabym
ty	wiązałbyś/wiązałabyś	związałbyś/związałabyś
on/ona/ono	wiązałby/wiązałaby/wiązałoby	związałby/związałaby/związałoby
my	wiązalibyśmy/wiązałybyśmy	związalibyśmy/związałybyśmy
wy	wiązalibyście/wiązałybyście	związalibyście/związałybyście
oni/one	wiązaliby/wiązałyby	związaliby/związałyby

IMPERATIVE

	wiążmy		zwiążmy
wiąż	wiążcie	zwiąż	zwiążcie
niech wiąże	niech wiążą	niech zwiąże	niech zwiążą

PARTICIPLES

PRES. ACT.	wiążący, -a, -e; -y, -e		
PRES. PASS.	wiązany, -a, -e; -i, -e	*PAST PASS.*	związany, -a, -e; -i, -e
ADV. PART.	wiążąc		

Verb governance: kogo, co; z kim, z czym

Related verbs with meanings: (**wiązać się/związać się** *associate, unite*) (**dowiązać** *tie to*) (**nawiązać** *attach, connect, refer, contact*) (**obwiązać** *bind up*) (**odwiązać** *untie*) (**powiązać/się/** *tie together; unite*) (**przewiązać/się/** *tie/around/*) (**przywiązać/się/** *fasten; grow fond of*) (**rozwiązać/się/**[1] *untie, solve; come loose*) (**uwiązać** *tie, fasten*) (**wywiązać/się/** *untie; fulfil*) (**zawiązać** *tie up, establish, form*) Note: [1]Also see p. 202.

EXAMPLES of model and/or related verbs: 1. To nie jest cecha **związana** z biologią. *It's not a characteristic linked to biology.* 2. **Wiążą** ich węzły rodzinne. *They are bound by family ties.* 3. Mamy setki drobiazgów **związanych** z kuchnią. *We have hundreds of kitchen-related gadgets.* 4. Pod szyją miała **zawiązaną** apaszkę. *She had a scarf tied around her neck.*

IMPERFECTIVE		PERFECTIVE

PRESENT

ja	widzę
ty	widzisz
on/ona/ono	widzi
my	widzimy
wy	widzicie
oni/one	widzą

PAST

ja	widziałem/widziałam	zobaczyłem/zobaczyłam
ty	widziałeś/widziałaś	zobaczyłeś/zobaczyłaś
on/ona/ono	widział/widziała/widziało	zobaczył/zobaczyła/zobyczyło
my	widzieliśmy/widziałyśmy	zobaczyliśmy/zobaczyłyśmy
wy	widzieliście/widziałyście	zobaczyliście/zobaczyłyście
oni/one	widzieli/widziały	zobaczyli/zobaczyły

FUTURE

ja	będę widział/widziała	zobaczę
ty	będziesz widział/widziała	zobaczysz
on/ona/ono	będzie widział/widziała/widziało	zobaczy
my	będziemy widzieli/widziały	zobaczymy
wy	będziecie widzieli/widziały	zobaczycie
oni/one	będą widzieli/widziały	zobaczą

CONDITIONAL

ja	widziałbym/widziałabym	zobaczyłbym/zobaczyłabym
ty	widziałbyś/widziałabyś	zobaczyłbyś/zobaczyłabyś
on/ona/ono	widziałby/widziałaby/widziałoby	zobaczyłby/zobaczyłaby/zobyczyłoby
my	widzielibyśmy/widziałybyśmy	zobaczylibyśmy/zobaczyłybyśmy
wy	widzielibyście/widziałybyście	zobaczylibyście/zobaczyłybyście
oni/one	widzieliby/widziałyby	zobaczyliby/zobaczyłyby

IMPERATIVE

			zobaczmy
		zobacz	zobaczcie
niech widzi	niech widzą	niech zobaczy	niech zobaczą

PARTICIPLES

PRES. ACT. widzący, -a, -e; -y, -e
PRES. PASS. widziany, -a, -e; -i, -e   *PAST PASS.* zobaczony, -a, -e; -eni, -one
ADV. PART. widząc

Verb governance: kogo, co
Related verbs with meanings: (**widzieć się/zobaczyć się** *see one another*) (**dowidzieć** *see well, not miss seeing*) (**niedowidzieć** *be short-sighted*) (**przewidzieć/się**/ *foresee, anticipate, forecast; loom, appear, be wrong*) (**przywidzieć się** *imagine*)

EXAMPLES of model and/or related verbs: 1. **Zobaczyłem** jej piękny uśmiech. *I saw her beautiful smile.* 2. Chciała go jeszcze raz **zobaczyć** przed odjazdem. *She wanted to see him once more before she left.* 3. Adwokaci **przewidzieli** trudności stworzone przez męża i żonę. *The lawyers anticipated the difficulties created by the husband and wife.* 4. Co ona w nim **widzi?** *What does she see in him?*

wierzyć/uwierzyć   to believe, trust, put faith in

IMPERFECTIVE		PERFECTIVE

PRESENT

ja	wierzę	
ty	wierzysz	
on/ona/ono	wierzy	
my	wierzymy	
wy	wierzycie	
oni/one	wierzą	

PAST

ja	wierzyłem/wierzyłam	uwierzyłem/uwierzyłam
ty	wierzyłeś/wierzyłaś	uwierzyłeś/uwierzyłaś
on/ona/ono	wierzył/wierzyła/wierzyło	uwierzył/uwierzyła/uwierzyło
my	wierzyliśmy/wierzyłyśmy	uwierzyliśmy/uwierzyłyśmy
wy	wierzyliście/wierzyłyście	uwierzyliście/uwierzyłyście
oni/one	wierzyli/wierzyły	uwierzyli/uwierzyły

FUTURE

ja	będę wierzył/wierzyła	uwierzę
ty	będziesz wierzył/wierzyła	uwierzysz
on/ona/ono	będzie wierzył/wierzyła/wierzyło	uwierzy
my	będziemy wierzyli/wierzyły	uwierzymy
wy	będziecie wierzyli/wierzyły	uwierzycie
oni/one	będą wierzyli/wierzyły	uwierzą

CONDITIONAL

ja	wierzyłbym/wierzyłabym	uwierzyłbym/uwierzyłabym
ty	wierzyłbyś/wierzyłabyś	uwierzyłbyś/uwierzyłabyś
on/ona/ono	wierzyłby/wierzyłaby/wierzyłoby	uwierzyłby/uwierzyłaby/uwierzyłoby
my	wierzylibyśmy/wierzyłybyśmy	uwierzylibyśmy/uwierzyłybyśmy
wy	wierzylibyście/wierzyłybyście	uwierzylibyście/uwierzyłybyście
oni/one	wierzyliby/wierzyłyby	uwierzyliby/uwierzyłyby

IMPERATIVE

	wierzmy		uwierzmy
wierz	wierzcie	uwierz	uwierzcie
niech wierzy	niech wierzą	niech uwierzy	niech uwierzą

PARTICIPLES

PRES. ACT.   wierzący, -a, -e; -y, -e
PRES. PASS.   *PAST PASS.*
ADV. PART.   wierząc

Verb governance: komu, czemu; w kogo, w co
Related verbs with meanings: (**dowierzyć** *trust*) (**powierzyć** *entrust*) (**zawierzyć** *trust, entrust one with*) (**zwierzyć/się/** *entrust, confide*)

EXAMPLES of model and/or related verbs: 1. **Zwierzę się** mojej mamie z moich problemów. *I'll entrust my problems to my mom.* 2. Nie **wierzymy** w teorię Darwina. *We don't believe in the theory of Darwin.* 3. Według Ewangelii ten zostanie zbawiony, kto **wierzy**. *According to the Gospel, the one who believes will be saved.* 4. Trudno nie **uwierzyć** faktom. *It is hard not to believe facts.*

wieszać/powiesić   to hang up, suspend, execute

IMPERFECTIVE	PERFECTIVE

PRESENT

ja	wieszam
ty	wieszasz
on/ona/ono	wiesza
my	wieszamy
wy	wieszacie
oni/one	wieszają

PAST

	IMPERFECTIVE	PERFECTIVE
ja	wieszałem/wieszałam	powiesiłem/powiesiłam
ty	wieszałeś/wieszałaś	powiesiłeś/powiesiłaś
on/ona/ono	wieszał/wieszała/wieszało	powiesił/powiesiła/powiesiło
my	wieszaliśmy/wieszałyśmy	powiesiliśmy/powiesiłyśmy
wy	wieszaliście/wieszałyście	powiesiliście/powiesiłyście
oni/one	wieszali/wieszały	powiesili/powiesiły

FUTURE

	IMPERFECTIVE	PERFECTIVE
ja	będę wieszał/wieszała	powieszę
ty	będziesz wieszał/wieszała	powiesisz
on/ona/ono	będzie wieszał/wieszała/wieszało	powiesi
my	będziemy wieszali/wieszały	powiesimy
wy	będziecie wieszali/wieszały	powiesicie
oni/one	będą wieszali/wieszały	powieszą

CONDITIONAL

	IMPERFECTIVE	PERFECTIVE
ja	wieszałbym/wieszałabym	powiesiłbym/powiesiłabym
ty	wieszałbyś/wieszałabyś	powiesiłbyś/powiesiłabyś
on/ona/ono	wieszałby/wieszałaby/wieszałoby	powiesiłby/powiesiłaby/powiesiłoby
my	wieszalibyśmy/wieszałybyśmy	powiesilibyśmy/powiesiłybyśmy
wy	wieszalibyście/wieszałybyście	powiesilibyście/powiesiłybyście
oni/one	wieszaliby/wieszałyby	powiesiliby/powiesiłyby

IMPERATIVE

	wieszajmy		powieśmy
wieszaj	wieszajcie	powieś	powieście
niech wiesza	niech wieszają	niech powiesi	niech powieszą

PARTICIPLES

PRES. ACT.   wieszający, -a, -e; -y, -e
PRES. PASS.   wieszany, -a, -e; -i, -e   *PAST PASS.*   powieszony, -a, -e; -eni, -one
ADV. PART.   wieszając

Verb governance: kogo, co

Related verbs with meanings: (**wieszać się/powiesić się** *hang oneself*) (**obwiesić/się/** *hang with, cover with; deck oneself with*) (**podwiesić** *suspend*) (**przewiesić** *rehang*) (**przywiesić** *attach*) (**rozwiesić** *hang/up/, spread out*) (**uwiesić/się/** *hang/on/*) (**wywiesić** *hang out, post up, hoist*) (**zawiesić** *suspend, put off*) (**zwiesić/się/** *let hang; droop*)

EXAMPLES of model and/or related verbs: 1. Oświadczył, że obraz będzie **powieszony** w muzeum. *He declared that the painting will be hung in the museum.* 2. Mam ochotę **wywiesić** narodową flagę przed domem. *I feel like hanging out the flag in front of the house.* 3. **Powiesił** dyplom w swoim biurze, żeby wszyscy widzieli. *He hung his diploma in the office for everyone to see.* 4. Studenci **rozwieszą** dwumetrowej wielkości plakaty po całym mieście. *The students will hang 2-meter-high billboards all over town.*

IMPERFECTIVE		PERFECTIVE

PRESENT

ja	witam	
ty	witasz	
on/ona/ono	wita	
my	witamy	
wy	witacie	
oni/one	witają	

PAST

ja	witałem/witałam	przywitałem/przywitałam
ty	witałeś/witałaś	przywitałeś/przywitałaś
on/ona/ono	witał/witała/witało	przywitał/przywitała/przywitało
my	witaliśmy/witałyśmy	przywitaliśmy/przywitałyśmy
wy	witaliście/witałyście	przywitaliście/przywitałyście
oni/one	witali/witały	przywitali/przywitały

FUTURE

ja	będę witał/witała	przywitam
ty	będziesz witał/witała	przywitasz
on/ona/ono	będzie witał/witała/witało	przywita
my	będziemy witali/witały	przywitamy
wy	będziecie witali/witały	przywitacie
oni/one	będą witali/witały	przywitają

CONDITIONAL

ja	witałbym/witałabym	przywitałbym/przywitałabym
ty	witałbyś/witałabyś	przywitałbyś/przywitałabyś
on/ona/ono	witałby/witałaby/witałoby	przywitałby/przywitałaby/przywitałoby
my	witalibyśmy/witałybyśmy	przywitalibyśmy/przywitałybyśmy
wy	witalibyście/witałybyście	przywitalibyście/przywitałybyście
oni/one	witaliby/witałyby	przywitaliby/przywitałyby

IMPERATIVE

	witajmy		przywitajmy
witaj	witajcie	przywitaj	przywitajcie
niech wita	niech witają	niech przywita	niech przywitają

PARTICIPLES

PRES. ACT.   witający, -a, -e; -y, -e
PRES. PASS.   witany, -a, -e; -i, -e   *PAST PASS.*   przywitany, -a, -e; -i, -e
ADV. PART.   witając

Verb governance: kogo, co; czym

Related verbs with meanings: (**witać się/przywitać się** *be greeted, greet each other*) (**powitać** *welcome*) (**zawitać** *arrive at, come*)

EXAMPLES of model and/or related verbs: 1. Na lotnisku **powita** go prezydent kraju. *The president of the country will welcome him at the airport.* 2. Przyszedł do naszego stolika **przywitać się.** *He came to our table to greet us.* 3. **Witali** go spontanicznie. *They greeted him spontaneously.* 4. Nasi rodzice **zawitają** do nas na święta. *Our parents will visit us at Christmas.*

IMPERFECTIVE

INDETERMINATE	*DETERMINATE*

PRESENT

	INDETERMINATE	DETERMINATE
ja	wodzę	wiodę
ty	wodzisz	wiedziesz
on/ona/ono	wodzi	wiedzie
my	wodzimy	wiedziemy
wy	wodzicie	wiedziecie
oni/one	wodzą	wiodą

PAST

ja	wodziłem/wodziłam	wiodłem/wiodłam
ty	wodziłeś/wodziłaś	wiodłeś/wiodłaś
on/ona/ono	wodził/wodziła/wodziło	wiódł/wiodła/wiodło
my	wodziliśmy/wodziłyśmy	wiedliśmy/wiodłyśmy
wy	wodziliście/wodziłyście	wiedliście/wiodłyście
oni/one	wodzili/wodziły	wiedli/wiodły

FUTURE

ja	będę wodził/wodziła	będę wiódł/wiodła
ty	będziesz wodził/wodziła	będziesz wiódł/wiodła
on/ona/ono	będzie wodził/wodziła/wodziło	będzie wiódł/wiodła/wiodło
my	będziemy wodzili/wodziły	będziemy wiedli/wiodły
wy	będziecie wodzili/wodziły	będziecie wiedli/wiodły
oni/one	będą wodzili/wodziły	będą wiedli/wiodły

CONDITIONAL

ja	wodziłbym/wodziłabym	wiódłbym/wiodłabym
ty	wodziłbyś/wodziłabyś	wiódłbyś/wiodłabyś
on/ona/ono	wodziłby/wodziłaby/wodziłoby	wiódłby/wiodłaby/wiodłoby
my	wodzilibyśmy/wodziłybyśmy	wiedlibyśmy/wiodłybyśmy
wy	wodzilibyście/wodziłybyście	wiedlibyście/wiodłybyście
oni/one	wodziliby/wodziłyby	wiedliby/wiodłyby

IMPERATIVE

	wódźmy		wiedźmy
wódź	wódźcie	wiedź	wiedźcie
niech wodzi	niech wodzą	niech wiedzie	niech wiodą

PARTICIPLES

PRES. ACT. wodzący, -a, -e; -y, -e

PRES. PASS. wodzony, -a, -e; -eni, -one

ADV. PART. wodząc

PAST PASS. wiedziony, -a, -e; -dzeni, -dzione

wiodący, -a, -e; -y, -e

wiodąc

Verb governance: kogo, co

Related verbs with meanings: (**wodzić się * wieść się/powieść się** *be led*) (**dowodzić** *lead*) (**obwodzić** *encircle, show around*) (**odwodzić** *draw away, dissuade*) (**przewodzić** *conduct*) (**przywodzić** *bring about, realize*) (**rozwodzić się** *divorce*) (**uwodzić/się/** *flirt; be lured*) (**wywodzić/się/** *lead out; be derived from*) (**zawodzić/się/** *let down; be disappointed*) (**zwodzić** *take down, deceive, seduce*)

EXAMPLES of model and/or related verbs: 1. Nigdy nie zamierzał **się rozwieść**. *He never planned to divorce.* 2. Biblijna Dalila **uwiodła** Samsona. *The biblical Delilah lured Samson.* 3. Czasami nauka **zawodzi**. *Sometimes science lets you down.* 4. **Powiodłabyś** go wprost do saloniku, gdyby on zechciał zostać na kawę. *You would have led him straight into the living room, had he wanted to stay for coffee.*

woleć   to like better, prefer

IMPERFECTIVE	PERFECTIVE

PRESENT

ja	wolę
ty	wolisz
on/ona/ono	woli
my	wolimy
wy	wolicie
oni/one	wolą

PAST

ja	wolałem/wolałam
ty	wolałeś/wolałaś
on/ona/ono	wolał/wolała/wolało
my	woleliśmy/wolałyśmy
wy	woleliście/wolałyście
oni/one	woleli/wolały

FUTURE

ja	będę wolał/wolała
ty	będziesz wolał/wolała
on/ona/ono	będzie wolał/wolała/wolało
my	będziemy woleli/wolały
wy	będziecie woleli/wolały
oni/one	będą woleli/wolały

CONDITIONAL

ja	wolałbym/wolałabym
ty	wolałbyś/wolałabyś
on/ona/ono	wolałby/wolałaby/wolałoby
my	wolelibyśmy/wolałybyśmy
wy	wolelibyście/wolałybyście
oni/one	woleliby/wolałyby

IMPERATIVE

PARTICIPLES

PRES. ACT.   wolący, -a, -e; -y, -e
PRES. PASS.   *PAST PASS.*
ADV. PART.   woląc
Verb governance: kogo, co; od kogo, od czego; niż co
Related verbs with meanings:

EXAMPLES of model and/or related verbs: 1. **Woleli** kawę od herbaty. *They preferred coffee to tea.* 2. Mania umie już sama sznurować buciki, ale **woli**, gdy to robi za nią mama. *Mania knows how to lace her own booties, but she prefers when her mom does it for her.* 3. **Wolelibyśmy** być razem z ciocią. *We would prefer to be together with you, Auntie.* 4. Mówią, że mężczyźni **wolą** blondynki. *They say that men prefer blonds.*

IMPERFECTIVE		PERFECTIVE

PRESENT

ja	wołam	
ty	wołasz	
on/ona/ono	woła	
my	wołamy	
wy	wołacie	
oni/one	wołają	

PAST

ja	wołałem/wołałam	zawołałem/zawołałam
ty	wołałeś/wołałaś	zawołałeś/zawołałaś
on/ona/ono	wołał/wołała/wołało	zawołał/zawołała/zawołało
my	wołaliśmy/wołałyśmy	zawołaliśmy/zawołałyśmy
wy	wołaliście/wołałyście	zawołaliście/zawołałyście
oni/one	wołali/wołały	zawołali/zawołały

FUTURE

ja	będę wołał/wołała	zawołam
ty	będziesz wołał/wołała	zawołasz
on/ona/ono	będzie wołał/wołała/wołało	zawoła
my	będziemy wołali/wołały	zawołamy
wy	będziecie wołali/wołały	zawołacie
oni/one	będą wołali/wołały	zawołają

CONDITIONAL

ja	wołałbym/wołałabym	zawołałbym/zawołałabym
ty	wołałbyś/wołałabyś	zawołałbyś/zawołałabyś
on/ona/ono	wołałby/wołałaby/wołałoby	zawołałby/zawołałaby/zawołałoby
my	wołalibyśmy/wołałybyśmy	zawołalibyśmy/zawołałybyśmy
wy	wołalibyście/wołałybyście	zawołalibyście/zawołałybyście
oni/one	wołaliby/wołałyby	zawołaliby/zawołałyby

IMPERATIVE

	wołajmy		zawołajmy
wołaj	wołajcie	zawołaj	zawołajcie
niech woła	niech wołają	niech zawoła	niech zawołają

PARTICIPLES

PRES. ACT. wołający, -a, -e; -y, -e
PRES. PASS. wołany, -a, -e; -i, -e   **PAST PASS.** zawołany, -a, -e; -i, -e
ADV. PART. wołając

Verb governance: kogo, co
Related verbs with meanings: (**dowołać się** *shout*) (**odwołać/się/** *recall; appeal*) (**powołać/się/** *appoint; refer*) (**przywołać** *summon, signal*) (**wywołać** *call/out/, provoke*) (**zwołać** *assemble, convene*)

EXAMPLES of model and/or related verbs: 1. Rada Stała Episkopatu Polski **powołała** kościelny komitet. *The Standing Council of the Bishopric of Poland appointed a church committee.* 2. Możemy czyba **odwołać się** do ONZ-tu. *Perhaps we may appeal to the U.N.* 3. Ten nakaz **wywoła** reakcję. *This injunction will provoke a reaction.* 4. **Zawołaj** kelnera. *Call the waiter.*

wozić * wieźć/powieźć   to carry by vehicle, transport, drive, cart, convey, take to

IMPERFECTIVE

INDETERMINATE	*DETERMINATE*

PRESENT

	INDETERMINATE	*DETERMINATE*
ja	wożę	wiozę
ty	wozisz	wieziesz
on/ona/ono	wozi	wiezie
my	wozimy	wieziemy
wy	wozicie	wieziecie
oni/one	wożą	wiozą

PAST

	INDETERMINATE	*DETERMINATE*
ja	woziłem/woziłam	wiozłem/wiozłam
ty	woziłeś/woziłaś	wiozłeś/wiozłaś
on/ona/ono	woził/woziła/woziło	wiózł/wiozła/wiozło
my	woziliśmy/woziłyśmy	wieźliśmy/wiozłyśmy
wy	woziliście/woziłyście	wieźliście/wiozłyście
oni/one	wozili/woziły	wieźli/wiozły

FUTURE

	INDETERMINATE	*DETERMINATE*
ja	będę woził/woziła	będę wiózł/wiozła
ty	będziesz woził/woziła	będziesz wiózł/wiozła
on/ona/ono	będzie woził/woziła/woziło	będzie wiózł/wiozła/wiozło
my	będziemy wozili/woziły	będziemy wieźli/wiozły
wy	będziecie wozili/woziły	będziecie wieźli/wiozły
oni/one	będą wozili/woziły	będą wieźli/wiozły

CONDITIONAL

	INDETERMINATE	*DETERMINATE*
ja	woziłbym/woziłabym	wiózłbym/wiozłabym
ty	woziłbyś/woziłabyś	wiózłbyś/wiozłabyś
on/ona/ono	woziłby/woziłaby/woziłoby	wiózłby/wiozłaby/wiozłoby
my	wozilibyśmy/woziłybyśmy	wieźlibyśmy/wiozłybyśmy
wy	wozilibyście/woziłybyście	wieźlibyście/wiozłybyście
oni/one	woziliby/woziłyby	wieźliby/wiozłyby

IMPERATIVE

	wóźmy		wieźmy
wóź	wóźcie	wieź	wieźcie
niech wozi	niech wożą	niech wiezie	niech wiozą

PARTICIPLES

PRES. ACT.	wożący, -a, -e; -y, -e		wiozący, -a, -e; -y, -e
PRES. PASS.	wożony, -a, -e; -eni, -one	*PAST PASS.*	wieziony, -a, -e; -eni, -one
ADV. PART.	wożąc		wioząc

Verb governance: kogo, co

Related verbs with meanings: (**dowieźć** *transport up to*) (**nawieźć** *bring, cart*) (**obwieźć** *drive around*) (**odwieźć** *drive back*) (**podwieźć** *give a ride*) (**przewieźć** *convey across*) (**przywieźć** *bring*) (**rozwieźć** *deliver, transport to*) (**uwieźć** *take away, carry off*) (**wywieźć** *take to, export, deport*) (**zawieźć** *drive to*) (**zwieźć** *bring in*)

EXAMPLES of model and/or related verbs: 1. W 1944 on został **wywieziony** do obozu koncentracyjnego. *In 1944 he was deported to a concentration camp.* 2. **Przywiozłem** wiele presentów z Ameryki. *I brought many presents from America.* 3. Ona **wiozła** polecenia i instrukcje dla zarządu. *She carried orders and instructions for the management.* 4. **Podwieź** Marka do pracy. *Give Mark a ride to work.*

271

IMPERFECTIVE		PERFECTIVE	

PRESENT

ja	wracam	
ty	wracasz	
on/ona/ono	wraca	
my	wracamy	
wy	wracacie	
oni/one	wracają	

PAST

ja	wracałem/wracałam	wróciłem/wróciłam
ty	wracałeś/wracałaś	wróciłeś/wróciłaś
on/ona/ono	wracał/wracała/wracało	wrócił/wróciła/wróciło
my	wracaliśmy/wracałyśmy	wróciliśmy/wróciłyśmy
wy	wracaliście/wracałyście	wróciliście/wróciłyście
oni/one	wracali/wracały	wrócili/wróciły

FUTURE

ja	będę wracał/wracała	wrócę
ty	będziesz wracał/wracała	wrócisz
on/ona/ono	będzie wracał/wracała/wracało	wróci
my	będziemy wracali/wracały	wrócimy
wy	będziecie wracali/wracały	wrócicie
oni/one	będą wracali/wracały	wrócą

CONDITIONAL

ja	wracałbym/wracałabym	wróciłbym/wróciłabym
ty	wracałbyś/wracałabyś	wróciłbyś/wróciłabyś
on/ona/ono	wracałby/wracałaby/wracałoby	wróciłby/wróciłaby/wróciłoby
my	wracalibyśmy/wracałybyśmy	wrócilibyśmy/wróciłybyśmy
wy	wracalibyście/wracałybyście	wrócilibyście/wróciłybyście
oni/one	wracaliby/wracałyby	wróciliby/wróciłyby

IMPERATIVE

	wracajmy		wróćmy
wracaj	wracajcie	wróć	wróćcie
niech wraca	niech wracają	niech wróci	niech wrócą

PARTICIPLES

PRES. ACT.   wracający, -a, -e; -y, -e
PRES. PASS.   ***PAST PASS.***
ADV. PART.   wracając

Verb governance: komu, co; skąd

Related verbs with meanings: (**odwrócić/się/** *turn/around/*) (**nawrócić/się/** *turn about, convert; be converted*) (**powrócić** *come back, restore, reconcile*) (**przewrócić/się/** *overturn; fall*) (**przywrócić** *restore*) (**wywrócić/się/** *knock over; tumble, fall*) (**zawrócić/się/** *turn back, make a U-turn, bother about; return*) (**zwrócić/się/** *return, bring back; turn to*)

EXAMPLES of model and/or related verbs: 1. **Odwróć się** i zobacz kto idzie za nami. *Turn around and see who's walking behind us.* 2. **Wróciłabym** do swych zainteresowań, ale nie miałam czasu. *I would have returned to my interests, but I had no time.* 3. **Wracałem** zawsze z zakupów z pustym portfelem. *I always returned from shopping with an empty wallet.* 4. **Powrócił** do żony po kilku miesiącach. *After a few months, he came back to his wife.*

wybaczać/wybaczyć   to excuse, forgive

IMPERFECTIVE   **PERFECTIVE**
PRESENT

ja   wybaczam
ty   wybaczasz
on/ona/ono   wybacza
my   wybaczamy
wy   wybaczacie
oni/one   wybaczają

PAST

ja   wybaczałem/wybaczałam   wybaczyłem/wybaczyłam
ty   wybaczałeś/wybaczałaś   wybaczyłeś/wybaczyłaś
on/ona/ono   wybaczał/wybaczała/wybaczało   wybaczył/wybaczyła/wybaczyło
my   wybaczaliśmy/wybaczałyśmy   wybaczyliśmy/wybaczyłyśmy
wy   wybaczaliście/wybaczałyście   wybaczyliście/wybaczyłyście
oni/one   wybaczali/wybaczały   wybaczyli/wybaczyły

FUTURE

ja   będę wybaczał/wybaczała   wybaczę
ty   będziesz wybaczał/wybaczała   wybaczysz
on/ona/ono   będzie wybaczał/wybaczała/wybaczało wybaczy
my   będziemy wybaczali/wybaczały   wybaczymy
wy   będziecie wybaczali/wybaczały   wybaczycie
oni/one   będą wybaczali/wybaczały   wybaczą

CONDITIONAL

ja   wybaczałbym/wybaczałabym   wybaczyłbym/wybaczyłabym
ty   wybaczałbyś/wybaczałabyś   wybaczyłbyś/wybaczyłabyś
on/ona/ono   wybaczałby/wybaczałaby/   wybaczyłby/wybaczyłaby/
                wybaczałoby   wybaczyłoby
my   wybaczalibyśmy/wybaczałybyśmy   wybaczylibyśmy/wybaczyłybyśmy
wy   wybaczalibyście/wybaczałybyście   wybaczylibyście/wybaczyłybyście
oni/one   wybaczaliby/wybaczałyby   wybaczyliby/wybaczyłyby

IMPERATIVE

                wybaczajmy   wybaczmy
wybaczaj   wybaczajcie   wybacz   wybaczcie
niech wybacza   niech wybaczają   niech wybaczy   niech wybaczą

PARTICIPLES

PRES. ACT.   wybaczający, -a, -e; -y, -e
PRES. PASS.   wybaczany, -a, -e; -i, -e   *PAST PASS.* wybaczony, -a, -e; -eni, -one
ADV. PART.   wybaczając
Verb governance: komu, co; za co
Related verbs with meanings: (**przebaczyć** *pardon, condone*)

EXAMPLES of model and/or related verbs: 1. **Wybaczała** mu jego nałóg do kart. *She forgave him for his card-playing habit.* 2. Ojciec **wybaczył** błędy swojemu synowi. *The father forgave his son for mistakes.* 3. Widać, że sobie **przebaczają,** skoro się jeszcze nie rozwiedli. *It looks as if they are forgiving each other since they haven't divorced yet.* 4. **Wybacz** mu jego dziwadztwo. *Excuse him for his eccentricity.*

wycierać/wytrzeć   to wipe, wipe off/clean

IMPERFECTIVE   PERFECTIVE
PRESENT

ja	wycieram
ty	wycierasz
on/ona/ono	wyciera
my	wycieramy
wy	wycieracie
oni/one	wycierają

PAST

ja	wycierałem/wycierałam	wytarłem/wytarłam
ty	wycierałeś/wycierałaś	wytarłeś/wytarłaś
on/ona/ono	wycierał/wycierała/wycierało	wytarł/wytarła/wytarło
my	wycieraliśmy/wycierałyśmy	wytarliśmy/wytarłyśmy
wy	wycieraliście/wycierałyście	wytarliście/wytarłyście
oni/one	wycierali/wycierały	wytarli/wytarły

FUTURE

ja	będę wycierał/wycierała	wytrę
ty	będziesz wycierał/wycierała	wytrzesz
on/ona/ono	będzie wycierał/wycierała/wycierało	wytrze
my	będziemy wycierali/wycierały	wytrzemy
wy	będziecie wycierali/wycierały	wytrzecie
oni/one	będą wycierali/wycierały	wytrą

CONDITIONAL

ja	wycierałbym/wycierałabym	wytarłbym/wytarłabym
ty	wycierałbyś/wycierałabyś	wytarłbyś/wytarłabyś
on/ona/ono	wycierałby/wycierałaby/wycierałoby	wytarłby/wytarłaby/wytarłoby
my	wycieralibyśmy/wycierałybyśmy	wytarlibyśmy/wytarłybyśmy
wy	wycieralibyście/wycierałybyście	wytarlibyście/wytarłybyście
oni/one	wycieraliby/wycierałyby	wytarliby/wytarłyby

IMPERATIVE

	wycierajmy		wytrzyjmy
wycieraj	wycierajcie	wytrzyj	wytrzyjcie
niech wyciera	niech wycierają	niech wytrze	niech wytrą

PARTICIPLES

PRES. ACT. wycierający, -a, -e; -y, -e
PRES. PASS. wycierany, -a, -e; -i, -e   *PAST PASS.* wytarty, -a, -e; -ci, -te
ADV. PART. wycierając

Verb governance: kogo, co; komu; gdzie
Related verbs with meanings: (**wycierać się/wytrzeć się** *wipe/dry/oneself, wear out*) (**dotrzeć** *rub up, reach*) (**natrzeć** *rub down, attack*) (**obetrzeć/się/** *wipe away; rub against*) (**otrzeć/się/** *wipe off; graze*) (**podetrzeć** *wipe, rub*) (**potrzeć** *rub*) (**przetrzeć** *wipe, rub through*) (**przytrzeć** *wear down, chafe*) (**rozetrzeć** *rub over, massage away, spread, grind*) (**utrzeć** *grate*) (**zatrzeć/się/** *rub off, erase; smudge, wear off, seize*) (**zetrzeć/się/** *wipe out; run in, grapple, battle with*)

EXAMPLES of model and/or related verbs: 1. W końcu **dotarli** do kopalni węgla "Turów". *At last, they reached the "Turow" coal mine.* 2. Powieki mi **przetarto** olejem. *My eyelids were wiped with oil.* 3. **Natarłbyś** olejkiem górną część klatki piersiowej. *You should rub down the upper part of your chest with oil.* 4. Proszę **wytrzeć** tablicę. *Please wipe the blackboard.*

wyjaśniać/wyjaśnić   to explain, clear up, illustrate, comment, clarify

IMPERFECTIVE		PERFECTIVE

PRESENT

ja	wyjaśniam
ty	wyjaśniasz
on/ona/ono	wyjaśnia
my	wyjaśniamy
wy	wyjaśniacie
oni/one	wyjaśniają

PAST

ja	wyjaśniałem/wyjaśniałam	wyjaśniłem/wyjaśniłam
ty	wyjaśniałeś/wyjaśniałaś	wyjaśniłeś/wyjaśniłaś
on/ona/ono	wyjaśniał/wyjaśniała/wyjaśniało	wyjaśnił/wyjaśniła/wyjaśniło
my	wyjaśnialiśmy/wyjaśniałyśmy	wyjaśniliśmy/wyjaśniłyśmy
wy	wyjaśnialiście/wyjaśniałyście	wyjaśniliście/wyjaśniłyście
oni/one	wyjaśniali/wyjaśniały	wyjaśnili/wyjaśniły

FUTURE

ja	będę wyjaśniał/wyjaśniała	wyjaśnię
ty	będziesz wyjaśniał/wyjaśniała	wyjaśnisz
on/ona/ono	będzie wyjaśniał/wyjaśniała/ wyjaśniało	wyjaśni
my	będziemy wyjaśniali/wyjaśniały	wyjaśnimy
wy	będziecie wyjaśniali/wyjaśniały	wyjaśnicie
oni/one	będą wyjaśniali/wyjaśniały	wyjaśnią

CONDITIONAL

ja	wyjaśniałbym/wyjaśniałabym	wyjaśniłbym/wyjaśniłabym
ty	wyjaśniałbyś/wyjaśniałabyś	wyjaśniłbyś/wyjaśniłabyś
on/ona/ono	wyjaśniałby/wyjaśniałaby/ wyjaśniałoby	wyjaśniłby/wyjaśniłaby/wyjaśniłoby
my	wyjaśnialibyśmy/wyjaśniałybyśmy	wyjaśnilibyśmy/wyjaśniłybyśmy
wy	wyjaśnialibyście/wyjaśniałybyście	wyjaśnilibyście/wyjaśniłybyście
oni/one	wyjaśznialiby/wyjaśniałyby	wyjaśniliby/wyjaśniłyby

IMPERATIVE

	wyjaśniajmy		wyjaśnijmy
wyjaśniaj	wyjaśniajcie	wyjaśnij	wyjaśnijcie
niech wyjaśnia	niech wyjaśniają	niech wyjaśni	niech wyjaśnią

PARTICIPLES

PRES. ACT.	wyjaśniający, -a, -e; -y, -e		
PRES. PASS.	wyjaśniany, -a, -e; -, -e	*PAST PASS.*	wyjaśniony, -a, -e; -, -one
ADV. PART.	wyjaśniając		

Verb governance: komu, co

Related verbs with meanings: (**wyjaśniać się/wyjaśnić się** *brighten up, become clear, clear up*)
(**objaśnić** *explain, interpret*) (**przejaśnić/się/** *clear/up/*) (**rozjaśnić/się/** *bleach, brighten; clear up*)

EXAMPLES of model and/or related verbs: 1. Wybierając z wielu odcieni możesz **rozjaśnić**
kolor twoich włosów. *Choosing from many shades, you may brighten the color of your hair.*
2. **Wyjaśniła,** że jest siostrzenicą kierownika. *She explained that she is the boss's niece.*
3. **Wyjaśniłby** istotę rzeczy, gdyby potrafił. *He would have explained the gist of the matter if he
could have.* 4. Na końcu każdej lekcji **wyjaśniam** uczniom zadanie domowe. *At the end of each
lecture, I explain homework to my pupils.*

wymieniać   to mention, name, change, exchange, barter, trade, single out, convert, replace

IMPERFECTIVE		PERFECTIVE

PRESENT

ja	wymieniam
ty	wymieniasz
on/ona/ono	wymienia
my	wymieniamy
wy	wymieniacie
oni/one	wymieniają

PAST

ja	wymieniałem/wymieniałam	wymieniłem/wymieniłam
ty	wymieniałeś/wymieniałaś	wymieniłeś/wymieniłaś
on/ona/ono	wymieniał/wymieniała/wymieniało	wymienił/wymieniła/wymieniło
my	wymienialiśmy/wymieniałyśmy	wymieniliśmy/wymieniłyśmy
wy	wymienialiście/wymieniałyście	wymieniliście/wymieniłyście
oni/one	wymieniali/wymieniały	wymienili/wymieniły

FUTURE

ja	będę wymieniał/wymieniała	wymienię
ty	będziesz wymieniał/wymieniała	wymienisz
on/ona/ono	będziesz wymieniał/wymieniała/ wymieniało	wymieni
my	będziemy wymieniali/wymieniały	wymienimy
wy	będziecie wymieniali/wymieniały	wymienicie
oni/one	będą wymieniali/wymieniały	wymienią

CONDITIONAL

ja	wymieniałbym/wymieniałabym	wymieniłbym/wymieniłabym
ty	wymieniałbyś/wymieniałabyś	wymieniłbyś/wymieniłabyś
on/ona/ono	wymieniałby/wymieniałaby/ wymieniałoby	wymieniłby/wymieniłaby/wymieniłoby
my	wymienialibyśmy/wymieniałybyśmy	wymienilibyśmy/wymieniłybyśmy
wy	wyminialibyście/wymieniałybyście	wymienilibyście/wymieniłybyście
oni/one	wymienialiby/wymieniałyby	wymieniliby/wymieniłyby

IMPERATIVE

	wymieniajmy		wymieńmy
wymieniaj	wymieniajcie	wymień	wymieńcie
niech wymienia	niech wymieniają	niech wymieni	niech wymienią

PARTICIPLES

PRES. ACT.   wymieniający, -a, -e; -y, -e
PRES. PASS.   wymieniany, -a, -e; -i, -e   *PAST PASS.*   wymieniony, -a, -e; -eni, -one
ADV. PART.   wymieniając

Verb governance: kogo, co; komu; po czym
Related verbs with meanings: (**wymieniać się/wymienić się** *exchange*) (**nadmienić** *hint, allude*) (**odmienić/się**/ *change; be altered*) (**przemienić/się**/ *transform; turn into*) (**rozmienić** *get change*) (**zamienić/się**/ *change/into/, barter; turn, be converted into*) (**zmienić/się**/ *change, shift; be changed, alternate*)

EXAMPLES of model and/or related verbs: 1. Brzydkie kaczątko **przemieniło się** w pięknego łabędzia. *The ugly duckling turned into a beautiful swan.* 2. Spotykają się i **wymieniają** doświadczenia z życia. *They meet and exchange life experiences.* 3. To wszystko było tak cudowne, że nie **zamieniłbym** tego na nic. *Everything was so wonderful that I would not have changed it for anything else.* 4. **Będzie zmieniał** samochody na coraz lepsze. *He will be changing his cars for better and better ones.*

wypełniać/wypełnić   to carry out, fulfill, fill out, execute, complete, top up, accomplish

IMPERFECTIVE	PERFECTIVE

PRESENT

ja	wypełniam
ty	wypełniasz
on/ona/ono	wypełnia
my	wypełniamy
wy	wypełniacie
oni/one	wypełniają

PAST

ja	wypełniałem/wypełniałam	wypełniłem/wypełniłam
ty	wypełniałeś/wypełniałaś	wypełniłeś/wypełniłaś
on/ona/ono	wypełniał/wypełniała/wypełniało	wypełnił/wypełniła/wypełniło
my	wypełnialiśmy/wypełniałyśmy	wypełniliśmy/wypełniłyśmy
wy	wypełnialiście/wypełniałyście	wypełniliście/wypełniłyście
oni/one	wypełniali/wypełniały	wypełnili/wypełniły

FUTURE

ja	będę wypełniał/wypełniała	wypełnię
ty	będziesz wypełniał/wypełniała	wypełnisz
on/ona/ono	będzie wypełniał/wypełniała/ wypełniało	wypełni
my	będziemy wypełniali/wypełniały	wypełnimy
wy	będziecie wypełniali/wypełniały	wypełnicie
oni/one	będą wypełniali/wypełniały	wypełnią

CONDITIONAL

ja	wypełniałbym/wypełniałabym	wypełniłbym/wypełniłabym
ty	wypełniałbyś/wypełniałabyś	wypełniłbyś/wypełniłabyś
on/ona/ono	wypełniałby/wypełniałaby/ wypełniałoby	wypełniłby/wypełniłaby/wypełniłoby
my	wypełnialibyśmy/wypełniałybyśmy	wypełnilibyśmy/wypełniłybyśmy
wy	wypełnialibyście/wypełniałybyście	wypełnilibyście/wypełniłybyście
oni/one	wypełnialiby/wypełniałyby	wypełniliby/wypełniłyby

IMPERATIVE

	wypełniajmy		wypełnijmy
wypełniaj	wypełniajcie	wypełnij	wypełnijcie
niech wypełnia	niech wypełniają	niech wypełni	niech wypełnią

PARTICIPLES

PRES. ACT.   wypełniający, -a , -e; -y, -e
PRES. PASS.   wypełniany, -a, -e; -i, -e   *PAST PASS.*   wypełniony, -a, -e; -eni, -one
ADV. PART.   wypełniając

Verb governance: komu, co

Related verbs with meanings: (**dopełnić** *fill up, complement*) (**napełnić/się/** *fill, inspire; fill completely*) (**popełnić** *commit, do*) (**przepełnić** *overfill, overcrowd*) (**spełnić/się/** *realize; come true, be fulfilled*) (**zapełnić/się/** *fill with; be full of*)

EXAMPLES of model and/or related verbs: 1. Trzeba **dopełnić** chłodnicę. *The radiator has to be topped up with antifreeze.* 2. Nie **popełniajcie** błędów. *Don't commit errors.* 3. **Wypełniali** niesłychnie niebezpieczne misje. *They carried out unusually dangerous assignments.* 4. **Wypełniła** swoje zadanie i prosiła o dalsze instrukcje. *She accomplished her task and asked for further instructions.*

IMPERFECTIVE	PERFECTIVE

PRESENT

ja	wyrażam
ty	wyrażasz
on/ona/ono	wyraża
my	wyrażamy
wy	wyrażacie
oni/one	wyrażają

PAST

ja	wyrażałem/wyrażałam	wyraziłem/wyraziłam
ty	wyrażałeś/wyrażałaś	wyraziłeś/wyraziłaś
on/ona/ono	wyrażał/wyrażała/wyrażało	wyraził/wyraziła/wyraziło
my	wyrażaliśmy/wyrażałyśmy	wyraziliśmy/wyraziłyśmy
wy	wyrażaliście/wyrażałyście	wyraziliście/wyraziłyście
oni/one	wyrażali/wyrażały	wyrazili/wyraziły

FUTURE

ja	będę wyrażał/wyrażała	wyrażę
ty	będziesz wyrażał/wyrażała	wyrazisz
on/ona/ono	będzie wyrażał/wyrażała/wyrażało	wyrazi
my	będziemy wyrażali/wyrażały	wyrazimy
wy	będziecie wyrażali/wyrażały	wyrazicie
oni/one	będą wyrażali/wyrażały	wyrażą

CONDITIONAL

ja	wyrażałbym/wyrażałabym	wyraziłbym/wyraziłabym
ty	wyrażałbyś/wyrażałabyś	wyraziłbyś/wyraziłabyś
on/ona/ono	wyrażałby/wyrażałaby/wyrażałoby	wyraziłby/wyraziłaby/wyraziłoby
my	wyrażalibyśmy/wyrażałybyśmy	wyrazilibyśmy/wyraziłybyśmy
wy	wyrażalibyście/wyrażałybyście	wyrazilibyście/wyraziłybyście
oni/one	wyrażaliby/wyrażałyby	wyraziliby/wyraziłyby

IMPERATIVE

	wyrażajmy		wyraźmy
wyrażaj	wyrażajcie	wyraź	wyraźcie
niech wyraża	niech wyrażają	niech wyrazi	niech wyrażą

PARTICIPLES

PRES. ACT. wyrażający, -a, -e; -y, -e
PRES. PASS. wyrażany, -a, -e; -, -e   *PAST PASS.* wyrażony, -a, -e; -, -one
ADV. PART. wyrażając

Verb governance: komu, co

Related verbs with meanings: (**wyrażać się/wyrazić się** *express oneself, mean*) (**narazić/się/** *expose, endanger; risk, be liable to*) (**obrazić/się/** *insult; take offence*) (**porazić** *strike, hit*) (**przerazić/się/** *horrify, frighten; be frightened/terrified/scared*) (**urazić** *offend*) (**zarazić/się/** *infect; become infected*) (**zrazić/się/** *indispose, repel; lose heart*)

EXAMPLES of model and/or related verbs: 1. Proszę nie **przerazić się** moim wyglądem. *Please don't be frightened by my look.* 2. Wyobraź sobie, że dopiero teraz **zaraził się**. *Imagine that he just got infected.* 3. Para w młodym wieku jest **narażona** na wiele przeciwności. *A young couple is exposed to many setbacks.* 4. Częste spóźnianie się **wyraża się** w braku odpowiedzialności. *Frequent lateness means a lack of responsibility.*

wystarczać/wystarczyć   to be enough, suffice, last

IMPERFECTIVE		PERFECTIVE

PRESENT

ja	wystarczam	
ty	wystarczasz	
on/ona/ono	wystarcza	
my	wystarczamy	
wy	wystarczacie	
oni/one	wystarczają	

PAST

ja	wystarczałem/wystarczałam	wystarczyłem/wystarczyłam
ty	wystarczałeś/wystarczałaś	wystarczyłeś/wystarczyłaś
on/ona/ono	wystarczał/wystarczała/wystarczało	wystarczył/wystarczyła/wystarczyło
my	wystarczaliśmy/wystarczałyśmy	wystarczyliśmy/wystarczyłyśmy
wy	wystarczaliście/wystarczałyście	wystarczyliście/wystarczyłyście
oni/one	wystarczali/wystarczały	wystarczyli/wystarczyły

FUTURE

ja	będę wystarczał/wystarczała	wystarczę
ty	będziesz wystarczał/wystarczała	wystarczysz
on/ona/ono	będzie wystarczał/wystarczała/wystarczało	wystarczy
my	będziemy wystarczali/wystarczały	wystarczymy
wy	będziecie wystarczali/wystarczały	wystarczycie
oni/one	będą wystarczali/wystarczały	wystarczą

CONDITIONAL

ja	wystarczałbym/wystarczałabym	wystarczyłbym/wystarczyłabym
ty	wystarczałbyś/wystarczałabyś	wystarczyłbyś/wystarczyłabyś
on/ona/ono	wystarczałby/wystarczałaby/wystarczałoby	wystarczyłby/wystarczyłaby/wystarczyłoby
my	wystarczalibyśmy/wystarczałybyśmy	wystarczylibyśmy/wystarczyłybyśmy
wy	wystarczalibyście/wystarczałybyście	wystarczylibyście/wystarczyłybyście
oni/one	wystarczaliby/wystarczałyby	wystarczyliby/wystarczyłyby

IMPERATIVE

niech wystarcza	niech wystarczają	niech wystarczy	niech wystarczą

PARTICIPLES

PRES. ACT.   wystarczający, -a, -e; -y, -e
PRES. PASS.   *PAST PASS.*
ADV. PART.   wystarczając
Verb governance: komu, czego
Related verbs with meanings: (**dostarczyć** *deliver, supply*) (**nastarczyć** *cope, keep up with, meet/needs/*) (**starczyć** *be sufficient, be adequate, be enough*)

EXAMPLES of model and/or related verbs: 1. Jak to, ja ci nie **wystarczam?** *Why am I not enough for you?* 2. **Wystarczy** dać mu kilka groszy. *It will suffice to give him a few cents.* 3. Nie **starczyło** pieniędzy na kolorowy telewizor. *We didn't have enough money for a color TV.* 4. Powinno nam **wystarczyć** pieniędzy do końca miesiąca. *We should have enough money to the end of the month.*

IMPERFECTIVE   PERFECTIVE

PRESENT

ja	wysyłam
ty	wysyłasz
on/ona/ono	wysyła
my	wysyłamy
wy	wysyłacie
oni/one	wysyłają

PAST

ja	wysyłałem/wysyłałam	wysłałem/wysłałam
ty	wysyłałeś/wysyłałaś	wysłałeś/wysłałaś
on/ona/ono	wysyłał/wysyłała/wysyłało	wysłał/wysłała/wysłało
my	wysyłaliśmy/wysyłałyśmy	wysłaliśmy/wysłałyśmy
wy	wysyłaliście/wysyłałyście	wysłaliście/wysłałyście
oni/one	wysyłali/wysyłały	wysłali/wysłały

FUTURE

ja	będę wysyłał/wysyłała	wyślę
ty	będziesz wysyłał/wysyłała	wyślesz
on/ona/ono	będzie wysyłał/wysyłała/wysyłało	wyśle
my	będziemy wysyłali/wysyłały	wyślemy
wy	będziecie wysyłali/wysyłały	wyślecie
oni/one	będą wysyłali/wysyłały	wyślą

CONDITIONAL

ja	wysyłałbym/wysyłałabym	wysłałbym/wysłałabym
ty	wysyłałbyś/wysyłałabyś	wysłałbyś/wysłałabyś
on/ona/ono	wysyłałby/wysyłałaby/wysyłałoby	wysłałby/wysłałaby/wysłałoby
my	wysyłalibyśmy/wysyłałybyśmy	wysłalibyśmy/wysłałybyśmy
wy	wysyłalibyście/wysyłałybyście	wysłalibyście/wysłałybyście
oni/one	wysyłaliby/wysyłałyby	wysłaliby/wysłałyby

IMPERATIVE

	wysyłajmy		wyślijmy
wysyłaj	wysyłajcie	wyślij	wyślijcie
niech wysyła	niech wysyłają	niech wyśle	niech wyślą

PARTICIPLES

PRES. ACT.   wysyłający, -a, -e; -y, -e
PRES. PASS.   wysyłany, -a, -e; -i, -e   *PAST PASS.*   wysłany, -a, -e; -i, -e
ADV. PART.   wysyłając
Verb governance: kogo; komu, co; do kogo
Related verbs with meanings: (**dosłać** *forward*) (**nasłać** *incite*) (**odesłać** *return, direct*) (**posłać** *send on*) (**przesłać** *dispatch*) (**przysłać** *send along*) (**rozesłać** *send around, distribute*) (**zesłać** *send/from heaven/, deport*)

EXAMPLES of model and/or related verbs: 1. Często **wysyłałam** swoje zdjęcia do Polski. *I often sent my pictures to Poland.* 2. **Wysyłając** sumiennie alimenty, może dokumentować, że jest dobrym ojcem. *By regularly sending alimony payments, he may prove that he is a caring father.* 3. **Przesyłam** serdeczne gratulacje. *I am sending sincere congratulations.* 4. Jestem wdzięczna, że los mi go **zesłał.** *I'm grateful that fate has sent him to me.*

wyszczególniać/wyszczególnić   to itemize, specify, enumerate, mention by name, single out

IMPERFECTIVE	PERFECTIVE

PRESENT

ja	wyszczególniam
ty	wyszczególniasz
on/ona/ono	wyszczególnia
my	wyszczególniamy
wy	wyszczególniacie
oni/one	wyszczególniają

PAST

ja	wyszczególniałem/wyszczególniałam	wyszczególniłem/wyszczególniłam
ty	wyszczególniałeś/wyszczególniałaś	wyszczególniłeś/wyszczególniłaś
on/ona/ono	wyszczególniał/wyszczególniała/-ło	wyszczególnił/wyszczególniła/-ło
my	wyszczególnialiśmy/ wyszczególniałyśmy	wyszczególniliśmy/ wyszczególniłyśmy
wy	wyszczególnialiście/-łyście	wyszczególniliście/-łyście
oni/one	wyszczególniali/wyszczególniały	wyszczególnili/wyszczególniły

FUTURE

ja	będę wyszczególniał/wyszczególniała	wyszczególnię
ty	będziesz wyszczególniał/wyszczególniała	wyszczególnisz
on/ona/ono	będzie wyszczególniał/wyszczególniała/wyszczególniało	wyszczególni
my	będziemy wyszczególniali/wyszczególniały	wyszczególnimy
wy	będziecie wyszczególniali/wyszczególniały	wyszczególnicie
oni/one	będą wyszczególniali/wyszczególniały	wyszczególnią

CONDITIONAL

ja	wyszczególniałbym/ wyszczególniałabym	wyszczególniłbym/wyszczególniłabym
ty	wyszczególniałbyś/-łabyś	wyszczególniłbyś/wyszczególniłabyś
on/ona/ono	wyszczególniałby/wyszczególniałaby/ wyszczególniałoby	wyszczególniłby/wyszczególniłaby/ wyszczególniłoby
my	wyszczególnialibyśmy/ wyszczególniałybyśmy	wyszczególnilibyśmy/ wyszczególniłybyśmy
wy	wyszczególnialibyście/ wyszczególniałybyście	wyszczególnilibyście/ wyszczególniłybyście
oni/one	wyszczególnialiby/wyszczególniałyby	wyszczególniliby/wyszczególniłyby

IMPERATIVE

	wyszczególniajmy		wyszczególnijmy
wyszczególniaj	wyszczególniajcie	wyszczególnij	wyszczególnijcie
niech wyszczególnia	niech wyszczególniają	niech wyszczególni	niech wyszczególnią

PARTICIPLES

PRES. ACT.   wyszczególniający, -a, -e; -y, -e
PRES. PASS.   wyszczególniany, -a, -e; -i, -e   *PAST PASS.*   wyszczególniony, -a, -e; -eni, -one
ADV. PART.   wyszczególniając

Verb governance: kogo, co
Related verbs with meanings: (**wyszczególniać się/wyszczególnić się** *say one's say, be tops*)

EXAMPLES of model and/or related verbs: 1. Profesorka **wyszczególniła** wszystkie nasze błędy ortograficzne. *The professor enumerated all our spelling mistakes.* 2. **Wyszczególnione** są cztery możliwości odpowiedzi. *Four possible answers are specified.* 3. On **wyszczególnia** tematy artykułów dla garstki czytelników. *He specifies topics of articles for a handful of readers.* 4. Niech **wyszczególni** on rodzaje ziół rosnących w naszej okolicy. *Let him itemize the different kinds of herbs growing in our area.*

zachęcać/zachęcić to encourage, urge, induce, cheer, stimulate, spur on, egg on, prompt

IMPERFECTIVE	PERFECTIVE

PRESENT

ja	zachęcam
ty	zachęcasz
on/ona/ono	zachęca
my	zachęcamy
wy	zachęcacie
oni/one	zachęcają

PAST

ja	zachęcałem/zachęcałam	zachęciłem/zachęciłam
ty	zachęcałeś/zachęcałaś	zachęciłeś/zachęciłaś
on/ona/ono	zachęcał/zachęcała/zachęcało	zachęcił/zachęciła/zachęciło
my	zachęcaliśmy/zachęcałyśmy	zachęciliśmy/zachęciłyśmy
wy	zachęcaliście/zachęcałyście	zachęciliście/zachęciłyście
oni/one	zachęcali/zachęcały	zachęcili/zachęciły

FUTURE

ja	będę zachęcał/zachęcała	zachęcę
ty	będziesz zachęcał/zachęcała	zachęcisz
on/ona/ono	będzie zachęcał/zachęcała/zachęcało	zachęci
my	będziemy zachęcali/zachęcały	zachęcimy
wy	będziecie zachęcali/zachęcały	zachęcicie
oni/one	będą zachęcali/zachęcały	zachęcą

CONDITIONAL

ja	zachęcałbym/zachęcałabym	zachęciłbym/zachęciłabym
ty	zachęcałbyś/zachęcałabyś	zachęciłbyś/zachęciłabyś
on/ona/ono	zachęcałby/zachęcałaby/zachęcałoby	zachęciłby/zachęciłaby/zachęciłoby
my	zachęcalibyśmy/zachęcałybyśmy	zachęcilibyśmy/zachęciłybyśmy
wy	zachęcalibyście/zachęcałybyście	zachęcilibyście/zachęciłybyście
oni/one	zachęcaliby/zachęcałyby	zachęciliby/zachęciłyby

IMPERATIVE

	zachęcajmy		zachęćmy
zachęcaj	zachęcajcie	zachęć	zachęćcie
niech zachęca	niech zachęcają	niech zachęci	niech zachęcą

PARTICIPLES

PRES. ACT. zachęcający, -a, -e; -y, -e
PRES. PASS. zachęcany, -a, -e; -i, -e **PAST PASS.** zachęcony, -a, -e; -eni, -one
ADV. PART. zachęcając
Verb governance: kogo, czym
Related verbs with meanings: (**zachęcać się/zachęcić się** *rouse oneself*)

EXAMPLES of model and/or related verbs: 1. **Zachęcona** stroną tytułową, otworzyłam książkę. *Stimulated by the title page, I opened the book.* 2. **Zachęcamy** was do telefonicznego zamawiania towarów. *We encourage you to order products by phone.* 3. **Zachęcili** wybitnych konsultantów do współpracy. *They urged outstanding consultants to collaborate.* 4. **Zachęć** ją na dodatkową naukę tańca nowoczesnego. *Encourage her to do additional studying of modern dance.*

zaczynać/zacząć   to begin, start, initiate, commence, get going

IMPERFECTIVE		PERFECTIVE

PRESENT

ja	zaczynam
ty	zaczynasz
on/ona/ono	zaczyna
my	zaczynamy
wy	zaczynacie
oni/one	zaczynają

PAST

ja	zaczynałem/zaczynałam	zacząłem/zaczęłam
ty	zaczynałeś/zaczynałaś	zacząłeś/zaczęłaś
on/ona/ono	zaczynał/zaczynała/zaczynało	zaczął/zaczęła/zaczęło
my	zaczynaliśmy/zaczynałyśmy	zaczęliśmy/zaczęłyśmy
wy	zaczynaliście/zaczynałyście	zaczęliście/zaczęłyście
oni/one	zaczynali/zaczynały	zaczęli/zaczęły

FUTURE

ja	będę zaczynał/zaczynała	zacznę
ty	będziesz zaczynał/zaczynała	zaczniesz
on/ona/ono	będzie zaczynał/zaczynała/zaczynało	zacznie
my	będziemy zaczynali/zaczynały	zaczniemy
wy	będziecie zaczynali/zaczynały	zaczniecie
oni/one	będą zaczynali/zaczynały	zaczną

CONDITIONAL

ja	zaczynałbym/zaczynałabym	zacząłbym/zaczęłabym
ty	zaczynałbyś/zaczynałabyś	zacząłbyś/zaczęłabyś
on/ona/ono	zaczynałby/zaczynałaby/zaczynałoby	zacząłby/zaczęłaby/zaczęłoby
my	zaczynalibyśmy/zaczynałybyśmy	zaczęlibyśmy/zaczęłybyśmy
wy	zaczynalibyście/zaczynałybyście	zaczęlibyście/zaczęłybyście
oni/one	zaczynaliby/zaczynałyby	zaczęliby/zaczęłyby

IMPERATIVE

	zaczynajmy		zacznijmy
zaczynaj	zaczynajcie	zacznij	zacznijcie
niech zaczyna	niech zaczynają	niech zacznie	niech zaczną

PARTICIPLES

PRES. ACT.   zaczynający, -a, -e; -y, -e
PRES. PASS. zaczynany, -a, -e; -, -e   *PAST PASS.*   zaczęty, -a, -e; -, -te
ADV. PART.   zaczynając
Verb governance: co
Related verbs with meanings: (**rozpoczynać/się/** *begin, launch; start*)

EXAMPLES of model and/or related verbs: 1. Jeżeli parlament zaakceptuje ustawy, to **zaczną** obowiązywać wkrótce. *If Parliament passes the laws, they'll go into effect soon.* 2. Rok szkolny **rozpoczyna się** we wrześniu. *The school year starts in September.* 3. Uparcie **zacząłem** jej szukać. *I stubbornly started to look for her.* 4. **Zacznij** wyjeżdżać za granicę i poznaj obce kraje. *Start traveling abroad and get to know foreign countries.*

załatwiać/załatwić　　　　to arrange, settle, take care of, transact, get done, see to

IMPERFECTIVE		PERFECTIVE

PRESENT

ja	załatwiam	
ty	załatwiasz	
on/ona/ono	załatwia	
my	załatwiamy	
wy	załatwiacie	
oni/one	załatwiają	

PAST

ja	załatwiałem/załatwiałam	załatwiłem/załatwiłam
ty	załatwiałeś/załatwiałaś	załatwiłeś/załatwiłaś
on/ona/ono	załatwiał/załatwiała/załatwiało	załatwił/załatwiła/załatwiło
my	załatwialiśmy/załatwiałyśmy	załatwiliśmy/załatwiłyśmy
wy	załatwialiście/załatwiałyście	załatwiliście/załatwiłyście
oni/one	załatwiali/załatwiały	załatwili/załatwiły

FUTURE

ja	będę załatwiał/załatwiała	załatwię
ty	będziesz załatwiał/załatwiała	załatwisz
on/ona/ono	będzie załatwiał/załatwiała/załatwiało	załatwi
my	będziemy załatwiali/załatwiały	załatwimy
wy	będziecie załatwiali/załatwiały	załatwicie
oni/one	będą załatwiali/załatwiały	załatwią

CONDITIONAL

ja	załatwiałbym/załatwiałabym	załatwiłbym/załatwiłabym
ty	załatwiałbyś/załatwiałabyś	załatwiłbyś/załatwiłabyś
on/ona/ono	załatwiałby/załatwiałaby/załatwiałoby	załatwiłby/załatwiłaby/załatwiłoby
my	załatwialibyśmy/załatwiałybyśmy	załatwilibyśmy/załatwiłybyśmy
wy	załatwialibyście/załatwiałybyście	załatwilibyście/załatwiłybyście
oni/one	załatwialiby/załatwiałyby	załatwiliby/załatwiłyby

IMPERATIVE

	załatwiajmy		załatwmy
załatwiaj	załatwiajcie	załatw	załatwcie
niech załatwia	niech załatwiają	niech załatwi	niech załatwią

PARTICIPLES

PRES. ACT.　załatwiający, -a, -e; -y, -e
PRES. PASS.　załatwiany, -a, -e; -i, -e　　　**PAST PASS.**　załatwiony, -a, -e; -eni, -one
ADV. PART.　załatwiając
Verb governance: kogo, co
Related verbs with meanings: (**załatwiać się/załatwić się** *finish, handle, dispose of, relieve/nature/*) (**pozałatwiać** *settle, finish/errands/*)

EXAMPLES of model and/or related verbs: 1. Zabrało mi pół dnia, ale **pozałatwiałam** wszystkie sprawy. *It took me half a day, but I finished all my errands.* 2. Tomkowi trzeba **załatwić** pomoc z matematyki. *We have to arrange some help in math for Tommy.* 3. On teraz **załatwia** sobie mercedesa. *He's arranging a purchase of a Mercedes for himself now.* 4. Co druga prośba o paszport **załatwiona** była odmownie. *Every second request for a passport was rejected.*

zamierzać/zamierzyć   to intend, have in view, aim at, scheme, attempt

IMPERFECTIVE	PERFECTIVE

PRESENT

ja	zamierzam
ty	zamierzasz
on/ona/ono	zamierza
my	zamierzamy
wy	zamierzacie
oni/one	zamierzają

PAST

	IMPERFECTIVE	PERFECTIVE
ja	zamierzałem/zamierzałam	zamierzyłem/zamierzyłam
ty	zamierzałeś/zamierzałaś	zamierzyłeś/zamierzyłaś
on/ona/ono	zamierzał/zamierzała/zamierzało	zamierzył/zamierzyła/zamierzyło
my	zamierzaliśmy/zamierzałyśmy	zamierzyliśmy/zamierzyłyśmy
wy	zamierzaliście/zamierzałyście	zamierzyliście/zamierzyłyście
oni/one	zamierzali/zamierzały	zamierzyli/zamierzyły

FUTURE

	IMPERFECTIVE	PERFECTIVE
ja	będę zamierzał/zamierzała	zamierzę
ty	będziesz zamierzał/zamierzała	zamierzysz
on/ona/ono	będzie zamierzał/zamierzała/ zamierzało	zamierzy
my	będziemy zamierzali/zamierzały	zamierzymy
wy	będziecie zamierzali/zamierzały	zamierzycie
oni/one	będą zamierzali/zamierzały	zamierzą

CONDITIONAL

	IMPERFECTIVE	PERFECTIVE
ja	zamierzałbym/zamierzałabym	zamierzyłbym/zamierzyłabym
ty	zamierzałbyś/zamierzałabyś	zamierzyłbyś/zamierzyłabyś
on/ona/ono	zamierzałby/zamierzałaby/ zamierzałoby	zamierzyłby/zamierzyłaby/zamierzyłoby
my	zamierzalibyśmy/zamierzałybyśmy	zamierzylibyśmy/zamierzyłybyśmy
wy	zamierzalibyście/zamierzałybyście	zamierzylibyście/zamierzyłybyście
oni/one	zamierzaliby/zamierzałyby	zamierzyliby/zamierzyłyby

IMPERATIVE

	zamierzajmy		zamierzmy
zamierzaj	zamierzajcie	zamierz	zamierzcie
niech zamierza	niech zamierzają	niech zamierzy	niech zamierzą

PARTICIPLES

PRES. ACT. zamierzający, -a, -e; -y, -e
PRES. PASS. zamierzany, -a, -e; -, -e   **PAST PASS.** zamierzony, -a, -e; -, -one
ADV. PART. zamierzając

Verb governance: co

Related verbs with meanings: (**domierzyć** *mete out*) (**namierzyć** *try, take one's bearings*) (**obmierzyć** *measure in*) (**odmierzyć** *measure off, mark off*) (**pomierzyć** *take measurement*) (**przemierzyć** *measure, pace*) (**przymierzyć** *try on*) (**rozmierzyć** *measure*) (**wymierzyć** *measure out, survey*) (**zamierzyć się** *make for one*) (**zmierzyć** *gauge, take one's aim*)

EXAMPLES of model and/or related verbs: 1. **Zamierzam** czytać książki i pamiętniki. *I intend to read books and memoirs.* 2. **Zamierzała** poświęcić więcej czasu swojej córce. *She intended to devote more time to her daughter.* 3. **Zamierzyliśmy** urządzić przyjęcie. *We intended to host a reception.* 4. Pod koniec roku **zamierzył** zająć się malarstwem. *He intended to pick up painting at the end of the year.*

285

zamykać/zamknąć

to close, shut, lock up, enclose, surround

IMPERFECTIVE	PERFECTIVE

PRESENT

ja	zamykam
ty	zamykasz
on/ona/ono	zamyka
my	zamykamy
wy	zamykacie
oni/one	zamykają

PAST

	IMPERFECTIVE	PERFECTIVE
ja	zamykałem/zamykałam	zamknąłem/zamknęłam
ty	zamykałeś/zamykałaś	zamknąłeś/zamknęłaś
on/ona/ono	zamykał/zamykała/zamykało	zamknął/zamknęła/zamknęło
my	zamykaliśmy/zamykałyśmy	zamknęliśmy/zamknęłyśmy
wy	zamykaliście/zamykałyście	zamknęliście/zamknęłyście
oni/one	zamykali/zamykały	zamknęli/zamknęły

FUTURE

	IMPERFECTIVE	PERFECTIVE
ja	będę zamykał/zamykała	zamknę
ty	będziesz zamykał/zamykała	zamkniesz
on/ona/ono	będzie zamykał/zamykała/zamykało	zamknie
my	będziemy zamykali/zamykały	zamkniemy
wy	będziecie zamykali/zamykały	zamkniecie
oni/one	będą zamykali/zamykały	zamkną

CONDITIONAL

	IMPERFECTIVE	PERFECTIVE
ja	zamykałbym/zamykałabym	zamknąłbym/zamknęłabym
ty	zamykałbyś/zamykałabyś	zamknąłbyś/zamknęłabyś
on/ona/ono	zamykałby/zamykałaby/zamykałoby	zamknąłby/zamknęłaby/zamknęłoby
my	zamykalibyśmy/zamykałybyśmy	zamknęlibyśmy/zamknęłybyśmy
wy	zamykalibyście/zamykałybyście	zamknęlibyście/zamknęłybyście
oni/one	zamykaliby/zamykałyby	zamknęliby/zamknęłyby

IMPERATIVE

	zamykajmy		zamknijmy
zamykaj	zamykajcie	zamknij	zamknijcie
niech zamyka	niech zamykają	niech zamknie	niech zamkną

PARTICIPLES

PRES. ACT. zamykający, -a, -e; -y, -e
PRES. PASS. zamykany, -a, -e; -i, -e   **PAST PASS.** zamknięty, -a, -e; -ci, -te
ADV. PART. zamykając
Verb governance: kogo, co
Related verbs with meanings: (**zamykać się/zamknąć się** *be closed*) (**domknąć** *shut to*)
(**odemknąć** *open, unlock*) (**przemknąć** *flash by*) (**przymknąć** *set ajar*) (**umknąć** *get away*)
(**wymknąć się** *slip away, escape*) (**zemknąć** *scurry*)

EXAMPLES of model and/or related verbs: 1. Wiatr **zamknął** metalową furtkę. *The wind closed the metal gate.* 2. Dotarła do tajnych dokumentów, **zamkniętych** w sejfach. *She obtained secret documents locked in safes.* 3. Górskie drogi **zamykają** podczas śnieżycy. *They close mountain roads during snowstorms.* 4. **Zamykał się** w sobie i rozmyślał. *He used to withdraw into himself and meditate.*

IMPERFECTIVE	PERFECTIVE

PRESENT

ja	zauważam
ty	zauważasz
on/ona/ono	zauważa
my	zauważamy
wy	zauważacie
oni/one	zauważają

PAST

	IMPERFECTIVE	PERFECTIVE
ja	zauważałem/zauważałam	zauważyłem/zauważyłam
ty	zauważałeś/zauważałaś	zauważyłeś/zauważyłaś
on/ona/ono	zauważał/zauważała/zauważało	zauważył/zauważyła/zauważyło
my	zauważaliśmy/zauważałyśmy	zauważyliśmy/zauważyłyśmy
wy	zauważaliście/zauważałyście	zauważyliście/zauważyłyście
oni/one	zauważali/zauważały	zauważyli/zauważyły

FUTURE

	IMPERFECTIVE	PERFECTIVE
ja	będę zauważał/zauważała	zauważę
ty	będziesz zauważał/zauważała	zauważysz
on/ona/ono	będzie zauważał/zauważała/zauważało	zauważy
my	będziemy zauważali/zauważały	zauważymy
wy	będziecie zauważali/zauważały	zauważycie
oni/one	będą zauważali/zauważały	zauważą

CONDITIONAL

	IMPERFECTIVE	PERFECTIVE
ja	zauważałbym/zauważałabym	zauważyłbym/zauważyłabym
ty	zauważałbyś/zauważałabyś	zauważyłbyś/zauważyłabyś
on/ona/ono	zauważałby/zauważałaby/ zauważałoby	zauważyłby/zauważyłaby/ zauważyłoby
my	zauważalibyśmy/zauważałybyśmy	zauważylibyśmy/zauważyłybyśmy
wy	zauważalibyście/zauważałybyście	zauważylibyście/zauważyłybyście
oni/one	zauważaliby/zauważałyby	zauważyliby/zauważyłyby

IMPERATIVE

	zauważajmy		zauważmy
zauważaj	zauważajcie	zauważ	zauważcie
niech zauważa	niech zauważają	niech zauważy	niech zauważą

PARTICIPLES

PRES. ACT.

PRES. PASS. zauważany, -a, -e; -i, -e   *PAST PASS.* zauważony, -a, -e; -eni, -one

ADV. PART. zauważając

Verb governance: kogo, co

Related verbs with meanings: (**uważać/się/** *look on, pay attention, consider, take for; take oneself for, believe oneself*)

EXAMPLES of model and/or related verbs: 1. Jako dziecko **uważałam,** że jestem zbyt wysoka i chuda. *As a child, I considered myself to be too tall and too skinny.* 2. Za kogo mnie **uważacie?** *Who do you take me for?* 3. Łatwiej **zauważam** cudze błędy niż swoje. *I notice the mistakes of others more easily than my own.* 4. **Zauważyłem,** że po jakimś czasie wyszedł z pokoju. *I noticed that after a while he left the room.*

zawdzięczać   to be indebted, owe

IMPERFECTIVE	PERFECTIVE

PRESENT

ja	zawdzięczam
ty	zawdzięczasz
on/ona/ono	zawdzięcza
my	zawdzięczamy
wy	zawdzięczacie
oni/one	zawdzięczają

PAST

ja	zawdzięczałem/zawdzięczałam
ty	zawdzięczałeś/zawdzięczałaś
on/ona/ono	zawdzięczał/zawdzięczała/zawdzięczało
my	zawdzięczaliśmy/zawdzięczałyśmy
wy	zawdzięczaliście/zawdzięczałyście
oni/one	zawdzięczali/zawdzięczały

FUTURE

ja	będę zawdzięczał/zawdzięczała
ty	będziesz zawdzięczał/zawdzięczała
on/ona/ono	będzie zawdzięczał/zawdzięczała/zawdzięczało
my	będziemy zawdzięczali/zawdzięczały
wy	będziecie zawdzięczali/zawdzięczały
oni/one	będą zawdzięczali/zawdzięczały

CONDITIONAL

ja	zawdzięczałbym/zawdzięczałabym
ty	zawdzięczałbyś/zawdzięczałabyś
on/ona/ono	zawdzięczałby/zawdzięczałaby/zawdzięczałoby
my	zawdzięczalibyśmy/zawdzięczałybyśmy
wy	zawdzięczalibyście/zawdzięczałybyście
oni/one	zawdzięczaliby/zawdzięczałyby

IMPERATIVE

PARTICIPLES

PRES. ACT.   zawdzięczający, -a, -e; -y, -e
PRES. PASS. zawdzięczany, -a, -e; -, -e   *PAST PASS.*
ADV. PART.   zawdzięczając

Verb governance: komu, co

Related verbs with meanings: (**odwdzięczać się** *repay*) (**wywdzięczać się** *reward*)

EXAMPLES of model and/or related verbs: 1. **Zawdzięczam** wiele mojej nauczycielce. *I owe a lot to my teacher.* 2. **Zawdzięczała** luksusową sytuację swemu mężowi. *She was indebted to her husband for the luxurious lifestyle.* 3. **Będę zawdzięczał** mojemu przyjacielowi jeżeli mi pomoże spojrzeć na moje problemy. *I shall be indebted to my friend if he helps me assess my problems.* 4. Młodzież polonijna może **zawdzięczać** Fundacji Kościuszko stypendia. *The youth of Polish descent may be indebted to the Kosciuszko Foundation for scholarships.*

zawierać/zawrzeć to contain, include, comprise, enclose, conclude/contract/

IMPERFECTIVE		PERFECTIVE

PRESENT

	IMPERFECTIVE	
ja	zawieram	
ty	zawierasz	
on/ona/ono	zawiera	
my	zawieramy	
wy	zawieracie	
oni/one	zawierają	

PAST

	IMPERFECTIVE	PERFECTIVE
ja	zawierałem/zawierałam	zawarłem/zawarłam
ty	zawierałeś/zawierałaś	zawarłeś/zawarłaś
on/ona/ono	zawierał/zawierała/zawierało	zawarł/zawarła/zawarło
my	zawieraliśmy/zawierałyśmy	zawarliśmy/zawarłyśmy
wy	zawieraliście/zawierałyście	zawarliście/zawarłyście
oni/one	zawierali/zawierały	zawarli/zawarły

FUTURE

	IMPERFECTIVE	PERFECTIVE
ja	będę zawierał/zawierała	zawrę
ty	będziesz zawierał/zawierała	zawrzesz
on/ona/ono	będzie zawierał/zawierała/zawierało	zawrze
my	będziemy zawierali/zawierały	zawrzemy
wy	będziecie zawierali/zawierały	zawrzecie
oni/one	będą zawierali/zawierały	zawrą

CONDITIONAL

	IMPERFECTIVE	PERFECTIVE
ja	zawierałbym/zawierałabym	zawarłbym/zawarłabym
ty	zawierałbyś/zawierałabyś	zawarłbyś/zawarłabyś
on/ona/ono	zawierałby/zawierałaby/zawierałoby	zawarłby/zawarłaby/zawarłoby
my	zawieralibyśmy/zawierałybyśmy	zawarlibyśmy/zawarłybyśmy
wy	zawieralibyście/zawierałybyście	zawarlibyście/zawarłybyście
oni/one	zawieraliby/zawierałyby	zawarliby/zawarłyby

IMPERATIVE

	zawierajmy		zawrzyjmy
zawieraj	zawierajcie	zawrzyj	zawrzyjcie
niech zawiera	niech zawierają	niech zawrze	niech zawrą

PARTICIPLES

PRES. ACT. zawierający, -a, -e; -y, -e
PRES. PASS. zawierany, -a, -e; -, -e   **PAST PASS.** zawarty, -a, -e; -, -te
ADV. PART. zawierając

Verb governance: z kim, co

Related verbs with meanings: (**rozwierać/się/** *open*) (**uwierać** *pinch, rub*) (**wywierać** *exert*)

EXAMPLES of model and/or related verbs: 1. Krem pochodzenia naturalnego, **zawierałby** więcej składników odżywczych. *The cream from natural sources would contain more nourishing substances.* 2. Wiele kremów **zawiera** substancje nawilżające. *Many creams contain moisturizing agents.* 3. Nowe kosmetyki **zawierały** składniki podobne do naturalnych substancji. *The new cosmetics contained ingredients similar to the natural substances.* 4. W tej roślinie tropikalnej są **zawarte** witaminy. *This tropical plant contains vitamins.*

zbierać/zebrać

to gather, collect, assemble, harvest

IMPERFECTIVE	PERFECTIVE

PRESENT

ja	zbieram	
ty	zbierasz	
on/ona/ono	zbiera	
my	zbieramy	
wy	zbieracie	
oni/one	zbierają	

PAST

ja	zbierałem/zbierałam	zebrałem/zebrałam
ty	zbierałeś/zbierałaś	zebrałeś/zebrałaś
on/ona/ono	zbierał/zbierała/zbierało	zebrał/zebrała/zebrało
my	zbieraliśmy/zbierałyśmy	zebraliśmy/zebrałyśmy
wy	zbieraliście/zbierałyście	zebraliście/zebrałyście
oni/one	zbierali/zbierały	zebrali/zebrały

FUTURE

ja	będę zbierał/zbierała	zbiorę
ty	będziesz zbierał/zbierała	zbierzesz
on/ona/ono	będzie zbierał/zbierała/zbierało	zbierze
my	będziemy zbierali/zbierały	zbierzemy
wy	będziecie zbierali/zbierały	zbierzecie
oni/one	będą zbierali/zbierały	zbiorą

CONDITIONAL

ja	zbierałbym/zbierałabym	zebrałbym/zebrałabym
ty	zbierałbyś/zbierałabyś	zebrałbyś/zebrałabyś
on/ona/ono	zbierałby/zbierałaby/zbierałoby	zebrałby/zebrałaby/zebrałoby
my	zbieralibyśmy/zbierałybyśmy	zebralibyśmy/zebrałybyśmy
wy	zbieralibyście/zbierałybyście	zebralibyście/zebrałybyście
oni/one	zbieraliby/zbierałyby	zebraliby/zebrałyby

IMPERATIVE

	zbierajmy		zbierzmy
zbieraj	zbierajcie	zbierz	zbierzcie
niech zbiera	niech zbierają	niech zbierze	niech zbiorą

PARTICIPLES

PRES. ACT.	zbierający, -a, -e; -y, -e		
PRES. PASS.	zbierany, -a, -e; -i, -e	***PAST PASS.***	zebrany, -a, -e; -i, -e
ADV. PART.	zbierając		

Verb governance: kogo, co; czym

Related verbs with meanings: (**zbierać się/zebrać się** *meet, gather, get ready, prepare*) (**dobierać** *take additionally, pick*) (**nazbierać** *accumulate, pluck/a quantity of/*) (**przebierać** *sort*) (**przybierać** *increase*) (**rozbierać** *take to pieces, snatch up*) (**uzbierać** *collect, pluck, reap*) (**wybierać/się/** *take out; get ready*) (**wyzbierać** *pick/all/*) (**zabierać /się/** *take away; pack for a trip, get lost*) Note: Also see pages 9 & 249.

EXAMPLES of model and/or related verbs: 1. Na placu świętego Piotra w Rzymie **zebrało się** kilkanaście tysięcy ludzi. *Several thousand people gathered in St. Peter's Square in Rome.* 2. Starocie **zbieramy** do dzisaj. *We still collect junk.* 3. Na rynku **dobrałam** tureckie maty do naszej podłogi. *At the market, I picked out Turkish mats for our floor.* 4. **Przebierz** ten koszyczek czarnych jagód. *Sort this basket of blueberries.*

zdążać/zdążyć

to come in on time, manage to do, be in time, get in time, have enough time; tend towards [**I** only]

IMPERFECTIVE		PERFECTIVE

PRESENT

ja	zdążam
ty	zdążasz
on/ona/ono	zdąża
my	zdążamy
wy	zdążacie
oni/one	zdążają

PAST

ja	zdążałem/zdążałam	zdążyłem/zdążyłam
ty	zdążałeś/zdążałaś	zdążyłeś/zdążyłaś
on/ona/ono	zdążał/zdążała/zdążało	zdążył/zdążyła/zdążyło
my	zdążaliśmy/zdążałyśmy	zdążyliśmy/zdążyłyśmy
wy	zdążaliście/zdążałyście	zdążyliście/zdążyłyście
oni/one	zdążali/zdążały	zdążyli/zdążyły

FUTURE

ja	będę zdążał/zdążała	zdążę
ty	będziesz zdążał/zdążała	zdążysz
on/ona/ono	będzie zdążał/zdążała/zdążało	zdąży
my	będziemy zdążali/zdążały	zdążymy
wy	będziecie zdążali/zdążały	zdążycie
oni/one	będą zdążali/zdążały	zdążą

CONDITIONAL

ja	zdążałbym/zdążałabym	zdążyłbym/zdążyłabym
ty	zdążałbyś/zdążałabyś	zdążyłbyś/zdążyłabyś
on/ona/ono	zdążałby/zdążałaby/zdążałoby	zdążyłby/zdążyłaby/zdążyłoby
my	zdążalibyśmy/zdążałybyśmy	zdążylibyśmy/zdążyłybyśmy
wy	zdążalibyście/zdążałybyście	zdążylibyście/zdążyłybyście
oni/one	zdążaliby/zdążałyby	zdążyliby/zdążyłyby

IMPERATIVE

	zdążajmy		zdążmy
zdążaj	zdążajcie	zdąż	zdążcie
niech zdąża	niech zdążają	niech zdąży	niech zdążą

PARTICIPLES

PRES. ACT. zdążający, -a, -e; -y, -e

PRES. PASS.   *PAST PASS.*

ADV. PART. zdążając

Verb governance: na co; gdzie

Related verbs with meanings: (**dążyć** *pursue*) (**nadążyć** *keep pace*) (**podążyć** *go to, follow, keep up*)

EXAMPLES of model and/or related verbs: 1. **Dążyła** do celu nie oglądając się na koszty. *She pursued her goal no matter what the cost.* 2. **Zdążyła** zrobić maturę w szkole wieczorowej. *She managed to obtain her high school graduation diploma through night school.* 3. Do jutra **zdążymy** zebrać owoce w sadzie. *By tomorrow, we'll manage to gather fruit in the orchard.* 4. Nie mogę **nadążyć** za tobą. *I can't keep pace with you.*

zdejmować/zdjąć   to take off/down, remove, take a picture

IMPERFECTIVE	PERFECTIVE

PRESENT

ja	zdejmuję
ty	zdejmujesz
on/ona/ono	zdejmuje
my	zdejmujemy
wy	zdejmujecie
oni/one	zdejmują

PAST

	IMPERFECTIVE	PERFECTIVE
ja	zdejmowałem/zdejmowałam	zdjąłem/zdjęłam
ty	zdejmowałeś/zdejmowałaś	zdjąłeś/zdjęłaś
on/ona/ono	zdejmował/zdejmowała/zdejmowało	zdjął/zdjęła/zdjęło
my	zdejmowaliśmy/zdejmowałyśmy	zdjęliśmy/zdjęłyśmy
wy	zdejmowaliście/zdejmowałyście	zdjęliście/zdjęłyście
oni/one	zdejmowali/zdejmowały	zdjęli/zdjęły

FUTURE

	IMPERFECTIVE	PERFECTIVE
ja	będę zdejmował/zdejmowała	zdejmę
ty	będziesz zdejmował/zdejmowała	zdejmiesz
on/ona/ono	będzie zdejmował/zdejmowała/ zdejmowało	zdejmie
my	będziemy zdejmowali/zdejmowały	zdejmiemy
wy	będziecie zdejmowali/zdejmowały	zdejmiecie
oni/one	będą zdejmowali/zdejmowały	zdejmą

CONDITIONAL

	IMPERFECTIVE	PERFECTIVE
ja	zdejmowałbym/zdejmowałabym	zdjąłbym/zdjęłabym
ty	zdejmowałbyś/zdejmowałabyś	zdjąłbyś/zdjęłabyś
on/ona/ono	zdejmowałby/zdejmowałaby/ zdejmowałoby	zdjąłby/zdjęłaby/zdjęłoby
my	zdejmowalibyśmy/zdejmowałybyśmy	zdjęlibyśmy/zdjęłybyśmy
wy	zdejmowalibyście/zdejmowałybyście	zdjęlibyście/zdjęłybyście
oni/one	zdejmowaliby/zdejmowałyby	zdjęliby/zdjęłyby

IMPERATIVE

	zdejmujmy		zdejmijmy
zdejmuj	zdejmujcie	zdejmij	zdejmijcie
niech zdejmuje	niech zdejmują	niech zdejmie	niech zdejmą

PARTICIPLES

PRES. ACT.   zdejmujący, -a, -e; -y, -e
PRES. PASS.   zdejmowany, -a, -e; -i, -e   ***PAST PASS.***   zdjęty, -a, -e; -ci, -te
ADV. PART.   zdejmując

Verb governance: komu, co; z kogo, z czego
Related verbs with meanings: (**obejmować/się/** *include, comprise; embrace each other*)
(**odejmować** *subtract, deduct, remove*) (**podejmować** *pick up, raise, undertake*) Note: Also see
page 185.

EXAMPLES of model and/or related verbs: 1. **Podejmował** tematykę rozpadu związku między
kobietą i mężczyzną. *He picked up the theme of disintegration in a relationship between a man
and a woman.* 2. Nasz rachunek **obejmowałby** wszystkie zlecenia. *Our invoice would include all
the orders.* 3. Strażnik, **obejmujący** swą trąbkę, trąbił. *The guard, holding his bugle, blew and
played.* 4. **Zdejmijmy** ozdoby z choinki. *Let's take down the Christmas decorations.*

IMPERFECTIVE   ## PERFECTIVE

PRESENT

ja	zgłaszam
ty	zgłaszasz
on/ona/ono	zgłasza
my	zgłaszamy
wy	zgłaszacie
oni/one	zgłaszają

PAST

ja	zgłaszałem/zgłaszałam	zgłosiłem/zgłosiłam
ty	zgłaszałeś/zgłaszałaś	zgłosiłeś/zgłosiłaś
on/ona/ono	zgłaszał/zgłaszała/zgłaszało	zgłosił/zgłosiła/zgłosiło
my	zgłaszaliśmy/zgłaszałyśmy	zgłosiliśmy/zgłosiłyśmy
wy	zgłaszaliście/zgłaszałyście	zgłosiliście/zgłosiłyście
oni/one	zgłaszali/zgłaszały	zgłosili/zgłosiły

FUTURE

ja	będę zgłaszał/zgłaszała	zgłoszę
ty	będziesz zgłaszał/zgłaszała	zgłosisz
on/ona/ono	będzie zgłaszał/zgłaszała/zgłaszało	zgłosi
my	będziemy zgłaszali/zgłaszały	zgłosimy
wy	będziecie zgłaszali/zgłaszały	zgłosicie
oni/one	będą zgłaszali/zgłaszały	zgłoszą

CONDITIONAL

ja	zgłaszałbym/zgłaszałabym	zgłosiłbym/zgłosiłabym
ty	zgłaszałbyś/zgłaszałabyś	zgłosiłbyś/zgłosiłabyś
on/ona/ono	zgłaszałby/zgłaszałaby/zgłaszałoby	zgłosiłby/zgłosiłaby/zgłosiłoby
my	zgłaszalibyśmy/zgłaszałybyśmy	zgłosilibyśmy/zgłosiłybyśmy
wy	zgłaszalibyście/zgłaszałybyście	zgłosilibyście/zgłosiłybyście
oni/one	zgłaszaliby/zgłaszałyby	zgłosiliby/zgłosiłyby

IMPERATIVE

	zgłaszajmy		zgłośmy
zgłaszaj	zgłaszajcie	zgłoś	zgłoście
niech zgłasza	niech zgłaszają	niech zgłosi	niech zgłoszą

PARTICIPLES

PRES. ACT. zgłaszający, -a, -e; -y, -e
PRES. PASS. zgłaszany, -a, -e; -i, -e   *PAST PASS.* zgłoszony, -a, -e; -eni, -one
ADV. PART. zgłaszając

Verb governance: kogo, co; komu; gdzie

Related verbs with meanings: (**zgłaszać się/zgłosić się** *register, apply, present oneself*)
(**ogłosić/się/** *make public, advertise; make publicity*) (**rozgłosić** *proclaim, make known*) (**wygłosić** *deliver*)

EXAMPLES of model and/or related verbs: 1. **Ogłosili,** że przyjedzie Papież. *It was made public that the Pope would come.* 2. Dostojmy gość **wygłosi** przemówienie do zgromadzonych wiernych. *The honorable guest will deliver a sermon to the assembled faithful.* 3. Tomek i Edziu zawsze **zgłaszali się** pierwsi do pomocy. *Tommy and Eddie always turned up first to help.* 4. **Zgłoś się** po pieniądze! *Apply for money!*

IMPERFECTIVE	PERFECTIVE

PRESENT

ja	znajduję
ty	znajdujesz
on/ona/ono	znajduje
my	znajdujemy
wy	znajdujecie
oni/one	znajdują

PAST

	IMPERFECTIVE	PERFECTIVE
ja	znajdowałem/znajdowałam	znalazłem/znalazłam
ty	znajdowałeś/znajdowałaś	znalazłeś/znalazłaś
on/ona/ono	znajdował/znajdowała/znajdowało	znalazł/znalazła/znalazło
my	znajdowaliśmy/znajdowałyśmy	znaleźliśmy/znalazłyśmy
wy	znajdowaliście/znajdowałyście	znaleźliście/znalazłyście
oni/one	znajdowali/znajdowały	znaleźli/znalazły

FUTURE

	IMPERFECTIVE	PERFECTIVE
ja	będę znajdował/znajdowała	znajdę
ty	będziesz znajdował/znajdowała	znajdziesz
on/ona/ono	będzie znajdował/znajdowała/ znajdowało	znajdzie
my	będziemy znajdowali/znajdowały	znajdziemy
wy	będziecie znajdowali/znajdowały	znajdziecie
oni/one	będą znajdowali/znajdowały	znajdą

CONDITIONAL

	IMPERFECTIVE	PERFECTIVE
ja	znajdowałbym/znajdowałabym	znalazłbym/znalazłabym
ty	znajdowałbyś/znajdowałabyś	znalazłbyś/znalazłabyś
on/ona/ono	znajdowałby/znajdowałaby/ znajdowałoby	znalazłby/znalazłaby/znalazłoby
my	znajdowalibyśmy/znajdowałybyśmy	znaleźlibyśmy/znalazłybyśmy
wy	znajdowalibyście/znajdowałybyście	znaleźlibyście/znalazłybyście
oni/one	znajdowaliby/znajdowałyby	znaleźliby/znalazłyby

IMPERATIVE

	znajdujmy		znajdźmy
znajduj	znajdujcie	znajdź	znajdźcie
niech znajduje	niech znajdują	niech znajdzie	niech znajdą

PARTICIPLES

PRES. ACT. znajdujący, -a, -e; -y, -e
PRES. PASS. znajdowany, -a, -e; -i, -e   *PAST PASS.* znaleziony, -a, -e; -eni, -one
ADV. PART. znajdując

Verb governance: kogo, co

Related verbs with meanings: (**znajdować się/znaleźć się** *be found, occur, be present*) (**odnaleźć /się/** *find /again/; be found*) (**wynaleźć** *find out, invent*)

EXAMPLES of model and/or related verbs: 1. Na nowej płycie kompaktowej **znajdą się** ładne piosenki. *There will be nice songs on the new CD.* 2. W jego filmie **znalazło się** wiele wątków wziętych wprost z życia. *His film had many episodes taken directly from life.* 3. W pędzie ku karierze, pieniądzom i władzy trudno **znaleźć** czas dla rodziny. *In a race toward career, money, and power, it is hard to find time for family.* 4. Ja **odnalazłam** kawałek swojej osobistej historii w tym epizodzie. *I found a piece of my own personal story in this clip.*

znikać/zniknąć

to disappear, vanish

IMPERFECTIVE		PERFECTIVE	

PRESENT

	IMPERFECTIVE	
ja	znikam	
ty	znikasz	
on/ona/ono	znika	
my	znikamy	
wy	znikacie	
oni/one	znikają	

PAST

	IMPERFECTIVE	PERFECTIVE
ja	znikałem/znikałam	zniknąłem/zniknęłam
ty	znikałeś/znikałaś	zniknąłeś/zniknęłaś
on/ona/ono	znikał/znikała/znikało	zniknął/zniknęła/zniknęło
my	znikaliśmy/znikałyśmy	zniknęliśmy/zniknęłyśmy
wy	znikaliście/znikałyście	zniknęliście/zniknęłyście
oni/one	znikali/znikały	zniknęli/zniknęły

FUTURE

	IMPERFECTIVE	PERFECTIVE
ja	będę znikał/znikała	zniknę
ty	będziesz znikał/znikała	znikniesz
on/ona/ono	będzie znikał/znikała/znikało	zniknie
my	będziemy znikali/znikały	znikniemy
wy	będziecie znikali/znikały	znikniecie
oni/one	będą znikali/znikały	znikną

CONDITIONAL

	IMPERFECTIVE	PERFECTIVE
ja	znikałbym/znikałabym	zniknąłbym/zniknęłabym
ty	znikałbyś/znikałabyś	zniknąłbyś/zniknęłabyś
on/ona/ono	znikałby/znikałaby/znikałoby	zniknąłby/zniknęłaby/zniknęłoby
my	znikalibyśmy/znikałybyśmy	zniknęlibyśmy/zniknęłybyśmy
wy	znikalibyście/znikałybyście	zniknęlibyście/zniknęłybyście
oni/one	znikaliby/znikałyby	zniknęliby/zniknęłyby

IMPERATIVE

	IMPERFECTIVE		PERFECTIVE
	znikajmy		zniknijmy
znikaj	znikajcie	zniknij	zniknijcie
niech znika	niech znikają	niech zniknie	niech znikną

PARTICIPLES

PRES. ACT. znikający, -a, -e; -y, -e
PRES. PASS.   *PAST PASS.*
ADV. PART. znikając

Verb governance: z czego; gdzie

Related verbs with meanings: (**przeniknąć** *filter, penetrate, infiltrate*) (**uniknąć** *avoid, shun*) (**wyniknąć** *arise, result, follow*) (**zaniknąć** *fade, decline*)

EXAMPLES of model and/or related verbs: 1. Moja koleżanka **zniknęła** mi z oczu w tłumie. *My friend disappeared from sight in the crowd.* 2. Gdybym mógł, **zniknąłbym** jak kamień w wodzie. *If I could, I would disappear without a trace.* 3. Po ostatnim spotkaniu, **zniknął** z jej życia. *After their last meeting, he disappeared from her life.* 4. **Unikam** go jak diabeł święconej wody. *I avoid him the way the devil avoids holy water.*

zwiedzać/zwiedzić   to go sightseeing, visit, tour, explore, inspect

IMPERFECTIVE	PERFECTIVE

PRESENT

ja	zwiedzam
ty	zwiedzasz
on/ona/ono	zwiedza
my	zwiedzamy
wy	zwiedzacie
oni/one	zwiedzają

PAST

ja	zwiedzałem/zwiedzałam	zwiedziłem/zwiedziłam
ty	zwiedzałeś/zwiedzałaś	zwiedziłeś/zwiedziłaś
on/ona/ono	zwiedzał/zwiedzała/zwiedzało	zwiedził/zwiedziła/zwiedziło
my	zwiedzaliśmy/zwiedzałyśmy	zwiedziliśmy/zwiedziłyśmy
wy	zwiedzaliście/zwiedzałyście	zwiedziliście/zwiedziłyście
oni/one	zwiedzali/zwiedzały	zwiedzili/zwiedziły

FUTURE

ja	będę zwiedzał/zwiedzała	zwiedzę
ty	będziesz zwiedzał/zwiedzała	zwiedzisz
on/ona/ono	będzie zwiedzał/zwiedzała/zwiedzało	zwiedzi
my	będziemy zwiedzali/zwiedzały	zwiedzimy
wy	będziecie zwiedzali/zwiedzały	zwiedzicie
oni/one	będą zwiedzali/zwiedzały	zwiedzą

CONDITIONAL

ja	zwiedzałbym/zwiedzałabym	zwiedziłbym/zwiedziłabym
ty	zwiedzałbyś/zwiedzałabyś	zwiedziłbyś/zwiedziłabyś
on/ona/ono	zwiedzałby/zwiedzałaby/zwiedzałoby	zwiedziłby/zwiedziłaby/zwiedziłoby
my	zwiedzalibyśmy/zwiedzałybyśmy	zwiedzilibyśmy/zwiedziłybyśmy
wy	zwiedzalibyście/zwiedzałybyście	zwiedzilibyście/zwiedziłybyście
oni/one	zwiedzaliby/zwiedzałyby	zwiedziliby/zwiedziłyby

IMPERATIVE

	zwiedzajmy		zwiedźmy
zwiedzaj	zwiedzajcie	zwiedź	zwiedźcie
niech zwiedza	niech zwiedzają	niech zwiedzi	niech zwiedzą

PARTICIPLES

PRES. ACT. zwiedzający, -a, -e; -y, -e
PRES. PASS. zwiedzany, -a, -e; -, -e   *PAST PASS.* zwiedzony, -a, -e; -, -one
ADV. PART. zwiedzając
Verb governance: co
Related verbs with meanings: (**nawiedzić** *call upon, afflict*) (**odwiedzić** *come to see, visit*)

EXAMPLES of model and/or related verbs: 1. Codzień można **zwiedzać** muzeum. *One may tour the museum every day.* 2. Jutro chcemy **zwiedzić** zamek. *Tomorrow, we want to tour the castle.* 3. W wakacje **odwiedzimy** przydrożne kapliczki. *On our vacation, we will visit roadside shrines.* 4. Ameryka jest **nawiedzana** przez narastającą falę przestępczości. *America is afflicted by a growing wave of crimes.*

IMPERFECTIVE	PERFECTIVE

PRESENT

ja	żałuję
ty	żałujesz
on/ona/ono	żałuje
my	żałujemy
wy	żałujecie
oni/one	żałują

PAST

ja	żałowałem/żałowałam	pożałowałem/pożałowałam
ty	żałowałeś/żałowałaś	pożałowałeś/pożałowałaś
on/ona/ono	żałował/żałowała/żałowało	pożałował/pożałowała/pożałowało
my	żałowaliśmy/żałowałyśmy	pożałowaliśmy/pożałowałyśmy
wy	żałowaliście/żałowałyście	pożałowaliście/pożałowałyście
oni/one	żałowali/żałowały	pożałowali/pożałowały

FUTURE

ja	będę żałował/żałowała	pożałuję
ty	będziesz żałował/żałowała	pożałujesz
on/ona/ono	będzie żałował/żałowała/żałowało	pożałuje
my	będziemy żałowali/żałowały	pożałujemy
wy	będziecie żałowali/żałowały	pożałujecie
oni/one	będą żałowali/żałowały	pożałują

CONDITIONAL

ja	żałowałbym/żałowałabym	pożałowałbym/pożałowałabym
ty	żałowałbyś/żałowałabyś	pożałowałbyś/pożałowałabyś
on/ona/ono	żałowałby/żałowałaby/żałowałoby	pożałowałby/pożałowałaby/pożałowałoby
my	żałowalibyśmy/żałowałybyśmy	pożałowalibyśmy/pożałowałybyśmy
wy	żałowalibyście/żałowałybyście	pożałowalibyście/pożałowałybyście
oni/one	żałowaliby/żałowałyby	pożałowaliby/pożałowałyby

IMPERATIVE

	żałujmy		pożałujmy
żałuj	żałujcie	pożałuj	pożałujcie
niech żałuje	niech żałują	niech pożałuje	niech pożałują

PARTICIPLES

PRES. ACT. żałujący, -a, -e; -y, -e
PRES. PASS. żałowany, -a, -e; -i, -e   *PAST PASS.* pożałowany, -a, -e; -i, -e
ADV. PART. żałując

Verb governance: kogo, czego; komu
Related verbs with meanings: (**odżałować** *get over, console oneself*) (**wyżałować/się**/ *regret fully; pour out all one's grief*)

EXAMPLES of model and/or related verbs: 1. Bardzo **żałuję**, że nie mogło to nastąpić wcześniej. *I'm sorry that it could not happen earlier.* 2. **Żałowałabym,** gdybym nie miała dzieci. *I would regret it if I didn't have any children.* 3. **Żałował,** że nie znalazł stałej przyjaciółki. *He regretted that he could not find a steady companion.* 4. **Pożałują,** że nie nauczyli się polskich piosenek. *They'll regret that they haven't learned any Polish songs.*

IMPERFECTIVE		PERFECTIVE	

PRESENT

ja	żartuję		
ty	żartujesz		
on/ona/ono	żartuje		
my	żartujemy		
wy	żartujecie		
oni/one	żartują		

PAST

ja	żartowałem/żartowałam	zażartowałem/zażartowałam
ty	żartowałeś/żartowałaś	zażartowałeś/zażartowałaś
on/ona/ono	żartował/żartowała/żartowało	zażartował/zażartowała/zażartowało
my	żartowaliśmy/żartowałyśmy	zażartowaliśmy/zażartowałyśmy
wy	żartowaliście/żartowałyście	zażartowaliście/zażartowałyście
oni/one	żartowali/żartowały	zażartowali/zażartowały

FUTURE

ja	będę żartował/żartowała	zażartuję
ty	będziesz żartował/żartowała	zażartujesz
on/ona/ono	będzie żartował/żartowała/żartowało	zażartuje
my	będziemy żartowali/żartowały	zażartujemy
wy	będziecie żartowali/żartowały	zażartujecie
oni/one	będą żartowali/żartowały	zażartują

CONDITIONAL

ja	żartowałbym/żartowałabym	zażartowałbym/zażartowałabym
ty	żartowałbyś/żartowałabyś	zażartowałbyś/zażartowałabyś
on/ona/ono	żartowałby/żartowałaby/żartowałoby	zażartowałby/zażartowałaby/zażartowałoby
my	żartowalibyśmy/żartowałybyśmy	zażartowalibyśmy/zażartowałybyśmy
wy	żartowalibyście/żartowałybyście	zażartowalibyście/zażartowałybyście
oni/one	żartowaliby/żartowałyby	zażartowaliby/zażartowałyby

IMPERATIVE

	żartujmy		zażartujmy
żartuj	żartujcie	zażartuj	zażartujcie
niech żartuje	niech żartują	niech zażartuje	niech zażartują

PARTICIPLES

PRES. ACT. żartujący, -a, -e; -y, -e
PRES. PASS.   ***PAST PASS.***
ADV. PART. żartując
Verb governance: z kogo, z czego; z kim
Related verbs with meanings: (**pożartować** *have one's joke*)

EXAMPLES of model and/or related verbs: 1. **Żartował,** że różnica między kobietą i mężczyzną jest taka jak między koniem i zebrą. *He joked that the difference between a man and a woman was the same as between a horse and a zebra.* 2. **Zażartowałam,** że pojechałabym z nim aż na koniec świata. *I joked that I would travel with him even to the end of the world.* 3. Napewno **żartujesz,** gdy mówisz, że prowadzisz bajkowe życie. *Obviously, you are joking when you say that you lead a fairy tale-like existence.* 4. Proszę cię, nie **żartuj.** *I beg you, don't joke.*

żegnać/pożegnać

to say good-bye, bid farewell, see off

IMPERFECTIVE		PERFECTIVE

PRESENT

ja	żegnam
ty	żegnasz
on/ona/ono	żegna
my	żegnamy
wy	żegnacie
oni/one	żegnają

PAST

ja	żegnałem/żegnałam	pożegnałem/pożegnałam
ty	żegnałeś/żegnałaś	pożegnałeś/pożegnałaś
on/ona/ono	żegnał/żegnała/żegnało	pożegnał/pożegnała/pożegnało
my	żegnaliśmy/żegnałyśmy	pożegnaliśmy/pożegnałyśmy
wy	żegnaliście/żegnałyście	pożegnaliście/pożegnałyście
oni/one	żegnali/żegnały	pożegnali/pożegnały

FUTURE

ja	będę żegnał/żegnała	pożegnam
ty	będziesz żegnał/żegnała	pożegnasz
on/ona/ono	będzie żegnał/żegnała/żegnało	pożegna
my	będziemy żegnali/żegnały	pożegnamy
wy	będziecie żegnali/żegnały	pożegnacie
oni/one	będą żegnali/żegnały	pożegnają

CONDITIONAL

ja	żegnałbym/żegnałabym	pożegnałbym/pożegnałabym
ty	żegnałbyś/żegnałabyś	pożegnałbyś/pożegnałabyś
on/ona/ono	żegnałby/żegnałaby/żegnałoby	pożegnałby/pożegnałaby/pożegnałoby
my	żegnalibyśmy/żegnałybyśmy	pożegnalibyśmy/pożegnałybyśmy
wy	żegnalibyście/żegnałybyście	pożegnalibyście/pożegnałybyście
oni/one	żegnaliby/żegnałyby	pożegnaliby/pożegnałyby

IMPERATIVE

	żegnajmy		pożegnajmy
żegnaj	żegnajcie	pożegnaj	pożegnajcie
niech żegna	niech żegnają	niech pożegna	niech pożegnają

PARTICIPLES

PRES. ACT.	żegnający, -a, -e; -y, -e		
PRES. PASS.	żegnany, -a, -e; -i, -e	**PAST PASS.**	pożegnany, -a, -e; -i, -e
ADV. PART.	żegnając		

Verb governance: kogo, co; z kim, z czym

Related verbs with meanings: (**żegnać się/pożegnać się** *take leave of, bid good-bye*) (**przeżegnać się** *cross oneself*) (**zażegnać** *prevent*)

EXAMPLES of model and/or related verbs: 1. Dzięki ich poczuciu humoru da się **zażegnać** niejeden kryzys. *Thanks to their sense of humor, many a crisis is prevented.* 2. Ubrani w strój góralski, **żegnali** delegację. *Dressed in mountaineer costumes, they bid farewell to the delegation.* 3. Spokojnie **pożegnał się** ze swoim przyjacielem. *Quietly, he said good-bye to his friend.* 4. **Przeżegnajcie się** przed ołtarzem. *Cross yourselves in front of the altar.*

IMPERFECTIVE	PERFECTIVE

PRESENT

ja	żenię się	
ty	żenisz się	
on	żeni się	
my	żenimy się	
wy	żenicie się	
oni	żenią się	

PAST

ja	żeniłem się	ożeniłem się
ty	żeniłeś się	ożeniłeś się
on	żenił się	ożenił się
my	żeniliśmy się	ożeniliśmy się
wy	żeniliście się	ożeniliście się
oni	żenili się	ożenili się

FUTURE

ja	będę się żenił	ożenię się
ty	będziesz się żenił	ożenisz się
on	będzie się żenił	ożeni się
my	będziemy się żenili	ożenimy się
wy	będziecie się żenili	ożenicie się
oni	będą się żenili	ożenią się

CONDITIONAL

ja	żeniłbym się	ożeniłbym się
ty	żeniłbyś się	ożeniłbyś się
on	żeniłby się	ożeniłby się
my	żenilibyśmy się	ożenilibyśmy się
wy	żenilibyście się	ożenilibyście się
oni	żeniliby się	ożeniliby się

IMPERATIVE

	żeńmy się		ożeńmy się
żeń się	żeńcie się	ożeń się	ożeńcie się
niech się żeni	niech się żenią	niech się ożeni	niech się ożenią

PARTICIPLES

PRES. ACT. żeniący się, -, -; -y, -
PRES. PASS.   ***PAST PASS.*** ożeniony, -, -; -eni, -
ADV. PART. żeniąc się
Verb governance: z kim
Related verbs with meanings: (**żenić/ożenić** *give in marriage*)

EXAMPLES of model and/or related verbs: 1. Powiedział mi, że **się** ze mną **ożeni.** *He told me that he'd marry me.* 2. **Ożeniłbym się** z nią, ale nie mogę. *I would marry her, but I can't.* 3. Chciał **się** koniecznie **żenić,** ale ona nie mogła się zdecydować. *He desperately wanted to get married, but she couldn't make up her mind.* 4. Mężczyźni nie **żenią się** z takimi kobietami. *Men don't marry women like that.*

żyć/przeżyć

to live, experience

IMPERFECTIVE

PERFECTIVE

PRESENT

ja	żyję
ty	żyjesz
on/ona/ono	żyje
my	żyjemy
wy	żyjecie
oni/one	żyją

PAST

ja	żyłem/żyłam	przeżyłem/przeżyłam
ty	żyłeś/żyłaś	przeżyłeś/przeżyłaś
on/ona/ono	żył/żyła/żyło	przeżył/przeżyła/przeżyło
my	żyliśmy/żyłyśmy	przeżyliśmy/przeżyłyśmy
wy	żyliście/żyłyście	przeżyliście/przeżyłyście
oni/one	żyli/żyły	przeżyli/przeżyły

FUTURE

ja	będę żył/żyła	przeżyję
ty	będziesz żył/żyła	przeżyjesz
on/ona/ono	będzie żył/żyła/żyło	przeżyje
my	będziemy żyli/żyły	przeżyjemy
wy	będziecie żyli/żyły	przeżyjecie
oni/one	będą żyli/żyły	przeżyją

CONDITIONAL

ja	żyłbym/żyłabym	przeżyłbym/przeżyłabym
ty	żyłbyś/żyłabyś	przeżyłbyś/przeżyłabyś
on/ona/ono	żyłby/żyłaby/żyłoby	przeżyłby/przeżyłaby/przeżyłoby
my	żylibyśmy/żyłybyśmy	przeżylibyśmy/przeżyłybyśmy
wy	żylibyście/żyłybyście	przeżylibyście/przeżyłybyście
oni/one	żyliby/żyłyby	przeżyliby/przeżyłyby

IMPERATIVE

	żyjmy		przeżyjmy
żyj	żyjcie	przeżyj	przeżyjcie
niech żyje	niech żyją	niech przeżyje	niech przeżyją

PARTICIPLES

PRES. ACT. żyjący, -a, -e; -y, -e
PRES. PASS.
ADV. PART. żyjąc

PAST PASS. przeżyty, -a, -e; -, -te

Verb governance: kogo, co [**P** only]
Related verbs with meanings: (**dożyć** *live to*) (**nażyć się** *enjoy life*) (**odżyć** *revive*) (**ożyć** *have a lease on life*) (**pożyć** *live some time*) (**spożyć** *consume*) (**użyć** *indulge, take*) (**wyżyć** *survive/last/*) (**zażyć** *use*) (**zużyć** *use up*)

EXAMPLES of model and/or related verbs: 1. **Żyło się** jak w bajce. *We lived as if in a fairy tale.* 2. W małym mieście można jeszcze **żyć** spokojnie. *One may still live peacefully in a small town.* 3. Kraków teraz **żyje** nocą i młodzież wraca późno do domu. *Cracow now comes to life at night and the young people return home late.* 4. **Przeżyłam** w życiu wiele bolesnych chwil. *I experienced many painful moments in my life.*

VERB TESTS

The purpose of this section is to test your knowledge of the Polish verb forms in any given verb category using various formats—quizzes, drills, exercises, question-answers, puzzles, etc. You may want to try each *Verb Test* more than once; with repeated practice of the numerous verb permutations, you will eventually score perfect results. All the verbs and verb forms used in the test section are found in the model pages of the text.

Answers to the *Verb Tests* are given immediately following all the tests.

Test 1

Many Polish words, including verbs, as you have noticed on the pages of *301 Polish Verbs,* come adorned with diacritical marks. Let's see if you can accurately recall which diacritical mark (ą, ę, ć, ł, ń, ó, ś, ż, ź) is required with which letter of the verb. Look at each verb in the infinitive form carefully and supply the correct missing *diacritical mark* or marks for the specified verb.

1. zyc		21. rosnac	
2. wolac		22. umozliwiac	
3. smarowac		23. zachecac	
4. podrozowac		24. bac sie	
5. meczyc		25. snic	
6. gasic		26. probowac	
7. dziekowac		27. odrozniac	
8. marznac		28. tanczyc	
9. podkreslac		29. konczyc	
10. sluchac		30. ciac	
11. wiazac		31. bawic sie	
12. zalowac		32. klasc	
13. zglaszac		33. moc	
14. wazyc		34. pozyczac	
15. rozwiazywac		35. spac	
16. placic		36. wysylac	
17. laczyc		37. gryzc	
18. cwiczyc		38. powiekszac	
19. krecic		39. spozniac sie	
20. pamietac		40. spiewac	

Test 2

Let's test your recall of Polish *infinitives* in the *imperfective aspect* in this crossword puzzle

Across	Down
4. to note	1. to open
6. to move	2. to complain
7. to hasten	3. to take
8. to be able	4. to carry
10. to wash	5. to let go
13. to paint	8. to mix
14. to practice	9. to be enough
15. to make agree	10. to think
16. to jump	11. to disappear
17. to bind	12. to fight

Test 3

All of the verbs in this exercise are in the *present tense.* You are to provide the *infinitive* for each of the following verbs.

▶ Example: **ty pokazujesz** *you show* > ***pokazywać** to show*

1. **ja**	**robię**	_____
2. **oni**	**wyjaśniają**	_____
3. **on**	**stara się**	_____
4. **ona**	**cieszy się**	_____
5. **ty**	**czekasz**	_____
6. **oni**	**usprawiedliwiają się**	_____
7. **my**	**żałujemy**	_____
8. **oni**	**rozmawiają**	_____
9. **ja**	**oszczędzam**	_____
10. **on**	**cofa się**	_____
11. **wy**	**rozumiecie**	_____
12. **ona**	**puka**	_____
13. **my**	**kłucimy się**	_____
14. **ja**	**golę się**	_____
15. **one**	**milczą**	_____
16. **ty**	**ratujesz**	_____
17. **wy**	**witacie**	_____
18. **ono**	**płacze**	_____
19. **oni**	**koszą**	_____
20. **ono**	**kręci się**	_____

Test 4

Name the *infinitives* that do *not* have the *perfective aspect.*

▶ Example: **gotować, szaleć, bać się** > ***bać się** to fear*

powodować, zawdzięczać, musieć, podkreślać, woleć, cenić, narzekać, podróżować, myśleć, uczęszczać, towarzyszyć, wymieniać, sprawdzać, polegać, wieszać, ważyć, śnić, zdążać, potrzebować, spodziewać się

Test 5

Look at the two *infinitives* and decide from which one the *inflected form* is derived.

▶ Example: **ja uczę** *I teach* (*uczyć / nauczyć to teach*) > *uczyć*

1. wy spróbujecie	*(próbować/spróbować)*
2. oni dowiadują się	*(dowiadywać się/dowiedzieć się)*
3. ona kupi	*(kupować/kupić)*
4. my oszczędzamy	*(oszczędzać/oszczędzić)*
5. ty posuniesz	*(posuwać/posunąć)*
6. ja ruszam	*(ruszać/ruszyć)*
7. on puści	*(puszczać/puścić)*
8. one staną	*(stawać/stanąć)*
9. ja uderzam	*(uderzać/uderzyć)*
10. ono zachęca	*(zachęcać/zachęcić)*
11. wy wymienicie	*(wymieniać/wymienić)*
12. oni znajdą	*(znajdować/znaleźć)*
13. ona ustępuje	*(ustępować/ustąpić)*
14. my pozdrawiamy	*(pozdrawiać/pozdrowić)*
15. ty wracasz	*(wracać/wrócić)*
16. ja łapię	*(łapać/złapać)*
17. on poleży	*(leżeć/poleżeć)*
18. one dotkną	*(dotykać/dotknąć)*
19. wy traficie	*(trafiać/trafić)*
20. ono dokucza	*(dokuczać/dokuczyć)*

Test 6

The following *questions* suppose that you are not presently performing the given task. Using the *present tense,* affirm that you are about to comply. Follow the model.

▶ Example: **A. Dlaczego nie czytasz?**   **B. *Już czytam.***
         Why don't you read?   *I'm about to read.*

A. 1. Dlaczego nie bawisz się?	B. 1. _____
2. Dlaczego nie biegniesz?	2. _____
3. Dlaczego nie bierzesz?	3. _____
4. Dlaczego nie gimnastykujesz się?	4. _____
5. Dlaczego nie mieszasz?	5. _____
6. Dlaczego nie powtarzasz?	6. _____
7. Dlaczego nie nalewasz?	7. _____
8. Dlaczego nie próbujesz?	8. _____

9. Dlaczego nie siadasz?	*9.*	
10. Dlaczego nie protestujesz?	*10.*	
11. Dlaczego nie szukasz?	*11.*	
12. Dlaczego nie żenisz się?	*12.*	
13. Dlaczego nie wybaczasz?	*13.*	
14. Dlaczego nie śmiejesz się?	*14.*	
15. Dlaczego nie tańczysz?	*15.*	
16. Dlaczego nie wracasz?	*16.*	
17. Dlaczego nie hamujesz?	*17.*	
18. Dlaczego nie kupujesz?	*18.*	
19. Dlaczego nie parkujesz?	*19.*	
20. Dlaczego nie modlisz się?	*20.*	

Test 7

In this quiz, you are to answer the question in the *present tense* in the *first person plural.* Look at the verbs given and decide which ones can be used in the present.

► Example: **A. Co robicie? (czekać/zaczekać)** **B. *Czekamy.***
   What are you doing?   *We are waiting.*

1. Co robicie?	**(liczyć/policzyć)**	
2. Co robicie?	**(dziękować/podziękować)**	
3. Co robicie?	**(cierpieć/ścierpieć)**	
4. Co robicie?	**(pomagać/pomóc)**	
5. Co robicie?	**(bawić się/zabawić się)**	
6. Co robicie?	**(rejestrować/zarejestrować)**	
7. Co robicie?	**(czekać/zaczekać)**	
8. Co robicie?	**(spacerować/pospacerować)**	
9. Co robicie?	**(błądzić/zbłądzić)**	
10. Co robicie?	**(śpiewać/zaśpiewać)**	
11. Co robicie?	**(działać/podziałać)**	
12. Co robicie?	**(wyszczególniać/wyszczególnić)**	
13. Co robicie?	**(budować/zbudować)**	
14. Co robicie?	**(oglądać/obejrzeć)**	
15. Co robicie?	**(ładować/naładować)**	
16. Co robicie?	**(zwiedzać/zwiedzić)**	
17. Co robicie?	**(pakować/spakować)**	
18. Co robicie?	**(myśleć/pomyśleć)**	
19. Co robicie?	**(śpieszyć się/pośpieszyć się)**	
20. Co robicie?	**(częstować/poczęstować)**	

Test 8

Give the *perfective* equivalent for the following imperfective verbs. Remember that not all verbs have the perfective aspect.

▶ Example: **farbować/** _____ > **farbować/*ufarbować***
dye, color, stain

1. **postanawiać/**_____
2. **brać/** _____
3. **godzić/**_____
4. **potrzebować/** _____
5. **kłaniać się/** _____
6. **budzić/**_____
7. **wymieniać/** _____
8. **awansować/**_____
9. **narzekać/** _____
10. **ciąć/**_____

11. **kąpać/** _____
12. **kontaktować/** _____
13. **czuć/**_____
14. **woleć/** _____
15. **żegnać/**_____
16. **dotykać/** _____
17. **umierać/** _____
18. **urządzać/** _____
19. **słyszeć/** _____
20. **regulować/** _____

Test 9

Fill in the blank with an appropriate *prefix.* All the verbs are from the perfective aspect.

▶ Example: **Wczoraj on** _____ **gubił portfel.** > **Wczoraj on *zgubił* portfel.**
Yesterday he lost his wallet.

1. **O szóstej** _____ **jem kolację.**
2. **Mama** _____ **gotowała zupę.**
3. **Pan Adam nam coś** _____ **grał.**
4. **Czy mogę** _____ **prosić o szklankę wody.**
5. **Kiedy** _____ **kończysz czytać?**
6. **Klaro,** _____ **rób mi sweter.**
7. **Stefcia** _____ **piła herbatę.**
8. **Muszę** _____ **pakować walizkę.**
9. **Marysia chce** _____ **znać go.**
10. **To ci nie** _____ **szkodzi.**
11. **Kazia** _____ **kosztowała zupy.**
12. **Jacuś** _____ **psuł zabawkę.**
13. **Fryzjerka** _____ **czesała mnie.**
14. **Raptownie** _____ **bolał go ząb.**
15. **Gienia** _____ **rodziła syna.**
16. **Pani Aniela** _____ **stawiła róże na stół.**
17. **Rajmund** _____ **rezerwował miejsca.**
18. **Rysiek** _____ **hamował za szybko.**
19. **Basia** _____ **szyła sobie sukienkę.**
20. **Józek i Hania** _____ **żyli wojnę.**

Test 10

What did the child (**dziecko**) do? Write in the *past tense* of the *neuter singular* form starting from the center **P** to the right and then to the left. Use the following verbs: **pływać, płakać, padać, prosić, płacić, pukać, pytać, pisać.**

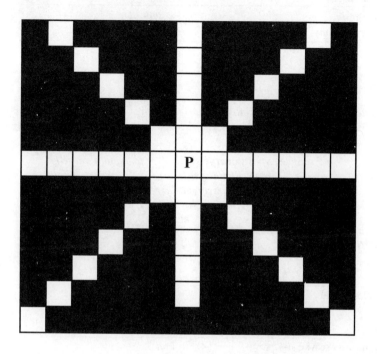

Test 11

In this quiz you are given the masculine forms of the past tense. Supply the *feminine* equivalent for each of the following *past tense* forms.

▶ Example: **my rezerwowaliśmy** > *my rezerwowałyśmy (we reserved)*

1. **wy mieszkaliście**	1. *wy*
2. **oni spodobali się**	2. *one*
3. **ty pocałowałeś**	3. *ty*
4. **on badał**	4. *ona*
5. **my projektowaliśmy**	5. *my*
6. **ja wróciłem**	6. *ja*
7. **wy żegnaliście**	7. *wy*
8. **oni uciekali**	8. *one*
9. **ty siedziałeś**	9. *ty*
10. **on zapytał**	10. *ona*
11. **my pomagaliśmy**	11. *my*
12. **ja upadłem**	12. *ja*
13. **on nosił**	13. *ona*
14. **my mówiliśmy**	14. *my*

15. ja liczyłem	15. *ja*
16. ty dzwoniłeś	16. **ty**
17. oni przeczytali	17. *one*
18. wy ceniliście	18. *wy*
19. on zginął	19. *ona*
20. my chwaliliśmy	20. *my*

Test 12

Use the *reflexive verbs* you need from the list to relate what **he, she,** or **it** did this morning. Note that the verbs are in the perfective aspect. Use the *past tense* in the *third person singular* according to the model.

▶ Example: **wytłumaczyć się** = *to explain oneself*
on wytłumaczył się = *he explained himself*
ona wytłumyczyła się = *she explained herself*
ono wytłumaczyło się = *it explained itself*

1. **obudzić się**	*on*
	ona
	ono
2. **pośpieszyć się**	*on*
	ona
	ono
3. **pogimnastykować się**	*on*
	ona
	ono
4. **ogolić się**	*on*
5. **wykąpać się** or **umyć się**	*on*
	ona
	ono
6. **uczesać się**	*on*
	ona
	ono
7. **umalować się**	*on*
	ona
	ono
8. **poperfumować się**	*on*
	ona
	ono
9. **ubrać się**	*on*
	ona
	ono
10. **spóźnić się**	*on*
	ona
	ono

Test 13

Put into either the *plural* or *singular* the *compound future* in the following sentences.

▶ Example: **Będę pisała.** >   **Będziemy pisały.**
I will be writing.   *We will be writing.*
Dzieci będą się bawiły. >   ***Dziecko będzie się bawiło.***
The children will be playing.   *The child will be playing.*

1. **Oni będą się opiekowali bezdomnymi.** _____

2. **Nauczyciel będzie sprawdzał zeszyty.** _____

3. **Pani będzie ustępowała mężowi.** _____

4. **Będę piła herbatę.** _____

5. **Będziemy marzli na przystanku.** _____

6. **Dziecko będzie rzucało zabawki.** _____

7. **Mama będzie się martwiła o nas.** _____

8. **Będziesz urządzała imprezy.** _____

9. **Zosia i Jasia będą spotykały znajomych.** _____

10. **Będziecie nocowali w hotelu.** _____

11. **Oni będą odpowiadali na pytania.** _____

12. **Pies będzie gryzł kości.** _____

13. **Pani będzie się dowiadywała o zniżkach.** _____

14. **Będę się przyzwyczajała do kawy.** _____

15. **Będziemy ciągnęli wózek.** _____

16. **Dziecko będzie się chwaliło.** _____

17. **Mama będzie godziła nas.** _____

18. **Będziecie się uczyli na uniwersytecie.** _____

19. **Będziesz rosła wysoka.** _____

20. **One będą się rozwijały dobrze.** _____

Test 14

Answer the following questions using the *compound future tense.* Follow the model.

▶ Example: A. **Co będziesz robił jutro?** *What are you going to do tomorrow?*
        B. *Jutro cały dzień <u>**będę pisał**</u> listy.* *Tomorrow, all day long, I'll be*
             (pisać) *writing letters.*

---

1. A. **Co będziecie robili jutro?**
   B. *Jutro cały dzień _____ w karty.*
                          (grać)

2. A. **Co będziesz robiła jutro?**
   B. *Jutro cały dzień _____.*
                          (odpoczywać)

3. A. **Co będziemy robiły jutro?**
   B. *Jutro cały dzień _____ wolny czas.*
                          (mieć)

4. A. **Co oni będą robili jutro?**
   B. *Jutro cały dzień _____ wycieczkę.*
                          (organizować)

5. A. **Co będziesz robił jutro?**
   B. *Jutro cały dzień _____ braciszka.*
                          (pilnować)

6. A. **Co on będzie robił jutro?**
   B. *Jutro cały dzień _____ jagody.*
                          (zbierać)

7. A. **Co ono będzie robiło jutro?**
   B. *Jutro cały dzień _____ telewizję.*
                          (oglądać)

8. A. **Co one będą robiły jutro?**
   B. *Jutro cały dzień _____ w domu.*
                          (siedzieć)

9. A. **Co ja będę robiła jutro?**
   B. *Jutro cały dzień _____ krzyżówki.*
                          (rozwiązywać)

10. A. **Co będzie Marysia robiła jutro?**
    B. *Jutro cały dzień Marysia _____.*
                           (nie pracować)

11. A. **Co będę robił jutro?**

B. *Jutro cały dzień* _____ *malować.*

(musieć)

12. A. **Co będziecie robiły jutro?**

B. *Jutro cały dzień* _____ *mamę.*

(przekonywać)

13. A. **Co oni będą robili jutro?**

B. *Jutro cały dzień* _____ *siano.*

(wozić)

14. A. **Co będziemy robili jutro?**

B. *Jutro cały dzień* _____ *latawce.*

(puszczać)

15. A. **Co będziesz robiła jutro?**

B. *Jutro cały dzień* _____.

(nudzić się)

16. A. **Co będziecie robili jutro?**

B. *Jutro cały dzień* _____ *turystów.*

(rejestrować)

17. A. **Co on będzie robił jutro?**

B. *Jutro cały dzień on* _____ *o ciebie.*

(niepokoić się)

18. A. **Co będziesz robił jutro?**

B. *Jutro cały dzień* _____ *pacjentów.*

(badać)

19. A. **Co ono będzie robiło jutro?**

B. *Jutro cały dzień ono* _____.

(nie płakać)

20. A. **Co one będą robiły jutro?**

B. *Jutro cały dzień* _____.

(jeść)

Test 15

This test involves the two variants of the imperfective future tense. One variant is already given to you. You are to provide the other variant for the *compound future tense*.

▶ Example: **Będę mniej jeść.** < *I will be eating less.* > ***Będę mniej jadł.*** OR
Będę mniej jadła.

1. **Będzie słuchać radia.**
2. **Nie będę nic pożyczać.**
3. **Nie będę więcej rodzić.**
4. **Będzie dalej służyć.**
5. **Będą zawsze dawać cukierki.**
6. **Będziemy składać podanie.**
7. **Będzie brać lekcje muzyki.**
8. **Będziesz stać w kolejce.**
9. **Będzie latać wysoko.**
10. **Będziemy stawać na światłach.**
11. **Będzie stosować krem.**
12. **Będziecie zachęcać do modlitwy.**
13. **Będziemy się starać kupić.**
14. **Będą się żenić.**
15. **Nie będę wyjaśniać po dziesięć razy.**
16. **Będą wierzyć w swoje siły.**
17. **Będziesz załatwiać sprawy.**
18. **Będziemy zauważać gafy.**
19. **Nie będę wymieniać imion.**
20. **Nie będzie zdejmować kapelusza.**

Test 16

This crossword puzzle tests your knowledge of the *familiar* (second person singular) command form. You are to form the *commands* horizontally from imperfective infinitives and vertically from perfective infinitives.

Across (with imperfectives)	**Down** (with perfectives)
1. **uczyć**	2. **zapłacić**
3. **uczęszczać**	4. **zainteresować**
5. **zawierać**	5. **zacząć**
7. **tańczyć**	6. **wyprasować**
8. **tłumaczyć**	9. **znaleźć**
10. **emigrować**	13. **dać**
11. **smarować**	
12. **brudzić**	
14. **jeść**	

Test 17

Follow the pattern in the example by using the *past tense* of the verb.

▶ Example: **Umyj się!** > *Już się umyłem.* or *Już się umyłam.*
             Wash yourself   *I already washed myself.*

1. **Zjedz śniadanie!** _____
2. **Ukrój sera!** _____
3. **Poleż w łóżku!** _____
4. **Pogódźcie się!** _____
5. **Ugotuj obiad!** _____
6. **Nalej herbaty!** _____
7. **Wypijcie kawę!** _____
8. **Wypłucz gardło!** _____
9. **Wyprasuj spodnie!** _____
10. **Posmaruj chleb!** _____
11. **Pospacerujcie w parku!** _____
12. **Wysusz włosy!** _____
13. **Zadzwońcie do nas!** _____
14. **Nachyl się!** _____
15. **Zbuduj budę!** _____
16. **Zasądź go!** _____
17. **Poszukajcie ich!** _____
18. **Przetłumaczcie po polsku!** _____
19. **Trafcie na to!** _____
20. **Nauczcie się na pamięć!** _____

Test 18

You are given first person plural commands in the imperfective aspect. Provide *first person plural commands* in the *perfective aspect*.

▶ Example: **Czytajmy gazetę.** > *Przeczytajmy gazetę.*
             Let's read the newspaper.

1. **Gaśmy ogień.** _____
2. **Kośmy trawę.** _____
3. **Tnijmy papier.** _____
4. **Nie chorujmy na grypę.** _____
5. **Stójmy na ulicy.** _____
6. **Zawierajmy umowy.** _____
7. **Żegnajmy gości.** _____
8. **Urządzajmy przyjęcie.** _____
9. **Wycierajmy talerze.** _____
10. **Chowajmy cukierki.** _____

11. **Wysyłajmy paczki.** _____
12. **Szukajmy szczęścia.** _____
13. **Ruszajmy w drogę.** _____
14. **Nie lekceważmy kataru.** _____
15. **Nie spóźniajmy się do szkoły.** _____
16. **Pokazujmy zdjęcia.** _____
17. **Żartujmy z nich.** _____
18. **Odróżniajmy grzyby.** _____
19. **Meldujmy żołnierzy.** _____
20. **Krzyczmy głośno.** _____

Test 19

In this drill you are to give a warning to a group of people. Form the _imperative_ in the _second person plural_ from _imperfective_ verbs in brackets.

▶ Example: **Nigdy nie** _____. (spóźniać się)
   **Nigdy nie spóźniajcie się.** Don't ever be late.

1. **Nigdy nie** _____. (pozwalać)
2. **Nigdy nie** _____. (odpowiadać)
3. **Nigdy nie** _____. (krzyczeć)
4. **Nigdy nie** _____. (projektować)
5. **Nigdy nie** _____. (szaleć)
6. **Nigdy nie** _____. (kraść)
7. **Nigdy nie** _____. (czekać)
8. **Nigdy nie** _____. (sprawdzać)
9. **Nigdy nie** _____. (wypełniać)
10. **Nigdy nie** _____. (spać)
11. **Nigdy nie** _____. (zbierać)
12. **Nigdy nie** _____. (dowiadywać się)
13. **Nigdy nie** _____. (wieszać)
14. **Nigdy nie** _____. (bronić)
15. **Nigdy nie** _____. (chować)
16. **Nigdy nie** _____. (karać)
17. **Nigdy nie** _____. (martwić się)
18. **Nigdy nie** _____. (wycierać)
19. **Nigdy nie** _____. (obiecywać)
20. **Nigdy nie** _____. (stać)

Test 20

Now express a specific *order* or *request* in the *second person plural.* Use the *perfective* part of the verb to form these commands.

▶ Example: **Tym razem** _____. (pomóc)
Tym razem pomóżcie. This time, help out.

1. **Tym razem**	_____.	(obronić)
2. **Tym razem**	_____.	(związać)
3. **Tym razem**	_____.	(skosić)
4. **Tym razem**	_____.	(kupić)
5. **Tym razem**	_____.	(pomyśleć)
6. **Tym razem**	_____.	(sfotografować)
7. **Tym razem**	_____.	(odróżnić)
8. **Tym razem nie**	_____.	(upaść)
9. **Tym razem nie**	_____.	(zlekceważyć)
10. **Tym razem nie**	_____.	(pomylić się)
11. **Tym razem**	_____.	(zanotować)
12. **Tym razem**	_____.	(obiecać)
13. **Tym razem**	_____.	(wypić)
14. **Tym razem nie**	_____.	(spóźnić się)
15. **Tym razem**	_____.	(pozwolić)
16. **Tym razem**	_____.	(urwać)
17. **Tym razem**	_____.	(sprawdzić)
18. **Tym razem**	_____.	(zaśpiewać)
19. **Tym razem**	_____.	(ustąpić)
20. **Tym razem**	_____.	(wrócić)

Test 21

You (yourself) or you (all) are given a command. Respond by saying that you will perform the task immediately. Use the *simple future tense* in the *first person* in the *singular* or *plural*, depending on the request.

▶ Example: (singular) **Usiądź!** *Sit down! >* **Zaraz usiądę.** *I'll sit down shortly.*
(plural) **Usiądźcie!** *Sit down! >* **Zaraz usiądziemy.** *We'll sit down shortly.*

1. **Zbierz!**	*Zaraz* _____.
2. **Załatwcie!**	*Zaraz* _____.
3. **Wypełnij!**	*Zaraz* _____.
4. **Potarguj!**	*Zaraz* _____.
5. **Porozmawiajcie!**	*Zaraz* _____.
6. **Spróbuj!**	*Zaraz* _____.
7. **Posuń!**	*Zaraz* _____.
8. **Nalejcie!**	*Zaraz* _____.

318

9. **Powiedzcie!**	*Zaraz* _____.
10. **Policz!**	*Zaraz* _____.
11. **Naładujcie!**	*Zaraz* _____.
12. **Pokręć!**	*Zaraz* _____.
13. **Połóż!**	*Zaraz* _____.
14. **Podziękujcie!**	*Zaraz* _____.
15. **Dostań!**	*Zaraz* _____.
16. **Oczyść!**	*Zaraz* _____.
17. **Potnijcie!**	*Zaraz* _____.
18. **Pocałuj!**	*Zaraz* _____.
19. **Schowajcie!**	*Zaraz* _____.
20. **Weźcie!**	*Zaraz* _____.

Test 22

Put the verbs listed into the proper *simple future* form. The verbs chosen for this drill are from verb forms listed at the bottom of the conjugated page. Remember that these verbs are conjugated like the model verbs.

▶ Example: **ja: dokupić** *to buy more,* **zawinąć** *to wrap up,* **unikać** *to avoid*
    dokupię *I will buy more,* **zawinę** *I will wrap up,* **uniknę** *I will avoid*

1. **ona:**	_____	**odczuć, przyhamować, odpracować**
2. **my:**	_____	**posądzić, natrafić, przymierzyć**
3. **oni:**	_____	**pożartować, przepłukać, ominąć**
4. **ja:**	_____	**ułamać, wykończyć, podjeść**
5. **one:**	_____	**dogodzić, przyfarbować, zatknąć**
6. **wy:**	_____	**rozdzielić, przeciągnąć, wyczyścić**
7. **ty:**	_____	**wychylić, ocenić, zachować**
8. **on:**	_____	**zabronić, wybadać, nagrzać**
9. **my:**	_____	**wyleżeć się, wymeldować, opracować**
10. **ono:**	_____	**zabłądzić, odbiec, uderzyć**

Test 23

Transform the third person plural imperative into the ***third person singular imperative.*** Follow the model.

▶ Example: **Niech się dowiadują.** > *Niech się dowiaduje.*
   Let them find out.   *Let him / her / it find out.*

1. Niech myślą.	*Niech* _____
2. Niech obserwują.	*Niech* _____
3. Niech prowadzą.	*Niech* _____
4. Niech rozumieją.	*Niech* _____
5. Niech śpią.	*Niech* _____
6. Niech twierdzą.	*Niech* _____
7. Niech uspokajają.	*Niech* _____
8. Niech zgłaszają.	*Niech* _____
9. Niech wybaczają.	*Niech* _____
10. Niech stosują.	*Niech* _____
11. Niech podkreślają.	*Niech* _____
12. Niech nalewają.	*Niech* _____
13. Niech wysyłają.	*Niech* _____
14. Niech kopią.	*Niech* _____
15. Niech fotografują.	*Niech* _____
16. Niech kładą.	*Niech* _____
17. Niech żałują.	*Niech* _____
18. Niech czyszczą.	*Niech* _____
19. Niech chodzą.	*Niech* _____
20. Niech awansują.	*Niech* _____

Test 24

In this test you are given the third person singular imperative. You are to restate the following sentences in the ***imperative*** for the ***third person plural*** according to the model.

▶ Example: **Niech ona to zrobi.** > *Niech one to zrobią.*
   Let her do it.   *Let them do it.*

1. Niech pan powiadomi nas.	*Niech* _____ .
2. Niech on zaprzeczy temu.	*Niech* _____ .
3. Niech pani powiększy zdjęcie.	*Niech* _____ .
4. Niech ona zanotuje numer.	*Niech* _____ .
5. Niech ono wytrze nos.	*Niech* _____ .
6. Niech pan się nie gniewa.	*Niech* _____ .

7. Niech on obejrzy film.	*Niech* _____.
8. Niech pani wyląduje na lotnisku.	*Niech* _____.
9. Niech ona się nie przyzwyczaja do hałasu.	*Niech* _____.
10. Niech ono wybaczy mamie.	*Niech* _____.
11. Niech pan to skończy.	*Niech* _____.
12. Niech on walczy o wolność.	*Niech* _____.
13. Niech pani pożyczy mi słownik.	*Niech* _____.
14. Niech ona pokaże zeszyt.	*Niech* _____.
15. Niech ono pozna ojca.	*Niech* _____.
16. Niech pan nie narzeka.	*Niech* _____.
17. Niech on korzysta z okazji.	*Niech* _____.
18. Niech pani nie pali.	*Niech* _____.
19. Niech ona zbada mnie.	*Niech* _____.
20. Niech ono nie łapie motyli.	*Niech* _____.

Test 25

Transform the following sentences into the *second person plural imperative.* Notice that both sides of the exercise express the same idea. Remember that after a negative the imperfective is used.

► Example: **Proszę nie palić.** > *Proszę nie palcie.*
Please don't smoke.

1. Proszę nie siadać.	*Proszę nie*
2. Proszę nie pić.	*Proszę nie*
3. Proszę nie żartować	*Proszę nie*
4. Proszę nie pływać.	*Proszę nie*
5. Proszę nie pukać.	*Proszę nie*
6. Proszę nie krzyczeć.	*Proszę nie*
7. Proszę nie protestować.	*Proszę nie*
8. Proszę nie mijać.	*Proszę nie*
9. Proszę nie dawać.	*Proszę nie*
10. Proszę nie dokuczać.	*Proszę nie*
11. Proszę nie narzekać.	*Proszę nie*
12. Proszę nie spóźniać się.	*Proszę nie*
13. Proszę nie rzucać.	*Proszę nie*
14. Proszę nie uciekać.	*Proszę nie*
15. Proszę nie zbierać.	*Proszę nie*
16. Proszę nie otwierać.	*Proszę nie*
17. Proszę nie mylić się.	*Proszę nie*
18. Proszę nie parkować.	*Proszę nie*
19. Proszę nie płakać.	*Proszę nie*
20. Proszę nie rwać.	*Proszę nie*

Test 26

Now transform these sentences into the *second person plural imperative.* Notice that both sides of the exercise express the same idea. Use the *perfective aspect.*

▶ Example: **Proszę usiąść.** > *Proszę usiądźcie.*
Please sit down.

1. **Proszę dopilnować.**	*Proszę*
2. **Proszę napisać.**	*Proszę*
3. **Proszę przemilczeć.**	*Proszę*
4. **Proszę uprać / wyprać**	*Proszę*
5. **Proszę powtórzyć.**	*Proszę*
6. **Proszę wyprasować.**	*Proszę*
7. **Proszę przywitać.**	*Proszę*
8. **Proszę wysłać.**	*Proszę*
9. **Proszę przetłumaczyć.**	*Proszę*
10. **Proszę wypełnić.**	*Proszę*
11. **Proszę potrzymać.**	*Proszę*
12. **Proszę posłuchać.**	*Proszę*
13. **Proszę wybaczyć.**	*Proszę*
14. **Proszę uwierzyć.**	*Proszę*
15. **Proszę zobaczyć.**	*Proszę*
16. **Proszę postać.**	*Proszę*
17. **Proszę naładować.**	*Proszę*
18. **Proszę poradzić.**	*Proszę*
19. **Proszę schować.**	*Proszę*
20. **Proszę poinformować.**	*Proszę*

Test 27

Change the following conditional feminine forms into the *conditional masculine* forms.

▶ Example: **Mieszkałaby w domu.** > *Mieszkałby w domu.*
She would live at home.   He would live at home.

1. **Sprawdzałaby egzaminy.**	_____
2. **Zdejmowałabyś płaszcz.**	_____
3. **Wiązałaby kokardę.**	_____
4. **Starałybyśmy się jeść.**	_____
5. **Pokazywałabyś obrazy.**	_____
6. **Trzymałybyśmy psa na łańcuchu.**	_____
7. **Śmiałaby się z niego.**	_____
8. **Lubiłabyś lody.**	_____

9. Dzieliłybyście się kanapką.	
10. Czułybyśmy się bliżej siebie.	
11. Zgłaszałaby się na posterunek.	
12. Składałabym bieliznę.	
13. Tańczyłaby walce.	
14. Chowałabym chusteczkę do kieszeni.	
15. Nie cierpiałabyś tyle.	
16. Oszczędzałaby więcej.	
17. Rozumiałabyś mnie lepiej.	
18. Nie narzekałyby na nich.	
19. Polegałybyśmy na nim częściej.	
20. Nie pukałybyście tak długo.	

Test 28

Answer the following questions in the *conditional.*

► Example: **Zaczekałbyś chwilę?** >   *Owszem, zaczekałbym chwilę.*
        Would you wait a minute?   *Certainly, I would wait a minute.*

1. Pomogłybyście mi?	*Owszem, _____.*
2. Pojechałby pan nad morze?	*Owszem, _____.*
3. Nie mogłoby dziecko otworzyć okno?	*Owszem, _____.*
4. Chcielibyście pójść na mecz?	*Owszem, _____.*
5. Poszłyby dzieci na basen?	*Owszem, _____.*
6. Zjedlibyśmy obiad?	*Owszem, _____.*
7. Wolałabyś iść do kina?	*Owszem, _____.*
8. Przetłumaczyliby państwo nam to?	*Owszem, _____.*
9. Daliby parafianie na ofiarę?	*Owszem, _____.*
10. Ufarbowałabyś mi rzęsy?	*Owszem, _____.*
11. Zgasiłby pan światło?	*Owszem, _____.*
12. Zagralibyśmy w tenisa?	*Owszem, _____.*
13. Pokazalibyście nam zdjęcia?	*Owszem, _____.*
14. Nie wyleczyliby ich z tego?	*Owszem, _____.*
15. Poleżałbyś w łóżku?	*Owszem, _____.*
16. Zrobiłabyś mi kanapkę?	*Owszem, _____.*
17. Posłuchałybyśmy muzyki?	*Owszem, _____.*
18. Zapłaciłby aż tyle pieniędzy?	*Owszem, _____.*
19. Spędzilibyście urlop w górach?	*Owszem, _____.*
20. Wzięliby go z sobą?	*Owszem, _____.*

Test 29

Now you are going to try to do some limited translation exercises involving verbs. *Translate* into Polish using the *reflexive verbs* given in parentheses. The verb forms in various tenses chosen for this drill are from the bottom of the conjugated pages. Bear in mind that the verb forms are conjugated like the model verb on that page. Don't forget to include the reflexive particle **się**.

▶ Example: *He fell in love with Mary.* (**zakochać się**) > *On zakochał się w Marysi.*

1. *They passed each other.*	**(rozminąć się)**	
2. *Adam demands work.*	**(domagać się)**	
3. *They would bet that they would win.*	**(założyć się)**	
4. *Dawn will not use a lot of makeup.*	**(malować się)**	
5. *Pick up your package, please.*	**(zgłosić się)**	
6. *She is saying good-bye to her friends.*	**(żegnać się)**	
7. *Let's get more information about it.*	**(poinformować się)**	
8. *The students are uneasy before the exam.*	**(denerwować się)**	
9. *I bragged about my A in Polish.*	**(chwalić się)**	
10. *It turned out that there was no test.*	**(okazać się)**	

Test 30

Now let's test your recall of the *passive participles.* Complete each sentence using either the present passive or the past passive participle of the verb pair in parentheses. Keep an eye on words such as **zawsze, teraz, cały dzień,** or **wczoraj, dawno, za tydzień, wkrótce, dzisiaj** when determining from which aspect of the verb (imperfective / perfective) the participle should come.

1. **Wczoraj drogi były** _____. *(zamykać /zamknąć)*
2. **Chuda kobieta jest zawsze** _____. *(zauważać/zauważyć)*
3. **Łóżeczko było** _____ już dawno. *(robić/zrobić)*
4. **Zdjęcia będą** _____ za tydzień. *(powiększać/powiększyć)*
5. **Marysia miała** _____ rękę. *(łamać/złamać)*
6. **Rondel jest teraz** _____. *(myć/umyć)*
7. **Te obrazy będą** _____ wkrótce. *(kończyć/skończyć)*
8. **Ten barszcz był** _____ wczoraj. *(gotować/ugotować)*
9. **Ogień był** _____ cały dzień. *(gasić/zgasić)*
10. **Dzisiaj mąż jest** _____ i zły. *(denerwować/zdenerwować)*

Test 31

Let's test your knowledge of the *participles* in a *word search.* You are to provide the required participle according to specifications. The first one is done for you, so follow the model. The participles are hidden vertically, horizontally, diagonally, backwards and forwards.

1. Feminine singular, past passive participle from the verb *to color* (**ufarbować**).
2. Masculine-personal plural, present active participle from the verb *to shout* (**krzyczeć**).
3. Adverbial participle from the verb *to wander* (**błądzić**).
4. Neuter singular, past passive participle from the verb *to paint* (**namalować**).
5. Feminine plural, past passive participle from the verb *to bear a child* (**urodzić**).
6. Masculine-personal plural, past passive participle from the verb *to greet* (**przywitać**).
7. Inanimate plural, present active participle from the verb *to close* (**zamykać**).
8. Masculine singular, present passive participle from the verb *to excuse* (**usprawiedliwiać**).
9. Adverbial participle from the verb *to dream* (**śnić**).
10. Feminine singular, present passive participle from the verb *to read* (**czytać**).
11. Neuter singular, present passive participle from the verb *to wash* (**myć**).
12. Adverbial participle from the verb *to beg* (**prosić**).

U	S	P	R	A	W	I	E	D	L	I	W	I	A	N	Y
D	G	R	Ń	B	Ł	Ą	D	Z	Ą	C	B	Z	Ś	U	S
C	K	O	N	G	F	P	R	T	I	K	L	Ę	M	K	L
Z	P	S	W	N	Y	Ć	T	N	A	Ę	H	J	D	R	E
Y	O	Z	Ś	D	Ź	D	A	N	Ś	N	I	Ą	C	Z	N
T	I	Ą	Ł	K	A	T	A	Ą	I	W	D	Ń	N	Y	A
A	U	C	G	Ż	I	W	Ó	Ć	D	F	C	M	A	C	W
N	M	Ó	Z	W	O	Y	H	G	Ś	J	Ż	S	K	Z	O
A	R	H	Y	B	Ó	L	C	E	T	Y	M	Ó	G	Ą	L
Ó	Ć	Z	R	D	Ś	Ł	K	P	M	H	E	A	E	C	A
I	R	A	N	Ż	D	Ź	J	T	B	Ć	Ś	D	A	Y	M
P	F	C	H	Z	A	M	Y	K	A	J	Ą	C	E	K	A
U	R	O	D	Z	O	N	E	H	Ń	Ż	Ś	K	T	F	N

Test 32

Supply the proper *adverbial participle* or *gerund* for the infinitive in brackets.

▶ Example: _____ **książkę, zasnąłem.** > ***Czytając książkę, zasnąłem.***
   (czytać)   *While reading a book, I fell asleep.*

1. _____ **do Warszawy, zapoznałem stewardesę.** (lecieć)	
2. _____ **do brzegu, zmęczyłem się.** (płynąć)	
3. _____ **autobus, zauważyłem Zośkę.** (mijać)	
4. _____ **rowerem, wjechał w kałużę.** (jechać)	
5. _____ **do domu, spotkała koleżankę.** (iść)	
6. _____ **dziecko, śpiewała mu.** (nosić)	
7. _____ **pasażerów, rozmawiał z nimi.** (wozić)	
8. _____ **gazetę, zauważył artykuł.** (brać)	
9. _____ **do domu, kupiliśmy gazetę.** (wracać)	
10. _____ **po łące, zobaczył żabę.** (chodzić)	
11. _____ **mamie, nauczyłam się gotować.** (pomagać)	
12. _____ **książki, przystanęła.** (nieść)	
13. _____ **buty, zapukał do drzwi.** (wycierać)	
14. _____ **Jasię, uśmiechnął się.** (widzieć)	
15. _____ **mleko, rozlał je.** (wieźć)	
16. _____ **list, zamyśliła się.** (pisać)	
17. _____ **przy stole, piłem kawę.** (siedzieć)	
18. _____ **to, patrzał na mnie.** (mówić)	
19. _____ **polkę, śpiewał *tra la la*.** (tańczyć)	
20. _____ **sukienkę, rozmawiała z klientką.** (szyć)	

Test 33

A few verbs such as **boleć/zaboleć, brakować** or **braknąć/zabraknąć, kwitnąć/zakwitnąć** listed in our selection may only be used in the third person. Look at the sentences given and supply the required ***third person form*** (singular or plural) and the ***appropriate tense*** for these verbs or the ***participle***.

▶ Example: _____ **bez pachniał wszędzie.** > *Kwitnący* **bez pachniał wszędzie.**

The blooming lilacs smelled nice everywhere.

1. **Bardzo mi było przykro, że** _____ **jedzenia.**
2. **Wczoraj czytałem długo i dziś mnie oczy** _____ **.**
3. **Wczoraj zęby go** _____ **.**
4. **Teraz głowa mnie** _____ **.**
5. **Teraz w sadzie** _____ **wiśnie.**
6. **Dzisiaj czytałam dużo, to jutro** _____ **mnie oczy.**
7. **W polu wszystkie maki już** _____ **.**
8. **Nogi mnie nigdy nie** _____ **.**
9. **Wreszcie** _____ **tulipany.**
10. **Wczoraj ząb go strasznie** _____ **.**
11. **Raptownie serce go** _____ **.**
12. **Kiedy te astry** _____ **?**
13. **Jurek nosił** _____ **rękę w gipsie.**
14. **Gdy** _____ **pieniędzy wrócimy do domu.**
15. **Gdyby nosiła te ciasne pantofle, to** _____ **ją nogi.**
16. **Do wypłaty jej zawsze** _____ **pieniędzy.**
17. **Jej zawsze** _____ **pieniędzy na drobne wydatki.**
18. **Zostaw tą dziką różę,** _____ **sobie** _____ **.**
19. **Tego lata same stokrotki** _____ **na łące.**
20. **Już jeden tulipan** _____ **.**

Test 34

Some of the conjugated verbs in this book may also be used in ***impersonal expressions*** denoting reaction of the senses, impression received, or mental attitude to something. Familiarize yourself with the meaning of the following impersonal expressions and then complete each sentence with a logical verb from this list. Remember that the verb with the impersonal expression is always in the third person in a specified or appropriate tense. In the past tense the neuter form of the verb is used. Also notice that the particle **się** is added to the verbs, but not to the verb **to be**.

chce [mi] się   *[I] feel like*
chodzi o   *it is about*
chodzi [mi] o   *what [I] mean*
podoba [mi] się   *[I] like*
robi [mi] się   *[I] feel*
śni [mi] się   *[I] dream*
udaje [mi] się   *[I] manage/succeed in*
wydaje [mi] się   *it seems [to me]*

zdaje [mi] się   *[I] think*
dobrze [mi] było   *[I] was comfortable/happy*
miło [mi] było   *[I] was pleased*
żal [mi] będzie   *[I] will be sorry*
przykro [mi] będzie   *[I] will regret*
smutno [mi] będzie   *[I] will feel sad*
kupuje się   *it is to be bought/you buy/one buys*

1. **Przykro mi** _____, **gdy się on dowie.**
   (future, actual)

2. **Dobrze mi** _____ **u rodziców.**
   (past, actual)

3. **Bardzo mi** _____ **twoja torebka.**
   (present)

4. **Nie** _____ **mi** _____ **nic jeść.**
   (present)

5. _____ **jej** _____ **słabo.**
   (past, perfective)

6. **O co ci właściwie** _____?
   (present)

7. _____ **mi** _____, **że rozmawiałam po polsku.**
   (past)

8. _____ **mi** _____ **gorąco.**
   (present)

9. _____ **o paczki z Kanady.**
   (past, indeterminate)

10. **Wszystko mu** _____ **łatwo** _____.
    (past, imperfective)

11. **Co noc woda jej** _____ _____.
    (present)

12. _____ **nam was żal.**
    (future, actual)

13. _____ **mi** _____, **że kot przeleciał drogę.**
    (present)

328

14. **Miło mi** _____ **spotkać się z tobą.**
      (past, actual)

15. _____ _____ **nam śmiać.**
      (past, imperfective)

16. **Smutno mi** _____, **gdy odjedziesz.**
      (future, actual)

17. **Bardzo mi** _____ _____ **twoja siostra.**
      (past, imperfective)

18. _____ **mi** _____, **że ktoś pukał do okna.**
      (past, imperfective)

19. _____ **mu** _____ **przeskoczyć przez płot.**
      (past, perfective)

20. **Gdzie** _____ _____ **bilety?**
      (present)

Test 35

A. Supply the **_determinate aspect_** for the following verbs. Remember that the determinate form refers to a progressive action.

1. **chodzić** * _____   5. **pływać** * _____
2. **jeździć** * _____   6. **wodzić** * _____
3. **latać** * _____   7. **wozić** * _____
4. **nosić** * _____

B. Supply the **_actual aspect_** for the following verbs. Remember that the actual form refers to a regular or habitual action.

8. _____ * **bywać**   10. _____ * **sypiać**
9. _____ * **miewać**

Test 36

In this drill you are going to replace the determinate by the *indeterminate* verb of motion in various tenses. Remember that the determinate form refers to a progressive action and the indeterminate expresses action often repeated or generic motion.

▶ Example: **Jadę do Warszawy.** >   *Jeżdżę często do Warszawy.*
         I am traveling to Warsaw.   *I often travel to Warsaw.*

1. **Idziemy na plażę.**	_____ *często na plażę.*
2. **Oni szli do kina.**	*Oni _____ często do kina.*
3. **On niesie jej teczkę.**	*On zawsze _____ jej teczkę.*
4. **Niesiecie im kwiaty?**	*Zawsze _____ im kwiaty?*
5. **Jechałam do Polski.**	_____ *nieraz do Polski.*
6. **Jadę rowerem.**	_____ *nieraz rowerem.*
7. **Samolot leciał nad chmurami.**	*Samolot _____ często nad chmurami.*
8. **Lecicie do Warszawy?**	*Często _____ do Warszawy?*
9. **Czy pan będzie leciał w nocy?**	*Czy pan _____ często w nocy?*
10. **Statek płynie do Gdyni.**	*Statek _____ nieraz do Gdyni.*
11. **On płynął na drugi brzeg.**	*On zawsze _____ na drugi brzeg.*
12. **Płyniemy do Szczecina.**	*Zawsze _____ do Szczecina.*
13. **Wiozę dziecko w samochodzie.**	*Nigdy nie _____ dziecka w samochodzie.*
14. **Wiózł psa w Mercedesie.**	*Nigdy nie _____ psa w Mercedesie.*
15. **Co będziecie wieźli dzisiaj?**	*Co nieraz _____?*
16. **Panie wiodły psa na smyczy.**	*Panie zawsze _____ psa na smyczy.*
17. **Niech panie wiodą psa na spacer.**	_____ *panie zawsze* _____ *psa na spacer.*
18. **Wiedlibyście go do domu.**	*Od czasu do czasu _____ go do domu.*
19. **Będziemy jechali w góry.**	*Zawsze _____ w góry.*
20. **Dokąd on szedł?**	*Dokąd on zawsze _____?*

Test 37

Pick out the verbs in the *frequentative* form in this paragraph. Remember that the frequentative aspect indicates an action often repeated.

Mam ciocię i wujka na wsi. Bywam często u nich latem. Gdy bywam na wsi, sypiam do południa. Miewam różne sny, bo noce w lecie bywają gorące. Nieraz sypiam w ciągu dnia. Gdy prześpię się długo i dobrze, bywam w dobrym humorze. W mieście nigdy nie sypiałam w nocy, a w dzień zawsze bywałam roztargniona. Mówili mi, że kiedy bywałam na wsi, to wracałam wypoczęta.

Test 38

Complete the following *verb forms* and attach appropriate *endings.*

▶ Example: (zgłaszać się) **Ja zgła** _____ **się.** > *Ja zgłaszam się. I check in.*

Present		
1. (rozwiązywać)	**Oni rozwiąz** _____.	
2. (pilnować)	**Ty piln** _____.	
3. (wołać)	**Ona woł** _____.	
4. (żartować)	**My żart** _____.	
5. (być)	**Ja jest** _____.	
Past		
1. (przećwiczyć)	**Wy przećwiczyły** _____.	
2. ((krzyczeć)	**One krzycz** _____.	
3. (zapalić)	**On zapal** _____.	
4. (spodziewać się)	**My spodziewali** _____ **się.**	
5. (pożegnać)	**Mama i tata pożegna** _____ **nas.**	
Future		
1. (śpieszyć się)	**Jula będzie się śpiesz**_____.	
2. (upaść)	**Ono upa** _____.	
3. (czekać)	**Rodzice będą czeka** _____.	
4. (bać się)	**Ja będę się ba** _____.	
5. (pożyczyć)	**One poży** _____.	
Conditional		
1. (zaśpiewać)	**Wy zaśpiewali** _____.	
2. (wozić)	**My wozili** _____.	
3. (pożałować)	**Ty pożałowała** _____.	
4. (składać)	**Kazik składa** _____.	
5. (zmieścić się)	**Zabawka zmieści** _____ **się.**	
Imperative		
1. (skosztować) *(ty)*	**Skosz** _____!	
2. (zagrać) *(wy)*	**Zagra** _____!	
3. (wyemigrować) *(oni)*	**Niech wyemigr** _____!	
4. (przyzwyczajać się) *(on)*	**Niech się przyzwycza** _____!	
5. (uciec) *(my)*	**Ucie** _____!	

Test 39

In this drill, let's see how well you can recognize **verbal prefixes.** You realize by now that the verbal prefixes in Polish can be used to form a host of new verbs with similar meanings to the base verb or with meanings completely unrelated to the base verb. The prefixes themselves have a fixed meaning, although sometimes, I'm sure, you may have found it difficult to pinpoint their precise sense. Find a match for the following verbal prefixes.

1.	( )	**do-**	a)	*from*
2.	( )	**na-**	b)	*to, towards*
3.	( )	**nad-**	c)	*under, below*
4.	( )	**o-**	d)	*above*
5.	( )	**ob-**	e)	*with*
6.	( )	**od-**	f)	*behind*
7.	( )	**po-**	g)	*off; on*
8.	( )	**pod-**	h)	*over, through, after*
9.	( )	**prze/d/-**	i)	*near, close to, by*
10.	( )	**prze/z/-**	j)	*of, about*
11.	( )	**przy-**	k)	*with*
12.	( )	**roz-**	l)	*through, across*
13.	( )	**s-**	m)	*on, upon, in*
14.	( )	**u-**	n)	*in*
15.	( )	**w-**	o)	*up*
16.	( )	**wy-**	p)	*of, about*
17.	( )	**ws-**	q)	*out*
18.	( )	**wz-**	r)	*up*
19.	( )	**z-**	s)	*dis-*
20.	( )	**za-**	t)	*in front of*

Test 40

Cross out the verb that does not belong in each of the following **verb groups.**

▶ Example: **wymieszać   pomieszkać   zamieszać   rozmieszać** > *pomieszkać*
         to stir   *to dwell*   *to blend*   *to mix*

1.	przedzielić	udzielić	działać	oddzielić
2.	wytrwać	natrafić	utrafić	przytrafić się
3.	dobierać	wybierać	zabierać	zawierać
4.	zszyć	pocieszyć	przyszyć	naszyć
5.	przeszukać	wypukać	opukać	dopukać się
6.	wyczytać	odczytać	poczekać	doczytać
7.	przeważyć	dożyć	odważyć	rozważyć
8.	przypilnować	upilnować	popilnować	opiekować
9.	przepakować	zaparkować	zapakować	napakować

10.	uperfumować	pofarbować	wyfarbować	zafarbować
11.	przewodzić	dowodzić	dogodzić	uwodzić
12.	zbudzić	pobudzić	rozbudzić	zanudzić
13.	prześnić	puścić	przyśnić	wyśnić
14.	zasmarować	wymalować	odmalować	przemalować
15.	ukochać	zakochać się	wycofać się	rozkochać się
16.	rozciąć	uciąć	zaciąć	wypocząć
17.	utworzyć	powtórzyć	wytworzyć	odtworzyć
18.	wykończyć	dokończyć	potańczyć	zakończyć
19.	przegryźć	dowieźć	przywieźć	zawieźć
20.	pomyć	wymyć	zmyć	wyśnić

Test 41

This word search deals with **prefixed verbs** that you have encountered in the book listed after the conjugated model verbs. Bear in mind that the meaning of these compound verbs may change according to the basic significance of their prefix. Complete the following grid with prefixed verbs that fit the clues. Pay attention to the verb prefix and tense.

1. **Wait** for a while. [*second person sing.*]   _ _ C _ _ _ _ _

2. He **would** not **cause** damage.   _ _ _ Z _ _ _ _ _ _ _

3. The teacher **demands** a lot.   _ _ _ A _ _

4. They **did** not **deliver** the supplies on time. [*m. pl.*]   _ _ S _ _ _ _ _ _ _ _

5. They **will forbid** us to cross the border.   _ _ _ _ O _ _ _

6. She **put on the finishing touch.**   W _ _ _ _ _ _ _ _

7. She could not **find** him in the crowd.   _ _ N _ _ _ _ _

8. He actually **cured** her.   _ _ _ _ _ _ I _

9. It's a pity that you **told** them **lies.** [*m. sing.*]   _ K _ _ _ _ _ _

10. We **spent** all our money. [*f. pl.*]   _ _ _ _ _ _ _ I _ _ _ _ _

Test 42

As a grand finale, the various tense permutations are listed as your choices. Please select the most *logical verb* in its correct form to complete the sentence.

▶ Example: _____ mi swój zeszyt. > *Pokaż mi swój zeszyt.* *Show me your notebook.*
   a. *Kupować*   b. *Pokaż*   c. *Czytam*   d. *Zobaczyłem*

---

1. Nie chcę żebyś _____ do naszych spraw.
   a. *pokazywać*   b. *robiłbym*   c. *mieszał się*   d. *kryty*

2. Dzisiaj _____ wystawę.
   a. *będę pił*   b. *rozmawiaj*   c. *siadać*   d. *obejrzę*

3. Babcia _____ do rana.
   a. *będzie pilnowała*   b. *będzie rodziła*   c. *prasowała*   d. *rejestrująca*

4. Zosia _____ mu szalenie.
   a. *ufarbowała*   b. *spodobała się*   c. *malując*   d. *nosi*

5. Nie _____ im tyle pieniędzy.
   a. *pożyczajcie*   b. *ratujcie*   c. *sądzić*   d. *słuchamy*

6. Gdyby ją zaangażowali, to _____ jako tłumacz.
   a. *szukana*   b. *służyłaby*   c. *ćwiczyć*   d. *otwierałaby*

7. Nie moglibyście _____ nam listu.
   a. *interesując*   b. *puszczaliście*   c. *napisać*   d. *pomagać*

8. Uczniowie _____ nauczyciela notowali.
   a. *słuchając*   b. *meldowali*   c. *poznają*   d. *witają*

9. _____ student podszedł do tablicy.
   a. *Płakał*   b. *Zawołany*   c. *Skakać*   d. *Woła*

10. Oni _____ we Wrocławiu.
    a. *narzekam*   b. *kosztuje*   c. *targować*   d. *żyją*

11. Macie _____ na posterunek.
    a. *rozumiecie*   b. *nocować*   c. *zgłosić się*   d. *ginęli*

12. _____ tę rubrykę.
    a. *Wypełnij*   b. *Kopiesz*   c. *Nosisz*   d. *Kłaść*

13. Dlaczego nie _____ numeru w książce telefonicznej?
    a. *zaśpiewasz*   b. *sprawdzisz*   c. *wołałem*   d. *znajdź*

14. **O czym chcesz mnie _____?**
    a. *urządza*   b. *wiozłeś*   c. *żartuje*   d. *przekonać*

15. **_____ na lewo.**
    a. *Zrozum*   b. *Spodobasz się*   c. *Popatrz*   d. *Spodziewam się*

16. **Nauczyciel _____ same piątki.**
    a. *będzie stawiał*   b. *będą trafiały*   c. *uspokoi*   d. *zdejmą*

17. **_____ lustro ze ściany, rozbiła je.**
    a. *Dające*   b. *Zdejmując*   c. *Gotuje*   d. *Mieści się*

18. **_____ samochód był wypełniony dziećmi.**
    a. *Dokuczający*   b. *Mijający*   c. *Dzielący*   d. *Leżący*

19. **Jabłka _____ pod jabłonią.**
    a. *pompują*   b. *powtarzali*   c. *leżały*   d. *wyszczególnij*

20. **Nie _____ na autobus.**
    a. *zdążę*   b. *kwitną*   c. *gryzę*   d. *dzielę*

Test 1

1. *żyć*	11. *wiązać*	21. *rosnąć*	31. *bawić się*
2. *wołać*	12. *żałować*	22. *umożliwiać*	32. *kłaść*
3. *smarować*	13. *zgłaszać*	23. *zachęcać*	33. *móc*
4. *podróżować*	14. *ważyć*	24. *bać się*	34. *pożyczać*
5. *męczyć*	15. *rozwiązywać*	25. *śnić*	35. *spać*
6. *gasić*	16. *płacić*	26. *próbować*	36. *wysyłać*
7. *dziękować*	17. *łączyć*	27. *odróżniać*	37. *gryźć*
8. *marznąć*	18. *ćwiczyć*	28. *tańczyć*	38. *powiększać*
9. *podkreślać*	19. *kręcić*	29. *kończyć*	39. *spóźniać się*
10. *słuchać*	20. *pamiętać*	30. *ciąć*	40. *śpiewać*

Test 2

```
              [1]o            [2]n                             [3]b
   [4]n  o   t   o   w   a   ć         [5]p                        r
      o  w               r         [6]r   u   s   z   a   ć        ć
   [7]s  p   i   e   s   z   y   ć      s                       ć
      i  e           e           z
      ć  r           k       [8]m  ó   c               [9]w
      a              a           i       z               y
  [10]m  y   ć       ć           e       a       s      [11]z
      y         [12]w            s       ć       t          n
      ś              a           z               a          i
      l       [13]m  a   l   o   w   a   ć        r          k
      e              c           ć                c          a
  [14]ć  w   i   c   z   y   ć      [15]g  o   d  z   i   ć
      y              y                            a
  [16]s  k   a   k   a   ć      [17]w  i   ą   z  a   ć
```

Test 3

1. *robić*	8. *rozmawiać*	15. *milczeć*
2. *wyjaśniać*	9. *oszczędzać*	16. *ratować*
3. *starać się*	10. *cofać się*	17. *witać*
4. *cieszyć się*	11. *rozumieć*	18. *płakać*
5. *czekać*	12. *pukać*	19. *kosić*
6. *usprawiedliwiać się*	13. *kłócić się*	20. *kręcić się*
7. *żałować*	14. *golić się*	

Test 4

zawdzięczać, musieć, woleć, narzekać, podróżować, uczęszczać, towarzyszyć, polegać, śnić, potrzebować, spodziewać się

Test 5

1. *spróbować*	6. *ruszać*	11. *wymienić*	16. *łapać*
2. *dowiadywać się*	7. *puścić*	12. *znaleźć*	17. *poleżeć*
3. *kupić*	8. *stanąć*	13. *ustępować*	18. *dotknąć*
4. *oszczędzać*	9. *uderzać*	14. *pozdrawiać*	19. *trafić*
5. *posunąć*	10. *zachęcać*	15. *wracać*	20. *dokuczać*

Test 6

1. *Już się bawię.*	8. *Już próbuję.*	15. *Już tańczę.*
2. *Już biegnę.*	9. *Już siadam.*	16. *Już wracam.*
3. *Już biorę.*	10. *Już protestuję.*	17. *Już hamuję.*
4. *Już się gimnastykuję.*	11. *Już szukam.*	18. *Już kupuję.*
5. *Już mieszam.*	12. *Już się żenię.*	19. *Już parkuję.*
6. *Już powtarzam.*	13. *Już wybaczam.*	20. *Już się modlę.*
7. *Już nalewam.*	14. *Już się śmieję.*	

Test 7

1. *Liczymy.*	8. *Spacerujemy.*	15. *Ładujemy.*
2. *Dziękujemy.*	9. *Błądzimy.*	16. *Zwiedzamy.*
3. *Cierpimy.*	10. *Śpiewamy.*	17. *Pakujemy.*
4. *Pomagamy.*	11. *Działamy.*	18. *Myślimy.*
5. *Bawimy się.*	12. *Wyszczególniamy.*	19. *Śpieszymy się.*
6. *Rejestrujemy.*	13. *Budujemy.*	20. *Częstujemy.*
7. *Czekamy.*	14. *Oglądamy.*	

Test 8

1. *postanowić*	6. *obudzić*	11. *wykąpać*	16. *dotknąć*
2. *wziąć*	7. *wymienić*	12. *skontaktować*	17. *umrzeć*
3. *pogodzić*	8. *zaawansować*	13. *poczuć*	18. *urządzić*
4.	9.	14.	19. *usłyszeć*
5. *ukłonić się*	10. *pociąć*	15. *pożegnać*	20. *uregulować*

Test 9

1. *zjem*	6. *zrób*	11. *skosztowała*	16. *postawiła*
2. *ugotowała*	7. *wypiła*	12. *zepsuł*	17. *zarezerwował*
3. *zagrał*	8. *spakować*	13. *uczesała*	18. *zahamował*
4. *poprosić*	9. *poznać*	14. *zabolał*	19. *uszyła*
5. *skończysz*	10. *zaszkodzi*	15. *urodziła*	20. *przeżyli*

Test 10

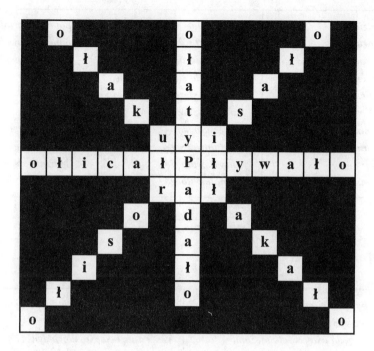

Test 11

1. *mieszkałyście*	8. *uciekały*	15. *liczyłam*
2. *spodobały się*	9. *siedziałaś*	16. *dzwoniłaś*
3. *pocałowałaś*	10. *zapytała*	17. *przeczytały*
4. *badała*	11. *pomagałyśmy*	18. *ceniłyście*
5. *projektowałyśmy*	12. *upadłam*	19. *zginęła*
6. *wróciłam*	13. *nosiła*	20. *chwaliłyśmy*
7. *żegnałyście*	14. *mówiłyśmy*	

Test 12

1. *obudził się*	4. *ogolił się*	8. *poperfumował się*
obudziła się	5. *wykąpał się* or *umył się*	*poperfumowała się*
obudziło się	*wykąpała się umyła się*	*poperfumowało się*
2. *pośpieszył się*	*wykąpało się umyło się*	9. *ubrał się*
pośpieszyła się	6. *uczesał się*	*ubrała się*
pośpieszyło się	*uczesała się*	*ubrało się*
3. *pogimnastykował się*	*uczesało się*	10. *spóźnił się*
pogimnastykowała	7. *umalował się*	*spóźniła się*
się	*umalowała się*	*spóźniło się*
pogimnastykowało się	*umalowało się*	

Test 13

1. *On będzie się opiekował bezdomnymi.*	11. *On będzie odpowiadał na pytania.*
2. *Nauczyciele będą sprawdzali zeszyty.*	12. *Psy będą gryzły kości.*
3. *Panie będą ustępowały mężom.*	13. *Panie będą się dowiadywały o zniżkach.*
4. *Będziemy piły herbatę.*	14. *Będziemy się przyzwyczajały do kawy.*
5. *Będę marzł na przystanku.*	15. *Będę ciągnął wózek.*
6. *Dzieci będą rzucały zabawki.*	16. *Dzieci będą się chwaliły.*
7. *Mamy będą się martwiły o nas.*	17. *Mamy będą godziły nas.*
8. *Będziecie urządzały imprezy.*	18. *Będziesz się uczył na uniwersytecie.*
9. *Ona będzie spotykała znajomych.*	19. *Będziecie rosły wysokie.*
10. *Będziesz nocował w hotelu.*	20. *Ona będzie się rozwijała dobrze.*

Test 14

1. *będziemy grali*	11. *będziesz* or *będę musiał*
2. *będę odpoczywała*	12. *będziemy przekonywały*
3. *będziemy miały*	13. *będą wozili*
4. *będą organizowali*	14. *będziemy* or *będziecie puszczali*
5. *będę pilnował*	15. *będę się nudziła*
6. *będzie zbierał*	16. *będziemy rejestrowali*
7. *będzie oglądało*	17. *będzie się niepokoił*
8. *będą siedziały*	18. *będę badał*
9. *będziesz* or *będę rozwiązywała*	19. *nie będzie płakało*
10. *nie będzie pracowała*	20. *będą jadły*

Test 15

1. *Będę słuchał (słuchała) (słuchało) radia.*	11. *Będzie stosował (stosowała) (stosowało) krem.*
2. *Nie będę nic pożyczał (pożyczała).*	12. *Będziecie zachęcali (zachęcały) do modlitwy.*
3. *Nie będę więcej rodziła.*	13. *Będziemy się starali (starały) kupić.*
4. *Będzie dalej służył (służyła) (służyło).*	14. *Będą się żenili.*
5. *Będą zawsze dawali (dawały) cukierki.*	15. *Nie będę wyjaśniał (wyjaśniała) po dziesięć razy.*
6. *Będziemy składali (składały) podanie.*	16. *Będą wierzyli (wierzyły) w swoje siły.*
7. *Będzie brał (brała) (brało) lekcje muzyki.*	17. *Będziesz załatwiał (załatwiała) sprawy.*
8. *Będziesz stał (stała) (stało) w kolejce.*	18. *Będziemy zauważali (zauważały) gafy.*
9. *Będzie latał (latała) (latało) wysoko.*	19. *Nie będę wymieniał (wymieniała) imion.*
10. *Będziemy stawali (stawały) na światłach.*	20. *Nie będzie zdejmował (zdejmowała) (zdejmowało) kapelusza*

Test 16

Across		Down	
1. *ucz*	8. *tłumacz*	2. *zapłać*	9. *znajdź*
3. *uczęszczaj*	10. *emigruj*	4. *zainteresuj*	13. *daj*
5. *zawieraj*	11. *smaruj*	5. *zacznij*	
7. *tańcz*	12. *brudź*	6. *wyprasuj*	
	14. *jedz*		

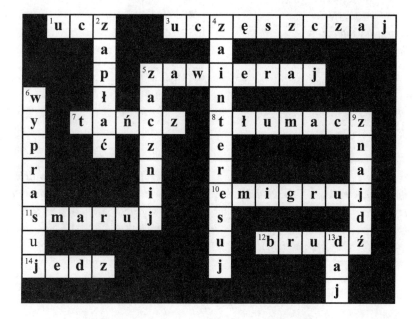

Test 17

1. *Już zjadłem (zjadłam)*.	12. *Już wysuszyłem (wysuszyłam)*.
2. *Już ukroiłem (ukroiłam)*.	13. *Już zadzwoniliśmy (zadzwoniłyśmy)*.
3. *Już poleżałem (poleżałam)*.	14. *Już nachyliłem się (nachyliłam się)*.
4. *Już pogodziliśmy się (pogodziłyśmy się)*.	15. *Już zbudowałem (zbudowałam)*.
5. *Już ugotowałem (ugotowałam)*.	16. *Już zasądziłem (zasądziłam)*.
6. *Już nalałem (nalałam)*.	17. *Już poszukaliśmy (poszukałyśmy)*.
7. *Już wypiliśmy (wypiłyśmy)*.	18. *Już przetłumaczyliśmy*
8. *Już wypłukałem (wypłukałam)*.	*(przetłumaczyłyśmy)*.
9. *Już wyprasowałem (wyprasowałam)*.	19. *Już trafiliśmy (trafiłyśmy)*.
10. *Już posmarowałem (posmarowałam)*.	20. *Już nauczyliśmy się (nauczyłyśmy*
11. *Już pospacerowaliśmy*	*się)*.
(pospacerowałyśmy).	

Test 18

1. *Zgaśmy ogień*.	11. *Wyślijmy paczki*.
2. *Skośmy trawę*.	12. *Poszukajmy szczęścia*.
3. *Potnijmy papier*.	13. *Ruszmy w drogę*.
4. *Nie zachorujmy na grypę*.	14. *Nie zlekceważmy kataru*.
5. *Postójmy na ulicy*.	15. *Nie spóźnijmy się do szkoły*.
6. *Zawrzyjmy umowy*.	16. *Pokażmy zdjęcia*.
7. *Pożegnajmy gości*.	17. *Pożartujmy z nich*.
8. *Urządźmy przyjęcie*.	18. *Odróżnijmy grzyby*.
9. *Wytrzyjmy talerze*.	19. *Zameldujmy żołnierzy*.
10. *Schowajmy cukierki*.	20. *Krzyknijmy głośno*.

Test 19

1. *pozwalajcie*	6. *kradnijcie*	11. *zbierajcie*	16. *karajcie*
2. *odpowiadajcie*	7. *czekajcie*	12. *dowiadujcie się*	17. *martwcie się*
3. *krzyczcie*	8. *sprawdzajcie*	13. *wieszajcie*	18. *wycierajcie*
4. *projektujcie*	9. *wypełniajcie*	14. *brońcie*	19. *obiecujcie*
5. *szalejcie*	10. *śpijcie*	15. *chowajcie*	20. *stójcie*

Test 20

1. *obrońcie*	6. *sfotografujcie*	11. *zanotujcie*	16. *urwijcie*
2. *zwiążcie*	7. *odróżnijcie*	12. *obiecajcie*	17. *sprawdźcie*
3. *skoście*	8. *upadnijcie*	13. *wypijcie*	18. *zaśpiewajcie*
4. *kupcie*	9. *zlekceważcie*	14. *spóźnijcie się*	19. *ustąpcie*
5. *pomyślcie*	10. *pomylcie się*	15. *pozwólcie*	20. *wróćcie*

Test 21

1. *zbiorę*	6. *spróbuję*	11. *naładujemy*	16. *oczyszczę*
2. *załatwimy*	7. *posunę*	12. *pokręcę*	17. *potniemy*
3. *wypełnię*	8. *nalejemy*	13. *położę*	18. *pocałuję*
4. *potarguję*	9. *powiemy*	14. *podziękujemy*	19. *schowamy*
5. *prozmawiamy*	10. *policzę*	15. *dostanę*	20. *weźmiemy*

Test 22

1. *odczuje, przyhamuje, odpracuje*	6. *rozdzielicie, przeciągniecie, wyczyścicie*
2. *posądzimy, natrafimy, przymierzymy*	7. *wychylisz, ocenisz, zachowasz*
3. *pożartują, przepłuczą, ominą*	8. *zabroni, wybada, nagrzeje*
4. *ułamię, wykończę, podjem*	9. *wyleżymy się, wymeldujemy, opracujemy*
5. *dogodzą, przyfarbują, zatkną*	10. *zabłądzi, odbiegnie, uderzy*

Test 23

1. *myśli*	6. *twierdzi*	11. *podkreśla*	16. *kładzie*
2. *obserwuje*	7. *uspokaja*	12. *nalewa*	17. *żałuje*
3. *prowadzi*	8. *zgłasza*	13. *wysyła*	18. *czyści*
4. *rozumie*	9. *wybacza*	14. *kopie*	19. *chodzi*
5. *śpi*	10. *stosuje*	15. *fotografuje*	20. *awansuje*

Test 24

1. *Niech panowie powiadomią nas.*	11. *Niech panowie to skończą.*
2. *Niech oni zaprzeczą temu.*	12. *Niech oni walczą o wolność.*
3. *Niech panie powiększą zdjęcie.*	13. *Niech panie pożyczą mi słownik.*
4. *Niech one zanotują numer.*	14. *Niech one pokażą zeszyt.*
5. *Niech one wytrą nos.*	15. *Niech one poznają ojca.*
6. *Niech panowie się nie gniewają.*	16. *Niech panowie nie narzekają.*
7. *Niech oni obejrzą film.*	17. *Niech oni korzystają z okazji.*
8. *Niech panie wylądują na lotnisku.*	18. *Niech panie nie palą.*
9. *Niech one się nie przyzwyczajają do hałasu.*	19. *Niech one zbadają mnie.*
10. *Niech one wybaczą mamie.*	20. *Niech one nie łapią motyli.*

Test 25

1. *siadajcie*	6. *krzyczcie*	11. *narzekajcie*	16. *otwierajcie*
2. *pijcie*	7. *protestujcie*	12. *spóźniajcie się*	17. *mylcie się*
3. *żartujcie*	8. *mijajcie*	13. *rzucajcie*	18. *parkujcie*
4. *pływajcie*	9. *dawajcie*	14. *uciekajcie*	19. *płaczcie*
5. *pukajcie*	10. *dokuczajcie*	15. *zbierajcie*	20. *rwijcie*

Test 26

1. *dopilnujcie*	6. *wyprasujcie*	12. *posłuchajcie*	18. *poradźcie*
2. *napiszcie*	7. *przywitajcie*	13. *wybaczcie*	19. *schowajcie*
3. *przemilczcie*	8. *wyślijcie*	14. *uwierzcie*	20. *poinformujcie*
4. *upierzcie* or *wypierzcie*	9. *przetłumaczcie*	15. *zobaczcie*	
5. *powtórzcie*	10. *wypełnijcie*	16. *postójcie*	
	11. *potrzymajcie*	17. *naładujcie*	

Test 27

1. *Sprawdzałby egzaminy.*
2. *Zdejmowałbyś płaszcz.*
3. *Wiązałby kokardę.*
4. *Staralibyśmy się jeść.*
5. *Pokazywałbyś obrazy.*
6. *Trzymalibyśmy psa na łańcuchu.*
7. *Śmiałby się z niego.*
8. *Lubiłbyś lody.*
9. *Dzielilibyście się kanapką.*
10. *Czulibyście się bliżej siebie.*

11. *Zgłaszałby się na posterunek.*
12. *Składałbym bieliznę.*
13. *Tańczyłby walce.*
14. *Chowałbyś chusteczkę do kieszeni.*
15. *Nie cierpiałbyś tyle.*
16. *Oszczędzałby więcej.*
17. *Rozumiałbyś mnie lepiej.*
18. *Nie narzekaliby na nich.*
19. *Polegalibyśmy na nim częściej.*
20. *Nie pukalibyście tak długo.*

Test 28

1. *... pomogłybyśmy ci.*
2. *... pojechałbym nad morze.*
3. *... dziecko mogłoby otworzyć okno.*
4. *... chcielibyśmy pójść na mecz.*
5. *... dzieci poszłyby na basen.*
6. *... zjedlibyśmy obiad.*
7. *... wolałabym iść do kina.*
8. *... przetłumyczylibyśmy wam to.*
9. *... parafianie daliby na ofiarę.*
10. *... ufarbowałabym ci rzęsy.*

11. *... zgasiłbym światło.*
12. *... zagralibyśmy w tenisa.*
13. *... pokazalibyśmy wam zdjęcia.*
14. *... wyleczyliby ich z tego.*
15. *... poleżałbym w łóżku.*
16. *... zrobiłabym ci kanapkę.*
17. *... posłuchałybyśmy muzyki.*
18. *... zapłaciłby aż tyle pieniędzy.*
19. *... spędzilibyśmy urlop w górach.*
20. *... wzięliby go z sobą.*

Test 29

1. *Rozminęli się.*
2. *Adam domaga się pracy.*
3. *Oni założyliby się, że wygrają.*
4. *Dawn nie będzie malować się dużo.*
5. *Proszę zgłosić się po paczkę.*
6. *Ona żegna się z przyjaciółmi.*

7. *Poinformujmy się o tym.*
8. *Studenci denerwują się przed egzaminem.*
9. *Chwaliłem się piątką z Polskiego.*
10. *Okazało się, że nie było klasówki.*

Test 30

1. *zamknięte*	4. *powiększone*	7. *skończone*	10. *zdenerwowany*
2. *zauważana*	5. *złamaną*	8. *ugotowany*	
3. *zrobione*	6. *myty*	9. *gaszony*	

Test 31

1. *ufarbowana*	5. *urodzone*	9. *śniąc*
2. *krzyczący*	6. *przywitani*	10. *czytana*
3. *błądząc*	7. *zamykające*	11. *myte*
4. *namalowane*	8. *usprawiedliwiany*	12. *prosząc*

U	S	P	R	A	W	I	E	D	L	I	W	I	A	N	Y
D	G	R	Ń	B	Ł	Ą	D	Z	Ą	C	B	Z	Ś	U	S
C	K	O	N	G	F	P	R	T	I	K	L	Ę	M	K	Ł
Z	P	S	W	N	Y	Ć	T	N	A	Ę	H	J	D	R	E
Y	O	Z	Ś	D	Ź	D	A	N	Ś	N	I	Ą	C	Z	N
T	I	Ą	Ł	K	A	T	A	Ą	I	W	D	Ń	N	Y	A
A	U	C	G	Ż	I	W	Ó	Ć	D	F	C	M	Ą	C	W
N	M	Ó	Z	W	O	Y	H	G	Ś	J	Ż	S	K	Z	O
A	R	H	Y	B	Ó	L	C	E	T	Y	M	O	G	Ą	L
Ó	Ć	Z	R	D	Ś	Ł	K	P	M	H	E	A	Ę	C	A
I	R	A	N	Ż	D	Ż	J	T	B	Ć	Ś	D	Ą	Y	M
P	F	C	H	Z	A	M	Y	K	A	J	Ą	C	E	K	A
U	R	O	D	Z	O	N	E	H	Ń	Ż	Ś	K	T	F	N

Test 32

1. *Lecąc*	6. *Nosząc*	11. *Pomagając*	16. *Pisząc*
2. *Płynąc*	7. *Wożąc*	12. *Niosąc*	17. *Siedząc*
3. *Mijając*	8. *Biorąc*	13. *Wycierając*	18. *Mówiąc*
4. *Jadąc*	9. *Wracając*	14. *Widząc*	19. *Tańcząc*
5. *Idąc*	10. *Chodząc*	15. *Wioząc*	20. *Szyjąc*

Test 33

1. *zabrakło*	6. *będą bolały*	11. *zabolało*	16. *brakuje*
2. *bolą*	7. *zakwitły*	12. *zakwitną*	17. *będzie brakowało*
3. *bolały*	8. *bolą*	13. *bolącą*	18. *niech kwitnie*
4. *boli*	9. *zakwitłyby*	14. *zabraknie*	19. *zakwitły*
5. *kwitną*	10. *bolał*	15. *bolałyby*	20. *kwitnie*

Test 34

1. *będzie*	6. *chodzi*	11. *się . . . śni*	16. *będzie*
2. *było*	7. *Śniło . . . się*	12. *Będzie*	17. *się podobała*
3. *się podoba*	8. *Robi . . . się*	13. *Wydaje . . . się*	18. *Zdawało . . . się*
4. *chce . . . się*	9. *Chodziło*	14. *było*	19. *Udało . . . się*
5. *Zrobiło . . . się*	10. *się . . . udawało*	15. *Chciało się*	20. *się kupuje*

Test 35

1. *iść*	4. *nieść*	7. *wieźć*	10. *spać*
2. *jechać*	5. *płynąć*	8. *być*	
3. *lecieć*	6. *wieść*	9. *mieć*	

Test 36

1. *Chodzimy*	6. *Jeżdżę*	11. *pływał*	16. *wodziły*
2. *chodzili*	7. *lata*	12. *pływamy*	17. *Niech . . . wodzą*
3. *nosi*	8. *latacie*	13. *wożę*	18. *wodzilibyście*
4. *nosicie*	9. *będzie latał*	14. *woził*	19. *będziemy jeździli*
5. *Jeździłam*	10. *pływa*	15. *będziecie wozili*	20. *chodził*

Test 37

Bywam; bywam; sypiam; Miewam; sypiam; bywam; sypiałam; bywałam; bywałam

Test 38

PRESENT	PAST	FUTURE	CONDITIONAL	IMPERATIVE
1. *rozwiązują*	*przećwiczyłyście*	*śpieszyła*	*zaśpiewalibyście*	*Skosztuj*
2. *pilnujesz*	*krzyczały*	*upadnie*	*wozilibyśmy*	*Zagrajcie*
3. *woła*	*zapalił*	*czekali*	*pożałowałabyś*	*wyemigrują*
4. *żartujemy*	*spodziewaliśmy*	*bał* or *bała*	*składałby*	*przyzwyczaja*
5. *jestem*	*pożegnali*	*pożyczą*	*zmieściłaby*	*Ucieknijmy*

Test 39

1. b	5. p/j	9. t	13. k	17. o/r
2. m	6. a	10. l	14. g	18. o/r
3. d	7. h	11. i	15. n	19. k
4. p/j	8. c	12. s	16. q	20. f

Test 40

1. *działać*	6. *poczekać*	11. *dogodzić*	16. *wypocząć*
2. *wytrwać*	7. *dożyć*	12. *zanudzić*	17. *powtórzyć*
3. *zawierać*	8. *opiekować*	13. *puścić*	18. *potańczyć*
4. *pocieszyć*	9. *zaparkować*	14. *zasmarować*	19. *przegryźć*
5. *przeszukać*	10. *uperfumować*	15. *wycofać się*	20. *wyśnić*

Test 41

```
        P O C Z E K A J
      W Y R Z Ą D Z I Ł B Y
      W Y M A G A
           D O S T A R C Z Y L I
      Z A B R O N I Ą
               W Y K O Ń C Z Y Ł A
      O D N A L E Ź Ć
  U Z D R O W I Ł
          O K Ł A M A Ł E Ś
  R O Z P U Ś C I Ł Y Ś M Y
```

Test 42

1. *mieszał się*	8. *słuchając*	15. *Popatrz*
2. *obejrzę*	9. *Zawołany*	16. *będzie stawiał*
3. *będzie pilnowała*	10. *żyją*	17. *Zdejmując*
4. *spodobała się*	11. *zgłosić się*	18. *Mijający*
5. *pożyczajcie*	12. *Wypełnij*	19. *leżały*
6. *służyłaby*	13. *sprawdzisz*	20. *zdążę*
7. *napisać*	14. *przekonać*	

VERBS USED IN PROVERBS

The Polish language abounds in idioms and sayings. Polish proverbs often convey *meanings* that are quite distinct from *literal translations*. Their literal renditions may seem at times humorous or even nonsensical, yet they all have legitimate historical or cultural roots. Here's a handful of proverbs for you to ponder and enjoy.

Proverb:	**Przepadł jak kamień w wodę.**
Literally:	*He disappeared like a rock in water.*
Meaning:	***He vanished without a trace.***

Proverb:	**Ledwie wiążą koniec z końcem.**
Literally:	*They barely tie one end to another.*
Meaning:	***They barely make ends meet.***

Proverb:	**Spadł mi kamień z serca.**
Literally:	*A rock rolled off my heart.*
Meaning:	***It's a load off my mind.***

Proverb:	**Wszyscy patrzyliśmy jak sroki w gnat.**
Literally:	*We all looked at a bare bone like magpies.*
Meaning:	***We all stared in disbelief.***

Proverb:	**Robić dobrą minę do złej gry.**
Literally:	*To put on a cheerful face in a game gone sour.*
Meaning:	***To grin and bear it.***

Proverb:	**Spłakaliśmy się wszyscy jak bobry.**
Literally:	*We all cried like beavers.*
Meaning:	***We all cried sincerely.***

Proverb:	**Spał twardo jak kamień.**
Literally:	*He slept soundly like a rock.*
Meaning:	***He slept like a log.***

Proverb:	**Pociągnąć kogoś za język.**
Literally:	*To pull someone by his/her tongue.*
Meaning:	***To entice someone to talk.***

Proverb:	**On miał słomiany zapał.**
Literally:	*He had straw enthusiasm.*
Meaning:	***His feigned enthusiasm.***

Proverb:	**Modli się pod figurą, a diabła ma za skórą.**
Literally:	*He/she prays at the shrine, but he/she has a devil under the skin.*
Meaning:	***He/she is two-faced.***

Proverb:	**Pilnuj swojego nosa.**
Literally:	*Watch your own nose.*
Meaning:	***Mind your own business.***

Proverb:	**Nie susz mi głowy.**
Literally:	*Don't dry up my head.*
Meaning:	***Don't bother me with your problems.***

Proverb:	**To jest szyte grubą nicią.**
Literally:	*It's sewn with a thick thread.*
Meaning:	***You're telling me fibs.***

Proverb:	**Wyśpiewał wszystko.**
Literally:	*He sang out everything.*
Meaning:	***He sang like a canary.***

Proverb:	**Trafić w dziesiątkę.**
Literally:	*To strike ten.*
Meaning:	***To hit the bull's-eye.***

Proverb:	**Uderz w stół, a nożyce się odezwą.**
Literally:	*Hit the table, and the scissors will respond.*
Meaning:	***That hits close to home.***

Proverb:	**Patrzeć na świat przez różowe okulary.**
Literally:	*To look at the world through pink glasses.*
Meaning:	***To view the world through rose-colored glasses.***

Proverb:	**Wieszać na kimś psy.**
Literally:	*To hang dogs on somebody.*
Meaning:	***To blacken someone's reputation.***

Proverb:	**Nie wywołuj wilka z lasu.**
Literally:	*Don't call the wolf out of the forest.*
Meaning:	***Let sleeping dogs lie.***

Proverb:	**Żyć nie umierać.**
Literally:	*To live and not to die.*
Meaning:	***Heaven on earth.***

Proverb:	**On jest w czepku urodzony.**
Literally:	*He was born in a cap.*
Meaning:	***He was born with a silver spoon in his mouth.***

Proverb:	**Gdzie kucharek sześć, tam nie ma co jeść.**
Literally:	*Where there are six cooks, there is nothing to eat.*
Meaning:	***Too many cooks spoil the broth.***

Proverb:	**Szewc bez butów chodzi.**
Literally:	*The shoemaker walks without boots.*
Meaning:	***The shoemaker's son wears no shoes.***

Proverb:	**Spity jak bela.**
Literally:	*Drunk as a log.*
Meaning:	***Drunk as a skunk.***

Proverb:	**Budować zamki na lodzie.**
Literally:	*To build castles on ice.*
Meaning:	***To build castles in the air.***

Proverb:	**Nie od razu Kraków zbudowano.**
Literally:	*Cracow was not built instantly.*
Meaning:	***Rome was not built in a day.***

Proverb:	**Szukać wiatru w polu.**
Literally:	*To seek the wind in the field.*
Meaning:	***To look for a needle in a haystack.***

Proverb:	**Jak sobie pościelisz, tak się wyśpisz.**
Literally:	*The way you make your bed, the way you will sleep.*
Meaning:	***You made your bed; now lie in it.***

Proverb:	**Skoczyć z deszczu pod rynnę.**
Literally:	*To jump out of the rain under an eaves trough.*
Meaning:	***To jump out of the frying pan into the fire.***

Proverb:	**Czego Jaś się nie nauczył, tego Jan nie będzie wiedział.**
Literally:	*What Johnny hasn't learned, John will never know.*
Meaning:	***You can't teach an old dog new tricks.***

Proverb:	**Kiedy wejdziesz między wrony, musisz krakać tak jak one.**
Literally:	*When you go among the crows, you have to caw like them.*
Meaning:	***When in Rome, do as the Romans do.***

Proverb:	**Kto rano wstaje, temu Pan Bóg daje.**
Literally:	*God gives to the one who gets up early.*
Meaning:	***The early bird always catches the worm.***

Proverb:	**Poruszyć niebo i ziemię.**
Literally:	*To move heaven and earth.*
Meaning:	***To leave no stone unturned.***

Proverb:	**Robić z igły widły.**
Literally:	*To make a pitchfork out of a needle.*
Meaning:	***To make a mountain out of a molehill.***

Proverb:	**Jest to cnota nad cnotami trzymać język za zębami.**
Literally:	*It is a virtue of all virtues to hold one's tongue behind one's teeth.*
Meaning:	***Silence is golden.***

Proverb:	**Cicha woda brzegi rwie.**
Literally:	*Quiet water bursts its banks.*
Meaning:	***Still waters run deep.***

Proverb:	**Darowanemu koniowi nie zagląda się w zęby.**
Literally:	*One does not look a gift horse in the teeth.*
Meaning:	***Don't look a gift horse in the mouth.***

Proverb:	**Nauka nie poszła w las.**
Literally:	*The lesson didn't go into the forest.*
Meaning:	***The lesson has not been forgotten.***

Proverb:	**Zimny pot mnie oblał.**
Literally:	*I was covered in cold sweat.*
Meaning:	***I was scared stiff.***

Proverb:	**Z byka spadłeś, czy co?**
Literally:	*Did you fall off a bull, or what?*
Meaning:	***Are you crazy or something?***

VERBS USED IN WEATHER EXPRESSIONS

Weather expressions and phenomena of nature abound in the *impersonal* use of *verb forms* in Polish. The verb *to be* is also widely used with weather expressions. Its present tense form (**jest/są**) may be omitted or expressed in the weather expression. The expressions that follow have been categorized by seasons, but that does not necessarily exclude one phenomenon from occurring in another season.

General Questions About the Weather

• **Jaka jest prognoza pogody na dzisiaj?**
What's the forecast for today?

• **Jaka jest najładniejsza pora roku?**
What's the nicest season?

• **Ile jest stopni na termometrze?**
How many degrees is it?

• **Jaka jest temperatura dzisiaj?**
What's the temperature today?

• **Kiedy dzień jest najdłuższy, a noc najkrótsza?**
When's the longest day and the shortest night?

In the Spring—Wiosną *or* Na wiosnę

- **Jest wiosna.**
  It is springtime.

- **Śnieg/Lód taje.**
  The snow thaws./The ice melts.

- **Lody puściły.**
  The ice has broken up.

- **Śnieg się topi.**
  The snow is melting.

- **Zapowiadano odwilż.**
  The thaw was forecast.

- **Rozmarza.**
  It's thawing.

- **Są roztopy.**
  It's melting.

- **Jest powódź.**
  There's a flood.

- **Dzień jest dłuższy.**
  The day is longer.

- **Dni są dłuższe.**
  Days are longer.

- **Ociepla się.**
  It's getting warm.

- **Ocipliło się.**
  It got warm.

- **Słońce (coraz mocniej) grzeje.**
  The sun feels warm (warmer).

- **Robi się/Robiło się ciepło.**
  It is/was getting warm.

- **Jest ciepło.**
  It's warm.

- **Drzewa zielenią się.**
  The trees are budding.

- **Powietrze jest czyste.**
  The air is fresh.

- **Jest lekki wiatr.**
  The wind is light.

- **Wieje ciepły wiatr.**
  A warm wind is blowing.

- **Jest lekka mgła.**
  There's a haze.

- **Jest mglisto.**
  It's foggy/misty.

- **Jest mgła.**
  There's fog/mist.

- **Mży.**
  It's drizzling.

- **Kropi deszcz.**
  Raindrops are falling.

- **Jest drobny deszcz.**
  There is a drizzling rain.

- **Deszczyk pada.**
  Light rain is falling.

- **Jest/był przelotny deszcz.**
  There is/was a shower.

- **Pada (deszcz).**
  It's raining.

- **Jest mokro.**
  It's wet.

354

In the Summer—Latem *or* W lecie

- **Zaczyna się lato.**
  The summer is starting.

- **W lecie dojrzewają owoce.**
  Fruit ripens in the summer.

- **Słońce świeci.**
  It's sunny./The sun is shining.

- **Jest piękny dzień.**
  It's a beautiful day.

- **(Dzisiaj) jest gorąco.**
  It's hot (today).

- **Przyszło gorące lato.**
  A hot summer has arrived.

- **Jest gorące lato.**
  It's a hot summer.

- **Jest upalny dzień.**
  The day is torrid (sweltering/broiling).

- **Jest upał.**
  There's torrid heat.

- **Nadchodzi fala upałów.**
  A heat wave is coming.

- **Są upały.**
  It's sweltering (broiling) hot.

- **Jest sucho/susza.**
  It's dry./There's drought.

- **Kurzy się.**
  It's dusty.

- **Jest burza piaskowa.**
  There's a sandstorm.

- **Jest wielka chmura i mały deszcz.**
  There's a big cloud and little rain.

- **Powietrze jest/było wilgotne.**
  The air is/was slightly humid.

- **Jest rosa.**
  There's dew.

- **Wypogadza się./Wypogodziło się.**
  It's clearing up./It cleared up.

- **Jest zmiana ciśnienia.**
  There's a change in atmospheric pressure.

- **Jest parno.**
  It's muggy.

- **Jest/Było duszno.**
  It is/was sultry (stifling) hot.

- **Błyska się.**
  It's lightning./There's lightning.

- **Grzmi.**
  It thunders./There's thunder.

- **Lunęło.**
  It started pouring.

- **Jest/Był ulewny deszcz.**
  It is/was pouring (raining heavily).

- **Pada grad.**
  It's hailing.

- **Zbiera się na burzę.**
  A storm is brewing.

- **Burza nadchodzi/nadciąga.**
  A storm is coming/approaching.

- **Jest/Była burza.**
  It's stormy./There was a storm.

- **Była gwałtowna burza.**
  There was a violent storm.

- **Nie było burzy.**
  There was no storm.

In the Fall—Jesienią *or* W jesieni

- **Dni w jesieni są ciepłe i ładne.**
  Autumn days are warm and nice.

- **Liście zmieniają kolor.**
  The leaves change color.

- **Jest "babie lato".**
  It's Indian summer.

- **Liście opadają.**
  The leaves are falling.

- **Ochładza się./Jest chłodno.**
  It's getting cooler./It's cool.

- **Wieje wiatr.**
  It's windy./The wind is blowing.

- **Jest silny wiatr.**
  The wind is strong.

- **Jest wichura.**
  There's a windstorm.

- **Chmurzy się./Zachmurzyło się.**
  It's getting cloudy./It got cloudy.

- **Jest chmurno/pochmurno.**
  It's cloudy.

- **Gęste chmury pokrywają niebo.**
  Thick clouds cover the sky.

- **Zbiera się na deszcz.**
  It is turning to rain.

- **Zaciąga się na deszcz.**
  It's clouding over.

- **Jest deszczowa pogoda.**
  The weather's rainy.

- **Było deszczowo.**
  It was a rainy day.

- **Zaczynają się deszcze.**
  The rainy season is starting.

- **Leje jak z cebra.**
  It's pouring cats and dogs.

- **Jest błoto.**
  It's muddy.

- **Jest okropna pogoda.**
  The weather's awful.

- **Oziębia się./Oziębiło się.**
  It is getting cooler./It has cooled off

In the Winter—Zimą *or* W zimie

- **Idzie zima.**
  The winter's coming.

- **Słońca jest coraz mniej.**
  There's less and less sun.

- **Temperatura opada/opadła poniżej zera.**
  The temperature drops/dropped below zero
  (Centigrade)/*freezing.*

- **Dni są krótkie.**
  Days are short.

- **Robi się/Robiło się zimno.**
  It is/was getting cold.

- **Jest zimno.**
  It's cold.

- **Zaczynają się mrozy.**
  We're starting to get frost.

- **Jest mróz.**
  It's frosty.

- **Są silne mrozy.**
  The frost is harsh.

- **Zamarza.**
  It's freezing.

- **Pada deszcz ze śniegiem/śnieg z deszczem.**
  There's sleet.

- **Pada śnieg.**
  It's snowing.

- **Spadł pierwszy śnieg.**
  The first snow has fallen.

- **Śnieg leży.**
  There's snow on the ground.

- **Jest zawieja śnieżna.**
  There's a blizzard.

- **Jest śnieżyca.**
  There's a snowstorm.

- **Drogę zasypało śniegiem.**
  The road was snowed in.

- **Zima bywa zwykle łagodna.**
  The winter is usually mild.

- **Jest ciężka zima.**
  The winter is hard.

- **Jest ślizko.**
  It's slippery.

- **Dzieci biją się kulami śnieżnymi.**
  The kids are having a snowball fight.

- **Dzieci lepią ze śniegu bałwana.**
  The kids are making a snowman.

- **Jedziemy na narty/kulig/sanki/łyżwy.**
  We're going skiing/sleigh riding/ tobogganing/skating.

In the Day—W dzień

- **Słońce wschodzi.**
  The sun rises.

- **Świta.**
  It's dawn.

- **Dnieje.**
  It's starting to get light.

- **Robi się/Robiło się jasno.**
  It is/was getting light.

- **Jest południe.**
  It's midday.

- **Było zaćmienie słońca.**
  There was an eclipse of the sun.

- **Słońce zachodzi.**
  The sun sets.

At Night—W nocy

- **Słońce zaszło.**
  The sun set.

- **Ciemnieje.**
  It is getting dark.

- **Robi się/Robiło się ciemno.**
  It is/was getting dark.

- **Ściemnia się./Ściemniło się.**
  It is growing dark./It got dark.

- **(W nocy) jest ciemno.**
  It's dark (at night).

- **Księżyc świeci.**
  The moon is shining./There is moonlight.

- **Jest pełnia księżyca.**
  It's the full moon.

- **Gwiazdy migocą/migotały na niebie.**
  The stars are/were twinkling in the sky.

- **Niebo jest pełne gwiazd.**
  The sky is full of stars.

- **Noc była cicha/ciemna.**
  The night was calm/dark.

- **W lecie noce bywają gorące.**
  In the summer, the nights are often hot.

- **Jest północ.**
  It's midnight.

POLISH-ENGLISH VERB INDEX

This index provides ready access to all the Polish verbs presented and listed in the verb manual. There are approximately 2,300 Polish verbs and verb pairs alphabetically arranged, according to the Polish alphabet, in the *Polish-English Verb Index.* Page numbers in bold refer you to the conjugated verbs in the manual. All the other page numbers refer to the model verb pages, where you can review the model verbs and obtain the conjugation patterns for the referred verbs.

Ć

ćwiczyć/przećwiczyć practice, drill, train
36

ćwiczyć się/przećwiczyć się exercise, train
36

D

dawać/dać give, provide **37**
dawać się/dać się allow 37
dążyć pursue 291
decydować/zdecydować decide, determine
38
decydować się/zdecydować się decide, make
up one's mind 38
denerwować/zdenerwować get on
someone's nerves, irritate, upset,
exasperate 39
denerwować się/zdenerwować się get upset,
be nervous, fidget, fret **39**
dobadać się find out 3
dobić kill off, reach 5
dobić się attain, contend for 5
dobiec reach 6
dobierać take additionally, pick 290
dobrać select, match 9
dobudować build an annex 13
dobywać pull out 15
dochodzić walk up to 19
dochować keep 21
dochować się bring up 21
dociągnąć reach, tighten 26
dociec find out 250
doczekać się wait through, live to see 30
doczytać read to the end 35
doczytać się find out from reading 35
dodzwonić ring until the end 47
dodzwonić się ring till someone answers 47
dogasić stub out 51
dogodzić comply with wishes 55
dogotować cook some more 57
dogryźć nag, vex, tease 59
dogrzać heat up 60
dojechać get to, arrive at 66
dojeść eat up, get on nerves 65
dojrzeć oversee 131
dokazywać frolic 155
dokierować drive up to 69
dokładać add to 211
dokładać się take pains 211
dokonać achieve 183
dokonać się take place, come to pass 183
dokończyć finish up/off 76
dokopać finish digging 77
dokopać się dig down 77

dokosić finish mowing 79
dokręcić tighten 82
dokroić cut some more 83
dokrzyczeć finish shouting 85
dokuczać/dokuczyć tease, annoy, bother,
pester, hurt **40**
dokupić buy more 86
dokwitnąć blossom out 87
dolać pour more, replenish 117
dolecieć reach by flying 88
doleczyć cure 90
doleczyć się complete one's cure 90
dolegać ache 157
doleżeć stay in bed 92
doliczyć add to, reckon 93
doliczyć się be short 93
dołączyć attach 98
dołączyć się crop up, join 98
doładować finish loading 95
dołożyć add, throw in 72
domagać się claim, demand 158
domalować add to a painting, finish painting
99
domęczyć harass to death 102
domierzyć mete out 285
domieszać add 105
domieszać się be joined 105
domieszkać live until 106
domilczeć hold one's tongue 109
domknąć shut to 286
domówić scoff 112
domówić się hint 112
domyć wash clean 114
donieść inform, let know 123
dopadać overtake, reach, catch 137
dopakować add to a package 138
dopalić burn up 139
dopalić się burn out 139
dopatrzyć oversee, watch 143
dopatrzyć się suspect 143
dopełnić fill up, complement 277
dopędzić catch up, overtake 218
dopić drink up 145
dopłacić make up the sum, pay to 148
dopłynąć swim up to, reach 151
dopominać się claim 186
dopompować pump up full 159
dopowiadać finish saying, supplement 129
dopracować się obtain by work, earn 172
doprać wash clean 173
doprasować finish ironing 175
doprawić replace, season 160
doprojektować finish designing, add to the
design, make an extra design 176

grać/zagrać play, blow a musical instrument, gamble **58**

gryźć/pogryźć bite, gnaw, chew **59**

gryźć się/pogryźć się bite each other, fight, quarrel; worry [**I**] 59

grzać/zagrzać hear, warm **60**

grzać się/zagrzać się get warm 60

gubić/zgubić lose, ruin **61**

gubić się/zgubić się be lost, get lost 61

H

hamować/zahamować brake, slow down, bring to a stop, control, restrain, deter **62**

hamować się restrain oneself 62

I

informować/poinformować inform, give information, let know **63**

informować się/poinformować się inquire, find out 63

interesować/zainteresować interest, have a grip on, be hooked on, appeal to **64**

interesować się/zainteresować się be interested, be concerned with 64

J

jeść/zjeść eat, dine **65**

jeździć * jechać/pojechać *or* przyjechać ride, go by vehicle, drive, travel, journey **66**

K

karać/ukarać punish, penalize, discipline **67**

kąpać/wykąpać bathe, bath **68**

kąpać się/wykąpać się take a bath 68

kierować/skierować direct, drive, steer, refer **69**

kierować się/skierować się be guided by 69

kłamać/skłamać lie, tell a lie, fib **70**

kłaniać się/ukłonić się greet, bow, send regards **71**

kłaść/położyć lay down, put down, place, go to bed **72**

kłaść się/położyć się lie down 72

kłócić/pokłócić set at variance, stir up, divide **73**

kłócić się/pokłócić się quarrel, dispute, clash, jar 73

kochać/pokochać love **74**

kochać się/pokochać się be in love 74

kontaktować/skontaktować contact 75

kontaktować się/skontaktować się be in touch/contact, communicate, make contact with **75**

kończyć/skończyć complete, finish, terminate **76**

kończyć się/skończyć się end, run out 76

kopać/wykopać dig, excavate, kick **77**

kopać się/wykopać się dig one's way out, be kicking 77

korzystać/skorzystać use, profit by, take advantage of, avail oneself of, make use of, enjoy **78**

kosić/skosić mow **79**

kosztować/skosztować taste; cost [**I** only]; try [**P** only] **80**

kraść/ukraść steal, shoplift **81**

kręcić/pokręcić turn, twist **82**

kręcić się/pokręcić się spin 82

kroić/ukroić slice, cut **83**

kryć/skryć cover, hide, conceal **84**

kryć się/skryć się hide 84

krzyczeć/krzyknąć shout, cry out, scream, behave noisily, shriek **85**

kupować/kupić buy, purchase, acquire, shop **86**

kwitnąć/zakwitnąć blossom, bloom **87**

L

lać pour 117

latać * lecieć/polecieć fly, rush, run **88**

lądować/wylądować land, beach, dock, arrive, disembark **89**

leczyć/wyleczyć cure, treat, heal **90**

leczyć się/wyleczyć się be cured 90

lekceważyć/zlekceważyć disregard, slight, neglect, make light, scorn **91**

leżeć/poleżeć lie, remain **92**

liczyć/policzyć count, rely on, calculate, compute, take into account **93**

liczyć się/policzyć się enter into account 93

lubić/polubić like, be fond of, have a fancy for, delight in **94**

lubić się/polubić się like each other 94

Ł

ładować/naładować load, charge, pack **95**

łamać/złamać break, fracture **96**

łamać się/złamać się be broken; share [**I** only] 96

łapać/złapać catch, grasp, seize, capture **97**

łapać się/złapać się grasp oneself, catch hold 97

M

malować/namalować paint, portray **99**

malować się/namalować się make up, rouge onself 99

martwić/zmartwić worry, upset, vex 100

martwić się/zmartwić się worry, upset/vex **100**

marznąć/zmarznąć get cold, freeze **101**

meldować/zameldować register, report, inform, check in **103**

meldować się/zameldować się report oneself, register one's arrival/residence 103

męczyć/zmęczyć bother, tire, torture **102**

męczyć się/zmęczyć się get tired 102

mieszać/zmieszać mix, stir, shuffle, mingle **105**

mieszać się/zmieszać się get mixed, be confused 105

mieszkać/zamieszkać live in, reside, dwell, inhabit **106**

mieścić/zmieścić contain 107

mieścić się/zmieścić się fit into, be contained **107**

mijać/minąć pass by, leave behind, overtake, elapse, go by, come to an end, cease **108**

mijać się/minąć się cross, pass each other 108

milczeć/przemilczeć be silent **109**

modlić się/pomodlić się pray **110**

móc/potrafić be able, can, may; know how [P only] **111**

mówić/powiedzieć say, talk, tell, speak **112**

musieć have to, must, be forced, be obliged **113**

myć/umyć wash **114**

myć się/umyć się wash oneself 114

mylić/pomylić mislead, confuse 115

mylić się/pomylić się be wrong, make a mistake, err 115

myśleć/pomyśleć think **116**

N

nabawić cause 4

nabawić się catch cold, amuse oneself 4

nabić spank, beat up, load 5

nabiec się run about 6

nabrać gather, acquire 9

nabrudzić dirty up 12

nacałować się kiss enough 16

nachodzić importune, invade 19

nachodzić się walk until tired 19

nachorować się go through a long illness 20

nachwalić się praise to the skies 23

naciągnąć stretch, infuse 26

naciec gather by flowing 250

nacieszyć się enjoy 28

naczekać się wait 30

naczesać comb out 31

naczytać się be tired of reading 35

nadać post, send 37

nadążyć keep pace 291

nadbudować add a level, build on 13

nadenerwować make terribly nervous 39

nadenerwować się be exasperated beyond measure 39

naderwać tear somewhat 205

naderwać się overdo, get hernia 205

nadlecieć fly near, run up, approach 88

nadmienić hint, allude 276

nadpsuć spoil somewhat 188

nadpsuć się deteriorate 188

nadrobić exceed, make up for 197

nagotować cook, prepare 57

nagrać record, tape 58

nagryźć gnaw 59

nagryźć się worry 59

nagrzać warm 60

najechać run over 66

najeść się eat one's fill 65

najmować hire 185

nakazywać demand, order 155

nakierować put on track 69

nakładać place 211

nakłamać tell a lot of lies 70

nakłonić incite 71

nakłonić się consent to, be inclined 71

nakopać extract, give kicks 77

nakosić mow 79

nakosić się have enough of mowing 79

nakreślić sketch, describe 152

nakręcić wind up, direct 82

nakroić slice many slices 83

nakryć cover, set 84

nakryć się cover oneself 84

nakupić buy up 86

nalecieć dash upon 88

nalegać insist 157

nalewać/nalać fill, pour into **117**

należeć belong 92

należeć się be due 92

naliczyć count up 93

nałapać catch many 97

nałożyć lay, impose, overlap 72

namartwić give cause for worry 100

namartwić się fret 100

namarznąć be covered with ice 101

ominąć się avoid each other 108
omylić delude 115
omylić się be mistaken 115
opadać drop 137
opakować wrap, package 138
opalić keep warm, singe, tan 139
opalić się get sunburned, bask 139
opamiętać się collect oneself, cool off 140
opanować się pull oneself together 141
opatrzyć bandage 143
opędzić drive away 218
opędzić się repel 218
opić się drink too much 145
opiekować się/zaopiekować się take care of, look after 132
opisać describe, portray 147
opłacić pay the price 148
opłacić się be worthwhile 148
opłakać lament, mourn 149
opłukać rinse 150
opłukać się rinse oneself 150
opłynąć swim around, sail around 151
opowiadać tell stories 129
opóźnić retard 222
opóźnić się lag behind 222
oprać do laundering 173
opracować complete 172
oprawić frame 160
oprowadzić show around 180
oprzątać do chores, care for farm animals 224
opukać tap 189
opuszczać abandon, leave 190
opuszczać się neglect oneself 190
organizować/zorganizować organize, arrange, form 133
organizować się/zorganizować się be organized, unite 133
osądzić pass judgment 207
osiąść settle down 208
osiąść się set 208
osłuchać auscultate 212
osłuchać się familiarize oneself 212
osmarować smear, blacken 215
ostanowić hold/quarry/ 161
ostrzegać warn 220
osunąć lower 162
osunąć się slide down, slump 162
osuszyć dry, dehumidify, drain 232
osuszyć się dry one's clothes 232
oszaleć go mad, drive wild 233
oszczędzać/oszczędzić save, economize, put aside, be careful, spare 134

oszczędzać się/oszczędzić się take care of oneself 134
oszukać deceive, cheat, outwit 235
oszukać się be mistaken 235
ośmielać/ośmielić encourage, embolden 135
ośmielać się/ośmielić się dare, venture 135
ośpiewać celebrate in song 240
otrzeć wipe off 274
otrzeć się graze 274
otrzymać receive 247
otwierać/otworzyć open 136
otwierać się/otworzyć się be opened, open up 136
owinąć wrap 203
owinąć się wrap oneself 203
ozdrowić restore to health 168
oznaczać mean 184
oznaczyć determine 184
ożyć have a lease on life 301

P

padać or upadać/upaść fall down; rain, snow (third pers. sing. I only) 137
pakować/spakować pack, load 138
pakować się/spakować się pack up 138
palić/zapalić burn, smoke; light up [P only], ignite, start (car) [P only] 139
palić się/zapalić się be burning 139
pamiętać/zapamiętać remember, bear in mind 140
panować/opanować master, prevail over, control, rule, reign 141
parkować/zaparkować park 142
patrzeć/popatrzeć or patrzyć/popatrzyć look at, eye, stare 143
patrzeć się/popatrzeć się look at, take a look, glance 143
perfumować/poperfumować perfume, scent 144
perfumować się/poperfumować się put on perfume 144
pić/wypić drink 145
pilnować/dopilnować look after, watch, supervise, attend, guard, baby-sit 146
pilnować się/dopilnować się be on one's guard 146
pisać/napisać write 147
pisać się spell 147
płacić/zapłacić pay 148
płakać/zapłakać cry, weep 149
płukać/wypłukać rinse, gargle, flush 150
pływać * płynąć/popłynąć sail, swim, float 151

ruszać się/ruszyć się move, budge   204
rwać/urwać tear, pluck, pick   205
rwać się/urwać się be torn, take off   205
rzucać/rzucić cast, throw, toss, pitch, abandon   **206**
rzucać się/rzucić się assail, rush, attack   206

S

sądzić judge, believe, think, try a case   **207**
sądzić się be in court   207
schodzić walk down, disembark   19
schorować się fall ill   20
schylić bend down   24
schylić się stoop   24
ściągnąć pull away/off, gather, cheat   26
siadać/usiąść sit down, be sitting, take a seat   **208**
siedzieć/posiedzieć sit, be seated, remain, stay   **209**
skakać/skoczyć jump, leap   **210**
skarać chastise   67
skąpać bathe   68
skąpać się take a dip   68
składać/złożyć gather, fold, file, extend, pay a visit, give a sum   **211**
składać się/złożyć się happen, consist of   211
skłonić bend, induce   71
skłonić się incline to   71
skłócić agitate   73
skłócić się quarrel   73
skonać die, expire   183
skopać dig all over, kick all over   77
skraść steal   81
skreślić delete, jot down   152
skręcić twist, roll   82
skroić cut down   83
skrzyczeć shout at   85
skrzyknąć master   85
skrzyknąć się get together   85
skupić buy up   86
słuchać/posłuchać listen, hear   **212**
słuchać się/posłuchać się follow advice, obey   212
służyć/posłużyć serve, be intended for, wait on, be handy, attend   **213**
słyszeć/usłyszeć hear, catch sound of, get to know, learn   **214**
smarować/posmarować spread, grease, smear, lubricate, butter, scribble, make dirty, soil, bribe   **215**
smarować się/posmarować się soil, apply   215

spać * sypiać/pospać *or* **przespać** sleep, take a nap   **217**
spacerować/pospacerować stroll, walk about   **216**
spadać tumble   137
spalić burn down   139
spalić się be burned down, die of   139
spamiętać remember   140
spełnić realize   277
spełnić się come true, be fulfilled   277
spędzać/spędzić pass time, spend time, drive away, round up   **218**
spisać list, write down   147
spisać się distinguish oneself   147
spłacić pay off, reimburse   148
spłakać się dissolve in tears   149
spłukać rinse out   150
spłukać się gamble away   150
spłynąć flow, drift, float   151
spoczywać rest, lie   128
spodziewać się expect, hope for, anticipate   **219**
spojrzeć glance, look upon   131
spostrzegać/spostrzec notice, perceive, catch sight of, observe   **220**
spotykać/spotkać meet, happen, encounter, bump into   **221**
spotykać się/spotkać się meet   221
spowiadać confess   129
spowiadać się go to confession   129
spożyć consume   301
spóźniać się/spóźnić się be late, come late   **222**
sprać wash out   173
sprać się come out in the wash   173
sprasować compress, squeeze   175
sprawdzać/sprawdzić check, verify, make sure, confirm   **223**
sprawdzać się/sprawdzić się come true, prove correct, be verified   223
sprawić cause, procure   160
sprosić gather   178
sprowadzić import, lead down   180
sprowadzić się settle   180
sprzątać/sprzątnąć tidy, clean up, remove, kill   **224**
sprzedawać/sprzedać sell, dispose, dump   **225**
spuszczać flush, lower   190
spuszczać się descend, rely on   190
spytać ask   191
spytać się ask   191
stać/postać stand; afford [**I** only], wait [**P** only]   **226**

stać się become 226
starać się/postarać się endeavor, see to, try one's best, make an attempt/effort, try hard 227
starczyć be sufficient, be adequate, be enough 279
stawać/stanąć stop, stand, bring to a stop, come to a standstill 228
stawać się become, happen 228
stawiać/postawić place, set, put/upright/, raise, erect, build 229
stawiać się/postawić się assert oneself, stand for office 229
stosować/zastosować employ, apply, use, adapt, follow 230
stosować się/zastosować się comply, adhere 230
stowarzyszyć się form an association, associate with, organize 244
studiować/przestudiować study, examine 231
suszyć/wysuszyć dry 232
suszyć się/wysuszyć się dry, get dry 232
szaleć/poszaleć rage, rave, revel, be mad, be crazy about, horse around 233
szkodzić/zaszkodzić hurt, cause damage to, injure, do harm, disagree, be bad for; matter [I only] 234
szukać/poszukać seek, look for, search 235
szyć/uszyć sew, stitch 236

Ś
ściąć cut down 25
śmiać się/zaśmiać się laugh 237
śnić dream 238
śnić się dream 238
śpieszyć/pośpieszyć hurry, hasten, be eager; be fast/of a timepiece/[I only] 239
śpieszyć się/pośpieszyć się make haste, be in a hurry, be quick 239
śpiewać/zaśpiewać sing, chant, squeal 240

T
tańczyć/zatańczyć dance, perform a dance 241
targować/potargować trade, bid, deal 242
targować się/potargować się haggle, bargain 242
tłumaczyć/przetłumaczyć interpret, translate, explain 243
towarzyszyć accompany, escort, attend, keep company, follow 244
trafiać/trafić hit, strike, find one's way, get somewhere, come across 245

trafiać się/trafić się happen, occur 245
trwać/potrwać continue, last, take until 246
trzymać/potrzymać hold, keep, retain 247
trzymać się/potrzymać się hold by, abide by 247
twierdzić/stwierdzić state, assert, maintain, affirm, claim, allege, profess 248

U
ubawić amuse 4
ubawić się amuse oneself 4
ubić beat, ram down 5
ubiec run a distance, elapse 6
ubiec się contest for 6
ubierać collect, pluck, reap 290
ubierać/ubrać dress, clothe, put on, deck, trim, spruce up 249
ubierać się/ubrać się dress oneself, put on one's clothes 249
ubrudzić besmirch 12
ubywać lose, decline 15
ucałować kiss/once/ 16
uchodzić escape, evade 19
uchować save 21
uchronić protect 22
uchronić się guard 22
uchwalić resolve 23
uchylić remove, push aside 24
uciąć cut off, amputate 25
uciągnąć drag 26
uciekać/uciec run away, flee, escape, slip away, skip 250
uciekać się/uciec się go to, resort 250
ucierpieć be affected, sustain a loss 27
uczęstować treat, entertain 32
uczęstować się enjoy oneself 32
uczęszczać frequent, attend, go to 251
uczuć feel, experience 33
uczyć/nauczyć teach, instruct, tutor, train 252
uczyć się/nauczyć się learn 252
udać feign, pretend 37
udać się succeed, apply to 37
uderzać/uderzyć strike, hit, blow, attack, blast 253
uderzać się/uderzyć się bump, knock 253
udzielić confer, give 45
udzielić się frequent, communicate with 45
ugasić put out 51
ugodzić hit, hire 55
ugodzić się come to terms 55
ugryźć bite, sting 59
ujechać ride a distance 66
ujmować detract 185

wydzwonić chime, keep ringing 47
wyfarbować dye 49
wygasić extinguish, quench 51
wygimnastykować give physical training 52
wyginąć die out, become extinct 53
wygłosić deliver 293
wygodzić accommodate 55
wygolić clean-shave 56
wygotować boil out 57
wygrać win 58
wygryźć bite out, nibble out 59
wygrzać warm up 60
wygrzać się bask 60
wygubić destroy, exterminate 61
wyhamować apply the brake 62
wyjaśniać/wyjaśnić explain, clear up, illustrate, comment, clarify 275
wyjaśniać się/wyjaśnić się brighten up, become clear, clear up 275
wyjechać drive out/away 66
wyjeść eat away 65
wyjmować take out, withdraw 185
wyjrzeć look out 131
wykazywać demonstrate 155
wykierować lead to, direct 69
wykierować się become, make one's way to 69
wykładać lay out, lecture 211
wykłócić się argue 73
wykonać perform, execute 183
wykończyć put finishing touch to, elaborate 76
wykorzystać utilize, use, exploit 78
wykosić mow off 79
wykraść steal, kidnap 81
wykraść się steal out/away, sneak off 81
wykreślić draft, strike off 152
wykręcić screw off, wring, sprain, distort 82
wykręcić się veer, evade 82
wykroić cut out 83
wykryć detect, reveal 84
wykrzyczeć scold, clamor 85
wykrzyczeć się vent one's feelings 85
wykupić buy up, ransom 86
wykwitnąć appear, bloom 87
wylać pour out, spill 117
wylecieć fly out, get fired 88
wyleżeć się lounge, laze 92
wyliczyć count out, enumerate 93
wyliczyć się account for 93
wyładować unload, give vent to 95
wyładować się spend itself 95

wyłamać break open/out 96
wyłamać się break out of 96
wyłapać catch all 97
wyłączyć exclude, turn off 98
wyłączyć się part 98
wyłożyć display, interpret 72
wymagać demand, require, be strict 158
wymalować paint, use up paint 99
wymalować się make up 99
wymarznąć be chilled 101
wymeldować notify of, report 103
wymeldować się check out 103
wymęczyć tire out 102
wymęczyć się overwork 102
wymieniać/wymienić mention, name, change, exchange, barter, trade, single out, convert, replace 276
wymieniać się/wymienić się exchange 276
wymierzyć measure out, survey 285
wymieszać mix, blend 105
wymieszkać remain, dwell 106
wyminąć steer clear, bypass 108
wyminąć się cross 108
wymknąć się slip away, escape 286
wymodlić obtain by prayers, answer one's prayers 110
wymóc extort 111
wymówić utter, pronounce 112
wymówić się excuse oneself, plead 112
wymrzeć die out, become extinct 255
wymyć wash out, rinse 114
wymyć się wash oneself 114
wymyśleć invent, imagine 116
wynajmować rent 185
wynaleźć find out, invent 294
wynieść carry out 123
wynieść się take oneself out 123
wyniknąć arise, result, follow 295
wynotować write out, make notes 124
wynudzić bother, tire 125
wynudzić się be weary 125
wypadać fall out, occur 137
wypakować unpack, cram 138
wypalić burn out, scorch, cauterize, shoot a gun 139
wypatrzyć catch sight of 143
wypełniać/wypełnić carry out, fulfill, fill out, execute, complete, top up, accomplish 277
wyperfumować scent 144
wyperfumować się use scent 144
wypędzić drive out, expel 218
wypisać write out, use up 147

wypisać się discontinue, be used up, quit 147

wypłacić pay sum 148

wypłakać się weep 149

wypłynąć surface, swim, sail into the open 151

wypoczywać take a rest, repose 128

wypominać reproach 186

wypompować pump out 159

wypowiadać formulate, express 129

wypożyczyć rent 171

wypracować perfect, work out 172

wyprawić get ready 160

wyprosić plead, ask one to leave 178

wyprowadzić lead out 180

wyprowadzić się move to 180

wypróbować put to the test, try out, test run 181

wyprzedać sell off/out 225

wypsuć spoil, waste 188

wypukać tap out 189

wypuszczać let out 190

wypytać ask questions 191

wyratować help to safety 193

wyratować się escape from 193

wyrażać/wyrazić express, utter, voice **278**

wyrażać się/wyrazić się express oneself, mean 278

wyregulować align 194

wyrobić produce, knead 197

wyrodzić się degenerate, turn into a black sheep 198

wyrozumieć sympathize with, make out 201

wyróżnić single out 130

wyróżnić się distinguish oneself, stand out 130

wyruszyć set out, start out 204

wyrwać pull out 205

wyrwać się break loose, blurt out 205

wyrządzić cause, inflict, do 257

wyrzekać utter 118

wyrzekać się deny, disown 118

wyrzucić throw out 206

wysądzić sue 207

wysiąść get off, break down 208

wysiedzieć sit out, serve time 209

wyskoczyć jump out, bail out 210

wysłuchać hear out 212

wysłużyć serve one's time, earn 213

wysmarować smear, soil, lubricate 215

wyspać się sleep enough 217

wyspacerować się walk about 216

wysprzątać tidy, clean up 224

wystać line up 226

wystać się settle, ripen 226

wystarać się procure 227

wystarczać/wystarczyć be enough, suffice, last **279**

wystawać stand out, protrude 228

wystawić exhibit, display 229

wystąpić appear, perform 260

wystosować direct 230

wystrzegać się beware of, shun 220

wystudiować study 231

wysunąć stick out 162

wysunąć się come out 162

wysyłać/wysłać send, dispatch, forward, ship **280**

wyszaleć się rage, have the time of one's life 233

wyszczególniać/wyszczególnić itemize, specify, enumerate, mention by name, single out **281**

wyszczególniać się/wyszczególnić się say one's say, be tops 281

wyszukać find out 235

wyszyć embroider 236

wyśmiać make fun 237

wyśmiać się mock 237

wyśnić come true, fancy 238

wyśpiewać sing praises, warble 240

wyśpiewać się sing enough 240

wytańczyć się dance to one's heart's content 241

wytargować acquire by haggling, get a bargain 242

wytknąć thrust out, show, rebuke 42

wytłumaczyć explain, justify 243

wytłumaczyć się excuse oneself 243

wytrwać persevere 246

wytrzymać hold out, bear, stand, endure 247

wyuczyć train 252

wyuczyć się memorize 252

wywalczyć acquire, win 261

wyważyć weigh, force 262

wywdzięczać się reward 288

wywiadywać się inquire 43

wywiązać untie 263

wywiązywać się carry off, acquit oneself of 202

wywierać exert 289

wywiesić hang out, post up, hoist 266

wywieźć take to, export, deport 271

wywinąć turn down, prance 203

wywinąć się slip out 203

wywodzić lead out 268

wywodzić się be derived from 268
wywołać call out, provoke 270
wywrócić knock over 272
wywrócić się tumble, fall 272
wyzbierać pick/all/ 290
wyznać confess, profess 169
wyznaczyć demarcate 184
wyzwać challenge, call names 119
wyzwolić free 170
wyzwolić się free oneself 170
wyżałować regret fully 297
wyżałować się pour out all one's grief 297
wyżyć survive/last/ 301
wzbronić prevent, forbid 11
wzkazywać point to 155
wzmagać intensify 158
wzmagać się increase 158
wzmóc intensify 111
wzmóc się increase 111
wzrosnąć grow, rise, increase 199
wzruszyć affect 204
wzruszyć się be moved 204
wywiązać się fulfill 263

Z

zabić kill 5
zabiec bar, intercept 6
zabierać take away 290
zabierać się pack for a trip, get lost 290
zabłądzić lose one's way, go astray 7
zabrać take away, pick up 9
zabrać się set about 9
zabronić forbid 11
zabudować build over 13
zachcieć have a mind to, long for 18
zachcieć się feel like 18
zachęcać/zachęcić encourage, urge, induce,
  cheer, stimulate, spur on, egg on, prompt
  282
zachęcać się/zachęcić się rouse oneself 282
zachodzić go by, walk over to 19
zachować guard, retain 21
zachować się behave 21
zachwalić boost 23
zaciąć cut a notch, jam 25
zaciągnąć drag, pull to, enlist 26
zaciągnąć się inhale 26
zaciec run down to a spot, fill up 250
zaczesać comb 31
zaczesać się comb one's hair 31
zaczynać/zacząć begin, start, initiate,
  commence, get going **283**
zaczytać się be engrossed in reading 35
zadecydować settle, determine 38

zadziałać function 44
zafarbować stain, dye 49
zagasić extinguish, obscure 51
zaginąć be missing 53
zagniewać exasperate, enrage 54
zagniewać się grow angry 54
zagotować boil 57
zagotować się bring to a boil 57
zagryźć devour, have a snack 59
zagryźć się worry oneself sick 59
zagubić lose, ruin 61
zahamować się be restrained 62
zajechać pull in, stay 66
zajeść się eat heartily 65
zajmować occupy 185
zajmować się deal with, take care of, be busy
  185
zajrzeć look into 131
zakazywać forbid, ban 155
zakładać set up, establish, assume 211
zakładać się bet, wager 211
zakłócić trouble 73
zakochać się become infatuated 74
zakończyć put an end to, complete 76
zakończyć się come to an end, finish 76
zakopać bury 77
zakosztować relish 80
zakraść się steal into, creep into 81
zakreślić mark off, outline 152
zakręcić curl, turn off 82
zakręcić się turn around 82
zakroić plan, devise 83
zakryć cover up, screen 84
zakryć się cover oneself 84
zakrzyczeć call out 85
zakupić purchase 86
zalać pour over, inundate, flood 117
zalecać recommend 156
zalecać się court, woo 156
zalecieć fly as far as, reach, run up 88
zaleczyć heal partly 90
zalegać cover, be in arrears 157
zależeć depend 92
zaliczyć include 93
zaliczyć się rank 93
załadować load on/with 95
załadować się get on 95
załamać bend 96
załamać się break down, collapse 96
załatwiać/załatwić arrange, settle, take care
  of, transact, get done, see to **284**
załatwiać się/załatwić się finish, handle,
  dispose of, relieve/nature/ 284
załączyć connect, plug, enclose 98

zawierać/zawrzeć contain, include, comprise, enclose, conclude/contract/ **289**

zawierzyć trust, entrust one with 265

zawiesić suspend, put off 266

zawieźć drive to 271

zawinąć wrap up 203

zawitać arrive at, come 267

zawodzić let down 268

zawodzić się be disappointed 268

zawrócić turn back, make a U-turn, bother about 272

zawrócić się return 272

zaznać experience 169

zaznaczyć mark, note, stress 184

zażegnać prevent 299

zażyć use 301

zbawić redeem, rescue 4

zbić beat down 5

zbierać/zebrać gather, collect, assemble, harvest **290**

zbierać się/zebrać się meet, gather, get ready, prepare 290

zbrudzić besmirch 12

zbudzić arouse from sleep 14

zbudzić się awake 14

zbywać dispose of, rid of 15

zdać pass exam 37

zdać się seem/in third person/ 37

zdążać/zdążyć come in/on time, manage to do, be in time, get in time, have enough time; tend towards [I only] **291**

zdejmować/zdjąć take off/down, remove, take a picture **292**

zderzyć się collide, clash, crash 253

zdradzić betray, have an extramarital affair 192

zdradzić się be unfaithful to each other, give oneself away 192

zdziałać perform, accomplish, achieve 44

zemknąć scurry 286

zemrzeć drop off, decease, die 255

zerwać tear away, break off 205

zerwać się jump up, get torn 205

zesłać send from heaven, deport 280

zetrzeć wipe out 274

zetrzeć się run in, grapple, battle with 274

zgłaszać/zgłosić announce, report, submit **293**

zgłaszać się/zgłosić się register, apply, present oneself 293

zgniewać anger 54

zgniewać się flare up 54

zgodzić bring into harmony, hire 55

zgodzić się comply, agree 55

zgolić shave off 56

zgotować precook, prepare 57

zgrać się lose all one's money, play in unison, complement each other 58

zgryźć crunch 59

zgryźć się grieve 59

zjechać drive downhill, pull over, turn aside 66

zlać pour off, decant 117

zlecieć fly down, fall off, fly by/time/ 88

zliczyć add up 93

zładować unload, heap 95

złączyć fuse, link 98

złączyć się unite 98

zmagać overcome 158

zmagać się struggle 158

zmienić change, shift 276

zmienić się be changed, alternate 276

zmierzyć gauge, take one's aim 285

zmilczeć keep quiet 109

zminąć się swerve 108

zmyć wash off 114

zmylić stray, lead into error 115

znajdować/znaleźć find, discover, come across **294**

znajdować się/znaleźć się be found, occur, be present 294

znieść take down, raze, cancel, endure, lay eggs 123

znikać/zniknąć disappear, vanish **295**

zostać stay over, remain, become 41

zostać się stay, be left 41

zostawać remain, stay 228

zostawać się stay behind, become, be left 228

zostawić leave behind, let 229

zrazić indispose, repel 278

zrazić się lose heart 278

zrodzić się come about 198

zrosnąć się merge together 199

zruszyć loosen the soil 204

zsiąść get off 208

zsiąść się curdle 208

zstąpić step down, descend 260

zsunąć push down 162

zsunąć się slip off 162

zszyć stitch together 236

zużyć use up 301

zwać call 119

zwalczyć strive, cope 261

związywać join 202

zwiedzać/zwiedzić go sightseeing, visit, tour, explore, inspect **296**

The *English-Polish Verb Index* comprises all the verbs listed in the *Polish-English Verb Index.*
There are close to 3,600 English verbs alongside Polish equivalents in the *English-Polish Verb
Index.* For quick reference, page numbers in bold are provided for the conjugated Polish verbs in
the book. All the other page numbers refer to the model verb pages, where you can review the
model verbs and obtain the conjugation patterns for the referred Polish verbs.

be distressed **przejmować się** 185

be divided **dzielić się/podzielić się** 45

be due **należeć się** 92

be dying from **przymierać** 255

be eager **śpieszyć/pośpieszyć** 239

be engrossed in reading **zaczytać się** 35

be enough **wystarczać/wystarczyć, starczyć 279**

be esteemed **cenić się/docenić się** 17

be examined **badać się/zbadać się** 3

be exasperated beyond measure **nadenerwować się** 39

be exhausted **umęczyć się** 102

be fast/of a time piece/ **śpieszyć** 239

be fond of **lubić/polubić 94 przepadać** 137

be forced **musieć 113**

be found **znajdować się/znaleźć się, odnaleźć się** 294

be friends again **godzić się/pogodzić się** 55

be frightened/terrified//scared **przerazić się** 278

be fulfilled **spełnić się** 277

be full of **zapełnić się** 277

be furious **wściec się** 250

be glad **cieszyć się/ucieszyć się** 28

be governed **powodować się** 166

be grateful to **dziękować/podziękować 46**

be greeted **witać się/przywitać się** 267

be guided by **kierować się/skierować się** 69

be handy **służyć/posłużyć 213**

be happy **cieszyć się/ucieszyć się** 28

be hooked on **interesować/zainteresować 64**

be ill **chorować, przechorować 20**

be in a certain mood **czuć się/poczuć się** 33

be in a hurry **śpieszyć się/pośpieszyć się 239**

be in arrears **zalegać** 157

be in court **sądzić się** 207

be in full bloom **rozkwitnąć** 87

be in love **kochać się/pokochać się** 74

be in short supply **brakować or braknąć/zabraknąć 10**

be in time **zdążać/zdążyć 291**

be in touch/contact **kontaktować się/skontaktować się 75**

be inclined **nakłonić się** 71

be indebted **zawdzięczać 288**

be informed **dowiadywać się/dowiedzieć się 43**

be intended for **służyć/posłużyć 213**

be interested **interesować się/zainteresować się** 64

be involved **awansować się/zaawansować się** 1

be joined **domieszać się** 105

be keen **pragnąć/zapragnąć 174**

be kicking **kopać się/wykopać się** 77

be killed **ginąć/zginąć 53**

be lacking **brakować or braknąć/zabraknąć 10**

be late **spóźniać się/spóźnić się, zapóźnić się 222**

be led **wodzić się * wieść się/powieść się** 268

be left **zostać się** 41
zostawać się 228

be liable to **narazić się** 278

be likeable **podobać się/spodobać się 153**

be linked together **łączyć się/połączyć się** 98

be located **rozmieścić się** 107

be lost **przepadać** 137
ginąć/zginąć 53
podziewać się 219
gubić się/zgubić się 61

be lured **uwodzić się** 268

be mad **szaleć/poszaleć 233**

be made **powstawać** 228

be missing **brakować or braknąć/zabraknąć 10**
zaginąć 53

be mistaken **oszukać się** 235
omylić się 115

be moved **wzruszyć się** 204

be nervous **denerwować się/zdenerwować się 39**

be obliged **musieć 113**

be on one's guard **pilnować się/dopilnować się** 146

be opened **otwierać się/otworzyć się** 136

be organized **organizować się/zorganizować się** 133

be overgrown **obrosnąć** 199

be overgrown with **zarosnąć** 199

be overworked **przepracować się** 172

be partly cured **podleczyć się** 90

be petrified **zamrzeć** 255

be placed **umieścić się** 107

be present **znajdować się/znaleźć się** 294

be promiscuous **puszczać się/puścić się** 190

be promoted **awansować/zaawansować 1**
dosłużyć się 213

be prompted **powodować się** 166

be quick **śpieszyć się/pośpieszyć się 239**
   zwinąć się 203
be reconciled **godzić się/pogodzić się** 55
be regulated **uregulować się** 194
be remorseful **żałować/pożałować 297**
be reorganized **przeorganizować się** 133
be repeated **powtarzać się/powtórzyć się**
   167
be restored **odrodzić się** 198
be restrained **zahamować się** 62
be scattered **rozrzucić się** 206
be seated **siedzieć/posiedzieć 209**
be short **doliczyć się** 93
be shortsighted **niedowidzieć** 264
be sick **chorować 20**
be silent **milczeć/przemilczeć 109**
be silent for some time **pomilczeć** 109
be sitting **siadać/usiąść 208**
be slow **późnić się** 222
be solved **rozwiązywać się/rozwiązać się**
   202
be sorry **żałować/pożałować 297**
be strict **wymagać** 158
be subject to **podlegać** 157
be sufficient **starczyć** 279
be suitable **odpowiedzieć 129**
be tired of reading **naczytać się** 35
be tops **wyszczególniać się/wyszczególnić się**
   281
be torn **rwać się/urwać się** 205
be understood **rozumieć się/zrozumieć się**
   201
be uneasy for some time **podenerwować się**
   39
be unfaithful to each other **zdradzić się** 192
be untied **rozwiązywać się/rozwiązać się**
   202
be upset **martwić się/zmartwić się 100**
be used up **wypisać się** 147
be valued **cenić się/docenić się** 17
be verified **sprawdzać się/sprawdzić się**
   223
be weary **wynudzić się** 125
be weighed **ważyć się/zważyć się** 262
be worthwhile **opłacić się** 148
be wrong **mylić się/pomylić się** 115
   przewidzieć się 264
beach **lądować/wylądować 89**
bear **cierpieć/ścierpieć, przecierpieć 27**
   nosić * nieść/zanieść 123
   wytrzymać 247
bear/a child/ **rodzić/urodzić 198**
bear in mind **pamiętać/zapamiętać 140**
beat **bić/pobić, ubić 5**

beat down **zbić** 5
beat up **nabić** 5
beckon **przyzwać** 119
become **wykierować się** 69
   stać się 226
   zostawać się, stawać się 228
   robić się/zrobić się 197
   zostać 41
become alcoholic **rozpić się** 145
become attached to **przywiązywać się** 202
become clear **wyjaśniać się/wyjaśnić się**
   275
become covered with **obrzucić się** 206
become extinct **wymrzeć** 255
   wyginąć 53
become flushed **rozgrzać się** 60
become ill **zachorować** 20
become infatuated **zakochać się** 74
become infected **zarazić się** 278
become registered/incorporated **rejestrować**
   się/zarejestrować się 195
become silent **zamilczeć** 109
beg **prosić/poprosić, prosić się 178**
beg off **odprosić** 178
begin **rozpocząć** 128
   zaczynać/zacząć, rozpoczynać 283
behave **zachować się** 21
   postąpić 260
behave noisily **krzyczeć/krzyknąć** 85
believe **sądzić 207**
   wierzyć/uwierzyć 265
believe oneself **uważać się** 287
belong **należeć** 92
bend **załamać 96**
   chylić/nachylić, przechylić 24
   skłonić 71
bend back **odchylić** 24
bend down **chylić się/nachylić się, schylić**
   24
beset **obskoczyć** 210
besmirch **zbrudzić, ubrudzić** 12
bet **założyć się** 72
   zakładać się 211
betray **zdradzić** 192
better **poprawiać/poprawić 160**
beware of **wystrzegać się** 220
bid **targować/potargować 242**
bid farewell **żegnać/pożegnać 299**
bid good-bye **żegnać się/pożegnać się** 299
bind **obwiązywać** 202
   wiązać/związać 263
bind up **przewiązywać** 202
   obwiązać 263
bitch **narzekać 118**

bite **gryźć/pogryźć, przygryźć, ugryźć 59**
bite each other **pogryźć się** 59
bite/nail/ **obgryźć** 59
bite out **wygryźć** 59
bite through **rozgryźć** 59
blacken **osmarować** 215
blast **uderzać/uderzyć 253**
bleach **rozjaśnić** 275
blend **wymieszać, namieszać, zamieszać**
      105
bloom **kwitnąć/zakwitnąć, wykwitnać 87**
blossom **kwitnąć/zakwitnąć 87**
blossom out **dokwitnąć** 87
blow **uderzać/uderzyć 253**
blow a musical instrument **grać/zagrać 58**
blunder **pobłądzić** 7
blurt out **wyrwać się** 205
boast of **chwalić się/pochwalić się** 23
boil **gotować się/ugotować się** 57
    zagotować 57
boil out **wygotować** 57
boil until falls apart **rozgotować** 57
book **zamówić** 112
      rezerwować/zarezerwować 196
boost **zachwalić** 23
bore **nudzić/znudzić 125**
bore stiff **zamęczyć** 102
bore to death **zanudzić** 125
borrow **pożyczać/pożyczyć 171**
bother **wynudzić** 125
      męczyć/zmęczyć 102
      dokuczać/dokuczyć 40
bother about **zawrócić** 272
bounce off **odbić się** 5
bow **pochylić się** 24
      kłaniać się/ukłonić się, pokłonić 71
bow back **odkłonić się** 71
brag **chwalić się/pochwalić się, przechwalić**
      się 23
brainwash **przekonywać/przekonać 183**
brake **hamować/zahamować 62**
break **łamać/złamać, przełamać się 96**
      psuć/zepsuć 188
break a spell **odrzekać** 118
break apart **rozbić** 5
      rozerwać się 205
break down **wysiąść** 208
      załamać się 96
      psuć się/zepsuć się 188
break habit **odzwyczaić** 187
break in **wkraść się** 81
break into parts **przełamać** 96
break into pieces **połamać** 96
break loose **wyrwać się** 205

break off **przerwać** 205
      odłamać, ułamać 96
      zerwać 205
break open/out **wyłamać** 96
break out of **wyłamać się** 96
break with **pogniewać się** 54
bribe **przekupić** 86
      smarować/posmarować 215
brighten **rozjaśnić** 275
brighten up **wyjaśniać się/wyjaśnić się** 275
bring **przynieść** 123
      przywieźć, nawieźć 271
bring about **powodować/spowodować 166**
      przywodzić 268
bring along **przyprowadzić** 180
bring back **zwrócić** 272
bring back to life **odratować** 193
bring in **zwieźć** 271
bring into harmony **zgodzić** 55
bring out **wydostać** 41
bring to **naprowadzić** 180
bring to a boil **zagotować się** 57
bring to a stop **stawać/stanąć 228**
bring to an end **ukończyć** 76
bring to a stop **hamować/zahamować 62**
bring up **odchować, dochować się,**
      wychować 21
broach **poruszyć** 204
bud **puszczać/się//puścić/się/ 190**
budge **ruszać się/ruszyć się** 204
build **budować/zbudować, wybudować 13**
      stawiać/postawić 229
build an annex **dobudować** 13
build on **nadbudować** 13
build over **zabudować** 13
bump **uderzać się/uderzyć się** 253
bump into **spotykać/spotkać 221**
bungle **popsuć** 188
burden **obładować** 95
burden oneself **obładować się** 95
burn **przypalić, palić** 139
burn down **spalić** 139
burn out **dopalić się, wypalić** 139
burn up **dopalić** 139
burrow **zaszyć się** 236
burst into tears **rozpłakać się** 149
burst out laughing **roześmiać się** 237
bury **zakopać** 77
butter **smarować/posmarować 215**
buy **kupować/kupić 86**
buy more **dokupić** 86
buy off/back **odkupić** 86
buy up **nakupić, rozkupić, skupić, wykupić**
      86

do **robić/zrobić** 197
  popełnić 277
  wyrządzić 257
do a favor **przysłużyć się** 213
do a little digging **pokopać** 77
do chores **oprzątać** 224
do exercises **gimnastykować**
    się/pogimnastykować się 52
do hair **czesać/uczesać** 31
do laundering **oprać** 173
do one's work **odrobić** 197
do some exercise **poćwiczyć** 36
do some washing **poprać** 173
dock **lądować/wylądować** 89
dodge **uskoczyć** 210
draft **wykreślić** 152
    projektować/zaprojektować 176
drag **uciągnąć, zaciągnąć** 26
drain **osuszyć** 232
draw **ciągnąć/pociągnąć** 26
    zasunąć 162
draw aside **rozsunąć** 162
draw away **odwodzić** 268
draw near **podsunąć, nasunąć** 162
    podchodzić 19
draw up **podwinąć** 203
dread **bać się** 2
dream **śnić/się/** 238
dream away/of **prześnić** 238
drench **oblać** 117
dress **ubierać/ubrać** 249
dress oneself **ubierać się/ubrać się**
    249
drift **spłynąć** 151
drill **ćwiczyć/przećwiczyć** 36
drink **pić/wypić** 145
drink away **przepić** 145
drink down **zapić** 145
drink immoderately **zapić się** 145
drink off **upić** 145
drink some **popić** 145
drink too much **opić się** 145
drink up **dopić** 145
drip **ociec** 250
drive **kierować/skierować** 69
    jeździć * jechać/pojechać *or* **przyjechać**
    66
    wozić * wieźć/powieźć 271
drive around **obwieźć** 271
drive away **przepędzić, opędzić** 218
    spędzać/spędzić 218
drive away from **odjechać** 66
drive back **odwieźć** 271
drive downhill **zjechać** 66

drive into **zapędzić** 218
    wjechać 66
drive out **wypędzić** 218
drive out/away **wyjechać** 66
drive through **przejechać** 66
drive to **zawieźć** 271
drive up to **dokierować** 69
    podjechać 66
drive wild **oszaleć** 233
droop **zwiesić się** 266
drop **opadać** 137
    puszczać/puścić 190
drop in **wpadać** 137
    wstąpić 260
drop off **zemrzeć** 255
dry **suszyć/się//wysuszyć/się/, osuszyć,**
    posuszyć, ususzyć/się/ 232
dry and press **zasuszyć** 232
dry one's clothes **osuszyć się** 232
dry some **nasuszyć** 232
dry up **przesuszyć, dosuszyć** 232
dump **sprzedawać/sprzedać** 225
dwell **mieszkać/zamieszkać, wymieszkać,**
    pomieszkać 106
dwell for a time **odmieszkać** 106
dye **farbować/się//ufarbować/się/,**
    pofarbować, wyfarbować, zafarbować
    49
dye again **przefarbować** 49

E
earn **zarobić** 197
    wysłużyć 213
    dopracować się, zapracować 172
eat **jeść/zjeść** 65
eat away **wyjeść** 65
eat heartily **zajeść się** 65
eat one's fill **najeść się** 65
eat up **dojeść** 65
eavesdrop **podsłuchać** 212
economize **oszczędzać/oszczędzić** 134
economize on **zaoszczędzić** 134
educate **wychować** 21
egg on **zachęcać/zachęcić** 282
elaborate **wykończyć** 76
elapse **ubiec** 6
    mijać/minąć 108
    upłynąć 151
embolden **ośmielać/ośmielić** 135
embrace each other **obejmować się** 292
embroider **wyszyć** 236
embroil **poróżnić** 130
    pogniewać 54
emigrate **emigrować/wyemigrować** 48

K

push **posuwać/posunąć** 162
push aside **uchylić** 24
  odstawić 229
push away **odsunąć** 162
push close **dosunąć** 162
push down **zsunąć** 162
push near **przysunąć** 162
put an end to **zakończyć** 76
put aside **oszczędzać/oszczędzić** **134**
put aside/off **odłożyć** 72
  odkładać 211
put away **posprzątać** 224
put brakes on **przyhamować** 62
put cover on **przykryć** 84
put down **kłaść/położyć** **72**
put faith in **wierzyć/uwierzyć** **265**
put finishing touch to **wykończyć** 76
put off **zawiesić** 266
  ociągnąć się 26
put on **założyć** 72
  ubierać/ubrać **249**
  narzucić 206
put on/in **włożyć** 72
put on makeup **podmalować się** 99
put on one's clothes **ubierać się/ubrać się**
  249
put on perfume **perfumować**
  się/poperfumować się 144
put on track **nakierować** 69
put out **gasić/zgasić, ugasić, pogasić** **51**
put through **łączyć się/połączyć się** 98
put to the test **wypróbować** 181
put up **godzić się/pogodzić się** 55
  cierpieć/ścierpieć, wycierpieć **27**
put up for the night **zanocować** 122
put upright **stawiać/postawić** **229**

Q

quarrel **kłócić się/pokłócić się, skłócić się**
  73
quarrel **pogryźć się** 59
quench **gasić/zgasić, wygasić** **51**
question **pytać się/zapytać się** 191
quiet down **uspokajać się/uspokoić się** 258
quit **wypisać się** 147

R

rage **szaleć/poszaleć, rozszaleć się** **233**
  wyszaleć się 233
rain **padać** **137**
raise **wybudować** 13
  stawiać/postawić **229**
  podejmować 292
ram down **ubić** 5

rank **zaliczyć się** 93
ransack **przeszukać** 235
ransom **wykupić** 86
rate **cenić/docenić, ocenić** **17**
ratify **zatwierdzić** 248
rave **szaleć/poszaleć** **233**
raze **znieść** 132
re-sew **przeszyć** 236
reach **dopłynąć** 151
  zalecieć 88
  dobiec 6
  dociągnąć 26
  dopadać 137
  dobić 5
  dostawać/dostać, przedostać się **41**
  dotrzeć 274
reach by flying **dolecieć** 88
read **czytać/przeczytać** **35**
read in **wyczytać** 35
read to the end **doczytać** 35
realize **spełnić** 277
  przywodzić 268
reap **ubierać** 290
rearrange **przestawić** 229
reason with **przekonywać/przekonać** **183**
reassure **uspokajać/uspokoić** **258**
rebuild **odbudować, przebudować** 13
rebuke **wytknąć** 42
recall **cofać/cofnąć** **29**
  przypominać/przypomnieć **186**
  odwołać 270
receive **dostawać/dostać** **41**
  przyjmować/przyjąć **185**
  otrzymać 247
reciprocate **odpłacić się** 148
recite **odczytać** 35
reckon **doliczyć** 93
reckon up **rozliczyć** 93
recognize **poznawać/poznać** **169**
recollect **rozpamiętać się** 140
  przypominać się/przypomnieć się 186
recommend **polecać/polecić** **156**
  zalecać 156
  doradzić 192
reconcile **godzić/pogodzić** **55**
  powrócić 272
reconstruct **odbudować** 13
record **rejestrować/zarejestrować** **195**
  nagrać 58
recount **przeliczyć** 93
rectify **naprawić** 160
redeem **zbawić** 4
redesign **przeprojektować** 176
redo **poprawiać/poprawić** **160**

417

3 Foreign Language Series From Barron's!

The **VERB SERIES** offers more than 300 of the most frequently used verbs.
The **GRAMMAR SERIES** provides complete coverage of the elements of grammar.
The **VOCABULARY SERIES** offers more than 3500 words and phrases with their foreign language translations. Each book: paperback.

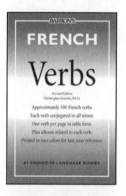

FRENCH GRAMMAR
ISBN: 978-0-7641-1351-2

ITALIAN VERBS
ISBN: 978-0-7641-2063-3

GERMAN GRAMMAR
ISBN: 978-0-8120-4296-2

SPANISH VERBS
ISBN: 978-0-7641-1357-4

ITALIAN GRAMMAR
ISBN: 978-0-7641-2060-2

FRENCH VOCABULARY
ISBN: 978-0-7641-1999-6

JAPANESE GRAMMAR
ISBN: 978-0-7641-2061-9

GERMAN VOCABULARY
ISBN: 978-0-8120-4497-3

RUSSIAN GRAMMAR
ISBN: 978-0-8120-4902-2

ITALIAN VOCABULARY
ISBN: 978-0-7641-2190-6

SPANISH GRAMMAR
ISBN: 978-0-7641-1615-5

JAPANESE VOCABULARY
ISBN: 978-0-8120-4743-1

FRENCH VERBS
ISBN: 978-0-7641-1356-7

RUSSIAN VOCABULARY
ISBN: 978-0-8120-1554-6

GERMAN VERBS
ISBN: 978-0-8120-4310-5

SPANISH VOCABULARY
ISBN: 978-0-7641-1985-9

Barron's Educational Series, Inc.
250 Wireless Blvd., Hauppauge, NY 11788 • Call toll-free: 1-800-645-3476
In Canada: Georgetown Book Warehouse
34 Armstrong Ave., Georgetown, Ontario L7G 4R9 • Call toll-free: 1-800-247-7160

(#26) R 1/08

Please visit **www.barronseduc.com** to view current prices and to order books